《韦卓民全集》编委会

顾　问：章开沅
主　任：马　敏

编委会成员：（按姓氏笔画顺序）

马　敏　　王世鹏　　刘占峰　　刘明海
刘家峰　　余子侠　　张　舟　　张卫国
李良明　　李艳鸽　　范　军　　段　维
赵子柳　　高新民　　唐有伯　　曹方久
熊桂玉

湖北省学术著作出版专项资金资助项目

韦卓民全集 第一卷

纯粹理性批判

［德］康德 著

曹方久 唐有伯 储昭华 整理

韦卓民／译

华中师范大学出版社

图书在版编目(CIP)数据

韦卓民集·第一卷 / [德]康德著；韦卓民译；曹方久，唐有伯，储昭华整理. —武汉：华中师范大学出版社，2016.7
ISBN 978-7-5622-7218-2

Ⅰ.①韦… Ⅱ.①康… ②韦… ③曹… ④唐… ⑤储… Ⅲ.①韦卓民(1888—1976)—全集 Ⅳ.①C52

中国版本图书馆 CIP 数据核字(2015)第 315671 号

韦卓民集·第一卷

ⓒ [德]康德著　韦卓民译　曹方久　唐有伯　储昭华整理

责任编辑：郭志刚	责任校对：王　炜
编辑室：学术出版中心	电话：027－67863220
出版发行：华中师范大学出版社	社址：湖北省武汉市珞喻路 152 号
电话：027－67863426/3280(发行)	027－67861321(邮购)
传真：027－67863291	
网址：http://www.ccnupress.com	电子信箱：press@mail.ccnu.edu.cn
印刷：湖北恒泰印务有限公司	督印：王兴平
字数：626 千字	封面设计：甘　英
开本：710mm×1000mm　1/16	印张：38.75
版次：2016 年 7 月第 1 版	印次：2016 年 7 月第 1 次印刷
定价：115.00 元	

欢迎上网查询、购书

敬告读者：欢迎举报盗版，请打举报电话：027－67861321

总　序

　　历经20年以上两代华师相关学者曹方久、高新民诸教授的辛勤搜集、整理、校订、编辑,《韦卓民全集》终于出版问世。这是华中师范大学出版社的又一壮举,也是这位前辈大家给我们留下的一笔丰厚学术文化遗产。

　　韦卓民先生不仅是一位卓越的大学校长,还是一位学贯中西、博古通今的杰出学者,其重要业绩在于中西文化之沟通。他毕业于华大前身文华大学,并曾先后就读于哈佛、伦敦、牛津、柏林等世界著名大学。他以毕生精力营造中西文化交流的桥梁。正如年轻一代学者王宏维所描述的那样:"集翻译、研究、教学于一体,熔'三大批判'于一炉,风雨如磐,运动迭起。精译、深耕、勤教,始终无怨无悔。"1915年,韦先生以英文撰写《孟子之政治思想》,取得文华大学文学硕士学位,可以看作是其学术生涯的发端。随后陆续发表的《佛教净土宗以信得救的教义及其与基督教之比较》(1920)、《孔门伦理》(1929,博士论文)、《中国文化之精神》(1947)等论著,则是这一事业的继续发展。上个世纪50年代中期以后,他身处逆境,而沟通中西文化致力更勤,译著笔耕始终未辍,如《康德哲学介绍》(1956)、《亚里士多德逻辑》(1957)、《培根与其〈新工具〉》(1956)、《康德哲学浅说》(1972)、《黑格尔〈小逻辑〉讲稿》(年代不详)等。这些学术业绩多侧重于介绍西方传统文化的精华,特别是对亚里士多德、培根、康德、黑格尔等人哲学名著的翻译、阐释与导读。早在1928年他就说过:"有机体须从其环境吸收并同化一些要素,而且只有在吸收及同化的过程不断的情况下,才可能有生命。'综合'一词是很重要的。它意指我们须对我们要综合的文化有完整的分析,比较其优缺点,然后造成一个有机体的整体,以保存两种文化的优点。我们必须这样做,而且必须以母体系统为新结构的间架。这是精神创新的工作……又是多么伟大的工作。"(《东西文化之综合问题》,据台北韦卓民纪念馆译文)这些话陈义甚高。他是这样说的,也是这样做的,而且是以自己的全部生命投入这项伟大工作。或许可以说,不理

解这一点就不懂得真正的韦卓民。

诚然,韦卓民是一个虔诚的基督徒,但他信仰而非偏执,更没有流于浅薄的迷信。其根本原因就在于他是一个真正的哲学家,在精神世界更着重于理性的超越,既超越世俗,也超越宗教。正如香港年轻一代学者陈广培所曾指出:韦卓民眼中的基督教与中国社会文化的关系,"隐含着'他者'的伦理视野",其终极探究乃是整个宇宙与人类文明的存在与变化。但他并非沉溺于幻想,而是立足现实,关切现实,理解现实。所以他在基督教对华传播问题上,极力主张必须根植于中华文化土壤。用我自己的话来表述,就是"主归中华应该先于中华归主"。作为基督徒,他当然希望"将远东拥有世界最悠久历史的这个国家的优良文化,带到主的神坛前,作为对主的奉献"。因此,他自己坦然承认:"我毕生研究,都在导致去发现怎样使中国文化基督教化。"但他毕竟又是一个经过长期科学训练的现代哲学家,他对基督教的信仰,虔诚而非迷信,从不认为任何经典就是绝对真理,而多数传教士与基督徒信奉与传播的也不一定就是真正的教义真谛。所以,他摒弃西方中心主义,特别是许多欧美差会在华传播基督教过程中所拘守的专断与偏执。我认为,他在学术上致力更多的还是对西方近代哲学名著的译介与诠释。即使是在神学方面,也是反复强调并致力于基督教的中国化,即根植于中华文化。

韦卓民一生最为辉煌的时期是1945—1947年。抗战胜利后,华中大学返回昙华林,重整家园,百废待兴,并且雄心勃勃制订十年发展计划。在此期间,他曾应邀赴美讲学,先是作为鲁斯世界基督教讲座教授(The Henry W. Luce Visiting Professorship of World Christianity),发表题为"让基督教在中国土地上生长"(Rooting the Christian Church in Chinese Soil)的系统演讲。随后,又应Hewell基金会邀请,在Andoer-Newton以及波士顿的圣公会多次演讲,主题是"中国文化之精神"(The Spirit of Chinese Culture)。这些系列演讲,均于1947年在美国结集出版。

这次讲学,规格甚高,声誉颇隆。韦卓民以前在耶鲁大学的老同事,曾任美国历史学会与美国教会史学会会长的赖德烈教授(Kenneth Scott Latourette),为其演讲文集撰写序言,高度评价说:"韦博士了解中国文化的精神,有同情而深度的睿智,同时他又是一位基督徒,在向英语世界里,阐述中国文化之深处,实在罕与其比。"赖德烈 1910—1917 年曾在中国雅礼学院任教,是上个世纪 30—40 年代美国中国史与教会史研究的领军人物,他对韦卓民的评价绝非礼仪性的客套,而是由衷的倾服。韦卓民虽然专攻西方哲学,但其中国文化根底甚深,长期教授逻辑学、代数与几何、政治学、哲学、神学等课程,早已具备中西跨文化研究(他自己称为"综合")的坚实基础,即使对欧洲早期汉学大家也不盲目崇信。韦卓民曾指出:"由于不够严谨地解释中国文字中若干名词,或是无意地把若干我们自己的意见掺杂到中国哲学宗教文献之中,我们假中国文化之名,表达我们自己的思想。……如此我们犯了理解上的谬误,翻译上的谬误,这尤其是在引用上最恶劣的谬误,因为在翻译原著时,你等于有效地告诉读者,这是原作者的意思。……最著名的汉学家,往往是最大的罪人。但是谁肯带头来批评呢?"他只有自己带头来批判,并且指名道姓地以这些"饱学之士"为例,如"19 世纪的 Legge(理雅各)与 Ross(罗约翰),20 世纪的 Bruce(卜道成)和 Rawlinson(乐灵生)"。他有意不提当时仍然在世的某些"饱学之士"的名字,算是给他们留点面子。

韦卓民在对外文化交流过程中显示出可贵的自觉与自信,他有足够的底气向西方学界挑战,因为他中文底子极好,熟读四书五经;又精通英、德、法、俄、希腊、拉丁等文字,不仅对西方相关经典著作钻研颇深,而且阅读涉猎甚广。例如,英国史学大师汤因比的巨著《历史研究》尚在陆续撰写出版之中,他就在演讲涉及人类文明兴衰时多次引用其论述,而当时中国史学界研究汤因比者还寥若晨星。韦卓民对西方"饱学之士"的批评,并非局限于经典中个别词语翻译的考订纠误。他特别强调:"我要指出的,不只是语言文字而已。整个的文化背景,必须也要加以考虑,诸如思想形式、思想规则、研究方法、哲学、宗教、艺术及社会结构等。"(以上引文均据老校友沈宝寰译文)因此,这种批评就不是口舌之争,更不是意气之争,而是力图实现层次更高而收效更为深远的东西文化高层交流。韦卓民的演讲不仅面对美国,而且面对世界;不仅面对基督徒,而且面对全人类。

韦卓民虽然是基督徒,但也是教育家与哲学家,他投入精力与思考更多的毕竟还是学校教育与哲学研究。教育使他进入世俗,哲学使他超越

宗教；他追求美好的理想，但始终立足于现实，立足于中国的土地，厕身于中国的人民。因此，不像那些专业的神学家与偏执的布道者，他公开而真诚地履行现实社会的公民承担。抗战爆发后，他不断以英文撰写时评文章，向全世界介绍中国人民团结抗击日本疯狂侵略的真实情况，勇敢地表明反对法西斯主义的政治立场，比如 1938 年 6 月在美国《耶鲁评论》(Yale Reviews)上发表《抗战初期中国的若干问题》(Questions about China)，1940 年于重庆发表的长篇英文通讯稿《抗战时期中国的教育》(Education in Wartime China)，1941 年春发表于《基督王国》(Christendom)杂志的《中国战争对中国文化的影响》(Cultural Effects of the Present War in China)，1941 年 3 月在中国广播电台发表的广播词《学者在战争中的任务》(The Role of Scholars in the War)等。特别是这篇向美国人民发表的广播词，再次重申："在中国所发生的战争，只是极权与民主间大战的先锋。过去一年半来的事实，证实了我的看法，中国正在作战，而且决心继续作战，直至正义和世界道德得到维护为止。"作为一所西迁云南大理的大学之校长，他还自豪地向世界宣布："透过坚持不懈的努力，中国的高等教育，不仅在战时得以维持，而且在一些重要方面还获得了显著进步，特别是许多研究所和高等学府向大后方落后地区的转移，产生了很好的影响，使得过惯了沿海各地生活的师生们，有机会熟识内地的生活。这种情形本身就是一种具有深远意义的教育，文化得以广泛散布，现代思想得以传播，水准较低的学校，在和进步的省份迁来的大学接触后，也因此提高了程度和效能，其结果将是战后会出现一个更教育化的中国。"在这些平实而又恳挚的话语中，我们可以看到一个真正的爱国者，一个终生奉献教育的老校长，一个胸怀世界的卓越中国公民。

但是抗战结束以后，人们还没有从胜利的喜悦中醒悟过来，国民党反动派就发动了史无前例的大规模内战，而政府腐败与战祸绵延，迅速使广大民众再次陷入痛苦深渊。韦卓民与成千上万善良的知识精英一样，逐步放弃了对于国民党政府的幻想，同情民主运动，保护进步学生，并且毅然拒绝国民政府迁校台湾的指令。他与华中大学广大师生一起，迎接了新中国的诞生，并且接受人民政府的命令，断绝与外国差会的联系，把学校由私立改为公立，以后又顺应全国性院系调整，与中华大学、中原大学等校合并,改制建立华中师范学院。他确实自觉地努力适应新社会,新政府也确曾给予重视并委以领导建校的重任。但是由于朝鲜战争爆发,美国成为敌国,而中国选择"一面倒"的亲苏外交政策。在抗美援朝热潮中,教会大学被定位为"美帝侵华文化堡垒",其校长也相应被定格为"帝国主义文化侵略代理人"。在肃清"亲美"、"崇美"、"恐美"思想运动的高潮中,韦卓民成为理所当然且火力集中的靶子,并且从此离开学校领导岗位,成为一般教师。1957年他被错划为"右派"以后,在政治上更受歧视,"十年动乱"期间亦为当然的批斗对象,直至1976年以后才经过平反恢复名誉。但好景确实不长,不过两年,这一代学术宗师就溘然与世长辞。

应该承认,韦卓民1949年以后这将近30年之久的漫长岁月确实是一个悲剧,但悲剧并非个人原因造成。根据我个人亲自接触与文献检索两方面的了解,过去无论如何屈辱痛苦,俨然成为众矢之的,他都能以平和的心态、超脱的胸怀,似乎顺应而又有内在定力地坦然应对。他天性幽默,语言风趣。记得"文革"时期,他作为"批斗对象"每天都要挤公交车从昙华林到南湖校本部"集中学习"。吃中饭排长队时,有人好心提醒他的铝制饭盒已被挤扁,他微笑轻声回应:"人都扁了,何况饭盒?"这就是真实的韦卓民,一位伟大的哲学家、教育家。在那种是非颠倒、蒙冤受屈的岁月,仍然保持着学者的尊严与人格魅力,甚至在集中学习的"牛棚"里仍然照常写作不辍。

俱往矣,过往的岁月,已逝的往事!大江东去,浪淘尽千古风流人物。刘知几云:披沙拣金,时有获宝。评文如此,评人亦然,只要是真金,迟早总会闪耀炫目光芒。出版社领导嘱我作序,哲学与神学浅薄如我,何必贻佛头著粪之讥。但曾忝任后辈校长,毕竟有所相知,于公于私,义不容辞。感慨万端,直抒胸臆而已。不当之处,尚祈多界贤达不吝批评教正。

章开沅

乙未初冬 年方九十

于南湖实斋

韦卓民引领我们走向康德
——代出版前言

在中国,伟大哲学家康德的著作和思想正在被越来越多的人所熟悉、所掌握,他那博大精深的思想在中华民族精神进程中的魅力已逐步展现。

韦卓民先生对康德哲学在中国的传播起到了巨大的作用,他在康德哲学"东渐"过程中的关键性地位是不可磨灭的。

20世纪甫始,梁启超发表《近世第一大哲康德之学说》一文,首次向中国人系统地介绍了康德。

"五四"新文化运动前后,张颐先生率先将康德和黑格尔的哲学带进了中国大学的课堂,张铭鼎等许多老一辈的学者致力于康德哲学的介绍和传播,在文化理论界掀起了一个热潮。

20世纪30年代以后,国内陆续翻译出版了康德的一些原著,它们是:《纯粹理性批判》(胡仁源译,1931年,商务印书馆)、《实践理性批判》(张铭鼎译,1936年,商务印书馆)、《道德形而上学探本》(唐钺译,1937年,商务印书馆)。与此同时,也出现了一些有价值的研究专著和论文,如郑昕先生的《康德学述》(1946年,商务印书馆)。

从"五四"到中华人民共和国成立前,尽管康德哲学得到了一定传播,但正如贺麟先生所评论的:成效不大,深度不够,范围狭小,"以致最后谈康德的仅有学术界为数极少的几个人"①。这种情况之所以产生,恐怕与学术界对康德哲学原著的系统翻译和介绍工作做得不够有莫大关系。

20世纪60年代,这种情况得到了很大改善。康德的三大批判中译本陆续出版:《纯粹理性批判》(蓝公武译,1960年)、《实践理性批判》(关文运译,1960年)、《判断力批判》(宗白华、韦卓民译,1964年)。中国人终于可以用中文一窥康德批判哲学体系的全豹了。接着,商务印书馆又出

---

① 贺麟:《康德、黑格尔哲学在中国的传播》,见《贺麟选集》,吉林人民出版社,2005年,第461页。

版了三本解释康德原著的译作。即是韦卓民先生翻译的《康德〈纯粹理性批判〉解义》([英]斯密著,1964年)、《康德哲学著作选读》([加拿大]华特生编选,1963年)和《康德哲学讲解》([加拿大]华特生著,1963年)。

《纯粹理性批判》是批判哲学的根基,是康德的扛鼎之作。尘封20多年的蓝译《纯粹理性批判》的问世,对想学习康德而又无条件直接阅读原文的莘莘学子,就像久旱后之甘露①,它成了哲学系学生和哲学研究者案头必备之书。读懂康德,特别是他的《纯粹理性批判》,是十分艰难之事。入门需要引领,康蒲·斯密的《康德〈纯粹理性批判〉解义》,像他英译的康德原著一样,是一本国际公认的权威著作,近一个世纪以来,广泛流传,经久不衰。这一著作汉译本的出版,对康德哲学的传播,无疑又是一场及时雨。试问,有志于研究康德的学者,有几位没有读过这本《解义》的呢?这本书当时"内部"出版,印数很少,可谓洛阳纸贵,得之者将它作为珍品收藏。直到20世纪90年代,有的学校因难觅此书,为教学需要,不得不内部翻印,可见它的价值和作用。

同期出版的其他两本华特生讲解康德的译作,也是对学习、研究康德极具参考价值的读物。《康德哲学原著选读》(原书1888年出版)编选了"三大批判"和《道德形而上学基础》四本原著中的若干章节。作者认为这些包括了康德系统思想的一切要点,对初学康德哲学的人很有帮助,可以为进一步研究康德哲学作好充分准备。这本书曾作为加拿大的大学教材,美国的大学也采用过。《康德哲学讲解》(原书1908年出版)是作者用前书作为基本教材向大学生讲的讲稿,积20年的教学经验整理而成。作者认为把这两本书结合起来向学生传授康德哲学,是"比较成功的一种试验结果"。韦卓民教授也正是用过华特生的教本和经验讲授康德哲学的。

以《解义》为标志的上述三本讲解康德哲学的著作,对促进康德哲学的教学、研究的重要意义,是显而易见的。它们的翻译出版,在康德哲学东渐史中,如果不能说"不亚于",那也是"仅次于"康德原著翻译出版的一件大事。在短短的两三年内,韦卓民先生向世人贡献了包括《判断力批判》(下册)在内的四本有关康德的译作,这在当时无人能出其右,可以说,

---

① 20世纪30年代出版的胡仁源的译本是公认读不懂的。

解放后国内引进康德哲学最早、最多、最有力者,实应首属韦卓民先生。这些事实已然可以确定:在康德哲学在中国传播的第三个阶段①中,韦先生起到了发端奠基的重要历史作用。

但韦卓民先生所从事的康德哲学的传播、研究工作远远不止于此,人们以前知道得太少了。

韦卓民先生是一位学贯中西、融汇古今的大学者。他在中外哲学史、逻辑、教育和宗教神学等领域中均有很深的造诣与丰硕的建树。在西方哲学史领域,韦先生着重研究了四个人,即亚里士多德、培根、康德和黑格尔。关于这四位哲人,他均有遗著留下,但花时间最长、耗精力最多的乃是康德。在他留下近百部(篇)达七八百万字的中英文遗稿中,关于康德哲学的竟占了二分之一左右。这些足以证明,20世纪中期,国内关于康德哲学的传播和研究,韦先生确实是首屈一指的。

韦先生之所以花大力从事康德哲学的传播和研究,是因为,他把康德看作西方哲学思想发展中承前启后的最关键人物。他认为,研究西方近代哲学中的人不管谈什么哲学问题,都必须追踪到康德。在他讲授康德、黑格尔哲学时,讲到康德,不时会流露出一种激情,这是他讲黑格尔时所没有的。他曾向王元化先生讲过,他对康德的评价远远超过黑格尔。当然,在那极"左"的年代里,他在称颂康德的同时也不得不从政治角度斥责过康德几句,这是可以理解的。

韦先生在1957年突遭厄运后,从居住几十年的校长楼移居一间斗室,工资陡降,生活条件急剧变差,但他从容对待,一心扑到对康德等人的研究上,到"文革"前,数年内以惊人的速度译出有关康德的专著竟达10部,300余万字(同一时期,韦先生还撰写和翻译了4本关于黑格尔哲学和逻辑学等方面的著作达100万字左右)。这个时期,是中国最需要理性和人性的时期,也是他在康德的研究中成就最多的时期,也许这并不是偶然的。商务印书馆慕其名向他约稿,由于"文革"爆发,只出版了4部,这可以说是学界的一大损失。此后10年,这位耄耋老人在蹲牛棚、下农村、

---

① 贺麟先生在《康德、黑格尔哲学在中国的传播》中把康德、黑格尔哲学在中国的传播分为三个时期:早期为从变法运动到五四运动,中期为从五四运动到全国解放,后期为中华人民共和国成立之后到现在。

挨批斗、受凌辱等更为恶劣的境遇中仍念念不忘康德、黑格尔，笔耕不辍。在那令知识分子濒于崩溃绝望的岁月，他鼓励难友说："要有信心，做学问不能停下来！"像其他中国学者一样，韦卓民先生也以自己的人格谱写了康德、黑格尔东渐史上悲壮的一幕。

我们看到，韦先生关于康德研究的遗著中，绝大部分是译著，是康德的原著和对原著解读的著作。他认为，要真正认识康德哲学一定要读原著，特别是他的"三大批判"，这是康德哲学思想的精髓。韦先生曾著文专门分析"三大批判"的前提、基础和背景，提出了独到的见解。他认为"三大批判"中的《纯粹理性批判》是重中之重，代表了康德在哲学史上的地位。五六十年代，他在"康德哲学讲座"上，主要讲的是《纯粹理性批判》。他着重分析了该书的主题思想"验前综合判断怎样成为可能的？"这一课题的理论来源、内容实质和解决途径。正是因为想要帮助国内学子更好、更深入地学习这部名著，才知难而进，重新翻译这本最难读的书，以克服当时已有译本中的缺陷。在此前后，他还翻译了两位英国学者讲解《纯粹理性批判》的两本专著(即《康德〈纯粹理性批判〉解义》和《康德的经验形而上学》)；特别在"文革"前夕，又翻译了康德为《纯粹理性批判》所撰的简写本《一切未来形而上学导论》。这些都说明了他对这一名著的异常重视。

但是韦先生并不是单纯为翻译而翻译，而是把研究寓于翻译之中，翻译的过程也就是他的研究过程。当年他讲康德、黑格尔哲学时，对一些重要概念、词语，总是反复地从结构、词根讲到语义，从英文、德文追溯到拉丁文，给人的感觉似乎有点"咬文嚼字"、"烦琐考证"，但只要用心体会，就会领略到其中的奥妙和深刻。

下面仅举两例：

例一，"a priori"一词，国内一般都译为"先天"，韦先生认为是错误的，因为"a priori"在拉丁文中并无"与生俱来"之意，康德用这个词更无此意。韦先生在译此词时，先译为"先验"，后一再琢磨，觉得也不妥当。因为在康德著作里多年来已用"先验"来译德文的"transzendental"，如果再用它来译"a priori"，就混淆不清了。于是他反复推敲，最后决定创造一个崭新的词语"验前"来译"a priori"。从字面上看，二者似无甚区别，实际上意思却大不相同，"验前"更符合康德的原意。韦先生在"文革"中还专为此写过一篇文稿。韦先生的这一翻译,目前已得到许多学者的认同。例如中国人民大学的钟宇人教授在来信中写道:"康德所用'a priori'一词,蓝译本译为'先天的',影响很大,其实是不确切的。韦先生根据原拉丁文与对康德用意的深入研究,创译为'验前的',很符合康德所说'绝对不依赖于经验的'原意。"

例二,《纯粹理性批判》第二版序言中康德有一句名言:Ich musste also das Wissen aufheben, um zum Glauben Platz zu bekommen。20世纪的五六十年代,国内都把它译成"我否定知识,以便给信仰扫清地盘",并据此认定康德是个反对科学知识的信仰主义者。韦先生说,这根本不是康德的原意,是英译者错误地把"aufheben"译为"deny",国内有人据英文而译为"否定",是跟着别人犯错误。因此韦先生根据对德文"aufheben"与"Glaube"词义的考察,及对康德思想主旨的理解,把这句话译为"我要扬弃知识,以便替信念留有余地"。近年来,随着对康德哲学研究的深入,学术界对把"aufheben"译为"扬弃",把"Glaube"译为"信念"尚有不同的意见。但若留意到当年韦先生这样译,至少表达了康德既未否定知识,又给信仰扫清地盘的意蕴,从而为康德在中国的"错案"平了反,也就不难体会他的苦心了。

对康德哲学中的概念、术语,乃至重要句子,像这样苦心推敲、决不含糊的例子还有很多很多。正如韦先生说的,他在翻译时"以信为主",用尽心思忠实于原著,不能为了追求"达"、"雅"而损伤原著本意。为了更忠实于原著,他始终不断地修订自己的译文,刻苦钻研、精益求精,正如他所说的,做学问一定要有一种"主见不可无,成见不可有"的独立与创新精神。这种精神在当今弥漫着浮躁、浮夸气氛的学术界,尤其值得提倡,值得推崇。

韦卓民先生在康德哲学研究领域卓有成效的工作,辉煌的成就,是他一生事业的重要组成部分。韦卓民先生乃是为了一个宏伟的工程而奋斗终生的。这个工程就是营造一座宽广而坚实的融通中西文化的桥梁。早在70年前,他已明确了这一奋斗目标。1928年他在伦敦所作的一篇演讲中声称,融合异质文化是各民族文化发展的规律,而在当时的我国,"融合中西文化则是中国走向现代化而必需的、富有挑战性的工作"。他还旗帜鲜明地申明:在吸收西方文化时,我们反对妄自尊大的"保守派",也要反对崇洋媚外的"洋化派"。如果说,解放前他在融合中西文化方面所做的工作主要是通过在国内办教会大学、宣讲基督教神学和在国外讲解与介绍中国传统优秀文化的话,那么,解放后他就把主要精力放在西方哲学史的译介上来了。原来,他研究、译介康德哲学正是站在这个高度来进行的!他常说:我们要在学习西方哲学时做到取长补短,以便更好地发展中国的哲学。他在上世纪50年代就曾多次说过:在欧洲,有些小国都翻译、出版了柏拉图、亚里士多德、康德、黑格尔等哲学大师的"全集",而我们至今还没有一套,这同我们这个文明古国的地位是极不相称的。他立志要弥补这一缺陷。本来他已具备优越的主观条件,既"通晓古今",又"学贯中西",仅外语就精通英、德、法、俄、拉丁文等七八种。可他并不满足,仍自谦说"差距很大"。其实,他是在鼓励我们努力奠定扎实的功底,以铺设他理想中的"桥梁"。他还认为,在介绍西方文化、西方哲学时,要避免把西方的观念"解说成中国的观念",过分追求中国化、通俗化,以致把人家的文化变质变味。我们体会他的意思是,在学习康德这样的西方哲学时,一定要力争学到原汁原味的康德思想;要努力体验领会德国语言的特征及其文化背景;设法逐渐领会康德的思维方式从而弄懂其实质,真正做到沟通中西,优势互补。

在这方面,韦先生开了先河,做了榜样,引领我们走近了康德,也引领我们走上了民族文化复兴的宽广大道。

唐有伯　曹方久
2006年6月24日

韦译《纯粹理性批判》序言

卓民先生逝世已有十多年了,他是我父亲的同窗好友。少年时父亲曾以卓民先生手不释卷的好学精神勉励我勤奋读书。他说,卓民先生每逢假期都定下阅读计划,读书之多令人惊佩。30年代初,卓民先生在武昌华中大学主校政,那时我刚进中学,适值长城抗战,局势日紧,北平谣诼纷传,一夕数惊,我们举家南下暂避,整整一个暑假就寄居在华中大学校舍中。这时我第一次见到了卓民先生,当时他曾利用余暇授我们几个孩子《大学》和《中庸》。暑假后,北方局势暂告缓和,我们全家回到北平,从此一别就是三十多年。60年代初期,卓民先生利用暑假来沪探亲访友,重新见面时我已进入中年。那时我对黑格尔兴趣正浓,提出要向他请教,他慨然应允,并约定通信讨论。他回武汉不久就按约定开始实行了。我们大约十天左右就通一次信,书札来往颇为频繁,十年浩劫曾一度中断,并将那些信件全部销毁,直到1973年才又继续通信。这些信我保存下来了。几年前,我曾从中选出几封以《关于黑格尔〈小逻辑〉一书的通信》为题,发表在《上海师大学报》上,以表示我对卓民先生的悼念。

卓民先生素重康德,他曾向我谈过,他对康德的评价远远驾凌于黑格尔之上,并要我攻读康德著作。解放后,他的近三百万字的译著,其中有关康德的就占了绝大的比重。他迻译的康德著作,就国内来说,不仅数量最多,而且在质量上也堪列上乘,比如,《判断力批判》这部分的上卷原是由别人译述的,后来出版社改请他续译下卷,就是因为编者认为他更能胜任的缘故。他早年留学美国,在哈佛获硕士学位。后又留英,在霍布豪斯门下就读,其时,他遍历欧洲几家著名大学深造,历时数年,得博士学位。他不仅精通英、法、德、俄诸语种,也精于拉丁文。这对他的研究和翻译工作极有裨益。他不是那种偏执一隅之解的学者,在学术上仅做一家的功臣,把自己的研究范围拘囿在狭窄的范围内。他学贯中西,深知融合古今,触类旁通的重要。他生前曾向我说过,他留学英国时,打算钻研佛学,曾向一位年老的英国女专家请教。当他得知,欲通佛学,须懂巴利文,而学这门古文字又非三五年不可,才废然而止。尽管如此,他还是读了不少汉译梵典,并与我国佛学专家结交。我认识熊十力先生并向之请教,就是经卓民先生介绍的。卓民先生也精于黑格尔哲学,晚年撰《黑格尔〈小逻辑〉评注》,此书包括部分重译、注释、评论,约七十五万言。他逝世前估计至少已完成三十余万字。他逝世后,翰伯正主持商务工作,我曾向他呼吁,收集遗稿出版,以嘉惠后学。可惜不久翰伯即染病瘫痪在床,陈原同志得知此事后向我函询,但因不知遗稿下落,事遂告寝。我为此一直深感遗憾,现在华中师范大学专门成立了卓民先生遗著整理小组,筹划陆续出版先生遗著康德《纯粹理性批判》等十种左右,上述《评注》也列入计划内,这是令人十分高兴的。

  我和卓民先生通信时,常提出一些疑难问题向他请教,有时也提出一些不同看法请他指正。他的复信往往对所涉及的著作从体系、用语、体例直到读法和参考资料提出有益的指导,而且也间或评论其中利弊,耐人寻思,从这些信中,可以看到老一辈学者那种一丝不苟的治学态度。卓民先生在复信时,往往为了一段话,甚或一个术语,查阅各种版本。倘手边无书,没有查到,即在信中言明,而不肯含糊过去。他对黑格尔的用语,大多几经推敲,决不望文生解,真可说是"一名之立,旬月踟蹰"。这种功夫在今天有些人不屑一顾,甚至轻蔑地加以"繁琐"的恶谥。因此,在一些理论文章中遂造成不求甚解、以讹传讹、概念混乱的种种弊端。我们的通信是私人信札,卓民先生对国内某些哲学家的评语,未遑斟酌用字的轻重,也许未免有欠妥之词。他在一封信中,曾谈到我国思想史方面的贫乏,勉励我说"世兄其与我共勉之"的话,至今仍时时促我勤奋,使我对自己的怠惰荒疏感到内心的疚责。后来,我的兴趣转向思想史方面,应该说卓民先生的那句话是起了很大影响的。他的来信使我留下深刻印象的是他提出的亚里士多德的三段论式的产生背景,以及中世纪将其普遍化,以致黑格尔对它进行批判时,由于没有究明原委,终未切中肯綮,这些意见颇值得注意与进一步探讨。卓民先生不是孤立地去评价某一观点,而是追源溯流,以明其脉络,殚其统系。这种方法,尤足珍视。例如,他对黑格尔《小逻辑》中的推理理论,就是上溯亚里士多德以来的传统形式逻辑,下及以后发展起来的关系逻辑,从推理理论的流变及其史的发展,把黑格尔的一些观点放在这样的背景上进行剖析与评价。这也是值得注意并可资借鉴的。

说来惭愧,卓民先生屡次来信嘱我钻研关系逻辑,但由于当时疏懒和多病,未能抓紧学习,终未入门。如今精力渐衰更不能存此奢想了,辜负了先生生前的殷切期望,每一念及,辄觉怆然。卓民先生指导后学是不辞劳苦,不怕厌烦的。他回答我问题的复信往往多至十纸以上,且正反两面书写,笔画清晰、端正,几乎从无圈改涂抹之处。当时他已年近九十高龄,除了学校交托的任务,始终在从事写、读、译、著工作,从不中辍。他把工作安排得井井有条,可以说没有虚掷寸阴。有一次,接到他的复信较迟,读了之后,才知道他有好几天发高烧,已卧床多日,这封信是他起床不久,就连忙作复的。我一边读信,一边感动不已。对照前辈,我愧然觉得自己不能严于律己,以致虚度了许多本来可利用来学习的大好光阴。如今愧恨无及,谨书以自劾,以勉来者。

我以上面简短的话,作为卓民先生遗著出版序言,一方面是对他的纪念,另一方面也把他那严肃认真,一丝不苟的治学态度和诲人不倦、勉励后学的精神记录下来,作为我们后学者学习的榜样。我所接触的老一辈学者大都具有为我辈所不及的这种长处,他们身上的这些优点是应该一代一代传下去的。

王元化
1990年夏改作于沪上清园

中译者序言[①]

德国古典哲学是马克思主义的理论来源之一,而康德乃是德国古典哲学的创始人,这是人所周知的。因此,凡是学习马克思主义的人,凡是读西方哲学史的人,都力争对于康德的哲学有所认识。当然,要认识康德的哲学体系,西方哲学史一类的书固然可以作为研究康德的入门;然而要认真而具体地知道康德的思想究竟是什么,则不可不读康德的原著。

康德的著作不能说不多,大大小小共有五六十种(杂录、书简和遗书还不在内),但是其中重要的也不过十种左右。一般人公认,康德哲学思想最重要的著作就是他的三部《批判》,即《纯粹理性批判》、《实践理性批判》和《判断力批判》。

读康德哲学原著的人大都从《纯粹理性批判》入手,但是这本书比较难读,能愉快地读本书原德文版的人,国内不甚多。中译本原有商务印书馆出版的胡仁源本(见《万有文库》)和三联书店1957年出版的蓝公武本。本译者近年为武昌华中师范学院的讲师和助教讲授西方哲学史,分五个单元,为期四年,而康德哲学是这五个单元之一,占一个学年。学员大都对于哲学有相当的基础,但一般认为胡、蓝两中译本不易阅读,因此增加我讲授的困难,在解释原著时常常和流行的中译本有所出入。适值北京商务印书馆约我再译康德的《纯粹理性批判》,所以就有这本新译的尝试。

本译者对于康德哲学的研究虽历时很久,但是造诣浅薄,外文也不够精通,诚恐对于康德的比较复杂的德文未能正确理解。所以,这次翻译《纯粹理性批判》,主要是以英人康蒲·斯密(Norman Kemp Smith)1929年出版的英译本为蓝本,而对照 Benno Erdmann, Leipzig 1878 年的德文版和 Ernst Cassirer 柏林 1922 年的德文版,并参考穆勒尔(F. Max

---

[①] 本序言原为译者写的《译后记》。——整理者

Müller）伦敦1881年的英译本，以及胡仁源、蓝公武两先生的中译本，旨在于这次翻译中不失康德原书的本意。所以，以"信"为主而尽量求"达"，至于言"雅"，则所未逮。本想多参考其他的德文版和欧洲各国的翻译本，但是本译者藏书有限而借书又不易，所以只限于手边的这几种。

  我之所以据康蒲·斯密的英译本为蓝本，其理由有二：（一）我对于英语比较有把握。读德文本时，虽能理解，但稍不留意，便错误难免，而读英文本则言从意顺，没有隔阂。依我的翻译经验，在我译外文时，如作者写作水平远远超过我写这种外文的水平，则我的翻译是有些靠不住的。康蒲·斯密所写的英文，我自感也勉强能够写出，故不难翻译。(二）我所见到的《纯粹理性批判》英译本有三种：（1）迈克尔约翰（J. M. D. Meiklejohn）1855年出版的英译本，根据原书第二版译出；(2）穆勒尔（F. Max Müller）1881年的英译本，根据原书第一版译出；(3）康蒲·斯密1929年的英译本主要根据原书第二版翻译，而插入第二版所删去的第一版的某些段落，当第二版某些章节完全改变了其第一版的原文时，又将两版的原文一并译出而分别刊出。关于《纯粹理性批判》1781年第一版与1787年康德亲自修订的第二版两者的优劣，在康德哲学研究者中曾有过不同意见，这里不必去考虑这些了。我们知道，康德课堂讲授"纯粹理性批判"的学说为时甚久，据他自己所说，他对于这个问题深思熟虑，不下十有一年，而到了年纪快六十岁时，好像忽然想起他的来日不多，需要把《纯粹理性批判》这书刊出问世，于是在授课之余，一口气只花了四五个月工夫就写出了这部856页的巨著，其中欠整理的地方是难免的。第一版刊出后，评论层出，康德都是知道的，为了答复这些评论，他曾在1783年出版《未来形而上学导论》一书，而在1787年才刊出这部《纯粹理性批判》的第二版。关于这第二版的修改，康德在序言中说得十分明白，重要的增删是没有的，而在那些不得不根据评论者的意见在第二版所作出的修改，用他自己的话来说，"是含有一点损失的，就是我所不得不删去或节略的一些段落中，对许多读者可能还有帮助，因而认为是可惜的"。康蒲·斯密的英译本大都把这些在第二版中删去或节略的第一版各段落插入在第二版的译文中，使得康德所谓"这种小小的损失……得到补偿"。这是我采取康蒲·斯密的英译本为翻译的蓝本之第二种理由。

我在翻译过程中曾对照过 Erdmann 和 Cassirer 两氏的德文版。这两种德文版，校勘都极精细，而 Cassirer 的德文版虽较晚出，可是对于康德原德文的理解，似乎抱着一种保守的态度，还不如 Erdmann 的深入。

穆勒尔的英译本对我的帮助是很大的。穆勒尔原属德籍，在英国牛津大学讲学多年，不但精通德文，而且又是语言学的名家，翻译康德的著作当然在文字上是没有问题的，正如康蒲·斯密在其英译本的序言里所说，"他的主要优点……乃是他更为准确地译出一些段落，而在那些段落里，特别能正确地了解德国人惯用语的种种微妙之处"。虽然如此，穆勒尔却不是研究康德哲学的，故在翻译时，对于康德的原意时有未透出之处，反不如康蒲·斯密英译之确切。我们可以说，穆勒尔的译文"雅"于康蒲·斯密，而"信"则似有逊色。在参考两译本时各取其所长可也。本译者在《附注》中指出的地方很多，请读者参考。

康蒲·斯密对于康德的《纯粹理性批判》一书的校勘多半采取德人华亨格尔（Vaihinger）的观点。他著有《纯粹理性批判解义》一书（绰然①译，商务印书馆1961年版）。据我看，他在《纯粹理性批判》英译本中，并未加进一己的意见来曲解康德的原意，其"凑合论"也不影响原书的次序，脚注也只限于文字的解释，并未涉及哲学思想。作为一本译著可以算得上信而达的。至于译文的小节，本译者也时有不同的意见，曾在《中译者附注》中提出。

我这次新译本书，得益于胡、蓝两中译本之处甚多，可以说，我的译本是建筑在他们的工作基础上的。然而，我对两氏的中译本有许多不同的意见。在《附注》中说到旧译的不妥时，主要是指蓝译说的。

胡氏中译本，读来确甚晦涩，其原因大概是胡先生从德文原本译出，而对于康德的哲学术语似乎没有深加留意，且对于康德哲学的整个体系又好像未深入研究，况且译文较旧，不合现代汉语的习惯。蓝公武先生的中译本，据该译本的《译者后记》所说，也是据康蒲·斯密的英译本译出的，但是我们与原英译本详细对照，许多地方像是不忠于英译

---

① "绰然"系本书中译者韦卓民的笔名。——整理者

原文，甚至误解英译的词句。原英译本的脚注不少是精辟之处，而蓝译不予译出，也似乎是不应该的。因此《纯粹理性批判》这部书就有重新中译的必要。

我这次翻译，对于译词方面，颇费一番推敲。为方便读者起见，原想尽量沿用旧译，但是旧译中每每有和康德的原文意义不大符合的，于是不得不另拟新译，以求正确。例如康德所用的一个很重要的拉丁文短语a priori，旧译为"先天"，颇嫌不妥。按照拉丁文的原意，a priori本没有"先天"的意思，而以康德的哲学思想来说，"先天"这词更为不妥。所以我改译为"验前"，即在经验之前的意思。而a posteriori自然就译为"验后"了。又如康德原文的Vorstellung，英译固然有用representation的，而又有用idea的。如果据英译的idea而中译为"观念"，那就太泛了。由于德文的这个词，原是"放在前面"，即"表而出之"的意思，所以本译者在翻译康蒲·斯密的《康德〈纯粹理性批判〉解义》一书中，曾用"表现"，但是"表现"又要作为动词用，所以今改译为"表象"。又如康德原用德文的Erscheinung，有英译为appearance的，有英译为phenomenon的，而竟据以中译为"现象"，同是不妥的。因为据康德的哲学思想，Phänomen，即phenomenon和Erscheinung是有重要的区别的。但由于用"现象"来译英文的phenomenon，即德文的Phänomen，已经成为习惯，那么Erscheinung显然就不能又译为"现象"，以致混淆康德原来严格区分的两个哲学术语，所以我译Erscheinung为"出现"。又如康德所用的Anschauung，旧译有用"直觉"的。这大概因为康蒲·斯密和英国其他康德哲学的研究者译为intuition这个词的原故。但是也有译为perception这个词的，如Edward Cairl和John Watson便是两例。我们不能竟据英语的perception而中译Anschauung为"知觉"，因为康德的用词中还有Wahrnehmung，这才应译为"知觉"。可是"直觉"和英译的intuition又和康德的原意不符，所以我们认为译"直观"较为确切，因为Wahrnehmung通行译为"世界观"。

还有，康德所用的Seele和Gemüt这两个词应该分别译为"灵魂"和"心"。二者在康德的哲学中绝对不可混淆，同译为"心灵"是错

误的。

　　至于康德所用的 transzendental 这个形容词，原是当时常用的一个拉丁语词，并没有涉及经验而只作为"越过了"的意思。这要看它用在什么地方，根据其上下文才能确定它所越过的是什么东西。中译这个词为"先验的"，以本译者看来，是不十分妥当的。其"验"字，指经验而言，是对的，但"先"字则欠妥。可是苦思很久，还是想不出一个更确切的译词，而且这个译词，正如"批判"这词一样，沿用已久，不便改译。请读者随时揣摩康德的上下文，体会其意义，总之，不要把"先验"的"先"作为时序的"先"来看就对头了。因为康德之所谓"先验"，并非说是在经验之先，而是说在经验发生的时候才起其作用，而这"先验"的东西又不是从经验来的，所谓"先"者就是这个意思。康德精通拉丁文，兼习古典希腊文，他所用的哲学语词每每源出拉丁文而按照比拉丁文更古的原本意义。例如 Ästhetik 和 Physiologie 就是最明显的两个例子。

　　本译者在这次翻译开始时，按照所接触的青年的康德哲学研究者的要求，本来打算在翻译的过程中多加注释，但是为了节省篇幅起见，而且在译本的后一部分，注释又不像在前一部分需要那么迫切，所以就多所从略。

　　本译文所主要根据的康蒲·斯密英译本，原来是根据原书的第二版的，但是有许多地方是插入第一版的原文的。第一、第二版都在栏外分别以 A 和 B 来表示，例如 Axv 是表示第一版序言的第 15 页，Bxi 表示第二版序文的第 11 页，A12 表示第一版正文第 12 页，B26 表示第二版正文第 26 页，等等。本译本将康蒲·斯密英译本的这种栏外注解一律加入，并且在栏外方括弧内注明英译本的原页码，以便　查对原文。

　　康德的思想和文字都极为复杂，有时不易捉摸，而且本译者限于思想、业务和外语水平，译文和注解中的错误与缺点一定是很多的，希望读者批评指正。

韦卓民

1962 年 6 月 22 日于武昌

华中师范学院

英译者序言

这本译稿是在1913年,当我正在完成我的《康德〈纯粹理性批判〉解义》时开始的。然而,由于种种原因,我在当时所能做的不过准备了全书大约三分之一的翻译草稿;而一直等到1927年我才有暇时来修正那译稿,且续译下去。在这项工作里,我从我的两位前辈即迈克尔约翰(J. M. D. Meiklejohn)和穆勒尔(Max Müller)的著作中曾获益不少。迈克尔约翰的著作,即《纯粹理性批判》第二版的英译本,出版于1855年。麦斯·穆勒尔的著作则是根据原文第一版的英译本,而在附录中有第二版的一些段落,出版于1881年。迈克尔约翰具有一种难能可贵的天才,使康德用一种相当接近于英国人惯用语的词句来表达他的意思,而我认为这种天才只有那些试图步其后尘的人,才能充分欣赏的。麦斯·穆勒尔的主要优点,如他曾正当地自认为的那样,乃是他能更为准确地译出一些段落,而在那些段落里,特别能正确地了解德国人惯用语的种种微妙之处,对于其意义来说,这恰恰是重要的。可是,迈、麦两氏的努力同有其不利之点,就是他们没有很彻底地研究过批判哲学;因之在他们的两种翻译本中的一些缺点,每每是能追溯到这种原因的。

在过去的五十年中,对这本《批判》原文的研究与解释,已有许多成就。我的工作特别受到雷蒙德·舒密德博士(Dr. Raymund Schmidt)所校订的《批判》十分宝贵的版本的帮助。其实,那个版本在1926年的刊出乃是我再拿起这项翻译工作的直接原因。舒密德博士使《批判》第一版与第二版的原文能恢复本来面目,尤其是恢复了康德原来的标点——就许多困难的而且有疑问的段落来说,这是十分有帮助的——而他又引用了一些词句的异读,这一切都节省了我核对各版本以及搜集一些康德学者对于《批判》的校正或关于本书著述中所提出的校订意见等方面的工作,而这种工作是要花费时间的。

我所依照的原文是1787年第二版的原文,而凡是不依这一版原文

翻译的地方，我都一一指出。我并翻译了在第二版中一切所更改或删去的第一版的各段落。凡是有可能的地方，这些原来第一版的原文都在该页的下方注出。可是，康德在第二版中完全改写过的"范畴的先验演绎"和"纯粹理性的谬误推理"这两节里，再这样做就不方便了；因而我就在正文中将那两版的原文直接连着摆出。这种不大常用的办法有两重理由：第一，这部《批判》在其本身来说，已是一部合成的著作，其中的各部分记载了康德的各种见解在其发展中前后连续的各个阶段；第二，其第一版的原文，事实上，为了充分了解用来替代它们的那些文字，乃是不可或缺的。第一版和第二版的页数都自始至终在页栏外注明——第一版以 A 表示，第二版以 B 表示。

　　康德的德文，甚至按德国人的标准来判断，也是难读的。这些困难不仅是由于康德努力来说明的种种学说的难解，或者是由于他时常在互相冲突的观点之间变来变去；而且还由于这些困难之中，许多简直是因为他的写作方式而引起的。他常把许许多多的东西挤进一句话里去，于是就不得不过分用一些插语。而对于读者更为麻烦的，就是康德要依赖一些分词、代名词和性别来表示一句的各部分之间的联系。有时候，当我们的主要线索是一个性别时，我们不止有一个先行的名词可以与之相一致。而有的时候，康德用一些名词，其性别已经是不用的。其实，他是不止在一种性别上使用某些名词的。例如，一个十分重要的哲学名词如德语的 Verhältniss（应是 Verhältnis——译者）即"关系"，他时而作为阴性用，时而作为中性用。但是，甚至当这些和其他的困难（原是在原德文中所固有的）得到了克服，而对于翻译者来说，依然还有无可逃避的工作，那就是要在一些单句里重述那些更复杂的句子的每一句的内容。要这样做，而不歪曲其原意，在大多数的情况下也许是可能的；而在事实上，我已发现，耐心而仔细地处理，甚至最麻烦的句子，一般说来，都是能令人满意地予以解释的。

　　可是，某些并不罕见的句子却给译者以另一类型的问题：即为了获得译文的流畅，他应该在多大程度上牺牲一部分所说的，或者至少一部分所暗示的?! 有一些句子，按其不规则的结构以及按其组成部分的情况来看，其起源必是由于一些在不同时候独立写出而后来又结合起来的段落缀合而成的。在康德准备这部《批判》出版而花费的四五个月中，在定稿时利用自 1769 至 1780 年期间在不同时候所写的一些手稿，他在整理关于同一论证的种种不同说法时，似乎把一些子句插进另一些句子里去，而这一些句子是绝不适合于纳入另一些子句的。在遇到这种情形时，我没有试图完全照其原来的样子翻译这种句子。如果保存这些不规则的状态，它们会妨碍而不是帮助读者来了解康德的论证。读者实际上并不能分辨出哪些是原文不规则之处，哪些是译者的英文里有瑕疵的地方。如要保全这些不规则之处而加以附注来说明，这不是不可行的；但这种附注就会太多，而且是关于一些琐碎的问题。诚然，对于这部《批判》的合成起源以及对于康德各种见解在其发展中的各阶段之研究是相当重要的。但即使就此来说，这些不规则之处就原德文的语言本身来研究，仍然是没有价值的。在本译文中，凡是实质上值得保存的东西都没有牺牲掉。

我个人主要是受过尔文博士 (Dr. A. C. Ewing) 的帮助。在 1927 年，当我还在犹豫能否找到空闲与精力来独立完成这项翻译工作时，尔文博士在我求助于他时惠然首肯来尝试两人合译。可是，不久我们就觉得要达到一种始终一致的译文，这种合译是难以实行的，因为需要彼此磋商太多了。虽然我是独自对这本译稿负责，而在这项工作的每一阶段上，尔文博士都曾慷慨地给我以帮助，他曾读过全部译文的手稿与校样，我从他所提的意见与批评中受益不少；又因他编纂了本译本的索引，我要感谢他。

我的朋友李利博士 (Dr. R. A. Lillie)、麦克林南先生 (Mr. R. D. Maclennan) 和麦克勒干先生 (Mr. W. G. Maclagan) 都曾帮助我校对过校样。我特别感谢李利博士，因为在我的一些句子不必要那样烦琐的时候，他肯于严厉地拒绝接受我的托词。

在最后一次仔细修订我的译文时，我曾发现一些大大小小的错误，而我还怕有其他一些错误尚没有被察觉。如果读者研究这部《批判》时用这本译本而发现任何错误，请惠以通知，则不胜感谢之至。

诺尔曼·康蒲·斯密
1929 年 10 月于爱丁堡

目 录①

引用题句 …………………………………………… [4] (1)
献　　词 …………………………………………… [5] (2)
第一版序文 ………………………………………… [7] (3)
第二版序文 ………………………………………… [17] (11)
第一版目次 ………………………………………… [39] (28)
导　　言 …………………………………………… [41] (29)
　Ⅰ. 纯粹知识和经验性知识的区别 ……………… [41] (29)
　Ⅱ. 我们具有某种验前知识乃至常识也绝不缺乏这种知识
　　　………………………………………………… [44] (30)
　Ⅲ. 哲学需要有一种科学来确定一切验前知识的可能性、
　　　原理及其范围 ………………………………… [46] (32)
　Ⅳ. 分析判断与综合判断的区别 ………………… [48] (34)
　Ⅴ. 在理性的一切理论的科学中都包含有验前综合判断
　　　作为原理 ……………………………………… [52] (37)
　Ⅵ. 纯粹理性的一般问题 ………………………… [55] (40)
　Ⅶ. 标题为"纯粹理性批判"的这门特殊科学的理念
　　　与划分 ………………………………………… [58] (43)

一、先验原理论

第一部分　先验感性论 …………………………… [65] (49)
　导　言 ……………………………………………… [65] (49)
　第一节　空　间 …………………………………… [68] (51)
　第二节　时　间 …………………………………… [74] (57)

---

① 目录页码中左边为英文版页码，右边为本书页码。——整理者

关于先验感性论的一般意见 …………………………… [82] (64)
第二部分　先验逻辑 ……………………………………… [92] (72)
导　言　先验逻辑的理念 ………………………………… [92] (72)
  Ⅰ. 一般的逻辑 ………………………………………… [96] (72)
  Ⅱ. 先验逻辑 …………………………………………… [96] (75)
  Ⅲ. 普通逻辑划分为分析论与辩证论 ………………… [97] (76)
  Ⅳ. 先验逻辑划分为先验分析论与先验辩证论 ……… [100] (79)

第一编　先验分析论

  第一卷　概念分析论 …………………………………… [103] (81)
    第一章　知性的一切纯粹概念发现的线索 ………… [104] (81)
      第一节　知性的逻辑使用 ………………………… [105] (82)
      第二节　知性在判断中的逻辑机能 ……………… [106] (83)
      第三节　知性的纯粹概念，或范畴 ……………… [111] (87)
    第二章　知性的纯粹概念的演绎 …………………… [120] (95)
      第一节　任何先验演绎的原理 …………………… [120] (95)
      第二节　知性纯粹概念的先验演绎（A）………… [129] (102)
      第三节　知性和一般对象的关系以及验前知道
              这些对象的可能性 ………………………… [141] (112)
      第四节　知性纯粹概念的先验演绎（B）………… [151] (120)
  第二卷　原理分析论 …………………………………… [176] (142)
    导　言　一般的先验判断力 ………………………… [177] (143)
    第一章　知性纯粹概念的图型法 …………………… [180] (145)
    第二章　纯粹知性一切原理的体系 ………………… [188] (152)
      第一节　一切分析判断的最高原理 ……………… [190] (153)
      第二节　一切综合判断的最高原理 ……………… [192] (155)
      第三节　关于纯粹知性一切综合原理的系统陈述 … [195] (158)
        1. 直观的公理 ………………………………… [198] (161)
        2. 知觉的预测 ………………………………… [202] (163)
        3. 经验的类比 ………………………………… [209] (170)

A. 第一类比　实体的永恒性原理 ………… [212] (173)
　　B. 第二类比　时间按照因果律前后相继的原理
　　　　　　　………………………………… [218] (178)
　　C. 第三类比　按照交互作用或相互作用的
　　　　　　　规律的并存原理 ………… [233] (192)
　4. 一般经验性思维的公准 ………………… [239] (197)
　　观念论的驳斥 …………………………… [244] (202)
　　关于原理体系的一般注解 ……………… [253] (210)
　第三章　所有一般对象区分为现象与本体的根据 … [257] (213)
　附　录　反思概念的歧义 ………………… [276] (227)

第二编　先验辩证论

导　言 ……………………………………… [297] (246)
　Ⅰ. 先验幻象 ……………………………… [297] (246)
　Ⅱ. 作为先验幻象所在地的纯粹理性 …………… [300] (249)
　　A. 一般的理性 ………………………… [300] (249)
　　B. 理性的逻辑使用 …………………… [303] (251)
　　C. 理性的纯粹使用 …………………… [305] (252)
第一卷　纯粹理性的概念 …………………… [308] (255)
　第一节　一般的理念 ……………………… [310] (256)
　第二节　先验理念 ………………………… [315] (260)
　第三节　先验理念的体系 ………………… [322] (267)
第二卷　纯粹理性的辩证推理 ……………… [327] (271)
　第一章　纯粹理性的谬误推理 …………… [329] (272)
　　第一版论谬误推理 ……………………… [333] (276)
　　第一谬误推理 …………………………… [333] (276)
　　第二谬误推理 …………………………… [335] (277)
　　第三谬误推理 …………………………… [341] (283)
　　第四谬误推理 …………………………… [345] (286)
　　纯粹理性的谬误推理［第二版的修正文］……… [368] (306)

第二章 纯粹理性的二律背驰 ……………… [384] (320)

第一节 宇宙论的理念体系 ………………… [386] (321)
第二节 纯粹理性的二论冲突 ……………… [394] (327)
先验理念的第一种冲突 ……………… [396] (330)
先验理念的第二种冲突 ……………… [402] (334)
先验理念的第三种冲突 ……………… [410] (338)
先验理念的第四种冲突 ……………… [415] (343)
第三节 理性在这些冲突中的利害关系 ……… [422] (347)
第四节 纯粹理性的先验问题解决的绝对必然性
……………………………………………… [430] (354)
第五节 四种先验理念中宇宙论问题怀疑的表述
……………………………………………… [436] (358)
第六节 先验观念论是解决宇宙论的辩证论的关键
……………………………………………… [439] (361)
第七节 理性宇宙论的自相冲突之批判的解决 … [444] (365)
第八节 纯粹理性在运用于宇宙论的理念中的
限定性原理 ………………………… [450] (370)
第九节 关于一切宇宙论的理念中理性的限定性
原理的经验性使用 ………………… [455] (374)
(一) "宇宙全体中的出现所组成之总体"
这一宇宙论理念的解决 …………… [456] (375)
(二) "直观中所予的一全体的分割之总体"
这一宇宙论理念的解决 …………… [459] (378)
关于数学的先验理念解答的结束语
和关于力学的先验理念解答的前言 … [462] (381)
(三) "一切宇宙事件都是从其原因而来的
这个总体"之宇宙论理念的解决 …… [464] (383)
和自然必然性的普遍规律相融洽而通过
自由的因果性的可能性 …………… [468] (385)
关于自由在其与普遍的自然必然性

　　　　　相联系上的宇宙论理念的说明 ……… [470]（387）
　　（四）"一切出现就其一般存在来说的其依存
　　　　　性的总体"这个宇宙论理念的解决 … [480]（396）
　　关于纯粹理性全部二律背驰的结束语……… [484]（399）
　第三章　纯粹理性的理想……………………… [485]（400）
　　第一节　一般理想……………………………… [488]（400）
　　第二节　先验的理想…………………………… [488]（402）
　　第三节　思辨理性证明最高存在者的存在的论证 … [495]（408）
　　　　　从思辨的理性证明上帝的存在只有三种
　　　　　可能的方法…………………………… [500]（412）
　　第四节　上帝存在的本体论证明之不可能性…… [501]（413）
　　第五节　上帝存在的宇宙论证明之不可能性…… [507]（419）
　　　　　关于在"一个必然的存在者之存在的一切
　　　　　先验证明"中辩证幻象的发现和解释 … [515]（425）
　　第六节　自然神学证明的不可能性……………… [519]（428）
　　第七节　对于根据理性的思辨原理的一切神学之
　　　　　批判…………………………………… [525]（433）
　先验辩证论附录………………………………… [532]（440）
　　纯粹理性的理念的限定性使用………………… [532]（440）
　　人类理性自然辩证性质的最终意图…………… [549]（454）

二、先验方法论

导　言…………………………………………… [573]（475）
第一章　纯粹理性的锻炼……………………… [575]（476）
　第一节　关于纯粹理性独断使用的锻炼………… [577]（477）
　第二节　关于纯粹理性争辩使用的锻炼………… [594]（491）
　　　　　纯粹理性在它内部的种种冲突中怀疑的满足之
　　　　　不可能性……………………………… [605]（501）
　第三节　纯粹理性关于假设的锻炼……………… [613]（507）

第四节　纯粹理性关于它的证明的锻炼……………[621]（513）
　第二章　纯粹理性的法规…………………………………[629]（520）
　　第一节　我们所有理性纯粹使用的最终目的……………[631]（521）
　　第二节　至善这个理想作为纯粹理性最终目的之
　　　　　　起决定作用的根据……………………………[635]（524）
　　第三节　意见　知识　信念………………………………[645]（532）
　第三章　纯粹理性的建筑术………………………………[652]（538）
　第四章　纯粹理性的历史…………………………………[666]（549）
索　引………………………………………………………[671]（552）
英汉名词对照表………………………………………………（573）
整理后记………………………………………………………（578）
校订版跋………………………………………………………（580）
出版后记………………………………………………………（581）

引用题句

凡罗兰爵士培根①

《伟大的复兴》序言

"关于我自己,我不想说什么。但是为了我手头要做的事情,我恳求人们相信这不是什么个人的意见,而是一项重要的工作;而且要相信,我的劳动不是要奠定什么宗派或教义的基础,而是要奠定人类的利益及其力量的基础。其次,我要求人们要以公道行事,本着自己的兴趣[把赞成这种或那种意见的纷争与成见都放在一旁],大家协商来谋公共的利益;而且[现在既然由我所提供的保证和帮助从途程中的错误和障碍解放出来而得到保卫]自己走到前面来参加[还未做完的工作]。再次,要有希望,不要想象到我的这一复兴是无限超过人的力量的事情,其实它是无穷错误的真正结束与终止。"②

---

① 培根是拉丁文的 Baco,即英文的 Bacon 之音译。——中译者
② 这个在第二版中增加的题词是从培根的《伟大的复兴》一书的序言中摘录下来的。这段文字原文是拉丁文,方括号里是康德所删去的。——整理者

献　　词

给国务大臣策特立茨①男爵的信

尊敬的勋爵：

　　尽我的力量来促进各门学科的发展乃是遵循您阁下自己所感兴趣的路线。不但由于您在崇高地位上作为各门学问的奖励者，而且由于通过您作为各学科的爱好者和英明的裁判者而和各学科发生更密切的关系，您的兴趣是和各门学问紧密地联系在一起的。因此，我就利用我力之所及的惟一方法来对您阁下惠予我的信任表示谢意，也许这样我就能对于各门学问的推进有所助益。

　　您阁下对于本书第一版曾惠然加以注意②，所以我谨以同书的第二版献呈，还请垂颜，并恳求对我的一切其他著作予以关怀，不胜荣幸之至。此致

最崇高的敬礼！

您阁下的卑微而最驯良的仆人
伊曼努尔·康德

---

① 策特立茨是德国大腓特烈王（1771—1788 年）的普鲁士教育大臣，极为尊重康德。——中译者

② 第 1 版没有这结束的一段，而有下面的两段：

凡是限制其世俗野心并在思辨里得到满足的人，受到一位开始胜任的裁判者的赞许定会得到大力的鼓舞而去工作的，然而各门学问所受到的好处是大的、遥远的，所以不是俗人所能完全看得出的。

我现在以这书献于这位裁判者求其关怀，希望他对于我的文字工作……——英译者

第一版序文

人类的理性有一种特殊的命运,就是在它的某种知识里为一些问题所苦恼,而这些问题既然是理性的本性所规定的,它就不能置之不理,可是这些问题又超出了它的各种能力的范围,所以它就不能解答它们。

人类理性陷于这种窘困,并不是由于它自己的什么过错。它从某些原理出发的乃是它在经验的过程中不得不使用而毫无选择余地,而同时,在使用这些原理时,这经验也就充分证明它们是有正当理由的。靠这些原理的帮助,人类理性就一直上升(因为它的本性确定了要它如此),越升越高而到更遥远的条件上去,不久它便觉得,这样一来,问题既永无止境,它的工作就绝不能完成了;因此,它就觉得不能不使用超出一切可能的经验的范围以外的那些原理,而那些原理又好像是无可非议的,以至平凡的意识都容易接受。但是,由于这种进程,人类理性就陷入黑暗中去,陷入种种矛盾之中;那时它诚然可以猜想到,这一切矛盾必然是一些不知来由的、尚没有被发现的过失引起的,但是它又没有条件来窥察出这些过失。原因就是,它所使用的原理既然是超出经验的限度,所以也就不受任何经验的检查。这些永无止境的纠纷战场就称为形而上学。

曾经有过一个时候,形而上学号称为一切科学的女王,如果愿望等于事实的话,她所接受的各种任务的突出重要性是会给她以这种光荣称号和权利的。可是现在,因为时尚的变更,她就只为人所鄙视了;她成了一个孤苦伶仃、流离失所的妇人,像海枯巴(Hecuba)那样自怨自艾地感叹说:Modo maxima rerum, tot generis natisque potens—nunc trahor exul, inops. (a) (过去,我拥有至高无上的权力,我所生的都

(a) 拉丁文引自罗马诗人 Ovid 的 Metamorphoses, xiii 508—510。——康德自注

是有能力的儿女①——而今,我却流离失所、被人遗弃、一无所有了。)

形而上学女王的政权,在独断论者的统治下,起初乃是专横的。但是由于那时的立法还带有古代野蛮的残余,她的帝国就因内战的频仍,而逐渐变为完全无政府的状态;而怀疑主义者们,这种游牧民族,由于藐视一切生活的安定,就不时把所有的文明社会破坏掉。幸亏这种人为数不多,不能妨碍社会的一再重建,虽然重建的计划不是一律前后一致的。在最近的时候,通过关于人类知性②的某种本质的说明③,即著名的洛克(Locke)④的那种说明,好像一切这些争论看来是可以得到结束似的,而形而上学的各种要求就可以获得其最后的判决了。但是结果却适得其反。原因就是,虽然想要追寻伪女王的从平凡经验而来的这种鄙俗的出身,来使人怀疑到她的僭妄,可是这个世系在事实上却是伪造无凭的,于是她就始终能够坚持着她的要求。结果就是形而上学退回到古老陈旧的独断主义上去,而这样就再次受到它本应摆脱了的藐视。时至今日,一般人认为,一切方法都试用过了,而依然无济于事,流行的态度就是对于形而上学的讨厌而怀着完全冷淡的看法——在一切学科中,形而上学就是混沌和黑暗之母,所幸这种情况反成为将要来临的革新与复兴的来源,或者说,至少是其前奏曲。因为形而上学至少已停止其妄用的勤劳,而这种妄用的勤劳使形而上学成为暗淡、紊乱与毫无用处。

但是,对于这种研究抱佯为漠不关心的态度则是无聊的,因为这种研究的对象,对我们人类的本性来说,绝不是毫不相干的。事实上,这些假装冷淡的人们,不管他们怎样企图用日常的口吻来替代旧经院的语言以伪装自己,只要他们一动思维,就不得不回复到他们极力声称看不起的那

---

① "所生的都是有能力的儿女"是指从以前形而上学分出来的独立学科而言的,而拉丁引文是指形而上学的贫乏而言的。——中译者

② "知性"是原德文的 Verstand,英译为 understanding,旧译"悟性"(亦有译为"理智"、"理解"的。——整理者)。——中译者

③ "本质的说明"在这里是英译 physiology(原德文的 Physiologie)之译。这词通常译为"生理学",但依原希腊文的 physiologia(即 physio+slogia)原是"自然"即"本性"之"学问"或"学说",故有此中译。——中译者

④ 指英人洛克的《人类理解论》(Essay Concerning Human Understanding)说的。——中译者

些形而上学的说法上去。虽然如此,但是这种冷淡态度却表现于各种科学蓬勃发展之时,而又恰恰影响到这些科学——如果这些科学的知识能够获得的话,我们是断然不可放弃的——所以这种态度叫我们不可不注意而加以反思。这显然不是时代轻率的结果,而是时代成熟判断(a)的结果,因为时代再不肯被假象的知识长期拖延下去了。这正是对理性的号召,叫它重新负起它最艰巨的任务,认识自己这个任务,并且要它建立一所法庭,来保证理性合法的要求而驳回一切无根据的僭妄,其所用的方法并不是独断的命令而是依据理性自己的永恒不变的规律。这个法庭不是别的东西,而是纯粹理性的批判。

我所说的批判不是指对书籍和思想体系的批评说的,而指关于在批判之后就可以不依靠任何经验而独立去求得一切知识的那种一般理性能力①的批判而言的。因此,这种批判将决定一般的形而上学的可能或不可能,而且确定它的各种来源、范围与限度——这一切都是按照原理而定的。

我踏入这条道路——这是惟一还没有人踏勘的道路——而在沿着这条道路前进时,我很得意地自认为发现了一种方法,可以避免那些错误,那些错误是在这以前使理性在其非经验性的使用上自相矛盾的。我并不借口于人类理性力量的不足而回避它的各种问题。与此相反,我却穷尽地详列这些问题,而且按照原理把它们排列出来;并且在确定理性由于误解而变为自相冲突所在之点以后,我就解决了这些问题而使理性完全

(a) 我们时常听见有人埋怨我们当代思想的浅薄,以及健康科学的衰退。但是我并没有看见任何奠定于稳固基础上的科学,例如数学、物理学等,有什么地方应受这种责难。与此相反,这些科学,以其内容的充实来说,是值得有其原来的声誉的,而以物理学来讲,还是有过之无不及的。只要首先注意到它们各种原理的确定,在其他的知识部门里,同样的精神也会焕发起来。在原理确定之前,冷淡、怀疑,最后还有严酷的批评,这都是深思熟虑的思想习惯的证据。我们的时代在特别程度上是一个批判的时代,一切都必须受到批判。宗教想借口它的神圣立法、想借口它的尊严,企图避免批判,可是,这样一来,它们恰恰就引起别人对它们正当的怀疑,而不能要求人家真诚的尊敬了,因为只有受得起自由和公开的考查与考验的东西,理性才给以真诚的尊敬。——康德自注

① 这里英译的"it"是据 Adickes 读原德文为"es",而不为"sie"。——英译者(如读为"es"则这代名词是指"能力",读为"sie"则指"理性",因两代名词的性不同。——中译者)

得到满意。这些问题的解答,事实上不是像对知识的一种独断的和幻想的强硬要求使我们期待的那样——因为只有用魔术的方法才能迎合那种要求,而我则不是魔术的内行。事实上,这种问题的解答方法本不在我们理性原来素质的意向范围以内;且由于这种方法原本来自误解,所以哲学的职责就要消除它们蒙骗人们的影响,而不管所要摆脱的幻梦是如何为人所珍视而保持。我在这种研究里以完整性为我的主要目的,而且我大胆肯定,没有一个形而上学的问题没有得到解决,或者至少提供出解决问题的关键。事实上,纯粹理性乃是一个完善的统一体,如果在它本身所产生的问题中,即使有一个是它的原理所不足以解决的,我们就只得摈弃这原理,因为我们那时就不能绝对相信它在处理任何其他问题时是可靠的。

Axiv 当我说到这点时,我能想象到在读者的面容上看出对我似乎这么傲慢而浮夸的一些自负情绪表示一种带有鄙视的愤怒。可是,如果和那种在其通常的纲领路线上,宣称能够证明灵魂的单纯本质或者证明世界必然有一个最初开端的作者们比较一下,我这种自负情绪还是远远更为谦逊的。理由是,那些作者保证能把人类的知识推广到可能经验的一切限度以外,而我却敬谢不敏,自认为那完全是我力所不逮的。我们要处理的无非是理性本身以及理性的纯粹思维;而为要完全认识到这些东西,则毋须求在远处,因为在我自己里面就找到它们了。普通逻辑本身就提供了一个例子,如何能把理性的一切简单活动完全而有系统地列举出来。我

[11] 们目前研究的主题就是在除去经验的一切质料和帮助之后,我们靠理性能希望达成的究竟有多少个这样的〔类似的〕问题。

我们确定所研究的每个问题时须注意其完整性,而确定所须研究的一切问题时,则要注意其穷尽性。这些问题不是任意选出来的;它是我们批判研究的主题,是知识自己的本性为我们规定下来的。

Axv 至于谈到我们研究的形式,则准确性和明晰性是两个最重要的要求,应该是任何敢于从事这种细致工作的人所必须做到的。

谈到准确性,我对自己规定了这个准则,就是在这种研究中绝不容许抱有什么成见。因此,凡是有类于假设的东西都在禁止之列;即使贱价,

也不得贩卖,一经发觉,就立刻予以没收。凡称为验前①(a priori)有效的知识都要求被视为绝对必然的。这更适用于一切纯粹验前知识的任何确定(Bestimmung),因为这样的确定要用作一切必然的(哲学的)准确性的尺度,因而也就用作这种准确性的〔最高〕实例。我所想要做的事情是否做得很成功,只有让读者来判定;作者的任务只是提出根据,而不是去谈这些根据对裁判人所应有的结果。但是作者要不使自己的论证减弱,自然会让人注意到某些段落可能会引起某些疑惑。这些不关重要的地方所引起的不明不白的疑虑,很可能影响读者对于主要问题的态度,因而有时及时地插入己见,可起消除这种影响的作用。

为要探讨我所名为"知性"的能力和确定其用途的规则与限度,我认为没有比我在"先验分析论"里列为"知性纯粹概念的演绎"第二章中所开始研究的更为重要的了。这些研究是花了最大的劳力的——我希望这并不是徒劳无功的劳力。这种基础打得相当深的研究有其两个方面:一方面谈到纯粹知性的各种对象,旨在说明其验前诸概念的客观有效性而使人易于理解。因此,这就是我的意图之不可或缺的;另一方面要探讨纯粹知性本身,探讨它的可能性和它所依靠的种种认知能力,所以是在它的主观方面来加以处理的。虽然后一种说明对我的主要意图来说十分重要,但它并不构成我的意图的最主要部分。因为,主要问题始终不过是:离开一切经验,知性和理性能知道的是什么以及能知道的是多少?而不是:思想的能力本身怎样成为可能的?后者可以说是追求所予结果的原因,所以多少是属于假设性质的(虽然,像我在别处将要指出的那样,其实它并非如此);而我又好像冒昧地仅仅表达一种意见,如果是这样,读者当然也可以表示不同的意见来批评我。因为这个缘故,我就要指出,我在这里主要作出的客观演绎(纵然我的主观演绎不能照着我的愿望产生充分说服力)依然是保持其十足力量的,这样我就能预先答复了读者的批评,关于

---

① 有译 a priori 这个拉丁文短语为"先天的",但"先天"这词容易和"与生俱来"的意思相混淆,而康德使用 a priori 时,绝对没有这个意思,故今译 a priori 为"验前",即"在经验之前"的意思。我们在这里不用"先验",因这个词是后来用以译 transzendental 的。"验前"的解释详见后文《先验感性论》。"验前"可作形容词用,亦可作副词用,如原拉丁文这个短语那样。——中译者

这个问题第 92 至 93 页①上所说的已经足够了。

Axviii 关于明晰性,读者首先有权要求通过概念有一种论证的(即逻辑的)明晰性,其次是要求通过直观②有一种直观的(即感性的)③明晰性,即通过实例和其他具体说明的明晰性。对于第一种要求,我已充分准备了。因为这正是我的本来意图;可是这就成为使我无法充分应付第二种要求的附带原因,而这种要求虽不是迫切的,却还是十分合理的。我在写作进程中,对于应怎样对付这个问题,几乎总是感到窘惑。看来,实例和说明常视为必需的,而在我的初稿里边有必要时也常插入一些实例和说明。

[13] 但是很快我就发觉,我的任务之庞大和问题之复杂都是需要处理的;而且我看到甚至我用纯经院式的枯燥方法进行处理,其结果本身就已经是很冗长的篇幅了,如果再加上一些实例与说明使它更拉长,就觉得更不适当了。实例与说明只从通俗方面着想是需要的,而本书却始终不能适合一般人的阅读。实例与说明不是这门科学的研究者所需要的,虽然它们常令人喜欢,但在这种情况下,却很可能在其各种结果上自招失败。僧院长

Axix 德勒森(Abbot Terrasson)④曾说过,如果一本书的分量不是用它的页数来计算,而是按完全理解它所需要的时间来计算,那么,对于许多书可以这样说:"如果此书不是如此简短,它就会更简单得多。"另一方面,如果我们心目中有着思辨知识的全体的可理解性,而这种知识虽然所涉及的极其广泛,但是却有从原理的统一性而来的首尾一贯性,那么我们这样说也是同样公道的:如果许多书没有如此努力于要弄明晰的话,它们就会是更加明晰。原因就是,对于明晰性的种种帮助,在细节上虽然可能有所补益,可是常常却干扰我们对于整体的掌握。这是不让读者足够迅速地达到整体的要点;说明的材料之鲜艳色彩插进来掩盖着体系的关节与组织而使之更为隐晦,如果我们要能判定其体系的统一性与稳固性,这些关节

---

① 这是第一版的页码。——英译者

② "直观"是原德文的 Anschauung 之译。英译有用 perception,如 Watson 与 Caird;也有用 intuition,如 Kemp Smith,在本书里 Kemp Smith 一贯用 intuition,故中译"直观"。——中译者

③ aesthetic 在这里译为"感性的",根据希腊文 aisthetikos 的原意,即"感性"。——中译者

④ 康德的引文出自德勒森僧院长 1754 年问世的遗著,康德大概熟悉该书,1762 年出版的德文译本,标题为《哲学按其对精神与道德的一切对象的一般影响》。这段引文在德文本的第 117 页。——英译者

与组织就是我们所最要关心的。

我敢断定,当作者这样尽力按照这里所提出的计划以一种详尽而期于经久的方式完成一种巨大而重要的工作时,读者会觉得有不小的诱力而产生情愿协作之感。按我们所采取的见解来说,形而上学乃是惟一的一门学问,敢于保证通过一种微小而集中的努力,就将在一个短时间内达到一种完整性,使后人不致还有工作要做,要做也只不过是按照各自的选择在一种教学方式上使之适应而已,而对于其内容是不能有任何增益的。原因在于,形而上学无非是我们通过纯粹理性而掌握的所有东西按系统排列出来的清单而已。在这个领域中,没有什么东西是能被我们所遗漏的。凡是完全由理性产生出来的东西都不能隐藏得住,在共通的原理发现出来之后,理性本身就会立刻把它呈现出来。这种知识的完全统一性以及它只从纯粹概念得出来而绝不被任何经验或特殊直观所影响(类如可能导致任何确定性而会扩大与增加经验的那种直观的影响)的事实,使这种无条件的完备性不但能见诸实行,而且又是必然的了。Tecum habita, et noris quam sit tibi curta supellex("看看你和你身家,就知道你的家财是如何简陋的了")①。

这种纯粹(思辨的)理性体系,我打算写出并标题为自然形而上学②。这书比之我们目前的批判一书页数虽不足一半,但在内容上则更为无比的丰富,因为批判的第一个任务是要发现这种批判的各种源泉和它的可能性的各种条件,就像开辟和整平迄今仍然荒芜的土地。在目前的工作上,我指望读者具有法官的忍耐和大公无私的态度;而在那一著作上,我们指望的是一个共同工作者善意的协助。原因是,不管在这本批判里所提出的一切原理其体系如何完整,但体系的完整性尚需没有任何一个派生的概念是缺漏的。这些概念不能用任何验前的计算列举出来,而必须逐渐被发现。因此,虽然在这部批判里,各概念的整个综合是穷尽无遗的,但是还剩下进一步的工作,是要把它们的分析弄得同样的完整,而这

---

① 引自佩尔西乌斯(罗马诗人)的 Satura(讽刺诗)之 iv.52。——英译者
② 康蒲·斯密说,没有这本著作,至少没有以此为标题的著作是康德所完成的。在康德的术语中,"自然"是指"所有一切"——参看斯密的《解义》,中译本第58页——但1786年康德却有《自然科学的形而上学初步》一书出版。——中译者

种工作与其说是一种劳累，毋宁说是一种娱乐。

  我只有少数几句话要补充，这是属于印刷方面的。由于印刷开工受到延宕，我能看到的校样大约不及半数，现在我发现了某些错印，然而这些错印一般还不影响意思，只有第 379 页倒数第四行〔指第一版的页数〕"怀疑的"应改为"特别的"。纯粹理性的二律背驰①，从第 425 页到 461 页〔第一版页数〕，都是用对照形式排列的，凡属于正题的列在左边，属于反题的列在右边。我这样做是要使正题和反题易于互相比较。

---

① "二律背驰"是原德文的 Antinomie 之译，又译为"二律背反"。——中译者

第二版序文

[17]

  属于理性领域内知识的处理是否沿着一门科学的稳妥途径而进行，从它的结果来看是极易断定的。因为，如果经过细致准备之后，经常又重新起头，而接近目标时，又须立刻停止下来；如果常常迫不得已要走回头路而走向另一条新的前进路线；再不然的话，如果各个参加工作的人不能一致采取前进的共同计划，那么我们就可深信，工作是远远没有踏进科学的稳妥途径，而不过是一种在暗中胡乱摸索而已。在这种情况下，如果我们能够找到理性所能安稳进行的途径，我们对于理性就是做出一种贡献，即令在这样做时，其结果是会把原来没有经过反思而在我们的始初计划中所采取的许多东西作为无效果而予以放弃。 Bvii

  自古以来，逻辑便已在这条可靠的途径上前进。这点从以下这个事实就可证明，即亚里士多德以后，逻辑毋须走一步回头路，除非我们实在要把某些不必要的细微末节删除和改进它所承认的教义使之阐述得更清楚。可是这些都是有关优雅的润色而不是有关这门科学的确实性的。还有值得注意的一点就是，到现在为止，这个逻辑已不能前进一步，因而从一切表面上看，它已是一封闭的完整的①系统。如果现代有人要在逻辑中引入心理学数章来谈知识能力（如想像力、机智等等），或者引入形而上学数章来谈知识的起源或按照对象中的差别来谈各种不同的确实性（如观念论、怀疑论等等），或者引入人类学数章来谈偏见以及偏见的各种原因与补救的方法，这都是由于他们的对于逻辑科学的无知所引起的。如果我们让各门科学互相越俎代庖，结果就不是扩大各科学，而是损坏其面貌。逻辑的范围是很精确地被规定的；它的惟一任务是要对一切思想的形式规则予以穷尽的阐述和严格的证明，不管思想是验前的或经验性的，不管它的起源是什么，它的对象是什么，也不管它在我们的心中可能碰见的偶然的或自然的阻碍是什么。 Bviii

[18]
Bix

---

  ① 这只是康德在18世纪对于形式逻辑的看法。——中译者

逻辑一直有这样的成功,完全是在于由它的各种限制而得出的一种优越性。由于有了这种限制,它就有正当的理由抽掉(事实上它不能不抽掉)知识的一切对象与其差别,而剩下来给知性所要处理的无非是其本身及其形式。但是理性如要踏进科学的可靠途径,当然就困难得多,因为理性所要处理的不但是它本身,而且还有各种对象。因此,逻辑作为学术初阶,可以说只形成各科学的门径而已;而在我们从事于研究各种特定的知识时,一方面在各科学的任何批判的评价上,诚然必须以逻辑为前提,然而另一方面,我们要在实际上获得这些知识,就不得不仰赖各种正当称为科学的科学,也就是各种客观的科学。

Bx 然而,如果理性要在这些科学中成为一个因素,则在这些科学里就必须有某种东西是验前被知道的,而且这种知识与其对象的关系不外两种途径,或者只是确定这对象及其概念(这必须是从别处提供出来的),或者又使之成为现实的。前者是理性的理论知识,后者是理性的实践知识。在这两种知识里,理性在其中完全验前确定其对象的那一部分,即纯粹的部分——不管这部分所包含的是多是少——如果它是和来自其他源流的东西混杂在一起的话,必须首先分开来处理。因为如果我们一味盲目支付,而到了入不敷出的时候,我们就不能分辨哪部分的开支是正当的,以及要缩减开支时,须在哪方面进行精减,那就是很坏的经营了。

[19] 数学和物理是理性在其中产生理论知识的两门科学,它们是要在验前确定其对象的。前者是完全纯粹地确定其对象,而后者则要估计到理性以外的其他知识来源,至少其中一部分是如此。

Bxi 在人类理性的历史所能追溯到的最早时代里,数学在希腊这个令人惊叹的民族中就已经踏进科学的可靠途径了。可是必不可认为:数学像逻辑那样,很容易碰上那条康庄大道,或者应该说,替它自己筑成那条康庄大道,因为在逻辑里面,理性只须单单和它本身打交道。与此相反,我却相信,数学很久(特别是在埃及人当中)是停留在摸索的阶段上,而其转变一定是由于一个人的幸运思想所引起的革命。这个人所设计的实验,划定了这门科学所必须踏进的途径,而沿着这途径就必然获得通贯一切时代的和无止境的发展上的稳步前进。这次智力革命的历史(其重要性远远超过发现绕航著名好望角的通道)和它的幸运创作者的历史并没有保留下来。但是第奥根尼·拉尔迪乌斯(Diogenes Laertius)在传下来关于这些事情的记载里却举出几何实证中最不重要的实证为创始人的名字(用常识来判断是无须有这种证明的),这一事实至少说明,为这条新路的曙光所引起的有关革命的记忆,对数学家来说,看来必是如此异常重要,才使它不为遗忘所淘汰而留传至今日。一线新的光辉闪烁在第一个人的心上(不管他是泰勒斯或是别人),他是第一个论证二等边三角形属性的人。他是这样发现的,其正确的方法不是在几何形里或在只是几何形的概念里检查他所看到的东西,好像从这东西看出它的各种属性似的;而是发现那必然含蕴在他自己验前所形成的一些概念里,而且又是他所曾在他借以把那几何形呈现于他自己的结构里而放进那几何形中的东西。如果他要以验前确定性来知道任何东西,他就必不可把任何东西归之于几何形,除非是从他自己按照他的概念而放进那几何形里的东西所必然地推论出来的东西。

自然科学踏入科学的康庄大道的时间就更晚了。事实上,自从培根以他的天才的建议(一方面开始了这个发现,另一方面重新鼓舞了行将做出这种发现的那些人),为时大约一百五十年,在这个事例中,其发现也可以说成是智力革命的突变的结果。我所说的自然科学是仅指建立于经验性的原理之上而言的。

当伽利略(Galilei)使他事前预先确定其重量的一些圆球在斜面滚下来时,当托里赛利(Torricelli)使空气载有预先计算好和水的一定容积的重量相等的重量时,或在更近的时期,当斯塔尔(Stahl)把金属变为石灰,把石灰又变回金属,是用抽出其中某种东西,然后再把它放进去这种方法的时候[a],一线光明就突然出现在所有研究自然者的面前了。他们从而知道,理性只是在按照自己的计划而产生的东西里面才有其洞见,绝不可使自己让自然的引带牵着走,而必须自己依据固定的规律所形成的判断原理来指导前进的道路,迫使自然对理性自己所决定的各种问题做出答

(a) 在我所选择的例证中,我不是在追溯实验方法史的准确过程,事实上,关于实验方法史的开端,我们并没有确实的知识。——康德自注

案来。凡不是依照预先设计的计划而做出的偶然的观察是永远不能产生任何必然性的规律的,而发现必然性的规律就是理性的惟一任务。理性一手拿着原理(唯有按照这些原理,互相一致的出现才可被认为等值于规律),另一手拿着它依据这些原理而设计的实验,它为了向自然请教,而必须接近自然。可是,理性在这样做时,不是以学生的身份,只静听老师所愿说的东西,而是以受任法官的身份,迫使证人答复他自己所构成的问题。因此,即令物理学所"具有有利条件的"① 革命,在它的观点上,也完全由于以下这个幸运的思想,即凡理性不能由自己的资力所知道的东西就必须只从自然来学习(如果有学习的可能的话),这种东西必须在自然中去寻找,而不是虚构地归于自然,但是在寻找的过程中,理性必须采取把它自己放进自然里面的东西作为它的指导,自然研究只是这样经过许多世纪的冥行摸索,然后才踏进科学的稳妥途径的。

形而上学是完全[和其他部门]孤立起来的一种理性的思辨学问。它高翔在经验教导之上,在这种思辨学问里,理性其实是它自己的学生。形而上学只以概念为依据,不是像数学那样,以概念对直观的应用为依据。但是,虽然它比其他一切学问都较为早出,而且即令一切其他学问都为无不毁灭的野蛮所吞噬,而它却还会留存下来,然而它还没有得到踏入科学坦途的这种幸运。因为,在形而上学里,理性总是停滞不前的,虽然,它所想要得到的像它所宣称的那样,具有验前洞见的规律,也就是我们最平凡的经验所证实的规律。我们一而再地要走回头路,是因为我们走的路总是不能引导我们走上所想走的方向。加之形而上学的研究者们,在他们的争辩中,还远远没有显示出任何一致之处,结果形而上学宁可被视为一个战场,它特别适合于想在教练斗争中锻炼自己的人们,而其中没有一个参加者能赢得甚至一寸的阵地,至少不能在那阵地上获得永久的占有。这就毫无疑问地证明形而上学的进程一直是单纯的一种盲目摸索,而最坏的一点就是这种摸索乃是在纯然的概念之中的摸索。

那么,在这个领域里,迄今一直没有发现走向科学的坦途,其原因是什么呢?难道发现是不可能的吗?如果是的话,何以自然却把毫不停息

---

① "具有有利条件的"是德文 vorteilhafte 之译。英译为 beneficent 似不甚清楚。——中译者

地寻找这样一个途径的努力来烦恼我们的理性,好像这就是理性最重要的事情之一呢?不但如此,如果在我们不得不获得知识的最重要的一个领域中,理性不只是使我们失望,而且还用种种欺骗的诺言来引诱我们前进,最终却辜负了我们,我们还有什么理由来信任我们的理性!或者说,至此为止,我们还没有发现真正的途径,那么又有什么征候使我们有正当的理由来指望再加一把努力,我们就可以获得比我们前辈所遭遇的更好运气呢?

　　数学和自然科学由于一次突然的革命就成为今日的这个样子,这种实例,依我看来,足够令人注意并指示我们应该考虑:使这些科学受益如此大的变革观点中,最重要的特征究竟是什么。数学和自然科学作为理性的知识部门,就其能与形而上学类比的限度内来说,其成功至少可以使我们作为一种试验来倾向于模仿其进程的。人们一向假定我们的一切知识必须符合于对象,可是,使用概念,在验前建立关于对象的某种东西以扩大我们关于对象的知识,这一切企图,按照上述的假定,都终归失败了。因此,我们必须尝试一下,如果我们认定对象必须符合于我们的知识,看看在形而上学中这样做,我们会不会有更多的成就。这就会和所想望的更为一致,即应该有可能在验前得到关于对象的知识,在对象被给予之先就确定关于它们的某种东西。这样,我们就恰恰在哥白尼最初的想法①这条路线上前进。哥白尼认为,按照天体围绕着观察者而旋转这个假定不能在解释天体运动上取得令人满意的进展,所以,他就试一下,如果让观察者旋转而让星球静止,看能否得到更好的成就。关于对象的直观,可以在形而上学里做类似的试验。如果直观必须符合对象的性质②,我就不明白我们验前怎能对于对象知道什么;可是,如果对象(作为感官的对象来说)必须符合于我们直观机能的性质,我就没有困难来设想这样的可能性。如果直观要成为被知道的,我就不能停止在这些直观上而不前进,而必须使它们作为表象并和那种作为其对象的某种东西发生关系,且通过它们来确定这个对象,那么,我必须或者假定我所借以获得这种确定的一些概念符合于这些对象,或者假定这些对象(亦即这些经验,因为对象

---

① "想法"是原德文 Gedanken 之译。英译为 hypothesis 似不切原文,故改今译。——中译者
② "性质"是原德文 Beschaffenheit 之译。——中译者

唯有在经验中才作为所予的对象而被我们所知)符合于这些概念。在前一种情况下，我就处在同样的窘惑之中，即我如何能在验前知道关于对象的什么。在后一种情况下，前途就较有希望。理由就是，经验本身包含有知性的一种知识，而知性有其规则，我们必须预先假定这些规则在对象被给予我们之先就在我们里面，因而就是验前的。这些规则在经验的一切对象所必然与之符合的验前概念里获得其表达，而且对象必须和这些概念相一致。至于只是通过理性才被思想到，而且事实上作为必然的而被思想、但绝不能在经验中被给予出来的对象(至少在理性想到它们的方式上不能在经验中被给予出来的)，那么，在对它们进行思维的种种企图中(因为它们必定是可以被思维的)，就提供一个良好的检验我们所采取的新的思想方法——即我们关于事物能在验前知道的只是我们自己所放进事物里的东西——的试金石(a)。

这个实验将如人们所想望的那样而成功，而且对形而上学期许在其第一部分(即研究那些与之相应和相称的对象能在经验中被给予出来的验前概念的那部分)有踏入科学稳妥途径的希望。因为这个新观点使我们能够说明如何能有验前的知识；而且提供令人满意的证明来说明那些成为自然(视为经验对象总和)之验前的基础的规律——这两种成就都是以前所遵照的方法所不能得到的。但是关于我们验前的认知能力的这种演绎，在形而上学的第一部分中有一个令人吃惊的后果，这后果看起来对于第二部分所处理的形而上学的全部意图却是极其不利的。因为我们不得不作出这个结论：即我们永远不能超出可能经验的限度，虽然那正是这门学问所最想获得的成就。可是这种情况也就产生此种实验，使我们间接能够由以证明我们关于理性的验前知识的第一个估计的真实性，即这

(a) 这个以自然研究者的方法为典范的方法，在于在使用实验来证实或驳斥的这种方法中寻找纯粹理性的诸要素。但是，纯粹理性的命题，尤其是在越出可能经验一切限度以外的时候，是不能像在自然科学中那样通过对它们的对象进行实验而作出检查的。在处理我们验前所采取的那些概念和原理时，我们所能做到的，只是设法使用它们从两个不同的观点来看对象——一方面，和经验相联系，作为感官和知性的对象来看，而另一方面，对于努力于超出经验的一切限度的孤立理性来说，是把对象视为只是被思的对象。如从这两个观点来看事物时，我们发现和纯粹理性的原理相一致，但是在我们只从一单个观点来看事物时，理性就陷入不可避免的自相矛盾，由此可见，实验实可决定这种区别是正确的。——康德自注

样的知识只和出现有关,至于事物本身(die Sache an sich selbst)则一任其本身作为实在的事物,可是却为我们所不能认知。因为那必然迫使我们超出经验之限度和一切出现之限度的东西乃是不受条件限制的东西,这东西是理性所必然而且有权在"物之在其本身"①中所要求的,因为要想完成条件的系列,这不受条件限制的东西是必要的。如果假定我们经验性的知识符合作为"物之在其本身"的对象,那我们就会发现,去思考这种不受条件限制的东西就不可能没有矛盾,但是,如果当我们假定我们关于事物的表象(如它们对我们被给予出来的那样),不是像这些"物之在其本身"那样符合这些事物,而是假定这些对象作为出现,是符合我们的表象方式的,这时,那种矛盾便消逝了;所以,如果我们发现这种不受条件限制的东西在我们认识事物时,即当它们对我们被给予出来时,它是不能在事物中见及的,而只在我们不认识它们时,即在它们是"物之在其本身"时,这不受条件限制的东西才可能在该在其本身来说的事物中被发现,那么,我们就有正当的理由做出结论说,我们起初为了实验的意图而假定的东西,现在就明确地得到证实了(a)。但是,当我们这样否认思辨理性在超感性的东西的范围内有任何进展时,我们仍然还可以研讨,在理性的实践知识里面,可否发现足够材料来确定理性关于不受条件限制的东西的超验②概念,而这样就使我们能够按照形而上学的愿望,并且利用验前有可能的知识(虽然只是从实践的观点而言的),来超出一切可能经验的限度。思辨理性至少为这样一种扩充留有余地;如果它同时必须让这余地空闲着,而我们仍有自由,实在说来,我们有使命(如属可能)用理性的实

———————————————

① 这是德文 Dinge an sich selbst 这一短语之译,一般中译为"自在之物"(或"物自体")。因康德的原意是"就其本身来说的事物"或"事物之在其本身来说",所以我们改译如是。——中译者

(a) 这个纯粹理性的实验十分类似化学中有时称为还原法的实验或通常称为综合的过程。形而上学者的分析把纯粹验前知识分为两种极不同质的要素,即关于作为出现的东西的知识和关于"物之在其本身"的知识,其辩证法又把这两者结合起来,和理性所要求的不受条件限制的东西这个必然的观念相协调,而且他又发现这种协调是永远不能得到的,除非是通过上面所讲的区别,因此这区别是必须承认的。——康德自注

② "超验"是原德文 transzendent 之译。"超验的"是超出经验以外的,其意思不同于"先验",因先验的虽不从经验而来,可是不能用于经验范围以外,而是在经验发生时,同感性的东西一起起作用的,故"先验的"之"先"不作为时序先后之"先"理解。——中译者

践材料去占领此余地(b)。

为了改变一向在形而上学中所盛行的进行程序,按照几何学家和物理学家所树立的榜样来使形而上学彻底革命化,这个企图事实上就成为纯粹思辨理性这一批判的主要目的。本批判是关于方法的一部著作,而不是科学本身的一种体系。但是与此同时,它却规划了这门学问的整个计划,不仅有关它的界限,而且有关它整个内部的结构。因为纯粹思辨理性具有这种特点,就是它能按照它所选择的思维对象之不同方法而衡量它的各种能力,而且它又能穷尽地列举它用来提出其问题的各种各样的方法,这样它就能划出——不能不划出——形而上学体系的完整轮廓。关于第一点,在验前的知识中没有什么东西能归之于对象的,除非是思维主体从它本身得出来的;关于第二点,纯粹理性,就其知识的各原理来说,乃是完全和其他东西分别开来的一个独立自存的统一体,在它里面,像在一个有机体里面那样,每一个组成部分都为着其他一切组成部分而存在,而且全体为着每一部分而存在,这样,就没有一条原理可以稳妥地只在任何一个关系上来理解,除非是在其与纯粹理性的全面使用相关的一切关系上严密审查之后。其结果就是,形而上学又具有这个特别的有利条件,这是任何研究其他对象的科学所想不到的(因为逻辑所从事研究的只是一般思想的形式),所以假使它通过这部批判而踏入科学的稳妥途径的话,它就能够获得它的全部范围的所有一切知识而无遗漏了。形而上学所要处理的只是各原理以及这些原理本身所规定的关于它们的使用限度,因而它就能够完成它的工作而把它遗留给后代作为无可增益的资本。既然它是一门基本的学问,它就不得不达成这个完整性。关于形而上学,我们必须能够说:如果还有要做的事,那就不能算是完成的工作。(拉丁

(b) 在类似的情况下,天体运动的基本规律,给了哥白尼起初假定只是一条假设的东西以证实了的确实性,而与此同时,提出了那不可见的、使宇宙连在一起的力(即牛顿的引力)的证明。如果哥白尼不敢在和感官相矛盾的联结方式却是真实的方式上,不在天体里面而在观察者里面,寻求那所观察的运动,那么那不可见的力就会一直不能被发现了。我把类似于这个假定而在这部批判里阐明的观点之改变,在本序文中提出来,只是作为一种假设,为的是叫人注意到这样一种改变的企图有初次尝试的性质,而这些尝试始终是假定性的。但是,在这部批判本身里我们却将要从我们关于空间与时间的表象的本性,并且从知性的基本概念,断言地证明它而不是假言地证明它。——康德自注

原文:nil actum reputans,si quid superesset agendum.)

但是有人会问,我们想要遗留给后代的是一种什么宝藏呢?作为这种通过批判而予以纯洁化的,并且是一劳永逸地固定下来的①形而上学,其价值是什么呢?走马看花地读读我这本著作,可能觉得它的种种结果纯是消极的,只是警告我们决不可用思辨的理性来冒昧地越出经验的限度而已。事实上这确是本书的第一个用途。但是,当人们完全懂得②思辨的理性用来冒昧地越出其应有的限度以外的原理,其结果不是扩大理性的用途,而是在缜密检查的时候,却发现这样做必然缩小它的用途,那么这种教训就立刻取得其积极的价值了。这些原理本来不是属于理性而是属于感性的,而把它们这样来使用时,其危险就是使感性的界限和实在的东西等同起来,从而也就在理性的纯粹的(实践的)使用中把理性挤掉了。所以,就我们的批判之划清思辨理性的界限来说,它固然是消极的,可是由于这样,它却清除了横在实践理性路程上的障碍,而且还清除了危及其存在的一种障碍,实际上它是具有一种积极而且十分重要的作用的。至少一经我们相信有纯粹理性的一种绝对必要的实践用途,即道德的用途,而在那用途上理性就必然越出感性的限度,那么上面所讲的批判的作用就是如此。虽然实践理性在这样进行时,不需要思辨理性的帮助,但是它却必须保证不会受到思辨理性的反对,使得理性不致陷入自相矛盾。否认批判的贡献是积极的,就等于说,警察没有积极的作用,以为警察的主要职务不过是防止公民所惧怕的暴行而使各人得以安居乐业而已。空间与时间只是感性直观的形式,因而只是作为出现看的事物存在的条件;而且除非是在与概念相应的直观能被给予出来的这个限度之内,我们就没有任何知性的概念,因而也就没有关于事物的知识所需要的要素;所以我们不能有任何作为"物之在其本身"的对象的知识,而只在它是感性直观的对象的这个限度之内,就是在它是一种出现的这个限度之内,才有这种知识——这一切都是在这《批判》一书的分析部分里得到证明的。所以

Bxxv

[27]

Bxxvi

---

① "固定下来的"是按原德文的"in einen beharrlichen Zustand gebrachten"这一短语而中译的,似比英译的"established once for all"较切原意。——中译者

② "人们完全懂得"是原德文的"man inne wird"之译,比英译本的 recognise 似更妥。——中译者

结论只能是,理性的一切可能的思辨知识都限于经验的对象。但是我还有一个争论之点也必须好好地牢记在心,那就是,虽然我们不能知道这些对象之作为"物之在其本身",可是我们却还有条件至少来思想它们之作为"物之在其本身"(a);不然的话,我们就会陷入于悖理的结论:即不能显现的东西却可以是出现了。现在让我们假定没有在"作为经验的对象的东西"和"作为物之在其本身的这些同样东西"二者之间作出区别(我们的批判已经证明这种区别是必需的),假使是这样的话,所有一般事物,就它们是动因来说,就都会是因果作用的原理所确定的,因而也就是自然的机械作用所确定的了。因此,我就不能避免明显矛盾地去说,同一个东西,例如人的灵魂,它的意志是自由的,而又是为自然的必然性所支配的,即不是自由的。因为我们在两个命题里,把灵魂在同一个意义上来理解,就是作为一般的事物,即作为物(Sache)之在其本身来理解;而且除非用前面的批判,我们是不能不这样做的。但是,如我们的批判所教导的,要在双重的意义上来理解对象,就是既作为出现而又作为"物之在其本身"来理解它,那是没有错误的;如果知性的各概念之演绎是有效的,因而因果作用这条原理只适用于在前一种意义上的事物,即作为经验对象来说的事物(这些同一的对象,在另一种意义上来理解,就不从属于因果原理),那么,认为同一个意志,在出现中(即在其可见的动作中)必然从属于自然的规律,在这限度内是不自由的,然而作为属于事物之在其本身,它就不从属于自然规律,因而就是自由的,这样就没有什么矛盾了。从后一个观点来看,我的灵魂诚然不能用思辨理性来认识(更不能通过经验性的观察来认识);而"自由"作为一个存在者的属性(我是把感性世界中的影响归之于这种存在者的)也就不是在任何这种方式上可以认识的。因为这样一来,我就得把这样一个存在者作为在它的存在上被确定而在时间上又是不被确定的来认识——这是不可能的,因为我

(a) 为要认知一个对象,我就必须能够证明其可能性,或者从其经验所证实的现实性,或者用理性在验前证明它。但是我是能够思想到凡我要思想到的东西的,只要我不自相矛盾,就是说,只要我的概念是一个有可能的思想。为了概念的可能性,这也就够了,即令我不能保证在一切可能性的总和里有和它相应的一个对象。但是还需要更多的东西,我才能把客观有效性,即实在的可能性,归之于这样的一个概念;前一种可能性纯是逻辑的可能性。然而上面所说的更多的东西却毋须在知识的理论的来源中去寻找,但它可能存在于实践的来源里面。——康德自注

不能用任何直观来支持我的概念。虽然我不能认知自由,然而我却还能思维自由;那就是说,只要好好地考虑到我们关于表象的两种方式的批判区别,即感性的方式和知性的方式之间的区别,而且考虑到知性纯粹概念的限制和从这些概念而来的种种原理的限制,则自由的表象至少不是自相矛盾的了。

如果我们承认,道德必然预先假定自由(在其严格意义上的自由)作为我们意志的一种属性;就是说,如果我们承认道德产生实践的原理——即处在①我们理性中的根本原理——作为理性的验前材料,且除假定有自由以外,此事是绝对不可能的;如果与此同时,我们又承认思辨理性已经证明这样的自由是不可思议的,那么前一假定——即为道德而作出的假定——就得要让位于那另外的争论,其反面是含有明显的矛盾的。因为,既然在自由的假定上,道德的否定才含有矛盾,现在如果说自由是不可思议的,那么自由连同道德一起,就得让位于自然的机械作用了。

事实上,道德并不要求自由能为人所理解,而只要求它不自相矛盾,使得它至少是可以为人所思想的,而在这样为人所思想时,它对于自由的行动不发生障碍(所说的是在另一关系上来看的行动),同时又符合自然的机械作用。所以道德学说和自然学说都可以各自维持②其地位。可是,这一点之所以成为可能,只是因为批判已事先证明我们对于物之在其本身必然一无所知,而且把我们能在理论上知道的东西完全限于纯然的出现。

这种关于纯粹理性批判原理的积极用途③的讨论,可以同样展开来谈论神的概念和我们灵魂单纯性的概念;但是为了精简起见,我们可省略掉这进一步的讨论。从上面已经说过的就可明白,甚至为着理性所必需的实践用途而作出的关于神、自由和灵魂不死的假定都是不容许的,除非同时把思辨理性对于超验的洞见这种僭妄予以取消。这是由于为了达到这样的洞见,它就必须利用事实上只能推广到可能经验的对象的原理,而这些原理,如果也用在那些不能成为经验对象的东西上面时,就总是在实际上把这对象变为一种出现,这样一来,就使纯粹理性的一切实践的推广

---

① "处在"是原德文"liegende"之译。——中译者
② "维持"是原德文的 behauptet 之译,英译为 make good 似不妥。——中译者
③ "用途"在这里是原德文的 Nutzen 之译。——中译者

成为不可能。我因此就得扬弃①知识,以便替信念②留有余地。形而上学的独断论,即没有事前对纯粹理性加以批判就认为有可能在形而上学中进行的这种成见,乃是一切总是很独断的、敌视道德的怀疑态度③的根源。

[30]　　那么,虽然要把一部有系统的、按照纯粹理性的批判而构成的形而上学遗留给后代,可能不是十分困难的事,但是我们不可轻估这一遗产。因为不但理性将因而能够沿着科学的稳妥途径前进,不像以前那样胡乱摸Bxxxi 索没有加以审察或自我批评;而且从事研讨的青年也有条件来更有效地利用他们的时间,较胜于耽误在通常的独断主义里,以至早时期就大大地受其鼓动,醉心于随意冥思他们毫不了解的东西,冥思他们和任何其他的人不能有所洞见的东西——其实也就是受着鼓励来捏造一些新观念新意见,而忽略基本的科学之学习④。尤其重要的是,对于道德和宗教的反对意见就将永远没有话可说了,这是用苏格拉底的方式,即用最清楚的证明来说明反对者的无知。世界上始终有,而且将来也会继续有某种形而上学,但同时也会有纯粹理性的辩证性质的存在。所以哲学的第一而最重要的任务,就是要从起源上来打击形而上学中的错误,一劳永逸地来消除其中的有害影响。

Bxxxii　　纵然在科学的范围内有了这种重要的改变以及思辨理性虽然必须忍受其想象的所有物之损失,但是人类一般关心的东西,依然是像以往那样,处在同样的优越地位上而不变,而世人一向从纯粹理性的教导所得来的种种利益是绝不致减少的。其损失只影响到学阀的独占权,而丝毫不影响人类的任何利害关系。我质问最顽固的独断论者,从实体的单纯性

---

①　"扬弃"是原德文 aufheben 之译,英译为 deny(否定)失去了康德的原意。aufheben 有提高而改变之后加以保留其实质的意思,不是否定,更不是取消。这词以后在黑格尔的辩证法中是非常重要的。——中译者

②　"信念"是原德文的 Glauben 之译。不应译为"信仰",德文的 der Glaube 在宗教上译为"信仰",但是在日常行动上则当译为"信念"。例如在实践上,没有科学根据就不能说某种做法是正确的,但是在当前的具体情况下,我们相信这样做是对的,那就是信念。在这里,康德这一句话是在谈到理性的推广到实践时说的,不应牵涉到什么宗教信仰。看他的前后文,尤其是看紧接着这后面的一句话便知。——中译者

③　"怀疑态度"是原德文的 Unglauben 之译,直译应为"不信"。——中译者

④　"基本的科学之学习"是原德文 die Erlernung gründlicher Wissenschaften 之译。英译为 the study of the better-established sciences 似嫌不妥,故未照译。——中译者

得出来的关于灵魂在身体死后的继续存在的证明,或者从主观实践的必然性和客观实践的必然性之间的那些难以形容而无实效的种种区别而得到的作为和普遍的机械作用相对立的意志自由的证明,或者从最实在的存在者(ens realissimum)这个概念(即变化体的偶然性的概念和第一动因的必然性的概念)演绎出来关于神的存在的证明等等,是否曾经走出学阀之门而达到公众的心或对于公众的信念起过其最微薄的影响呢?从来就没有发现过这种事情,而从通常人类的理解力对于这种烦琐的思辨之不适应这点来看,是绝不应该指望有这样的事情的。这种广泛为人主张的信念,就其为依据理性的根据来说,完全是由于别的考虑而来的。对来生的希望乃起源于我们本性之不满足现世这种显著特质(由于现世对于人类全部归宿的各种容量有所不足);自由的意识是完全依据各种义务的明白展示而与种种欲望的要求相对立的;对一位聪明而伟大的创世主的信念是单独产生于自然中到处显示出来的光荣秩序、美丽和天眷的。当各学派不能不承认它们对于人类所普遍关心的事情,并不能要求有更高、更圆满的洞见(广大公众所能达到的洞见一向是我们所极度尊重的),当它们不能不承认,它们作为哲学学派来说,应该只限于研究那些普遍可理解的且在道德的意图上又阐发其充足证明根据的时候,那么,不但上述的所有物(即灵魂不死、意志自由、神存在等)不会受到动摇,而且正是通过这个事实而获得更大的权威。思想的变革只影响学阀的狂妄自负,想作为这样一些真理的惟一创作者与拥有者(一如它们在许多其他的知识部门所能正当地自认为那样),把真理的钥匙掌握在自己的手中,而只把真理的用处传达给公众——"凡是我不知道的东西,只想显出是知道的"(quod mecum nescit, solus vult scire videri)。与此同时,对于思辨哲学家的较适度的要求则予以应有的尊重。关于有益于公众而不为公众所认识的一门学问,即理性的批判,思辨哲学家依然还是其惟一的权威。那种批判永远不能成为通俗的,事实上也毋须成为通俗的。因为,正如赞成有用的真理中的精细论证对于常情不能投合那样,凡能提出来以反对真理的种种巧妙意见也同样不能投合常情。另一方面,两者都必须呈现于每一个达到思辨的高度水平的人面前;因而各学派的职责就是要利用彻底研究思辨理性的权限所在,来一劳永逸地防止被人所轻侮。且由于形而上学家们(而且最后还有僧侣)因其教义趋向歧途所不可避免地卷入的争辩,此种轻侮甚至迟早必在公众间发生。只有批判才能根除唯物论、命定论、无神论、无信仰、狂信与迷信,这一切都是能够成为普遍有害的;而且还要根除观念论与怀疑论,此二者主要危害于各学派而尚难传到公众。如果政府认为应该干涉学者的事情,那么,维护这种批判的自由(因为惟有靠这种批判,理性的劳作才能建立在牢固的基础之上)则较之支持学派的可鄙的专横,更合于对科学对人类的贤明爱护,因为,此等学派叫嚣说蜘蛛网的毁灭是公众的危害,而这些蜘蛛网却是公众所绝不关心的,因此其消失就绝不是公众所能感觉到的。

  本批判并不和理性在其作为科学的纯粹知识的独断进程相对立,因为那进程总是独断的,也就是说,它必须从可靠的验前原理产生严格的证明。这批判只反对独断主义,即反对认为有可能按照原理只从一些概念(哲学的概念)来推进纯粹知识,就像理性长久就有这样做的习惯那样;而且反对认为"只从概念去进行纯粹知识而毋须首先研究理性用什么方法、凭着什么权利可获得这些概念"这样一种独断。所以独断主义乃是没有事先批判过它自己的各种能力的纯粹理性的独断进程。在反对独断主义时,我们必不能让假借通俗化的名义纵容乱说一通的肤浅行为,也不能纵容把一切形而上学迅速处理掉的怀疑主义。与此相反,这种批判是为一种彻底有根据的形而上学作必要准备的,这种形而上学作为科学,必须按照体系最严格的要求而断然地发展出来,使之所能满足的不是一般群众而是学派的需要。因为那是它保证满足而不可忽视的需要,也就是它要完全在验前完成它的工作,使得思辨理性完全满意。在执行这批判所规定的计划时,即在未来的形而上学的体系中,我们因此就必须遵从最伟大的独断哲学家、著名的沃尔夫(Wolff)的严格方法。是他首次以实例指出了一门科学如何才能稳步前进(而且他用他的实例唤起了在德国至今还没湮灭的彻底精神),那就是只有通过原理的按照秩序的建立,概念清楚的确定,坚持证明的严格性,在推论中避免轻率与不按次序的步骤。如果他曾想到,在事前靠一种工具的批判即批判纯粹理性本身,他就特别是适合于把形而上学提高到科学的尊严地位的人。他没有能这样做,与其说是应由他自己负责,毋宁说是应由当时流行的独断思想方法负责,而当时和以前的所有哲学家,都不应该以此来互相责难。既不采取沃尔夫的方法,又不按照纯粹理性批判程序的那些人,只是以完全摆脱科学的束缚为其心愿①,而这样就把工作变为儿戏、正确性变为意见、哲学变为个人的武断了。

现在说到这第二版,我如应该做的那样,努力于利用这个机会,尽力之所及,删去可能由于我的过失而引起的,乃至精明的思想家在批评我这本书时而陷入误解的那些困难和晦涩之处。命题本身及其证明、〔结构的〕计划的形式及其完整性,我都没有发现要改正的。其所以是这样,部分是由于我长期对这一切加以审查,然后才拿来出版,部分也是由于所要处理的题材的性质。因为纯粹思辨理性有一种结构,其中任何东西都是一个机件,全体为着每一部分,而每一部分又为着其他一切部分,因之乃至最小的一个缺点,不管是错失或者是缺陷,都一定不可避免地在使用中暴露出来。这个体系,如我所期望的那样,将必永久保持这种不可变性。使我有正当理由来这样相信的,并不是自高自大,而是实验上所得的证据,即无论是从纯粹理性的最小的要素而到其整体,或者掉转过来,从整体到每一部分(因为整体通过它的最终目的在实践领域中也是呈现于理性的),其结果是相等的。任何想要改变即令最小一部分的企图,便立刻引起不只在体系中,而且在一般人类理性中的矛盾。另一方面,关于阐述的方式,还有许多未做到的;而在这版里,我竭力做出一些修正,要除去:(1)关于感性论的误解,尤其是关于时间的概念;(2)知性概念演绎的难解之处;(3)在纯粹知性的各原理的证明中,人们认为充分证据之缺乏;(4)关于对理性心理学所提出的谬误推理中人们的不正确解释。在此以后,即在先验辩证论第一章结束以后,我在阐述方式上并未做任何修改(a)。时间太过于短促,不容有更多的修改;而且关于其余各部分,我在有资格

---

① "心愿"是原德文的 Sinnes 之中译,英译为 aim(目的)不妥。——中译者

(a) 严格地说来,惟一的增加(虽只影响到证明的方法),是对心理学的观念论的新驳斥(参看后文 P.244〔原页码〕《观念论的驳斥》)和对于外直观的客观实在性的严格的(我相信也是惟一可能的)证明。观念论就形而上学的重要目的而言,可以认为无害(虽然事实上不是无害),然而说我们必须只能以信念来承认我们外边的事物的存在(而对我们,乃至对我们的内感官来说,是从这些事物得出知识的全部材料的),而且又说,如果任何一个人喜欢去怀疑我们外边的事物的存在,我们也不能用任何令人满意的证明来反对他的怀疑,这对于哲学和对于一般人类的理性来说,依然还是一种耻辱。既然在第 3 行到第 6 行的证明中所用的表达方式里有些难解之处,我

Bxli
Bxlii 而又公平的评论者中还没发现任何误解。虽然我不冒昧地提出这些评论者的姓名而恰如其分地赞扬他们，但是在上述新修改的几段中，就可容易看出我对于他们的评语曾加以注意。然而这些修正是含有一点小的损失的，那就是我不得不删去或者节略的一些段落对许多读者可能还有点帮助，因而他们觉得还是需要的。但是除了使本书变得越加繁重，这些删改却是不可避免的，而且事实上并无损于整体的完整性，这样，我才能得到我所希望的更可理解的阐述所需要的篇幅。这种修正，虽然在提出的命题的基本要义上，或者在其证明上，丝毫没有任何变动，但是在这里或那

Bxl
[35] 谨修改如下："但是这持久的东西不能是我里面的直观，因为在我里面所见的关于我的存在的确定的根据都是一些表象；而由于表象本身需要一种持久的不同于表象的东西，在和这东西的关系上，表象的变更以及我在表象变更的这个时间中的存在，才可以得到确定。"可能有人反对这个证明，说我所直接意识到的，只是在我里面的东西，即我关于外边事物的表象；结果就是在我的外边有没有什么与之相应的东西，依然是不确定的。可是通过内部的经验，我意识到我在时间中的存在（因而就意识到我的存在在时间中的可确定性），而这就是多于单纯意识到我的表象了，这就等于我的存在的经验性的意识。这意识只通过和某东西的关系才是可确定的，而这某东西虽是和我的存在结合在一起，但却是在我的外边的。在时间中，我的存在这个意识是以同一的方式和对于我外边某东西的关系这个意识结合在一起的，因而它把这个外边的东西和我的内部感官不可分割地联系着的是经验而不是虚构，它是感官而不是想像力。因为外部感官在其本身已经就是直观对于我外边的现实某东西的一种关系，而外部感官的实在性在其与想象的区别上，就只依据在这里发现为发生的东西，也就是它的不可分割地和内部经验结合在一起作为它的可能性的条件的东西。如果在伴随着我的一切判断和知性活动的"我存在"这个表象之中，我能同时用我的存在这个知性的意识来联系着一个通过知性的直观的我的存在这个确定，那就不需要有和我外边某东西的关系这个意识了。但是，虽然那个知性意识在实际上是先来的（德文 vorangeht），而那"只有在其中我的存在才能得以确定"的内部直观却是感性的且和时间这个条件结合在一起的。然而这个确定和内部经验

[36] 本身，其所依据的乃是在不在我里面的某持久的东西，而只能是在我外边的某东西里面，我必须把我自己视为和它是有关系的。这样一来，如果一般经验要成为可能的话，外感官的实在性就必然和内感官结合在一起；也就是，我之意识到我外边的东西与我的感官有关，其确实性恰恰和我意识到我自己作为在时间中之得到确定而存在是一样的。为要确定在我外边的对象是和哪些所予的直观在现实上相应，因而哪些是属于外感官的（它们要归之于哪些直观而不是归之于想像力的），我们就必须在每一个场合上求助于一些规则，即借以能把一般的经验乃至内部的经验和想象区别开来的规则——这个命题总是预先假定有外部经验这种东西。还可以另外加上一句话，在存在中持久的某东西的表象和持久的表象不是同一个东西，因为纵然持久的某东西的表象可能和我们一切其他表象一样是很暂时的而且变动的（物质的表象也不例外），但是它还是以某持久的东西为标准的。因此，这个某持久的东西就必须是一个外边的，不同于我的一切表象的，而且它的存在必须是包含在我自己的存在的确定里面，和这个确定一起构成一单个经验，如果它不同时在部分上又是外边的，那么这样一单个经验就甚至不会在内面发生的了。至于这是如何有其可能的，我们不能进一步加以说明，正如我们不能说明我们如何能够想到时间中的常住的东西（德文的 das Stehende 和德文的 das Beharrliche——持久的东西——在这里是同义的。——中译者），它和变动的东西并存就产生变化这个概念。——康德自注

里却和从前的论述方法有很大的出入,不是只用一些插补便可了事的。我希望这种小小的损失,能由参看第一版和这新版的更大的明晰性给予补偿,在许多刊物中——部分是在评论中、部分是在单独刊出的著述中——我以愉快和感激的心情看到彻底的精神在德国至今还没有湮灭,而只暂时为流行的自命不凡的思想自由所掩蔽;而且看到批判的艰难途径并没有使勇敢而清晰的头脑沮丧而不去致力于掌握我这本书——这书是导致一种成体系的(惟有这样才是持久的,因而是最为需要的)纯粹理性科学。我期望那些可尊敬的并把洞察和彻底畅达阐述的天才结合在一起的人——这种天才是我自认为不具有的——我将留给他们以改善在阐明上还有不足的地方;因为在这方面,其危险不在于受到别人的反驳,而在于不为人所理解。从现在起,虽然我不愿意参加争辩,我却要细心注意无论是论敌或是论友提出的一切建议,按照这个学术初阶,用来进一步苦心作成这体系。在这些工作的过程中,我年事已高(本月我就进入六十四岁),我如果要完成我提出的计划,准备一部自然的形而上学和一部道德的形而上学以证实我的批判在这两个范围里的真理,我就必须精心使用我的时间。至于澄清本书内的一些难解的地方——这是一种新的事业所难避免的——和为本书的整体辩护,我就必须期待那些把我的学说作为他们自己的学说的可尊敬的人了。一本哲学著作,不能像一本数学著作那样,在一切据点上设防,因为在任何地方都是可能受到反对的,然而这却丝毫不危害这个体系在其统一性上的结构。多才多艺而能精通一个新体系的人,为数是不多的;而且由于一般人都讨厌新的东西,所以愿意精通一个新体系的人就更少了。如果我们断章取义,拿单独的章节来互相比较,其貌似矛盾之处则比比皆是,尤其是在一部用自由表达的方法来写成的著述里面。在只依赖别人的判断的那些人看来,这样的矛盾就会使这书处于不利的地位;但是掌握了这书的理念的那些人是容易解决这些矛盾的。如果一种学说本身有其稳定性,那么乍看起来是极为可怕的动荡只足以使它在历时既久之后就棱角磨圆了;如果公平、明察、真正通俗化的人致力于这学说的阐明,在一个短促的时间内,它也可能得到叙述所需要的雅致。

1787年4月于哥尼斯堡

[39]

第一版目次

导　言

Ⅰ. 先验原理论

　　第一部分　先验感性论
　　　第一节　空间
　　　第二节　时间
　　第二部分　先验逻辑
　　　第一编　先验分析论
　　　　　　两卷及其各章节
　　　第二编　先验辩证论
　　　　　　两卷及其各章节

Ⅱ. 先验方法论

　　第一章　纯粹理性的锻炼
　　第二章　纯粹理性的法规
　　第三章　纯粹理性的建筑术
　　第四章　纯粹理性的历史

导　言 [41] B1

Ⅰ. 纯粹知识和经验性知识的区别

我们的一切知识都从经验开始，这是不能置疑的。因为，如果影响我们感官的对象不是一部分由其自身产生表象，一部分激起我们知性的活动来把这些表象进行比较，而且用结合或分离的方法把感性印象的原料制成称为经验的"关于对象的知识"，我们知识的能力怎会觉醒而活动呢？因此，在时间的次序中，在经验之先，我们没有知识，而我们的一切知识都是从经验开始的。

虽然我们一切知识都从经验开始，但却不能认为一切知识都是从经验发生出来的。因为很有可能，甚至我们的经验性的知识也是由我们通过印象所得的和我们自己的知识能力（感性印象不过是其机缘）本身提供出来的东西这两者组合而成的。如果我们的知识能力作出这样的增益，那就很有可能：我们一时尚不能把这增益和知识的原料分辨开来，一直要经过长期的勤加注意，我们才能善于把它分辨开来。 [42]

B2

是否有这种不依靠经验，乃至不依靠任何感官印象的知识，这至少是需要更缜密地去审查的一个问题，而且是不能立即轻率答复的问题。这样的知识称为"验前的"，而且有别于经验性的知识，经验性的知识是起自验后(a posteriori)的，即在经验中有其起源的。 [43]

可是"验前"(a priori)这个词不能很准确地表示我们问题的全部意思。因为甚至许多关于从经验性来源得来的知识，一向在习惯上说是验前得到它或者能够验前得到它，意思是说，我们不是直接从经验得到它，而是从一条普遍性的规则得到它的——而这规则本身却是我们从经验借来的。譬如一个人挖掉了他的房屋的根基，我们就说，他应该验前知道这房屋会倒塌，毋须等到有房屋实际塌下来的经验。但是他仍然不能完全在验前知道这事，因为他首先得要通过经验才知道物体是有重量的，因而在其支撑被取掉后就塌下来。

B3　　所以在下文里,我们把所谓验前知识理解为不是不依赖某一次经验的知识,而是绝对不依赖任何经验的知识。与这种知识相对立的就是经验性的知识。经验性的知识只是验后才有其可能的,即通过经验才有可能。当没有任何经验性的东西掺杂其中时,验前知识就称为纯粹的。例如"一切变化都有其原因"这个命题,虽然是一个验前的命题,但是却不是一个纯粹的命题,因为变化乃是一个概念,只能从经验得出来。

Ⅱ. 我们具有某种验前知识乃至常识① 也绝不缺乏这种知识

　　我们在这里所需要的是借以正确辨别纯粹知识与经验性知识的标志②。经验告诉我们的是事物的"如此如此",而不是事物的"不能不如此"。那么,第一,如果有一个命题,在思想它时,是作为必然的命题而被想到的,它就是一个验前判断;而且,如果它除了从一个具有必然判断的有效性的命题得出外,不能从任何命题得出来,它就是一个绝对验前的判断。其次,经验永远不能给它的判断以真正的、严格的普遍性,而仅是通过归纳法给予判断以假定的、比较上的普遍性,因此,我们只能正当地说:

[44]

B4　就我们迄今所观察到的为止,某某条规则是没有例外的。如果用严格的普遍性来想到某个判断,即在不容许有任何可能的例外这种方式上来想它,它就不是从经验得出来的,而是绝对验前有效的了。经验性的普遍性只是把在大多数场合的有效性任意推广到一切场合上都有效的有效性,比方"一切物体都有重量"这个命题就是一个例子。当严格的普遍性是一个判断的本质时,那就不同了。这种普遍性表示知识的一种特别来源,即验前知识的能力。可见必然性与严格的普遍性乃是验前知识的可靠记号③,而且两者是彼此不能分开的。可是由于在这两种标准的使用中,判断的

---

　　① "常识"是原德文 der gemeine Verstand 之译,直译为"共通的知性",指"人所共有的理解"。——中译者

　　② "标志"是原德文的 Merkmal 之译。——中译者

　　③ "记号"是原德文 Kennzeichen 之译,不可与上译"标志"相混淆,前者是人们借以识别事物的符号。——中译者

不必然性①比其经验性的限制更易看出,或者,有的时候判断的无限制的普遍性比判断的必然性更易证明而使人折服,所以分别使用这两种标准②是便利的,因为这每一个标准单靠它自己也是不会错误的。

不难指出,在人类的知识中实际上有必然而又普遍(在最严格的意义上)的判断,也就是纯粹验前的判断。如果想要从各门科学中找到一个例子,只要注意数学的任何一个命题即可;如果要从知性的很通常的使用中找到一个例子,则"每一种变化必有其原因"这个命题也就够了。在后一个例子里,原因这个概念很明显地含有与结果相联系这个必然性,且又含有"规则的严格普遍性"这一概念,所以如果我们像休谟那样,企图把它从"所发生的东西和在它前面的东西之重复的联想"以及"联结一些表象的一种习惯"(即起源于这种重复联想的习惯来得出它,因而就构成一种单纯是主观的必然性),那么原因这个概念就会完全丧失掉了。即令不援用这样的例子,也有可能来证明纯粹验前原理是使经验成为可能之不可或缺的,而这样也就证明这些原理的验前存在了。因为如果经验所赖以进行的一切规则,其本身总是属于经验的,从而就是不必然的,那么经验从哪里能得出它的确实性呢?很难把这样的规则看作最初的原理。可是,现在我们却可以满足于证明这个事实,即我们的知识能力确有一种纯粹的使用,并且指出了这样一种使用的标准(kriterien)是什么。

这样的验前起源之显示在某些概念里是不亚于在判断里的。因为如果我们从物体这个经验性的概念中,把凡是在它里面仅仅是经验性的东西③,如颜色、软硬、重量、甚至④不可入性,一一除去,仍然要留下现在已全消逝了的⑤物体所占的空间,而这空间是不能除去的。再则,如果我们从任何一个物质的或非物质的对象这个经验性的概念中除去经验所告诉我们的一切属性,我们仍然不能拿走对象通过它而被思维为实体

---

① "不必然性"是"必然性"的反义词,常译为"偶然性",似不甚妥。——中译者
② "标准"是原德文 Kriterien 之译。康德在一小段文字里用了三个不同的词,即上一页的 Merkmal("标志"),本页的"记号"与"标准",三者意近而各有别。——中译者
③ 原德文中没有英译本在这里所用的"feature"这个词。——中译者
④ 在第 4 版里删去了德文的 selbst 这个词。——英译者
⑤ 在这点上,康德的思想看来像是和贝克莱一致,但是紧接在后面一句却证明他和贝克莱不同,因为他坚持实体的概念仍然是不能除去的。——中译者

或为依存于实体的那个属性(虽然实体这个概念比一般对象这个概念更为确定)。因此,由于这个实体概念用来迫使我们承认它的这个必然性,我们就毫无选择,只得承认这个概念①是处在我们验前知识的能力里的。

*Ⅲ. 哲学需要有一种科学来确定一切验前知识的可能性、原理及其范围

A3　　比上面所说的一切②还更特别的是,某种知识离开一切可能的经验领域,像要把我们的判断的范围推广到经验的一切限度以外,而且它这样做时,乃是借助于"在经验中没有任何与之相应的对象被给予出来"这样一些概念。

[46]
B7　　我们的理性恰恰用这类知识在经验不能指导、不能纠正并超出感官世界的领域里进行研究,由于此种探讨的重要性,我们就认为它们比知性在出现的领域里所知道的一切更为美好,其意图更为高尚。诚然,我们宁

---

　　① 我们在这里译为"概念"而不采用英译中比较模糊的 its(它的),因原德文是用阳性的 er,而在这句里 er 只能指 Begriff 而不能指阴性的 Notwendigkeit。——中译者

　　* 在第 2 版里,导言分为五节,代替原导言的两节。上面这新的第Ⅰ、第Ⅱ节(与其标题)是代替原来开头的两个段落(与其标题)的,原来的两个段落如下(英译者):

A1　　　　　　　　　　先验哲学的观念

　　无疑,经验乃是我们的知性在发展感性印象(sinnliche Empfindungen)的原料过程中所产生的第一种产品。所以经验是我们最初的教导,而在它的进展中,它的新信息源源而来,于是在未来世代连续不断的生活中,总是不会没有这样收聚进来的新知识。可是经验绝不是限定我们知性的惟一领域。其实,经验所告诉我们的是事物的"如此",而不是事物的"必然如此而不如彼"。所以经验并没有给我们以真正的普遍性;理性则因坚持有这种[普遍性]的知识,所以它为经验

A2　所激起但并不满足于经验。同时具有内部必然性性格的这种普遍性的知识必须在其本身而不依赖经验就是清楚而确实的。所以这种知识就称为"验前知识";另一方面,单从经验借来的知识就是我们所谓"验后的(a posteriori)"或"在经验上"才知道的。

　　特别值得注意的就是,我们发现甚至在我们的经验里都含有其根源必定是验前的一类知识,其作用大概只是使我们的感性表象有其首尾一贯性。因为,如果我们从我们的经验中去掉凡是属于感官的东西,依然剩下来某些原始概念以及从它们得来的某些判断,而这些东西必须完全是验前的而不依赖于经验,由于它们能使我们关于感官上显现的对象能够有(或者至少使我们相信能够有)多于单纯经验所能告诉我们的东西——此类概念对于我们的主张给以真正的普遍性和严格的必然性,是单纯经验性的知识所不能提供出来的。

　　② "比上面所说的一切"是第 2 版增加的。——英译者

可冒种种犯错误的危险,而不愿意因为这些探讨的可疑性,或者由于轻视和漠不关心,就停止这种迫切的研究①。纯粹理性本身所提出的不可避免的问题就是神、自由与灵魂不死。以解决这些问题为其最后目的的学问(连同它的一切准备工作)就是形而上学;在其初期,它所进行的方法是独断的,就是说,它并没有预先考查过理性是否能胜任这么巨大的工作,就贸然从事于这种事业。

看来这是很自然的,即:一旦我们离开了经验的根据,我们就应该通过缜密的探讨来确知我们要建筑的大厦的基础是否稳固,而不是在没有首先确定其由来时就使用我们所具有的知识,并且在不知道其来历时就信赖什么原理。换句话说,首先要考虑知性如何能够达到这种验前的知识,以及能达到什么程度、有什么有效性、什么价值等问题,这是自然的。如果我们所谓"自然"是指恰当而合理地应该发生的东西说的,那么诚然没有比这再更自然的了。但是,如果我们的所谓"自然"是指通常发生的东西说的,那就恰恰相反,没有什么比这种探讨长期被人所忽视这个事实更为自然、更为可理解的了。因为这种知识的一部分即数学,早就证明是可信赖的,这样就对于其他部分引起一种有利的假定,而这其他部分是属于完全不同性质的。而且,一经我们越出经验的范围,我们就靠得住不会为经验所反驳。扩充知识是非常诱惑人的一件事,因而只要不直接碰见矛盾,就不足以阻止我们的进程;而且如果我们在各种想象的构造中小心谨慎,矛盾即可避免——可是想象的构造依然如故。我们能不依赖经验地在验前知识中推进到多远,数学给了我们一个光辉的榜样。诚然,数学只在对象和知识能在直观中表现出来这限度内去研究它们。但是这种情况却易于为人所忽略,因为直观在被思维的过程中,其本身能在验前被给予出来,因而就难与一个赤裸裸而纯粹的概念分辨开来。为理性的能力而获得证明所迷惑②,扩充知识的要求就不承认有任何限度了。身轻的鸽子,惬意地翱翔在空中,而当它感觉到空气的阻力时,就可能想象在真空里飞行必定更为容易。柏拉图正是这样以为感官世界对于知性的限制太多③,

---

① 从这句起到本段末是第 2 版增加的。——英译者
② 第 1 版是用"鼓舞"(encouraged)。——英译者
③ 第 1 版是用"在路程中放着这样多的阻碍"。——英译者

B9　就索性离开感官世界而鼓起观念的两翼,冒险地超出感官世界而进入纯粹知性的真空里去。殊不知尽了他的一切努力而毫无进展——因为他遇不到阻力,而阻力却可以作为他借以站得住的支撑点,他可以靠此支撑点使用他的各种力量,从而使他的知性活动起来。其实,人类理性的通常命运是要尽快完成它的思辨结构,只是后来才探讨其基础是否可靠。于是就援用各种辩解使我们相信基础的牢固,或者干脆①使我们放弃这种为时已晚而又带有危险性的探讨。但是在实际建立结构时,使我们毫无疑惧而且以表面上的彻底性使我们洋洋得意的乃是这另一种情况,即我们理性的大部分或最大部分的任务,在于我们关于已有对象的种种概念的分析②。这种分析提供我们以相当多的知识。这部分知识虽然只在我们

A6　的概念中已经想到(虽在模糊状态中想到)的解释或阐明,但是却至少在形式上还可作为新的见解而为人珍视。可是就其质料或内容来说,并没有扩大我们前此所具有的概念,而只是这些概念的分析而已。由于这种

[48]　在以前得到保证而行之有效的方式上进行的程序产生出真正的验前知

B10　识,就使理性受到这么大的迷惑,以致不自觉中竟然偷偷地引入了完全不同种类③的主张,而在这里面以完全相异的概念和所予的概念相连起来,而且是在验前把它们相连起来的。然而人们却不知道理性如何能这样做。这样一种问题④甚至从来没有人想过。因此,我将立刻进一步讨论这两种知识之间的区别。

Ⅳ⑤. 分析判断与综合判断的区别

　　在一切含有主项与述项关系的判断中(我现在只考虑肯定判断,因为随后⑥关于否定判断的应用则是很容易的),这种关系之所以成为可能,

A7　有两种不同的方式,要么是述项 B 属于主项 A,作为隐蔽地包含在这个 A

---

① 在第 2 版中增加了 lieber gar(干脆)这字样。——英译者
② 第 5 版的读法是原德文的 Zergliederung(分析单数)而不是原德文的 Zergliederungen(分析复数),今采第 5 版的读法。——英译者(按这异读,中译为"分析"。——中译者)
③ "种类"是原德文 Art 之译,英译的 order 亦作种类讲。——中译者
④ 第 1 版是"这个问题"(This question)。——英译者
⑤ "Ⅳ"是在第 2 版里加上的。——英译者
⑥ "随后"(德文 nachher)是在第 2 版里增加的。——英译者

概念里面的某东西；要么是 B 在 A 概念之外，虽然事实上它是和 A 有联系的。在前一种情况下，我称这判断为"分析的"，而在后一种情况下，则称之为"综合的"。所以，分析(肯定)判断就是其述项与主项的联系是通过同一性而被思维的那些判断；而其主项与述项的联系不是由于同一性而被思维的那些判断则应称为综合的。由于前一种判断并不通过述项而对于主项的概念增加什么，而只把这主项概念分解为原来就在这个概念中被思维到的若干概念(纵然是模糊地被思维到的)，这种判断又可称为说明的判断(Erläuterungsurteile)。另一方面，后一种判断在主项概念之上增加一个述项，而这个述项并没有在主项概念中为人所想过，而且任何分析也不可能从它抽取出来，因此这些判断就可称为扩大的判断(Erweiterungsurteile)。例如我说，"一切物体都是有广延的"，这就是一个分析判断。我无须超出"物体"概念以外①来发现和它结合在一起的广延。要找到这个述项，我只要分析这个主项概念，即对自己②意识到我常在这个概念中所想到的杂多就可以了。因此，这个判断是分析的。但是，当我说"一切物体都是有重量的"之时，其述项是某个东西，它完全不同于我在一般物体这个纯然概念里所想到的任何东西；因此这样一个述项的增加就产生一个综合判断。

　　*经验判断之作为"经验的"判断而言，完全都是综合的。想要把一个分析判断奠基在经验上是悖理的。因为构成这个判断，我不必越出我的

---

　　① 在第 1 版里是："在我把物体这词与之联系的概念以外。"——英译者
　　② "对自己"(原德文的 mir)是在第 2 版里增加的。——英译者
　　* 从这句起到本段末是第 2 版所改的，第 1 版的原文如下：
　　这样就很明显：(1)通过分析判断，我们的知识毫无扩大，仅只是我已有的概念被显示出来，使我易于理解而已；(2)在综合判断里，如果想知道一个述项虽然不包含在这个概念中，但却属于它，则我必须在这主项概念之外，还要有知性所依据的另一某某东西(X)。
　　在经验性的判断或属于经验之判断的情况下，满足这种要求是毫无困难的。这个 X 就是我通过 A 概念所想到的对象的完整经验——这个 A 概念只形成这完整经验的一部分，因为我虽然不把"重量"这个述项包括在一般物体这个概念里面，然而这概念却通过经验的一部分指出这完整的经验；而且我也因之就能把同一经验的其他部分加在这部分上作为属于它。按照以前的分析，我通过广延、不可入性、形状等标志(Menkmal)(这一切标志都是在这个物体概念里被想到的)，就能理解物体这个概念。为了扩大我的知识，我就回顾我由以获得物体这个概念的经验，发现重量总是和上述的各标志联系着的，可见，经验就是处在 A 概念外边的 X，而述项"重量"(B)和概念(A)的综合的可能性是依据这 X 的。——英译者

B12 概念以外,所以就毋须求助于经验的见证来支持它。"物体是有广延的",这是验前有效的,而不是经验性的命题。因为在援用经验以前,我在物体这个概念里就已经有了我的判断所需的一切条件。我只须按照矛盾律从这个概念里把所需要的述项抽取出来,同时并能意识到所做的这一判断的必然性——而这是经验所永远不能告诉我们的。另一方面,虽然在一般物体概念里不包括"重量"这个述项,可是这个概念通过它的部分之一却指出了经验的对象来,因而我就把这个同一经验的其他部分加在那个

[50] 部分之上,这些部分于是就属于这个概念从而同它在一起了。起初我就能够通过广延、不可入性、形状等标志而用分析法理解物体这个概念,而这一切标志都是在这个概念中被想到的。可是,当我现在回顾到我由以得出物体这个概念的经验,而且发现重量总是和上述的各标志联系在一起,这时我就把重量作为一个述项和这个[物体]概念相连起来;而且在这样做时,我是以综合法把它相连起来的,因而我就扩大了我的知识。可见述项"重量"和"物体"这个概念的综合,其可能性是以经验为依据的。虽然一个概念不包含在另一个概念里面,但是它们乃是相互联属的(虽然只是不必然地相互联属),作为一个整体的各部分,就是作为一个经验的各部分,而这经验本身就是一些直观的综合性结合。

A9　　　但是,在验前综合判断里是完全缺乏这种帮助的。[在这种判断中,
B13 我没有能在经验的领域中四面环顾的便利。]那么,在我想要越过①概念 A 而知道另一个概念 B 是和它相联系的时候,我们依据的是什么呢?使这综合成为可能的又是通过什么呢?试拿"凡发生的东西都有其原因"这个命题为例。在"发生的某东西"这个概念里,我诚然想到一种存在,在其前面有一个时间,等等,而从这个概念可以获得种种分析的判断。但是"原因"这个概念是完全在那个概念外边的,而且②意味着和"发生的东

[51] 西"不相同的某东西,因而就并不包含在"发生的东西"这个表象里面。那么,我怎样会把一个与之完全不相同的东西作为"发生的东西"的述项呢?我又怎样知道原因这个概念虽不包含在"发生的东西"之内,然而却属于它,而且还必然③属于它呢?当知性相信它能在概念 A 之外发现和这个

---

① 在第 1 版里是用 outside(越出)这词。——英译者
② "完全在那个概念外边的,而且"等字样是在第 2 版增加的。——英译者
③ "而且还必然"(原德文的 und sogar notwendig)是第 2 版增加的。——英译者

概念相异的述项 B,而又认为这述项 B 同时还是和概念 A 相联系的①时候,它由以得到支持的这个等于 X 的未知东西②是什么呢？它不能是经验,因为,所提示的原理不但以更大的普遍性③,而且还以必然性的性格,把第二个表象和第一个表象联系起来,因而就是完全验前的和在纯然概念之基础上的。这也就是说,我们一切的验前思辨知识,归根结底必须以这样综合性的即扩大性的原理为依据;分析判断是极为重要的而且确为必需的,但只是在为了要使那种确实而广大的综合(即对于原有的知识能有真正新的增添)所需的概念明晰时,才是重要的、必需的*。

A10
B14

V④. 在理性的一切理论的科学中都包含有验前综合⑤判断作为原理

[52]

1. 一切数学的判断,毫无例外,都是综合的。虽然这个事实是不可争辩地确实的,而且其后果是十分重要的,可是一向却没有得到从事于分析人类理性的人们的注意,而且他们的推断正和这事实直接相反。因为,由于发现一切数学的推理都是按照一切必然性的确实性之性质所要求的

---

① 在第 1 版里是："然而同时是和它联系的",而不是"而又认为这述项 B 同时还是和概念 A 相联系的"。——英译者

② 第 2 版用"等于 X 的未知东西"(原德文的 das Unbekannte＝X)替代"这个 X"(原德文的 das X)。——英译者 应当注意"未知的"不是"不可知的",旧译常把这两者混淆,引起严重的误会。——中译者

③ 第 1 版是:["mit grösserer Allgemeinheit, als die Erfahrung verschaffen kann…"]("比经验所能提供还要更大的普遍性")。——英译者 参看 Cassirer 的德文版第 42 页。——中译者

* 这以后,在第 2 版中删去第 1 版的如下一段:
这里隐藏着某一种神秘;(如果古人已想到甚至提出这个问题,那么,到了现在这个问题本身就会有强大的力量来反对一切纯粹理性的体系并省掉我们许多枉费工夫的尝试,这些尝试曾不知所要做的是什么,而盲目地乱搞一通。)只有予以解决,才能使纯粹知性所产生的知识能进入无限的领域而成为确实可靠的知识。我们所必须要做的就是发现验前综合判断带着其固有的普遍性而成为可能的根据,从而洞察使每一种这样的判断成为可能之条件,以及把一切这样自成一类的知识划分出来,不是用一种草图划分出来,而是系统地按其起源、部分、范围和限度,以详尽而足供任何使用的方式划分出来。关于综合判断的特征,暂且只谈这么多。——英译者

④ V 和 VI 两节都是第 2 版增加的。——英译者

⑤ 我们应该注意这里"验前"和"综合"都是形容词,修饰"判断"的。意思是说,"是验前的,而又是综合的判断",而不是"在验前综合的判断"。"验前"有时作副词用,而有时作形容词用。这里它是作形容词用的。——中译者

矛盾原理而进行的,于是就认为数学这门科学的基本命题本身也是通过矛盾原理而被人认知①的。这是一种错误的看法。因为事实上虽然一个综合命题能按照矛盾原理为人所看出,但是只是在预先有另一个综合命题作前提、而且能被领会为它是从这其他命题得出来的时候,才是这样;在其本身而且靠其本身它是永远不能这样被认知的。

B15　　首先须注意,严格地称为数学的命题总是验前的而不是经验性的判断;因为它们带有必然性,必然性是不能从经验得出来的。如果有人不同意②这种说法,我就愿意把我所说的限于纯粹数学,纯粹数学这个概念是意味着它不含有经验性的知识,而只含有纯粹验前知识的。

[53]　　诚然,我们最初可能认为"7+5=12"这个命题是一个纯然的分析的命题,而且是按矛盾原理从 7 和 5 的总和这个概念推论出来的。但是,如果更缜密地审查一下,我们就发现,7 和 5 的总和这个概念所包含的不过是两个数结合为一个数,而在这里面并没有想到结合两个数的那个单一数是什么。"12"这个概念绝不是在只想到 7 和 5 的结合中就已经被想到;我尽可把我关于这样结合成为可能的总结的概念加以分析,我仍然绝不会在它里面发现这个 12。我们需要超出这些概念以外,而求助于与这些概念相应的一直观,例如我们的五个手指,或者像昔格内尔③在其算术书中所用的五个点,把直观里所予的这个 5,逐一加在 7 这个概念之上。因为我从 7 这个数开始,为了 5 这个概念,就求助于我的五个手指头作为

B16　直观,然后我把先就合并而成 5 这个数的各单位,逐一加在 7 这个数上,而借助于那个形象[手指]就眼见 12 这个数了。我在"某数=7+5"这个概念里,诚然是已经想到 5 要加在 7 上,但是没有想到"其总和等于12"这个数。可见算术的命题都是综合的。以更大的数来看时,这点就越发显然了。因为那时就很明显,无论怎样把我们的概念翻来覆去,如只用分析的方法而没有直观的帮助,永远不能发现总和是个什么数。

　　纯粹几何的任何基本命题同样不是分析的。"两点之间的直线是最

---

① 在第 4 版里原德文的"被知道"改为"被认知"。——英译者

② "不同意"是原德文的 nicht einräumen 之译。——中译者

③ 指昔格内尔(Segner)的《算术的最基本原理》,从拉丁文译成德文的第 27、29 页(1773 年 Halle 第 2 版)。——英译者

短的",这是一个综合命题。因为直这个概念并不含有量的东西,所含的只是质。"最短的"这个概念完全是一种增添,它不能通过任何分析过程从"直线"这个概念里得出来。所以就必须在这里请直观进来;只有借助于直观,综合才是可能的。在这里①我们通常相信这样的必然判断之述项原来就已经被包含在概念中,而且相信这种判断是分析的,其原因纯是用词的含糊所致。我们需要在思想中把某一述项和一个所予的概念相连接,而这种必然[的连接性]是那些概念本身所固有的。但是问题不是我们在思想中应该把什么接在所予的概念上,而是在这概念里我们实际上是想什么,即令所想的只是模糊的;那时就很明显,虽然这述项实为必然附属这个概念,但它之所以这样,乃由于那必须加在这概念之上的一个直观,而不是如在这概念本身中所想的那样。

几何学家所预先假定的少数几个基本命题其实固然是分析的,而且是依据矛盾原理的。但是,由于它们是同一性的命题,它们只能作为方法的连锁中的一些环节,而不是作为原理用的;例如,"a=a";"全体等于自身";或"(a+b)>a",即全体大于其部分。而且甚至这些命题,虽然按纯粹概念来说是有效的,但是它们的被接受到数学中来,只是因为它们能在直观中被显示出来而已。

2. 自然科学(物理学)含有验前综合判断为其原理。我只须举出两个这样的判断为例:"在物质世界的一切变化中,物质的量保持不变"及"在运动的一切传递中,动与反动必须总是相等的。"很明显,这两个命题不但是必然的,因而在其起源上来说是验前的,而且它们又是综合的。因为在"物质"这个概念里,我并不想到它的持久性,而只想到它在其所占的空间里的存在。我越出"物质"这个概念以外,而把我在这个概念里没有想到的某东西在思想中验前地和它连接起来。因此,这个命题不是分析的,而是综合的,然而却又是验前想到的;自然科学的纯粹部分之其他命题亦复如是。

3. 形而上学,虽然我们一向认为在它的一切努力中是失败的,但是

---

① 如华亨格尔(Vaihinger)在其《解义》i. pp. 304—4 上面所曾指出的那样,这一段在第1、2版里都用来接在原德文的"Einige wenige Grundsätztze... der Anschauung... werden"[英译为"Some few fundamental propositions...can be exhibited in intuition"("少数几个基本命题……能在直观中显示出来")]的后面,这是十分明显的错排。在本英译中已按必要的次序改正。——英译者

由于人类理性的本性,它仍然是完全不可少的一门学问,而且应该是包含有验前综合的知识的。因为它的任务不单是要分析我们于验前关于事物所作出的种种概念,从而用分析的方法把它们弄清楚,而且还要扩大我们的验前知识。因为这个缘故,我们就必须使用一些原理,在所予的概念上另加原来不在其内的东西,而且通过验前综合判断越出很远,以致经验完全不能赶上,如在"世界必有一个最初的开端"这一类的命题里面的那样。这样一来,形而上学至少在其意图上,是完全为验前综合命题所组成的。

Ⅵ. 纯粹理性的一般问题

如果我们能够把多方面的研究用一单个问题的公式表示出来,则收获必将不少。因为不但由于准确规定我们自己的工作从而减轻它,而且使别人想检查我们的效果时,能易于判定我们所从事的事业是否得到了成功。现在,纯粹理性固有的问题可包含在下面这个提问里:"验前综合判断是怎样成为可能的?"

形而上学一向处在如此不确定而矛盾的摇摆状态中,完全由于如下事实,即上述这个问题,也许乃至分析判断与综合判断的区别问题,从前都绝没有人考虑过。所以形而上学的成败就依靠这个问题的解决,或者充分证明它想要得到说明的可能性在事实上是完全不存在的。哲学家中,如休谟最近正视这个问题,但是他还远远没有以足够的确定性和普遍性来想到它。他专心致力于结果与其原因的联系(即因果作用的原理——principium causalitatis)这个综合命题,而相信他已经证明了这个验前命题是完全不可能的。如果我们接受他的结论,那么我们一切称为形而上学的东西就是一种单纯的幻想,这幻想使我们想象我们对"实际上只从经验假借而来、且在习惯的影响下取得了必然性的虚妄假象"的东西有了合理的洞见。如果他当时看到我们的问题之普遍性而正视我们的问题,他就绝不会有这种摧残一切纯粹哲学的失言,因为那时他就会承认,根据他自己的论证,那确实含有验前综合命题的数学也会是不可能的了;以他的卓见①就会使他不致有这样一种提法。

――――――――
① "卓见"是原德文的 guter Verstand 之译。——中译者

解决了上述这个问题,我们同时也决定了是否有可能来使用纯粹理性以建立而且发展一切那些含有"对象的、理论的验前知识"的科学,从而就要解答下列问题:

[56]

纯粹数学是怎样成为可能的?

纯粹自然科学是怎样成为可能的?

既然在实际上这些科学是存在的,那就十分适当地来问,它们是怎样成为可能的;因为它们"存在"这个事实已证明它们必定是可能的。(a) 但是,在形而上学方面,由于一向进展不大,且就形而上学的主要意图来看,还没有提出过什么实际存在的体系,这一事实,遂使人们有充分的根据来怀疑形而上学的可能性了。

B21

可是,在某种意义上,也要把这种知识看成是现有的,那就是说,形而上学即令不作为一门科学来看,而作为自然的倾向来看(即自然的形而上学——metaphysica naturalis),在现实上仍然是存在的。因为,人类理性不单为追求知识的扩大与多样性这种虚荣的欲望所激动,而且实为其内部的要求所驱使,也会急切地提出一些这样的问题,即"理性的任何经验上的使用或由此而得出的原理所不能解答的"问题。所以不论任何人,一经他的理性成熟到能进行思辨时,就总是存在着,而且将继续存在着某种形而上学,这样,我们就有了这个问题:

形而上学,作为自然的倾向,是怎样成为可能的?

B22

那就是说,纯粹理性向自己提出,并为它自己的需要所驱使而尽其所能来解答的那些问题,是怎样由人类理性的普遍本性所引起的?

既然解答这些自然的问题(例如,"世界是否有一个起头,或者是从无始以来就有的")的一切尝试一向总是碰见一些不可避免的矛盾,我们就不能满足于对形而上学的纯然的自然倾向,即不能满足于理性本身的纯粹能力,诚然,从这种能力总是引起某种(无论是什么)形而上学。理性必

[57]

(a) 许多人关于纯粹自然科学,可能还是有疑问的。然而我们只须考虑在正当称为(经验性的)物理学的开端时所发现的各种各样的命题,例如关于物质的量的永恒性、关于惰性、关于动与反动的平衡等等,就很快会信服这些命题构成一种纯粹的物理学(physica pura),或理性的(rationalis)物理学,它作为一门独立的科学来说,很值得单独在其全部范围内加以研究,姑且不问范围是广是狭。——康德自注

须能使我们确定究竟能否知道形而上学的对象,也就是使理性作出一种决定,或者决定关于形而上学研究的对象,或者决定关于理性能否有力量对于这些对象作出任何判断,使我们可以满怀信心地去扩张我们的纯粹理性或者对它划定稳妥而确定的限度。从前面一般的问题所引起这个最后的问题,正确地说,可采取下面的形式:

形而上学,作为科学,是怎样成为可能的?

B23　　这样,理性的批判到了最后,必须导致科学性的知识;然而另一方面,理性的独断使用却使我们陷入一些独断的主张,而对于这种主张总有与之相反、似是而非的主张——那就陷入怀疑主义。

这门科学决不是十分啰嗦而令人却步的,因为它所要处理的不是种类无穷的理性对象,而只是它的本身和完全从它本身中发生的一些问题,而且这些问题是它自己的本性所加于理性的,不是与它不相同的东西的性质所加在它上面的。一旦理性完全学会就那些能在经验中呈现给它的对象去理解它自己的能力时,它就能很容易完全确实地确定它试图在一切经验的限界以外使用的范围与限度。

[58]
B24

那么,我们就可以、而且实际上也必须把一向想要独断地建立形而上学的一切尝试都看为是无效果的。因为在任何这种尝试的体系中,其分析的部分,即我们理性中验前固有的概念的纯然分析这个部分,绝不是形而上学本身的目的,而只是对它的一种准备,而所谓的形而上学本身,乃是指其验前综合知识的扩大而言。为了这种扩大的缘故,概念的分析是无用的,因为它只指出什么是包含在这些概念里面的,而不是指出我们是怎样在验前得到它们的。必须解决后一问题,然后我们才能够确定这些概念关于所有一般知识的对象的有效使用。放弃这些要求也毋须有很大的自我抑制。理性有不可否认的自身矛盾,而这种矛盾在理性的独断过程中也是不可避免的。此种矛盾早已败坏了一向提出的一切形而上学体系的权威了。我们要通过一种完全与前此所用的绝不相同的方法来最后使人类理性不可或缺的一门科学繁荣兴盛起来——这门科学的枝叶是可以砍掉的,但它的根干是不能毁灭的——如果在这种努力中,我们想不为内部的困难和外部的反对所阻止,我们就得要更加坚定①。

----

① 第 2 版所增加的新节就此结束。——英译者

Ⅶ. 标题为"纯粹理性批判"的这门
特殊科学的理念与划分①

由于上述这些考虑,我们就达到可称为"纯粹理性批判"这一门特殊科学的理念②了。因为理性是提供验前知识原理的能力,因此,纯粹理性含有我们借以绝对验前地知道任何东西之原理。纯粹理性的工具③就是这样一些原理的总汇,按照这些原理,各种纯粹验前知识便能被获得,而且能现实地被产生出来。这样一种工具的彻底应用就会产生一个纯粹理性的体系。可是由于这种要求未免太高,而且由于我们的知识在这里④能否有任何扩张⑤的可能,以及在什么情况之下有扩张的可能都仍然是可疑的,所以我们就把仅仅检查纯粹理性及其各种来源与限度的科学看作纯粹理性体系的预备阶段⑥。就这一点来说,这门科学应该称为"纯粹理性的批判",而不称为"纯粹理性的学说"。从思辨看来⑦,它的功用应该只是消极的,不是扩张而是弄清楚我们的理性,使之不犯错误——这已经是很大的收获了。凡一切知识不和对象有关而和人们知道对象的方式有关⑧,而这方式又是限于验前有其可能的,这种知识我称为先验⑨的知识。这种概念的体系可称为先验哲学。但是在现阶段上,那仍然⑩是太大的工作。因为这样的一门科学必须把分析的和综合的这两种验前知识都完全包括进去,而就我们目前的意图来说,它就是过于庞大的了。我

---

① 这标题是第2版增加的。——英译者

② 第1版还有如下两句在第2版中删去了:"如果任何知识不是和它无关的东西掺杂在一起,那它就称为'纯粹的'。如果知识没有任何经验或感觉和它混合在一起,而且又是完全在验前成为可能的,那就特别地称为'绝对纯粹的'。"——英译者

③ "工具"是康德所用的拉丁文 organum(即 Organon)之译。该词原是"工具"的意思,如培根的《新工具》也就是用这个名词,蓝译本译为"机官",似不妥。——中译者

④ "这里"是第2版增加的。——英译者

⑤ 第1版在"扩张"前有"eine solche"(这样一种)字样。——英译者

⑥ "预备阶段"是 Propädeutik 之译,也可书为"初阶"。——中译者

⑦ 德文的 in Ansehung der Spekulation(中译为"从思辨看来")是第2版增加的。——英译者

⑧ 第1版的读法是:"和我们关于一般对象的验前概念有关"(英译为 as with our a prior concepts of objects in general)。——中译者

⑨ "先验"是原德文的 transzendental 之译。——中译者

⑩ "仍然"(原德文的 noch)是第2版增加的。——英译者

B26 们所要处理的,只是关于验前综合的一些原理,所以我们只分析到包括这些原理全部所不能缺少的必要程度。我们现在所从事的是这种研讨,而这种研讨不应称为什么学说,而只应该称为一种先验批判。它的目的不是扩张知识,而是要校正它,并且要对于一切验前知识价值的有无提供一个检查的标准。所以,这样一种批判是尽其可能作为一种工具而准备的;如果这是不可能的,它至少作为一种法规的准备,在必要时①,纯粹理性哲学的全部体系——无论在其知识的扩张上或者仅在其限制上——是以分析的方法和综合的方法按照这法规付诸实行的。这里构成我们的主题

A13 的不是无穷尽的事物性质,而是判定事物性质的知性;而所说的知性又只是其验前知识的方面。从这个事实,我们就可推断,上述的这种体系是有其可能的,而且事实上,它的范围不致过大到使我们没有希望来全部完成

[60] 它。知性验前所有的这些东西既然不必求之于外,因而就不能对我们总是隐藏的,而且它的范围大概也很小,使我们足以完全领会它,判定它有无价值,以便能正确地评估它。但是读者在这里更不能期待有关于书籍

B27 或关于纯粹理性的各体系的批判②;我们所关心的只是纯粹理性能力本身的批判。只当我们建筑在这种基础上,我们才有一个可靠的检查标准来评估这个领域内的新旧著作的哲学价值。不然的话,浅陋的历史家或评论者就是以同样无根据的肯定来判定别人无根据的肯定了。

③先验哲学只是一门科学的理念,纯粹理性批判是要为这门科学规定其完整的建筑计划的。那就是说,它要按照原理保证此种建筑物一切部分的完整性与确实性。这就是纯粹理性的一切原理的体系④。这个批判本身之所以不称为先验哲学,其原因就是,如果要成为一个完整的体系,它须要包含全部的人类验前知识的详尽分析。我们的批判诚然提供构成这种纯粹知识的一切基本概念的详尽列举,但是它却毋须作出这些

A14 概念的详尽分析,也毋须把那些能够从这些概念得出来的概念加以评论。

B28 这样的要求之所以不合理,一方面是因为这种分析不适合于我们的主要

---

① "在必要时"是原德文 allenfalls 这个副词之译。英译本译为 in due course。——中译者
② 从这句起到本段落之末是第 2 版增加的。——英译者
③ 在第 1 版里,这个段落之前有一个标题:先验哲学的划分。——英译者
④ 这一句是第 2 版增加的。——英译者

意图,由于在分析方面没有什么不确定之处,像我们在综合场合所碰见的那样,而我们的全部批判单只是为了综合的;另一方面的原因是,如果要对这种分析以及从其引申出来的东西的完整性负责,这就和我们计划的统一性不一致(就我们的意图来说,我们可以免于这样做)。我们将在后面列举的这些要分析的验前概念以及从它们引出来的其他概念,是容易使之成为完全的,只要这些验前概念实际包括了一切综合原理,且在最重要方面没有什么缺陷的话。所以纯粹理性批判就将包含着一切先验哲学本质上的东西。虽然它是先验哲学的完整理念,但是它却不就等于那门科学;因为它所进行的分析,只限于是验前的而又是综合的知识的彻底检查所需要的。

在这样一门科学的划分中所最须注意的是:不容许在其自身含有任何经验性东西的概念杂入其中,换句话说,它应该是完全验前的知识。因此,虽然道德的最高原理及其基本概念都是验前知识,但是它们却在先验哲学中没有地位,因为①,虽然它们不把愉快与痛苦、欲望与痴好这一切来自经验的概念作为其箴言的基础,可是在纯粹道德的体系结构中,还必须把这些经验性的概念纳入"义务"这个概念中来,作为表示我们需要克服的一种障碍,或者看作必不可加入动机中的一种诱惑。所以先验哲学乃是纯粹的和纯然思辨的理性哲学。凡是实践的,就其含有动机来说,都与情感有关系,而这些东西都属于知识的经验性的来源②。

我们如果把现在所从事的科学加以系统的划分,首先就必须有纯粹理性的原理论,其次就要有纯粹理性的方法论。每一大部分又有其小部分,但是,细分的根据,现在我们还没有条件来说明。作为一种导论或绪论来说,我们只须说人类知识有两根主干,即感受性与知性,也许这两根主干是从一个共同的根发生出来的,而这根尚不为人所知。通过感受性对我们就有对象被给予出来;通过知性,对象就被思维。就感受性含有构成对象向我们被给予出来的条件那种验前的表象来说,它是属于先验哲学的。而且,既然人类知识的对象被给予出来所必备的条件必须先于对象被思维的条件,所以先验感性论就将构成原理论的第一部分。

---

① "因为,虽然它们……动机中的一种诱惑"是第2版用来替代下面的句子:"既然愉快与痛苦、欲望与癖好、自由与意志等的概念得要预先假定。"——英译者

② 参看康德的《判断力批判》导言第一段《哲学的划分》。——中译者

一、先验原理论[①]

[①] "先验原理论"是原德文的 Transzendentale Elementarlehre 之译。穆勒尔（F. Max Müller）1881 年英译《纯粹理性批判》第 1 版时，译为"The Elements of Transcendentalism"；而康蒲·斯密（Kemp Smith）1929 年英译同书（根据第 2 版）时，则译为"Transcendental Doctrine of Elements"。以上两种英译，均应中译为《先验论的原理》，但《先验原理论》沿用已久，兹不改译。可参看康蒲·斯密的《康德〈纯粹理性批判〉解义》中译本，商务印书馆 1961 年版第 115～116 页。——中译者

第一部分　先验感性论①

导　言

一

知识和对象发生关系,无论在什么方式上或用什么方法,其直接的关系是通过直观②的,而一切思想都是从直观取得其质料的。但是直观只能在对象向我们被给予出来时才发生,而且,至少就人类来说,这又只能在心灵③受到某种刺激时才是可能的。通过我们受到对象的刺激这个方式而接受表象的这个能力即感受性(Rezeptivität),称为感性(Sinnlichkeit)。对象借助于感性而向我们被给予出来,而且只有感性才给我们产生直观;它们通过知性而被思维,而且从知性就发生概念。但是凡属思想必须直接或间接通过某一种标志④最后和直观有关系,就我们人类来说,最后必和感性有关系,因为对象不能在任何别的方式上向我们被给予出来。

---

① "感性论"是康德所用 Asthetik 之译。这个德语词,即英语的 aesthetic,是从古希腊文的 aisthetikog 这词而来的,原意是"适宜于感觉"的意思,但含有"尤其适宜于情感的感觉",因此通常译为美学,但按其词源,应理解为"感性"。康德用这词时,并未涉及美的问题,故应理解为"关于感觉的理论"。——中译者

② "直观"是德语 Anschauung 之译,这是直接和对象发生关系所得的知识。从词义上讲,直观只是指视觉说的,但康德把它扩充到一切感官的感觉,而且包括空间与时间的知识。在康德说来,人类的直观,只能发生于感官的感觉。(包括内感官的感觉),但不能说,不可能有其他的存在者能不通过感官的感觉而有其直观。有英译 Anschauung 为 perception 的,这词中译为"知觉",但康德所用的名词中又有 Wahrnehmung 这词,中译应是"知觉",因而当译 Anschauung 为"直观",以免混淆,而又不可译为"直觉",因为一般是用"直观"来译 intuition 的,而且 intuition 有时意味着不靠感觉或推理,而由内心的领会便得到真理的意思,好像汉语的"良知",所以不用"直觉"而用"直观"为妥。——中译者

③ "心灵"是原德语的 das Gemüt 之译,不应与"灵魂"(Seele)混淆。——中译者

④ "标志"是原德文 Merkmal 之译——中译者。"通过某一种标志"是第 2 版增加的。康德的《纯粹理性批判补遗》(1881 年 B. Erdmann 编撰)中 Xi 有这一子句:"如果表象本身不是对象的原因。"——英译者

B34　　　当我们被对象所刺激时，对象在表象能力方面所得的结果，就是感觉
A20　（Empfindung）。通过感觉与对象有关系的直观称为经验性的直观。一
　　　种经验性的直观之未确定的对象称为"出现"。①

[66]　　　在"出现"里和感觉相应的东西，我称之为"质料"（Materie）；而②使
　　　出现的杂多能在某一种关系上得到整理③的东西，我称之为出现的形式
　　　（Form）。那个只有在其中感觉才能得到安排而且在一定的形式上得到
　　　整理的东西，其本身再不能是感觉；因而一切出现的质料虽然只是验后
　　　才向我们被给予出来的，可是它的形式必须在验前就已经在心中等待
　　　着感觉，从而就必须是可以离开一切感觉而被考虑的。凡在其中没有
　　　任何属于感觉的东西的一切表象，我称为（在先验意义上的）纯粹的。
　　　一般感性直观的纯粹形式（在其中的一切杂多都是在一定的关系上被
　　　直观的）必须验前就在心灵中。感性的这种纯粹形式本身又可称为纯
B35　粹的直观。那么，如果我从物体的表象抽掉知性关于它所想到的东西，
　　　如实体、力、可分割性等等，而且又抽掉凡是属于感觉的东西，如不可入
A21　性、硬性、颜色等等，从这个经验性的直观留存下来的还有某种东西，即
　　　广延与形状。这些东西是属于纯粹直观的，即令没有感官的、感觉的任何
　　　现实对象，这纯粹直观也作为感性的一种单纯形式验前地存在于心灵
　　　里面。

B36　　　验前感性一切原理的科学我称为先验感性论⁽ᵃ⁾。必须有这样的一门
[67]　科学形成先验原理论的第一部分，以便与研究纯粹思想的原理而称为先验

---

　　① "出现"是原德文的 Erscheinung 之译。康蒲·斯密英译为 appearance 较妥，而又有英译
为 phenomenon 的，但德语有 das Phänomen（中性）而 Erscheinung 是阴性，不宜互换，因为康德在
谈到现象与本体时是用 das Phänomen 作为与本体对立而言的，这和 Erscheinung 显然不同，所
以不应混为一谈。——中译者
　　② "使"是原德语的 macht 之译。——中译者
　　③ "能得到整理"是第 2 版原德文的 geordnet werden kann 之译。第 1 版原文是："看来是
有条理的"。——英译者
　　（a）惟有德国人通常使用 Ästhetik 一词来表示别国人称为"审美批判"一词，这个用法起
源于鲍姆加尔顿（Baumgarten,1714—1762）这位卓越的分析思想家没有成功的尝试，他想把美
的东西的批判研究归属于理性的原理，这样就把它的规则提高到科学的地位。但是这些努
力都一无所成，所说的规则或标准，以其主要的〔"主要的"是德语的 vornehmesten（最前列
的）之译。——英译者〕来源而论，都是单纯经验性的，结果就永远不能用作我们的审美判断所

一、先验原理论

逻辑的那部分区别开来。

所以在先验感性论里,我们将要首先从感性抽去凡是知性通过知性概念所想到的东西,而把感性孤立起来,致使除了经验性的直观以外,不留下任何东西。其次,我们也将把凡属于感觉的东西从感性分开,使得留下来的只是纯粹直观以及出现之纯然形式,这种形式就是感性在验前所能提供的一切。在这种研究的过程中将要发现,用作验前知识原理的感性直观的纯粹形式有两种,即空间与时间。我们现在就进而考察这两种形式。

第一节 空 间

空间概念的形而上学阐明①

我们借外感官(心灵的一种属性)把对象作为在我们以外的表现出来,而且一切对象都毫无例外地在空间表现出来。对象的形状、大小和彼此间的关系,都在空间得到确定或能够得到确定。心灵用来直观其自身或者直观其内部状态的内感官,诚然不产生任何关于作为一个对象的灵魂本身的直观;可是有一种有确定性的形式(即时间),只有在这形式上,内部状态的直观才有其可能,因而所有属于内部确定的东西都是在时间的关系上被表现出来的。时间不能在外部被直观到,正如空间不能被直观为在我们内部的东西一样。那么,空间与时间是什么呢?它们是实在的存在吗?它们只是事物的确定②或关系吗?即令事物不被直观到,它

必须借以得到指导的有确定性的〔"有确定性的"(德语的 bestimmten)是第二版增加的。——英译者〕验前规律。反之,我们的判断乃是这些规则的正确性的正当标准。为此原故,最适当的就是,或者("或者"是第2版增加的。——英译者)把作为审美批判用的这个名称放弃,而保留它作为真正科学的感性学说的名称——这样就接近古人把知识划分为"所感的"和"所思的"这种人所周知的分类——不然的话,就和思辨哲学共用这个名称,部分在先验的意义上使用它,而部分在心理学的意义上使用它(从"不然的话"到本句末是第2版增加的。——英译者)。——康德自注

① "二"和小标题都是第2版增加的。——英译者
② "确定"在这种场合是德语的 Bestimmung 之译,作名词用。——中译者

们仍然是属于事物的吗？抑或空间与时间是这样的，即它们只属于直观的形式，因而属于我们心灵的主观的"造性"①，离开这造性，它们就不能归之于任何东西呢？为了弄清楚这些问题，让我们首先给空间这个概念以一种阐明②。所谓阐明(拉丁语 expositio)，我是指使属于一个概念的东西有一清楚的(虽然不一定穷尽)表象。当阐明含有把概念展示为验前所予的东西时，它就是形而上学的阐明③。

1. 空间不是一个从外部经验得出来的经验性的概念。因为如果要把某些感觉和一个在我之外的东西(即其所占的空间部位不同于我所在的空间部位的某种东西)发生关系，而且同样要使我能够把这些感觉表现为在外边而又是相互并列的④，(不只是彼此不相同而又是在不同的地方)那就必须预先假定有空间的表象。因此，空间的表象就不能是在经验上从外部的出现之种种关系得来的。正相反，只有通过空间这种表象，这外部经验本身才成为可能的。

2. 空间是一个作为一切外部直观基础的必然的、验前的表象。我们永远不能想象到空间的不存在，虽然我们尽可能想到空间为空无一物。因此，必须把空间看作出现的可能性的条件，而不把它看作依存于出现的一种确定。空间乃是必然处在外部出现基础上的一种验前表象*。

---

① "造性"是德语的 Beschaffenheit 之译，意思是"被创造而得的性质"。——中译者

② "阐明"是德语的 Erörterung 即拉丁语 expositio 之译。在这种场合，通常是用"定义"这词，但是康德却认为"经验的概念和验前所予的概念都不能有定义，而剩下来可以试用定义的心理操作，只有武断制造出来的这一种概念"，所以他说，"我宁可用'阐明'这词，因为它是比较更为谨慎的一个名词，是批评者能在某一定程度上承认它是有效的，虽然关于分析的彻底性，它常带有一些疑问"(参看《批判》第 2 版原文第 757 页)。依英译者，从所谓"阐明"到本句末是第 2 版增加的。——中译者

③ "形而上学的阐明"与后文的"先验阐明"是有分别的。依康德使用这两词的意思，形而上学阐明确定空间(时间亦然)概念的本性，而且说明它是验前所予的一个直观，它不能从经验得出来而要从它的概念分析出来。先验阐明根据这个看法，说明空间(或时间)是怎样使综合的验前知识之可能性成为人所理解的。参看康蒲·斯密的《解义》一书中译本第 148 页。——中译者

④ "而又是相互并列的"是原德文的 und neben 之译，这是第 2 版增加的。——英译者

＊ 在这里，第 1 版插入以下的论证：

"3. 一切几何命题的断然确实性及其验前构成的可能性，乃奠基于空间的这种验前的必然性。

一、先验原理论

3①. 空间不是一般事物关系的推论性的或我们所说的普通的概念，而是一个纯粹直观。因为，首先，我们只能将一个空间表象给我们自己；如果我们谈到种种不同的空间，我们的意思只是指同一个独一无二的空间的各部分而言的。其次，这种部分不能先于那个涵盖一切的空间，好像这些部分空间是那涵盖一切的空间所由以得到构成的组成部分似的；与此相反，部分的空间只能被思想为在这个涵盖一切的空间里面。空间在本质上是"一"；其中的杂多以及各个空间的一般概念，只能依靠这个限制的指导。于是就可得出结论说，在一切空间概念的基础上的乃是一个验前的直观，而不是一个经验性的直观。几何的命题也是这样②。例如一个三角形的两边之和大于其第三边，是绝不能从线与三角形的一般概念得出来的，而只能从直观得出来，而且事实上是以断然的确实性在验前得出来的。

[69]
A25

4*. 空间被表现为一个无限的所予量。固然③，每一个概念须被思想为一个包含在无数不同的可能表象之中（作为这些表象的共同特性）的一个表象，因而把这些不同的可能表象都包含在其自身之下；但是没有任何概念，就概念本身来说，能被思想为包含着无数的表象于其自身之内。可是，空间之被思想正好是属于这后一种方式；因为空间的一切部分是无限地共存着的。结果，空间的本原的表象乃是一个验前的直观，而不是一个概念。

B40
[70]

如果空间的这种表象是在验后获得的一个概念，并且是从一般的外部经验得来的话，数学的确定之最初原理就会不是别的，而只是知觉而已。因而这些原理就会和知觉同有其不必然的性格了；'两点之间只能有一条直线'，这就不会是必然的，而只是经验总是这样告诉我们罢了。从经验得来的东西只能有比较上的普遍性，即通过归纳法而获得的普遍性。因此，我们只能够说，就一向观察而言，没有发现空间是有多于三个向量的。"——英译者

① 在第 1 版里这是"4"。——英译者

② "几何的命题也是这样"是据原德文 So werden auch alle geometrischen Grundsätze 而译。英译本译为 for kindred reasons，似不甚清楚。——中译者

* 在第 1 版里，这一段落是这样的：

"5. 空间被表现为一个无限的所予量。同在 1 呎和 1 埃尔（1 埃尔等于 45 吋——中译者）里所发现的空间的一般概念，关于量是不能确定什么的。如果在直观的进展中没有无限制性的话，就没有任何（空间）关系的概念能产生空间的无限性之原理。"——英译者

③ "固然"是原德文之译。依原文语气，这个词不应中译为"现在"。英译的 now 也不是"现在"的意思，故蓝译本译为"今"，不妥。——中译者

二①

空间概念的先验阐明

我的所谓先验阐明,是指这样一个概念的解释,即这概念作为一条原理,据此原理,其他验前综合知识的可能性才能得到理解。为了这个目的就需要:(1)这样的知识确是从这个所予的概念而来的,(2)只有假定对这个概念的解释有了一定的方式,这种知识才是可能的。

几何学乃是综合地又是验前地确定空间各属性的一门科学。那么,我们关于空间的表象必须是什么样,这种关于空间的知识才可以成为可能的呢?它的来源必须是直观;因为从一个纯然的概念中不能获得任何超出这个概念的命题——像在几何学中那样(导言,V)。再则,这个直观必须是验前的,即它必须在关于一个对象的任何知觉之先就在我们里面,因而就必须是纯粹的直观,而不是经验性的直观。因为几何命题全都是断言的,就是说,是和它们的必然性的意识结合在一起的,例如,"空间只有三个向量"这个命题就是。这样的命题不能是经验性的,或者说,不能是经验的判断,也不能从任何这种判断得出来(导言,Ⅲ)。

那么,怎么可能在心灵里有一个先行于对象本身的外部的直观,并且在这个直观中关于这些对象的概念能在验前得到确定呢?显然,只有当这个直观作为这主体的形式的特性在主体中有其地位,并由于这种特性,当这主体被种种对象刺激时,它就获得关于这些对象的直接表象即直观时,才能如此;因而只有在这个直观是一般外感官的形式这个限度内才能如此。

所以只有我们的解释才能够使几何学作为验前综合知识的一个体系的可能性成为可理解的。任何不能做到这点的解释方式,即令从别的方面看来有些和我们的解释相类似,但是按这个特征②就可完全确定它与我们的解释根本不同。

从以上各概念所得的结论

(a) 空间所表现的不是"物之在其本身"的任何属性,也不在"物之

---

① 这一段是第2版增加的。——英译者
② "特征"是原德文 Kennzeichen 之译。——中译者

在其本身"的相互关系上表现"物之在其本身"。就是说,空间并不表现任何依附于对象本身、而且甚至当直观的一切主观条件都被抽掉后仍然存在的确定。因为没有任何确定(无论是绝对的或相对的)在它们所属的事物存在之前能被直观到,因而就没有任何的确定能在验前被直观到。

(b) 空间实际上只不过是外感官的一切出现的形式。空间是感性的主观条件,对我们来说,只有在这条件下,外部直观才成为可能。这样,既然主体的感受性,即为对象所刺激的这种机能,必然一定要先行于对这些对象的一切直观,那么一切出现的形式怎样能在一切现实的知觉之先被给予出来,从而能在验前存在于心灵里,以及这种形式作为一切对象必须在其中被确定的纯粹直观,怎样能在一切经验之先包含着确定这些对象的关系的一些原理,这就都易于理解了。

所以,我们惟有以人类的立场才能谈到空间,谈到广延的事物等等。我们只能在这个主观的条件下才能有外部的直观,即能为对象所刺激。如果离开这个主观的条件,则空间的表象就毫无意义了。空间这个述项只在事物对我们出现这个限度之内才能归之于事物,也就是说,这个述项只能归之于感性的对象。我们称为感性的这个感受性的永恒形式,乃是对象能在其中被直观为在我们之外的那些一切关系的必要条件;如果我们抽掉这些对象,这方式就是一种纯粹直观,并有空间这个名称。既然我们不能把感性的特殊条件看作事物的可能性的条件,而只能看作事物的出现的条件,所以我们诚然能说,空间涵盖一切作为外部而向我们显现的事物,但是却不涵盖一切"物之在其本身",而不管它们被什么样的主体所直观,或是否被直观。因为我们不能断定别的能思维的存在者的各种直观是否也为像限制我们的直观并对我们是普遍有效的同样条件所束缚。如果我们在判断的主项概念上附加作出这个判断时所受的那种限制,那么这个判断就是无条件有效的了。"一切事物在空间里都是并排的"这个命题只是限于这些事物作为感性直观的对象这个限制之下,才是有效的。现在,如果我把这个条件加在这概念之上而说"一切事物作为外部的出现来说,都是在空间里并排的",这条规则就是普遍而毫无限制地有效了。所以我们的阐明证明了关于凡是能作为对象而在外边向我们呈现出来的

B43
A27
[72]

B44
A28

东西的空间实在性,即客观有效性,可是又同时证明了关于事物在其通过理性而在其自身被考虑时,即不顾及我们感性的素质而被考虑时的空间之观念性。那么,在我们谈到一切可能的外部经验时,我们就肯定空间的经验实在性;然而同时我们也肯定空间的先验观念性——换句话说,一经我们抽掉了上述的条件,即抽掉了空间受可能的经验之限制这种条件,因而把它看作处在"物之在其本身"的基础上的某东西,空间就完全不成为什么东西了。

[73]　除了空间这惟一的例外,再没有任何与外面的什么东西相关的主观表象能同时称为客观的又是验前的。因为＊再没有任何其他主观的表象我们能由它而得出验前综合的命题,像我们能从空间中的直观所得出的那样。(见上文"三")所以,严格说来,这些其他表象都没有什么观念性,虽然它们在这方面和空间相一致,即它们纯属于我们感性方式的主观素质,例如视觉、听觉、触觉在颜色、声音和热等感觉中的情况一样,而这些感觉既然是纯粹的感觉而不是直观,它们靠其自身是不产生关于任何对象的知识的,尤其是不能产生任何验前的知识。

B45　上面所说的只是意在防止有人认为这里所肯定的空间的观念性,能以完全不充分的例证即颜色、味道等等来说明。因为这些都不能正当地看作事物的属性,而只能视为主体里面的一些变动,这些变动实可以因人而异。经验性的知性每每把其本身原来只是出现的东西(如一朵玫瑰花),当作"事物之在其本身"对待,可是玫瑰花,就其颜色来说,是能对每

A30　一个观察者有其不同的出现的。反之,空间中的出现这一先验的概念,是

　　＊ 从"因为"起到本段末,第1版的原文如下:因此,一切外部出现的这种主观条件,是不能与任何其他条件相比较的。酒的味道,即令所谓酒是指作为出现而言,也不属于酒的客观确定,而属于尝酒的主体里面的感官之特殊素质。各种颜色不是它们所依附于其直观的物体的属性,而只是在某一定方式上为光所影响的视觉的一些变状;另一方面,空间作为外部对象的条件,必然是属于对象的出现,即直观的。味道与颜色不是对象能成为我们感官对象所必具的必然条件。它们只作为偶然为感觉器官的特殊素质加上的结果而与出现联系着。据此,它们就不是验前的表象,而是在感觉里有其根据的,而且味道其实是以感情(愉快与痛苦)为其根据作为感觉的结果的,不但如此,而且没有任何人能对于一种颜色或任何味道有什么验前的表象;然而,空间既
A29　然只是有关于直观的纯粹形式,因而并不包含有任何感觉、任何经验性的东西。所以如有形状及其关系的概念发生,空间的一切种类与确定就能而且必须是在验前表现的。只有通过空间,事物才有可能成为我们外部的对象。——英译者

一个批判性的警告,它指出在空间中被直观的东西都不是"物之在其本身",指出空间不是一种依存于"物之在其本身"作为其固有的属性的形式,指出对象在其自身来说是我们完全不知道的,而且指出,我们所称为外部对象的东西不是别的,而只是我们感性的纯然表象,其形式就是空间。感性的真正相关连物,即"物之在其本身",通过这些表象是不为人所知,而且也是不能知的;并且在经验之中,从来就没有提出这个相关连物本身的问题。

第二节 时 间

四

时间概念的形而上学阐明①

1. 时间不是一个从任何经验得来的经验性的概念。因为,如果不预先假定有时间的表象验前地已处在并存与相继的基础上,则并存与相继都永远不会进入我们的知觉中。只有在时间这个预先假定上,我们才能想象到若干事物存在于同一个时候(同时),或者存在于不同的时候(前后相继)。

2. 时间乃是作为一切直观之基础的必然的表象。对于一般所谓的出现,我们不能把时间本身去掉,虽然我们尽可想到毫无出现的时间。所以时间乃是验前所予的。只是在时间里,出现的现实性才是可能的。所有出现全都可以消逝;但是不能去掉(作为出现之可能性的普遍条件的)②时间。

3. 关于时间关系的必然原理的可能性,即一般时间的公理的可能性,也是以这个验前的必然性为根据的。时间只有一个向量;不同的时间不是同时的,而是前后相继的(正如不同的空间不是前后相继的而是同时的一样)。这些原理不能从经验得来,因为经验既不能给予严格的普遍性,也不能给予必然的确实性。我们只能说,人们的共同经验告诉我们

---

① "四"及其小标题是第2版增加的。——英译者
② 括弧是第2版增加的。——英译者

"是这样";而不是"必须是这样"。这些原理之有效,在于作为一些规则,经验只有按照着它们才是可能的;这些原理是在关于①经验中教导我们,而不是用经验来教导我们。

4. 时间不是一个推论性概念或一般概念,而是感性直观的一种纯粹形式。不同的时间只是同一个时间的各部分;而只能通过一单个对象才被给予出来的表象乃是直观。并且,"不同的时间不能是同时的"这个命题,并不是从一个一般概念引申出来的。这个命题是综合的,而且不能单在概念里有其来源,它直接包含在时间的直观与表象之中。

5. 时间的无限性,其意思不过是说,任何一个有确定量的时间之成为可能,只是把作为其基础的那惟一的时间加以限制所致。所以,时间这个本源的表象就必须作为"无限制的"而被给予出来。但是,如果一个对象这样被给予出来,使得它的各部分以及它的任何一个量只能通过限制,才确定被表现出有一定限度,那么,整个表象就不能通过概念被给予出来了,因为这些概念只是包含部分的表象②;与此相反,这样的概念本身必须是以直接的直观为依据的。

五③

时间概念的先验阐明

在这里,我请读者参看第 3 项④。在那里,我为了简单起见,曾把应该属于先验阐明的放在形而上学阐明的标题下。我在这里可以追加地说,变易这个概念,连同作为位置变易的"运动"这个概念,只有通过时间的表象并且只有在时间的表象中才成为可能;如果这个表象不是一个验前的(内部的)直观的话,则任何概念,不管它是什么概念,都不能使变易的可能性,即矛盾对立的述项在同一个对象里结合成为可理解的,例如"同一个事物在同一个地方,既存在而又不存在"。只有在时间里,两个矛盾对立的述项才能在同一个对象里碰见,那就是一个跟在另一个的后面。

---

① 依第 3 版,改 vor(在前)为 von(关于)。——英译者
② 第 1 版是:"由于在概念的情况下,部分的表象是先出来的。"——英译者
③ "五"的整段是第 2 版增加的。——英译者
④ 指上段"四"的第 3 项。——英译者

可见,我们的时间概念说明了一般运动学说中所揭示的验前综合知识的可能性,而这种知识并非没有其丰富的效果的。

六

从上述各概念所得的种种结论

(a) 时间不是独自存在的某种东西,不是作为一种客观的确定而依附于事物的东西,因而,当其直观的一切主观条件都被抽掉时,它就不复存在。如果时间是自存的,它就会成为现实的东西却又不是一个现实的对象了。如果它是一种依附于事物的确定或顺序,它就不能先于对象而作为其条件,而且不能由综合命题在验前为人所知道而直观了。但是,如果时间只是直观能在我们里面发生的惟一主观条件,则验前地被知、被直观就完全有可能了。因为只有在此情况下,内直观的这种形式才能在对象之先被表现,因而就是验前的被表现。

(b) 时间无非是内感官的形式,即关于我们自己和我们内部状态的直观的形式。它不能是外部出现的一种确定;它与形状无关,又与位置无关,而与我们内部状态中的各表象间的关系有关。正因为这种内部直观不产生任何形状,我们就努力用类比来弥补这种缺陷。我们用一条无限进展的线来表现时间的连续,其中的杂多构成一个只有一向量的系列;而我们就从这条线的种种属性推论到时间的一切属性,但是有一个例外,就是这条线的各部分是同时存在的,而时间的各部分却总是前后相继的。从时间的种种关系都可以在外部直观中表现出来这一事实来看,这个表象本身是一个直观,那就很明显了。

(c) 时间乃是一切出现的验前的形式条件,空间作为一切外部直观的纯粹形式来说,是有限制的;它只用作一切外部出现的验前条件。但是,既然一切表象,无论它们是否以外部事物作为其对象,就其自身来说,作为心灵的确定,都属于我们的内部状态;而这个内部状态既然从属于内部直观的形式条件,因而就是属于时间的,所以时间就是一切任何出现的验前条件。时间是(我们灵魂的)内部出现的直接条件,从而就是外部出

---

① "六"这一段是第2版增加的。——英译者

现的间接条件。正如我能验前地说,一切外部出现都是在空间里,而且是按照空间的种种关系在验前就被确定的那样,我也能说,从内部感官的原理来说,一切任何出现,即感官的一切对象都是在时间里,而且必然是处在时间的关系之中。

如果我们抽去我们的"内部地直观我们自己的方式"——即我们借以①把一切外部直观纳入我们的表象能力中的直观方式——而把对象作为可以如其在其自身里那样看,则时间就变为无意义的了。时间只对出现才具有客观的有效性,而出现则是我们当作感官的对象的东西。如果我们抽掉我们直观的感性,即抽掉我们特有的表象方式,而谈到一般的事物则时间就再不是客观的了。所以时间乃是我们(人类)的直观的纯然主观条件(我们的直观总是感性的,即在我们为对象所刺激的限度内),而离开主体,在其本身说来,是无意义的。可是关于一切出现,因而关于凡能进入我们的经验中来的事物,它必然是客观的。我们不能说一切事物都是在时间之中,因为在一般事物这个概念里,我们是抽掉了它所被直观到的任何方式,因而就是抽掉对象惟有按照它才能作为在时间中被表现出来的那个条件。可是,如果我们把这个条件加在这概念之上,而说:"一切事物作为出现看,即作为感性直观的对象看,都存在时间之中。"那么,这个命题就有正当的客观有效性和验前的普遍性了。

因此,我们所主张的是时间的经验实在性,即它关于一切可以对我们的感官被给予出来的对象的客观有效性。而且我们的直观既然总是感性的,所以就没有任何对象能不遵照时间的条件而在经验中对我们被给予出来。另一方面,我们却否认时间有绝对的实在性,那就是说,我们否认时间绝对属于事物、作为事物的条件或属性,而毫不涉及我们感性直观的形式,属于事物之在其本身的种种属性,永远不能通过感官而对我们被给予出来。那么,这就是构成时间的先验观念性的东西。所谓先验观念性的意思,就是如果我们抽掉感性直观的种种主观条件,时间就毫无意义,而且不能像实存性或依附性那样归于就其自身说的对象(即离开其与我们的直观的关系)。然而这种观念性,像空间的观念性一样,必不可用与

---

① "借以"是原德文 vermittelst 之译,英译为 in terms of。——中译者

感觉之不正确的类比来加以说明①,因为这样一来,就是假定了感性的种种述项在其里面所依附的出现本身是有客观实在性的。在时间的情况下,除了在它纯是经验性的限度内,即除了在我们把对象本身仅只看作出现这个限度内,这样的客观实在性是完全消失的。关于这个题目,读者可参看前一节末曾说过的东西。

[79]

七②

说　　明

对于承认时间的经验实在性而否认它的绝对、先验实在性的这种理论,我曾听见过有识之士一致表示其反对的意见,因之,我就不得不认为,凡是不熟悉这种思想方法的每一位读者都会自发地有如此想法。反对的意见是这样的:变化是实在的③,这是我们自己的表象的变动④所证明的——即使否认一切外部出现及其变化的话。可是只有在时间中,变化才是可能的,因而时间就是实在的东西。[这是反对意见的论证。——中译者按]答复这种反对的意见是毫无困难的。我可以同意这整个论证。时间确是实在的东西,而它是内部直观的实在形式。所以谈到内部经验时,它是有主观实在性的;那就是说,我实在有时间这个表象和"我在时间中的确定"这个表象。因此就要把时间看为实在的,诚然不是作为对象看,而是作为我自身(作为对象的我自身)的表象的方式看。如果没有这种感性的条件,我却能直观到自己,或我自己能被另一个存在者所直观,那么我们现在在自身中表现为变化的确定,就会产生这样一种知识,即"时间的表象,因而亦即变化的表象,都无法进入其中"这样一种知识。可见,必须承认时间有经验实在性,作为我们一切经验的条件;按我们的理

A37

B54

---

① 这句的原德文是 mit den Subreptionen der Empfindung in Vergleichung zu stellen,意思是"偷偷地和感觉相比较",即时间与空间的观念性不得归于感觉的观念性混淆。——英译者
② "七"是第 2 版增加的。——英译者
③ "实在的"(英译 real)如在别处一样,康德用作和相应 Realität 这个实词的形容词相同,其原德文却是 wirklich,而在这种情况下,译 wirklich 为"现实的"(actual),不如译为"实在的"。——英译者
④ "变动"是原德文的 Wechsel(英译为 change)之译。"变动"有"交替""转变"的意思,与"变化"不同。——中译者

论来说,所要否认的只是时间的绝对实在性。时间无非是我们内部直观的形式(a)。如果我们从内部直观除去我们感性的特殊条件,时间这个概念也就消逝了;它并不依附于对象,而只依附于能直观对象的主体。

但是,这种反对意见何以这样一致为人所极力主张,而且那些并没有足以说服别人的理由来反对空间的观念性学说的人也如此,其原由是这样的:他们没有什么指望能断然地证明空间的绝对实在性;因为他们面临着观念论,而观念论所指示人们的乃是,外部对象的实在性不容有严格的证明。另一方面,他们论证说,我们内感官的对象的实在性(我自己和我的状态的实在性),是通过意识成为直接明显的。前者(即外部对象)可能仅是一种幻象;而按他们的见解,后者(即内感官之对象)不可否认地是实在的东西。可是,他们没能认识到两者是处在同等地位上的;在两种情况下,它们作为表象的实在性,同是不能置疑的,而且在两种情况下,它们都只属于出现,而出现总是有两个方面,一方面是视对象为其自身,而且靠其自身(不管直观它的方式如何——所以它的性质总是成问题的),另一方面是考虑到对于这个对象直观的形式。这形式不能在对象之在其本身里去寻找,而是要在对象向其显现的主体中去找;可是这形式却实在而必然地属于这个对象的出现。

所以时间与空间乃是许多的验前综合知识所由以得出的两种知识来源。(纯粹数学是这种知识的光辉例证,关于空间与其各种关系的知识尤其如此。)时间与空间,合起来说,乃是一切感性直观的纯粹形式,而这就是使验前综合命题成为可能的东西。但是,因为知识的这种验前的来源,仅仅是我们感性的条件,所以正好由于有这个事实,就确定了它们自己的限度,就是说,它们只是在对象被看作出现这个范围内才适用于对象,而不是把事物呈现为"物之在其本身"。这就是空间与时间有效性的惟一范围;在这领域以外,我们就不能在客观上使用它们了。可是,空间与时间的这种观念性并不影响经验知识的确实性,因为无论这些形式必然依附于"物之在其本身",或者只依附于我们关于这些物的直观,我们同样是确

(a) 我固能说,我的种种表象是一个跟着一个而发生的;但是这只是等于说,我们是在一种时间顺序里意识到这些表象的,即按照内感官的形式意识到它们的。所以时间在其本身说来,不是什么东西,它也不是依附于事物的一种客观确定。——康德自注

知经验性知识是有确实性的。另一方面,主张空间与时间的绝对实在性的那些人,不管是把空间与时间作为实存的东西来看,或者作为只是依附的东西来看,必定要和经验本身的原理冲突。因为,如果他们采取空间与时间是实存的东西这种选择(这是数学的自然研究者一般所采取的见解),他们就得承认有两种永恒而无限自存的虚构物(空间与时间),这两种虚构物的存在(然而却没有任何实在的东西)只是为了在其中包含有一切实在的东西而已。如果他们采取后一种选择[认为空间与时间是依附的东西](如某些形而上学的自然研究者所主张的那样),而把空间与时间看作彼此依傍或前后相继的出现之关系——这些关系是从经验抽象出来,而在这种孤立的状态中混乱地表现出来的——他们就不得不否认验前的数学学说对于实在的东西(例如在空间中的)是有效的,或者至少须否认这些东西的必然确实性。因这种确实性是不能在验后的东西中发现的。其实,依这种见解来说,空间与时间的验前概念只是想像力所创造的东西,其来源必须实实在在地求之于经验,因为想象①把从经验中抽象出来的一些关系构成某东西,这东西虽然包含着在这些关系中具有一般性的东西,但却不能离开自然所加于这些关系之上的一些限制而存在。主张前一说的思想家至少获得这种便利,就是他们还能使出现领域为数学命题敞开门户。另一方面,当他们用知性来努力于超出出现的领域时,他们就正为那些条件[即永恒的、无限的,而且是独立自存的空间与时间——英译者所加]所困窘。主张后一说的思想家确是有这种便利:即,如果他们想把对象判定为不是出现,而只是对象与知性的关系,则空间与时间的表象就不至于妨碍他们。但是,既然他们不能诉诸真正的而且在客观上有效的验前的直观,他们就既不能说清楚验前数学知识的可能性,又不能使经验的一切命题和这种知识必然相一致。按我们关于"感性的两种本源形式的真正性质"的理论,以上两种困难就都没有了。

[81]

A40
B57

A41
B58

最后,先验感性论所包含的除空间与时间这两种要素外,不能再包含有其他要素。从如下这个事实来看就很明显,即:一切属于感性的其他概

[82]

---

① 注意:这里的"想象"是原德文的 Einbildung 之译,指"想象的过程"说的;而英译本在同句中前面还用了 imagination,同样一词,是原德文的 Einbildungskraft 之译,指"想像力"说的,两词的中译不应混而为一。——中译者

念,乃至这两种要素结合起来的"运动"这个概念,都是预先假定有经验性的东西的。运动是以关于能动的东西之知觉为其先决的条件的。但是,在空间中,就其自身来考虑,是没有什么能动的东西的;于是,能动的东西必须是只通过经验而在空间中发现的东西,因而就必然是一种经验性的所予。据这同一的理由,先验感性论就不能把变易这个概念算入它的验前所予之内。时间本身不变,只是在时间里的东西才变。所以变易①这个概念是以预先假定有关某存在的东西的知觉以及关于这东西之各种确定的前后继起的知觉为前提的;那就是说,变易这个概念是预先以经验为前提的。

八②

关于先验感性论的一般意见

I③. 为了避免一切误解起见,必须尽可能清楚地说明我们关于一般感性知识的基本素质究竟是如何看法。

我们所想说的是,我们一切的直观无非是出现的表象;我们所直观的东西,其本身不是像我们所直观的那样,它们的关系在其本身也不是像它们对我们显现那样构成的,而且,如果把主体或甚至只把一般感官的主观素质除去的话,空间与时间中所有对象之整个素质以及对象的一切关系,乃至空间与时间本身,都会消逝了。作为出现来说,它们本身是不能存在的,而只能存在于我们里面。对象之在其本身而且离开我们感官的感受性,它究竟是什么,这是我们完全不知道的。我们所知道的无非是我们知觉这些对象的方式——这方式为我们所特有,虽然确是任何一个人所必有,但不一定为任何存在者所共有。我们只与这方式有关。空间与时间是这种知觉方式(mode)的纯粹形式(form),而一般的感觉就是它的质料。我们所能验前知道的惟有空间与时间,那就是我们在一切现实的知觉之前所知道的;因而这种知识就称为纯粹直观。感觉是在我们知识中能导致知识被称为"验后

---

① 这里译原德文的 dazu 为"变易"这个概念,因为我们认为 dazu 的 da 是指上句的"变"说的。英译为 time(时间)似不妥。Max Müller 的英译是 For this,意亦指上句的"变"。——中译者
②③ "八"和"I"都是第2版增加的。——英译者

知识",即"经验性直观"的那东西。无论我们的感觉是属于哪一种类,纯粹形式绝对必然地依附于我们的感性;而质料则能在各种各样的方式上存在。即令我们能够使我们的直观达到明晰性的最高程度,我们也不能借以更接近于对象之在其本身的素质。我们所知道的仍然不过是我们直观的方式,即我们的感性。诚然我们应该完全知道它,但总是只在空间与时间的条件下知之——这些条件原本就是依附于主体的。即令通过那惟一能被给予我们的东西的最明朗的知识,即对象的出现,我们也永远不知道对象之在其本身是什么。 [83]

A43

如果我们接受这种见解,认为我们的整个感性无非是关于事物的一种模糊不清的表象,所包含的只是属于"物之在其本身"的东西,而包含着的这种东西是我们在意识上没有分辨清楚的种种性质和部分表象的集合体,那么感性和出现的概念就会是伪造的,而我们关于感性和出现的全部学说也就变为空洞无用的了。因为模糊表象与明晰表象之间的分别仅只是逻辑的分别,而并不涉及其内容。"正义"这个概念,在其常识的用法上,无疑包含着一切最微妙的思辨所能从它发展出来的东西,虽然在其通常与实践的用途上,我们并未意识到涵盖在这个思想中的杂多表象。但是我们却不能说,这个通常的概念因此就是感性的,其所含乃是一种纯然的出现。因为"正义"绝不能是一种出现;它是一个在知性里面的概念,而且表现行动的一种属性(即道德的属性),而这种属性是属于行动本身的。直观中一物体的表象就不同;它不含有任何属于对象之在其本身的东西,而只是某物的出现,以及我们受该物刺激的方式;我们知识能力的这种感受性就称为感性。即令那出现能对于我们变为完全明朗的,这样的知识也会依然和关于对象之在其本身的知识有天渊之别。

B61

A44

[84]

莱布尼茨与沃尔夫哲学把感性的东西和知性的东西之差别仅作为逻辑的差别,就完全弄错了研究我们知识的本性与起源的方向。这种分别十分明显是先验的。它不单是有关二者的[逻辑]形式的明晰或模糊,它是有关它们的起源与其内容的。所以,并不是说,靠我们的感性只能按模糊方式而不能按任何方式认识"物之在其本身"的素质;而是说,我们按一切任何其他方式都不能了解"物之在其本身"。如果去掉我们主观的素质,则所表现的对象连同感性直观所赋予它的各种性质就都无处可寻,且无法可寻。因

B62

为确定它作为出现的形态的正是这个主观的素质。

A45　　我们在出现中通常把两种东西区分开：在本质上依附于出现的直观且对于一切人的感官都适用的东西和那只是偶然属于出现的直观，且不是在其与一般感性的关系上有效，而只在其与一特殊的观点或与某个感官构造的特性的关系上才有效的东西。那么，前一种知识就被说成表现"对象之在其本身"，而后者被说成只表现对象的出现。可是这种区别只是经验性的。如果我们停止在这点上（如通常所见的那样），而不像我们应该的那样前进，把经验性的直观处理为本身是纯然的出现，在其里面是不能寻得任何属于"物之在其本身"的东西的，那么我们先验的区别就落空了。所以，虽然不管
B63　我们在感官世界中如何深入探讨感官的对象，还只是和出现打交道这一事实，我们这时依然相信我们能知道"物之在其本身"。例如，边出太阳边下雨时的虹，可以称为一种纯然的出现，而称雨为"物之在其本身"。如果仅从物理的意义上来理解后一概念，这种说法是正确的，因为这时把雨只是视为这
A46　样一种东西，即它在一切经验中，而且在其与各感官的种种不同的位置上，都是在我们的直观中被这样地确定下来，而不是别样地确定下来的。但是，如果我们在其一般的性格上来理解这个经验性的对象，而并不考虑它是否对一切人类感官都是同样的，只问它是否把一个对象在其本身来表现（所谓
[85]　对象之在其本身不能是指雨点而言，因为雨点作为出现来说，已经是经验性的对象），那么关于表象与对象的关系这个问题就立刻变为先验的问题了。那时，我们就体会到，不但雨点是纯然的出现，而且甚至雨点的圆形，不，乃至雨点在其中降落的空间，都不是什么如其自身那样的东西，而只是我们感性直观的变状或其基本形态，而且体会到先验对象依然是我们所不知的。

　　我们的先验感性论的第二个要点就是：这理论不仅作为一种可以说得过去的假设而博得拥护，而且应该具有凡能作为一种工具的任何理论所必需的那种确实性和不容置疑性。为了使这种确实性完全能说服人，我们将选择一种事例来使其所采取的立场之有效性，一看就明白，并且使人易于明
B64　了第一节第三段所说的内容。

　　设空间与时间在其本身来说是客观的，而且是"物之在其本身"的可能性的条件。首先，很明显，关于这两者都有许许多多的验前必然的而且是综

合的命题。尤其关于空间是如此,所以我们在这种研讨中就特别注意空间。 A47
既然几何命题是验前综合的,而且以必然的确定性为人所知,那我就提出一
个问题:我们从哪里获得这样的命题? 而且知性在其努力达成这种绝对必
然而普遍有效的真理时依靠的是什么? 除了通过概念或通过直观外,别无
他法;而这些概念以及直观,或者是验前被给予出来,或者是验后被给予出
来的。在后一种形式上,即作为经验性的概念,而且又作为这些经验性的概
念所依据的经验性直观,这些概念或直观除非其本身也纯然是经验性的综
合命题(即经验的命题),都不能产生任何综合命题,正因为这个缘故,这种
命题是绝不能具有作为一切几何命题特征的必然性和绝对普遍性的。关
于达到这种知识的首要的和惟一的手段,就是通过纯然概念或者通过直观
这种验前方式,很明显,从纯然概念只能获得分析的知识,而不能获得综合 [86]
的知识。兹以"两直线不能包围一个空间,而且只用两直线不可能有任何 B65
一个几何形"这个命题为例,那就请试试从"直线"和"两"这些概念来得出这个
命题。或者再用"设有三直线,一个几何形就有其可能"这个命题来看,请试
照同样的方法,从这命题所包含的概念来得出这个命题。你的一切努力都
是白费的;你发现你不得不依靠直观,如在几何中始终所做的那样。所以你
是在直观中给自己一个对象的。可是,这是哪一种直观呢? 是一个纯粹验 A48
前的直观? 抑或是一个经验性的直观呢? 如果是一个经验性直观的话,就
永远没有任何普遍有效的命题能从它产生出来——更不必说一个必然的
命题了——因为经验永远不能产生这样的命题。所以你就必须给自己一
个在直观中的验前对象,作为你的综合命题的根据。如果在你的里面没
有一种验前直观的能力,如果那个主观条件,以其形式来说,又不是同
时使这个外部直观的对象成为可能的惟一普遍验前条件,如果这对象
(三角形)是某东西本身而和你这个主体毫无关系,你怎能说,作为三角
形的构成所需要的主观条件且必然存在于你里面的东西,一定要属于
三角形本身呢? 你不能在你的概念(三条线概念)之上加什么新的东西 B66
(几何形),作为在这对象里必然要碰见之物,因为,〔按那种见解〕这个
对象是在你的知识之先被给予出来,而不是借助于你的知识被给予出
来的。所以,如果空间(时间也是一样)不是你的直观的一种形式而包
含着验前的条件(事物只有在此验前条件下始能对你成为外部对象),

如果没有这些主观条件，外部对象在其自身来说也就什么也不是而只是无，从而，你就不能对于外部对象以一种验前综合方式来确定任何东西了。所以空间与时间作为一切内外经验的必然条件来说，只是我们一切直观的主观条件，而且一切对象都和这些条件相关，因而就成为纯然的出现，并不是作为在这种方式上存在的物之在其本身对我们被给予出来。这一切不仅只是可能的或盖然的，而无疑是确实的。并且因此之故，关于出现的形式，就能验前地有多种述说，而关于在这些出现根基中的"物之在其本身"，却是任何东西都不能予以断定的。

A49

[87]

II①. 为要确证外感官和内感官的观念性，从而确证作为纯然出现的一切感官对象的观念性这个理论，就很需要指出：在我们的知识中，凡是属于直观的任何东西——愉快与痛苦的感情以及意志，由于不是知识，故除外——其所包含的无非是纯然的关系，也就是直观中的位置关系（广延）、位置变化关系（运动）以及这种变化所赖以确定的种种规律的关系（动力）。在某个别位置上存在的是什么、与位置的变化无关而在事物本身里面起作用的又是什么，都不是通过直观而被给予出来的。可是"事物本身"②不能通过纯然的关系而为人所知；因而我们就能断定：既然我们的外感官给予我们的不过仅只是关系的表象，所以这种感官在其表象中所包含的就只是对象对于主体的关系，而不是对象之在其本身的内部属性。关于内感官也是如此，这不仅是因为外感官的表象构成我们借以占有我心的应有的质料，而且又因为我们在其中设置这些表象的时间（时间本身在经验中是先于"表象的意识"，而且在表象的基础上作为我们在心中放置表象的方式的形式条件）其本身所包含的〔只是〕前后相继、并存以及与前后相继同时并存的延续等关系。既然作为表象而能先于思维任何事物的一切活动的东西就是直观；而且如果它所包含的无非是关系，那么它也就是直观的形式了。既然这种形式除了有某东西被放置于心中以外，并不表现任何东西，所以它不过只是心通过它自己的活动（即通过其表象的放置这种活动）而被刺激的方式，因而也就是心被自己所刺激的

B67

B68

[88]

———————

① Ⅰ、Ⅲ、Ⅳ三段以及先验感性论的结论都是第 2 版增加的。——英译

② "事物本身"是原德文 eine Sache an sich 之译，与"物之在其本身"（Ding an sich selbst）不同。——中译者

一、先验原理论

方式，换句话说，它无非是关于内感官就其形式而言的那种形式，即时间。任何通过一个感官所表现出来的东西，就其被表现来说，总是出现。这样一来，我们必须或者拒绝承认有内感官，或者必须承认，作为感官对象的主体能通过内感官而被表现出来的只是出现，而不是作为判定其自身的那个主体（如果其直观只是自我活动，即知性的直观）。整个困难在于：一个主体怎能在内部直观到其自身；而这是任何理论所共有的困难。自我意识（统觉）乃是"我"的单纯的表象，而且，如果在主体里一切杂多的东西都是为自我活动所给予的话，则内部的直观就会是知性的直观了。在人类，这种意识要求那在主体里先被给予出来的杂多有内部的知觉，而这种杂多在心里被给予出来的方式，作为"非自发的"来说，就必须称为感性。如果意识到一个人自己的这种能力是要寻求（领悟）那处在心中的东西，它就必须刺激此心，而只有这样，它才能引起一种对于心自身的直观。但是，这种先就存在于心里的直观形式，是在时间的表象中确定杂多所由以集合心中的方式的，因为那时，它直观到自身，不是像它自我活动时直接所表现其自身那样，而是像它自己刺激自己那样的，也就是说，是像它自己所显现的那样，而不是像它实在的那样。

Ⅲ. 当我说外部客观的直观和心的自我直观同样在空间与时间里，表现客体和"心"如同客体和心刺激我们的感官那样，亦即如其所显现的那样而表现时，我不是说这些对象（客体和心）①乃是一种纯然的幻象，因为在一个出现里，这些客体乃至那些我们归之于客体的属性，都常被看作在实际上被给予出来的东西。可是，既然在所予的对象与主体的关系中，这样的属性是依靠主体的直观方式的，所以这种对象作为出现来说，就要和它自己的作为"客体之在其自身"区别开来。所以当我坚持我所按照着作为其存在的条件而安置物体和我自己的灵魂的空间与时间，其性质是处在我的直观方式里面，而不是处在其本身的对象里面时，我并不是说，物体仅是好像在我的外边，或者我的灵魂仅是好像在我的自我意识中被给予出来。如果我把我应该视为出现的东西变为纯然的幻象，那就会是我自己的错误了。那种幻象不是从我们关于一切感性直观的观念性

---

① 德文"客体"Objekt 和"对象"Gegenstand 是有区别的。但英文均译为 object。——整理者

的原理而推出来的结果——却正与之相反。只有当我们把客观实在性归之于表象的这些形式时,我们才不可能避免把一切东西转变为纯然的幻象。因为,如果我们把空间与时间看作属性,如果它们是可能的,就要在"物之在其本身"那里去寻找,并且如果我们反思一下我们那时所陷入的种种荒谬,陷入两个无限的东西,既不是实体,又不是实际上依附于实体的任何东西,然而又是存在的,甚至是一切事物存在的必然条件,况且,即令一切存在的东西都被去掉时,还必须继续存在——那么,我们就不能责备贝克莱把物体贬为纯然的幻象了。不但如此,甚至我们自己的存在,由于这样变为依靠一种像时间这样虚构物的自我存在的实在性,也就必然会随之变为纯然的幻象了——这种荒谬一直还没有人犯过。

B71

[90]

IV. 在自然神学中,我们想到一个对象(上帝),它不但绝不能成为对我们的一种直观对象,而且乃至对它自己也不能成为感性直观的一种对象,这时,我们就很小心地把时间与空间的各种条件,从上帝的直观中除去——因为上帝的知识必须是直观,而不是始终含有各种限制的思想。但是,如果我们预先把时间与空间变成"物之在其本身"的形式,而且,即令事物本身被除去,它依然还是作为事物存在的验前条件,那么我们有什么权利来把时间与空间这些条件从上帝的直观除去呢?时间与空间作为所有存在的条件,也就必须是上帝存在的条件。如果我们不这样把时间与空间作为一切事物的客观形式来对待,那就只得把它们看作内外直观的主观形式,而这内外直观之名为感性,正是为着这个原故,这种直观不

B72

(a) 出现的种种述项在其与我们的感官的关系上,是能归之于对象的,例如玫瑰花的红色与香味。〔但是幻象的东西就绝不能作为述项而归于一个对象(其充足理由就是,我们那样就把只在对感官的关系上属于对象的东西,或者说一般属于主体的东西,归之于就其自身来理解的对象了),例如从前归于土星的二柄就是〕凡是和对象的表象不可分开、但不能在对象之在其本身找着的东西,而总是在其对于主体的关系上才有的,那就是出现。空间与时间的述项即属于此类性质。所以正当归于感官的对象,而在这种对象里是没有任何幻象的。另一方面,如果我以红色归之于在其本身来说的玫瑰花〔以两柄归之于土星〕(以上两个方括号里的字句和主要论证相冲突,大概都是后来误加的。——英译者),或以广延归之于一切外部对象之在其本身,而不顾及这些对象与主体的一定关系,而且并不把我的判断限于那个关系,那时幻象才开始发生。——康德自注

是本源的,也就是说,不是本身就能给我们以其对象的存在的直观——按我们所能判定,这是一种只能属于原始存在者①的直观方式。我们〔人类〕的直观方式是依靠对象之存在的,因而只有在主体的表象能力为对象所刺激时,它才有其可能。

这种在空间与时间里的直观方式是毋须局限于人类的感性的。也有可能,一切有限的、进行思维的存在者,在这方面是必然和人类一致的,虽然我们不能判定实际上是否如此。但是,无论感性的这种方式如何普遍,它并不因此就再不是感性。这种直观是派生的直观(拉丁文 intuitus derivativus),而不是本源的直观(拉丁文 intuitus originarius),因而就不是知性的直观。据上述理由,这种知性的直观,看来只是属于原始的存在者,而绝不能把它归之于依存性的存在者,依存性的存在者在其存在上,如同在其直观上一样,是依存的,而且是只在对于所予的对象之关系上通过那直观而确定其存在的②。可是这最后所说的必须只作为感性论的一种说明来理解,而不可作为形成其证明的一部分来理解。

先验感性论的结论

那么,这里在纯粹验前的直观里,即在空间与时间里,我们就有了解决先验哲学的一般问题所需要的因素之一了。这问题就是:验前综合判断是怎样成为可能的? 当我们在验前判断中想要超出所予的概念时,我们就在一些验前的直观里碰见不能在那概念中发现,而一定要在验前和那概念相应的直观中发现,而且又是能综合地与那概念相联系的东西。可是,这样以直观为根据的判断却绝不能扩充到感官的对象以外;所以这种判断只对可能经验的对象才是有效的。

---

① "原始存在者"是原德文 Urwesen 之中译。——中译者
② 这个子句可意译如下:"through that intuition is conscious of its own exsistence only in relation to given objects."(通过直观只在对所予的对象的关系上意识到其自己的存在)。——英译者

A50
B74
第二部分　先验逻辑

[92]
导言　先验逻辑的理念

Ⅰ．一般的逻辑

我们的知识是从心的两个基本来源发生的：第一是接受表象的能力（对于印象的感受性），第二是通过这些表象而知道对象的能力（概念[产生]的自发性）。通过第一种能力，就有对象被给予我们，而通过第二种能力，就有对象在其对那表象的关系上而被我们思维（那表象只是心的一种纯然确定）。所以直观与概念就构成我们一切知识的要素，这样一来，如只有概念而没有在某种方式上与之相应的直观，或者只有直观而没有概念，都不能产生知识。概念与直观都可以是纯粹的或经验性的。在它们含有（预先假定有对象的现实存在的）感觉时，它们就是经验性的。在没有感觉和表象相混合的时候，直观和概念就是纯粹的。感觉可称为感性知识的质料。所以纯粹直观只含有"某东西被直观"的形式；纯粹概念只含有一个对象的一般的思维形式。只有纯粹直观或纯粹概念是验前可能的，而经验性的直观和经验性的概念只是验后才有其可能的。

B75
A51

[93]
如果把我们心的感受性（即心在任何情况下被刺激时接受表象的能力）称为感性，那么心之从其自身产生表象的能力，即知识的自发性，就应该称为知性。人类的本性是这样构成的，所以我们的直观就绝不能是别样，而只能是感性的；就是说，它只含有我们为对象刺激的方式。另一方面，使我们能够思维感性直观的对象的能力就是知性。对这两种能力的看法不能畸重畸轻①。没

---

① "畸重畸轻"，据德文直译当为"没有一个是放在另一个的前面的"。从这一句，我们就可知道康德并不把认识中知性自发地提供出来的因素作为是在知识（经验）的产生过程中先于或重于感性的因素。两者是同样重要的，而且是在知识（经验）的产生过程中同时起作用的，无所谓先后，正如朱熹答人问"理与气孰先孰后"时所说，不能决定哪是在先的，因为两者是缺一不可的。因此，这里用"先验"一词来译康德所用的 transzendental 是不妥当的。与其译为"先验"，毋宁译为"非验"，因原德文的 transzendental 的前缀 trans 虽有"超"或"过于"的意思，而其词根 scandere 却是"攀登"的意思，且所"超过"的不是经验，而是感性的素材。然而"先验"一词在中译的康德著作中沿用已久，不便改译，姑用之而加以原义的说明如上。——中译者

有感性就没有对象对我们被给予出来,而没有知性就没有对象被思想。思想而无内容,是空洞的,直观而无概念,是盲目的。因此,要使我们的概念成为可感觉的,即在直观中把对象加于概念上,要使我们的直观成为可理解的,即把直观纳于概念之下,二者是同样必要的。这两种能力或性能不能互换其作用(Funktionen)。知性不能直观,感官也不能思想。只有通过两者的结合才能有知识的发生。但也不能由此把一种能力的贡献和另一种能力的贡献混淆起来,而是更有理由把它们慎重地分开并相互区别。因此,我们就把关于一般感性的规则的学问即感性论,从关于一般知性的规则的学问即逻辑,分别开来。

逻辑又可在两种方式上来处理,或者作为知性一般使用的逻辑,或者作为知性特别使用的逻辑。前者包含思维的绝对必要的规则,没有这些规则就不能有知性的任何使用。因此,它研究知性时不管知性所指向的对象中的差别。关于知性特别使用的这种逻辑,则包含关于某种对象的正确思维的规则。前者可称为原理的逻辑,而后者则称为某一种科学的工具(Organon)。这后者是通常在学校中作为各科学的预备课程来讲授的,虽然按人类理性的实际历程来说,它是最后才能得到的东西,即在所研究的某一特殊科学已经到结束之际,这时所需要的只是画龙点睛的工作来修正它使之臻于完善而已。因为必须已经大致完全知道了所考虑的对象,然后才有可能来规定关于这些对象的科学所赖以建立的那些规则。

普通逻辑或者是纯粹的,或者是应用的。在纯粹的普通逻辑里,我们抽掉知性所由以被运用的一切经验性条件,即抽掉感官的影响、想象的作用、记忆的规律、习惯的力量、个人的倾向以及其他的力量等等,从而亦即抽掉一切偏见的来源,以至抽掉这种或那种知识所由以发生或者好像要发生的一切原因。因为这一切与知性有关是只就其在某一定情况下使用而言的,而要知道这些情况,就需要有经验。所以纯粹普通逻辑所处理的只是验前的原理,且是知性与理性的一种法规(Kanon),但只是关于知性与理性的使用中形式上的东西,而不管其内容是经验性的或者是先验的。当普通逻辑指向知性在心理学所处理的主观经验性条件下的使用的规则时,则称为应用的逻辑。因此,应用逻辑就有经验性的原理,虽然事实上它仍然是普通的,由于它只涉及知性的使用,而不顾及在对象中的差别,因此它既不是一般知性的法规,也不是特种科学的工具,而仅是清涤普通知性的药剂。

所以在普通逻辑里,构成纯粹理性学说的部分必须完全和构成应用逻辑的部分(虽然这部分仍然总是普通的逻辑)分开,严格说来,只有前者是一种科学,虽然在事实上它简约而枯燥,但对知性原理的学说作有条理的阐明是不得不如此的。所以逻辑家在处理纯粹普通逻辑时有两条规则必须牢记在心:

1. 作为普通逻辑来说,它抽掉了知性知识的一切内容,抽掉了对象中的一切差别,其所处理的无非是思维的纯然形式。

2. 作为纯粹逻辑来说,它与经验性原理无涉,而且也不像人们有时所认为的那样,从心理学假借任何东西,因此心理学对于知性的法规是毫无影响的。纯粹逻辑乃是一种证明了的学说体系,其中任何东西都必须是完全在验前确实的。

我所称的"应用逻辑"(反乎这名称的习用意义,因为按照习用意义,应用逻辑就应该包含有某些习题,其规则是纯粹逻辑所规定的)乃是知性的一种表现,而且又是知性"具体的"必然使用之规则的表现,而所谓"具体的"知性必然的使用之规则,也就是可能妨碍或促进知性应用的种种偶然的主观条件,而这些条件都完全只是在经验上被给予出来的。应用逻辑所研究的是注意、注意的各种障碍与后果、错误的来源、疑惑、迟疑以及确信等状态。纯粹普通逻辑对于应用逻辑的关系正如纯粹伦理学和严格的称为德行的学说[道德学]的关系。所谓纯粹伦理学所包含的只是一般自由意志的必然道德律,而德行的学说是考虑人们或多或少受其控制的感情、倾向和情欲这些东西限制下的道德律。这种学说永远不能提供一种真正而有实证的科学,因为它和应用逻辑一样,是依靠经验性的和心理学原理的①。

---

① 有人认为,康德把形式逻辑说成是纯形式主义的逻辑。仔细看这一段和下面接着关于先验逻辑的一段,就可知道康德把纯粹逻辑与应用逻辑严格地分开,而这只是为了划清各门科学的分野。这也是由于他的所谓知识的建筑术这种偏见而来的。可是他认为在应用逻辑不能成为一门科学这一点上,是有对科学的特别看法的,因为他认为每门科学必须有其独立性,不依靠另一门科学,这就曲解了科学的普遍联系性与其相对的相互依存性了。——中译者

Ⅱ. 先验逻辑

如我们曾说明的,普通逻辑抽掉知性的一切内容,即抽掉知识对于对象的一切关系,而只考虑任何知识对其他知识的关系中的逻辑形式,也就是说,普通逻辑研究一般思维形式。但是,如先验感性论所说,既然有纯粹的直观和经验性的直观,所以也同样可以分清关于对象的纯粹思想与其经验性思想之间的区别。这样一来,就应该有一种我们在其里面不抽掉知识的全部内容的逻辑。这另一种逻辑所包括的只是关于对象的纯粹思想的一些规则,而所排斥的只是有经验性内容的那些知识的方式①。它还要研究我们所由以认知对象的各种方式的根源,当然,那根源是不能归之于对象的。普通逻辑就与此不同;它与知识的根源无涉,而只按照知性在思维中使表象互相联系时所用的规律来考虑这些表象,不管这些表象原本是验前在我们里面,抑或只是在经验上被给予出来的。所以普通逻辑所研究的只是知性所能赋予表象的形式,而不管此等表象是从什么来源发生的。

在这里,我要说一句话请读者必须牢记在心,因为这话影响到全部下面的论述。即并不是任何一种验前知识都应该称为先验的,而只有我们借以知道某些表象(直观或概念)只能在验前使用或者只是在验前成为可能,而且又知道何以是这样的,这种验前知识才称为先验的知识。这就是说,"先验的"这词是指"关于知识的验前可能性或知识的验前使用"这样的一种知识。空间和时间的任何验前的几何学确定都不是先验的表象;能称为"先验的"惟有知道"这些表象不是在经验上有其起源"的这种知识,以及虽然如此,"这些表象却仍然有可能验前地与经验对象发生关系"这样一种知识。把空间用于一般的对象,这种应用同样是先验的。但是这种应用如果只限于感官的对象,它就是经验性的了。所以先验的与经验性的两者的区别是只属于知识的批判的;它与那知识对其对象的关系无关。

因此,期望可能有一些与对象验前相关的概念,不是作为纯粹的直观或感性的直观,而只是作为纯粹思想的活动——就是说,既不作为来自经

---

① "知识方式"是依 Adickes 的异读,故照英译而中译为"只……那些"。——中译者

验的概念,又不作为来自感性的概念——我们就预先为自己形成了关于知识的一种科学的理念,(这种科学属于纯粹知性与理性,而且我们由于这种知识完全在验前想到对象)。确定这种知识的起源、范围与客观有效性的这种科学就称为先验逻辑,因为它不同于和理性的经验性知识以及纯粹的知识无区别地打交道的普通逻辑,而单在知性与理性的规律验前地与对象相关的限度内,从事于这种规律的研究。

Ⅲ. 普通逻辑划分为分析论与辩证论

有一个由来已久而著名于世的①问题,人们认为是使逻辑家无所措手足的②,而且,或者迫使他们陷入可怜的诡辩,或者迫使他们承认自己的无知,从而承认他们的整个逻辑是空洞的。这问题就是:真理是什么?"真理是知识与其对象的一致"这个名词上的定义是假定为公认的了;而所提出来的问题乃是"任何一种知识的真理,其一般而可靠的标准是什么"?

知道何种问题可以合理地提出来,就足已证明其明智与卓识。因为如果一个问题本身是悖理的,而要求的答案又是无所谓的,这样的问题就不但是提问者的耻辱,而且可以使不注意听话的人陷入悖理的解答里去;从而呈现出一种可笑的光景,像古人所说的那样,一个人在挤公羊的乳,另一个人拿着筛子去接。

如果真理在于知识与其对象的一致,那个对象就必须因此而和其他的对象分别开来;因为如果知识不是和它有关的对象一致,即令它含有关于其他对象有效的东西,这种知识仍然是不正确的。所以真理的一般标准是在知识的任何事例中都是有效的,而不管其对象如何不同。然而很明显,这样的一个标准[由于它是一般性的]不能估计到知识(与其[特定]对象的关系上)的[各种各样]的内容。但是,既然真理正是和这内容有关;那么如果要求对于这样不同的内容的真理有一种一般性的标准,那就是不可能的,而且事实上是悖理的。因此,要求真理有充足而又一般性的

---

① "由来已久而著名于世的"是原德文 alte und berühmte 之译。——中译者

② "使逻辑家无所措手足的"是原德文 man die Logiker in die Enge zu treiben 之译。亦可译为"逼逻辑家陷入绝境"。——中译者

标准是不可能的。我们既然已经称知识的内容为其质料,我们就必须准备承认,关于知识的真理,在有关它的质料这个限度内,不能要求有任何一般性的标准。按其性质来说,这样的一个标准是自相矛盾的。

但是,另一方面,只就知识的纯然形式这一方面(除去一切内容)来谈知识,那就很明显,逻辑在它阐明知性的普遍而必然的规则这个限度内,必须在这些规则中提供真理的标准。凡与这些规则相矛盾的东西都是不真的。因为由于这种矛盾就会使知性和它自己的一般的思维规则相矛盾,因而就是自相矛盾的了。然而这些标准只和真理的形式有关,即和一般的思维形式有关;而在这个限度内,这些规则是十分正确的,但是单从它们本身来看是不够的。因为,虽然我们的知识可能完全符合逻辑的要求,即不自相矛盾,但是还有可能和它的对象相矛盾。真理的纯然逻辑性的标准,即知识和知性与理性的一般的、形式上的规律相一致,乃是一种不可缺少的条件(conditio sine qua non——没有它就不行的条件),因而是一切真理的消极条件。可是,过此限度则逻辑①就再不能前进了。它没有检查的方法来发现"不关于形式而仅关于其内容"的错误。

普通逻辑把知性与理性的全部形式历程分解为诸要素,而且把这些要素展示出来作为我们知识的一切逻辑性检查的原理。因此,可称为分析论的这部分逻辑所产生的东西至少是真理的消极的检查方法。我们必须在应用分析论的种种规则来审查与评定一切知识的形式之后,才进而确定其内容是否含有关于其对象的积极真理。但是,既然知识的纯然形式无论和逻辑规律如何完全一致,也远远不足以确定知识的质料的(客观的)真理,那么就没有人敢于只靠逻辑之助而做出关于对象的判断,或者做出任何的肯定。我们必须首先在逻辑以外获得可靠的资料;只有那时,我们才有条件按照逻辑的规律进行研讨这种资料的用处及其在一个连贯整体中的联系,或者更确切地说,用这些规律来检查这种资料②。通过普通逻辑这种技术,我们就给一切知识以知性的形式,不管我们对于这种知识的内容如何不甚了解,然而在拥有这么一种貌似可靠的技术中,却有一

---

① 注意,这里是指传统的形式逻辑说的。——中译者
② 这一段表现着康德的科学方法精神,也就是他的认识论,融贯说(coherent theory)的表现。——中译者

种诱惑人的东西,因而,这门只是判断法规的普通逻辑就被用作似乎为一种工具以产生至少好像是客观肯定的东西,这样一来,就把普通逻辑错用了。当普通逻辑像这样作为一种工具时,它就称为辩证术①(Dialektik)。

古人在使用"辩证术"这个名词作为一种科学或技术的名称时,不论其意义怎样各有不同,我们从他们实际使用这名词的用意来看,可以断言,就他们来说辩证术始终不过是幻象的逻辑而已②。这是一种诡辩的技术,使无知和诡辩手法有其真理的外形,其方式③就是模仿逻辑所规定的按一定方法所得到的彻底性,以及用逻辑的"辩论常识④(Topik)来掩盖其主张的空洞性。现在我们可以注意下述一点作为可靠而有益的警告,这就是:如果把普通逻辑看作一种工具,它就总是一种幻象的逻辑,即辩证术的逻辑,因为逻辑所教人的并没有任何关于知识的内容,而是只规定知识和知性相一致的形式条件,而这些条件却不能告诉我们任何关于所谈的对象的东西。那么,想要用这种逻辑作为一种推广和扩大我们知识的工具,就势必以空谈为其结局——在这种空谈中,我们可以用某种貌似有理的话⑤来坚持任何可能的主张,或者如果我们愿意的话,用来抨击任何可能的主张。

这种教导是与哲学的尊严完全不相称的。因此,辩证术这个名称就另有用法,即作为"辩证的幻象之一种批判"归入逻辑。在本书中,就是在

---

① 我们这里用"辩证术"来译 Dialektik 是要把康德这名词区别于辩证法,虽原文是同一个词,但意义有别,"术"这一字,读下一句便知比"法"字更适合。——中译者

② 康德说"辩证术……是幻象的逻辑"。可参考上注。查原古希腊文的 Dialektik 是 dia(两者之间)+lego(说话)而成的,其原形为 dialektiòs,"善于论证"义。柏拉图用这词是作为"用对话的讨论方式来研究科学",或"用分析法来探求真理",或"存在的性质与规律的科学"等方法,而康德却把这词作上述用,是他的一种特别用法,和马克思主义的辩证法毫无共同之处。——中译者

③ "其方式"是原德文字面上所无而英译本用"by the device of"使原文意义更为明白。——中译者

④ "辩论常识"是康德所借用古希腊文的 topos 而成为 Topik 之意译。这词原是亚里士多德《逻辑六篇》之一的标题(后人加的)一般照字面译为"论题"。近有罗念生同志拟译为"部目"(见《光明日报》1965.10.19)。但依亚氏原篇的内容却不像是"部目"而像是"便于指示辩论的材料",。"所在地"亦即此意。——中译者

⑤ "貌似有理的话"是意译英译本 plausibility,而这词是原德文为 Schein(外貌)。——中译者

这种意义上来理解这个名词的。

Ⅳ. 先验逻辑划分为先验分析论与先验辩证论

在先验逻辑里,我们把知性孤立起来——正如我们上面在先验感性论里把感性孤立起来一样——这里我们把单独起源于知性的那部分思想从我们的知识中分开。这种纯粹知识的使用要依靠一种条件,即它所能适用的对象是在直观中被给予出来的。没有直观,我们的一切知识就没有对象,因而就是完全空洞的。处理知性所产生的"纯粹知识的各要素"以及"没有它们,对象就不能被思维"的那些原理的这部分先验逻辑就名为"先验分析论"。先验分析论乃是真理的逻辑。因为凡与此种逻辑相矛盾的知识,无不立刻丧失其一切内容,即丧失它对于一切对象的关系,因而也就丧失一切真理。但是,由于有很大的诱惑来单独地使用知性知识的这些纯粹方式和这些原理,乃至在经验的限度以外来使用它们(只有经验才能产生那些知性的纯粹概念所能适用的质料即对象),于是就使知性冒险在合理性的幌子下把知性的纯粹而仅是形式上的原理作实质上的使用,且不分皂白地对于对象进行判断——对于没有对我们被给予出来的对象,甚至绝不能被给予出来的对象进行判断。既然正当地说,这种先验分析论只应该在知性的经验性用途上才作为进行判断的一种法规,所以如果援用它作为知性的一般的而毫无限制的一种应用工具,并大胆地单独以纯粹知性对于一般对象进行综合判断,作出肯定且加以决定,那就是错用了先验分析论。于是,纯粹知性的使用就变为"辩证的"了。所以先验逻辑的第二部分就必须形成这种辩证的幻象的一种批判,而称为"先验辩证论",并不是作为独断地产生幻象的技术(不幸这就是用形而上学变戏法的人们所惯用的技术),而是作为知性和理性在其超经验的使用上的一种批判,为的是要暴露那些毫无根据的主张的虚伪荒诞性[1],而不过是以纯粹知性的批判来代替单纯用先验原理来发现知识和扩张知识的夸大要求,来防御知性以免受骗于诡辩的幻象。

---

[1] 这句以下英译本作为独立句,今依 1922 年柏林 Cassirer 德文版改为接上文的一个以 um 引出的子句,似更切原意。——中译者

第一编　先验分析论

[102]
B89

　　先验分析论是把我们的一切验前知识分解为纯粹知性独自产生的各要素。在这种分解中，应该注意下列四点：(1)这些概念必须是纯粹的，而不是经验性的；(2)这些概念不是属于直观与感性的，而是属于思想与知性的；(3)这些概念必须是基本的，并且要与派生的或复合的概念慎重地区分开来；(4)我们的概念表必须是完整的，包括着知性的全部领域。当一门学问只是在一种试验的方式上产生一堆东西时，那就无论由什么样的评估都不能保证其有如此的完整性。只有通过知性所产生的验前知识的总体这个理念才能保证这样的完整性；这样一个理念能使组成此总体的各概念有一种精密的分类，以表现其在一个体系中的相互联系。纯粹知性自身不仅与一切经验性的东西有区别，而且完全与一切感性有区别。它是一个统一体、自存自足、不能从外面有所增加。所以知性知识的总和就构成由一个理念所涵盖并确定下来的体系。这个体系的完整与联结同时即能产生其一切组成部分的正确性与纯真性的检查标准①。先验逻辑的这一部分需要分两卷予以详尽阐述，一卷包含着纯粹知性的各概念，另一卷包含着纯粹知性的原理。

A65

B90

---

① "检查标准"是原德文 Probierstein 之译，直译当为"试金石"。——中译者

第一卷　概念分析论

[103]

所谓"概念分析论",我这里不是指对概念的分析,或者说不是在哲学研究中所惯用的程序,即把可以显现的概念的内容加以剖解,使之更为明了,而是指一向很少尝试过的知性能力自身的剖解,为的是仅在产生验前概念的知性中来探求这些概念,而且还要分析知性能力的纯粹用途,以便研究这种概念的可能性。这种工作是先验哲学本有的任务;此外的任何东西都属于一般哲学中概念的逻辑研究。因此,我们将追溯纯粹概念在人类知性中的原始种子和最初倾向,这些种子与倾向原来就在人类知性中备有,等到最后有经验发生,它们才得到发展,而且这同一知性在它们摆脱了附加上的经验性条件之后,其纯粹性乃显示出来。

A66
B91

第一章　知性的一切纯粹概念发现的线索

[104]

当我们使知识能力发生作用时,按发生情况的不同,各种各样的概念就随之而呈现并使这能力为人所知,而且按照对这些概念作出观察时间的长短或观察敏锐性的大小而使这些概念的完整性以或多或少的程度集合起来。但是,如果当这种探讨在这种机械的方式上进行时,我们绝不能确知所探讨的是否臻于完成。况且,我们这样仅随机遇而发现的概念并未显出任何次序和系统的统一性,到最后仅按照其类似之点排列成对,或按照其内容的多少形成从简单到复杂的系列——这决不是一种系统的体系,虽然在某种程度上也是按照学术方法制定的。

A67
B92

先验哲学,在追求其概念的过程中,具有按照一个单一原理来进行的便利与责任。因为这些概念是纯粹而毫无杂质的,是从知性发生出来的,而知性乃是一个绝对的统一体;因而这些概念就必须依据单独一个概念或理念而相互联系着。这样一种联系就给我们提供一条规则,我们用这条规则就能够把知性的每一个纯粹概念安置在其适当的位置,且能在一种验前的方式上确定这些概念的系统完备性。不然的话,我们在这些事情上就要依靠我们自己的任意决断,或者只是碰机会了。

第一节　知性的逻辑使用

[105]

A68
B93
　　以上我们仅消极地解释知性为知识的一种非感性能力。那么,既然没有感性我们就不能有任何直观,那么,知性就不是直观的一种能力。但是,除直观以外,只有由概念所生的各种知识。所以知性所产生的知识(或者说至少是人类知性所产生的知识),必须是通过概念而生的,因而不是直观性的,而是论证性的。但是,一切直观因为是感性的,故依据刺激,而概念则依据机能。我的所谓"机能"是指把各种不同的表象归摄于一个共通的表象之下的统一作用而言。概念以思维的自发性为基础,而感性直观则以印象的感受性为基础。但是,知性能利用这些概念的惟一方法就是用它们来进行判断。既然表象除了当它是一个直观时,它和对象没有直接的关系,所以就绝没有任何概念和对象直接有关系,而只是和对象的其他某某表象有关系,不管那个其他表象是一个直观或者自身是一个概念。所以判断就是关于一个对象的间接知识,即对象的表象之表象。在任何一个判断里都有一个适用于多个表象的概念,其中有一个所予的表象直接和一个对象有关系。例如在"一切物体都是可分割的"①这个判断里,"可分割的"这个概念本适用于各种不同的其他概念,但是,在这里

A69
特别适用于"物体"这个概念,而这个物体概念又适用于呈现在我们面前的某些出现。所以,这些对象是通过"可分割性"这个概念而间接得到表

[106]
B94
现的。准此,一切判断都是我们的表象之中的统一性的机能;在知道这个对象的过程中所用的不是一个直接的表象,而是一个包括这直接表象与各种不同的其他表象的一个更高的表象,从而就有许多可能的知识集合在一个知识中来。所以,我们就能把知性的一切活动归结为判断,因而知

---

　　① 第 1 版是用 veränderlich(变化的)一词,第 4 版改为 teilbar(可分割的)。——英译者,按 Max Müller 从第 1 版译出的英译本也采用"可分割的",并在脚注中说明这修改是正确的。——中译者

性就可以描述为判断的能力。因为,如上所述,知性乃是思想的能力。思想是通过概念而生的知识。但是,作为可能判断的述项的概念是和一个还没有确定的对象之某表象有关系的,例如,"物体"这个概念所指的是通过这个概念而为人能知道的某东西,比方金属。因此它之成为一个概念,只是由于它包含着它所借以能和对象有关系的其他表象。所以,它是一个可能判断的述项,例如,"凡金属都是物体"。因此,如果我们能够穷尽地说清楚判断中的各种统一性机能,就能发现知性的各种机能了。在下一节里将说明这是很容易做到的。

第二节 知性在判断中的逻辑机能

A70
B95

九①

如果我们抽掉判断的一切内容,而只考虑知性的纯然形式,我们就发现判断中的思维机能可以归摄为四项,而且每一项又包含有三个子目②。它们可以方便地表现为下表:

Ⅰ. 判断的量 { 全称的 / 特称的 / 单称的

Ⅱ. 判断的质 { 肯定的 / 否定的 / 无限的   Ⅲ. 判断的关系 { 直言的 / 假言的 / 选言的   [107]

Ⅳ. 判断的模态 { 或然的 / 实然的 / 必然的

由于这种划分与逻辑学家通常公认的作法③似在某些方面(虽然不是在任何本质的方面)有所出入,所以,为了预防④任何可能的误解,提出下面几点意见是有益的。

B96
A71

1. 逻辑学家有正当的理由说,在三段论式里使用判断时,单称判断

---

① "九"是第 2 版增加的。——英译者 "九"上接先验感性论中之"八"。——整理者
② "子目"是康德原文 Momente 之译,有的译为"契机"。——中译者
③ "作法"是原德文"Technik"之译。——中译者
④ "预防"是原德文"Verwahrungen"之译,作动词。——中译者

可以作为全称判断①来处理，因为，既然单称判断完全没有外延，其述项就不能只与包含主项概念中的一部分有关系而从其余部分排斥出来。这个述项对于主项概念有效是毫无例外的，好像主项是个普遍概念②、真的具有外延，而这个述项适用于这外延之全部似的。但另一方面，如果我们把一个单称判断只作为知识和一个全称③判断在量的方面作比较，则单称判断对于全称判断的关系，就正如单一性对于无限性的关系，因而单称判断在其本身来说，本质上是不同于全称判断的。所以，如果我们不是只按其自身的内部有效性来判定一个单称判断(judicium singulare)，而是把它作为一般的知识，按它的量来和其他知识相比较，那么，单称判断就确是和全称判断(judicia communia)不相同，在思想的一个完整项目表里，它应有其单独的地位——虽然在一种局限于判断相互间的用途的逻辑中，它确是没有地位的④。

① "全称"是原德文的"allgemeinen"之译。——中译者

② "普遍"是原德文的"gemeingültiger"之译，意思是"对于全类有效的"，这个形容词译为"普遍"，是由于我国形式逻辑书中多用此词表示全类对象。——中译者

③ "全称"不是康德所用的"gemeingültiger"之译，因为一般不用"普遍判断"这个词，但这里的意思是说，作主项的概念是对全类任何一个对象都有关的。——中译者

④ 在这段文字里，请读者一定不厌其烦地加以注意，即在康德的判断表中，谈到判断的量时，全称判断的"全称"用的是 allgemein 这词，在我们前面中译的注里曾指出"全称判断"的"全称"也是用这个词，在上一注里，我们又指出中译的"普遍概念"的"普遍"是 gemeingültiger 之译，而在同一段中，康德谈到单称判断与全称判断时，其"全称"的原德文却又是 gemeingültiger。那么，康德 gemeingültiger 与 allgemein 这两个意义相近的词，按他的用法有何区别呢？是否为同义词？我们认为不是。在一个"allgemein"的判断中，形式上是以类概念为主项的，而在一个"gemeingültiger"的判断中，是对主项所指的全类对象的任何一个都适用。我们之所以指出这个区别，是因为只有理解这一区别，才能明白康德何以在范畴表中(下文第三节第十段)从量来说，有"单一性、多数性、整体性"和判断表中的"全称、特称、单称"相对应。研究《纯粹理性批判》一书的学者们，有的常忽略这一点而出了差错。如日本人桑木严翼在所著《康德与现代哲学》一书中(中译本，商务版，第85～86页译者注)所争论的，认为应把康德的范畴表加以修改，使"全体性杂多性(多数性)单一性"和"全称的,特称的,单称的"相适应(见该书译本第79～80页)，这就是由于不深入了解康德用 gemeingültiger 这词的意义。康德在范畴表中"关于量"的一项，在我们的注里"单称判断对于全称判断的关系，正如单一性对无限性的关系"这句话已说明单一性相应于单称判断，而无限性则相应于全称判断。何以康德如此说呢？因为单称判断指一个全单一性，不是指这单一性的一部分，如"张三是勇敢的"，是指张三整个单一性全体说的，而"凡人皆有死"是指人类的任何一个人说的，且人类的任何一个人在数目上是无限的，故无限性相应于全称判断。因此，全称判断是和单一性(任何一个人)相应，而惟有整体性才和整个单一性的单称判断相应。据此，康德的范畴表中"量"的大项和三子目的次序是正确的，毋须修改。——中译者

2. 无限判断在先验逻辑中也同样必须和那些肯定的判断区分开来,虽然在普通逻辑里它们是正当地和肯定判断列为一类,而不构成这项的另外一目。普通逻辑抽掉述项的一切内容(即令这述项是否定的,也是如此);它只研讨述项是否归于主项或是否与之对立。但先验逻辑则对于仅由否定的述项作出的逻辑肯定,尚须考虑其可能有什么价值或内容,以及从而对我们的整个知识有什么增益。例如,关于灵魂,我说:"灵魂不是可灭的。"我用这个否定判断至少避免了错误。然而,如用"灵魂是不灭的"这个命题,就逻辑形式来说,我实已作出了一个肯定,因为我把灵魂放在"不灭的存在者"这样一个无限量的范围中,既然"可灭的东西"包含了"可能存在者"整个外延的一部分,而"不灭的东西"构成其另一部分,我的这个命题就只是说,当我把凡"可灭的东西"都拿掉了之后,剩下来的无数东西之一种即"灵魂"了。但这样一来,"一切可能的东西"这个无限范围,就只有当我们把"可灭的东西"从其中排除出来,而灵魂就列入这无限的范围①所剩下来的一部分里时,才受到了限制,但是,即令有这样的排除,这个余地②依然是无限的,而且,即令还可以再去掉几个部分,灵魂这个概念的内容也不会因而有丝毫的增加,或者肯定地得到确定③。可见这些无限判断虽然从它们逻辑的外延来说是无限的,但是从其知识的内容来说,却是有限的。所以,在判断中,思想的一切子目的先验表中,它们是不能被忽略的,因为它所表达的知性的机能,在其纯粹验前知识的领域里,可能是重要的。

[108]

A72

B98

A73

3. 在判断中,思想的一切关系是:(a)述项对于主项的关系,(b)根据对于其后果(结论)的关系,(c)划分出来的知识与这划分的各分支总合起来④彼此间的关系。在第一类判断中我们只考虑两个概念,在第二类中我们考虑两个判断,而在第三类中就考虑几个判断的相互间的关系。在"如果有完全的公道,则顽强的恶人将受到惩罚"这个假言命题里实含有两个命题的关系,即"有完全的公道"与"顽强的恶人受到惩罚"的关系。

[109]

---

① "范围"是原德文"Umfang ihres Raums"(空间的广袤)之译。——中译者
② "余地"是原德文"Raum"之译。——中译者
③ 根据康德这一句的说明,判断表中"质"的一大项下的"无限的"也可译为"不定的",因它是"未确定的"(ohne dass darum der Begriff... bejahend bestimmt wird)。——中译者
④ "总合起来"(英译 taken together)是原德文 gesammelten 之译。——中译者

这两个命题就其自身而言是否都是真的,在这里还没有确定。用这种判断所想到的只是其逻辑的连续关系而已。最后,选言判断含有两个或两个以上的命题相互间的关系,可是并非逻辑连续的关系,而是逻辑对立的关系,其对立是就其中一个命题的范围排斥其他命题的范围而言的。然而,就这些命题合在一起占有所讨论的知识的全部而言,它同时又是交互性的关系。所以,选言判断所表达的是这类知识的范围中各部分的关系,因为每一部分的范围乃是其他部分的范围的补充,而一起就产生所划分的知识的总和。例如以"世界的存在或者由于盲目的偶然性,或者由于内部的必然性,或者由于外来的原因"这个判断来说,其中每一个命题都各占一般所谓"世界存在"的可能知识范围的一部分;而各命题一起就占其全部范围。把知识从这些范围之一里拿出来,就等于把它放在其他范围之一里去,而把它放在一个范围里,就等于把它从其他范围中拿出来。因此,在选言判断中,所知的各组成部分有其一定的交互性,结果就是:各部分能相互排斥,然而却又因之在它们的总和上确定了真实的知识。因为,合起来看,它们构成一种所予知识的全部内容。就与后文有关的限度来说,在这里只须考虑到这么多。

4. 判断的模态乃是十分特别的一种机能。它的特征就是它对于判断的内容毫无贡献(因为除量、质与关系外,没有其他构成判断内容的东西),而只有关于系词(Kopula)与一般思维的关系上的价值(Wert)。或然判断乃是一种在其中肯定或否定只是作为可能(可取舍的)来理解的判断。在实然判断中,其肯定或否定是作为实在的(wahr,即真实的),而在必然判断中,肯定或否定则视为必然的(a)。因此,凡其关系构成假言判断的两个判断(即前项与后项——antecedens et consequens)和其交互关系构成选言判断的各判断(即划分的各支)都只是或然的。在上面的例子里,"有完全的公道"这个命题不是实然的陈述,而只是看作可以假定的一个随意的判断;只是其逻辑的连续为实然的。因此这类判断可能看来是假的,然而作为或然的来理解,却可能是关于真理的知识的条件。例如

(a) 正像思维在或然判断中是知性的机能,在实然判断中是判断力的机能,在必然判断中是理性的机能。这一点当在后文加以解释。——康德自注

"世界是由于盲目偶然而存在"这个判断在选言判断中只有或然的意义,即作为可以暂时假定的。同时,犹如在许多可行的道路中指出一条错路来一样,这种判断有助于发现真命题。因此,或然命题只是表示逻辑的(而不是客观的)可能性——用不用这样一个命题是自由选择的,容不容许它进入知性中来是纯然随意的。实然命题是处理逻辑的实在性或真理的。例如,在一个假言三段论式中,其前项在大前提中是或然的,而在小前提中是实然的①,这个三段论式所展示的就是:后果(结论)乃是按知性的规律随前项而得出的。必然命题是把实然命题思考为是知性的这些规律所确定的,因而为验前肯定的;这样就表示逻辑的必然性。由于一切都是这样逐步地在知性中得到组合——我们首先是或然地判定某东西,然后实然地主张其真实性,最后才肯定它是和知性不可分割地结合在一起,即作为必然的,或者说不可置辩的——我们就有正当理由把模态的这三个机能作为思维的三个子目看待。

第三节　知性的纯粹概念,或范畴

上面曾多次重复说过,普通逻辑抽掉知识的一切内容而从某种其他来源(不管是什么来源)寻找它通过分析过程而使之变为概念的那些表象。另一方面,先验逻辑则有先验感性所呈现在它面前的验前感性杂多作为纯粹知性概念的材料,没有这种材料,这些概念就会③没有内容,

---

① 根据康德的句型,这个子句似应译为"在小前提中的前项是实然的",但这种说法是难解的,故应是"小前提是实然的",因为假言推理最简单的公式是:如 A 则 B,今 A,故 B。这里"如 A"(大前提的前项)是或然命题,"今 A"是实然命题,没有什么小前提的前项;如果公式是:如 A 则 B,如 B 则 C,故如 A 则 C,那么小前提中就有其前项,但是这前项必是或然的。所以,我认为康德的这个子句只能译为"在小前提中是实然的"而不能译为"在小前提中的前项是实然的"。——中译者
② "十"是第 2 版增加的。——英译者
③ 这里的"会"(would be)是依 v. Leclair 读为 Würden(复数)以代替 Würde(单数)的。——英译者　查 Cassirer1922 年柏林版依然沿用这个词的单数,那就和本句的主语 sie(复数,指"纯粹知性概念")不符合。故须依 v. Leclair 的读法,并中译"概念"为"这些概念"(复数)。——中译者

因而就完全是空洞的。空间与时间含有纯粹验前直观的杂多，而同时又是我们心的接受性的条件——这些条件是心的接受性能接受对象的表象所必具的条件，因而又必然总是影响这些对象的概念。但是，如果此种杂多为我们所认知，我们思维的自发性就要求以某种方式对这种杂多进行审察、吸收、联结。我称这种活动为综合。

B103　　我所谓的综合，在其最广泛的意义上，是指把不同的表象放在一起，并把它们之中的杂多包括在一个知识〔活动〕中的作用。如果这样的一种杂多不是经验性的而是验前被给予出来的，像空间与时间的杂多那样，这种综合就是纯粹的。在我们能够分析我们的表象之先，必须有表象本身被给予出来，因而就其内容来说，没有任何概念能先由分析法产生。杂多的综合(无论这杂多是在经验上或在验前被给予出来)乃是最初引起知识

A78　的东西。一起头，这种知识诚然可能是粗糙而模糊的，因而有待于分析。

[112]　然而这综合仍是把知识所需的种种要素集合起来而使之结合为一定的内容的东西。所以，如果我们要确定知识的最初起源，就必须首先注意综合。我们在下面将看到，一般意义的综合纯是想像力的成果，而想像力乃是灵魂①的一种盲目的、却不可缺少的机能，没有它我们就不能有任何知识，但是我们几乎不能意识到它。把这种综合带到概念来乃属于知性的一种机能，而通过知性的这种机能我们才开始得到真正称为知识的东西。

B104　　表现在其最一般形态的"纯粹综合"给我们以知性的纯粹概念。所谓"纯粹综合"，我理解为是以验前综合的统一性为基础的东西。如在比较大的数目中容易看到的那样，我们计数是按概念而进行的综合，因为它是按照一种共同的单位，譬如十进法这种根据来完成的。以这种概念来说，杂多的综合的统一性就成为必需的了。

种种不同的表象，通过分析就归摄于一个概念——这是在普通逻辑

---

①　"灵魂"是德文 Seele 之译。"灵魂"在康德的用语中是有别于"心"（德文的 das Gemüt）的。das Gemüt 相当于英文的 mind。中译为"心"。依康德的见解，心是能为人经验得到的，所以是在经验中的。而灵魂相当于英文的 soul，就不能到经验中来，所以就不是知性所能达到的。这两者又要和意识（德文的 das Bewusstsein，英文的 consciousness）区分开来。想像力既为灵魂的一种机能，就不能到意识中来而为人所知道，因而在这句里就不能译"想像力"为"心的机能"。——中译者

里所处理的一种程序。而先验逻辑告诉我们的则是：我们何以加到概念上的不是表象，而是表象的纯粹综合。为了得到一切对象的验前知识，首先必须被给予出来的乃是纯粹直观的杂多；第二个因素就是由于想像力而成的这种杂多的综合。但是即使这样也不能产生知识。给这种纯粹综合以统一性的概念，而且由于这种必需的综合统一性的表象所成的那些概念，就是关于对象的知识所需要的第三种东西；而那些概念是依据知性的。 A79

给一个判断中种种表象以统一性的那种机能，同样也给一个直观中种种表象的纯然综合以统一性；这种统一性，在其最一般的表达方式上，我们称为知性的纯粹概念。在概念中借助于某些活动，用分析的统一性而产生判断的逻辑形式的知性，通过同样的活动，在一般的直观中也用杂多的综合统一性，把一种先验的内容引入它的表象里去。因这种缘故，我们就有权来称这种表象为知性的纯粹概念，而且把它们看作是验前适用于对象的——这是普通逻辑所不能建立的一个概念。 B105 [113]

这样，验前地适用于一般直观对象的一些知性纯粹概念的数目，正等于前表中在一切可能判断里所发现的逻辑机能的数目。因为这些机能详尽地列举了知性，而且也列出知性各种能力的目录而毫无遗漏。我们仿照亚里士多德称这些概念为范畴（Kategorien），因为我们的主要意图是和他的意图相同的，虽然在实施方式上有很大的出入。 A80

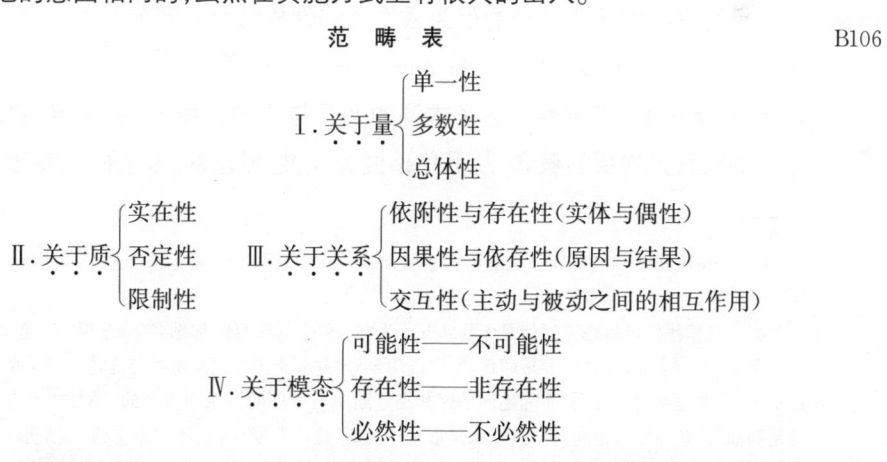

范　畴　表　　　　　　　　　　　　　　B106

Ⅰ.关于量｛单一性／多数性／总体性

Ⅱ.关于质｛实在性／否定性／限制性

Ⅲ.关于关系｛依附性与存在性（实体与偶性）／因果性与依存性（原因与结果）／交互性（主动与被动之间的相互作用）

Ⅳ.关于模式｛可能性——不可能性／存在性——非存在性／必然性——不必然性

这就是知性验前地包含于自身中所有综合的一切本源之纯粹概念表。其实，正因它含有这些概念，它才称为纯粹知性；因为惟有靠这些概 [114]

念，知性才能理解直观的杂多中任何事物，即思考到直观的对象。表中的划分是从一条共通的原理，即判断的能力(等于思维的能力)系统地发展出来的。这种划分不是无目的地寻求纯粹概念的结果而发生的，这样寻求出来的概念之详尽枚举，由于只以归纳法为基础，是绝不能保证其全面完备的。如果采取这种办法，我们也不能发现何以只有这些概念而没有别的概念在纯粹知性里有它们的地位。寻找这些基本概念是一种值得像亚里士多德这样锐敏的思想家去做的事业。但是由于亚里士多德在寻找这些基本概念时不是按照什么原理去进行，所以他只是碰见什么就拾起什么，起初得到十个这种概念，就称之为"范畴"(predicaments)①。后来，他自认又发现五个，就以"后范畴"的名目加在前十个范畴上面去。但是他的范畴表仍然是有缺陷的。而且，在他的范畴表中可以找到纯粹感性的一些方式(如 quando 时间，ubi 位，situs 势，还有 prius 前时，simul 同时)，又有一个经验性的概念(motus 运动)，其中没有一个能在知性概念表中有任何地位。亚里士多德的表还在本源的概念中列举了一些派生的概念(如 actio 主动，passio 被动)；而有些本源概念却完全缺乏。

关于这一点还应注意的是，作为纯粹知性的真正基本概念来说的范畴又有其纯粹的派生的概念，这是在先验哲学的完整体系中不能忽略的，但在纯是批判的论文中，简单地提一下这个事实就够了。

请容许我称这些纯粹的但为派生的知性概念为纯粹知性的陈述词②(Prädikabilien 英译为 predicables)——以别于范畴(Kategorie 即 predicaments)。如果我们有了本源的而且是主要的概念，就很容易加上派生的而且是次要的概念，从而作出纯粹知性[概念的]系谱的完整图画。

---

① predicaments 是用拉丁文翻译古希腊文 Kategorie 而来的，可参阅严复中译的《穆勒名学》第33页。——中译者

② 这里我们译康德原用的 Prädikabilien 为"陈述词"(严复译《穆勒名学》是用"荃"这词，见该书第116～117页，因这词不易理解，所以改用今译)并要指出此词决不可与范畴混同。在亚氏逻辑中，范畴是事物的类别，而陈述词是因其在判断中与主项的关系而得名的。例如"三边的"，就范畴而言，乃属质的范畴，但是在"三角形是三边的"这个判断中，它便称为主项(三角形)的本质属性(陈述词)，依亚氏，原只有四种陈述词，即本质属性、固有的非本质属性、类、偶性。后来薄斐略加"种"而为五种。康德在十八世纪犯了沿用已久的坏习惯，把陈述词用作类似的范畴的东西，而近人还把它等同于范畴来谈，不可不纠正。——中译者

既然我们现在关心的不是体系的完整,而只是在其构成中所要遵循的原理,我就把这种补充的工作留待其他机缘。借助于本体论的教本,这种工作是易于实行的——例如把力、主动、被动这些陈述词列在因果性的范围下面;把存在、抵抗等陈述词列在交互性的范围下面;把生、灭、变化等等陈述词列在模态的范围下面。当范畴在其与纯粹感性的各方式结合时,或范畴间相互结合时,就产生很多验前的派生概念。注意这些概念并在可能时作出这些概念的完全的目录来,这会是有益而有兴趣的工作,但是在这里我们可以免去这样的工作。 [115]

在本书里,我有意省略掉范畴的定义,虽然我可能有这种定义。我将只在与我们提出的方法论有关的限度内,必要时才分析这些概念。在一个纯粹理性的体系中,可以正当地要求有范畴的定义,但是在这本书中,这种定义只会把注意力从研讨的主要对象转到别处,而引起一些疑惑与反对意见,这些疑惑与反对意见很可以留待另一机缘,虽然它们并不伤害我们主要的目的。同时,从我所曾简略说过的那一点就很明显地看到,一种完备的词汇录,连同一切所需要的解释,不但是可能的而且是轻而易举的工作。因划分已经有了;所需要的只是加以充实;而且这里所作出的有系统的"部目"(Topik)足以提供关于每一个概念应有位置的充分指导,同时又指出哪些划分仍然是空白的。 A83 B109

上面的这个范畴表提示了若干精美之点,对于用理性所获得的一切知识的科学性的形式,或可有重要的效果。因为这个表在哲学的理论部分极其有用,而且在实际上,由于这表一方面就一种科学是以验前概念为依据而言,能提供全部科学的完整计划,另一方面又按照确定的原理,把这种科学加以系统地②划分,所以它又是不可缺少的。这可以从下面这个事实看得明白,即这表不仅包含有知性在其完整性上的一切基本概念,而且更包含着这些基本概念在人类知性里面的一个体系的形式,因而就 [116] B110

---

① 第一一、一二两整段都是第2版增加的。——英译者
② 原文为"数学地"(mathematisch),依 Vaihinger 改为"系统地"(Systematisch)。——英译者

指出所计划的思辨科学的一切节目,乃至指出这些节目的次序,如我在别处①所曾说明的那样。

这表所提示我们要考虑的是:第一,表中虽然有知性的四类概念,但是首先可分为两组:第一组的概念与直观的对象有关,包括纯粹直观对象与经验性直观对象,第二组的概念则与这些对象的存在有关,包括对象间的相互关系中或对象与知性的关系中的存在。

我称第一组的范畴为数学的,第二组的范畴为力学的。前者没有相关的事物,只在第二组里才会碰见相关的事物。这种区别必须在知性的本性中有某种根据。

其次,由于概念的一切验前的划分必然是用二分法这个事实,所以,每类中的范畴数常同为三个,这是很有意义的。而且又可注意到每类的第三个范畴总是从第二个范畴与第一个范畴相结合而发生的。

B111　这样,一切性或称总体性正是被看作单一性的多数性;限制性只是与否定性相结合的实在性;交互性就是几个实体相互确定的因果性;最后,必然性正是通过可能性本身而被给予出来的存在性。然而必不可认为第三个范畴因之就仅只是纯粹知性的一种派生的概念而不是主要的概念。因为,联结第一个概念与第二个概念以产生第三个概念,需要知性有一种特殊活动,而这种活动和产生第一个与第二个概念时所运用的活动是不同的。

[117]　只有"多数性"的概念和"单一性"的概念(例如在"无限"这个表象里)并不总是有一个数的概念成为可能的,因为"数"这个概念属于总体性的范畴;这是其一例;我也不能只把"原因"这个概念和"实体"这个概念联结起来就立刻理解到其影响作用,即理解到一个实体怎样能够是另一个实体中某东西的原因。在这些事例中,显然需要有知性个别的一种活动;余可类推。

B112　再次,范畴表中第三类第三项"交互性"范畴,它与选言判断形式之相符合(即在逻辑机能表中选言判断的形式是和交互性相应的)不像在其他范畴与其他相应之判断机能之相符合那样明显。

为了我们确信交互性和选言判断在实际上是一致的,我们就必须注

---

①　"别处"指《自然科学的形而上学第一原理》(见该书康德的自序)。——英译者　中译者于1965年翻译此书时,改译为《自然科学形而上学初步》(华中师范大学出版社1991年版)。——整理者

意到,在一切选言判断中,其范围(即包含在任何一个判断中的杂多)表现为"一个整体划分成几个部分(即从属的概念)",而既然这些从属概念之中没有一个能被包含在任何其他一个之下,它们就被视为相互并列而不相互从属,这样,它们的作为互相确定不只是在一个方面,如在一个系列里那样,而是像在一个集体中那样交互确定——如果断定划分中的一支,那就排斥其余各支,反之亦然。

在许多事物所组成的一个整体中,也可见到有与上述相类似的结合;因为在诸事物中,这个事物不是作为结果而从属于另一事物,以那另一事物为这一事物存在的原因,而是作为其他事物的确定的原因,同时而且交互地与另一事物并列(例如在一个物体里,其各部分是彼此交互吸引而排斥)。这种联系完全不同于在只是原因与结果(根据与结论)的关系上所发现的联系,因为在根据与结论的关系上,其结论并不反过来又确定其根据,因而就不与根据一起构成一个整体——例如世界并不与其创造者一起共同构成一个整体。知性在表现一个被划分概念的范围于其自身时所遵循的程序,与其思考一个事物为可分割的程序相同;而且,正如在前一事例中,划分的各支互相排斥、而又在一个范围里相联结,知性在后一种情况下表现为可分事物之各部分,各为独立存在(即作为实体),但是它们却在一个整体中被结合起来。

B113

[118]

一二

在古人的先验哲学中,尚列有一章是包含着知性的纯粹概念的。这些纯粹概念虽然未列入范畴之内,但是依古人的见解,它们须列为对象的验前概念。然而,这就等于增加了范畴的数目,因而是行不通的。对象的这些验前概念见之于经院哲学家所提出的著名的命题,即"凡实有的事物都是一,是真,是善"(原用的是拉丁文 quodlibet ens est unum, verum, bonum——中译者)。纵然就效果来说,这条原理的应用实在不广,而且事实上只产生一些同语反复的命题,因而近时它几乎只是循例在形而上学中还保留其地位,然而另一方面,它所代表的一种见解,无论看来怎样空洞,但仍不失为有过悠久的历史。所以,关于它的起源是值得探讨的,而且我们有正当的理由猜测它在知性的某种规则里有其根据,不过这

B114　规则如常见的那样常为其所曲解而已。这些假定为"事物"的先验述项(一、真、善)，其实无非是关于一般事物的所有知识的逻辑性的必要条件与标准，而替这种知识规定了量的各范畴，即单一性、多数性与总体性作为基础。但是，这些范畴本来必须理解为质料，属于事物本身[即经验性的对象]的可能性的，而且在这种进一步的应用上，事实上却只就其形式的意义被这些述项当作属于一切知识的逻辑要求来使用，而同时却不慎重地从思想的标准转变为物之在其本身的属性。在关于对象所有的一切知识中，第一，有概念的"单一性"，可称为"质的单一性"，这是就我们用这概念来思维的只是我们知识的杂多的结合之中的单一性这一点来说的；例如戏剧、演讲、故事等主题的单一性。其次，在其结论方面有"真理

[119]　性"。从一个所予的概念所得出的真正结论越多，它的客观实在性的标志就越多①。这可称为特征②的"质的多数性"，而这些特征是属于一个概念的，犹如属于一个共同的根据那样(但这些特征并未在概念中作为量而被思考)。第三，还有其"圆满性"，这圆满性在于多数一起回复到概念的单一性来，而且完全和这概念相符合，并不和任何其他概念相符合。这就可称为"质的完整性"(总体性)。因此，很明显，一般知识可能性的逻辑标准

B115　就是量的三个范畴，在此类范畴中，对量的产生中的单一性，自始至终要理解为同质的；而且在这里，通过作为联系的原理之知识性质，这些范畴乃转化为在一个意识中产生不同质的知识的联系。这样，概念的(不是对象的)可能性的标准就是概念的定义，因为，在这定义中，概念的单一性，以及凡可以直接从它推论出来的东西的真理性，以及最后那从它推论出来的东西的完整性，就产生那整个概念构成所需要的一切东西。与此相类似，一个假设的标准乃在于所假定的解释根据的可理解性，即：(一)在于它的单一性(毋须另有任何补助的假设)；(二)在于能从它推论出来的种种结论的真理性(即种种结论和其自身一致而又和经验相一致)；(三)最后，在于这些结论的解释根据的完整性，这些结论使我们回复到假设所

---

①　这里"标志"是原德文 Kennzeichen 之译。意指借以识别一事物的记号，不应与上文的标准(Kriterien)相混淆，标准是用来决定一事物，衡量评定一事物的。——中译者

②　"特征"是原德文 Merkmal 之译。英译为 character(性格)易引起误会，似应英译为 characteristic(特征)较妥。——中译者

假定的东西不太多,又不太少,这样就在一种验后分析的方式上还原了从前在综合验前方式上所想到的东西,而且与之相符合。所以我们在单一性、真理性[亦可谓真实性]与圆满性这些概念里,并没有在范畴先验表上有所增加,好像这表在任何方面是不圆满似的。我们所曾作的,只是为了要把这些概念的使用归到使知识与自身相一致的一般逻辑的规则之下而已——至于这些概念和对象的关系问题就不在讨论之列了。 B116

第二章　知性的纯粹概念的演绎① [120] A84

第一节　任何先验演绎的原理

一二②

任何先验演绎的原理

法律学者在谈到权利与要求时,把法律行为中的权利问题(quid juris)与事实问题(quid facti)分别开来;而且法律学者要求这两者都有证明。那种陈述权利或合法要求的权利问题的证明,法律学者称之为演绎。许多经验性的概念是没有任何人会提出疑问就被使用的。既然总是有经验来证明这种经验性概念的客观实在性,所以我们就自信,即令没有一种演绎,也有正当的理由以一种意义专用之于此类概念,作为归于它们的意义③。但是还有幸运、运气这一类僭窃的概念,虽然为近乎普遍的宽容所允许而得到通用,然而却时常有人以权利问题加以诘难。这种权利问题有一种演绎的要求使我们陷入相当大的困惑,因为从经验或者从理性都 B117

---

① 第二章的标题直译应为"关于纯粹知性概念的演绎",但"纯粹"是修饰"概念"而不是修饰"知性"的,兹根据斯密和穆勒尔的两英译本译为"知性的纯粹概念的演绎"。——中译者

② "一三"是第2版增加的。——英译者

③ 依第1与第2版读为eingebildete(被认为的)。Vaihinger改为eine giltige(一个有效的)。——英译者　可见这词原意总不大清楚,而英译本则用an ascribed,直译当为"一个被说为它的"。兹为简便起见,姑用"作为归于它们的"。——中译者

A85　不能得到任何清楚明确的合法权利足以使这些概念能有其合理的使用。
[121]　　　可是在形成人类知识的极其复杂组织的杂多概念中,有些是作为完全独立于一切经验而在纯粹验前上使用的,这样使用这些概念就总是要求有一种演绎。因为既然经验性的证明不足以使这种使用有正当的理由,我们就面临着这个问题,即这些概念如何和它们不能从任何经验得来的对象发生关系。说明概念能够在验前和对象发生关系的方式,我就称为概念的先验演绎,并把这种演绎与经验性的演绎区别开来。经验性的演绎是说明概念通过经验而且通过对经验的反思而得来的方式,因而就与它的合法性无关,而只与它的事实上起源的方式有关。

B118　　　我们已经有完全不同的两类概念,而这两类概念就其在完全验前的方式上和对象发生关系这点来说,依然是一致的。这两类概念就是作为感性形式的空间与时间的概念和作为知性概念的各范畴。想要找出这两种类型的概念之经验性演绎是白费气力的。因为它们的特征恰恰就是它

A86　们和其对象发生关系时,毋须从经验中借来任何能用以表现这些对象的东西。所以,如果这类概念的演绎是不能缺少的,这种演绎就必须是先验的。

　　　然而对于这些概念,如对于一切知识那样,虽然我们在经验上不能找出它们可能性的原理,但至少也能尽力找出它们产生的临时原因①。当感官的印象提供出最初的刺激②时,全部知识能力就向这些印象敞开,于是经验就发生了。那经验含有两种十分不相同的要素,即得自感官的知识质料和得自纯粹直观、纯粹思想的内部根源③得以使这种质料得到安排的形式。纯粹直观与纯粹思想是在感官印象发生时才开始活动而产生概念的。研讨关于我们知识能力由以自特殊知觉进展到普遍概念的那些最初活动,无疑是极其有用的。我们感谢鼎鼎大名的洛克为我们开辟了

B119　一条研究的新路线。但是用这种方式却永远不能得到纯粹验前概念的演
[122]　绎;我们不能在这样的方向中去寻找这种演绎④。因为鉴于这些概念后

---

① "临时原因"是原德文 Gelegenheitsursachen 之译。——中译者
② "刺激"是原德文 Anlass 之译。——中译者
③ "内部根源"是原德文 dem inneren Quell 之译。——中译者
④ 康德是指洛克所用的经验分析方法。康德认定从经验是绝不能得到纯粹的验前概念的。——中译者

一、先验原理论

来的使用完全不依靠经验,它们所提出的出生证就必须和来自经验的出生证完全不同。既然这种试用过的生理学"由来论"是关于事实的问题,它严格说来就不能称为演绎;因此我就称它为纯粹知识占有的解释。关于这种知识所惟一能作出的演绎显然是先验的,而不是经验性的。关于纯粹验前概念的经验性的演绎是一种完全无用的尝试①,从事这种尝试的那些人只是那些没有能抓住这些知识特质的人。

A87

但是,即使承认了纯粹验前知识惟一可能的演绎是按着先验的方法的,但还不能立刻就明了这种②演绎是必需而不可或缺的。我们用先验演绎已经追溯了空间与时间这两个概念的根源,而且说明并确定了它们验前的客观有效性。当然,几何在完全验前知识中稳步前进,并毋须向哲学请求给它任何关于空间这个基本概念的合法出生证。但是在这门科学里所用的空间概念只是关于外部感性世界的(以空间为其纯粹形式的直观的感性世界),而在这个感性世界中,几何的知识既然以验前直观为其根据,它就已经具有直接的证明。几何的对象就其形式来说,是通过对象的知识本身验前地在直观中被给予出来的。谈到知性的纯粹概念,情况就完全不是这样;不可避免的先验演绎的这种要求的最初发生,正是这些纯粹概念,不但关于这些概念的本身,而且关于空间这个概念也有这种要求。因为它们既然在谈到③对象时不是通过直观和感性的述项,而是通过思想的纯粹验前的述项,所以它们和对象的关系就是普遍的,即没有感性的任何条件。而且,由于它们不以经验为根据,就不能在验前的直观中显示出任何对象可以在一切经验之先作为它们综合作用的根据。由于这些缘故,知性的纯粹概念就引起人们的疑虑,不但引起关于它们本身使用的客观有效性与限度的疑虑,而且由于它们有一种倾向把空间这个概念用在感性直观的各种条件以外,它们也就使空间概念变为含糊不清了。正是由于这一点,我们在前面才认为空间概念的先验演绎是必要的。因

B120

A88

[123]

B121

---

① "尝试"是据原德文 Versuch 而译。——中译者
② "这种"是据原德文 sie(这个)指 die Art 的代名词的。——中译者
③ 依 Hartenstein 读原德文的 redet 为 reden(即英译的 speak of)为复数。——英译者
如这动词是复数,即其主语"它们"当是"那些纯粹概念",而不是"演绎",因为两名词同是阴性,而用冠词 die 容易混淆,故凭动词决定。——中译者

此，读者必须先深信这样一种先验演绎是必需而不可避免的，然后才能进入纯粹理性的领域中。不然的话，就是盲目地前进，并经过种种歧途之后，又必然回到由之出发的无知之处。与此同时，读者又必须事先清楚地知道在这种工作中所有不可避免的困难，才不致因为笼罩着事物的阴暗而叹息，也不致因为必须予以清除的障碍而过于沮丧。因为，我们要么放弃洞察纯粹理性的一切要求，而留下那最为人爱好的领域，即超出一切可能的经验限度的领域，要么把批判的探讨进行到底。

我们曾不太费力地说明，空间与时间这两个概念虽然是知识的验前方式，却必然要和对象发生关系，以及它们如何不依靠任何经验就使关于对象的一种综合知识成为可能。因为既然只有以这种感性的纯粹形式为媒介①，一个对象才能向我们出现，并成为经验性直观的一个对象，所以空间与时间就是"在验前含有作为出现的对象的可能性条件"之纯粹直观，而且验前含有在这些出现里面所发生的综合就有其客观有效性。

知性的范畴就不同，它们并不表现对象在直观中被给予出来所依照的条件。所以对象可以向我们显现而毋须和知性的各种机能发生关系；因此知性就毋须含有这些对象显现的验前条件。这样一来，在这里就发生一种从前在感性的领域中所没有碰见过的困难，那就是思想的主观条件怎能有其客观的有效性，即怎能提供关于对象的一切知识之可能性的条件。因为出现确能不靠知性的机能而在直观中被给予出来。试以"原因"这个概念为例。"原因"是意味着一特种的综合，由于这种综合，有了某东西 A，就按照规则断定有与之完全不相同的某东西 B。验前并不能显示，何以出现要在验前含有这一种东西（不能引用经验来作它的证明，因为所要证明的乃是验前概念的客观有效性），因而验前可以怀疑，这样一个概念也许完全是空洞的，而且在一切出现中是毫无对象的。感性直观的对象必须符合于验前处在心中的感性的各种形式条件，这是明显的，因为不然的话，这些对象就不能是对我们的对象了。但是，如果说这些对象又必须符合知性对思想的统一性所要求的种种条件，那就是一种其根据不明显的结论了。出现尽可能是这样构成的，即知性不会发现它们是

---

① "为媒介"是原德文 vermittelst 之译。——中译者

和它的统一性的条件相符合的。一切都可能是混乱的,例如,在一系列的出现所呈现出来的东西之中没有什么能产生综合的规则以符合因果这个概念。那么,这个因果概念就会完全空洞无物、毫无意义了。但是,既然直观并不需要任何思想的机能,所以出现就依然能够把对象呈现给我们的直观。

A91

如果我们认为经验在种种出现中不断呈现着这种规律性的实例,因而就提供了足够的机会来抽出"原因"这个概念来,而且同时证实了这样一个概念的客观有效性,于是就避免了上面那些费力的种种研讨,那么,我们就会忽略这个事实,即"原因"这个概念是永远不能在这种方式上发生的。要么它完全在知性中有其根据,要么我们完全把它作为一种纯然的幻想而予以摈弃。因为这个概念严格要求某东西 A 应该是这样,即有另一东西 B 必然地按照一条绝对普遍的规则跟在它的后面。种种出现诚然呈现出一些事例,从而能够得出一条规则,使某东西通常按照它而发生,但是这些出现绝不能证明这种连续①是必然的。原因与结果的综合原有一种尊严,不是在经验上所能表现的,即是说结果不但随原因而来,而且由原因所设定并从原因发生出来②。这规则的此种严格的普遍性绝不是经验性规则的特性;经验性规则通过归纳法只能获得比较上的普遍性,即广泛的应用而已。如果我们把知性的纯粹概念作为单纯经验性的产物来处理,我们就会完全改变其用途了。

[125]

B124

A92

③

向范畴先验演绎的过渡

综合的各表象与其诸对象之能建立联系、互相间得到必然的关系且可谓相互适应,只有两种可能的方法:要么,只是对象使表象成为可能;要么,只是表象使对象成为可能。在前一种情况下,这关系只是经验性的,而其表象就绝不是验前可能的。就其中属于感觉的那个要素来说,一切

B125

---

① "连续"是原德文 Erfolg(英译 sequence)之译。——中译者
② 原德文是 aus ihr erfolge。——中译者
③ "一四"是在第 2 版里无意中遗漏而在第 3 版里追加的。——英译者

[126] 出现是这样的。在后一种情况下,就存在来说,表象就其本身而言,并不产生其对象,因为我们在这里不是谈论通过意志的表象之因果性。可是就表象对于对象而言,如果说只有通过表象,才有可能知道任何东西为一对象,那么,表象就是对象的验前的确定者了。关于一个对象的知识只有在两种条件下才成为可能。第一就是直观:通过直观,对象就被给予出来,虽然所被给予的只是出现;第二就是概念:通过概念,同直观相应的对象就被思维。

A93 综上所述,可见第一种条件,即惟有在其下对象才能被直观的条件,实际上是验前处在心中作为对象①的形式之根据的。一切出现必然和感性的这种形式条件相一致,因为只有通过这条件,出现才能显现,即在经验上被直观并被给予。现在就发生一个问题:验前概念可否也能作为先行条件,任何东西只有在此条件下即令不是被直观,仍能作为思维的一般对象②。

B126 如果是如此的话,关于对象的一切经验性的知识,就必须和这样的概念相一致,因为惟有这样预先假定有这些概念,任何东西才有可能成为经验的对象③。一切经验,除了某东西通过它而被给予出来的感官直观之外,诚然还包含有一个对象④的概念,这对象原是在直观里被给予出来的,即作为出现的。因而一般所谓对象的概念实存在于一切经验性知识的基础上,而为其验前的条件。所以范畴作为验前概念,其客观有效性是以这事实为依据的,即就思维的形式来说,惟有通过范畴,经验才成为可能。范畴之所以必然地而且验前地与经验的对象有关,其原因乃在于只有以范畴为媒介,经验的任何对象才能被思维。

A94 所以一切验前概念的先验演绎有一条原理乃全部研讨所必须以之为鹄的的,就是说,必须承认这些验前概念为经验可能性的验前条件(关于在经验中所遇见的直观的验前条件与关于思维的验前条件都同样是这样的)。产生经验可能性的客观根据的概念,正是由于这个缘故而成为必需

---

① 这里的"对象"(英译 object)是原德文 Objekt。康德在这里如在别处一样,是把 Objekt 与 Gegenständ 作为同义词用的。——英译者 一般译 Objekt 为"事物"而译 Gegenständ 为"对象",但康德通常是用 sach 作为"事物"解。——中译者
② 这里的"对象"(英译 object)是原德文 Gegenständ。——中译者
③ 这里的"对象"是原德文 Objekt,而英译也是用 object。——中译者
④ 这里的"对象"(英译也是 object)是原德文 Gegenständ。——中译者

的。但是在其中见到这些概念的经验之展示,却不是这种概念的演绎,而只是它们的例证。因为在任何这样的解释中,这些概念纯然是偶然的,除了这些概念与可能的经验(一切知识的对象都可在其中发现)的本源关系以外,这些概念对任何一个对象的关系都是完全不可理解的。

＊著名的洛克由于没有顾及这些考虑,而在经验中又碰见知性的纯粹概念,所以他就从经验中把它们演绎出来,然而却又前后不一贯地进行,竟企图凭这些纯粹概念的帮助得出远远超出一切经验限度的知识。休谟却认识到,为了得到超经验的知识,这些概念就必须有其验前的起源。但是由于他不能解释知性怎样有可能必须把那些在其本身而言的本不是在知性里联系着的概念,思考为必然在对象中联系着,而且由于他从来就没想到,知性也许本身就能通过这些概念而成为在其中发现它的对象的这种经验的创造者,所以他就不得不从经验来得出知性概念,就是说,从一种主观的必然性(即从习惯)得出它们来,而这种主观的必然性(习惯)是发生于经验中的重复联想而被误作客观的。但是休谟从这些前提论证得前后十分一致。他声明,用这些概念及其所引起的原理,是不可能越过经验的限度的。可是这两位哲学家所一致主张的这种经验性的起源,是不能和我们实际上所具有的科学验前知识,即纯粹数学与普遍自然科学相协调的;因而这一事实就足以推翻这种起源论了。

这两位著名人物中,洛克却给狂热①开了大门——因为如果理性一旦有了这样的权利,它就不再为未经严格规定的劝告所束缚;而休谟则竟陷入怀疑论,因为他相信他已发现了一向被视为理性的东西无非是感染我们知识能力的一种占优势的幻想。我们现在打算试一试,看我们能否给人类理性找出在这两种暗礁②之间的安全通道,指派人类理性以一定

＊ 以下三段是第2版用来代替第1版下文的:有三种本源的来源(灵魂的三种性能或能力),含有一切经验可能性的条件,其本身不能从心的任何其他能力得出来,此即感官、想像力和统觉。根据这三种机能而来的是(1)验前杂多通过感官的概观(Synopsis);(2)这种杂多通过想像力的综合;最后(3)这种综合通过本源统觉的统一性。所有这些能力(既有一种经验性的使用)又有一种只有关于形式的先验使用,而且这种使用是验前有其可能的。关于感官,我们曾在第一部分中讨论过;我们现在就将要努力于理解其他两者的性质。——英译者

① "狂热"是原德文 Schwärmerei 之译,英译为 enthusiasm。——中译者
② "暗礁"是原德文 Klippe 之译,英译为 rock(石)。——中译者

限界,而又给它留有适当活动的全部领域。

但是,我首先要增加一点关于范畴的解释。范畴乃是一般对象的概念。用这些概念,人们就能把关于一个对象的直观看成是作为判断的逻辑机能之一而被确定下来。例如,直言判断的机能乃是主项与其述项的关系之机能;比如"凡物体都是可分割的"就是一例。但是就知性的单纯逻辑使用而言,却还未确定主项的机能是划归这两个概念之中的哪一个,述项的机能又是划归这两个概念之中的哪一个?因为我们又可以说:"某可分割的东西是物体。"但是当我们把物体这个概念放在实体这个范畴之下,那就确定了它在经验中所有物体的经验性直观必须总是作为主项看,而绝不能作为纯然的述项看了。一切其他范畴亦复如是。

第二节 知性纯粹概念的先验演绎(A)

(第一版原文)

经验可能性的验前根据

说"一个概念本身既不包含在可能的经验的概念中,又不是由可能经验的要素所组成,却完全是验前地产生并必须和一个对象有关",这是完全矛盾的,而且是不可能的。因为既然没有直观与之相应,它就是没有内容的;而对象通过它们能向我们被给予出来的那些直观构成可能经验的领域,即构成可能经验的全部对象。不是直接和经验有关系的一个验前概念只是概念的逻辑形式,并不是通过它而思维某东西的概念本身。

纯粹验前概念如果存在的话,当然不能含有任何经验性的东西。然而,这种概念却能用作可能经验的验前条件,其客观实在性也只以这点为依据。

所以,如果我们想要发现知性的纯粹概念是如何成为可能的,我们就必须研究"经验的可能性所依据的,且当所有经验性的东西都从出现中抽取出来时还留存下来作为经验基础"的那些验前条件是什么。"普遍而充分地表现经验的这种形式的客观的条件"的概念就称为"知性的纯粹概念"。诚然,一经我拥有知性的纯粹概念,我就能想到那些也许是不可能

的对象,或者其本身虽然是可能的但不能在任何经验中被给予出来的对象。因为在联结这些概念的过程中,某东西可能被遗漏了,然而这东西却必然是属于可能的经验条件的(如在"精神"这个概念里)。或者有可能把纯粹概念推广到经验无法跟得上的地方(如上帝这个概念)。但是一切验前知识的各种要素乃至任意想出来的和自身不一致的种种虚构的要素,虽然它们诚然不能从经验得出来(因为如果它们能从经验得出来,它们就不会是验前的知识),然而却必须含有可能经验的纯粹验前条件以及一种经验性对象的纯粹验前条件。不然的话,就没有任何东西会通过它们而被思维,而它们本身,由于没有材料,就甚至在思维中也绝不能发生。

这样验前地包含一切经验中所含有的纯粹思维的那些概念,也就是我们在范畴里发现的。如果我们能够证明,只有用范畴才能思考一个对象,这就是范畴的充足演绎,并且是它们的客观有效性的正当理由。但是既然在这样一种思维中,使之活动起来的不单是思维的能力,即知性,而且既然这种作为知识能力而意在与对象发生关系的能力,其本身又需要有关于这种关系的可能性方面的解释,所以我们首先必须考虑的就不是在其经验性的构成里而是在其先验的构成里,形成经验可能性的验前基础之各种主观来源。

如果一切表象都是彼此完全毫无关系的,那么,知识这种东西就绝不会发生了。因为知识[在本质上]是一个整体,其中的种种表象是互相比较、互相联系的。由于感官在其直观中含有杂多,我们就以一种"概观"(Synopsis)归之于它。但是总要有一种综合和这概观相应;感受性只在其中与自发性相结合时,才能使知识成为可能。然而这种自发性,是一切知识中必然发现的三种综合的根据;这三种综合就是作为在直观中"心的变状的各表象"的领会,这些表象在想象中的再生和它们在概念中的辨认。这三者指示使知性本身成为知识的三种主观来源——因而就指示作为知性的一种经验性产物的一切经验①。

讨论前的注意

范畴的演绎是极其困难的一件事,它迫使我们深入到一般知识的可

---

① 这个子句按斯密氏的英译比较含糊,兹据 Max Müller 的英译而中译。Müller 的英译是:and through it all experience as an empirical product of understanding. ——中译者

能性的最初根据,所以,为了避免一个完整理论的经营烦劳,而同时又不在这种不可缺少的研讨里遗漏任何东西,我觉得应该在下面四个段落中使读者的思想有所准备,而不是什么教训。而在紧接后面的第三节里,才开始作出关于知性的这些要素的系统阐述。所以,读者不应为着这四段中难解之处而踌躇不前。这种难解在一种从来没尝试过的事业中是不可避免的。我相信在提到的第三节里,这些难解最后将让位于完整的洞见。

1. 直观中领会的综合

[A99] 无论我们的表象的起源是什么,无论是否由于外部事物的影响,或是否由内部原因所产生,无论是否自验前发生,或是否作为出现而有其经验性的起源,总之,它们作为心的变状来说,都必须属于内感官。所以我们的一切知识,归根到底,都是这样受时间支配的,而时间就是内感官的形式条件,一切表象都必须在时间里得到整理、联系、互相发生关系。这些一般要点自始至终贯彻于下文里,故必须牢记之作为十分基本的东西。

每一个直观都在其自身中包含有一种杂多,这种杂多只有在心能够于一个印象跟着另一个印象发生的这种次序中分辨出时间来时,才能作为一种杂多来表现;因为每一个表象,就其包含在一单个的瞬间中来说,总不能是别的东西,而必是一个绝对的统一体。为了直观的统一体可以从这种杂多发生出来(像在空间的表象所需要的那样),就必须首先把它概观一遍而使之被抓在一起。我称这种活动为"领会的综合"。

[132] 因为它是指着直观说的,而直观固然提供一种杂多,但是这种杂多,除非由于这样的一种综合,它绝不能表现为一个杂多,而且更不能表现为被包含在一单个表象里面。

这种领会的综合又必须是在验前运用的,就是说,它的运用是对于非经验性的那些表象的。因为如果没有领会的综合,我们就绝不能在验前[A100] 有空间或时间的表象。空间与时间的产生只是通过感性在其本源的感受性中所呈现的杂多的综合。这样,我们就有了领会的一种纯粹综合。

2. 想象中再生的综合

那些时常一个跟着一个而发生或互相伴随着的表象,最后就变为联合着的表象,从而就这样固定在一种关系中,以致即令没有对象在面前,这些表象之一也能按照一定的规则使心过渡到其他的表象那里去,不过这纯是一条经验性的规律。但是,这条再生规律是预先假定出现本身在实际上受着这样一条规则的支配,而且在这些表象的杂多中,有一种"同时并存"或"前后相继"按照一定的规则发生。不然的话,我们经验性的想像力就绝不会有机会来运用其固有的力量,而一直潜藏在心里等于死的,且对我们来说就是一种不知道的能力了。如果硃砂时而是红的,时而是黑的,时而是轻的,时而是重的,如果一个人时而变为这一种动物的形状,时而变为另一种动物的形状,如果土地在夏至这天,有时满地果实,有时却遍地冰雹,那么我们经验性的想像力就绝不会有机会在表现红色的时候,想到有重量的硃砂了。如果一种名称时而用于这种对象,时而又用于那种对象,或者同一种对象有时称为这、有时又称为那,不管出现本身有什么规则支配着,那也就不能有经验性的再生综合了。

这样,就必须有某东西作为出现的一种必然的综合统一性的验前根据,从而使出现的再生成为可能。当我们在反思到出现并不是"物之在其本身",而是我们表象的纯然活动,归根结底归为内感官的一些确定,那时我们就会立刻发现上述的某东西是什么了。因为,如果我们能说明甚至我们最纯粹的验前直观也不产生知识,除非它们包含有这样一种能使再生的彻底综合成为可能的那样的杂多的结合,那么想像力的这种综合也是同样在一切经验之先,以验前的原理为其根据的;我们就要假定想像力的一种纯粹的先验综合作为限制一切经验的可能性的条件。因为,经验之作为经验来说,是必然以出现的再生性为其先决条件的。当我想要在思维中引①一线,或者想到从一个正午到第二日正午的时间,或者要把一个数表现出来,显然,其中所包含的各种杂多的表象必须是我在思维中一个跟着一个地被领会的。但是,如果我总是把先行的表象(如线的前段,时间的前部分,或在所表现的顺序中的各单位)忘记掉,而在前进到继起的表象时,不把先行的予以再生,那就绝不能得到一个完整的表象;上述的种种思想,甚至空间与时间这种最纯粹而最基本的表象,都没有一个能发生了。

---

① 依 Erdmann 读 ziehe 为 ziehen(这动词的原形)。——英译者　因而我们就中译为"想要……引"而不译为"引"。——中译者

可见领会的综合是和再生的综合不可分割地结合在一起的。而且既然领会的综合构成任何知识的一切方式之可能性的先验根据——无论是知识的纯粹验前方式或者是知识的经验性的方式——想像力的再生综合就列入心的先验活动之中。因此我们就称这种能力为"想像力的先验能力"。

3. 概念中辨认①的综合

如果我们不意识到我们现在所思的东西和前一瞬息间所思的东西是一样的,那么,在一系列的表象中的一切再生也就无用了。因为,如果那样的话,再生出来的表象在现在的状态中就会是一个新的表象而并不属于从前逐渐被生出来的那个活动了。因此,表象的杂多就永远不会形成一个整体,因为它缺少了只有意识才能赋予它的那个统一性。如果我在计算中忘记了现在浮于我面前的单位是经过一个跟着一个那样相继加起来的,我就永远不会知道通过一个单位相继地加在另一个单位之上就产生出一个总和,这样一来,我就会一直不知道那个数了。因为数这个概念无非是综合这种统一性的意识而已。

"概念"②这词本身即可提示这种意义。因为这种统一性的意识把继续直观到的并立刻再生的杂多结合于一个表象中。这个意识往往可能是微弱的,因而我们就不把它和活动本身相联结,就是说,不是直接地和表象的产生相联结,而只和其结果相联结[意指所表现的结果——英译者]。但是,虽然有这些变异,这种意识不管怎样不明显,却总是存在的;没有这种意识,概念连同关于对象的知识,就完全是不可能的了。

在这一点上,我们必须弄清楚"表象的对象"这种说法是什么意思。我们在上面曾经说过,出现本身无非是感性的表象,而表象之作为表象,并且在其本身来说,必不可理解为能存在于我们表象能力之外的对象。那么,在我们谈到和我们的知识相应,而结果就又是不同于我们的知识的

---

① "辨认"与"认识"不同。"辨认"有"再次认识"的意思。原是拉丁文的 re(再)＋cognoscere(认识)这个词。——中译者

② "concept"(概念)是原德文 Begriff 之译。Begriff 由 be＋griff 而成。德语的前缀 be 是使不及物动词变为及物动词。由动词 greifen 加 be 就构成 begreifen 这词,再变词为 Begriff。康德在这里是把 Begriff 理解为 greifen 这词的原义,即"抓住"、"把握"的意思。故有下一句。——中译者

一个对象时,究竟是什么意思呢? 很容易明白,只能把这个对象想为"等于 x 的某一般的东西",因为,在我们的知识以外,没有什么东西是我们能以之和这个知识相应并与之相对立的。

那么,我们就发现:我们关于"一切知识和它的对象的关系"这个思想是带有必然性这个要素的;对象被看作某个东西,它是防止我们的各种知识成为无目的的或任意的,而且是把这些知识在验前确定于某一定的样式之上的。因为在知识和对象相关这个限度内,它们就必须一定相互一致,就是说,他们必须具有"构成一个对象的概念"的那种统一性。 [135] A105

但是,这是很明显的,即:我们既然只和我们的表象的杂多打交道,而且既然和我们的表象相应的那 x(即对象),对我们来说等于无(由于照它原来的那样,是和我们一切表象不相同的某东西),所以,"对象所使之成为必然的",那统一性,不能是别的东西,而只能是在表象的杂多的综合里的"意识的形式的统一性"。只有当我们已经在直观的杂多里产生了综合的统一性时,我们才能说我们知道这对象。但是,如果直观不能按照规则由这样一种综合的机能产生出来,(使杂多的再生成为验前必然,而且使这杂多在其中统一起来的那个概念成为可能的那种综合的机能)那么,这种统一性是不可能的。例如,我们把一个三角形想作一个对象,乃是我们按照三角形的直观所常借以表现出来的规则而意识到三条直线的联结。这种按规则的统一性确定一切杂多,并且把它限制到使统觉的统一性成为可能的各种条件上去。这种统一性的概念就是等于 x 的这个对象的表象,也是我通过三角形的述项而想到的那个等于 x 的对象。

一切知识都需要有一个概念,虽然那个概念在事实上可能是十分不完全或者十分模糊的。但是就其形式来说,一个概念总是用作一条规则的某种普遍性的东西。例如,"物体"这个概念通过它而想到杂多的统一性,所以它就在我们关于外部出现的知识里成为一条规则。但是,概念之能成为直观的一条规则,只限于它在任何所予的出现里表现其所有杂多的必然的再生,并从而表现在我们关于这些出现的意识里的综合统一性时。"物体"这个概念,在关于我们以外的某东西的知觉里,是需要有广延的表象以及与此相连的不可入性、形状的表象的。 A106

一切必然性,毫无例外地以先验的条件为根据。所以,在我们的一切

[136] 直观的杂多的综合里,从而在一般对象的概念的综合里,以及在经验的一切对象的综合里,都必须有一意识统一性的先验的根据,没有这种根据,就不可能想到我们直观的任何对象;因为这种对象不过就是"其概念表示这样一种综合的必然性"的东西。

A107 这个本源而先验的条件不是别的东西,它就是先验统觉。依照我们内部知觉中的状态的种种确定而有的"自我意识",仅是经验性的,而且总是变易不定的。在这种内部的各种出现之流转中,不能有固定的常住的自我呈现其自己。这种意识通常称为内感官,或称经验性的统觉。所必然表现为数目上同一的东西,不能通过经验性的材料而被思为如此。为了使这样一种先验的预先假定成为有效的,就必须有一种先行于一切经验,而且使经验本身成为可能的条件。

如果没有先行于直观的一切材料而存在的"意识的统一性",——惟有由于和此意识的统一性相关,对象的表象才有其可能——我们就不能有各种知识,不能有知识的这一方式和知识的另一方式的联系或统一。这种纯粹本源的、不变的意识,我将称为先验统觉。它之所以配上这个名称,从如下一种事实就可看得清楚,即:甚至最纯粹的客观统一性,即验前概念(空间与时间)的统一性,都仅由直观与这种意识的统一性的关系才成为可能。可见这个统觉数目上的统一性乃是一切概念的验前根据,正如空间、时间的杂多性是感性直观的验前根据一样。

A108 统觉的这种先验统一性,从那些能在一个整一的经验中互相并列的一切可能的出现中,按照规律形成这一切表象的一种联系。因为,如果心在关于杂多的知识中不能意识到"它借以把杂多在一个知识中综合地结合起来"的那个机能的同一性,意识的这种统一性就是不可能的了。可见,自我同一性本源的必然的意识,同时也就是一切出现按照概念的综合

[137] 的同样必然的统一性的一种意识。所谓按照概念,就是指按照规则说的,而这些规则不但使那些出现成为必然是可再生的,而且在这样可再生的过程中又确定其直观的对象(也就是那些出现必然在其中相互联结起来的"某物之概念")。因为,如果心不是在它的眼前有了它的活动的同一性的话,它决不能在它的各表象的杂多性中想到它的同一性,而且验前地想到它;它是以这个活动来把一切领会(这是经验性的)的综合从属于先验

的统一性,从而使种种表象按照验前规则相互联系成为可能。

像这样①,我们就能更适当地确定我们关于一般对象的概念。一切表象作为表象来说,都有其对象,而它们自身又能成为其他表象的对象。出现是能对我们直接被给予出来的惟一对象,而在出现之中,其直接和对象有关系的东西就称为直观。可是这种出现并不是"物之在其本身";出现只是表象,而表象又有其对象——这对象本身是我们不能直观到的,因而就可称为非经验性的对象,即先验的对象,等于 x。

A109

这种先验的对象之纯粹概念,其实在我们的一切知识里总是同一不变的。这个先验对象的纯粹概念就是惟一能以其与对象的关系即客观实在性,授予我们的一切经验性的一般概念的东西。这种纯粹概念不能含有任何有确定性的直观,因而与它有关的只是那和对象有关的知识的杂多中必须碰见的统一性。所说的这种关系不过是意识的必然统一性,因而也就是杂多的综合之必然统一性,这种杂多的综合的统一性是通过那把杂多在一个表象里结合起来的心之一种共同机能。既然这种统一性必须看作验前必然的②——否则知识就会没有对象——所以它对于先验对象的关系即我们经验性知识的客观实在性,是以一条先验规律为依据的,这条规律就是:对象是通过出现才对我们被给予出的,就这点来说,一切出现必须从属于综合统一性的验前规则,而这些出现在经验性直观里互相关联着,只靠那些验前规则才成为可能。换言之,经验中的出现必须从属于统觉必然统一性的种种条件,正如在纯然直观中,它们必须受到空间与时间的形式条件所支配一样。只有这样,任何知识才成为可能。

A110

[138]

4. 范畴作为验前知识的可能性的初步说明

只有一单一的经验,其中一切知觉表现为一贯而有秩序地联系着,正如只有一个空间与一个时间,其中出现的一切方式和存在与不存在之一切关系皆能发生那样。当我们谈到不同的经验时,我们所指的只能是各种各样的知觉,作为这些知觉来说,都属于同一的一般的经验。知觉的这

---

① 斯密译为"now",而穆勒尔则译为"when we have clearly perceived this"。我综合这两译承上启下的语气,译为"像这样"。——中译者

② "验前必然的"不能作"必然验前的"解,因按原文的 a priori 是一个副词,而不是一个形容词,故蓝译本在这里有误。——中译者

种一贯的综合统一性,其实也就是经验的形式;它不过就是按照概念而成的各种出现的综合统一性而已。

A111　　如果经验性的概念不依据统一性的先验的根据,则按照经验性概念的"综合的统一性"就会完全是偶然的。如果不是这样,就可能有一些出现一涌而进入心灵中来,却又总不会有任何经验。因为缺乏按照普遍必然规律的联结,知识与对象的一切关系就都消失了。诚然出现可能构成没有思想的直观①,但不能构成知识,结果,对我们来说就等于无。

　　一般可能经验的验前条件,同时也是经验的对象可能性的条件。现在我主张,上面②所引的范畴无非都是一种可能经验中的思想的条件,正如空间与时间含有③那同样经验的直观的条件一样。范畴是我们用来思维出现的一般对象的,所以也就有其验前的客观有效性。这正是我们原来所想要证明的。

[139]
A112　　但是,不但这些范畴的可能性,而且它们的必然性,都依据我们整个感性及连同此感性的一切可能的出现对于本源统觉的关系。在本源统觉里,一切都必然地符合于自我意识的一贯统一性的各种条件,符合各种普遍性的"综合的机能",即符合"依照只有在其中统觉才能验前证明其完全必然的同一性的概念"的那种综合机能。例如"原因"这个概念不过是依照概念的一种综合(即在时间的系列中跟在后面而来的东西与其他出现间的综合);如果没有这种含有验前规则而且把种种出现从属于自己的统一性,就不会在知觉的杂多中碰见那个一贯的、普遍的,因而就是必然的意识之统一性。那么,这些知觉就不会等于任何经验,因而就会没有对象,而单纯是表象的盲目活动,甚至不如一个梦了。

　　所有想要从经验得出这些知性的纯粹概念,即把知性概念归于单纯经验性的起源这种企图,都完全是徒劳无功的。例如"原因"这个概念含有必然性特征,这是任何经验所不能产生的。关于这一事实我毋须多所论述。经验虽然告诉我们,一个出现通常跟在另一个出现的后边,但是并

---

① "没有思想的直观"是原德文 gedankenlose Anschauung 之译。——中译者
② "上面"是按英译依 Erdmann 读原德文的 eben 为 oben 而中译的。——中译者
③ "含有"是原德文 enthalten 之译。斯密英译为 are,而穆勒尔英译为 contain 则较妥切而明显。——中译者

不告诉我们这种先后的次序是必然的,也不能提示我们能够把先行的一个出现作为一个条件而验前地并且带有完全普遍性地推论到后出的一个出现。但是关于联想这条经验性的规则,(当我们肯定,一系列的事件中每一个东西都受到规则的支配,以至除非在"某东西在它之前而它则普遍地跟在某东西后边"这一限度内,就没有任何东西发生,这时,我们确是一贯假定这规则是当然的)——我却要问,作为自然规律的这条规则,其所依据的是什么呢?这种联想本身是怎样成为可能的?杂多的联想之可能性的根据,就其处在对象的里面来说,称为杂多的亲和性(Affinität)。那么,我就问:我们怎样使种种出现由之而从属、并必须从属于不变的规律的"出现的一贯亲和性"为我们自己所理解的呢?

A113

根据我的原理,这是容易说明的。一切可能的出现,由于其为表象,都属于"一个可能的自我意识的总体"①。但是,由于自我意识是一个先验的表象,所以数目的同一性(即自我同一之同一性,或同一不变性)就和它不可分离,而且是验前确实的。因为除了通过②这个本源统觉以外,任何东西都不能到我们的知识中来。由于这个同一性必然要进入出现的一切杂多的综合中,所以在这个综合产生经验性的知识这个限度内,种种出现就都从属于它们的领会的综合所必须完全与之符合的各种验前条件。当某一定的杂多能依照一普遍性的条件在齐一的方式上得到安排③时,这一普遍性的条件称为规则,而在这杂多必须这样被安排时,它就被称为规律。因此,一切出现就都是按照必然的规律一贯联系着的,所以也就是说,都处在一种先验的亲和性中,而经验性的亲和性乃是这先验亲和性的一种纯然后果。

[140]

A114

说"自然乃是按照我们统觉的主观根据来指导其自身,以至在其与规律相符合方面也是依靠这种统觉的主观根据的",这听来好像很奇怪而悖理。但是,在我们考虑到这个"自然"并不是"物之在其本身"而只是出现

---

① "一个可能的自我意识的总体"是按英译的译原德文"Zu dem ganzen möglichen Selbstbewusstsein"为"the totality of a possible self-consiousness"而中译。应注意这是康德的批判哲学的关键之一。——中译者

② 这短语斯密英译为"in terms of",但穆勒尔的英译是"by means of",兹依后一英译而中译为"通过"。——中译者

③ "安排"是依穆勒尔的英译 arranged 的。按斯密英译为 posited,乃"安放"的意思,而不是逻辑上"肯定"或设定的意思。——中译者

的集合,只是心的许多表象,那我们就不会觉得奇怪:我们只能在一切知识的根本能力中,即在先验统觉中,并在那个统一性中(而惟有由于那个统一性,自然才能称为一切可能经验的对象,即称为自然),发现这个自然。而且,我们并不觉得稀奇:正是因为这个缘故,这种统一性才能在验前为人所知,因而被认为是必然的。如果这统一性是以其自身而不依赖我们思维的第一来源而被给予出来,上面所说的(即验前地被知并被认为是必然的)就永远不可能了。那么,我们就不知道有"我们能由以得到肯定自然的这种普遍统一性的综合命题"之任何来源了。因为,如果是那样,这些命题就要从自然的各种对象本身得出来;而由于这只能在经验上进行,所得到的也仅只是偶然的统一性,那就远远达不到我们谈到自然时心目中所有的必然相互联系了。

第三节　知性和一般对象的关系以及验前知道这些对象的可能性

(第一版原文)

我们在上节分别逐一说明的东西,现在就系统地互相联系地来论述它。一般经验的可能性和经验对象的知识的可能性所依据的主观的知识来源有三种——感官,想像力与统觉。每一种都可作为经验性的来看,即就其应用于所予的出现来看。但这三者同样是使这经验性的使用本身成为可能之验前要素或基础。感官在知觉中经验地表现出现,想像力在联想(与再生)中经验地表现出现,而统觉则在"再生的表象与这些表象所借以得到被给予出来的出现这二者的同一性的经验性意识"中表现出现,即在辨认中经验地表现出现。

但是一切知觉都是验前地以纯粹直观(即作为表象的知觉的内直观的形式,即时间)为根据的,联想是验前地以想像力的纯粹综合为根据的,而经验性的意识是验前地以纯粹统觉(即以一切可能的表象中的自我的始终同一性)为根据的。

如果现在我们想要追踪表象的这种联系的内部根据,直到表象所汇集的这样一个点位上,它们在这个点上第一次获得一种可能经验所必需的知识统一性,那么我们就必须从纯粹统觉开始。如果直观不能被吸收于意识之中,直接或间接地参进意识里面,直观对于我们来说就等于无,并完全与我们无关了。惟有直观这样纳入意识中来,知识才成为可能。关于一切能属于我们知识的表象,我们都在验前意识到自我的完全同一性而它是作为一切表象的可能性之一种必要条件的。因为在我们里面,这种表象之能表现某东西,只是在于它们和一切其他的表象一起都属于一个意识,且至少必须能在一(个)意识中联系起来。这条原理是验前有效的,可以称为我们表象中一切杂多的东西之统一性的先验原理,因而也是直观中一切杂多的东西之统一性的先验原理。既然在一个主体中,杂多的这种统一性是综合的,所以,纯粹统觉就是提供一切可能的直观中所有杂多的综合统一性的原理(a)。

  这种综合的统一性预先假定有综合或包括着一种综合。如果前者要成为验前必然的,则这综合就也必须是验前的。所以,统觉的先验统一性实与想像力的纯粹综合这种一切杂多联结在一个知识中的可能性之验前条件有关。但是,只有想像力的生产性综合才能在验前发生;而想像力的再生综合则只有依据经验性的条件。所以,想像力的纯粹(生产性的)综合之必然统一性这条原理,先于统觉而是一切知识尤其是经验的知识的可能性的根据。

  如果想像力中的杂多之综合,不问直观的区别而完全只指向这杂多的验前联结,我们就称之为先验的综合;如果这种综合的统一性,在它对

  (a) 这个命题极其重要而且要慎重考虑。一切表象对于一个可能的经验性的意识都有一种必然的关系。因为如果没有这种关系而我们又完全不可能意识到它们的话,那就实际上等于承认它们的不存在。但是一切经验性的意识,对于先行于一切特殊经验的那种先验意识,即对于作为本源统觉的关于我自己的意识,都有一种必然的关系。所以在我的意识里面,一切意识都要属于一单个意识,即属于我的自我意识,这是绝对必需的。那么,在这里,就有了(意识的)杂多的综合统一性,这是验前所知的,而这样也就产生有关纯粹思想的验前综合命题的根据,正如空间与时间是产生关于纯粹直观中形式的命题一样。"经验性意识的一切各种样式必须结合在一单个自我意识中"这个综合命题,乃是我们一般思想的绝对第一的和综合的原理。但是必不可忘记"我"这单纯表象在其与一切其他表象相关时(这些其他表象的综合统一性乃是"我"的表象使之成为可能的)乃是先验的意识。至于这表象是否明晰(经验性的意识)[Vorländer 想删去括号里的"经验性的意识"这个无意义的词组。——英译者]或模糊,乃至它是否在实际上存在,都不是我们在这里要讨论的。但是一切知识的逻辑形式,其可能性则必然被它与"作为一种能力的统觉"的关系所限定。——康德自注

于统觉的本源统一性的关系上，表现为验前必然的，我就称这种统一性为先验的统一性。既然统觉的这种统一性是在一切知识的可能性之基础上的，所以想像力综合的先验统一性，就是一切可能知识的纯粹形式了；通过它，可能经验的一切对象就必须表现为验前的。

A119　　统觉的统一性就其对于想像力之综合的关系上来说就是知性，而与想像力的先验综合相关的统觉的统一性则是纯粹知性。那么，在知性中就有各种纯粹的验前知识，这些纯粹的验前知识，在关于一切可能的出现中含有纯粹的想像力之综合的必然统一性，这些纯粹的验前知识就是范畴，即知性的纯粹概念。所以，人类的经验性知识的能力，就必须含有一种和各感官的一切对象有关系的知性，虽然这种关系只是由于直观以及由于直观通过想像力的综合而成。作为一种可能经验的材料的一切出现，都受到这种知性的支配。出现对于可能经验的这种关系，在事实上是必需的，因为不然的话，出现就不会产生知识而与我们无涉了。因此，我们就要承认，纯粹知性经由范畴就成为一切经验的形式的与综合的原理，并且要承认出现与知性是有必然关系的。

A120
[144]　　我们现在将自下而上开始，即从经验性的东西开始，极力弄清楚知性通过范畴对于出现所有的必然的联系。首先对我们给予出来的是出现。出现与意识相结合就称为知觉。（出现，除了通过它和至少是可能的意识相关以外，它永远不能成为我们的知识对象，因而对我们来说也就等于无；而且，既然它在其自身来说没有客观实在性，而只存在于为人所知之中，那么如果它不通过和意识的关系，它就会是完全不存在的。）现在，既然每一个出现都含有杂多，不因不同的知觉在心里是个别而单独地发生的，所以就需要有这些不同的知觉的一种结合，像它们在感官自身里所不能有的那种结合。因此，在我们心中就必须有综合这种杂多的一种主动能力。我给这种能力以"想像力"这个称号。当想像力的活动是直接以知觉为目的时，这种活动我就称之为领会(a)。既然，想像力要把直观的杂多

（a）　心理学家向来没有体会到想像力是知觉本身的一种必需成分，其原因是一部分由于人们一向把想像力局限于再生，一部分由于人们相信，感官不但提供印象，而且还把印象结合起来而生出对象的意象。为了达到那种意图，仅有印象的接受性是不够的，还必须有另外的东西，即把印象综合起来的一种机能。——康德自注

形成为一个意象,所以它就必须事先把种种印象收入它的活动中来,即必须事先领会①这些印象。

但是,如果不是存在着一种主观的根据,使心能把先行的知觉恢复起来,并和它所转移到的后起的知觉同时并立,从而形成一整个系列的知觉,那就很明显,甚至对于杂多的领会,也必不能以其自身就可以产生一个意象以及各印象的联系。这种主观的根据就是想像力的再生能力,而这种再生能力只是经验性的。

然而,如果种种表象在任何一种顺序中一个再生一个,恰如它们偶然会合在一起那样,那就不会导致它们有确定性的联系,而只导致一些偶然性的堆积②,这样,也就不能产生任何知识。所以表象的再生必须按照一条规则,而依据这条规则,一个表象在想象中就和某一表象相联系,而不和另一表象相联系。这种按照规则而再生的主观的、经验性的根据,就称为表象的联想。

那么,如果联想这种统一性没有一个客观的根据(此客观的根据使出现之为想像力所领会不可能依别的方式,而只能在这种领会的一种可能的综合统一性这个条件下),则出现之能契合于人类知识的有联系的整体,就完全是偶然的了。因为,即令我们具有联合知觉的能力,而知觉本身是否可以联合(即可联想),这依然完全没有确定且是偶然的;如果知觉本来就是不可联合的,仍然还可存在着许多知觉乃至一感性整体,其中可以有许多经验性的意识发生在我的心中,但却在分离的状态上发生,而并不属于一个我的自我意识。然而,这是不可能的。因为只有我把一切知觉归之于一个意识(即本源统觉),我才能对一切知觉说我意识到了它们。所以就必须有一个客观的根据(即在想像力的一切经验性的规律之先能验前地被理解的根据),一条"扩及到一切出现"的规律之可能性乃至必然性也依据此根据,这种根据使我们不得不把一切出现视为这样的感官材料,即这些感官材料在其本身来说必是可以联合的,而且在其再生中受到

---

① 康德用的 Apprehension 这词原出于拉丁文的 apprehendere 这个动词,即 ap+prehendere "把某东西抓着" 的意思。这比之 comprehendere (一起抓住) 仍属初步。所以 comprehension 译为 "理解" 或 "掌握",而 "领会" 则还有待进一步的理解。——中译者

② "堆积" 是原德文 haufen 之译。英译为 collocation(排列)不甚妥。——中译者

一贯性的联系的普遍性规则的支配。出现的一切联合的这种客观根据我称为出现的亲和性。这种客观根据不能在别处发现,而只能在应用于①属于我的一切知识的那统觉的统一性的原理中发现。根据这条原理,一切出现毫无例外地都必须进入心中来、或者说必须被领会,这样它们才符合于统觉的统一性。没有在出现的联系中的综合统一性,这种符合是不可能的;所以这种综合统一性本身就是客观必然的。

A123　　可见,一切经验性的意识在一个意识中的客观统一性(即本源统觉的客观统一性),乃是一切可能的知觉的必要条件;而[既然是承认了这点,我们就能证明]②一切出现的或远或近的亲和性,乃是"验前根据于规则"的"想像力的综合"的必然后果。

　　既然想像力本身就是验前综合的能力,我们就以"生产性的想像力"
[146] 这个名称归于它。就其目的无非是出现中杂多综合中的必然统一性这点来说,它就可称为想像力的先验机能。当我们说,出现的亲和性及其伴随的联想,以及通过联想又有出现之按照规律的再生,乃至包含各种因素的经验本身,都由于想像力的这种先验机能才有可能,这诚然是奇怪的,可是这不过是上面的论证的一种明显的后果而已。因为没有这种先验的机能,任何对象的概念都不会集合一起构成一个统一的经验。

　　常住不变的"我"(即纯粹统觉)形成我们所有一切表象的相关物,这
A124 是就我们尽量能意识到这些表象而言的。一切意识之真正属于一个无所不包的纯粹统觉,正像一切感性直观之作为表象属于一个纯粹内部直观(即时间)那样。为了使想像力的机能成为知性的,就必须把这种统觉加在纯粹想像力之上。因为"想像力的综合"之联系杂多,只是在这杂多显现于直观里的时候,例如在一个三角形的形状里那样,虽然这种想像力的综合是验前运用的,但是它在其本身来说,却总是感性的。而且,虽然属于知性的概念是由杂多与统觉的统一性相关而起作用的,但是只有通过③想像力,这些概念才能与感性的直观发生关系。

---

　　①　"应用于"依穆勒尔英译的 applied 可能比斯密的英译为 in respect of(关于)更明确。——中译者
　　②　[ ]号中的句子是英译者所加的,原德文无。——中译者
　　③　"通过"是采取穆勒尔的英译 through 而中译的。——中译者

所以，制约一切验前知识的纯粹想像力，乃是人类灵魂①的基本能力之一。我们用它把这一边的直观的杂多和另一边的纯粹统觉必然的统一性的条件两者联系起来。感性和知性这两个极端，必须通过想像力这个先验机能的媒介而互相有其必然的联系，不然的话，即令感性在事实上产生种种出现，但仍然不会提供经验性知识的对象，结果就不能提供任何经验。由领会、联想（再生）和出现的辨认所构成的现实经验，在辨认这个经验的纯然经验性的最后而最高级的要素里面，含有某些特定的概念，这些概念使经验的形式统一性成为可能，并从而使经验性知识的一切客观有效性（即真实性）有其可能。杂多的辨认的这些根据，就其只是关于一般经验的形式而论就是范畴。不只是想像力的[先验]综合中一切形式的统一性基于这些根据即范畴上，而且，由于这综合和它的经验性使用②（在辨认、再生、联想、领会里），一直回溯到③出现里的使用，都是以这些范畴为根据的。因为只有通过这些基本的要素④，出现才能属于知识，或甚至属于我们的意识，因而也就是属于我们自己。[147] A125

所以，我们称为"自然"的在出现中的那种秩序与规律性⑤是我们所输入的。如果我们自己或我们心的本性，不是一开始就把这种秩序与规律性放在出现中，我们就绝不能在出现中发现这种秩序与规律性。因为，自然这个统一性必须是必然的一个整体，就是说，必须是出现之联系的一

---

① "灵魂"是原德文 Seele 之译。在康德的术语中 die Seele（灵魂）与 das Gemüt（心，心灵）是有分别的。——中译者

② "经验性使用"一语，原德文第 1 版与 Adickes 的修正版大有差异。依原第 1 版，则"使用"的是范畴，而依 Adickes 的修正版，则使用的是形式的统一性。后文既有"以这些范畴为根据"则所使用的自当不是范畴。所以我们认为修正的读法是正确的。——中译者

③ "一直回溯到"是原德文的"bis herunter zu"之译。斯密英译为"in connection with"不知何故，而且照英语来看易生误解。应以穆勒尔的英译为"down to"较为明确。——中译者

④ "要素"是原德文 Elemente 之译。斯密英译是 concepts。如正确用词，则应说"基本的概念"（指范畴）。——中译者

⑤ 这个句子是依斯密所英译"Thus the order and regularity in the appearances, which we entitle nature"而中译的。穆勒尔英译为"… the phenomena which we call nature…"。那么，我们称为"自然"的是 phenomena（即 appearances "出现"），抑或是其中的秩序与规律性（order and regularity）？我们认为是后者，因为我们不能"输入"（introduce 或 carry into）phenomena（即 appearances），而只能"输入"秩序与规律性到出现（旧译"现象"）中去。看紧接在后面一句便知。所以，穆勒尔的英译是不正确的，因为它和康德的思想相矛盾，至少容易产生误解。旧译依此亦错。——中译者

种验前确实的统一性；并且，如果在我们心的本源认知能力中，验前不包含这种统一性的主观根据，如果这些主观条件(由于它们是我们有可能在经验中知道任何对象的根据)又不同时是客观有效的，那种验前的综合统一性就不能在验前被建立起来。

我们已经用了各种不同的方式来给知性下定义；如，知性是知识的一种自发性(区别于感性的感受性)，是思想的力量，是概念的能力，或者是判断的能力等等。若予以恰当地理解，这一切的定义都是同一的。现在我们又可说知性是以规则的能力为特征的。这种判别的特征更有效且更接近于知性的本质。感性给我们以(直观的)形式，而知性则给我们以规则。知性始终从事于出现的研究，以便在出现中发现某种规则。就其客观的而言，亦即就其必然附着于对象的知识而言，规则就称为规律。虽然我们通过经验习知了许多规律，但是它们却只是那些更高级的规律的特殊确定，而这些更高级规律中的最高级的并且是一切其他规律所从属的规律，乃是验前从知性本身发出的。这些最高级的规律不是从经验借来的；正相反，它们须把"出现符合于规律"的性质赋予出现，因而使经验有其可能。所以知性不只是通过出现的比较而订出规则的一种力量，它本来就是自然的立法者。除了通过知性以外，自然即按规则而成的"出现的杂多之综合统一性"就完全不会存在(因为出现之作为出现来说，不能在我们的外边而存在——它们只能存在于我们感性里面)；而这个自然①，作为任何一个经验中的知识对象来说，连同它所包含着的一切东西，只是在统觉的统一性中才是可能的。所以统觉的统一性乃是在一整个②经验中，一切出现的必然符合规律的先验根据。这个同样的统觉的统一性，在关于表象的杂多中(根据一种统一性③而确定的杂多)就有规则的作用，

---

① "这个自然"是依 Vaihinger 读"Diese"为"Jene"的。如读 Diese 则照原德文的句型当是指"感性"说的，所以穆勒尔就英译为"感性"(sensibility)。今改译为 Jene(即句中先出的)，则应是指"自然"说的，所以斯密就译为 nature，后一读是对的，所以我们中译为"这个自然"。——中译者

② "一整个"是斯密英译的"one"，而穆勒尔英译为"a"，所以蓝译为"惟一的"是讲不通的。——中译者

③ "根据一种统一性"这短语是原德文"aus einer einzigen"之译。斯密英译为"out of unity"，似嫌不确切，而穆勒尔则英译为"in one"，更不妥。查原德文的"aus"是"根据"的意思，而"einer einzigen"即"一单个"的意思。所以中译如是。蓝译据斯密为"在统一以外规定之"，不妥。——中译者

而这种规则的能力就是知性。可见,作为可能经验的一切出现,都是验前存在于知性中,从知性得到形式的可能性,正如出现就其是纯然的直观来说是处在感性中,而在形式方面只是通过感性才成为可能的。

我们说知性本身是自然规律的根源,因而也就是自然的形式统一性的根源。这种说法乍听起来似乎十分夸大而悖理,可是这仍然是正确的,而且和它所涉及的对象即经验是相一致的。经验性规律作为经验性来说,确是绝不能从纯粹知性得出其起源。这如同单靠①感性直观的纯粹形式来完全理解种种出现的无穷尽的杂多的不可能一样。但是一切经验性的规律,只是知性的纯粹规律的特殊确定。经验性规律只有从属于知性的纯粹规律并按照其规范始成为可能。通过知性的纯粹规律,出现才有其规律性,正如同样的这些出现,即使有其经验性的形式的种种差别②,然而始终必须是和感性的纯粹形式相一致一样。

所以纯粹知性在范畴里面,乃是一切出现的综合统一性的规律,因而它就第一次在形式上使经验成为可能。我们在范畴的先验演绎中所须证明的也正是这些,就是要使知性对于感性的关系,并且通过感性对于经验的一切对象的关系,能为人所理解。这样,纯粹验前概念的客观有效性就变为易于明了,而其起源与真理也就确定了。

总述关于知性的纯粹概念演绎的正确性,及其所以为惟一可能的演绎

我们的知识所要处理的对象如果是"物之在其本身"的话,我们关于它们就不会有验前的概念。因为我们是从什么来源能得到这种验前的概念的呢?如果我们是从对象得出它们来(暂且不去管"对象怎能为我们所知"的这个问题),我们的概念也不过是经验性的,而不是验前的。如果我们从自我得出这些概念,则那只是存在我们里面的东西就不能确定"同我们的表象相异"的对象的性质,就是说,不能成为一种根据,来说明何以一个东西的存在具有我们的思维所规定的特征,并且不能说明何以这样的

---

① "靠",斯密英译为 by reference to 而穆勒尔则英译为 through。——中译者

② "即使有其经验性的形式的种种差别"是原德文"unerachtet der Verschiedenheit ihrer empirischen Form"之译。——中译者

一个表象不是完全空洞的。可是,另一方面,如果我们所与之打交道的只是出现,那么某些验前的概念之先行于对象的经验性知识,就不但是可能而且是必然的了。因为,既然我们感性的纯然的变状绝不能在我们的外边发现,所以作为出现的对象就构成一个只存在于我们之内的对象。现在可以这样来说,一切出现以及我们所与之打交道的一切对象,都尽在我们内部,即:都是我的同一自我的确定,这就等于说,在同一个统觉里必然有这些出现的完全统一性。但是,这种"可能意识"的统一性也构成关于一切"对象的知识"的形式;通过这形式,杂多就被思为属于一单个对象的东西。所以感性表象的杂多(直观)属于一个意识的方式先于对象知识而作为这种知识的知性形式,而且这种意识的方式本身,只要它们是被思维的,就构成一切对象的一种形式上验前知识(即范畴)。杂多通过纯粹想像力的综合,即通过一切表象在其与本源统觉的关系上的统一性,都是先于一切经验的知识的。所以知性的纯粹概念是验前可能的,而在其与经验相关时,实为必然的;其理由是,我们的知识仅和出现打交道,而出现的可能性即在我们自身中,并且其联系与统一性(在一个对象的表象中)也只是在我们自身中才被发见的。所以这种联系与统一性就必须先于一切的经验,而且是经验的可能性在其形式方面所必需的。我们范畴的演绎是从这个观点(这个惟一可能的观点)发展而来的。

[150]

A130

[151]

第四节　知性纯粹概念的先验演绎①(B)

(第二版修正文)

一五

一般联系的可能性

　　表象的杂多能够在纯是感性的直观中,即感受性的直观中被给予出来,而这种直观的形式能够验前处在我们表象能力里面,不过是作为主体受到刺激的方式而已。但是一般杂多的联系(conjunctio)绝不能通过感

---

①　以下是康德在第2版里关于先验演绎的修正文。——英译者

官而来到我们这里,因而就不是已经被包含在感性直观的纯粹形式里面的。因为这是表象能力自发性的一种活动;既然这种能力要与感性有区别,所以它就必须称为知性。于是一切联系——不管我们是否意识到它,不管它是经验性的或非经验性的①直观杂多的联系,还是各种概念的联系——都是知性的一种活动。可以把"综合"这个普遍名称归于这种活动,以表示凡我们自己没有事前联系起来的东西都不能表现为是在对象中被联系的;在一切表象之中,只有联系不能通过对象而被给予出来。因为它是主体的自我能动性的一种活动,所以除了主体自身,不能是别的东西所能完成的。不难看出,这种活动原本是一个,而且对一切联系都同样有效②;而联系的分解,即分析,看来像是它的反面,却总是以它为先决条件,因为知性还没有事先联系起来的,知性也就不能分解,这是由于,只有已经被知性联系起来,任何容许分析的东西才能被给予表象能力。

B130

[152]

但是联系这个概念所包括的,除杂多这概念和杂多综合这概念以外,还有杂多的统一性这个概念。联系乃是杂多的综合统一性的表象(a)。所以这种统一性的表象是不能从联系发生出来的。反之,统一性加在杂多的表象之上,才首先使联系这个概念成为可能。这种验前先行于联系的一切概念的统一性不是单一性③的范畴(见上文十);因为一切范畴都根据判断的逻辑机能,而在这些机能里面,已经想到了联系,因而也想到了各所予的概念的统一性。可见范畴已经预先假定了联系,所以我们必须在更高处去寻找这种统一性(即作为质的统一性,见上文十二),就是在其本身含有判断的各种概念的统一性的根据那里,因而就是在含有知性

B131

---

① 依 Mellin 读 sinnlichen oder nicht sinnlichen(感性的或不是感性的)为 empirischen oder nicht empirischen(经验性的或不是经验性的)。——英译者　但斯密的英译是 non-empirical,故中译为非经验性的。——中译者

② "同样有效"是原德文的 gleichgeltend 之译。——英译者

(a)　各表象是否本身是同一的,因而一个表象能够通过别的一个表象用分析的方法来被思维,不是这里发生的问题,在考虑杂多的时候,关于一个表象的意识总得要与关于另一个表象的意识分别开来;我们在这里所关心的只是这种(可能的)意识的综合。——康德自注

③　康德在这里是用 Einheit 这词,在其谈到范畴时,也是用这词来表达我们中译为"单一性"的意思。所以同一 Einheit 就有两种不同的中译,即"单一性"与"统一性"。单一性与统一性诚然有许多共同之处,但我们既采用两个不同的译词,就当按上下文分别使用。在这里应用"单一性",因是指范畴说的。——中译者

的可能性的根据那里,乃至在知性的逻辑使用方面的可能性的根据那里,去寻找这种统一性。

一六

统觉的本源综合统一性

[153]
B132
"我思"必须有可能伴随着我的一切表象;因为不然的话,在我里面就会有某东西完全不能被思维,而那就等于说,表象是不可能的,或者说,至少对我来说等于无。在一切思维之先能被给予出来的那种表象称为直观。所以,直观的杂多对于这杂多在其中发现的同一个主体之"我思"有一种必然的关系。但是这种表象①却是自发性的活动,就是说,它是不能被认为属于感性的②。我称它为纯粹统觉,以别于经验性的统觉,或者又可称为本源统觉,因为它是那个自我意识,虽然它产生"我思"这个表象(这是一种表象,必须能够伴随着一切别的表象,而且在所有的意识中是完全相同的),但是其自身却不能为任何另外的表象所伴随。这种统觉的统一性,我又称为自我意识的先验统一性,为的是要表示从它发生出来的验前知识的可能性。因为如果各表象不都属于一个自我意识的话,在直观中被给予出来的杂多表象就不会一起都是③我的表象了。作为我的表象来说(即使我不意识到它们是如此的),它们必须符合于它们在一个普遍的自我意识中能够站在一起的那种条件,因为不然的话,它们就不会毫

B133
无例外地属于我。从这种本源联系中就有许多后果发生出来。

在直观中被给予出来的杂多,其统觉的始终一贯的同一性含有表象的一种综合,而且这种同一性只是通过这综合的意识才是可能的。因为伴随着不同表象的经验意识,在其自身来说,是分歧的,和主体的同一性毫无关系。那种关系的发生不仅仅是由于每一个表象都有我的意识伴随着它,而是只有当我把一个表象和另一个表象结合起来,并且我又意识到它们的综合时,这种关系才发生。因此,只有当我能够在一个意识之中把

---

① 指"我思"这表象说的。——中译者
② 因为感性是有待于刺激的,因而就不能是自发的。——中译者
③ "一起都是"是原德文 insgesamt sein 之译。——中译者

所予的表象的杂多统一起来时,我才有可能在[即全部]这些表象里想象到那个意识的同一性。换句话说,只有在某一定的综合统一性这个先决的条件下,统觉的分析的统一性才是可能的(a)。

因此,在直观里被给予出来的各表象全都属于我这个思想,恰恰和我在一个自我意识里把它们统一起来,或者说我至少能这样把它们统一起来这个思想是一样的;虽然这个思想本身不是那些表象的综合的意识,但是它却以那种综合的可能性为其先决条件的①。换句话说,只有我能在一个意识之中把握住各表象的杂多,我才能称它们一起都是我的。因为不然的话,我就会有一个形形色色的自我,像我所意识到的许多表象那样了。所以验前所产生的②直观,其中杂多的综合统一性就是统觉本身的同一性的根据,而这统觉是验前先行于一切我的有确定性的思想的。但是联系不在对象里面,又不能从对象借来,而是通过知觉首先纳入知性中来的。相反,联结只是知性的事情,知性本身不是别的,而是验前联系活动的能力,即把所予各表象的杂多统摄于统觉的统一性的能力。统觉的原理是人类知识整个范围里的最高原理。

其实统觉的必然统一性原理就是一个同一的命题③,因而就是一个分析命题;然而它却显示直观中所予的杂多的综合的必然性,没有这种综合,就不能思想自我意识的始终一贯的同一性。因为通过那作为简单表

(a) 意识的分析统一性属于一切一般性的概念本身。例如,如果我想到一般的红色,我就是在心中想象到一种属性,它作为一个特征可以在某东西里面发现,或者能和其他的表象相联系;就是说,只有通过一种预先假定的可能综合统一性,我才能在心中想象到这种分析的统一性。要把它想作不同的表象所共同的一个表象,就是把它看作属于这种除这表象以外还是有某些不同点的东西。因此,必须事先在它和其他的(虽然这些其他的也许只是可能的)表象的综合统一性里想到它,然后我才能在它里面想到使它成为一个共同的概念(conceptus communis)之意识的分析统一性。所以统觉的综合统一性是那最高点,我们必须把知性的一切使用,甚至把全部逻辑(而且在与逻辑相符合上)以至把先验哲学都归之于这一点。其实,统觉这种能力也就是知性本身。——康德自注

① "为其先决条件"是原德文 voraussetzen 即英译 presuppose 之译,是"预先假定"的意思。旧译为"为前提"是不妥的,因"前提"是一个逻辑术语,不应滥用。——中译者

② "所产生的"是依 Vaihinger 读 gegeben 为 hervorgebracht 之译(有"提出"的意思)。——中译者

③ "同一的命题"是一个形式逻辑的名词,指一个命题,其主项与述项的意义是完全同一的。——中译者

象的"我"不相同的直觉才有杂多被给予出来;而且只有通过在一个意识里的联系,它才能被思维。通过自我意识,一切杂多由其自身被给予出来的知性就是直观性的;我们的①知性只能思想,而直观是有待于感官的。在直观中给予我的表象之杂多的方面,我意识到我自己是同一的,因此我把它们一起都称为我的表象,从而把它们把握为构成一个直观,这就等于说,我自己验前意识到表象的一种必然的综合——称为统觉的本源综合统一性——我们被给予的一切表象都必须从属于它,但是这些表象又首先要通过一种综合才能从属于它(a)。

一七

综合统一性的原理是知性一切使用的最高原理

照先验感性论所说的,一切直观在其对于感性的关系上,其可能性的最高原理就是直观的一切杂多都受空间与时间的形式条件所支配。在其对于知性的关系上来说,同样的可能性的最高原理,就是直观的一切杂多都受到统觉的本源综合统一性的各种条件所支配。就其是被给予我们的这点来说,直观的杂多表象受这两条原理的前一条所支配;就其必须在一个意识之中被联系起来的这点来说,它们受后一条原理所支配。因为没有这样的联系,就不能思想或知道任何东西,由于所予的表象都不会共同具有统觉的"我思"的活动,因而就不能一起在一个自我意识中被抓住②。

用一般的名词来说,知性就是知识的能力。这种能力在于所予的表象与对象有确定性关系;而对象就是所予的直观之杂多在对象的概念里得到统一的那种东西。可是表象的合一需要有表象的综合中意识的统一

---

① "我们的"(原德文为 unsere)不是和一般的"我们的"相同,而是特指"我们人类的",暗示着有不同于人类的一种知性的可能的,人类知性是有其一定的限制的。——中译者

(a) 空间与时间及其一切部分都是直观,因而连同它们所包含的杂多都是单一的表象(参看先验感性论)。因此,它们就不是同一个意识由之而被发现包含在多数表象里面的纯然概念。与此相反,通过空间与时间才发现许多表象是包含在一个表象里面,而且是包含在那一个表象的意识里面的;所以这些表象是复合的。因此,那意识的统一性是综合的,然而仍然是本源的。这种直观的单一性是有重要的后果的(参看下文二五)。——康德自注

② "一起……被抓住"是原德文 zusammengefasst sein würden 之译,即"领会"的意思。——中译者

性。因此,惟一能构成表象对于对象的联系的乃是意识的统一性,因而构成表象的客观有效性。而构成它们是知识的方式这个事实的,也是意识的统一性;所以知性的可能性本身所依据的就是意识的统一性。

这样,那知性的一切其余使用所根据的、同时又完全不依靠感性直观一切条件的知性的最初纯粹知识,就是统觉的本源综合统一性的这条原理。所以外部感性直观的纯然形式即空间,[就其自身]还不是知识;它只给可能的知识提供验前直观的杂多。想要知道空间里的任何东西(例如一条线)我就必须引出它,从而使所予的杂多有确定性的联系综合地发生,所以这种活动的统一性同时也是意识的统一性(如在线的概念中的那样);一个对象(一个有确定性的空间)最初被人知道,是通过意识的这种统一性的。因此,意识的综合统一性就是一切知识的客观条件。它不但是我自己在知道一个对象时所需要的条件,而且是任何直观要成为我的对象所必须遵守的条件。因为不然的话,缺少了这种综合,杂多就不会在一个意识中统一起来。

这种命题虽然使综合统一性成为一切思想的条件,但是,如上面已经说过的那样,它本身乃是分析性的。因为它所说的不过是在任何所予的直观中,我的一切表象必须从属于"我把它们归之于同一的自我而作为我的表象"这一必须遵守的条件,从而可以通过"我思"这个一般的说法①把它们理解为在一个统觉中被综合地联系起来的东西。

但是这条原理不应理解为适用于任何可能的知性。它只适用于那种知性,就是通过它的纯粹统觉,在"我有"②这个表象中,是没有杂多的东西被给予出来的。通过其自我意识能给自己提供直观的杂多的这种知性——就是说,通过它的表象,其表象的对象就同时存在的这种知性——为着要有意识的统一性,并不需要杂多的综合这种特殊活动,然而对那只思维而不直观的人类知性来说,这种活动是必需的。其实这是人类知性的第一原理,而且它是这么不可或缺,以致我们完全不能设想会有任何其他可能的知性,其本身是直观性的,或者是具有一种不同于空间与时间的

---

① "一般的说法"是原德文 allgemeinen Ausdruck 之译。——中译者
② "我有"一般译为"我在"。——中译者

这类方式的基本感性直观方式。

一八

自我意识的客观统一性

统觉的先验统一性是这样的统一性，在直观中所给予出来的一切杂多都通过它而在对象的概念中得到统一。因此它被称为客观的，而且必须和意识的主观统一性区别开来。意识的主观统一性是内感官的一种确定——通过这主观统一性，才使直观的杂多所需的这种[客观的]联系在经验上被给予出来。我是否能在经验上意识到这杂多是同时的或前后相继的，依赖各种情况或经验性条件，所以通过表象联想的意识之经验统一性本身乃是关于出现的，而且完全是不必然的①。但是在时间里直观的纯粹形式，即只是作为包含着一种所予的杂多的一般直观，乃是只通过直观的杂多对于一个"我思"的必然关系，从而通过作为经验性综合的验前基本根据的知性的纯粹综合，才受到意识的本源统一性的支配。惟有本源统一性才是客观有效的；统觉经验性统一性（我们在这里不讨论它，而且它只是在所予的条件下才具体地从本源统一性得出来）只有主观的有效性。例如某一个词对于一个人暗示着一个东西，而对于另一个人则暗示另一个东西；在经验性的东西里，意识的统一性，对于所予的东西来说，并不是必然的普遍有效的。

一九

一切判断的逻辑形式在于判断
所含的概念的统觉的客观统一性

我一直不能接受逻辑家关于一般判断所作出的解释。他们声言，判断乃是两个概念之间的关系的表现。关于这种解释的缺点，我在这儿并不和他们进行争辩——这缺点就是，无论如何，这解释只适用于直言判

---

① "不必然的"是原德文 zufällig 之译。英译为 contingent，而中译常是"偶然的"，德语 zufällig 是"以先行的事件或情况为转移"的意思，而 contingent 按其拉丁语字源是与"必然"相对立的，所以中译为"偶然的"，毋宁译为"不必然的"与原意更妥帖。——中译者

断,而不适用于假言判断与选言判断(后两种判断所包含的不是概念的关系而是判断的关系),这是一种失察,因而引出了许多麻烦的后果[a]。我只须指出,这条定义没有确定其所说的关系是什么。

但是,如果我更精密地研究在任何判断中所给予出来的各种知识[①]的关系,把这关系归属于知性,把它与按照再生想像力的规律而只有主观有效性的关系区分开来,我就发现,判断不过是所予的各种知识借以达到统觉的客观统一性的一种样式而已,这就是系词[②]"是"的原意,系词乃是用来区别所予表象的客观统一性与主观统一性的。它指出那些表象对于本源统觉的关系以及它们的必然统一性,即令判断的本身是经验性的,从而可能是不必然的,例如在"物体是有重量的"这个判断里,上面所说的同样有效。在这里,我并不是说,这些表象必然在经验性的直观中相互隶属,而是说,由于在直观的综合里统觉的必然统一性,就是说,按照一切表象的客观确定的原理,这些表象才是相互隶属的,这是就知识能通过这些表象而获得这点来说的——这些原理全都是从统觉的先验统一性这条基本原理得出来的。只有这样,才能有判断从这种关系发生出来,这是一种客观有效的关系,因而能充分地与只会有主观有效性的那同样的表象关系(比方当表象是按照联想律而联系的关系)区别开来,在后一种情况下,我所能说的,只是"如果我支持一个物体,我就感觉到重量的压力";我却不能说,"物体这东西是有重量的",所以说"物体是有重量的"不只是说在我的知觉中,不管那知觉重复多少次,这两个表象总是结合在一起;我们所说的乃是,不管主体的状态是怎样,这两个表象是在对象里联系着的。

[159]

B142

(a) 三段论式四格的冗长学说,只是关于直言三段论式的,虽然事实上这不过是一种矫揉造作的方法,它把一些直接的结论(consequentiae immediatae)偷渡于纯粹三段论式的各前提去,使得表面上像是还有比第一格更多的推理种类;但是这种学说能受到人们这样异常的欢迎,只是因为它的创始人能够使人只尊重直言判断,把它作为一切其他判断所必须归为的形式——然而如上文九所指出,这种学说却是错误的。——康德自注

① "各种知识"是原德文 Erkenntnisse 这个复数名词(知识)之译。为了表示其复数的意义,才用"各种……"。——中译者

② "系词"是原德文的 Verhältniswörtchen 之译,这是一个逻辑名词,如"人是动物"这个命题中的"是"是把"人"这个主项与其述项"动物"联系起来以表示两者的某种关系的,所以这个"是"就是一个系词。——中译者

二〇

一切感性直观都受直观的杂多在一个意识中汇合起来的惟一条件的范畴支配

在感性直观中所予的杂多,必然受到统觉的本源综合统一性的支配,因为别无他法使直观的统一性有其可能(参看上文十七)。但是使所予的表象(不管他们是直观还是概念)的杂多能被统摄于一个统觉的那种知性活动,乃是判断的逻辑机能(参看上文十九)。所以一切杂多,就其是在一单个的经验性的直观里被给予出来的这点来说,在判断的一种机能这方面,是被确定了的,从而就是被统摄于一个意识的。各范畴,就其用来确定所予的直观杂多的这点来说,正是判断的这种机能(参看上文十三)。结果,一个所予直观的杂多就必然受到范畴的支配。

二一

注　释

包含在我称为的一个直观里的杂多,是通过知性的综合而表现为属于自我意识的必然统一性的;而这是经由范畴实现的^(a),所以这种关于范畴的需要,就说明一单个直观中所予的杂多的经验性意识,验前受一个纯粹自我意识的支配,正如经验性的直观受到一个也是验前发生的纯粹感性直观的支配一样。所以在上面的命题里,就有了知性的纯粹概念的演绎之起头;而在这演绎里,既然范畴的根源在知性里面,独立于感性,所以我就必须抽掉那为着要有一种经验性的直观而在它里面杂多被给予出来的方式,而单只注意那以范畴为媒介①并通过知性而进入直观来的统一性。在后面(参看下文二十六)我们将要从经验性的直观在感性中被给予出来的方式说明它的统一性不是别的,而是范畴(按照上文二十所说)对

(a) 关于这点的证明是依据一个对象所借以被给予出来的那种直观的统一性的。这种直观的统一性在其自身中总包含着对一个直观所给予出来的杂多的综合,从而就已经包含着此杂多与统觉的统一性之关系。——康德自注

① "以……为媒介"是原德文的 vermittelt 之译,斯密英译为 in terms of。——中译者

任何所予直观的杂多所规定的东西。这样,只有证明范畴关于我们的感官的一切对象是验前有效的,我们演绎的意图才能圆满达到。

但是在上面的证明中有一点是我们不能不注意①的,就是杂多要被直观到,就必须在知性的综合之先,而且不依靠那综合②而被给予出来。这是怎样发生的,在这里还没有确定。因为如果我们想到的是一种本身为直观性的知性(例如一种属神的知性,它就不对其自己表现所予的对象,而且通过它的表象,对象本身就会被给予出来,即被产生出来),那么,就这种知识方式来说,范畴就会毫无意义的了。范畴只是对一种知性来说而成为规则的,这种知性的全部力量只在于思想,就是说,只在于这样一种活动,它借着这种活动把别处在直观里给予它的杂多之综合统摄于统觉的统一性——所以这种知性是一种能力,单凭它自己是一无所知的,而只能联系与安排知识的材料,即直观,而直观是必须由对象给予知性的。我们知性的这种特性,即它只能通过范畴而在验前产生统觉的统一性,而且只靠这样的范畴,只靠这个数目的范畴而产生统觉的统一性,这是很难再加以说明的,正如我们何以只有这些判断的机能而无其他的判断机能,以及何以只有空间与时间是我们可能的直观形式,很难加以说明一样。

B146

范畴除了对经验的对象以外在知识中别无其他的应用

可见思想一个对象和知道一个对象完全不是同一回事。知识包括两种因素,第一是概念:人们是通过概念来想到一个一般的对象的(就是通过范畴);第二是直观:一般的对象是通过直观被给予出来的。因为,如果没有与概念相应的直观能被给予出来,就其形式而说,这概念的确还不失为一个思想,但这种概念是没有对象的,而且通过它不可能有任何关于事物的知识。就我所能知道的来说,没有任何事物,而且不能有任何事物,是我的思想所能适用的。像先验感性论所说明的那样,对我们来说,惟一

[162]

---

① "不能不注意"是原德文的 konnte nicht abstrahieren 之译,abstrahieren 在这里是"转移注意"的意思。——中译者

② 我们译原德文这里的代名词 ihr 为"综合",因为这代名词是阴性的,所以它必是指前面阴性的 Synthesis(综合)说的,而不是指阳性的 Verstand(知性)说的。——中译者

可能的直观乃是感性的;这样,关于一般对象的思想,对我们来说,只有在这个概念是和感性的对象有关系的这个限度内,才能通过知性的纯粹概念变为知识。感性直观要么就是纯粹直观(空间与时间),要么就是通过感觉在空间与时间里直接表现为现实事物的经验性直观。通过纯粹直观的确定,我们就能获得关于对象的验前知识,像在数学里那样,但它只是关于对象的(作为出现的)形式;能否有以这种形式必定被直观到的事物,这是尚待确定的。所以,除非假定有一些事物只按照纯粹感性直观的形式就能对我们表现,数学的概念单凭其自身,也不是知识。空间与时间里的事物被给予出来,是在它们知觉这个限度之内(即在它们是有感觉伴随着的表象这个限度之内),因此就只是通过经验性的表象。结果,知性的纯粹概念,即使在它们应用于验前的直观时,像在数学里那样,其产生知识,也只是在这些直观能应用于经验性直观这个限度之内(因此,纯粹概念也通过验前直观,间接地运用于经验性的直观)。所以甚至有了[纯粹]直观的帮助,范畴也不对我们提供关于事物的任何知识;只有通过它们对于经验性直观的可能应用,它们才能对我们提供关于事物的知识。换句话来说,范畴只是对于经验性的知识之可能性才是有用的;而这种知识就是我们称之为经验的。所以我们的结论就是:范畴在产生关于事物的知识时,除了关于有可能作为经验的对象的事物以外,是没有其他的应用的。

[163]

二三

上面的命题是极其重要的,因为它确定知性纯粹概念关于对象的应用的限度,正如先验感性论确定我们感性直观纯粹形式使用的限度一样。空间与时间,作为对象所能给予我们必须具备的条件,只对感官的对象才有效,因而只对于经验才是有效的。在这些限度以外,空间与时间并不表现什么东西,因为它们只在感官里有其实在性,而在感性以外就没有实在性。知性的纯粹概念却没有这种限制,而且可以扩大到一般的直观的对象,不管这直观是不是像我们的直观那样,而我们的直观只是感性的而不是知性的。可是概念扩大到我们的感性直观以外,对我们来说是没有好处的。因为这样一来,作为对象的概念来说,它们就是空洞的,甚至不能叫我们判定它们的对象是否有其可能的了。它们只是思想的纯然形式,没有客观实在性,这是由于我们手边没有构成这些形式的全部内容的统觉之综合统一性所能应用的直观,不能在作这样运用时确定一个对象,所以只有我们的感性的以及经验性的直观,才能给这些概念以其思想内容与意义①。

如果我们假定有一种非感性的直观对象被给予出来,我们诚然就能通过这种预先假定所含蕴的一切述项来表现这个对象,表现它不具有感性直观所应有的任何特征;表现它不是广延的或不在空间里的;它的持续不是一段时间,在它里面碰不见什么变化(即在时间中所确定的前后相继),等等。但是,如果我只是这样指出对象的直观不是什么,而不能说在这直观里包含着的是什么,那就还是没有真正的知识。因为这样一来,我就还没有说明我通过我的纯粹概念,正在思想着的对象甚至是否可能,因为我没有条件来作出任何与这概念相应的直观,而只能说我们的直观是不适用于它的。但是这里特别需要注意的一点,即在一切范畴之中,没有任何范畴能适用于这样一个[一般的]某东西,例如我们不能以实体这个概念用于这个假设的对象,因为实体意指能够作为主体而存在,却决不能作为单纯的述项而存在的某种东西。因为除非经验性的直观提供一种这样的思想形式所适用的事例,我就不知道是否能有与此思想形式相应的事物。但是,关于这点,在后面还有详述。

二四

范畴对于一般感官对象的应用

知性的纯粹概念只通过知性而和一般的直观对象有关系,却不去规定那直观是我们的直观或者是其他种类的,但毕竟是感性的直观。但正因为这个缘故,这些概念就是思想的纯形式,仅仅通过它们不能知道任何有确定性的对象。在它们里面,杂多的综合或联系只和统觉的统一性有关系,从而,只要这样的知识是依据知性的,它就是验前知识可能性的根据。所以,这种综合同时是先验的而又纯是知性的。但是,既然在我们里面有验前感性直观的某一定形式,而且它依靠表象能力的感受性(感性),那么知性作为自发性来说,就能够按照统觉的综合统一性,通过所予各表

---

① "思想内容与意义"是原德文的 Sinn und Bedeutung 之译。——中译者

象的杂多而确定内感官,从而就会把验前感性直观的杂多的统觉综合统一性思考为这就是我们人类直观的一切对象所必然要从属的条件。像这样,在其本身来说原是思想的纯然形式的范畴就获得客观实在性,就是说,获得对于能在直观中被给予我们的对象的应用。然而这些对象只是出现,因为我们所能有的验前直观只是关于出现的。

感性直观杂多的这种综合是可能的而且是验前必然的,它可以称为形象的综合(synthesis speciosa),以别于在纯然范畴里关于一个一般的直观的杂多所想到的综合,而这种综合就称为通过知性的联系(synthesis intellectualis,知性的综合)。这两种综合都是先验的,这不仅因为它们是在验前发生①的,而且因为它们控制着其他验前知识的可能性。

但是这种形象的综合,如果只是就其与统觉的本源综合统一性的关系来看,即只是就其与在范畴中所想的先验统一性的关系来看,为了要与仅仅是知性的联系区别开来,就必须称为想像力的先验综合。想像力是一种能力,在直观中表现当时并不存在的一个对象。但是,既然我们一切的直观都是感性的,而想像力,由于它能给知性概念以一个相应的直观所必须具备的主观条件,所以是属于感性的,但是,由于想像力的综合是自发性的表现,而自发性是能确定的,而不像感官那样只是可确定的,因之就能够依据统觉的统一性就感官的形式在验前确定感官,所以想像力在那范畴内乃是验前确定感官的一种能力;而它的直观的综合,既然符合于范畴,就必然是想像力的先验综合。这种综合是知性对感性的一种作用②,而且又是知性对我们可能的直观的对象之最初应用,从而也就是它的一切其他应用的根据。作为形象的综合来说,它区别于单独由知性作出而没有想像力帮助的那种知性的综合。就想像力是自发性来说,我有时又称之为生产性的想像力,以区别于再生性的想像力。再生性的想像力的综合是完全受经验性的规律所支配的。这里所说的经验性规律就是联想的规律,所以它对于验前知识可能性的解释毫无贡献。再生性的综合属于心理学的范围,而不属于先验哲学的范围。

---

① "发生"是依 Erdmann 的读原德文 vorgehen 为 stattfinden 之译。——英译者
② 英译的 action(中译"作用")是原德文的 Wirkung 之译。——英译者

一、先验原理论

*　　　*　　　*

[166] 在这里解释一下我在阐述内感官的形式时,人们都已清楚地看到的那种似是而非的说法(参看上文六)是适当的,那种说法是:内感官只是如我们对自己出现的那样,而不是如我们在自己之中的那样把我们自己表现于意识。因为我们只在我们内部受到刺激时才直观到我们自己,而 B153 这看来像是矛盾的,因为那时我们对自己就得要处在一种与主动刺激相对的被动的关系上了。正是为了避免这种矛盾,在各种体系的心理学中,通常把我们已经慎重地与统觉能力区别开来的内感官看作和统觉是同一的。

确定内感官的东西就是知性和知性联系直观的杂多的本源力量,即把杂多统摄在一个统觉之下的本源力量,而知性本身的可能性则依据这种统觉。可是在我们人里面的知性本身不是直观的能力,而且即令有某些直观在感性中被给予①出来,知性也不能把它们纳入其自身,使它自己能够把它们联系起来而作为它自己的直观之杂多。所以,如果单就自己来看,知性的综合无非是综合这个活动的统一性,即令没有感性的帮助,知性也能意识到这个综合是一种活动,但是通过这种活动,知性却又能确定感性,就是说,从感性直观的形式能够给予知性以杂多的方面看,知性是能够从内部确定感性的。所以在我们所称的想像力的先验综合名义下,知性就对被动的主体进行这种活动,而这知性也就是这被动主体的能力,因而我们就有正当理由来说内感官是它们刺激的。其实,统觉与其 B154 综合统一性绝非与内感官是同一的。前者作为一切联系的根源应用于一般直观的杂多,而在范畴的名义下②,它是在一切感性直观之先应用于一般的对象,内感官就与此不同,它所含有的乃是直观的纯然形式,但是却没有杂多的联系在其里面,所以到此为止,是不含任何有确定性的直观的,这种有确定性的直观之成为可能,只是通过杂多的确定之意识,而这种确定是由于我曾称为形象的综合的想像力的先验活动(即知性对于内 [167]

---

① 这句中依 Vaihinger 读原德文的 wäre 为 wären(复数)。——英译者。　既然这词读为复数,所以"直观"就必须是复数,因而中译为"某些直观"。——中译者

② "在范畴的名义下"是原德文的 unter dem Namen der Kategorien 之译,斯密英译为 in the guise of the categories,似与原文有出入,因为 in the guise 可能作"伪装"解,不如照原德文直译为"在范畴的名义下"更稳妥。——中译者

感官的综合作用)。

　　这一点在我们自己里面总是知觉到的。我们不在思想中引一线,就不能思想这条线,不在思想中作一圆,就不能思想这个圆。我们除非设定从同一个点有三条线相互成直角,就不能表现空间的三向量。我们甚至不能表现时间本身,除非我们在引一直线(作为时间的外部形象的表象)时,只是注意我们由此前后相继地确定内感官的那种综合杂多的活动,而且在注意这点时,并注意到内感官中这种确定的前后相继。运动作为主体的一种活动(不是作为对象的一种确定)^(a),因而作为杂多在空间中的综合,最初产生的是前后相继这个概念——倘若我们抽掉这种杂多而单注意我们所由以按照其形式以确定内感官的这种活动的话。因而,知性并不在内感官里发现杂多的这样一种联系,而是由于刺激内感官而产生这种联系。

B155

　　那思维的"我"①如何能与直观到自己的"我"有所不同(因为我还能表现至少可以看作是可能的其他的直观方式),而且既然是同一个主体,前者与后者就能是同一的,所以我又如何能说:"我,作为智力而进行思维②的主体,是知道我自己作为被思维的③一个对象,但,在我同样在直观中被给予我自己的这个限度之内,我知道我自己像其他现象一样,只是作为向我自己出现的我,而不是作为知性存在的我"呢?——这些都是问题,其产生的困难并不大于也不小于另一个问题,即:我如何能是我自己的一个对象,尤其是直观的对象并且又是内知觉的对象?但事情毕竟实际上不能不如此,这只要我们承认空间不过是外感官的种种出现的纯粹形式,是容易用下列事实说明的:除非是用我们所引的线为其意象,我们就不能得到不是外直观对象的时间之表象;而且只靠这种描写方式,我们

B156
[168]

　　(a) 对象在空间中的运动不属于纯粹科学,因而不属于几何学。因为某东西是能动的这事实不能验前为人所知,而只能通过经验才为人知道。可是运动作为一个空间的描写("描写"是原德文 Beschreibung 之译,斯密英译为 describing。——中译者)来考虑,是一般外直观中杂多通过生产性想像力前后相继综合的一种纯粹的动作,而不仅只属于几何学,甚至属于先验哲学。——康德自注

　　① "思维的'我'"是依 Vaihinger 原版 das Ich, der ich denke(我所思维的我)为 das Ich, das denkt(思维的我)。——英译者

　　② "进行思维"是原德文 denkend 之译。——英译者

　　③ 这里的英译 is thought(被思维的)是原德文 gedachtes 之译。——英译者

才能认识到它的向量的单一性①；而且同样地，对于一切内知觉来说，我们必须从外部事物里向我们所显示的种种变化来得出种种时间长度或种种时间点的确定，因而内感官的种种确定必须在时间中作为出现而得到整理，正如我们在空间中整理外感官的确定一样。这样，如果关于外感官的确定，我们承认只在我们外部受到刺激的限度内才认识对象，那么关于内感官，我们也得承认只在我们内部为我们自己所刺激时，我们才由内感官直观到自己；换句话说，对于内感官而言，我们只是把自己的主体认知为出现，而不是认知为自己本身。(a)

B157

另一方面，我在一般表象的杂多的先验综合中，因而在统觉的综合的本源统一性之中意识到我自己。既不是作为我对自己的出现，也不是作为我在我自身中那样，而只是我存在这件事。"我存在"这一表象乃是一个思想，而不是一个直观。可是为要知道我们自己，除了这种把每一个可能直观的杂多统摄于统觉的统一性思想活动之外，还需要这种杂多由以被给予出来的一种有确定性的直观方式；因此，虽然我的存在诚然不是出现（更不只是幻象），但是我的存在的确定(b)，必须和内感官的形式相符

[169]

---

① 这里英译的 singleness 是原德文的 Einheit。——英译者。 按原德文这词有时英译为 unity，我们中译为"统一性"，而这里英译为 singleness，所以我们就中译为"单一性"。——中译者

(a) 我不明白，何以承认我们内感官是我们自己所刺激的，就会有这么多的困难。在任何一次注意的活动之中都有这种刺激的例证。在每一次注意的活动之中，知性都是按照它所想的联系而确定内感官，使之符合于在知性的综合中与杂多相应的那个内直观的。每一个都能在自己里面觉知到心通常受到刺激的程度大小。——康德自注   B157

(b) "我思"是表达那确定我的存在的活动，由于这活动，我的存在就已经被给予出来了，但是我由以确定这个存在的方式，即属于这存在的杂多还没有由此被给予出来。要有自我直观，才能有这样的给予，而这种直观是为一种所予的验前形式，即时间所控制的，时间是感性的，而且是属于[我里面]可确定的东西的感受性的。那么，既然我没有另一种自我直观是在这确定的功能之先[原德文是 vor dem Aktus des Bestimmens，"我里面能确定的活动"是原德文的 das Bestimmende in mir 之译，斯密英译为 the determining in me——中译者](我只意识到它的自发性)，像时间给出我里面可确定的东西那样，所以我就不能确定我的存在为一个自我活动体的存在；我所能作的只是对自己表现出我的思想的自发性，即那确定活动的自发性，而我的存在依然只是在感性上才可确定的，即只是作为一个出现的存在。但是我之所以称我自己为一个智力，就是由于这种自发性。——康德自注 B158

合，按照我所联系起来的杂多在内感官里被给予出来的特殊方式才能发生。据此，我关于我自己所知道的不是如实的我①，而只是我对我自己的出现。可见，虽然一切范畴都是[用来]通过把杂多联结在一个统觉里而构成一个一般对象这个思想的，但是关于自我的意识还远不是关于自我的知识②。正如为要得到关于不同于我的一个对象的知识，我除了（在范畴中）一般对象的思想以外，还需要有我用来确定那一般概念的一种直观一样，为要得到关于我自己的知识，我除了这意识之外，即除了关于我自己的思想以外，也还需要有关于我用来确定这个思想，而在我里面的杂多的一个直观。我是作为只意识到它的联系力量的一个智力而存在着；但是，关于这个智力所要联系的杂多，我是受到一种限制的条件（即称为内感官的东西）所支配的，就是说，这种联系只按照时间的各种关系才能变为可直观的，而这些时间的关系却完全处在本来的知性概念③以外。所以这种智力的知道其自身，只能与一种直观（这种直观不是知性的，且不能为知性所给予）的对自己出现有关，而不是像当其直观是知性时所知道的它自己那样。

[170]

<h2 style="text-align:center">二六</h2>

知性纯粹概念在经验中普遍可能的使用的先验演绎

在形而上学的演绎里，我们曾证明范畴的验前起源是通过它们完全和思想的一般逻辑机能一致的；在先验演绎里，我们曾证明范畴的可能性为一般对象的验前知识方式（参看上文二十、二十一）。我们现在就要说明，通过范畴而有可能在验前知道任何对我们感官出现的对象，当然这不是就这些对象的直观形式，而是就它们联系的规律而言，从而也就似乎是给自然规定规律，甚至似乎是使自然成为可能而言。因为除非范畴能对这种机能有其适合性④，就完全不可能说明，何以凡是向我们的感官出现

---

① "如实的我"是原德文 wie ich bin 之译。直译当为"如我是的那样"，又可译为"如我存在的那样"。——中译者

② 康德在这里指出自我是可以意识到的，但是不能被知道。意识与知识是两回事，不应混淆，细读下文几句便知。——中译者

③ "本来的知性概念"是原德文 eigentlichen Verstandsbegriffe 之译。——中译者

④ "适合性"是原德文的 Tauglichkeit 之译，斯密改用 dischanged 这动词以表达它的意思。——中译者

的东西,都必须受到只在知性中而验前有其起源的那些规律的支配。

首先,我应请大家注意这一事实,我所谓领会的综合,是指经验性的直观里杂多的联系,而这也就是知觉,即这直观(作为出现)的经验性意识所以成为可能的东西。

在空间与时间的表象里,我们已有了内外感性直观的验前形式;而出现的杂多的领会之综合,必须符合这些形式,因为除此以外,这种综合没有别的方法能发生。但是空间与时间在验前不单表现为感性直观的形式,而且又表现为它们含有[其自身所有的]杂多的直观,因而也就表现为带有这种杂多之统一的确定(参看先验感性论)(a)。所以,在我们外边或里边的杂多之综合的统一性,从而任何要表现为在空间或时间里被确定的东西所必须与之符合的联系,都是验前被给予出来,而作为一切领会的综合之条件的——诚然不是在这些直观里面,而是和它们一起被给予出来。在其联系是应用于我们感性的直观的限度内,这种综合的统一性不能是别的,而只能是按照范畴,在一个本源的①意识中一个所予的一般直观的杂多之联系。所以一切综合、乃至使那知觉成为可能的综合,都受到范畴的支配;既然经验就是通过联系起来的知觉而来的知识,所以范畴就是经验的可能性的条件,因而范畴也就对于经验一切对象都是验前有效的。

例如在我通过一座房子的杂多的领会②而使关于这房子的经验性直观成为一个知觉时,空间的和一般外感性直观的必然统一性就是以我的领会为基础的,而我就好像是按照空间中杂多的这种综合统一性来描绘这房子的轮廓。但是,如果我抽掉空间的形式,这同一个综合统一性就处

(a) 作为对象而表现的空间(像在几何学里必须是的那样)不止包含着直观的纯然形式;它还含有按照感性的形式在一个直观性的表象中被给予的杂多的联系,因而直观的形式就只给出一种杂多,而形式的直观(die formale Anschauung),则给出表象的统一性。在感性论里,我是把这种统一性作为只属于感性来处理的,这只是为了强调它先行于任何概念,虽然事实上它预先假定一个综合,这综合不属于感性,而空间与时间的一切概念都是通过它才成为可能的。因为通过它(由于知性是确定感性的)空间与时间才第一次作为直观被给予出来,所以这种验前直观的统一性属于空间与时间,而不属于知性的概念(参看二十四)。——康德自注

① 英译的 original(中译为"本源的")是原德文 ursprünglichen 之译。——英译者
② 在第4版里,这 Apprehension(领会)改为 apperception(统觉)。——英译者

在知性里面,而且是一个关于一般的直观里同质东西的综合的范畴,即量的范畴。所以领会的综合,即知觉,必须完全符合于这个范畴(a)。

[172] 再举一个例子来看。在我知觉到水结冰时,我领会到液体和固体两种状态,而这两种状态是互相处在时间关系里面的。但是,在时间里——我是把时间置于作为内直观的这种出现基础上的——我就必须对我自己表现杂多的综合统一性,没有这种统一性,时间的那个关系就不能在一个直观里,作为关于时序而被确定的情态给予出来;然而作为我联系一个一般直观的杂多所必具备的验前条件的综合统一性,如果抽掉了我的内直观的恒常形式,即抽掉了时间,就是原因这个范畴了。在我把原因这个范畴应用于我的感性时,我是通过这个范畴来确定一切发生的事物都符合这个范畴所规定的关系的,而且我是在一般的时间中这样确定的。这样,我对于这类事件的领会,从而把这件事本身作为一个可能的知觉来考虑,是受因果关系这概念所支配的,而在一切其他的情况下亦复如是。

所有范畴都是对出现验前地规定其规律的概念,因而也就是对自然,即一切出现的总和(natura materialiter spectata 从物质方面看的自然)规定其规律的概念。因此就发生了这个问题:怎能设想,自然会按照范畴而进行,而范畴却不是从自然得出来的,也不是模仿自然的模型呢?就是说,范畴怎能在验前确定自然的杂多的联系,而却又不是从自然得出来的?下文就是解决这个表面上的谜的。

B164 自然中种种出现,其规律必须与知性及其验前形式相一致,与其联系一般杂多的能力相一致,它和出现本身必须与验前感性直观的形式相一致是同样的,都没有什么可令人惊奇。因为,出现并不存在于自身中,就主体具有感官而言,出现只是相对于它们所依附的这种主体而存在,规[173] 律也是这样,规律并不存在于出现中,而只是相对于具有知性的这同一主体相对地存在。物之在其本身必然在认识它们的任何知性之外①,符合它

(a) 像这样就证明了经验性的领会综合,必然要和知性的而且完全在验前包含在这个范畴里面的觉知的综合相一致,在一种情况下,即在想像力的名称下,而在另一种情况,即在知性的名称下,把联系输入直观的杂多里面去的,是同样一种自发性。——康德自注

① "在认识它们的任何知性之外"的"之外"是原译文 ausser 之译。斯密英译为 apart from,并应注意这里的"知性"并不限于人类的知性。——中译者

们自己的规律。但是出现只是事物的表象,至于事物就其本身来说究竟是什么,则是不可知的。仅仅作为表象来说,出现除联系的能力所规定的规律以外,不受其他联系的规律所支配。可是联系感性直观杂多的就是想像力;而想像力对于其知性综合的统一性,是依靠知性的,对于其领会的杂多性,是依靠感性的。所以,一切可能的知觉都依靠领会的综合,而这种经验性的综合又依靠先验的综合,因而就是依靠范畴的。结果,一切可能的知觉,因凡是能够到达经验性的意识的东西,即自然的一切出现,就其联结来说,都要受到范畴的支配。自然,仅仅作为一般的自然来考虑,是依靠这些作为它对规律的必然符合性的原始根据之范畴(natura formaliter spectata 在形式方面看的自然)。可是纯粹知性不能通过纯然范畴而对出现规定任何别的验前规律,其能规定的规律只包含在一般的自然之内,即符合于空间与时间中一切出现的规律。关于在经验上被确定的那些出现的特殊规律,在其特定的性格上,并不能从范畴得出来,虽然这些特殊规律全都受到范畴的支配。为要获得关于这些特殊规律的任何知识,我们必须到经验中去,但是关于一般的经验,惟有验前的规律才能指教我们,而且谈到作为经验的对象而为人所知的是什么,也是如此。

二七

知性概念这种演绎的结果

除了通过范畴以外,我们不能思想一个对象;除了通过和这些概念相应的直观以外,我们不能认识所思想的对象。然而我们的一切直观都是感性的,而且就其对象是所予的来说,这种知性是经验性的。但是经验性的知识也就是经验。结果,除了关于可能经验的对象的知识以外,不能有任何验前的知识。(a)

(a) 因怕读者从这种说法仓促地推论出一些惊异的不良后果来而犯错误,我要提醒的是,对思想来说,范畴并不为我们感性直观的条件所限制,而是有其无限的领域的。需要有直观的只是关于我们所想的东西的知识,即对象的确定。没有直观,则关于对象的思想,就主体之运用理性来说,还是有其真正而且有用的后果的。理性的使用不是以对象的确定为目的,即不总是以知识为其目的,而且又以主体的确定与其意识的确定为其目的的——这是一种使用,因而不能在这里加以讨论。——康德自注

但是,虽然这种知识限制在经验的对象上,但它却不因此就都是从经验得来的。[感受性]纯粹直观和知性的纯粹概念都是知识的要素,这两者都是验前在我们里面发现的。只有两种方法能说明经验与其对象的概念的必然一致:要就是经验使这些概念成为可能,要就是这些概念使经验成为可能。前一假定对于范畴是不适用的(对于纯粹感性直观也不适用),因为既然这些概念是验前的概念,从而就是不依靠经验的,而把一种经验性的起源归之于它们就会是一种偶然发生说(generatio aequivoca)。所以只剩下第二种假定——这可说是纯粹理性的新生说(Epigenesis)的一种体系——即范畴在知性这一方面含有一切一般的经验可能性的根据。范畴如何使经验成为可能,以及在其应用于出现时,它们所提供关于经验的可能性的种种原理是什么,将在下一章关于判断力的先验使用里,更详细地予以说明。

在上述的两途之间,还可提出一条中间路线,就是范畴既不是我们知识自己所想出来的①验前第一原理,也不是从经验得出来的,而是思想的主观倾向,从我们存在的起头就栽种在我们里面,而被造物主如此安排好了,以致它的使用与经验的进行所遵循的自然律完全相和谐——这就是纯粹理性的一种预定形成说体系(Präformationssystem)。然而有一种反对的意见,即按这样的一种假设,我们对于未来的判断所预定的一些倾向之假定,是不能加以限制的。除此之外,反对这拟议的中间路线的,还有这个决定性的意见,即属于范畴这个概念本身的必然性,将因此而不得不牺牲掉。例如,原因这个概念表示在一个预先假定条件下的一个事件的必然性。如果这个概念所依据的只是栽种在我们里面的一种按照因果关系的规则,把某一定经验性的表象联结起来的任意主观必然性,那么原因这个概念就会是虚假的了。那时我就不能说结果与原因是在对象里面联结着的,即不能说它们是必然联结着的,而只能说我的素质是如此,使得我只能把这种表象想作是这样联结着的。这正是怀疑论者所最喜欢的。因为情况如果是这样的话,我们的一切洞见既然依据假定的判断之客观有效性,就只不过是纯粹的幻象而已;也会有不少的人拒绝承认这种主观

---

① 这里英译的 self-thought(自己所想出来)是原德文 selbstgedachte 之译。——英译者

的必然性,一种只能是感觉到的必然性。当然,与那些只是依赖他个人自身的组织方式而谈问题的人是没有什么可争辩的。

这种演绎的概要

演绎乃是叙述①知性的纯粹概念及一切理论的验前知识之作为经验的可能性的原理的。这些原理在这里被理解为一般在空间与时间中出现之确定,而这种确定,由于归根到底是从统觉的本源综合统一而来,就理解为知性在其对于空间与时间的关系上的形式,即感性的本源形式。

B169

由于截至此为止,我们要讨论的是基本概念,所以我一直要在有数字标明的各段落中来进行思考。我们现在就要说明这些基本概念的使用。所以阐述就可以连续地进行,而不再用数字标明了。

---

① 这里的 exposition(中译"叙述")是原德文 Darstellung 之译。——英译者

第二卷　原理分析论

[176]

A131　　普通逻辑是根据一种与知识高级能力的划分恰好相合的基本计划而构成的。知识的高级能力就是：知性、判断力与理性。逻辑按照这些心力的机能与次序（这些心力在通行的语言中是包括在知性这个总目之下的），在其分析部分处理概念、判断与推理。

B170　　既然这种单纯是形式的逻辑，抽掉了无论是纯粹的或经验性的知识的一切内容，而单独处理一般思想的形式（即论证知识的形式），它在其分析部分就能包括理性的法规。因为理性的形式具有它的成规①，而这些成规单由理性的活动分析为其组成部分②就可以验前被发现，毋须我们去考虑所包含的知识的特殊性质。

　　由于先验逻辑局限于某种有确定性的内容，即局限于纯粹的且为验前的知识的内容，所以它就不能沿用普通逻辑的划分。因为理性的超验③使用似乎不是客观有效的，因而就不属于真理的逻辑，即不属于分析论。作为一种幻象的逻辑来看，它要在学问的结构中占有另一地位而成为先验辩证论。

[177]
B171
A132
　　因此，在先验逻辑里，知性和判断力有其客观有效而正确的使用的法规；它们属于先验逻辑的分析部分。另一方面，就其力图对于对象在验前确定某些东西，从而把知识扩充到可能的经验的一切限度以外这点来说，知性就完全是辩证的了。它的各种虚幻说法，在分析论所要包含的法规里是没有地位的。

　　所以，原理分析论仅仅是判断力的一种法规，来指导判断力如何把知性的

---

① "成规"是原德文 Vorschrift 之译，斯密英译为 established rules。——中译者
② "为其组成部分"是原德文 in ihre Momente 之译。Moment 这词有时中译为"契机"。——中译者
③ 这里我们中译康德原文的 transzendentale（斯密的英译是 transcendental），依字面当译为"先验的"，但按下文，"先验"可能是超验之误，应译为"超验的"才合适。——中译者

概念应用于出现,而这些知性的概念含有验前规则的条件。因为这个缘故,虽然我采用知性的原理为我的论题,但所采用的这个名称是在其严格的意义上说的,作为能更准确指出我们工作的性质,我将采用判断力学说这个名称。

导言　一般的先验判断力

如果把一般的知性看作规则的能力,判断力就是把事物归摄于规则之下的能力,即辨别某种东西是否从属于某条所予的规则(casus datae legis 所予规则的事例)之能力。普通逻辑并不包含判断力的规则,也不能包含这种规则。因为既然普通逻辑抽掉了知性的一切内容,所留给它的惟一工作就是在概念、判断、推理中作出所表达的知识形式的一种分析性的阐述,从而获得知性一切使用的形式上的规则。如果它想就我们如何把事物统摄在这些规则之下,即如何辨别某事物是否从属这些规则,而给予一般性指导,那就只能通过另一规则。但是这另一规则,正因为它是一条规则那就又需要判断力的指导。由此可见,虽然知性能够接受教导,而且能用规则来武装自己,判断力却是只能得到练习而不能得到教导的一种特殊才能。判断力是人们称为天赋智力①的一种特质;缺乏了这种特质,就不是教育所能补救的。因为虽然从别的见识借来的许许多多的规则,诚然可以对一种有限的知性有其贡献,而且好像是接植在它上面似的,但是正确使用这种规则的力量必定是原属于学习者本人;如果没有这种天资,任何为这个目的而对他规定的规则都不能保证不被错误使用(a)。—

---

① "天赋智力"是原德文的 Mutterwitz 之译。——中译者

(a) 判断力的缺乏,也正是通常所谓愚笨。这种短处是无法补救的。一个脑筋迟钝或脑筋偏狭的人,如果缺乏的只是适当程度的知性和知性应有的概念,诚然可通过学习而受到锻炼,甚至能成为有学问的人。但是由于这种人通常缺乏判断力(即所谓彼得·拉姆斯逻辑的第二段 secunda Petri),[按:彼得·拉姆斯(Peter Romus,即 Petrus Romus,原名 Pierre de la Ramée),生于1516年,1572年遇难而死,著有 Institutiones Dialectica,这是一本旨在改善亚里士多德的逻辑的名著。他分逻辑为三部分,其第二部分是讨论判断力的,因此,后人有称判断力为彼得的第二段(secunda Petri),而称缺乏判断力的人为缺乏彼得的第二段(daficit in secunda Petri),参看 G. H. Paton 的《康德经验形而上学》一书,第一册,P.190,注4。——中译者]所以我们就时常遇见有学问的人在应用他们的科学知识时,依然暴露那无法补救的原有缺陷。——康德自注

个医生，法官，或政府的高级官员，可能掌握了许许多多的病理学、法律学，或政治方面的规则，甚至其造诣可以使之成为这种科学的渊博教师，然而在应用时，却往往犯错误。原因就是，虽然在知性上，这种人是优秀的，但是在判断力这种天资上，却可能是缺乏的。他能抽象地理解一般，而不能具体地辨别一个事例是否从属于这个一般。或者，他的错误也许是由于没有通过例证和现实的实践而得到判断力的特殊活动的充分锻炼。判断力的这种磨炼确是例证的一个极大的利益。可是另一方面，例证又往往损害智力的真知灼见。因为例证（即术语上所谓的事例 casus in terminis）很少能充分满足规则的需求。此外，例证又往往削弱对知性所要求的离开经验的特殊情况正当理解规则的普遍性努力。这样一来，就使我们习惯于把规则作为公式用，而不作为原理用了。所以例证乃是训练判断力的工具，而缺乏天资的人就始终不能离掉例证了。

虽然普通逻辑不能替判断提供规则，但先验逻辑的情况却完全与之不同。先验逻辑像是在纯粹知性的作用上，以其确定的规则来辅导并巩固判断力作为其特别之任务。作为一种学说，即作为在纯粹验前知识的领域里扩大知性的范围这种企图，哲学决不是必需的，而且事实上也不适合于这种意图。因为在以往的一切尝试中，其所成就者是微乎其微的。另一方面，如果所计划的是一种批判，为了在我们所具有的知性几个纯粹概念的使用中防止判断力的错误（lapsus judicii 即判断的过失），那么，这种任务，尽管它的种种优点难免是消极的，倒是哲学应该尽其一切敏锐而透彻的力量来对付的。

先验哲学有这种特点，就是除了在知性的纯粹概念中所给予出来的规则（或者更确切地说，种种规则的普遍性条件）以外，它又能在验前指定这规则所应①适用的事例。在这方面，它所具有的优越于一切其他施教的科学之点（数学除外），是由于这一事实：它所与之打交道的都是关于验前对象的概念，因而这些概念的客观有效性是不能在验后证明的，因为如

---

① 在英译者斯密的注中"应"这词依 Erdmann 读为 soll 而不读为 sollen，因为前者是单数词，故"规则"当是单数，而不是如原版之读为复数，尤其是在这句中有单数的 Regel 和复数的 Regeln 均出现，而原德文的代名词 sie 我们中译为名词"规则"既可作复数用，又可作为指阴性单数的 Regel（规则）用，故须注明以便利检查原德文的读者。——中译者

果是在验后证明的就会等于完全不顾及①这些概念的高贵品格了。先验哲学必须以普遍而充足的标志来制定一些条件,在这些条件下对象能与这些概念相协调而被给予出来。不然的话,这些概念就会是毫无内容的,因而就会是单纯的逻辑性形式而不是知性的纯粹概念了。

判断力的这种先验学说由两章组成。第一章将要讨论使用知性纯粹概念所必须遵照的感性条件,即纯粹知性的图型法。第二章讨论在这些条件下验前从知性的纯粹概念得出的、并且是验前成为一切其他方式的知识之基础的综合判断——即讨论纯粹知性的原理。

第一章 知性纯粹概念的图型法②

在对象包摄于概念之下时,对象的表象必须和这概念是同质的;换句话说,概念必须包含有在所包摄的对象里被表现的某种东西。其实这就是所谓"一个对象被包含在一个概念之下"这种说法的意思。例如"盘"这个经验性概念是和"圆"这个纯粹几何概念同质的。在圆里所想的圆性是能在盘里被直观到的③。

但是由于知性的纯粹概念完全和经验性直观异质,实则和一切感性直观异质,所以在任何直观里都绝不能见有知性的纯粹概念。因为没有

---

① 这里的"不顾及"是原德文的 unberücksichtigt 之译。英译者注明这是依 Vaihinger 读原德文版的 unberührt(未触及)为 unberücksichtigt,而英译为 ignore。——中译者

② 我们中译康德所用的 Schematismus(英译为 schematism)为"图型法",而不沿用旧译的"图型说",因旧译大概是认为 ismus(ism)这个后缀(即词尾)一般译为"主义",如 Sozialismus(socialism)的中译为"社会主义"。但是我们认为康德的 der Schematismus 却不应译为"图型说"。按原德文的 Schematismus 这词语是源于古希腊语的 Σχηματισμος(Schematismos),意即"袭取一种形态",而转义为一般"窃取非自有的东西"的意思。范畴是知性的纯粹概念,以其是纯粹,就不能有任何经验上感性的因素杂于其中,所以就与经验性的直观(经验性的直观必然是感性的)是异质的,于是就不能有范畴直接应用于感性的出现,而必须如康德在本章所说明的通过图型才能有这种应用。这是一种方法,而不是什么的说法,更不是什么的学说。所以康德在后面说"知性在图型中的进程就称为图型法"。——中译者

③ 这句依 Vaihinger 读原版的 in dem ersteren...im letzteren(在前者……在后者)为 in dem letzteren...im ersteren(在后者……在前者)。——英译者

按改读的"后者"是指圆说的,而"前者"是指盘说的,所以就这样中译。——中译者

人会说,一个范畴,例如因果性的范畴,能通过感官而被直观到,而其本身又是包含在出现中的。那么,直观被包摄在纯粹概念之下,即范畴之应用于出现,是怎样成为可能的呢?正是因为这个自然的而又重要的问题,判断的先验学说才是必需的。我们必须能够说明纯粹概念是怎样能适用于出现的。在任何其他科学里,这种说明是不需要的。因为,在那些科学里,那些对象由之在[其]一般的[各方面上]而被想到的概念,与那些如所给予的那样具体地表象这对象的概念,并不是全然不同、全然异质的,所以就不需要有关于纯粹概念①应用于出现的特殊讨论。

显然必须有第三种东西,一面和范畴同质,另一面又和出现同质,而这样才使前者之应用于后者成为可能。这种中间媒介的表象必须是纯粹的,即毫无经验性的内容,而同时它一方面必须是知性的,另一方面却必然是感性的。这样一种表象就是先验的图型(Schema)。

知性的概念包括有一般杂多的纯粹综合统一性,时间,作为内感官的杂多的形式条件,从而作为一切表象的联结之形式条件,含有纯粹直观中的一种验前杂多。可是时间的先验确定,由于它是普遍的而且是依据验前规则的,所以在这限度内,它是与构成它的统一性的范畴同质的②。因此,范畴之应用于出现,乃是通过时间的先验确定而变为可能的,而时间的先验确定作为知性概念的图型就是出现包摄于范畴之下的媒介。

在范畴演绎中作过证明之后,我相信再没有人对于知性的这些纯粹概念是否只有经验性的使用,抑或还有先验使用这个问题依然是踌躇不决的了。这问题就是:知性的这些纯粹概念作为可能经验的条件,只是仅仅验前和出现有关呢,抑或作为一般事物的可能性条件,它们还能扩充到对象之在其本身③,而对我们的感性没有限制? 因为我们已曾看到,如果

---

① "纯粹概念"原是英译的"前者",而"出现"是"后者"。按英译者斯密的注,这"前者"是依 Vorländer 读 des 为 der 而校正的。——中译者

② 查这两句的原德文有些难读,斯密的英译与穆勒尔(Max Miller)第 1 版的英译在意思上有出入,而按康德哲学思想来说,当以斯密的英译为正确,所以我们中译是按照斯密的英译的。——中译者

③ "对象之在其本身"是 Gegenstände an sich selbst 之译。原意不是说"对象本身"而是"就其本身来说",即不是"就我们所认识到它们的来说",这是康德的一个重要术语,不可不注意。——中译者

没有对象被给予概念,或者至少被给予构成概念的各要素,则概念就是完全不可能的①,而且又是不能有意义的。因此,我们不能不管物之在其本身是否可以向我们被给予出来,以及它怎样被给予出来这一切问题,而把概念看作是适用于事物之在其本身的。我们也曾证明,对象能够给予我们的唯一方式,就是由于我们感性的变状;最后我们还曾经证明过,纯粹验前概念,除在范畴中所表达的知性的机能以外,还必须在验前包含着感性的一些形式条件,即内感官的各种条件。这些感性的条件,构成范畴之应用于任何对象所必具的普遍条件。我们称限制知性概念使用的感性之这种形式和纯粹的条件,为概念的图型(Schema)。我们将称在这些图型中的知性进程为纯粹知性的图型法(schematism)。

图型在其本身来说,总是想像力的产物。然而由于想像力的综合不是以任何特殊的直观为目的,而只以在感性的确定里面的统一性为目的,所以图型得要和意象区别开来。如果我把五点并排着像这样点下来,我就有了"五"这个数的意象。但是,如果在另一方面,我只想到一个一般的数,不管它是 5 或 100,那就与其说这个思想是意象本身,毋宁说它乃是一个"多"(例如 1000)借以在一个意象中按照某一概念来表现的一种方法之表象。因为在 1000 这种数的情况下②,我们不容易一眼就看见③它的意象而把它和概念来比较。想像力在为概念提供一个意象过程中的普遍性进程之表象,我称为这个概念的图型。

其实,成为我们纯粹感性概念的基础的是图型,而不是对象的意象。任何意象都不足以表达一般的三角形这个概念。意象永远不能达到使概念对于一切不管是直角的,钝角的,或锐角的三角形都适用的这种普遍

---

① "完全不可能的"是原德文的 ganz unmöglich 之译。据英译者斯密(见脚注),康德自己在其《补遗》(Nachträge)lviii 里改这句为"对我们来说是无意义的解释"。按:《补遗》(Nachträge)是指 B. Erdmann 于 1881 年所编纂的 Nachträge zu Kant's Kritik der reinen Vernunft(《康德〈纯粹理性批判〉的补遗》)说的。该书是编辑者集合康德自用的一本《纯粹理性批判》的第 1 版栏外笔记而成的,是研究《纯粹理性批判》和研究康德思想变迁的一种重要原始资料。——中译者

② "在 1000 这种数的情况下"是原德文 im letzteren Falle 之译,这里原是指 1000 这数说的。斯密英译为 with such a number as a thousaud。——中译者

③ 这里"一眼就看见"是原德文 übersehen 之译,亦即英译 survey(眺望)的意思。旧译"检查"不妥。——中译者

性;它总是局限于这个范围中的某一三角形。三角形的图型不能存在于任何其他地方,而只能存在于思维里面。它是关于空间中纯粹几何图形的想像力综合的一种规则。经验的一个对象或这种对象的一个意象,更是绝不足以表达其经验性的概念;因为经验性的概念总是按照某种特定的普遍性概念,与作为我们直观的确定的规则的想像力之图型有直接关系。"狗"这个概念表示一种规则,我们的想像力按照它以一种一般的方式来描画一个四足动物的形象,而不限于像经验所实际呈现出来的或我能具体地表现的任何可能的意象所实际呈现出来的任何单个的确定形象。我们知性的这种图型法,在其应用于出现与其单纯的形式上,乃是隐藏在人类心灵深处的一种技术,其活动的真相是自然绝不会让我们去发现或窥测的。我们只能肯定这么多:意象乃是再生性①想像力的经验性能力的一种产物;感性概念的图型,例如空间中的图形,乃是纯粹验前想像力的一种产物,而且可以说是纯粹验前想像力的一种略图,意象本身正是通过它而且依据它才成为可能的。这些意象以它们所表示的图型为媒介②才能和概念得到联结。在其本身来说,这些意象是绝不能完全和概念相合的。可是知性的纯粹概念的图型绝不能归结为任何意象。它仅仅是被那统一性的规则按照范畴表达的概念所确定的纯粹综合。它是想像力的一种先验产物,即就一切表象而言,在其要按照统觉的统一性而验前在一个概念中联结起来的这个限度内,依照内感官的形式(即时间)的各种条件,而与一般内感官之确定有关的一种产物。

我们不必耽搁在对一般知性纯粹概念的先验图型所要求的各种条件进行乏味而又令人讨厌的分析上了,现在就按照范畴的顺序,并和范畴联系起来阐述这些图型。

外感官所有③一切量的(quantorum)纯粹意象就是空间;一般感官的

---

① "再生性"是依 Vaihinger 读原版的 produktiven(生产性的)为reproduktiven(再生性的)之译。Cassirer 1922 年的柏林版却依原版读为"生产性的"。——中译者

② "以它们所表示的图型为媒介"是原德文 vermittelst des Schema, welches sie bezeichnen 之译。斯密英译 bezeichnen 为 belong(所属),似不甚妥,所以我们仍然直译这词为"表示"。——中译者

③ "所有"是英译的 for 之译,据英译者这词原是 vor dem 而依Grillo读为 für den 的。——中译者

一切对象的纯粹意象就是时间。但是作为知性的一个概念的量（quantitatis）之纯粹图型是数。数乃是由一些同质单位的连续增加而组成的一个表象。所以数只是一般的同质直观的杂多的综合的统一性，而这统一性是由于我在那直观的领会中产生时间本身而来的。

[184]
A143

在知性的纯粹概念中，实在性是和一般的感觉相应的东西；因此，其概念在其本身而言，是指（时间中的）有说的。否定性是其概念表现（时间中的）无的那种东西。所以这两者的对立，依据的是同一个时间的充实与空虚的区别。既然时间只是直观的形式，从而是事物作为出现的形式，所以在事物中与感觉相应的东西不是①一切事物作为物之在其本身（事物本性，实在性）的先验质料。可是任何感觉都有一种等级，或多少的量。这是就它在或多或少的程度上充实同一个时间，即占住内感官，而它的对象的表象在其他方面没有改变这一点来说的。这个等级或多少的量，可递减直到消失为无（＝0＝否定）。所以，在实在性与否定性之间有一种关系与联结，或者更确切地说，有一种从一个过渡到另一个的转变，这一转变使任何实在性都可作为量而得到表现。实在性的图型，作为某东西的量而就其充实时间这点来说，正是在我们从具有一定等级的感官递降到它的消失点，或者从它的否定性递升到它的某种量的时候，这种时间中的实在性的连续而齐一的产生。

B183

实体的图型是时间中实在东西的持久性，即实在东西作为一般时间的经验性确定的一种基质的表象，从而就是当一切别的东西变化时那常住的东西。（流转性的东西②之存在，在时间中是消逝的，但是时间本身

---

① "不是"是依 Wille 读原版的 die 为 nicht die 之译。据英译者斯密的意见（见其脚注），这异读大体比 Erdmann 的把本句第二部分读为"在事物（作为事物之在其本身）里面和感官相应的东西，就是先验的质料……"要好。但是 Cassirer 1922 年的柏林版的读法却是：So ist das, was an diesen der Empfindung entspricht, die transzendentale Materie aller Gegenstände als Dinge an sich (die Sachheit, Realität)——"所以在事物中和感觉相应的东西，就是作为事物之在其本身（事物本性，实在性）的一切对象的先验质料。"可见，这句的意义有些模糊，才引起各种异读。我们认为斯密所采用的 Wille 的读法是正确的，所以就据以译为"不是"。应当注意这句里的"在事物中与感官相应的东西"的"事物"是上句"作为出现"的"事物"，所以就当然不是"作为事物之在其本身"的"事物"，因之，原版的"是"应改为"不是"。——中译者

② "流转性的东西"是原德文 des Wandelbaren 之译。英译为 what is transitory。——中译者

并不消逝。在出现[的领域]里,在其存在上非流转性的东西①,即实体,是和本身非流转而常住的时间相应的。只有在与实体[的关系上],出现的前后相继性与并存性才能在时间里被确定。)

[185]
A144

原因(Ursache)和一般事物的因果性(Kausalität),其图型②乃是这种实在的东西:凡是设定了它,则另一东西就总是随着它的后面而来。所以,就前后相继性受着规则支配来说,它就是杂多的前后相继性。

B184

交互性,或说相互作用,即几个实体在其偶性方面的相互因果性,其图型是一个实体的种种确定和另外一个实体的种种确定按照一条普遍规则的并存。

可能性的图型是各种不同表象的综合与一般时间的种种条件的相一致。例如相反的东西不能在同一时间存在于同一事物中,而只能一个跟着另一个发生。所以这图型是一个事物在任何时候的表象的确定。

A145

现实性的图型是在某一有确定性的时间里的存在。

必然性的图型是一个对象在任何时间里的存在。

这样我们就发现,每一个范畴的图型只含有一个时间的确定③,而且只能使其有一个时间的确定之表象。量的图型是时间本身在一个对象的前后相继地被领会的产生(综合)。质的图型是感觉或知觉和时间的表象的综合;它就是时间的充实。关系的图型是在一切时间上按照时间确定之规则的几个知觉的相互接续。最后,模态(Modalität)以及它的各种范畴,其图型④是作为一个对象是否属于时间以及如何属于时间这一确定之相关物的时间本身。可见一切图型不过是时间按规则的验前确定而已。这种规则是按各范畴的顺序与一切可能的对象身上的时间的系列、时间的内容、时间的次序及时间的全部⑤有关系的。

B185

---

① "非流转性的东西"(英译为 what is non-transitory)是原德文 a das Unwandebare 之译。——中译者

② 注意,这里中译为"图型"的是原德文 das Schema(单数),所以"原因"和"因果性"的图型是同一个图型。——中译者

③ 这里是依 Adickes 用 einer jeden Kategorie nur eine Zeitbestimmung, als 以代替 einer jeden Kategorie, als——英译者。我们的中译是依照英译的。——中译者

④ "图型"是 das Schema 的单数,所以"模态"与其"各范畴"的图型是同一个图型。——中译者

⑤ "时间的全部"是原德文的 Zeitinbegriff 之译。斯密英译为 scope of time,似嫌不太确切。——中译者

这样就很清楚了,知性的图型法通过想像力的先验综合所产生的结果,仅仅是内感官中直观的一切杂多的统一性,因而也就是间接作为一种和内感官的感受性相应的机能之统觉的统一性。这样一来,知性纯粹概念的各图型就是这些概念据以和对象发生关系从而具有其意义的真正的而且是单一的条件。所以,除经验性的使用以外,范畴终究是没有其他可能的用途的。作为一种验前必然统一性——这种验前必然统一性在一个本源统觉里的一切意识的必然联系中有其根源——的根据,范畴只是用来使出现从属于综合的普遍性规则,从而使这些出现适合于在一个经验里的彻底联结。

我们一切的知识都在可能经验的范围以内,所以先行于一切经验的真理而又使之成为可能的那个先验的真理,就在于这种对可能经验的普遍性的关系中。

但是又很明显,虽然感性的各图型最初是用来实现范畴的,但是同时它们也限制了这些范畴,即把它们局限在处于知性以外而且是由感性而来的这些条件下。图型虽然和范畴相一致,然而正当地说来,它只是对象的现象,或者说对象的感性概念。(Numerus est quantitas phaenomenon, sensatio realitas phaenomenon, constans et perdurabile rerum substantia phaenomenon, aeternitas necessitas phaenomenon①, etc. 数是现象的量, 感觉是现象的实在性,物的常住与持久是现象的实体,永恒性是现象的必然性,等等。)如果我们省去一个限制的条件,看来我们就好像是扩展了从前受限制的概念的范围。从这种假定的事实来论证,我们就会得出结论说,范畴在其纯粹的意义上,离开了感性的一切条件,就应该适用于一般如其本身那样的事物,而不是像图型那样,把事物只如它们出现的那样来表现。我们的结论就是,范畴应该具有独立于一切图型的意义,而且具有更广泛的应用。诚然,甚至在除去了一切感性条件以后,在知性的纯粹概念里确还剩下一种意义;但是这种意义纯然是逻辑性的,只表示各表象的纯粹统一性而已。纯粹概念不能有任何对象,从而就不能获得任何可以产生某对象的概念②之意义。例如实体,在省去了持久性这个

---

① 正文中 et perdurabile rerum 是斜体字,而且在 aeternitas 和 necessitas 两字之后有逗点。我依 Erdmann 读 phaenomena(复数)为 phaenomenon(单数)。——英译者
② 康德自己改"概念"为 eine Erkenntnis(一种知识)。见补遗 Lxi。——英译者

感性确定时,就单只意指某一东西,它只能被想作主体,而不能被想作某种别的东西的一种述项。这样一个表象是我不能使用的,因为它一点也没告诉我,这样被看作为一个第一性的主体的东西,其性质是什么。所以没有图型,各范畴就仅仅是知性对概念的机能,而并不表现任何对象。这种[客观的]意义是范畴从感性得来的,而感性正是在限制知性的过程中才实现知性的。

第二章　纯粹知性一切原理的体系

在上一章,对于先验判断力,我们是仅就它有正当理由对于综合判断使用知性的纯粹概念所具有的普遍性条件来考虑的。我们现在的任务就是要以系统联结的方式,把知性在批判所需要的条件下①实际在验前作出的各判断展示出来。毫无疑问,在这种探讨中,我们的范畴表是一种自然而稳定的指导。因为知性的纯粹验前知识既然是通过范畴对于可能经验的关系所构成的,所以范畴对于一般感性的关系就能完全而系统地展示知性用途之一切先验原理。

我们所以用先验原理这一名称,不只是因为这些原理在其本身来说含有其它判断的根据,而且也因为它们本身并非以知性的更高级且更普遍的方式为其根据。但是这种特征并不使先验原理就可以毋须有其证明。诚然,所需要的证明不能以任何客观的方式来完成,因为所说的原理[并不是依据客观的考虑,而是]建立在一切关于对象的知识的基础上的②。可是这并不妨碍试图从关于一般对象的可能知识的各种主观来源,来得到一种证明。如果所提出的命题不致令人怀疑只是用偷换的说

---

① "批判所需要的条件"是原德文 Kritischen Vorsicht 之译。Vorsicht 的英语直译本可作 provision,即"预先看到的东西",转意为"需要";而在这里,其含义就是"所需要的条件"。康德用词常常是按拉丁文原意的,此其一例:他这里的 Vorsicht 是拉丁文的 provisio,从 provides(预先看到)这动词而来的,所以不能如旧译那样译为"准备"。——中译者

② 这句曾有各种修改,我大体是依 Wille 的异读。——英译者 Cassirer 1922 年的柏林版亦依此读。——中译者

法来做掩蔽①，那么此种证明就实是不可缺少的了。

其次，我们所讨论的只限于与范畴有关的那些原理。空间与时间是一切事物作为出现的可能性所依据的先验感性论的原理以及这些原理的限制（即它们不能应用于物之在其本身），都不在我们目前研究的范围内。由于同样的理由，数学的原理也不成为这个体系的一部分。这些数学的原理只是从直观得来，而不是从知性的纯粹概念得来的。可是，既然这些原理也是综合的验前判断，它们的可能性必须在本章里有其地位②。因为，虽然事实上并不需要去证明它们的正确性和必然的确实性，但是它们的可能性，作为明显的验前知识的实例，必须使之成为可想象的，而且要使之成为可演绎的。

严格说来，我们所得要处理的只有综合判断的原理，但是由于有分析判断的原理和它③相对比，所以在这个限度内，我们也将要讨论分析判断的原理，因为这样把两种原理对比起来，我们就使综合判断的理论免受一切误解，而且使综合判断与分析判断的原理各自所具有的性质清楚地摆在我们面前。

第一节　一切分析判断的最高原理

不管我们知识的内容是什么，亦不管我们的知识和对象有什么样的关系，我们所有的一般的判断之普遍性条件，即令是消极的条件，就是判断都不得自相矛盾。因为如果自相矛盾的话，这些判断本身，即使不谈到任何对象，也是无效的。但是，即令我们的判断不含有矛盾，而它联结概念的方式可能不为对象所证实，或者没有被给予任何验前验后的根据足以作为这样判断的正当理由，这样，即使它毫无内容矛盾，它依然是虚假

---

①　"用偷换的说法来做掩蔽"是依原德文 den grössten Verdacht einer bloss erschlichenen Behauptung auf sich 之译。——中译者

②　"有其地位"是原德文 Platz finden 之译。斯密英译为 receive recognition 是意译。——中译者

③　"它"是"综合判断原理"的代名词，是按英译者斯密依照 Mellin,把原德文的 mit der(和它)读为 mit dem der(和它的)而中译者。因依原读，则"它"就指综合判断，而依异读则指综合判断的原理。——中译者

的或者是毫无根据的。

A151　　凡与一种事物相矛盾的述项不能属于这种事物,这个命题称为矛盾原理①,而且是一切真理的一个普遍性的标准,虽然它只是一个消极的标准。因为这个缘故,它就只是属于逻辑的。它之适用于知识,仅仅是以知识作为一般的知识而言,并不问其内容;而且它又肯定,矛盾完全取消了知识而使之成为无效的。

　　但是矛盾原理也允许一种积极的使用,即它不只是排除虚假与错误(只要这种虚假与错误是根据矛盾的),而且还可用来知道真理。因为,如果判断是分析的,无论它是否定的或肯定的,按照这条矛盾原理,总是足以知道它的真理的。凡是与那作为概念而包含在关于对象的知识里,并与被想到的东西相反的②,总是应该予以否定的。但是,既然概念的反
B191　面与其对象相矛盾,则这概念本身就必定是肯定这一对象的。

　　因此,我们就必须承认这条矛盾原理为一切分析知识的普遍而完全充足的原理;可是,在分析性知识的范围以外,它作为真理的充足标准就不再有权威,也没有适用性了③。然而,不能有任何知识与这条原理相违而不自行否定这个事实,使得这条原理成为我们(非分析性的)知识的真
A152　理之一种不可或缺的条件(拉丁文所谓 conditio sine qua non),不过却不是这种真理的决定性根据。可是在我们批判的探讨中,我们所关心的只是我们知识的综合性部分;而关于这种知识的真理,我们绝不能依赖上述的原理来求得任何积极的提示,尽管由于它是不可违反的,我们当然要慎重地遵守它。

　　这条著名的原理,虽是这样毫无内容而纯粹是形式上的,然而有时由于疏忽,在它形成公式时,却含有一种很无必要的综合成分的杂质。这公

---

①　"矛盾原理"是原德文的 Satz der widerspruchs 之译,这里是一个逻辑名词,自从古希腊亚里士多德以来,二千多年来被西方形式逻辑家认为是形式逻辑思想基本规律之一,其实是其最基本的规律,一向直译为"矛盾律"。但是它的意思是说,在语言的叙述中不应自相矛盾,所以应译为"毋矛盾律";而"矛盾律"这词沿用已久,所以我们这里不予以改变。其次,我们当注意康德这里给"矛盾律"所下的定义是完全正确的,严格依据亚氏的学说。形式逻辑有时用在形式上与之不同的定义,无非是这定义的各种变状而已。——中译者

②　"相反"是原德文 das Widerspiel 之译,含有"反对作用"之意。——中译者

③　"适用性"是原德文 Brauchbarkeit 之译,斯密英译为 heed of application。——中译者

式就是:某事物不可能在同一个时候既是如此,而又不是如此。除了通过"不可能"这短语所表达的必然确定性是多余的之外——[其为多余的]是因为这必然确实性从这个命题[的性质]来看,自然就是明显的——这命题又有时间的条件来修饰它。这样一来,它就好像是说:凡是等于 B 的一个等于 A 的东西不能同时又等于非 B。但是在前后相继的情况下,尽可以是 B 而又是非 B。例如一个是青年的人不能同时又是老年的,但是尽可能在一个时候他是青年的,而在另一个时候却是非青年的,即是老年的。但是这一矛盾原理作为一条纯然的逻辑原理,绝不可把它的说法局限在时间的关系上。所以上述的公式是完全和矛盾原理的原意相违的。其误解乃是我们先就把事物的一个述项与那事物的概念分开,然后又把这项和它反面联结起来——这种办法绝不引起和主体的矛盾,而只和已经与那主体综合地联结起来的述项相矛盾,而且甚至在这种情形下,也只有在两个述项同时被肯定的时候,才发生矛盾。如果我说,一个无学识的人不是有学识的,那就必须加上在同一个时候这种条件;因为在一个时候是无学识的人,尽可能在另一个时候是有学识的。但是如果我说,没有无学识的人是有学识的,这个命题就是分析的,因为无学识的这属性现在是用来构成主体的概念的,而这个否定判断的真理就显然是矛盾原理的直接后果,不需要"在同一个时候"这个补充条件了。所以这就是我何以修改矛盾原理的公式的理由,其目的是为要通过它可以清楚地把分析命题的性质表达出来。

[191]

B192

A153

B193

第二节 一切综合判断的最高原理

综合判断之可能性的解释,是普通逻辑不必去管的一个问题。普通逻辑甚至完全不知道这个问题的名称。但是在先验逻辑里,这个问题却是最重要的;其实,如果在讨论验前综合判断的可能性时,我们还考虑到其有效性的各种条件与范围,那它就是先验逻辑所关心的惟一问题了。因为在完成这种研究时,先验逻辑才能够完成它的最终意图,即确定纯粹知性的范围与限度这个意图。

[192]

在分析判断里,我们一直不离开所予的概念,而设法从它抽出某种东西来。如果分析判断要成为肯定的,我就只把已经是在它里面思维过的东西归之于它。如果它要成为否定的,我就只把和它相反的东西予以排斥。但是,在综合判断中,我就得越出所给予的概念以外,而把某种和在这个概念里所思维的完全不同的东西,看作和这个概念有关系。因此,这个关系就绝不是同一的关系或矛盾的关系;从这个判断的在其本身来说,以及单以它本身来着想,就绝不能发现这个关系的真或假。

现在,假定我们是为了把所予的概念和另一概念综合地来比较,我们就必须越出那所予的概念以外,从而就必须有一个第三者(原德文的 ein Drittes),只在这个第三者里面才能成就那两个概念的综合。那么,作为一切综合判断的媒介的这个第三者是什么呢? 只有一个①涵盖物②,在其中包含着我们的一切表象,也就是包含着内感官与其验前形式即时间。各表象的综合依据想像力,而判断所需要的各表象的综合统一性依据统觉的统一性。所以我们就必须在这些东西里面[即在内感官、想像力以及统觉里面]去寻找综合判断的可能性;而既然这三者都含有验前表象的根源,它们也就必能说明纯粹综合判断的可能性。为此之故,它们对于完全依据各表象综合的任何关于对象的知识,都是绝对必需的。

如果知识要有客观的实在性,即要和一种客观事物③有其关系,同时又要获得这种客观事物的意思与重要意义④,那么客观事物就必须能在某种方式上被给予出来。否则这种概念就是空虚的;通过这种概念我们固然有所思维,但是在这种思维中我们其实一无所知;我们只是玩弄表象而已。一个对象的被给予(如果这句话不是被理解为指某一纯然的间接过程,而是被理解为表示直观中的直接表现的话),其意思不过是说,对象

---

① 这里依 Mellin 读 Es ist nur ein(它只是一个)为 Es gibt nur einen(只有一个)。——英译者　按 Cassirer 1922 年柏林版仍依前读。兹依斯密所依的 Mellin 之异读,中译为"只有一个"。——中译者

② "涵盖物"是原德文的 Inbegriff 之译,斯密英译为 whole(全体),意义不够清楚,而穆勒尔的英译为 that,即更笼统,因为 Inbegriff 是一个有确定性的名词,是"把一切抓在一起的一种东西"的意思,所以我们这里中译为"涵盖物"。——中译者

③ "客观事物"是原德文 Gegenstand 之译,也可译为"对象"。——中译者

④ "意思与重要意义"是原德文的 Bedeutung und Sinn 之译,斯密英译为 sense and significance,这两词在德文与英文中意义相近,均可中译为"意义",而 Bedeutung(significance)显然比 Sinn(sense)更进一层,所以我们的中译加上"重要"。——中译者

一、先验原理论

所借以得到为人所思维的表象,是和现实的或可能的经验有关系的。即以空间与时间来说,不管它们的概念是如何纯粹①,不包含任何经验性的东西,又不管它们完全在验前被表现在心中的这点是如何确实,如果它们对于经验的对象的必然应用没有得到证明,它们就仍然没有其客观有效性,就是毫无意思、毫无重要意义的。空间与时间的表象,乃是始终与引起并且集合经验的种种对象之再生性想像力有关系的一个图型。离开了这些经验的对象,空间与时间就没有任何意义②了。任何一种概念都是如此。

这样,经验的可能性就是给我们一切验前知识以其客观实在性的东西。可是经验是以出现的综合统一性为依据的,也就是以按照一般出现的一个③对象之概念进行的综合为依据的。离开了这样的综合,经验就不是知识,而是一些互不联系的知觉,没有以一个完全相互联结着的(可能)意识的规则为根据的脉络,从而也就不符合统觉的先验必然的统一性了。所以经验依靠它的形式的验前原理,亦即依靠出现的综合中的统一性的普遍规则,这些规则的客观实在性,作为经验的必然条件,而且事实上作为经验可能性本身的必然条件总是能在经验中得到证明的,离开这种关系,综合验前原理是完全不可能的。因为那时它们就没有任何第三者,即没有任何④综合统一性能在其中表现的概念之客观实在性⑤的对象。

虽然我们在综合判断中验前就知道许多东西,是关于一般的空间以及生产性想像力在空间里所描绘的各种形象的,而且我们毋须在现实上

---

① "纯粹"是原德文的 rein 这个形容词之译,斯密的英译是意译,未能表达原德文的意思。——中译者

② "没有任何意义"是原德文的 keine Bedeutung haben würden 之译,旧译根据英译的 be devoid of meaning 而译为"失其意义"是不妥的,因在这种情况下,空间与时间本无意义,何失之有?——中译者

③ 这里的 an(中译为"一个")是依 Vaihinger 读原文的 vom 为 von einem 之译。——英译者

④ 这里的 no(中译为"没有任何")是依 Grillo 读原来的 reinen(纯粹的)为 Keinen 之译。——英译者　按 Cassirer 1992 年柏林版也读为 keinen(没有任何)。——中译者

⑤ 这里依 Vaihinger 读原德文的 Einheit ihrer Begriff objektive Realtät 为 Einheit die objektive Realität ihrer Begriffe,而英译为 unity can exhibit the objective reality of its concepts,我们据英译而译。——中译者

有任何经验,就能得到这种判断,然而如果我们不是把空间看作是构成我们外部经验的种种出现的条件,那么甚至这种知识也只不过是单纯的幻想游戏。所以,那些纯粹综合判断对可能的经验,或者更确切地说,对经验的可能性,是有关系的,虽然只是间接的关系;而这种判断的综合之客观有效性正是以这关系为其惟一的基础。

因此,既然经验作为经验性的综合,在这种经验是可能的限度内是惟一的一种知识,能够把实在性赋予任何非经验性的综合①,那么这后一类型的综合,作为验前知识来看,仅就其所包含的无非是一般经验的综合统一性所必需的东西这一点来说,它是能够具有真理,即与其对象相一致的。所以一切综合判断的最高原理就是:任何对象都从属于一种可能经验中直观杂多的综合统一性之种种必然条件。

当我们使验前直观的形式条件、想像力的综合,以及这种综合在一个先验统觉中的必然统一性,和一般的可能经验性知识发生关系时,综合的验前判断就这样成为可能的了。于是我们就断言,一般的经验的可能性的各种条件也就是经验的对象的可能性的条件,而且断言,因为这个缘故,这些条件在一个综合的验前判断里是有其客观有效性的。

第三节　关于纯粹知性一切综合原理的系统陈述

完全由于纯粹知性才有原理。纯粹知性不只是关于发生的东西种种规则的能力,而且其本身就是原理的根源。按照这些原理②,凡能向我们作为对象而出现的东西,都必须符合于规则。因为没有规则,种种出现就绝不能产生与之相应的对象的知识。甚至作为知性在经验上使用的原理来看的自然律,也带有必然性的表现③,于是就至少令人猜疑到④这种自

---

① 这里英译为 any non-empirical synthesis(中译为"任何非经验性的综合")是原德文的 aller anderen Synthesis 之译。——英译者

② "这些原理",英译者斯密依 Erdmann 读原德文的单数连接代名词 welchem 为复数的 welchen,而英译为 which,因为英语的 which 虽不分单复数,但因它所指的是上文的复数"原理",所以我们就中译为"这些原理"。——中译者

③ "表现"是英译的 expression(穆勒尔的另一英译是 character)之译。——中译者

④ "令人猜疑到"是原德文的 führen...die Vermutung 之意译。——中译者

然律是由于一些根据所确定的,而这些根据在验前先行于一切经验。其实,一切自然律毫无例外地全都从属于知性的更高级原理。它们只把这些更高级的原理在出现的领域内应用于特殊的事例。只有这些原理才提供那包含关于一般规则的条件,而且像是这种规则的解释的概念。经验所给予出来的东西乃是这种规则所适用的事例。

我们没有真正的危险,会把仅仅是经验性的原理看作纯粹知性的原理,或者把纯粹知性的原理看作仅仅是经验性的原理。因为表现纯粹知性原理的是那种根据概念的必然性,而在任何一个无论其应用是如何广泛的经验性命题里,却显然缺乏这种必然性,这种分别足以容易防止其混淆。但是还有一些纯粹验前的原理,我们则不应该把它们归于作为概念的能力的纯粹知性。因为,虽然这种原理以知性为媒介,但却不是得自纯粹概念,而是得自纯粹直观。在数学中我们就见到这种原理。可是关于它们对经验的应用这个问题,即它们的客观有效性问题,以至这种综合验前知识的可能性的演绎,都必然使我们回想到纯粹知性。

所以,虽然我把数学的原理放在一边,而我却仍然列出数学的可能性与其验前客观有效性所依据的那些更基本的原理,这些更基本的原理必须被看作为一切数学原理的基础。它们是从概念到直观,而非相反。

在知性的纯粹概念应用于可能的经验时,它们综合的使用①可能是数学的,又可能是力学的;因为这综合,一部分涉及一般出现的纯然直观,而一部分则涉及出现的存在。直观的各验前条件,是任何可能经验的绝对必然条件;而可能经验性直观的对象之存在的条件,就其本身来说,只是不必然的②。所以数学的使用的原理是绝对必然的,即不容置疑的。力学的使用的原理,诚然也具有验前必然性这种性格,但是只在某种经验中,在经验性思想的条件下,因而只是通过媒介而间接是这样。即令后一种原理在经验里自始至终有其无可置疑的确实性,但是它们还不包含前一种原理所特有的直接证据。但是关于这点,我们在原理体系的结论中

---

① 这里的 the employment of their synthesis(中译为"它们综合的使用")是原德文的 der Gebrauch ihrer Synthesis 之译。——英译者

② "不必然的"是"必然的"之对立,意思是可以如此,而又可以不如此的,但也不是偶然的,而是其原因还没有决定的。——中译者

将更能予以判定。

在原理表的构成中,范畴表很自然就是我们的指导。因为原理只是范畴客观使用的规则。所以纯粹知性的一切原理就是——

1.
直观的公理

2.　　　　　　　　　　　　　3.
知觉的预测　　　　　　　　　经验的类比

4.
一般经验性思想的公准

我故意选定这些名称,是为着使人特别注意到原理的证明和原理的应用这两者的分别。我们很快会清楚的是,按照量与质的各范畴(所考虑的只是量与质形式上的方面)而包含在出现的验前确定中的原理,就其证据力①以及就其对出现的应用这两方面来说,都是很有直观性的确实性的。由于这种直观性的确实性,量与质各范畴的原理就和其它两组范畴②的原理有所不同,因为其它两组范畴的原理只能有一种纯然论证的确实性,即令我们承认在这两种情况下,其确实性都是完全的,这种分别也明显是有效的。因此,我就称前一种原理为数学的,后一种原理为力学的(a)。但是应该注意,我们谈到数学的原理时,与数学中的原理丝毫无关,谈到力学的原理时,同样也和普通物理学的力学无关。我们所讨论的,只是关于纯粹知性的原理对于内感官的关系(并不去管所予的种种表象中的一切差异)。数学与力学的各种特殊原理之成为可能,正是由于这些纯粹知性的原理。所以我称这些原理为数学的与力学的,不是由于它们的内容,而是

---

① 这里 evidential force(中译为"证据力")是原德文的 Evidenz 之译。——英译者
② "其它两组范畴"是指关系各范畴与模态各范畴说的,参看上文的范畴表。——中译者

(a) 在第 2 版附加的注:一切结合[conjunctio]要就是合成[compositio],要就是联结[nexus]。前者是杂多的综合,其成分不一定是相互联属的。例如正方形由对角线所分为的两个三角形是不互相联属的。在凡可以用数学方式处理的东西里,其同质东西的综合也是如此。这种综合本身可分为集合[aggregation]的综合与联合[coalition]的综合。前者适应于广延的[extensive]量,而后者适用于强弱的[intensive]量。联结[nexus]这第二种方式乃是杂多就其成分是必然相互联属而言的综合。例如偶性对实体的联结,或者结果对原因的联结。所以这联结所综合的虽是异质的,然而还是表现为验前联系的。由于这种联系不是任意的,而是关于杂多的存在的联结,所以我就称之为力学的。这种联结本身又可分为各出现的相互物理联结与出现在知识的验前的能力中的形而上学的联结。——康德自注

由于它们的应用。我现在就按上表所列的顺序来讨论这些原理。

1. 直观的公理 *

这些公理的原理是：一切直观都是广延的量。

证 明 ①

按其形式方面来说，凡出现都含有空间与时间中的直观，而这种直观是验前限定每一个出现的。除非通过一个有确定性的空间或时间的种种表象所由以被产生的杂多的综合，即通过同质杂多的联系与其综合统一性的意识，出现就不能被领会，即不能被纳入经验性的意识中来。然而，一般直观中的杂多与同质的东西之综合统一性的②意识，就一个对象的表象通过这意识才开始变为可能性的这点来说，就是量[quantum]的概念。可见，甚至对于一个作为出现的对象的知觉，也只有通过所予的感性直观之综合的杂多统一性才有可能，而这种综合统一性与"杂多[和]同质的东西的联系之统一性由之在一个量的概念里被思维"的那个综合统一性是同一的。换句话说，一切出现，毫无例外地全都是量，而且的确都是广延的量。作为在空间或时间里的直观来说，它们必须通过一般空间与时间所借以得到确定的那同样的综合而表现出来。

当各部分的表象使其整体的表象成为可能，因而部分的表象必然先于整体时，我就称其量为广延的。一条线，无论它怎么短，如果我不在思想中把它引出来，即从一点相继地把它的各部分产生出来，我就不能表现它。只有用这种方式，我才能获得这种直观。对于一切时间，不问它是怎么短促，也同样如此。在这些时间里，我都只是内心想到从一刹那相继地进展到另一刹那，以此通过时间各部分与其递增，才产生出有确定性的时间量。由于在一切出现之中，纯粹直观的要素不是空间就是时间，所以任何作为直观的出现都是广延的量；只有在它被领会的过程中，通过一部分到另一部分的相继综合，出现才变为可知的。因此，一切出现都被直观为集合，被直观为从前所予的各部分的复合体。但不是任何量都是这样，惟

---

* 按英译者，其第 1 版的原文是"直观的公理"；纯粹知性的原理是"一切出现在其直观中都是广延的量"。

① 这标题与第一段落是第 2 版增加的。——英译者

② 这里依 Vaihinger 加 der synthetischen Einheit（综合统一性的）。——英译者

有我们在这广延方式上所表现而领会的那些量才是这样。

关于空间①的数学(几何)是以生产性想像力在生成图型过程中的这种前后相继的综合为根据的。这就是那些公理的基础,那些公理是以公式表示感性验前直观的各种条件的,而惟有在这些条件之下,外部出现的一个纯粹概念的图型才能发生——例如在两点之间只可能有一条直线,两直线不能包住一空间,等等。严格说来,这些都是只与量[quanta]本身有关的公理。

A164　　关于大小的量[quantitas],即对"一个东西的大小是什么?"这个问题的答复,虽然有许多命题是综合的,而且是直接确实的(即不是可证实的——indemonstrabilia),但却没有任何在严格意义上的公理。例如等量加上等量,其和量亦等,又如以等量减等量,其余量亦等,这类命题都是分析命题;因为我直接意识到一个量的产生与另一个量的产生是同一的。

B205　[故而,它们不是]公理,[因为公理]必须是验前综合的命题。另一方面,数的关系的自明命题诚然是综合的,但不像几何命题那样是一般的②,因而不算为公理,而只能称为算式。如 7+5 等于 12 这个式子就不是一个分析命题,因为我在 7 的表象里,在 5 的表象里,在两者结合的表象里,都没有想到 12 这个数。(如果说,我在把两数相加的过程中,是想到 12 这数的,这并不是我们所讨论之点,因为在分析命题上,问题只是我是否在

[200]　主项的表象中实际上想到这个述项)。但是,虽然这个命题是综合的,而它却又是单一的。就我们在这里仅仅是注意同质单位的综合这点来说,这综合就只以一种方式发生,虽然这些数的使用是一般的。如果我说,有

A165　三条直线,其中两条之和大于第三条,就能用它们作成一个三角形,那么我所说的仅仅是生产性的想像力的机能,用这机能就能把这些直线引长

B206　一些或短一些,从而可以使之适合于任何一个可能的角,可是 7 这个数就不同,这数只能在一种方式上有其可能。通过 7 与 5 的综合而产生的 12 这数也是这样。所以这些命题不得称为公理(因为那就要承认无限数的公理了),而称之为算式。

---

① 这里的 space("空间"),在原德文里是 Ausdehnung(大小)。——英译者
② 英译的 not general(不是一般的)是原德文的 nicht allgemein,即特殊的。——中译者

一、先验原理论

出现的数学之这条先验原理,大大扩充了我们的验前知识,因为单是这一条原理就能使纯粹数学完全精确地应用于经验的对象。没有这条原理,这种应用就不会是这么自明的;而事实上关于这种应用曾有过许多思想的混乱。出现并不是事物之在其本身,只有通过时间与空间这两种纯粹直观,经验性的直观才是可能的。因此,几何对于纯粹直观所断言的东西,对于经验的直观来说,其有效性是不可否认的。认为感官的对象可能不符合于在空间中作图的规则,如线或角的无限可分性的规则,这些无聊的遁词①必须②抛弃。不然的话,我们就否认了空间的客观有效性,其结果就是否认了一切数学,而我们就不再知道数学何以能应用于出现及能应用到何种程度。各个空间和各个时间的综合,由于是一切直观的本质上的各种形式③的综合,因而是使对出现的领会为可能的东西,从而就是使任何外部经验和关于这种经验的对象之一切知识成为可能的东西。凡是纯粹数学关于领会的形式之综合所证明的东西,对于所领会的对象也是必然有效的。一切反对论都只是受了错误指导的理性之狡辩,这种狡辩妄称,使感官的对象脱离我们感性的各种形式条件,就能把它们表现为对知性所给予出来的就其本身来说之对象,而不顾这些感性对象是纯然出现这个事实。按这种假定来说,确实不能在验前得到关于对象的任何综合的知识,因而就不能通过空间的纯粹概念,综合地来知道关于这些对象的任何东西。于是确定这些概念的科学,即几何,其本身也就没有可能了。

A166

[201]

B207

2. 知觉的预测*

知觉的预测之原理是④:在一切出现中,凡为感觉的对象的那实在东

---

① "遁词"是原德文的 Ausflüchte 之译,斯密英译为 objections(反对意见),似不切原义,穆勒尔英译为 evasion(遁词)较妥,所以我们就依后一译法。——中译者

② "必须"是原德文的 dürfen müssen(英译为 must)之译,按英译者,这词之读为复数是依 kehrbach 的,既读这词为复数,则"遁词"亦当是复数。——中译者

③ "本质上的形式"中译前有"各种"以表示复数,是按英译者依 Erdmann 的读原德文的 Form 为 Formen 的。——中译者

* 按英译者,第 1 版的原文是:

知觉的预测

预测一切知觉的原理,作为这样的原理来说,是这样的:在一切出现里,感觉以及在对象中与之相应的实在东西(realitas phaenomenon)都有一种强弱量,即等级。

④ 这句是英译者斯密省略的,兹按原德文补译。——中译者

西都有强弱量,即等级。

证　　明①

知觉乃是经验性的意识,即其中有感觉的意识。作为知觉的对象的出现不像空间与时间那样是纯粹的、纯为形式的直观。因为这后一种直观,在其本身与按其本身来说,是不能被知觉到的。除了直观以外,出现还包含有(某存在于空间或时间的东西所借以被表现出来的)某一般对象的质料;这就是说,这种出现含有只是作为主观的表象的感觉的实在东西,这种实在的东西只是那主体受到刺激的意识给予我们的,而且是我们使之与一个一般的对象发生关系的。可是从经验性的意识到纯粹的意识,可能有一种逐渐的过渡,以至在经验性的意识里的实在东西完全消逝,而剩下来的乃是在空间与时间的杂多的纯然形式上的验前意识。结果,也可能在一种感觉的量之产生过程中有一种综合,从纯粹直观中等于零的量开始,一直递升到任何需要的量。然而由于感觉在其本身来说,不是一种客观的表象,又由于空间的直观和时间的直观,都不是在感觉中能碰见的,所以感觉量不是广延的,而是强弱的。这种量是在领会这个活动中产生的,而这种量的经验性意识则借着领会这种活动能在某一定的时间中从等于零的无,增进到感觉②所予的分量③。和感觉的这种强度相应,必须有一种强弱的量,即对感官影响的程度[对所包含的特定感官的影响之程度],在知觉包含有感觉的限度内被归之于知觉的一切对象。

凡是我能够借以在验前知道而且确定属于经验性的知识的东西,都可称为预测;这无疑就是伊壁鸠鲁用 πρόληψις④ 这词的意思。但是由于在出现中有一个要素(即感觉,也就是知觉的质料),它绝不能在验前被知道,从而构成了经验性的知识与验前知识之间的判然区别,所以感觉就正是不能预测的那种要素。另一方面,就形与量来说,我们所以把空间与时

---

① 这标题与第一个段落是第2版增加的。——中译者

② to the given measure(感觉所予的分量)中的 the,是依 Erdmann 的异读把原德文的 ihrem 看作指 Empfindung(感觉)说,而不是指 Bewusstsein(意识)说的。——英译者

③ "分量"是原德文的 Masse 之译,斯密英译为 measure,可作"皮尺"讲,又可作"分量"讲,但看句中的意思,应作"分量"讲。——中译者

④ 查古希腊语的 πρόληψις[prolepsis]这词是伊壁鸠鲁的哲学所用的一个名词,意思是指通过感官而形成的一种概念。——中译者

间的纯粹确定称之为出现的预测,乃是由于这些纯粹确定在验前表现那总是可以在经验中验后被给予出来的东西。然而,如果在每个作为一般来说的(即毋须有必须被给予出来的特殊)感觉里,有某种能在验前知道的东西,这东西在一种很特殊的意义上,将配称为预测。因为,看来这诚然令人觉得奇怪:我们能对经验进行预测,恰恰是在于那只有通过经验(即通过经验的质料)才能获得的东西,可是实际情况就是这样。

仅仅借助于感觉的领会,如果我不估计到不同的感觉的前后相继的话,其所占住的时间只是一刹那。由于感觉是在出现[领域]中的这么一种要素:对它的领会不含有从部分到整个表象的一种前后相继,所以感觉并没有广延量。如果在那一刹那没有感觉,那一刹那的表象就是空洞的,因而就等于零。所以,在经验性的直观里,与感觉相应的东西是实在性(即现象的实在性 realitas phaenomenon);与感觉的不存在相应的东西是否定性,而否定性＝0。然而任何感觉都能减弱,从而能递减并逐渐消逝。所以在出现[领域]之中,其实在性与否定性之间有许多可能的中间感觉之一种不断的联系①,其中任何两个感觉之间的差异总是小于所予的感觉与零(或说完全否定性)之间的差异。换句话说,在出现里的实在东西总是有量的。但是,既然借助于纯然感觉对这种实在东西的领会发生于一个刹那间,而不是通过不同感觉的相继综合,从而不是从部分进到整体,所以只有在领会中②才会碰到这个量。因此,这实在的东西是有量的,但不是有广延量。

A168

B210

[203]

只作为单一性而被领会,而其中的多数性又只是通过渐渐接近等于零的否定性才能表现的量,我称之为强弱量。所以在出现[领域]中,任何实在性都有其强弱量,或者说有其等级。如果把这实在性作为原因来看,不管感觉的原因,或者出现中某其它实在性的原因,例如变化的原因,那么作为原因的实在性,其等级就称为力率[Moment],例如重力的力率。

---

① "一种不断的联系"是原德文的 ein kontinuierlicher Zusammenhang 之译。——中译者

② 按英译者:这里的英译是依 Wille 读原德文的 welche aber nicht in der Apprehension 为 welche aber nur in der Apprehension 的。按两读的不同,只是在以 nur(只)换 nicht(不)。参看第 2 版 207—8 页里所增加的证明。但是,Cassirer 1922 年柏林版却仍读 nicht 而不读 nur。——中译者

A169　它们所以这样被称呼，理由就是，这个所谓等级只是指那种对其领会不是前后相继性的，而是瞬间的量。然而我只顺便提到这点，因为我目前不是讨论因果性。

B211　　所以任何感觉，以及在出现[领域]中的任何实在性，不管它是怎样小，都有其等级，即有一种总是能削弱的强弱量。在实在性与否定性之

[204] 间，有一种可能的实在性与可能更小的知觉的连续性。任何颜色，例如红色，都有一种等级，而这等级无论小到什么地步，它总不是最小的；热、重力的力率等等，亦复如此。

　　量的任何部分不因之而成为最小的，即不因之而成为单纯的这种量的属性，称为量的连续性。空间与时间都是连续的量[quanta continua]，因为除非它们被包围在两个界限(两点或两个刹那)之间，其任何部分都不能被给予出来，因而只是在这种情形中，空间与时间的这种部分本身才又成为一个空间或一个时间。所以空间完全是由一些空间所组成的，时间完全是由一些时间组成的。点与刹那都只是界限，即限制空间与时间的单纯位置。但是位置总是预先假定有它们所限定的直观，或所要限定

A170 的直观的；从单纯的位置作为能在空间或时间之先被给予出来的成分来看，是不能构成空间或时间的。这种量又可称为流转的，因为包含在这种量的生产里面的生产性想像力，其综合乃是时间中的进展，而时间的连续

B212 性通常称为流转或流逝。

　　这样，一切出现就都是连续的量，正如在其直观中作为广延的，在其单纯的知觉中(即在感觉中，及连带着在实在性中)作为强弱的，都一样是连续的量。如果出现中杂多的综合中断，我们就有一些不相同的出现的集合体，而不作为真正的量的出现。这种集合体①不是由某一种连续不断生产性综合所产生的，而是通过一种时断时续的综合之重复而产生。如果我称十三塔拉(Taler)为钱币的量，只要我的原意是要指出一马克(Mark)重纯银的价值，我所说的是正确的，因为这是一个连续的量，其中没有任何部分是最小的，并且其中每一部分都能构成一块硬币，而这块硬

---

① 依 Kehrbach 读原德文的 welches（它，指"出现"）为 welches Aggregat（这集合体）。——英译者

币总是含有更小硬币的材料。但是如果我把所说的十三塔拉理解为十三个圆形的塔拉,即十三个硬币,全不管它们的银面量是什么这个问题,那么我用塔拉的量这个词就是不适当的。这十三塔拉应该称为一个集合体,即某数目的硬币。但是由于在一切数中都必须预先假定有其单位,所以作为单位来说的出现,就是一种量,而作为一个量来说,出现也就是一种连续体。

既然一切出现,无论是在其广延方面,或者是在其强弱方面,都是连续的量,那么看来要以数学的精确性来证明一切变化(即事物从一种状态过渡到另一种状态)都是连续的这个命题,像是一种容易的事情。可是由于一般变化的因果性事实上以经验性的原理为其先决条件,它就完全在先验的哲学范围以外。因为,对于一个原因是否能改变一个事物的状态,即能否把它确定为某一所予状态的反面这个问题,是知性在验前①无法说明的,其理由不只是因为知性对于事物变化的可能性不能洞察(在验前知识的许多其它事例中,我们也没有这种洞察),而且也因为只有在出现的某一特定的确定中,才能碰见变化的状态;而且又因为,虽然这些确定的原因是在不变的东西里面,但这些确定是什么,则惟有经验才能告诉我们。既然在我们目前的研究中,除了一切可能经验的纯粹基本概念——其中绝对没有任何属于经验的东西——之外,没有任何材料可供我们使用,所以如果我们不破坏我们体系的统一性,就不能预测以某些特定的基本经验②为基础的普通自然科学。

与此同时,我们并不缺乏对上述原理的巨大价值的种种证明。这些原理能使我们预测知觉,而且即令没有知觉的可能,由于防止从知觉的不存在而作出的一切不正确的推论,甚至能在一定的限度内补偿知觉的缺乏。

---

① "验前"是拉丁短语 a priori 之译,查这短语原是作为一个副词,修饰 gibt 这个动词的,穆勒尔英译为 a priori tells us,是把 a priori 当作副词用,而斯密却英译为 the a priori understanding costs no light,好像 a priori 是一个形容词,所以旧中译为"先天的悟性……",但这是费解的,兹改译为"知性在验前……"——中译者

② "基本经验"是原德文的 Grunderfahungen(复数)之译,因此前面的形容词用"某些"以表示其复数。——中译者

B214　如果知觉中的一切实在性都有其等级，而在这个等级与否定性之间有等级递降的无限等级，并且如果每一个感官都又同样①具有感觉的接受性的某一特殊等级②，那么就没有任何知觉，结果也就没有任何经验能直接或间接（无论推论是怎样远）证明在出现[领域]中一切实在性的完全缺乏。换句话说，从经验里永远不能得出空洞的空间或空洞的时间的证明。因为，首先，感性直观之完全没有实在性的存在，其本身永远不能被知觉到；其次，我们不可能从任何出现，从任何出现的实在性的等级差异，而推论出实在性的完全缺乏。甚至为了说明任何差异而设定实在性的完全缺乏，也是不合法的。因为，即令某一有确定性的空间或时间的全部直观是完全实在的，就是说，即令这个空间或时间没有任何部分是空虚的，

[206]

A173　由于凡是实在性都有等级，且这等级能通过无限的等级而降至无（空虚），却并不变更其出现的广延量，那么，空间与时间之可以得到充实，就必然有其无限的不同等级。虽然直观的广延量一直是同一的，但它的强弱量在不同的出现中却可以大一点或小一点。

B215　让我们举一个例子来说。凡乎所有一切自然哲学家，部分通过重力的力率或重量，部分通过对其它运动中物质的抵抗力率，观察到具有相同容积的各物体中的各种不同物质，在量上有很大的差别，于是就一致得出结论说，这种构成出现的广延量的容积，必定在一切物体中有种种不同等级的虚空。谁会梦想到可以相信这些大半从事数学与力学问题的自然研究者，竟然把这样一种推断只是奠定在一种形而上学的预先假定上，而且这种假定又是他们这么竭力声明要避免的呢？他们假定空间中的实在东西（我在这里不称它们为不可入性或重量，因为这些都是经验性的概念）到处都是齐一的，而只在广延量上，即在数量上，有所变化。现在，对于他

A174　们这种在经验中不能找到支持，因而纯粹是形而上学的预先假定，我提出一个与之相对立的先验证明，虽然这个证明诚然不说明空间充实的差别，却完全摧毁了上述预先假定所认为是必然性的东西，即为了说明空间充

---

① 这里依 Erdmann 读原德文的 gleichwohl（虽然）为 ebensowohl（同样）。——英译者　可是 Casscier 1922 年的柏林版仍依原读。兹据英译者依 Erdmann 的异读中译为"同样"这个副词。——中译者

② "等级"是原德文 Grad 之译。据英译者，这词应作 limit（限度）解。——中译者

实的差别必须假定有空洞的空间。我的证明的优点至少是解放了知性，如果发现需要别的某种假设来解释自然的出现，便使知性有自由以另外的某种方式来思想这种差别。因为那时我们就认识到，虽然两个相等的空间确实完全为不同种类的物质所充实，没有一点是没有物质的，可是任何实在性，都按其性质各有其特殊的抵抗或重量的等级，这等级在转入空虚而消逝以前，会无限地越变越小，但是却并不减弱其广延量或数量。所以充实一个空间的辐射（radiation），例如热以及出现中一切其它的实在性，都能无限地递减其等级，而不使空间最小一部分丝毫成为空洞的。它以这些较小的等级来完全充实其空间，正如另一出现以较大的等级完全充实其空间一样。我的意图并不是说，物质按其比重而有这样的差异，我只是要从纯粹知性的原理来证明我们知觉的性质允许有这样的解释的方式，即：我们没有正当的理由认定出现中实在的东西在等级上是齐一的，而只在集合与广延量上有所不同；而且我要证明，如果我们认定这样的解释能以知性的验前原理为根据，那就尤其是错误的了。

可是，知觉的这种预测，对于习惯于先验反思①的人来说，以及由于这种先验的反思而成为审虑周详的自然研究者来说，总会觉得有点奇怪。知性能预测②这样的一种综合的原理，把一种等级归之于出现中一切实在的东西，因而肯定感觉本身（抽掉它的经验性的性质）有一种内部区别的可能性，这种说法会引起疑惑与困难。因此，知性如能够在验前综合地对出现有所断定，以至能预测关于其自身只是经验性的、而只涉及感觉的东西，这的确是一个值得解决的问题。

感觉的性质，如色味等等，总是单纯经验性的，不能在验前表现的。但是与一般感觉相应的实在东西，即与等于零的否定性对立的实在东西，其所表现的，只是其概念包含着有的某东西，而且所指的不过是在一一般经验性的意识里的综合。经验性的意识能够在感官里从零上升到任何更高的等级，所以直观的某一广延量，例如发光面的广延量所引起的感觉的大小，与许多同其大小而发光却较少的面所引起的感觉之集合量是一

---

① "反思"是重译斯密所英译的 reflection，按斯密这词是依 Erdmann 而增加的 Überlegung。——中译者

② "能预测"（英译为 anticipate）是依 Hartenstein 所加的 antizipiert 之译。——中译者

样的。[既然出现的广延量是这样独立地变更的]我们就可以把它完全抽去,而还能在任何一瞬间的单纯感觉里表现一种从零到所予的经验性的意识的齐一前进的综合。于是,虽然一切感觉本身只是验后①才被给予出来的,但是它们具有一种等级的这种属性,却是验前可知道的。值得注意的是,关于一般的量,我们能在验前知道的东西,只是一单个性质,即连续性,而且在一切性质中(出现中的实在东西),我们验前只能知道它们的强弱量,即它们是有等级的。其余一切都有待于经验。

3. 经验的类比*

经验的类比原理是:只有通过知觉的一种必然联结的表象,经验才是可能的。

证　明②

经验乃是一种经验性的知识,即通过知觉而确定对象的知识。它是知觉的一种综合,并不包含在知觉中,而是本身在一个意识里面包含着一些知觉的杂多的综合统一性,这种综合统一性构成了任何关于感官的对象的知识里的本质的东西,即构成了在与纯然直观或感官的感觉区别开来的经验里的本质的东西。可是,在经验里,各知觉只是在偶然的次序里碰在一起的,所以,知觉本身里没有或者不能有任何确定其联结的必然性显露出来。因为领会不过是把经验性直观的杂多放在一起;而且我们在领会中并不能发现将诸出现在空间与时间里结合在一起的存在的任何必然性之表象。但是经验既然是通过知觉的关于对象的知识,所以在杂多的存在中所[包含]的关系在时间中应当表现为不是被汇集在时间中,而是客观存在于时间中。然而,由于时间本身是不能被知觉的,所以对象在时间中存在的确定只能通过对象在一般时间中的关系,因而只能通过验前联结对象的概念才能发生。既然这些概念总是带有必然性,所以经验

---

① 这里的 a posteriori(验后)是依 Mellin 之读以代替原来的 a priori(验前)的。——中译者

* 英译者斯密按第1版的原文是:

经验的类比

经验类比的一般原理是:就其存在来说,一切出现都在验前从属于确定它们在一个时间里的相互关系的原则。

② 这标题和第一个段落是第2版增加的。——英译者

就只有通过知觉的必然联结的出现才有可能。

时间的三种方式乃是持续、相继与并存。因此就有时间中一切出现的关系的三条规则,而这些规则要先于一切经验,并且实是使经验成为可能的。一切出现的存在,通过这些规则才能在一切时间的统一性方面得到确定。

三种类比的一般原理,就时间的每一刹那间,一切可能的经验性意识,即一切可能的知觉这方面来说,依据的是统觉的必然统一性。因而,既然这种统一性是验前的基础,所以上述原理的依据就是一切出现就其在时间中的关系而言的综合统一性。因为本源统觉和内感官(即一切表象的总和)有关,而且其实是验前和内感官的形式有关,即和杂多经验性意识的时序有关。就其时间关系来说,所有这种杂多都必然在本源统觉中得到统一。这是统觉的验前统一性所要求的,而任何要属于我的知识的东西(即属于我的"统一"①的知识的东西),从而能对我成为一个对象的东西,都必须符合这种统觉的验前统一性。在一切知觉的时间关系中,像这样在验前被确定的这种综合统一性乃是这条规律:一切经验性的时间确定必须从属于普遍的时间确定的规则。我们现在所讨论的经验类比必须是这一类的规则。

B220

[210]

A178

这些原理有种特性,就是它们并不和出现及其经验性直观的综合有关,而只和这些出现的存在及它们在存在方面的相互关系有关。某东西在出现中得以被领会的方式能这样验前被确定,使得关于它的综合的规则能立刻给予出来,即是说,能产生出在经验上呈现在我们面前的每一个事例中的验前直观的这种要素。然而出现的存在却不能在验前这样为人所知道;且即令我们能够以任何这种方式设法推断某东西是存在的,我们也不能确定地知道它,就是说,不能预测关于它的经验性直观与其它直观由以区别开来的那些特征。

B221

以上的两条原理,足以使我们有正当理由来把数学应用于出现,所以我就称之为数学的原理。它们与出现的可能性有关,而且告诉我们,就出现之直观及在其知觉里的实在东西而言,出现如何同样可以按照数学综

---

① my unified(中译"我的统一的")是原德文的 meinem einigen 之译。——中译者

合的规则被产生出来。这两条原理都使我们有正当理由来使用数量,从而使我们能够确定出现为量。例如,我能验前确定亦即构成日光感觉的等级由大约二十万倍月光的发光量合并而成。所以这些第一原理就可称为组织性的[konstitutive]。

那些想要把出现的存在从属于验前规则的原理就与此完全不同。因为既然存在是不能构成的,所以这些原理只能用于存在的关系,而且只能提出限定性的[regulative]原则。所以我们就不能指望有公理或预测。可是,如果一种知觉是在其对某另一知觉的时间关系中被给予出来的,那么,即令后者是未确定的,从而我们不能决定它是什么,或者它的量可能是什么,但是我们还可以肯定,在其存在上来说,它必然是在时间的这种方式上和前者结合的。哲学里类比所指的东西与数学里类比所表示的东西是很不同的。数学里的一些类比都是公式,表示两种量的关系的相等,而且总是组织性的;因此,如果有了比例式中的三①项,就能得出其第四②项来,就是说,能构成其第四项。但是在哲学里,类比不是两种量的关系的相等,而是两种质的关系的相等;从三个所予的项,我们能在验前得到的知识只是对于第四项的关系,而不是这第四项本身。然而,这关系却产生一条用来在经验中寻找这第四项的规则,而且产生一个用来察出这第四项的标志。所以,经验的类比只是一种经验的统一性据以能从知觉发生的规则。它并不告诉我们单纯知觉或一般经验性的直观本身是怎样发生的。组成对象的原理对于对象来说,即对于出现来说,它不是组织性的原理,而只是限定性的。关于一般经验性思想的公准,也可以作同样的断言。这种公准关涉到纯然直观的综合(即出现的形式)、知觉的综合(即知觉的质料)以及经验的综合(即这些知觉的关系)。这些公准乃是纯然限定性的原则,与组织性的数学原理有别,诚然不是在其确实性上——两者都是验前有其确实性的——而是在其证据的性质上,即关于后者特有的直观性的因素的性格(从而是关于后者特有的可证明的因素)。

就这一点来说,关于一切综合的原理所曾说过的东西必须特别加以

---

① "三"是依 Mellin 之读将原来的"二"改为"三"的。——英译者
② "第四"是依 Mellin 之读将原来的"第三"改为"第四"的。——英译者

强调,即这些类比只是作为知性的经验性使用的原理来看,而不是作为知性的先验使用的原理来看,才具有意义与有效性;只有作为知性的经验性使用的原理,它们才能被证明;而且出现因此就要不单只①包摄在范畴之下,并且包摄在范畴的图型之下了。因为如果这些原理所要与之发生关系的对象是物之在其本身,那就完全不可能在验前综合地知道关于这种对象的任何东西。可是这种对象无非是出现;而关于它们的完全知识——验前原理的惟一机能归根到底必须促进这种完全知识——仅仅只是我们关于它们的可能经验。因此,这些原理,除了作为在出现的综合中经验性知识的统一性的条件以外,就别无其它用途。但是这种统一性只有在知性纯粹概念的图型中才能被思维。范畴所表示的乃是不为任何感性条件所限制的一种机能,而且又包含这种图型②的统一性[这里只就它是一般综合的图型来说的]。那么,由于这些原理,我们就有正当理由只按照不过是概念的逻辑性的且普遍的统一性之类比,来把出现联系起来。在这原理的本身里,我们诚然要使用范畴,但是在应用这原理于出现时,我们就以范畴的图型来代替它③,而作为这范畴使用的关键,或者更确切地说,把图型和范畴并立,以作为范畴的限制条件,并且作为可以称为范畴之公式的东西。

A181

[212]

B224

A. 第 一 类 比

实体的④永恒性原理

A182

在出现的一切变化中,实体是永恒的;其在自然中之量既不增加,也不减少*。

---

① 这里的 simply(中译为"单")是原德文的 schlechthin 之译。——英译者
② 这里依 Kehrbach 读原版的 deren(复数)为 dessen,所以就有英译的 this schema(这种图型)。——英译者
③ "它"是英译的 it,指范畴说的。——中译者
④ of substance(实体的)是第 2 版增加的。——英译者
* 按英译者,第 1 版的原文是:一切出现都包含有永恒的东西(实体)作为其对象本身,而又包含有流转的东西[这里"流转的东西"是原德文的 das Wandelbare 之译。穆勒尔英译为 the changeable(可变动的东西),而斯密则英译为 the transitory。兹依后一英译,而中译如是。——中译者],作为对象的单纯确定,即作为对象存在的一种方式。["一种方式"是原德文的 eine Art 之译。斯密英译为 a way,而穆勒尔英译为 a mode。两译无出入。——中译者]

证　　明*

[213]
B225

一切出现都在时间里面,而惟独在作为基体(作为内直观的永恒形式)的时间里面,才能表现并存或相继。所以出现的一切变化都要在其中被思维的时间是一直存在而不变动的。因为时间是这么一种东西,惟有在它里面,而且作为它的确定,前后相继性或同时并存性才能被表现。然而时间是不能独自被知觉的。因此,在知觉的对象里面,即在出现的里面,必须有表现一般时间的基体;一切变化或同时并存,在其被领会时,必须在这基体里面;并且通过出现对于这基体的关系而被知觉。但是一切实在的东西的基体,即一切属于存在的基体,也就是实体;一切属于存在的东西只能作为实体的一种确定才被思维。所以,永恒的东西——出现的一切时间关系,必须在与它的关系上才能被确定——也就是出现里面的实体,即出现里面的实在东西;而作为一切变化的基体来说,这种永恒的东西一直是同样的。由于实体在其存在上是这样一成不变,它在自然中的量就能既不增加又不减少。

B226
[214]
A183

我们关于出现的杂多的领会总是前后相继的,因而就总是在变化着的。仅仅通过领会,我们永远不能确定这个作为经验对象的杂多,是同时并存抑或是前后相继。为要有这种确定,我们就需要有一种在一切时间上存在着的基础,即某种常住而永恒的东西,其一切变化与并存只是这永恒东西存在的方式(时间的方式)。同时性与相继性既是时间中的惟一关系,那么时间的种种关系只在永恒东西里才是可能的。换句话说,永恒的东西乃是时间本身的经验性表象的基体;时间的任何确定,只有在它里面才是可能的。永恒性,作为出现的一切存在、一切变化、一切相随伴而存在的①常住相关物,乃是表示一般的时间的。因为变化并不影响时间本身,而只影响时间中的出现。(同时并存不是时间本身的一种方式;因为

---

* 据英译者,这标题和第一段落是第 2 版用来替代第 1 版下面一段的:

这一类比的证明:

一切出现都在时间里面,时间能在两种方式上确定出现:或者作为相互前后相继,或者为同时并存。就前者来说,时间被视作时间系列,就后者来说,时间被视作时间容量(Zeitumfang)。

① "相随伴而存在"是原德文的 Begleitung 之译。这与"同时并存"(Zugleichsein)不同。相随伴而存在的东西是一个伴随着另一个而存在的,如果其中一个灭,则其伴随者亦灭;一个生,则伴随者亦生。但同时并存的东西则不是这样,它们可互相影响,而不一定同生灭。——中译者

时间的各部分没有是同时并存的；它们都是前后相继的。)如果我们把相继性归结于时间本身，我们就必须还要想到这种相继性在其中成为可能的另一时间。只有通过永恒的东西，在时间系列的不同部分中的存在，才获得可称为持续的一种量。因为仅止于相继性之中的存在总是生灭不已，绝不具有丝毫之量。所以，没有永恒的东西，就没有时间关系。可是在其本身来说，时间是不能被知觉的；所以出现中的永恒东西是时间之一切确定的基质，从而又是知觉一切综合统一性的可能性的条件，即经验的可能性的条件。所以，一切存在和时间中的一切变化，都得要看作只是常存而持久的东西的存在的方式。在一切出现中，其永恒东西乃是对象本身，即作为现象的实体；另一方面，凡变化或可变化的东西，都属于实体或一些实体存在的方式，因而属于实体的种种确定。 B227 A184

我发现，在我们所有各时代中，不仅是哲学家甚至常识都承认这种永恒性是出现的一切变化的基质，而且总是假定它为不可置疑的。在这点上，常识与哲学家之间的惟一差别就是哲学家所表示的意见更为明确，肯定在世界上的一切变化之中，实体是常存不变的，而变化的只是偶性①。但是我却没有在哪里发现想要证明这条明显综合命题的企图。其实很少有人把这命题放在它应有的地位上，即放在纯粹而且完全验前的自然规律的首位，实体是永恒的这个命题，诚然是同语反复(taotologisch)。因为这永恒性是我们把实体这个范畴应用于出现的惟一根源；而我们应该首先要证明在一切出现中有某东西是永恒的，而变更的东西②不过是它的存在的确定而已。但是这样的一种证明不能独断地发展，即不能从概念发展出来，因为它是关于一个综合命题的。然而，从来没有人想到这种命题只有是在其与可能的经验的关系上才是有效的，因而只有通过经验的可能性的演绎才能证明；所以，虽然上述的原理总是被假定为在经验的基础之上(因为在经验性的知识里才感觉到它的必要)，而它本身却从来没有被证明，我们就不必觉得诧异了。 [215] B228 A185

如果有人问一位哲学家，烟的重量是多少，他可以回答说："从所烧的木柴的重量减去所留下来的灰烬的重量，就得出烟的重量。"这样，他所预

---

① "偶性"不应和"属性"相混淆，因为事物的属性是随事物本身变动的，而偶性就不然，它可变，而事物本身不一定变。——中译者

② "变更的东西"是原德文的 das Wandelbare，又可中译为"流转的东西"。——中译者

先假定为不可置疑的就是,甚至在火里,物质(即实体)也不消逝,而只是变化它的形式。从无不能生有,这个命题还是永恒性原理的另一后果,更确切地说,是出现中的主体本身的经常不变的存在的另一后果。因为,如果在出现中我们称之为实体的东西是一切时间确定的基质本身,那么,一切存在,无论是过去的或是未来的,当然惟有在实体中且通过实体,才能得到确定。因而我们之能给一个出现以"实体"这个称号,正是由于我们预先假定的存在始终是在一切时间之内,而且也由于永恒性这词不能充分表达这里所说的,因为永恒性这词主要是用于未未的时间。但是由于持久的内在必然性不可分地和始终存在的必然性结合在一起,所以[永恒性原理]这词是可以使用的。Gigni de nihilonihil, in nihilum nil posse reverti(从无不能生有,有不能复归于无)是古人总是联结在一起的两个命题,而现在人们却有时错误地把它们分开,因为他们认为这两个命题是用于在其本身来说的事物的,而且认为其第一命题是与世界——甚至就其实体而言——依赖一个最高原因这种说法相违背的。但是,这种疑虑是不必要的。因为我们在这里只和经验领域里①的出现打交道;如果我们想要允许有新的东西,即新的实体发生,那么经验的统一性就会是绝不可能的了。因为这样一来,我们就会失去惟一表现时间的统一性的东西,即失去基质之同一性。惟独在这基质之同一性中,一切变化才有始终一贯的统一性。然而,这种永恒性仅仅是我们表现在出现中事物存在的方式。

　　实体的种种确定——这无非是实体存在的种种特别方式——称为偶性(Akzidenzen)②。这些偶性总是实在的,因为它们与实体的存在有关③

---

　　① 这是康德使用 im Felde der Erfahrung(在经验的领域里)这一短语的很少实例之一。他通常使用 in der Erfahrung(在经验里)。——英译者

　　② 我们这里中译德文的 Akzidenz 为"偶性"。盖偶性不应与属性混淆。康德是把这两词区分得十分清楚的,查德文的 Akzidenz 就是拉丁文的 accidens(中译"偶性")。所谓 accidens 在亚里士多德的形式逻辑里和 essentia(本质,或本质属性)不同,事物的本质属性是该事物之称为该事物所不可缺的。属性(拉丁文的 proprietas,即英语的 property)不是事物本质之一部分,而是由其本质或本质的一种属性派生出来的,所以它与本质属性不同,一般称为非本质属性。例如,三角形的三个角之和等于二直角就是三角形的一种属性,但不是一种本质属性,而偶性乃是一事物之可有可无的,例如等边三角形的每边是六寸便是。所以不能译 Akzidenz(accidens 或 accident)为属性,而必须译为"偶性"。——中译者

　　③ 意谓偶性是存在于实体,即和这实体的现实存在相连的,否则,这偶性就不是实在的;不能理解为没有这偶性,这实体就不能存在。——中译者

(否定性表示①实体中某东西的不存在)。如果我们以一种特殊的存在归于实体中的这个实在的东西(例如归于作为物质的一种偶性之运动),这种特殊的存在就被称为依存性(inhärenz),以别于实体的存在,而这种实体的存在被称为固存性(subsistenz)②。但是这种情况会引起种种误解;把这种偶性描述为实体的存在由以积极被确定的方式,则更为精密而正确。但是由于我们知性的逻辑使用的种种条件,似乎觉得把在实体存在中能变化的东西分出,而实体依然不变,并且以这能变的成分对那实是永恒而根本的东西③的关系上来看这能变的成分,都是不可避免的,所以实体这个范畴就得列入关系的范畴下④,但它是作为关系的条件,而不是其本身含有一种关系。

对于变易⑤这概念的正确理解,也是根据这永恒性[的认识]。生灭并不是能生灭的东西的变易。变易是同一个对象的存在方式跟在另一个存在方式之后。凡变易的⑥都是持久的,仅只它的状态是转变⑦的。既然这种转变只是关于能生灭者的确定,我们就可用似非而实是的说法来这样说:只有永恒的东西(即实体)才是变易的,消逝的东西并不变易而只是转变,由于有某种确定性的灭,才有另一些确定性的生。

所以我们只在实体中才能知觉到变易。那种不纯是永恒东西的一种确定的生灭而是绝对的生灭,绝不会是一种可能的知觉。因为惟有这种永恒的东西才使那从一种状态过渡到另一种状态、从无过渡到有之表象成为可能。这种过渡只能作为永恒东西的变化确定才能在经验上被人知道。如果我们假定某东西是绝对开始的,我们就必须有一个它还不存在的时候。可是这个时候如果不是依存于已经存在的东西,那么它又依存

---

① "表示"是德文 ausdrücken 之译,斯密译为 assert,穆勒尔则译为 express,后者较切原意,故中译为"表示"。——中译者

② "固存性"是原德文的 subsistenz 之译,而这词是原拉丁文的 subsistio 这个动词,意指站定不动,所以中译为"固存性"。——中译者

③ "对那实是永恒而根本的东西"是原德文的 auf das eigentliche Beharrliche und Radikale 之译。——英译者

④ 参看 B106 范畴表"关系的范畴"中"实体与偶性"一目。——中译者

⑤ "变易"是原德文 Veränderung 之译,英译为 alteration。——中译者

⑥ "凡变易的"是原德文的 sich verändert 之译。——英译者

⑦ "转变"是原德文的 Wechsel 之译。——中译者

于什么呢？因为那先行的空洞时间不是知觉的对象。但是，如果我们把生和以前业已存在的事物联接起来，而这些已经存在的事物是一直继续存在到这生的时候，那么这生就必定只是在它以前的东西里面的永恒东西的一种确定①。生是如此，灭也是如此；灭也同样要预先假定有一种出现在其中再不存在的一个时间的经验性表象。

在出现[的领域]中的实体乃是时间一定确定的基体。如果这些基体之中，有些可能是生的，而又有些可能是灭的，那么，时间的经验性统一性的惟一条件就消失了。这样一来，出现就会和两个不同的时间有关系，而存在就在两条平行的河流中流动——这是背理的。只有一个时间，而一切不同的时间都在其中有其位置，但不是作为并存的，而是一个跟着一个继起的。所以，永恒性乃是各种出现能在一个可能的经验中确定为事物②或对象③的惟一必然条件。关于这种必然的永恒性的经验标准，从而，关于出现的实体性的标准，我们将在下文遇有必要时，提出适当的观察意见。

B. 第 二 类 比

时间按照因果律前后相继的原理*

一切变化都按照因果联结的规律而发生。

证　明④

前面一条原理曾表明时间中前后相继的一切出现都只是变易，即只是常住的实体之确定相继而起的生灭；从而也表明跟在实体之无后面的实体之有，或跟在实体之有后面的实体之无，都是不能允许的——换句话说，实体本身没有生，也没有灭。这条原理另外一种表达方式是：出现的一切转变(即前后相继)都只是变易。实体的生灭不是实体的变易。因为变易这个概念有其先决条件，即同一主体是作为具有两种对立的确定而存在的，因而是常住的。有了这点初步提醒之后，我们就可以进行证明了。

---

① 直译为"……前者的，即作为永恒东西的确定……"——英译者
② "事物"是原德文的 Ding 之译。——中译者
③ "对象"是原德文 Gegnstände 之译。——中译者
* 据英译者，第1版的原文是：
　　　　　　　生产原理
凡发生的事物，即凡开始存在的事物，都预先假定有它按照规则而继起的某事物。
④ 这两个段落是第2版增加的。——英译者

我所知觉的就是种种出现的相继而起,也就是说,在一个时间里有事物的一种状态,而在其前一个时间里①却有正与之相反的状态。所以我们实际上是把时间中的两个知觉联结起来,可是联结不仅仅是感官与直观的工作,而在这里,联结是就时间关系确定内感官的想像力之一种综合能力的产物。但是想像力能在两种方式上联结这两个状态,以致在时间中,此一状态,或彼一状态,都可居先。因为时间在本身来说,是不能被知觉的,因而哪一个在先,哪一个在后,在对象中就不能通过对时间的关系从经验上得到确定。我只意识到我的想像力把一个状态放在前面,而把另一个状态放在后面,并不是在对象中一个状态先于另一个状态。换句话说,相继而起的出现,其客观的关系并不是通过纯然知觉被确定的。为了使人知道这种关系是确定的,这两种状态之间的关系就得要这样被思维,使得哪一个状态在先,哪一个状态在后,被确定为必然的,并且它们不能处于相反的关系上。但是带有综合统一性的一种必然性的概念,只能是处在知性里面而不是处在知觉里面的一种纯粹概念;而在这种情况下,这概念就是因果关系这个概念,其中的原因是在时间中确定结果为其随后的东西②——不是作为只在想象中可能发生的一种秩序(或者完全不能知觉得到的一种秩序)。所以经验本身——换言之,关于出现的经验性知识——只在我们把出现的前后相继,因而就是把一切变易,从属于因果律这一限度内,才是可能的;并且因此作为经验对象的出现,其本身只在其与这规律符合时才是可能的。

对出现的杂多的领会总是相继而起,各部分的表象总是一个跟着一个。这些部分在对象中是否也一个跟着一个相继出现,这是需要进一步反思的一点,并非由上面的叙述就能确定。任何东西,甚至任何表象,只要我们意识到它,都可称为对象③。但是在出现被看为不是(作为表象)

---

① 依 Wille 读 in vorigen Zustande 为 in voriger Zeit(即改原读的"在前一个状态里"为"在前一个时间里")。——英译者　但 Cassirer 1922 年的柏林版仍依原读。——中译者

② 这里的 as its consequence(中译为"为其随后的东西")是原德文的 als die Folge 之译。——英译者

③ "对象"和在后面一句的三个"对象"都是康德所用的 Objekt 这词之译,而在又下一句,在康德谈到 Gegenstände des Bewusstsein 的时候,这个 Gegenstände 斯密英译为 object,而穆勒尔亦这样译,这样就易于与英译为 object 的 Objekt 相混淆,虽然康德常常是把这两个德文名词混淆的,但这两词是有区别的。所以我们只得译 Gegenstände 为"事物",而译 Objekt 为"对象"。——中译者

A190 的对象的限度内,而只在表达①一个对象的限度内,这时对于这些出现来说,对象这词应该表示的是什么,这就是要更深入研讨的一个问题了。就出现单只由于是表象从而是意识的对象来说,出现绝不能与对于出现的

[220] 领会区别开来,也就是不能从它们在想像力的综合中被接受区别开来;因而我们就必须同意说,出现的杂多总是在人的心中相继地被产生的。可是,如果出现是物之在其本身来说的话,那么既然我们只是和我们的表象打交道,我们从这些表象的前后相继,就绝不能确定出现的杂多是怎样可以在对象里联结起来的。物之在其本身是怎样的,除了它们用来刺激我们的那些表象以外,是完全在我们的知识范围以外的。可是,虽然出现不是物之在其本身,然而它们却是能被给予我们让我们去知道的惟一的东西,并且虽然它们在领会中的表象总是前后相继的,但是我还得要说明属于出现本身的杂多是时间中的哪一种联结。例如,耸立在我面前的一座房子,在出现中的杂多的领会,是相继而起的。于是问题就发生了:房子的杂多在其本身,是否也是相继而起的呢?可是没有人会同意这种说法。

B236 我的关于一个对象的概念一旦展现其先验的意义,我就体会到这房子不是物之在其本身,而只是一个出现,即只是一个表象,其先验的对

A191 象②是我们不知道的。那么,杂多在出现本身是怎样联结起来的?我对这个问题当如何理解?处在相继而起的领会中的东西,在这里是作为表象看的,而被给予我的出现,虽然不过是这些表象的总和,却被看作这些表象的对象③;而我的概念是我从领会中的种种表象得出来的,所以就得要与这个对象相一致。既然真理是在于知识与其对象④的一致,所以立刻就可以明白,我们在这里所能探讨的,只是关于经验性真理的形式条件,而那与领会中的各表象相对比的出现,只有在它从属于一条规则——这条规则使它从任何其他的领会中区别开来,并使某杂多的联结之某一

---

① "表达"是英译为 stand for 的原德文 bezeichnen 之译。——中译者

② 这里的"对象"却是原德文的 Gegenstand,因这词是 gegen(对面)+stand(站着)的意思,对认识来说,就是认识所面对的,故译"对象"。——中译者

③ 这里的"对象"也是 Gegenstand 之译。——中译者

④ 这里的"对象"是原德文的 Objekt 之译,其意义见下两句。由此可见康德使用德文的 Objekt 与 Gegenstand 这两词常常是没分清楚的。——中译者

特殊方式成为必要——的时候,它才能表现为与各表象不相同的一个对象。对象(Objekt)乃是这种东西,它在出现中含有领会的这一必然规则的条件。

现在让我们进一步谈我们的问题罢。某东西发生,即某东西或前此不存在的某种状态开始存在,是不能被知觉的①,除非在这之前有一种在其自身里不包含着这种状态的出现。因为跟在一个空洞时间后面的一种现实性②,即一种在其前面并没有事物状态的存在的开始,就和空洞时间本身一样是不能为人领会到的。所以对于一种事故③的每一个领会都是跟随在另一种知觉之后的一种知觉。但是,既然像我在上面曾以一座房子来说的那样,这种知觉的相继而起同样是在领会的一切综合里发生的,所以对于一种事故的领会就不能因此而不同于其他的领会。但是,如我也指出的那样,在含有一种发生的出现里(其知觉的先行状态我们可称为A,而后起的状态则称为B),只能把B领会为随在A的后面,A这个知觉不能随在B的后面,而只能在B的前面。例如我看见一艘船顺流而下,我对于这艘船在下游较低位置的知觉是在对于它在上游较高位置的知觉之后的,而在对这种出现的领会里,不可能先知觉到这艘船在下游较低的位置,然后才知觉到它在上游较高的位置。在这个例子里,知觉在领会里依次继起的次序是确定了的,而领会就为这种秩序所约束。在前面一座房子的例子里,我的知觉可从屋顶的领会开始,而终于最下层屋室,也可以从下面开始,而终于上面;我同样可以来领会经验性直观的杂多,或者从右到左,或从左到右。所以在这些知觉的系列里,并没有任何有确定性的次序来规定我为了在经验上把杂多联结起来,必须从哪一点④开始。但是,在对于一个事件的知觉中,总是有一种规则,使知觉(在对于这种出现的领会里)彼此相继的次序成为一种必然的次序。

---

① 这里依 Mellin 之读删去原有的 empirisch(在经验上)这个副词。——英译者   但 Cassirer 1922 年柏林版仍有这个词,兹依 Mellin 中译。——中译者

② "现实性"是原德文 Wirklichkeit 的直译,斯密英译这词为 event,而穆勒尔则英译为 reality(实在性);康德常常是把 Wirklichkeit 和 Realität 作同义词使用的。——中译者

③ "事故"是原德文的 Begebenheit 之译。这词有偶然发生的意思。斯密与穆勒尔两英译同是 event(事件),似不确切。——中译者

④ 依 Mellin 读原德文的 wenn(什么时候)为 wo(什么地方)。——英译者

[222]　　所以,在这种情况下,我们必须从种种出现的客观前后相继得出领会的主观前后相继。否则,领会的次序就是完全不确定的,一个出现也不能与另一个出现区别开来。既然单纯主观的前后相继完全是任意的,它自身对于杂多在对象里面的联结方式就无所证明。所以客观的前后相继就是出现的杂多的次序,按照这种次序,对于一件发生的事情的领会就符合于规则,而随在对以前事情的领会之后。只有这样才能有正当理由肯定,不但在我们的领会里有一种前后相继,而且在出现里面也有一种前后相继。这就等于说,我只能恰好在这种前后相继上来安排领会。

B239　　按照这样的一条规则,在那先于一个事件的东西里面,必定有一条规则的条件,依据这条件,这一事件不变地而且必然地随之而起。我不能颠
A194　　倒这个秩序,从这个事件回溯,通过领会去确定哪个在先的东西。因为出现决不会从后起的时间点回到在先的时间点,虽然它的确和某个在先的时间点有联系。另一方面,从一个所予的时间前进到继起的一个有确定性的时间,都是必然的前进。所以,既然的确有继起的某东西(即领会为继起的东西),我就必然地把它归因于它以前的某另一东西,并且它是依据规则,即必然地继之而起的。这样,作为受条件限制的这一事件就为某些条件提供了可靠的证据,而这种条件就是确定这一事件的东西。

　　让我们假定在一个碰到的事情①之先,并没有它必然按照规则而随之发生的任何东西,那么,知觉的一切前后相继就会只是在领会里面,那就是说,只是主观的,而且绝不会使我们能够在客观上确定哪些知觉真是在先,哪些知觉真是在后,这样我们就会只有与任何对象②无关的一些表

B240　　象的游戏;那就是说,不可能通过我们的知觉,在时间关系方面,把一个出现和另一个出现区别开来。因为在我们的领会里其前后相继总是同一个样的,而在出现里又不会有任何确定它的东西,使某种特定的次序在客观
A195　　上成为必然的。那么,我就不能说③,两个状态在出现[的领域]中彼此相
[223]　　继而起,而只能说一个领会跟在另一个领会后面发生。那仅仅是主观的

---

① "碰到的事情"是原德文的 Begebenheit 之译,又译"事故"。——中译者
② "对象"是原德文的 Objekt 之译。——中译者
③ "能说"两字是英译者依 Vaihinger 读原版的 sagen(说)为 sagen können(能说)之译。Cassirer1922 年柏林版仍照原读。——中译者

东西,并不确定任何对象①,因而就不可把它看作是关于任何事物的②知识,甚至不可把它视作关于在出现[的领域]里的一个事物③的知识。

那么,如果我们经验到有某些东西发生,我们在这样经验的过程中,总是预先假定在它之先的某种东西,并且它是按照规则跟在这某种东西后面发生的。不然的话,我就不会说这对象是跟在后面的。因为在我领会中单纯的前后相继,如果没有一种对先行的某东西的关系上确定这前后相继的规则,就不能使我有正当的理由来假定④在对象里有任何前后相继。我所以使我的领会之主观的综合成为客观的,只是由于考虑到⑤一条规则,按照这规则,那些出现在其前后相继里,即在它们发生时,是为先行的状态所确定的。只有根据这种预先假定⑥,对于发生的东西⑦[即对于作为发生的任何东西]的经验本身才是可能的。

这种说法,似乎和我们向来关于我们的知识进程所讲的一切相矛盾。一般所同意的见解是:只有通过对屡屡以同样方式跟随前面的出现而起的那些所碰见的事件的知觉和比较,我们才能发现某些事件总是据以随在某些特定出现之后的规则,而且这就是使我们第一次构成原因这个概念的方法。可是,如果概念是这样形成的,它就会仅仅是经验性的,而它所提供出来的每一个发生的东西都有其原因的这种规则,就会像它们根据的经验一样,是不必然的了。由于这规则的普遍性与必然性没有验前的关系,而只是根据归纳,所以,这种所谓普遍性与必然性不过是假定的,并没有其真正的普遍有效性。关于普遍性与必然性是如此,其他的纯粹验前表象,如空间与时间,亦复如此。我们能够从经验抽出关于验前表象

---

① 这里的"对象"是原德文的 Objekt 之译。——中译者
②③ 这两处的"事物"同是原德文的 Gegenstand 之译。这词也可译为"对象",但在同句中已有 Objekt 译为"对象",所以这两处就译为"事物"。——中译者
④ "来假定"是原德文的 anzunehmen 之译,根据英译者斯密依 Erdmann 的异读而增加的。但 Cassirer 1922 年柏林版仍未加这词而依原读。不过加上这词似较合原意,所以就照译。——中译者
⑤ "考虑到"是原德文的 in Rücksicht auf 之译;斯密英译为 by reference to,似不甚确切。——中译者
⑥ "预先假定"是原德文的 Voraussetzung 之译。——中译者
⑦ "发生的东西"是原德文的 was geschieht 之译。——英译者

的明晰概念来,只是因为我们已经把这种概念放到了经验里面,而且是因为只有通过这种概念才引起经验本身。确定一系列的事件的规则,其表象的逻辑明晰性,只是在我们已经把这规则用到经验里去之后,才是可能

[224] 的。可是,对于作为时间中出现的综合统一性条件的这条规则的认识,乃是经验本身的根据。因而就是在验前先于经验的。

B242　　那么,我们在所考虑的事例中,就得要指出,除非有一种基本的规则在强迫着我们遵守知觉的这种秩序,而不遵守任何别的次序,我们甚至在经验中也永远不会把前后相继(即某种从前不存在而现在发生的事件)归

A197　之于对象,而把它和我们领会中的主观次序区别开来;不但如是,我还得要指出,这种强迫实是最初使对象里面的前后相继之表象成为可能的。

　　我们在心中有表象,而且能意识到它们。但是无论我们的意识能伸展到多么远,并且无论它是多么周到与正确,这些表象仍是纯然之表象,就是说,只是我们的心在这个或那个时间关系上的各种内部的确定。那么,我们设定这些表象有一个对象,而这样就在它们作为种种变相的主观实在性以外,还把某种不可言喻的①客观实在归于它们,这究竟是怎么回事?所谓客观的意义,不能是指它对于另一个表象的关系(即对我们想要称为对象的东西的关系),因为如果是那样的话,问题就又发生了:这后一个表象如何超出其自身,而在作为心理状态的确定原来就具有的主观意义以外,还获得其客观的意义?如果我们研究一下,对于一个对象的关系所给我们的表象有什么新的性格,这些表象由此而获得的是什么尊严,我

B243　们就发现这种关系的结果只是在于使这些表象从属于一条规则,从而使我们不得不把这些表象在某一种特定的方式上联结起来;反过来说,只有在我们的种种表象不得不在它们的时间关系方面有一定次序的限度内,它们才获得客观的意义。

A198　　在出现的综合里面,表象的杂多总是前后相继的。可是并没有任何对象由此而表现出来,因为通过这种一切领会所共同具有的前后相继,一个东西和另一个东西是毫无分别的。但是我们立刻就知觉到,或者说立

---

① "某种不可言喻的"是原德文的 ich weiss nicht, was für eine 之译。——英译者　直译当为"我不知道是什么一个"。——中译者

刻就假定,在这种前后相继里面,有一种对于前面的状态的关系,而所说的表象是按规则从这前面的状态随在其后面出现的,于是我就把某东西表现①为一种事件,即某种发生的东西;那就是说,我知道一个我必须把时间中某一有确定性的地位归之于它的对象——而根据②前面的状态,却不能有另一种不同的地位分配给它。所以,在我知觉到某东西发生时,这个表象首先就包含有在前面的某东西,因为只有参照前面的东西,这个出现才获得它的时间关系,即获得存在于还没有它自身的那个在先的时间之后的这种时间关系。但是它之所以能在这个时间的关系上获得这种有确定性的地位,只是限于在前面的状态里已预先假定有某东西,而它是经常跟随在其后边的,即是说它是按规则而跟在其后边的。由此就产生两方面的后果:第一,我不能颠倒这个系列,把发生的事情放在它所跟在后面发生的那个事情之前;第二,如果设定有在前的状态,这个有确定性的事情就不可避免地必然随之而来。那么,情形就是这样:在我们的表象里有一种次序;在这次序中,现在的状态,就其是已经发生的来说,已指出了某一在前的状态,它与所予的事件有一种相互关系;这有相互关系的东西诚然是无确定性的,但对于作为它的后果的事件,却处在一种起确定性的关系上,把这作为其后果的事件在时间系列中和它自身联结在必然的关系中。

那么,如果在前的时间必然确定继起的时间(因为我只有通过在前的时间,才能前进到继起的时间),是我们感性的必然规律,因而也就是一切知觉的形式条件,那么,过去时间的出现确定继起时间里的一切存在,并且这种作为事件的存在,只有在过去的出现确定它们在时间中的存在时,也就是按规则确定它们时,才能发生,这也就是时间系列的经验性表象所不可缺少的规律。因为只有在种种出现中,我们才能在经验上知觉到时间联结中的这种连续性。

一切经验与其可能性都需要有知性。知性的首要贡献并不是在于使对象的表象变得清楚,而完全在于使对象的表象成为可能。知性之能够

---

① "我……表现"是据英译者依 Erdmann 读原版的 stellt sich(自表现)为 stelle ich(我表现)的。——中译者

② "根据"是原德文的 nach 之译,斯密英译为 in view of,而穆勒尔则英译为 after,都有"按照"的意思。——中译者

这样做，乃是由于它把时间次序转移到出现与其存在的里面去。因为知性把时间中通过前面种种出现验前确定的地位分配给每一个作为后果的出现。不然的话，这些出现就与时间本身不一致，因为时间本身验前确定了它的一切部分的地位。可是，由于绝对时间不是知觉的对象，所以地位的这种确定就不能从出现对于绝对时间的关系得出来。正与此相反，种种出现必然相互在时间中确定其地位，而使它们的时间次序成为必然的次序。换句话说，跟在后面的东西，或者说，在后面发生的东西，必然按照一种普遍的规则跟着包含在前面状态的东西的后面。出现的系列就是这样出来的：它是以知性为媒介①，在可能的知觉系列里，像在时间——一切知觉在它里面皆须有其地位的内直观形式——中验前所碰到的那样，把同样的次序和连续不断的联系，产生出来，并且使之成为必然的。正如这种次序和不变的关联在内直观形式中，在一切知觉都必须在里面有其地位的时间形式中被发现那样。

所以，所谓某事情发生，也就是属于可能经验的一种知觉，当我把出现看作已在时间中确定了它的地位，因而把它看作总是能够按照规则在知觉的联结中被发现的一个对象，这时候，这种经验就成为现实的了。我们用来按照时间的前后相继以确定某东西的这条规则就是：一个事件不变地而且必然地随着而来，其所遵守的条件须在先于这个事件的东西里面去发现。所以，充足理由的原理乃是可能经验的根据，也就是关于种种出现在它们时间的前后相继里的客观知识的根据。

这条原理的证明，依据以下的重要理由②：一切经验性知识都包含由于想像力而来的杂多的综合，这种综合总是前后相继的，就是说，在它里面的种种表象总是依次继起的。在想象里面，这种继起，在其次序上是完全不确定的，哪个必须在先，哪个必须在后，没有一定之规；而且继起的那些表象，其系列无论是按照从后到前，或从前到后的次序，都是没有分别的。可是，如果这种综合是关于所予的出现的杂多之领会③的综合的，那

---

① "以知性为媒介"是原德文的 vermittelst des Verstandes 之译。——中译者

② "重要理由"是原德文的 Momenten 之译，斯密与穆勒尔的两英译同是 considerations，而这词在英语上也有重要理由的意思。——中译者

③ Wille 认为这里的 Apprehension（领会）应译为 Apperzeption（统觉），这可能是正确的。——英译者

一、先验原理论

么,其在对象里的次序就已确定了,或者更正确地说,这次序乃是确定一个对象的前后相继的综合的。按照这种次序,某东西必须一定是在前,而当这个在前的东西被设定了时,另一东西就必然继之而起。那么,如果我们的知觉是要包含有关于一个事件的知识,即要包含有关于某作为实际发生的东西的知识,它就必须是一个经验性判断,我们认为在其里面这种继起是确定了的,就是说,预先假定了时间中有另一个出现,它是按照规则随在这一出现后边而来的。假若不是这样,即如果我们设定了在前的东西,而那事件却不是必然跟着而来,我就把这种前后相继当作我自己单纯主观的游戏;如果我还把它表现为客观的东西的话,我就只得把它当作纯然的梦境了。所以,各出现的关系(即作为可能的知觉的关系)——按照这种关系,后面发生的东西,在其存在方面,必然在时间中按照规则为在前面的东西所确定——换句话说,即原因对结果的关系,乃是我们经验性判断在知觉系列方面的客观有效性的条件,从而也就是知觉的经验性真理的条件;也就等于说,这种关系是经验的条件。所以,在各出现的依次继起中,因果关系的原理也对于一切(在前后相继的条件之下的)经验的对象有效,因为它本身乃是这样的经验的可能性的根据。

在这点上,我们有一个必须立即处理的困难。出现中的因果性联结的原理,在我们的公式中,是局限在出现的系列性前后相继上的,而在原因与结果是同时的时候,它也适用于出现的同时并存。例如,房间是暖的,而外面的空气却是凉的。我向周围寻找其原因,发现一个烧热了的火炉。然而作为这原因的火炉是和它的结果,即房间的热同时的。在这里,原因与结果之间没有时间上的系列性前后相继。原因与结果是同时的,然而这条规律仍然是有效的。绝大多数的自然动因是和它们的结果同时的,而其结果在时间上的依次继起,只是由于其原因不能在瞬息间就完成其全部结果。可是,在结果一开始出现时,它总是和它的原因的因果作用同时的。如果原因在前一瞬间停止其存在,结果就绝不会发生。那么,我们必不可不注意到这点:我们所要计及的是时间的次序,而不是时间的经过;即令没有时间的过去,这种因果关系依然存在。原因的因果作用与其直接的结果之间的时间,可能是随生随灭的[即一种消逝量],它们因此而是同时的;但是两者的关系在时间上还是始终可以得到确定的。如果一

个球在垫褥上压出一个凹形,而我把这球作为原因看,这原因就和它的结果是同时的了。但是通过两者的力学联结,我仍然把它们区别开来。因为如果我把球放在垫褥上,随着在前此是平坦的形状上就有了一个凹形;可是,如果(不管由于什么理由)垫褥上以前就已有了一个凹形,一个铅球就并不会随之而继起。

所以,时间中的依次继起,乃是结果对于在它前面的原因的因果作用关系之惟一经验性标准,盛满水的杯乃是水上升到水平线以上的原因,虽然这两种出现是同时的。因为一旦我把水从较大的器皿注入杯中,立刻就有某事情随着而来。就是从水以前原有的水平位置改变为杯中所显现出来的凹形。

因果作用导致动作的概念,动作的概念又导致力的概念,从而就导致实体的概念。由于我的批判计划只与验前的综合知识的各种根源有关,所以就必须不引入种种分析而使其复杂化,因为分析的目的只是在于概念的明晰化,而不是在于概念的扩张,所以我就把我的概念的详细阐明留待将来的一种纯粹理性体系。其实这样的分析,在现行的教本中,已经有了相当详细的发展。但是我决不会把实体的经验性标准置之不理——这是就实体似乎不是通过出现的永恒性,而是更适当更容易通过动作来表现自身这点来说的。

凡有动作——因而就有活动与力——就有实体,而且种种出现的富有效果的来源之所在,也惟有到实体里面去寻找。到此为止,这种说法确是对的;但是在我们想要说明所谓实体应该作何理解,又要在说明中小心避免循环推理的谬误时,找到一个答案就不是容易的事情了。我们怎样能够从动作而直接得出关于动作的东西的永恒性这种结论呢?因为那就是实体(作为现象)的一种本质的、独特的特征。按照在纯粹分析方式上处理概念的通常手续,这个问题是完全不能解决的,然而从我们所订公式的立足点来看,这问题并没有这种困难。动作是指因果作用的主体对于它的结果的关系说的。现在,既然凡是结果都是发生的东西,因而就是在流转——流转表示有前后相续的性格的时间——中①的,那作为一切变

---

① "在流转中"是原德文的 im Wandelbaren 之译。——英译者

化的东西的基质的终极主体,就是永恒的东西,亦即是实体。因为按照因果作用原理,动作总是种种出现的一切变化的最初根据,因而就不能在其本身是变化的一个主体里面被发现。其理由是,在那种情况下,就需要有别的动作和另一个主体来确定这个变化。因为这个缘故,动作就是证明一个主体的①实体性的一种充足的经验性标准,毋须我们首先通过知觉的比较去寻找实体的永恒性。况且,用这种[比较的]方法并不能达到这个概念的量和严格的普遍性的需要的完整性。一切生灭的因果作用的最初主体,在出现[的领域]中,其本身不能生,也不能灭,这是一个有保障性的结论,它导致存在中的经验性的必然性与永恒性[这个概念],因而也导致作为出现的实体这个概念。

B251

A206

在某东西发生时,不问所发生的是什么,仅仅这个生的本身,就已经是要研究的一个问题。从这个状态的无过渡到这个状态,纵然假定这个状态在出现中不表现任何的质,其本身也是需要研讨的。像在上面第一类比中所说明的那样,这种生并不是和不生的实体——实体并不生——有关,而是和实体的状态有关。所以这种生并不是从无到有,而只是变易。因为如果把从无到有看为是异类②原因的结果,它就得要称为创造,而我们不承认那是出现中能碰见的事情,因为,只是从无到有的可能性就会摧毁经验的统一性。可是,从另一个方面说,当我把一切事物不作为现象来看,而作为物之在其本身来看,而且作为纯然知性的事物③来看,那么,虽然这些事物是实体,而在它的存在方面还是可以看为是依存于异类的原因的。可是那时,我们的名词就带有完全别种的意义,而就不适用于作为经验的可能对象④的出现了。

[230]

B252

何以任何东西都能变易,何以能够在一个时间点上有一种状态,而在下一个时间点上可能有与之相反的状态相继出来——关于这点,我们验前丝毫没有任何概念。对于这个问题,我们需要有关现实的种种力的知

A207

---

① "一个主体的"是按英译依 Wille 之读而增加的中译。——中译者
② "异类"是原德文 fremden 之译,即陌生的意思。——中译者
③ "事物"是原德文的 Gegenstände 之译。——中译者
④ 这里的"对象"也是原德文的 Gegenstände 之译。上面的同一德文词译为"事物",而这里译为"对象",是因为这词原有两译的可能,需按其上下文予以变通。——中译者

识，而这种力只能在经验中被给予出来，例如动力的知识与此同等的某些特定的前后相继的出现（作为表示这种力的运动）的知识。但是，我们可以不问变易的内容是什么，就是说，不问变易的状态是什么，而每一种变易的形式，即作为另一个状态的发生所必具的条件，以及这些状态本身的前后相继（即发生），却仍然能在验前按照因果律和时间的种种条件加以考虑。(a)

如果一个实体从一种状态 A 过渡到另一种状态 B，那么，后一状态的时间点不同于前一状态的时间点，而是在前一个时间点之后。同样地，作为出现中的实在东西的那第二个状态，与这个实在东西还不在其中存在的第一个状态是不相同的，正如 B 不同于零一样。那就是说，即令①状态 B 只是在量上不同于状态 A，但那变易还是 B－A 的发生，这 B－A 在前一状态里是不存在的，而且就 B－A 来说，前一状态是等于零的。

于是问题就发生了：一个事物如何从等于 A 的状态过渡到等于 B 的另一状态？在两个瞬息②间总是有一个时间。而且在这两个瞬息间里面的两个状态之间总是有一个量的差别。所以，从一个状态转移到另一个状态就是发生于一个时间里面，而这个时间是包含在两个瞬息之间的，其中第一个瞬息确定那事物由之发生的状态，而第二个瞬息确定那事物所转移到的状态。可见两个瞬息都是变化所需要的时间之界限，因而也就是两个状态之间的中间状态的界限，因而它们本身就形成那总的变易之部分。既然每一个变易都有一个原因，这原因在它们发生的全部时间里表示③其因果作用。所以这原因并不是忽然地，不是立刻或者说在一个瞬息间生出这变易来的，而是在一个时间里把它生出来的；因此，这个时间从 A 这个开始的瞬息到 B 这个结束的瞬息是递增的，而 B 减 A 这个实在的东西的量之产生，也同样通过包含在开始与最后两者之间的各较小

(a) 应该小心注意到，我所说的不是一般的关系的变易，而是状态的变易。例如在一个物体以齐一的速度运动时，它并不变易它的运动的状态；只有在运动增减时，它的状态才变易。——康德自注

① 这里的即(even)是原德文的 auch 之译——英译者； 和后面的连接词联系就中译为"即令"。——中译者

② 这里英译为 instant（中译"瞬息"）是原德文的 Augenblicken 之译。——英译者

③ 这里英译的 evinces（中译"表示"）是原德文的 beweist 之译。——英译者

的量。所以一切变易都是通过因果作用的连续动作才成为可能的,而这种动作,就其是齐一的来说,就称为力率(moment)。可是,变易不是这些力率所组成的,而是作为其结果被这些力率所产生的。

这就是一切变易的连续性规律。它的根据就是:时间和时间中的出现都不是由最小的部分所组成的,然而一个事物的状态,在其变易中,却通过作为不同成分的所有这些部分,而过渡到其第二状态。在出现中没有最小的实在东西的差异,正如在时间的量中没有最小的时间一样;因而实在东西的新状态,从这实在东西还没有存在的最初状态进展,是通过种种无限等级的,而这些等级彼此间的差异却小于零与 A 之间的差异。

我们的任务虽然不是要研究这条原理在自然的探讨上有什么功用,但是我们所不得不探讨的问题乃是:看起来会扩张我们关于自然的知识的这条原理,是如何能够在验前成为可能的。即令直接的检查可能证明这原理是真的,而且[在经验上]是实在的,即令它如何会成为可能这个问题因之就可看作多余的,但是这样的一种研究还是不可缺少。因为有许许多多没有根据的主张要通过纯粹理性来扩张我们的知识,所以我们就必须把这一点作为一条普遍性原理:任何这种主张,从其自身来看,都总是会成为一种可怀疑的根据,并且在没有经过彻底的演绎而提供出证据时,无论它们的独断证明看起来是多么清楚,我们都不能相信它而认定这种主张是正确的。

一切经验性知识的增进,所有知觉的进展,无论它的对象是什么,是出现或者是纯粹直观,都不过是内感官的确定性之扩张,即在时间中的进展。这种在时间中的进展确定一切东西,而在其自身来说,并不通过任何别的东西而被确定。就是说,这种进展的各部分只有在时间中,并且只有通过时间的综合才被给予出来;这些部分不是在这综合之先就已经被给予出来的。因此之故,知觉里面的每一个东西转移到时间中在后面的某东西,都是时间通过这种知觉的产生而成的一种确定;而既然时间总是一种量,并且时间的各部分也都是量,所以知觉作为一种量来说,其产生也同样要通过其中没有一个是最小等级的所有等级,从零一直到达其有确定性的等级。这就显示出,从变易的形式来说,有可能在验前知道变易的规律。我们所预测的仅仅是我们自己的领会,其形式条件,既然是在一切被给予出来的出现之先就处在我们里面,所以必定能在验前被知道。

因此,正像时间包含着正在存在的东西向着在其后面的东西不断进展的可能性之感性验前条件那样,知性通过①统觉的统一性,乃是种种出现在这种时间里面一切地位的不断确定之可能性的验前条件,而这是通过一系列的原因与结果的;原因必然导致其结果的存在,因而使关于时间关系的经验性知识在一切时间里都成为普遍有效,从而客观有效的了。

C. 第 三 类 比
按照交互作用或相互作用的规律的并存原理

一切实体,就其能被知觉为在空间同时并存的来说,都在彻底交互作用中*。

证 明

当关于事物的知觉能够在经验性直观中交相继起时,这些事物就是同时并存的,而像在第二条原理的证明中所指出的那样,这种情况在出现的前后相继中是不能发生的。例如我可先以我的知觉向月,然后再向地,或者颠倒过来,先向地,然后向月;而由于对这些对象的知觉能交互继起,我就说它们是同时并存的。然而所谓同时并存,乃是许多东西在同一时间里的存在。但是时间本身不能被知觉,因而我们就不能只是从事物处在同一的时间里去推断对于事物的知觉能交相继起。想像力在领会中的综合只能显示一个知觉在主体里面,而别的一个不在那里,反过来也是一样,但并不显示两个对象是同时并存的,就是说,并不显示:如果一个对象存在,其他一个也同时存在,并且因为它们是这样同时并存,其知觉才能交相继起。因此,在事物外部相互同时共存的情况下,如果我们要能够说知觉的交相依次继起是根据对象的,这样就能表现其同时共存为客观的,我们就必须有关于事物的确定之交相继起的这种纯粹概念。但是,如果

---

① "通过"乃是原德文的 vesmittlelst 之译,也可译为"由于"。——中译者

* 按英译者,第 1 版的原文是:

> 互相作用的原理
>
> 一切实体,就其是同时并存的来说,都在彻底的相互作用的关系之中,即在互相起作用的关系中。

一、先验原理论

一个实体包含着一些确定,其根据却包含在另一个实体里面,这两个实体的关系就是影响的关系;在每一个①实体都交相含有其他实体里面的确定之根据时,这种关系就是相互作用的关系,或者说交互作用的关系。所以实体在空间的同时并存,除非假定它们彼此交互起作用,是不能在经验里知道的,所以这就是作为经验对象的事物本身②的可能性的条件。

就事物是在同一个时间里存在来说,它们就是同时并存的。但是我们怎能知道它们是在同一个时间里的呢?当在杂多的领会之综合中,其次序是不关紧要的时候,我们就知道这一点。所谓次序不关紧要,就是说,可以从 A 通过 B,C,D 而到 E,或者倒过来,从 E 而一直到 A,它们都是一样的。如果它们③在时间中是一个跟着一个的,比方说,按着从 A 开始而以 E 结束的这种次序,那么我们就没有可能把领会从知觉 E 开始而转回到 A 去,因为 A 属于过去的时间,现在已不再是能领会的对象了。

现在假定,在作为出现的实体的杂多之中,每一个实体都是孤立的,即没有一个实体对④任何另外一个实体发生作用,而且又不受到交互的影响,那么我敢断言,它们的同时并存不会是可能知觉的对象,而且从一个实体的存在不能通过经验性综合的任何途径达到另一个实体的存在。如果我们记住,它们是为一个完全空洞的空间所分开的,那么,在时间中从一个实体向另一个实体进展的知觉,通过一种继起的知觉,诚然能确定后一个实体的存在,但是这种知觉并不能分辨这后一个实体是在客观上随着前一个实体而继起,抑或是和它同时并存的。

所以,除了 A 与 B 的纯然存在之外,还必须有某种东西,通过它而使 A 确定 B 在时间中的地位,并且反过来使 B 确定 A 在时间中的地位;因为只有在这种条件下,我们才能在经验上把这些实体表现为同时并存的。可是,只有能在时间中确定另外一个东西地位的那个东西,才是另外一个

A212
B259

---

① 这里依 Wille 读原文的 dieses(这个)为 jedes(每个)。——英译者
② 注意这里的"事物本身"是原德文的 Dinge selbst 之译,应与 Dinge an sich(一般中译为"自在之物",但应译为"物之在其本身")区别开来。——中译者
③ 这里的动词是依 Wille 读 wäre 为 wären(复数)的。——英译者   这动词既读复数,则其主词必是复数,所以中译为"它们"。——中译者
④ 这里的前置词依 Vorländer 读 in(在内)为 auf(在上面)。——英译者   所以我们就中译这词为"对"。——中译者

A213
B260

东西的原因,或者是其种种确定的原因。所以,每一个实体(由于只就其确定来说才能是结果)必须在其本身里面含有其他实体中的这些确定的因果作用,而与此同时,又含有那其他实体的因果作用的结果;就是说,如果实体的同时并存要在任何可能的经验中为人知道,这些并存的实体必须是直接或间接地处在力学的交互作用中。但是,就经验的对象来说,凡是没有这些对象的经验其自身即没有可能的东西,就是必需的。所以,一切在出现[领域]里的实体,就其是同时并存的来说,应该处在相互影响的彻底共同合作之中,这是必然的。

共同合作(Gemeinschaft)这词在德语中是意义模糊的,它可能是相互关系(拉丁文的 communio)的意思,也可能是互相来往(拉丁文的 commercium)的意思。我们是在后一种意义上使用这词的,是指一种力学上的相互影响,没有这种影响,甚至空间的相互影响(拉丁文的 communio spatii)都永远不能在经验上为人所知①。我们从我们的经验就很容易认识到,只有空间中一切部分的不断影响,才能引导我们的感觉从一个对象到另一个对象。闪耀在我们的眼与天体之间的光,在我们与天体之间,产生一种间接的相互作用,从而对我们证明②天体是同时并存的。我们在经验上不能改变我们的位置,并且知觉到这种改变,除非空间中一切部分的物质使关于我们的位置的知觉,对我们来说,成为可能的。因为只有这样以它们的交相影响为媒介,物质的各部分才能证明其同时的存在,从而就证明其同时并存,一直对最遥远的对象来说也是如此,虽然这只是间接的。没有相互作用,则关于在空间中一个出现的每一个知觉就和其它任何知觉隔断,而经验性表象的连锁,即经验,每逢有一个新

A214
[236]
B261

的对象,就得要完全重新开始,和在前的表象就毫无联结,也就和它没有任何时间的关系了。我并不是用这种证明来反证空洞的空间,因为空无一物的空间可能存在于知觉所不能达到的地方,因而在那地方没有关于同时并存的经验性知识。但是这种空间,对我们来说,却不是任何可能的经验的对象。

---

① 参看下文关于"实体相互关系的交互因果作用"。——中译者

② 依 Adickes 读 bewirken... beweisen 为 bewirke... beweise(两词皆单数,所以主词是"光"。——中译者)。——英译者

一、先验原理论

下面所说的可能有助于[进一步]说明[我的论证]。在我们的心里,既然一切出现都包含在一个可能的经验里,那么这些出现就必须处在统觉的相互作用(communio)之中,而且,就对象要同时并存表现于相互联结上这点来说,这些对象必须在一个时间里相互确定其位置,而这样就构成一个整体。如果这种主观的相互作用要有一种客观的根据作为它的依据,或者要成为实体的出现,那么一个出现的知觉就必须作为根据而使其它一个出现的知觉成为可能的,反过来也是这样——这样才使总是在作为领会的知觉中所发现的前后相继不致归之于对象,并且相反,这些对象才能表现为同时存在。但是这是一种交互的影响,即种种实体的实在互相来往(commercium);没有这种实体的交互影响,同时并存的经验性关系就不能在经验中发生①。通过这种互相来往(commercium),种种出现,就其是互相外在,然而却仍是互相联结着来说,就构成一种复合体(拉丁文的 compositum reale),而这种复合体是在许多不同的方式上有其可能的。所以一切其他关系所以发生的三种力学的关系就是依存性(Inhärenz)、后果(Konsequenz)与合成(Komposition)。

A215

B262

* * *

那么,这三种关系就是经验的三种类比。它们无非是出现在时间中存在的各种确定的原理,而这些确定是按照时间的三种方式的。这三种方式是:对于作为量的时间自身的关系(存在的量,即持续②),作为前后相继的系列的时间中的关系,最后是作为一切同时存在的总和的时间之中的关系。时间确定的这种统一性完全是力学的。因为时间不能被看作经验在其中直接确定一切存在的位置的东西。这种确定是没有可能的,因为绝对时间不是出现所能与之相对照的知觉之对象③。为每一个出现

[237]

---

① "发生"是原德文的 stattfinden 之译。斯密的英译 be met with,作"遇见"解。——中译者

② "持续"是原德文的 Dauer 之译。——中译者

③ "出现所能与之相对照的知觉之对象"是依斯密英译的 object of perception with which appearances could be confronted 而中译的。查原德文是 gegenständ der wahrnedmung womit Erscheinungen können zusammengehalten werden,而穆勒尔的英译是 objekt of perception by which phenomena could be held together。穆勒尔的这后一种英译较切原德文,所以应该中译为"能把种种出现抓在一起的这种知觉的对象。"——中译者

确定其在时间中的位置的东西乃是知性的规则,而只有通过这种规则,出现的存在,就其时间的各种关系来说,才能获得综合统一性;因而那规则就在验前确定出现的位置,并且使之在一切时间里都是有效的。

所谓自然,在其经验性意义上,我们理解为一切出现在其存在方面,按照必然规则即按照规律的联结。有某些特定的规律是最初使一种自然成为可能的,而这些规律是验前的。经验性规律只有通过经验才能存在,才能被发现,而且事实上,只是经验本身最初成为可能所通过的那些原始规律的后果。所以我们的类比所实在描写的是自然在某一定典型①下的一切出现在联结中的统一性,而种种典型所表示的无非是时间(就其包含一(切)存在来说)对于统觉的统一性的关系,但是这种统一性只是在按照规则的综合里才成为可能的。总的说来,所有的类比要说明的是:一切出现都处在一个自然之中,而且必须是处在一个自然之中,如果没有这种验前的统一性,就没有经验的统一性,因而也没有对象在经验中的确定会成为可能的了。

至于我们在自然的这些先验规律中所曾利用的证明方法,以及这些规律的特别性质,我们得要有一种观察意见提出来,而这种意见也同样必然是极其重要的,因为它提供一条规则,想要在验前证明知性的同时又是综合的命题的任何其他的这种企图都必须遵守这条规则。如果我们企图独断地去证明这些类比;就是说,如果我们企图以一些概念去证明凡是存在的东西都只是在永恒的东西里才能碰见,每一个事件都须预先假定有某东西在它前面状态里,而它是按照规则跟着在后面发生的;而且最后还要证明,在同时并存的杂多里,种种状态是按照规则在相互的关系上同时并存的,从而就是在相互作用的关系之中,那么,我们的一切劳累都会是白费的了。因为通过这些东西的纯然概念,无论我们怎样分析它们,我们都不能从一个对象与其存在进展到另一个对象,或者进展到它的存在方式。但是还有别的一种方法可以选择,即研究作为一种知识的经验之可能性;在这知识里,一切对象,如果它们的表象对我们有客观实在性,那

---

① "典型"是原德文的 Exponenten 之译。斯密只按欧洲各语言的常例把这词照拉丁文的原形写为英语式,未加说明。查这词直译当为"指数",但这里译"指数"就很费解。其原意是"能说明而具有代表性的东西"。——中译者

它就必须最后能被给予我们。在这第三者①——其不可缺少的形式在于一切出现的统觉的综合统一性——里面,我们已验前发现了时间对于出现中一切存在的完全而且必然的确定之条件,没有这些条件,甚至时间的经验性确定都会是不可能的。在一切出现的统觉的综合统一性②里,我们又发现验前综合统一性的各种规则,而我们是通过这些规则才能预测经验的。因为缺乏这种方法,又由于错误地认为知性的经验性使用所推荐作为它的原理的那些综合命题,可以独断地得到证明,才反复尝试却始终无效地企图去获得充足理由原理的证明。而且,由于惟一能显出知性中的破绽,并使人在概念和原理两方面都注意到这种破绽的那个范畴的引线直到现在尚付阙如,故而没有任何人甚至会想到其他的两种类比,虽然每个人总是在默默地使用它们^(a)。

4. 一般经验性思维的公准

(1) 凡在直观里和在概念里与经验的形式条件一致的东西就是可能的。

(2) 凡与经验的质料条件结合在一起的东西,即与感觉结合在一起的东西,就是现实的。

(3) 在其与现实的东西的联结里,凡是按照经验的普遍条件被确定的东西就是必然的(即是必然存在的)。

----

① 英译者注明他所用的 in this third[medium]是原德文的 In diesem Dritten 之译。但是这词是指上句的"经验"说,或是指别的东西说,按原德文却不十分清楚。斯密英译加上方括号里的 medium(媒介),也不能确定它的所指,而穆勒尔的英译以为是指后面的"一切出现的统觉的综合统一性"说的,但是这种统一性也是经验之成为可能的条件,所以那"第三者"可能是指"经验"说的。——中译者

② "一切出现的统觉的综合统一性"是依穆勒尔的英译加在"这个东西"(即斯密的 it)这一代名词之后的,否则这短语或代名词的意义就不够清楚。——中译者

(a) 一切出现在其里面得要联结起来的世界整体,其统一性明显就是一切同时并存的实体的相互作用这条为人默认的原理的简单后果。因为如果这些实体是孤立的,它们就不会作为各部分而构成一个整体。况且,如果它们的联结(即杂多的交相作用)不是由于它们的同时并存已经成为必然的,我们也就不能从这个后者(这仅是一种观念上的关系)推论前者(这是一种实在的关系)。可是,我们在本书的一些地方,曾经说过,相互作用其实就是关于同时并存的经验性知识的可能性的根据,而且又曾说明,这种推理,如果正确看它的话,是从这种经验性知识推论出作为它的条件的相互作用。——康德自注

证　明

　　模态的各范畴具有这种特性:在确定一个对象的活动里,这些范畴丝毫不扩大它们作为述项而系属的概念。它们只表示这概念对于知识能力的关系。即使一个东西的概念是相当完整的,我还是能探讨这种对象是仅仅可能的呢? 抑或又是现实的? 如果是现实的,它是否又是必然的? 由这样的探讨,我们并没有想到在这对象本身中增加什么新的确定;其问题只是,这对象连同它的一切确定,是怎样和知性及其经验性使用发生关系,怎样和经验性判断力①发生关系,怎样和应用于经验上的理性发生关系。

　　正是因为如此,模态的各原理不过是可能性、现实性与必然性的概念在其经验性使用上的分别说明;与此同时,这些原理又把一切范畴限制在它们的纯然经验性使用上,而不承认或者说不容许它们的先验使用。如果这些范畴不是仅有逻辑性的意义,只在分析上表示思想的形式,而是要涉及*事物与其*②可能性、现实性或必然性,它们就必须和知识的对象惟有在其中才能被给予出来的那可能的经验与其综合统一性有关。

　　*事物的可能性*公准要求事物的概念和一般经验的各形式条件相一致。但是这个一般经验的客观形式,含有关于对象的知识所需要的一切综合。一个包含有综合的概念应被看作是空洞的、和任何事物没有关系的,除非这综合是属于经验的,即除非它是从经验得出来的(在这种情况下,它是一个*经验性概念*),或除非它是一般经验在其形成方面所依据的验前条件(而在这种情况下,它就是一个*纯粹概念*了)。在后一种情况下,它仍然是属于经验的,因为这是由于它的对象只有在经验里面才能碰见。如果我们不是从构成对象的经验性的形式的这种综合得出通过一个综合的验前概念而被思维的对象的可能性的这种性质,那么我们是从哪里得出来的呢? 一个可能的东西的概念不得含有任何矛盾,这诚然是一种必需的逻辑条件;但是这并不足以确定这个概念之客观实在性,即不足以确

---

① "判断力"是原德文的 Urteilskraft 之译。——英译者

② "事物与其……"是原德文的 Dinge und deren 之译。英译者斯密译为 of things(事物的),似不切原文,而穆勒尔则以"可能性"等第三者作说明"事物"的三个方面。兹据原文直译比较妥当。——中译者

定通过这个概念而被思维这样一个对象的可能性。例如,两条直线围成一个几何形的概念,并没有任何矛盾,因为两条直线的概念和它们汇合的概念,都不含有一个几何形之否定。其不可能性不是由就其本身来说的概念发生的,而是和几何形在空间中的构图有关,即这种不可能性是从空间的条件与其确定的条件而来的。但是,这些条件有它们自己的一种客观实在性,即它们适用于可能的事物,这就是由于它们在其本身里验前含有一般经验的形式。

我们现在就要进而说明可能性这条公准的远大功用与影响。如果这样表现一个永恒的东西,使得在它里面的任何变化的东西都只属于它的状态,那么,我从这样一个概念,就永远不能知道这类东西是可能的。或者,如果我表现某东西是这样构成的,以致如果设定了它,某东西就必不可避免随着它的后面而来,我们的确可以这样想而没有矛盾;可是这种思想并不提供任何方法来判定这种属性(即因果作用)是否应该在任何可能的东西里面都能碰到。最后,我能表现不同的各种东西(实体)是这样构成的,以致一个东西的状态带来了另一个东西的状态中某种后果,并且这样的情况是交互如此;然而对这些概念,我却永远不能确定这样一种关系是否能属于任何[可能的]东西,因为这些概念所包含的仅仅是任意的综合。所以,只有通过这个事实,即这些概念验前地表示每一次经验中的知觉关系,我们才知道它们的客观实在性,即它们的先验真实性,而且,尽管这种实在性或说真实性虽然独立于经验,但它却不独立于只有在它里面对象才能在经验上被知道的那种综合统一性的一切关系。

然而,如果我们想要从知觉所给我们的材料而拟出关于种种实体、种种力以及种种的交互作用之全新的概念来,而没有经验本身来提供它们联结的实例,我们就会陷入纯粹的幻想;而对于这些幻想的可能性是绝对没有标准的,因为我们既不是直接从经验借来这些概念,又不是以经验为指导而形成这些概念的。这种虚构的概念,不同于范畴,不能在作为一切经验所依据的条件之验前方法中获得可能性的性质,而只能在验后作为通过经验本身被给予出来的概念。其结果就是,它们的可能性,要么在验后并且在经验上为人们所知,要么就是完全不可能的。一个常驻在空间中而不充实空间的实体(像有些人试图介绍出来的那种在物质与思维的

存在者之间的中间存在方式),或者一种以直观方式来预测未来(而不仅仅是推定未来)的特别最高心力,或者与不管多么遥远的人互通思想的能力——这些都是其可能性毫无根据的概念,因为这种概念不能以经验及经验中已知的规律为基础;而且既然没有这样的证实,它们就是一些思想的任意结合,虽然没有矛盾,但对于客观实在性却不能要求任何权利,因而对于我们在这里声明所要思维的对象之可能性也不能有任何权利要求。至于实在性,我们不求助于经验,显然就不能具体地想到它。因为实在性是和感觉,即经验的资料,结合在一起的,而不是关系的形式结合。至于关系的形式,如果我们愿意的话,是可以作想象的游戏①的。

但是,我暂且不去谈那些其可能性只从它在经验里的现实性就可以得出来的东西,在这里我只考虑通过验前概念的事物的可能性;并且我坚持这个论题,即这些事物的可能性绝不能从只就其本身来理解的这种概念得到证明,而只有在这些概念被看作一般经验之形式的与客观的条件时,才能得到证明。

诚然,一个三角形的可能性似乎可以只从其本身来看的概念就可知道(这些概念确是不依赖经验的),因为事实上我们完全可以在验前给它一个对象,即能构成这三角形。可是由于这只是对象的形式,所以它仍然是想像力的纯然产物,而它的对象的可能性仍然是可疑的。想要确定它的可能性,还需要加上某种东西,即我们只能在经验的一切对象所依据的条件下来想它。空间是外部经验的验前形式条件,我们通过它在想象中构成一个三角形的这种构成性②综合,正和我们在出现的领会中作出关于它的经验性概念时所运用的综合相同——惟有这些考虑才使我们能够把这样一个东西的可能性的表象和它的概念联结起来。同样地,既然连续量的概念,乃至一般量的概念,全都是综合的,所以从概念本身来看,这种量的可能性总是不清楚的,而只有把它们看作在一般经验中对象的确定之形式条件时,这种可能性才是清楚的。那么,与这些概念相应的对象,如果不在对象只有通过它才被给予我们的经验里去寻找,又在哪里去

---

① "想象的游戏"是按原德文的 in Erdichtungen spielen 中译的。斯密英译为 resort to a playful inventiveness 乃是意译。——中译者

② 这里的 formative(中译为"构成性")是原德文的 bildende 之译。——英译者

寻找呢？我们诚然可以在经验本身之先，仅仅参照任何东西在经验中被确定为对象的各种形式条件而知道并且特征化事物的可能性，因而也就是能够完全在验前这样做，可是，即使是这样，这种做法也只是在其对经验的关系上，而且在经验的限度之内才是可能的。

与作为现实的事物的知识有关的公准，诚然不需要那其存在要为人们所知的对象之直接知觉（因而就不需要我们所意识到的感觉），然而我们所实在需要的，乃是对象按照经验的类比而与某现实的知觉有联结的那种领会，而这些类比是说明①一般经验中的一切实在联结的。

在一个事物的纯然概念中，找不到这个事物存在的任何标志②。因为，即使概念十分完备，以至它丝毫不缺乏思想这一事物及其一切内部的确定所需要的任何东西，存在与这一切却完全不相干，而所与之有关的问题，只是这样的一个事物是否被给予我们，使得对它的知觉——如果有必要的话——能发生于这概念之先。因为概念先行于知觉这事实表示这概念的纯然可能性；给这概念提供内容的知觉才是现实性的惟一标志。然而，我们也能在知觉之先，因而，从比较上来说，在一种验前的方式上知道事物的存在，只要它是按照知觉的经验性联结的原理（即类比）和某些知觉结合在一起的。因为，这种事物的存在既然是这样和我们的知觉在可能的经验里结合在一起，所以我们就能在可能的知觉系列中，而且在类比的指导下，从我们现实的知觉过渡到所谈的事物。例如从被吸引的铁屑的知觉，我们就知道一种贯彻一切物体的磁质的存在，虽然我们器官的构造割断了我们与这个实质的任何直接知觉。因为按照感性的规律以及我们知觉的前后关系，如果我们的感官更为精密的话，我们就应该也在一种经验里碰到关于这实质的直接经验性直观。我们感官的粗笨并不决定一般可能经验的形式。那么，我们关于事物存在的知识能达到多远，只看知觉和它按照经验性规律所能前进到什么程度。如果我们不从经验出发，

---

① "说明"是原德文的动词 darlegen 之译，斯密英译为 define（规定），而穆勒则英译为 determine（确定）。——中译者

② "标志"是原德文的 Charakter 之译，斯密英译为 mark，而穆勒则英译为 sign，两者均是"记号"的意思。我们当注意这一段所谈的和康德在别处所讨论的，例如上帝存在的本体论证明等问题，是有重要的关系的。——中译者

或者不按照出现的经验性联结的规律进行,我们测度或探讨任何事物的存在,只是一种无的放矢①而已。但是观念论对这种间接证明存在的规则却提出一种严重的反对意见,因而在这里就是驳斥观念论的适当地方了②。

观念论的驳斥

观念论——指实质的(materialen)观念论而言——是一种理论,声言在我们外边的空间中对象的存在,要么是纯属可疑而不能证明的,要么是虚假而不可能的。前者是笛卡尔的疑问式观念论,认为只有一个经验性断言毫无疑问是确定的,那就是"我在"。后者是贝克莱的独断式观念论。贝克莱主张空间及以空间为其不可分离条件的一切东西,在其自身来说都是不可能的东西;因而他就把空间中的东西看作纯属想象③。如果我们把空间解释为必须是属于在其本身来说的事物的一种属性,独断式观念论就是不可避免的。因为假使那样,空间以及凡以空间做它的条件的事物就都是虚构的东西④了。我们在先验感性论中已经把这种观念论所依据的根基挖掉了。疑问式观念论并不作出这样的断言,而只是申辩说,除我们自己的存在以外,不能通过直接的经验证明任何存在。这种观念论,就其发现充足的证明之先,不容许有任何决定性的判断这点来说,是合情理的,而且符合于思想一贯性的哲学方式。所以,所需要的证明就必须说明我们关于外界的事物不单只是有想象,而且是有经验的;但是,除非我们能证明,甚至对笛卡尔所说的不可置疑的内部经验,也只能假定有外部经验才是可能的,否则,我们就不能完成这种证明。

论 题

我自己存在的单纯意识,但也是在经验上确定的意识,证明我外边的空间中对象的存在。

---

① "无的放矢"是原德文的 machen wir uns vergeblich Staat 之译。——中译者
② 这一句和紧接着的观念论的驳斥,是第 2 版增加的。——英译者
③ "想象"是原德文的 Einbildungen 之译。斯密译为 imaginary entities。——中译者
④ "虚构的东西"是原德文的 Unding 之译,亦可译为"非物"。斯密英译为 non-entity 甚当。——中译者

证　明

　　我意识到我自己的存在是在时间中被确定的。时间的一切确定都预先假定在知觉中有某种永恒的东西。可是这种永恒的东西不是我里面的东西，因为我在时间中的存在，其本身能被确定，只有通过这种永恒的东西①。所以对于这种永恒东西的知觉之成为可能，只是通过我外边的一种事物，而不是通过我外面的事物的纯然表象；而结果就是，我的存在在时间中的确定所以可能，只是通过我们知觉到在我外边的现实事物的存在。然而，在时间中的［我的存在的］意识必然与对这种时间确定的可能性的［条件之］意识结合在一起；因而必然和作为时间确定之条件的我外边事物的存在结合在一起。换句话说，关于我的存在意识，同时也就是关于我外边其他事物的存在的一种直接意识。

　　注一：在前面的证明中可以看到，观念论所玩弄的一套把戏会转过来反对自己，而这是更公道的。观念论认为惟一的直接经验是内部经验，而我们只能从内部经验推论到外界的事物——并且这种推论只是在一种不可靠的方式上进行的，正如在我们从所予的结果推论到有确定性的原因的一切事例中那样。在我们所谈的这一特殊事例中，我们也许错误地认为，归之于外边事物的表象的原因，可能是处在我们自己里面的。但是在上面的证明中，我们已经说明，外部经验实是直接的(a)，而且只有通过它作为媒介，内部经验才是可能的——这内部经验当然不是指对我自己存在的意识说的，而是指我自己的存在在时间中的确定说的。自然，"我在"这个表象的确表示能伴随一切思想的意识，它的确直接在它里面包括着

----

①　如康德在第 2 版序言中所说（见上文第 2 版序言末的长注），这句应修改如下："但是这种永恒的东西不能是我里面的一种直观。因为在我里面所要碰见的我的存在的确定，其一切根据都是一些表象；由于表象本身需要一种与之不相同的永恒东西，而这些表象的变化，以及我在时间——这些表象在其中变化——中之存在，都在与这永恒的东西的关系上，才可得到确定。"——英译者

（a）　关于外界事物的存在的直接意识，在上面的论题中，并不是预先假定的，而是证明的，不管这意识的可能性是否为我们所理解。至于意识的可能性问题则是：我们是否只有内感官，并没有外感官，而且只是一种外部的想象。然而很清楚，即使为了想象某东西是在外边的，即在直观中向感官显现出来的，我们也必须先已有一种外感官，从而就必须直接把一种外直观的单纯接受性，与作为想像力的每一个活动的特征的自发性分辨开来。因为，如果我们仅仅是在想象着一个外感官，那么必须为想像力所确定的直观能力本身就会被取消了。——康德自注

一个主体的存在；但是它并不是直接包含有关于那个主体的任何知识，因而也就不直接包括任何经验性知识，即不包括关于主体的经验。因为关于主体的经验，除了关于某存在的东西的思想以外，我们还需要有直观，而在所谈的情况下，所需要的是内直观；因而主体就必须在这内直观方面，即在时间方面，得到确定。可是为了这样确定主体，外界的对象是完全不能缺少的；因而我们可得出结论说，内部经验之成为可能，只是间接的，而且只是通过外部经验才可能的。

注二：我们的认识能力在经验中即在时间的确定中的一切使用，是完全和这个论题一致的。除了通过在与空间中永恒的东西相对的外部关系里的变化（即运动，例如相对于地球上的对象之太阳的运动）以外，不但我们不能知觉到①时间的任何确定，而且，除了物质这个惟一的例外，没有任何永恒的东西我们能以之为直观而当作实体这个概念的基础；甚至这种永恒性也不是从外部经验得来，而是验前预先假定为时间的确定之必需条件，因而也就是内感官关于我们自己的存在（通过外界事物的存在）的一种确定。在"我"这个表象里面的对于我自己的意识并不是一种直观，而只是思维主体的自发性②的知性表象。所以这个"我"毫无直观的述项，而这种述项是作为永恒的东西而用来成为感官中时间之确定的相关物的——这种方式，正如把不可入性用来作为我们对于物质的经验性直观是一样的。

注三：一个有确定性的自我之意识所以可能，需要有外界事物的存在，但我们不能从这个事实来推断外界事物的任何直观的表象都包含有这些事物的存在，因为这些事物的表象完全可能纯粹是想像力的产物（如在梦和幻想中那样）。这种表象只是从前外界知觉的再生，而这些知觉，如已经说明过的那样，只有通过外界对象的实在性才是可能的。我们在这里所想要证明的乃是：一般内部经验惟有通过一般外部经验才有其可能。这个或那个设想的经验是否纯为想象的，必须从它的特殊确定性，而

---

① "知觉到"是依 Grillo 读 vornehmen（着手于）为 wahrnehmen 之译。——英译者　但是 Cassirer 1922 年柏林版仍依原读。——中译者

② 这里的 spontaneity（自发性）是原德文 Selbsttätigkeit 之译。——英译者　按：即"自行活动的"意思。——中译者

且通过它与一切实在经验的标准相连结,才能得到断定①。

* * *

最后,关于第三条公准,它所涉及的是存在中实质的必然性,而不是概念的联结中纯然形式的与逻辑的必然性。既然感官的任何对象的存在不能完全在验前为人们所知道,而只是以比较的方式在验前为人们所知道,即相对于某其他从前被给予出来的存在而为人们所知道;而且,即使这种存在是如此,但由于我们②在那时也只能达到这样一种存在,即必须在经验的前后关系中被包含在某处,而所予的知觉也就是这经验的一部分,所以存在的必然性就绝不能从概念知道,而总是只从被知觉的东西之联结上,并且按照经验的普遍规律才能知道。可是,除了按照因果律从所予的原因得出结果的存在的必然性以外,没有任何存在可以在别的所予的出现的条件下被认知为必然的。所以我们能够知道为必然的,不是事物(即实体)的存在,只是事物的状态的存在;而且,只是按照因果作用的经验性规律,从其他在知觉中所给予出来的状态,我们才能知道事物的状态的存在的这种必然性。所以,必然性的标准当然只是在可能经验的规律里面,而这规律是说,任何发生的东西都是验前通过它在出现中的原因而被确定的。所以我们所知道的,只是自然中其原因已被给予我们的那些结果的必然性,而这种必然性的标志③在存在中超不出可能经验的领域之外,甚至在这个领域里面,它也不适用于作为实体的东西之存在,因为我们绝不能把实体看为经验的结果——即不能把实体作为发生的东西、作为开始有的东西。必然性所涉及只是按照因果作用的力学规律之种种出现的关系,以及按照这规律而能在验前从一个所予的存在(即原因)推论到另一个存在(即结果)的可能性。任何发生的事物都是假设为必然的。这是一条原理,它把世界上的变易从属于一条规律,即从属于必然存在的规则,而没有这规则,就没有东西称为自然。所以,"没有东西是通过盲目的偶然事件而发生的(in mundo non datur casus 世界上没有偶

---

① 这就结束了第 2 版所增加的段落。——英译者
② 这里加上原版没有的"我们"(man)是依 Mellin 读 gleichwohl 为 man gleichwohl 的。——英译者　按:Cassirer 1922 年柏林版也加上了 man 这词。——中译者
③ "标志"是原德文的 Merkmal 之译。斯密英译为 character。——中译者

然的事件)"，这一命题乃是自然的验前规律。"没有任何自然中的必然性是盲目的；它总是一种受条件限制的必然性，因而就是可理解的必然性(no datur fatum 没有运气)"，这个命题也是自然的验前规律。这两条规律乃是这种规律：通过它们，变易的活动就受事物(即作为出现的事物)的一种性质支配，也就是等于受知性的统一性支配，因为惟有在知性的统一

B281　性里①，这些事物才能属于一个经验，即属于出现的综合统一性。这两条规律都属于力学的原理。其中第一条规律实是因果原理的一种后果，从而属于经验的类比。第二条乃是模态的原理；但是这模态，虽然一方面把必然性的概念加在因果性确定上面去，然而另一方面，其本身也隶属于知性的规则。连续性的原理不允许在出现的系列中即变易的系列中有任何

[249]　跳跃(in mundo non datur saltus 世上没有跳跃)；在空间中一切经验性直

A229　观的总和方面，连续性的原理又不允许在两个出现之间有任何间隙或裂口(non datur hiatus 没有裂口)；正因为如此，我们就可以把这命题表达为：任何证明一种真空或者乃至承认真空为经验性综合的一部分的东西都不能纳入经验中来。至于可能设想为处在可能的经验领域以外的真空，即处在世界以外的真空，这种问题不在纯然知性的权限之内——知性

B282　只裁决涉及利用所予的出现来获得经验性知识的种种问题，上面所设想的问题乃是那"理想理性"②的问题，这理想理性超出可能的经验范围之外，而企图判定那个范围并限定它。因此，这类问题要在先验辩证论里来考虑。这四个命题(in mundo non datur hiatus, 世上没有裂口，non datur saltus 没有跳跃，non datur casus 没有偶然的条件，non datur fatum 没有运气)，像先验起源的一切原理那样，我们都可以容易地按它们的顺序表示出来，即按照范畴的次序表示出来，把每一个分配到它的应当位置上去。但是读者现在已经有了足够的练习，就可以自己来做这事了，或者能很容易发现这样做的指导原理了。这四个命题在这点上是完全一致的，

---

① "在知性的统一性里"是照英译者斯密依 Erdmann 将原德文的 welchem 读为 welcher 而中译的。因为如读 welchem（阳性）则这代名词是指知性说，如读 welcher（阴性）则指统一性说。——中译者

② 这里英译的 for that ideal reason（对于那种理想的理性）是原德文的 für die idealische Vernunft。——英译者

即它们不容许在经验的综合中有任何东西破坏或妨碍知性,或者破坏或妨碍一切出现的连续联络——也就是破坏或妨碍知性概念的统一性。因为惟有在知性中,才有经验的统一性的可能,而在经验中一切知觉都必须有其位置。

研究可能性的领域是否大于包含一切现实性的领域,而且研究后一种领域是否大于必然的东西的总和,会提出一些颇为微妙的问题,这些问题需要有一种综合的解决,然而它们却只能归属于理性的裁决权限之下。因为这些问题等于研讨:作为出现的事物是否全都属于一单个经验的总和与其前后关系(Kontext),而任何所予的知觉却都是这个单一经验的一部分,因而它作为部分就不能和任何其他出现的系列相联结;这些问题又研讨:也许我的知觉能够在其一般的联结上属于不止一个可能的经验。知性,按照感性和统觉的主观形式条件对一般经验在验前规定了一些规则,惟有这些规则才使经验成为可能。与空间、时间不同的其他直观形式,与思想的论证形式(即通过概念而来的知识的形式)不同的其他知识形式,即使都是可能的,然而却是我们不能使之对我们成为可设想的和可理解的;即使假定我们能这样做,它们仍然不会属于经验——经验乃是对象在其中被给予我们的惟一的一种知识。除了那些属于我们整个可能的经验的知觉以外,是否还有其他的知觉可能存在,从而会有完全不同的物质领域存在,这是知性不能决定的。知性只能处理被给予出来的东西的综合。此外,有一些为人惯用的推理,我们可以用来开辟一个可能性的广大疆域,一切现实的东西(即经验的对象)只是其中的一小部分,而这些推理的贫乏是彰明显著的。凡是现实的都是可能的;按照逻辑换位的规则①,从这个命题自然得出的只是这个特称命题:有些可能的东西是现实的;而这个命题的意思似乎是说,许多不是现实的东西是可能的。按照必须在可能的之上再加上某些东西才构成现实的②这个理由,好像我们确有正当理由把可能的东西的数目扩张到现实东西的数目以外。可是我们拒绝承认这种在可能的之上还需要增加什么东西的所谓程序。因为那超

————————
① 换位的规则是说:从"凡 A 是 B","可换位为"有些 B 是 A"。——中译者
② "可能之上……构成现实的"是依 Vaihinger 读 jener... diese 为 jenem... dieses 而按斯密以名词替代了代名词来中译的。——中译者

过可能的并要增加在可能的之上的东西,是不可能的。可以加上去的,只是对于我的知性的一种关系,即除了和经验的形式条件相一致以外,还应该有和某些知觉的联结。但是任何按照经验性规律和知觉相联结的东西都是现实的,纵然它不是直接被知觉的。但是,如果说还有另一系列的出现一贯地和在知觉中所予东西相联结,因而可能不只有一个包含一切的经验,这是不能从所予的东西推论出来的;尤其不能独立于任何被给予的东西而得出这种结论来——因为没有任何质料①,就不能想到任何东西。只有在其条件本身是可能的这种条件之下才是可能的东西,并不是在一切方面上都是可能的。在追问事物的可能性是否超出经验所能达到的范围以外时,这种[绝对的]可能性就成问题了。

我在上面提到这些问题,无非是为了不遗漏任何通常列入知性的概念中的东西,可是事实上,在一切方面都有效的绝对可能性并不是纯然知性概念,并且它永远不能在经验上使用。它完全是属于理性,而理性则超出知性的一切可能在经验上的使用。因此,我们只得满足于某些纯为批判的意见;否则就只好让这个问题暂时悬搁起来,等到我们有适当的机会,再进一步来研究它。

在结束这第四段[即一般的经验性思维的公准——中译者],从而结束纯粹知性一切原理的体系之先,我必须说明何以我称模态的原理为公准。我不是在某些近代哲学作家所用的意义上来解释这词,他们曲解了数学家使用这词的意义②。数学家使用这词的原义是,说设为公准的,就是把一个命题看作是直接确实的,毋须辨明、毋须证明的。因为,如果在处理综合命题的过程中,我们不依赖演绎,只按命题本身的证据,就承认这些命题是具有无条件的有效性,那么无论它们是如何自明,而知性的一切批判却已经被放弃掉了。因为有不少的狂妄主张为一般人们所相信而得到支持(虽然这并不能保证其真实性),于是知性就容易受到一切幻想的渲染,而不能对这些主张拒绝赞同,因为那些主张虽然没有正当的理由,但却一直以自信的口吻,迫使我们承认它们是真正的公理。所以,无

---

① "质料"是原德文的 Stoff(英译为 material)之译。——中译者
② 这里的中译句子原是按德文翻译的,斯密的英译似与原文颇有出入,而穆勒尔的英译则较切,可参考。——中译者

论何时有一种验前的确定被综合地加在一个事物的概念之上,那它就必须:纵然没有一种证明提供出来,但至少要有这种主张的合法性的演绎。

然而,模态的原理不是客观综合的,因为可能性、现实性与必然性等述项丝毫不扩大它们所肯定的概念,对于对象的表象并不增加什么。但是,既然这些原理仍然是综合的,故而只能在主观上如此,即它们是把概念所由以发生并处在它里面的认识能力加在事物的概念上面去的(即加在实在的东西①的概念上面的),而在其他方面,它们对事物的概念并不说出任何东西。所以,如果一个概念只是和经验的形式条件相联结,从而仅仅是在知性里面的,这种概念的对象就称为可能的。如果一个概念与知觉相联结,即与作为感官所提供的材料②的那种感觉相联结,并且是通过知觉以知性为媒介而被确定的,这种概念的对象就是现实的。如果一个概念是通过一些知觉按照概念的联结而被确定的,这种概念的对象就称为必然性。所以模态的原理对于概念所陈述的,无非是这个概念所由之产生的知识能力之作用。可是在数学方面,一条公准意味着一个实践的命题,这种命题所包含的无非是我们用来最初给出一个对象而产生它的概念的那种综合——例如用所予的一条线,从一个所予的点,在一个平面上作一个圆。这样的一个命题是不能证明的,因为证明所需要的手续,恰恰就是我们用来最初产生这样一个几何形的概念的手续。我们行使恰恰同样的权利,就可以设定模态的原理,因为这些原理并不增加我们③关于事物的概念⁽ᵃ⁾,而只指出概念和知识能力相联结的方式。

---

① 这句里的"实在"在第1版里是 realen,在第2版里是 Realen。——英译者。 按 realen 是形容词,修饰上面的"事物",而 Realen 是一个名词,是与"事物"同位的。兹依第2版中译为"实在的东西"。——中译者

② "材料"是原德文的 Materie 之译。——中译者

③ "我们"是按英译者依 Erdmann 译原版的 ihren(它们的)为 unsern(我们的)之译。——中译者

(a) 通过一个事物的现实性,我所设定的确定比它的可能性为更多,但是并不是在这事物里面。因为它在它的现实性里所包含的绝不能多于包含在它的完全可能性里面的。可是,可能性仅只是关于事物对知性的关系上的一种设定[知性在其经验性使用(中)],而现实性则同时设定事物和知觉的联结。——康德自注

关于原理体系的一般注解①

B288

[253] 事物的可能性并不能单独从范畴而得到确定,为了表明知性的纯粹概念的客观实在性,我们必须总是有一种直观,这是值得注意的一个事实。例如以关系的各范畴来说,我们不能从纯然概念来确定:(1)某东西何以只能作为主体而存在,而不能作为别的东西的一种单纯确定而存在,即一个东西何以能是实体;或者(2)何以因为有了某东西,某另一东西就也必定有,因而一个东西如何能是一个原因;或者(3)当几个东西存在时,何以由于其中的一个存在,某个东西就其他别的东西来说就是跟在后面的,反过来也是这样,而且,何以在这种方式上就能有各实体的相互作用。这里所说的,同样也适用于其他的范畴;例如,何以一个东西能等于许多东西的聚合,即何以一个东西能成为一个量。只要缺乏直观,我们就不知道我们通过范畴是否在想着一个对象,而且其实不知道,是否有的地方有一个适合于这种范畴的对象。这样,用这些方法我们就能证实,在其本身来说,范畴并不是知识,只不过是从所予的直观构成知识的思想方式而已。

B289 由于同样的理由,我们可以说,从纯然范畴是不能构成综合命题的。例如我们不能说,在所有的存在中都有实体,即有某种只能作为主体而存在、而不能作为单纯述项而存在的东西;或者说,每一个东西都是一个量,等等。因为,如果缺乏直观,就没有任何东西使我们能够超出一个所予的概念而把另一个概念与它联结起来。因而从来没有人能够只从知性的纯粹概念证明一个综合命题——例如任何不必然存在的东西②都有其原因这个综合命题。我们所能证明的不过是,没有这种[因果]③关系,我们就不能理解不必然的东西的存在,即不能在验前通过知性而知道这样一个东西的存在——然而从这里却不能做出结论说,这也是事物本身④可

---

① 这节到本章末为止,是第2版增加的。——英译者
② 这里的"不必然存在的东西"是原德文的 zufällig Existierende 之译。按 zufällig 这形容词和"必然的"相反,意思是指当时不知其所以必然之故的。——中译者
③ 方括号里的"因果的"是根据后面的意思增加的。——中译者
④ "事物本身"是原德文的 Sachen selbst 之译,不应当与"物之在其本身"(一般中译为"自在之物")相混淆。——中译者

能的条件。如果读者回到我们关于因果作用原理的证明中去——一切发生的东西,即一切事件都预先假定有个原因——他就会看到我们所证明的只是关于可能的经验的对象;而且,甚至这样也不是从纯粹概念来证明的,而只是把它作为经验的可能性的一条原理来证明的,因而是把它作为经验性直观中所给予的一个对象的知识的可能性之原则来证明的。我们诚然不能否认任何不必然的东西都必有其原因这个命题,从纯然的概念来看,这对于任何人都是明显的。但是那时,不必然的东西这个概念是被领会为:它所包含的不是模态的范畴(即作为其不存在是可以思维的某种东西),而是关系的范畴(即只能作为另一东西的后果①而存在的某种东西);而且那时它当然就是一个同一的命题——只能作为后果而存在的东西是有其原因的。事实上,当我们需要举出不必然的存在的一个例子时,我们总是到变易中去找,而不是只到思想中能有的反面之可能性那里去找(a)。可是变易是一种碰到的东西,而这种东西,作为碰到的东西来说,只是通过一个原因才是可能的,所以它的不存在,在其本身来说,是可能的。换句话说,我们只在这个事实里,而且通过这事实,才认识到不必然性。这个事实就是,某东西能存在,只是作为一个原因的结果;因而如果我们假定一个东西是不必然的,说它有一个原因,就是一个分析命题了。

[254]

B290

B291

但是,更值得注意的一个事实是,为了了解事物与范畴一致的可能性,从而证实范畴的客观实在性,我们所需要的不但是直观,而且是在一切情况下都是外部直观的这种直观。例如当我们拿关系的纯粹概念来看,我们就首先发现,为了在和实体这个概念相应的直观里得到某种永恒的东西,从而证明这个概念的客观实在性,我们就需有空间中的(物质的)一种直观。因为惟有空间被确定为永恒的,而时间在不断流转中,因而凡

[255]

---

① 这里的 consequence(中译为"后果")是原德文的 Folge 之译。——英译者

(a) 我们很容易想到物质的不存在。然而古人并不从这种不存在而推论到它的存在之不必然性,甚至事物一种所予的状态之从有到无(这就是一切变易之所在)都不是根据这状态的反面的实在性而证明这状态的不必然性的。例如一个物体在运动之后,就应该静止,这并不证明这运动的不必然性为静止状态的反面,因为这种反面只是在逻辑上和其他一个事物相反;而不是实际上和它相反。为要证明物体的运动的必然性,我们得要证明在前此一刹那间,物体可能是在静止状态上,而不是在运动中,而不是要证明它后来是静止的;因为在后一种情况下,两个对立面是完全没有矛盾的。——康德自注

在内感官里的东西也是不断在流转中。其次,为了显示变易作为和因果作用这个概念相应的直观,我们必须以运动,即空间中的变易,作为实例。只有这样,我们才能获得变易的直观,其可能性是永远不能通过任何纯粹知性而被确定的。因为变易乃是在同一个事物的存在中矛盾对立的两种确定之结合。从一个事物的所予状态竟然有一种相反的状态随着出来,这是怎样可能的?对于这一点,不只是没有实例理性就不能设想,而且实际上没有直观,对理性来说,也是不能理解的。所需的直观,就是空间中一个点的运动的直观。点存在于不同的位置(作为两个相反的确定之继起)乃是最初对我们产生变易的一种直观的惟一东西。因为,为了我们后来可以同样地使内部变易成为可想象的,我们就必须把时间(即内感官的形式)形象化地描写为一条线,而通过这线的引长(运动)以描写内部的变易。于是就在这种方式上,借助于外部直观而使我们自己在不同状态中的相继存在成了可理解的。其理由就是一切变易,如果要作为变易而为人们知晓,须预先假定在直观中有某种永恒的东西,而在内感官里却不能碰见任何永恒的直观。最后,只是通过纯然的理性,我们并不能理解相互作用这个范畴的可能性;因而它的客观实在性只有通过直观,而且其实是通过空间中的外部直观,才能得到确定。我们说:当几个实体存在时,则从一个实体的存在,就有某东西(作为结果),就其他的实体的存在来说,跟在后面而来,并且反过来也是这样;换句话说,因为一个实体里有了某种东西,在其他实体里也必须有只从这些其他实体的存在不能得到理解的某种东西——对这些,我们如何去思想这是可能的呢?因为,这就是为了要有相互作用所需要有的东西;如果每一个事物通过其固有的存在① 是完全孤立的,那么,这些事物之间就不可设想会有相互作用。因此,莱布尼茨在把相互作用归之于只是通过知性而想出来的世界之各种实体时,就得求助于神来干涉了。因为像他所正确认识到的那样,实体的相互作用乃是完全不可想象为从实体的存在发生的。可是,如果我们把实体想象为在空间中的,即在外部直观里面的,我们就能使相互作用的可能

---

① "固有的存在"是原德文的 Subsistenz 之译。这词不同于"存在",因它带有一直存在的意思。——中译者

性——作为出现来看的实体的相互作用的可能性——成为完全可理解的了。因为外部直观已经把验前形式上的外部关系包含在自己里面作为作用与反作用的实在关系的可能性之条件,因而即是相互作用的可能性之条件。

我们也同样很容易说明,事物作为量的可能性、从而也就是量的客观实在性,只是在外部直观里才能得到展现,而且只有通过外部直观的媒介,它才能适用于内感官。但是为了避免繁冗,我就只得让读者去提供自己的实例了。

以上所述各点是极其重要的,它们不但能证实我们上面对观念论的驳斥;而且,在我们开始用纯然内意识来研究自我知识的时候,即用我们的本性的确定,而不借助对外部经验性直观来研究自我知识的时候,就更为重要——由于它所说的是给我们指出这种知识的可能性的限度。

B294

因此,这一节的最后结论就是:纯粹知性的一切原理不过是经验的可能性的验前原理,而一切验前综合命题都只是和经验有关——其实这些命题的可能性本身是完全依据这种关系的。

第三章　所有一般对象区分为现象与本体的根据

[257]

现在我们已经不只勘查过纯粹知性的疆土,小心调查过它的每一部分,而且还测量过它的范围,使它里面的一切都各归其应有的地位了。这个领土是一个海岛,自然把它包围在不可移动的界限里。它是真理的故乡——好一个迷人的名称!——周围是广阔无边、波涛汹涌的海洋,即幻想的本土,其中无数蜃楼海市,作为迷人的远岸出现,在诱惑冒险的航海家,虽然终都成为空想,但总是叫他们从事于欲罢不能、仰之弥高的事业。在我们冒险航行于这汪洋大海,从各方面勘探它,看看有没有根据可指望得到保证以前,我们还得要在开始时,回顾一下我们所行将离去的那块土地的地图,而且首先研究一下,我们能不能以那块土地所包藏的为满足——由于没有其他是我们能定居的地域,我们就不得不满足于故土;其

B295
A236

次，甚至根据什么权利而认为我们占据的这个领土能保证来抗拒一切反对的要求。虽然在分析论的过程中，我们对于这些问题已经作出了充分的解答，但是把各种的考虑集中于它们对我们目前的各问题的关系上，总结一下上面问题的解答，也许对加强我们的信心有帮助。

[258]

B296

A237

我们曾看到，凡是知性从它本身得来的东西，虽然不是从经验假借过来的，但是在知性的处理下，却只是在经验中使用。纯粹知性原理，不管是验前组织性的，像数学原理那样，或者是纯然限定性的，像力学原理那样，其所包含的无非是可以称为可能的经验的纯粹图型而已。因为经验的统一性，只是从那种统一性得来的，即从知性原始地自行赋与，在其对统觉的关系上的想像力之综合得来；而种种出现，作为可能的知识材料，必须验前对那种综合统一性有关系，而且和它相一致。但是，虽然知性的这些规则，由于它们在其本身里含有作为对象能在其中被给予我们的一切知识的总和的经验的可能性之根据，所以就不只是验前真实的，而且实是一切真理的源泉（即我们的知识和对象相一致的源泉）。然而，我们并不满足于仅仅是真实的东西的阐明，而同样地要求估计到我们想要知道的东西。所以，如果我们从这种批判的研究所学到的，不过是在知性的纯然经验性使用中，虽无这种微妙的研究，但却是在任何场合都可实践的东西，那么这看来就像是完全得不偿失了。诚然，我们可能作出的回答是，在努力扩

B297

张我们知识的过程中，偏于好奇的害处，远远小于另一种习惯的害处，即在开始任何研究之先，总是坚持要事前证明研究的功用的这种习惯——这是一种悖理的要求，因为在完成研究之先，即使研究的功用已摆在面前，我们

A238

还是不能形成关于功用的丝毫概念。可是有一种利益却使甚至最倔强而愚钝的学习者可以理解而感到兴趣，这种利益就是，在知性只潜心于它的经验性使用，而没有反思到它自己的知识的来源时，它还是可能以得过且过为

[259]

满意；然而还有一种任务却是知性不胜任的，即确定它的使用限度，知道什么是在它自己应有范围之内，什么是在那范围之外。这就需要我们所制定的那些深刻研究。如果知性在其经验性使用上不能辨别某些问题是否在它的水平线以内，它就绝不能保证它的权利要求和它的所有，而一旦像不可避免而经常发生的那样，超出它自己的领土的界限以外陷入种种毫无根据而引人入迷的意见之中，它就必须准备有许多使它丢脸的幻灭了。

如果说知性只能在一种经验性的方式上而绝不能在一种先验的方式上使用其各种原理和各种概念,这种断言是一个能够为人确实知道的命题,那么它就将要产生一些重要的后果。在任何原理中的一个概念之先验使用,就是它对于一般的及在其本身来说的事物的应用;其经验性使用就是一个概念仅仅对于出现的应用,即对于可能经验的对象的应用。从下面的几种考虑就看得明白,概念的后一种应用乃是惟一的一种行得通的应用。首先,在每一个概念中,我们都要求有一般(思想的)概念的逻辑形式,其次,要求有给这个概念一个能适用的对象之可能性。如果一个概念没有这样一个对象,虽然它还可以包含从任何呈现出来的材料制定一个概念所需要的逻辑作用,但它却是毫无意义且完全缺乏内容的。可是,除了直观之外不能有给概念以其对象的别的方法;因为,虽然一个纯粹直观确能在验前而先行于它的对象,但是甚至这种直观也只有通过作为其纯然形式的经验性直观才能获得它的对象,因而获得它的客观有效性。所以一切概念,连同一切原理,以至验前是可能的原理,都和经验性直观有关系,即和一种可能的经验之材料有关系。离开这种关系,这些概念等等都没有客观有效性,而且就其表象来说,这些概念等不过是想像力或知性的单纯游戏而已。我们试以数学的概念为例,首先在其纯粹直观上考虑它们。空间有三个向量;两点之间只能有一条直线等等。虽然这一切原理以及这门科学所从事研究的对象的表象都是完全验前产生于心中的,但是如果我们不是能够在出现中,即在经验对象中,表现它们的意义,它们就是毫无意义的。所以我们要求一个与感性分开的①概念须成为可感知的,也就是要求有一个与概念相应的对象在直观中呈现出来。不然的话,这个概念就会如我们说的那样,是没有意思的,即毫无意义的了。数学家用作图的方法来满足这种要求,而图形虽是验前产生的,但却是呈现于各感官的一种出现。在数学中,量这个概念是在数里面寻找它的支持与感性意义②的,而数又在那些能摆在眼前的手指、算珠、条与点中寻

---

① "与感性分开的"之"分开的"一词,是原德文的 abgesonderten 之译(即离开一切感官成分的意思。英译为 bare)。——英译者

② 这里英译的 meaning 即原德文的 Sinn,依这英译,当中译为"意义",而穆勒尔英译这词为 sense,我们的中译是依前一英译的。——中译者

找其支持与感性意义。概念本身,就其起源来说,总是验前的;但是它们的使用及它们对于称为其对象的关系,归根到底,还只得求之于经验,而这些概念则包含着经验的可能性的形式条件。

B300

A241

从下面的考虑就可以看出,一切范畴以及从范畴得出来的原理都像上面所讲的那样。我们不立刻下降到感性的条件,即是说,不下降到出现的形式(出现作为范畴的惟一对象是必须限制范畴的),就不能在任何实在的①方式上为任何一个范畴下定义,即不能使其对象的可能性成为可理解的②。因为如果我们去掉这种条件,则一切意义,即对对象的关系就消逝了;而我们就不能通过任何实例使我们自己理解这样一个概念意指的是哪一种东西。*

[261]

一般量的概念绝不能加以解释,只能说它是事物的这么一种确定,使我们从而能够想到在它里面有多少倍所设定的单位。但是这种"多少倍"基于前后相继的重复,因而基于时间与时间中的同质东西的综合。只有在我们想到(作为包括一切存在的③)时间为存在所充实或为空洞的时

---

① 这里的 real(中译为"实在的")是第 2 版增加的。——英译者。从这增加的一个词,斯密就译为 in any real fashion,我们的中译是照这英译重译的。——中译者

② 这个解释子句是第 2 版增加的。——英译者

* 据英译者,在第 1 版的这段之后为第 2 版删去的有以下一段:在上面关于范畴表的叙述中,我们曾省免了为每一个范畴下定义的任务,这是因为我们当时的意图只是有关于范畴的综合使用,所以就不需要这种定义,而我们也没有必要多此一举对我们能够省免的负起责任。这并不是什么规避,而是一种重要的慎重准则,就是只要我们用概念的一种或别的一种属性就能达成我们的目的,而并不需要完全枚举构成整个概念的一切属性,我们就不着手去做下定义的工作,企图或宣称要在一个概念的确定中达到完整性与精确性。但是我们现在却看到这种慎重态度的根据是更深刻的。我们体会到即使我们想要替范畴下定义,我们也做不到。[我这里是

A242 指实在定义说的——实在定义不只是以可理解的词句来代替一个事物的名称,而且是含有一个清楚的属性,我们用这种属性就使所下定义的对象定能确定为人所认识,而且使所说明的概念在应用上有用。实在的说明就是这种说明,它不但使所说明的概念成为明晰的,而且又使它的客观实在性变为明晰的。按照概念在直观中呈现其对象的数学说明就属于这后一类的说明。——康德自注]因为如果我拿掉了一切区别范畴为可能经验性使用的概念的感性条件,而把范畴看作一般事物的概念,因而是先验使用的概念,那么我们就只得把判断中的逻辑机能看作事物本身的可能性的条件,丝毫不能指出范畴怎样能应用于一个对象,即范畴离开感性怎样能在纯粹知性中有其意义与客观有效性。

③ "作为包括……的"是原德文的 als den Inbegriff von 之译。英译为 as containing。——中译者

候,才能说明实在性与否定性的对比。如果我丢掉永恒性(这是在一切时间中的存在),在实体的概念中,除了只是主体的逻辑表象以外,就没有任何东西剩下来——这一种表象是我努力把它想象为只能作主体存在,而绝不能作述项存在的某东西来实现①的。但是,我不知道这种逻辑优越性可以属于任何东西要有什么条件;而且我也不能把这样一个概念用在任何地方,更不能从它推出丝毫的结论来。因为在这些情况下,并没有确定能够使用这个概念的任何对象,结果我们就不知道这个概念是否指示什么东西。如果我们从原因这个概念,除去某东西按照规则继某另一东西而起所占的时间,那么,在这个纯粹范畴里我所发现的,不过是我们能够由以推论到某另一个东西的存在的某种东西而已。假使是那样的话,不但我们无从辨别原因与结果,而且由于对作出这种推论的能力所需要的种种条件我毫无所知,所以,关于这个概念是怎样适用于任何对象的,并没有任何指示。凡是偶然的事物都是有其原因的,这个所谓原理,诚然有其崇高尊严,以堂堂皇皇的姿态出现,但是如果我问,所谓偶然的是什么意思,你会回答说:"偶然的就是它的不存在是可能的。"那么我想要知道,你怎么能确定它的不存在的可能性,除非你在一系列的出现中表现一种前后相继,而在这前后相继里存在跟在不存在的后面(或者相反)——这就是一种变动。因为说一个事物的不存在,并不是自相矛盾的,乃是对一种逻辑条件的不中用的上诉,虽然这种条件是概念所必需的,但是以实在的可能性来说,这种条件是远远不够的。我在思想中可以拿掉任何存在着的实体而并不自相矛盾,可是我们不能从而推论到这些实体在存在中的客观不必然性,即不能推论到它们的②不存在是可能的。关于相互作用(德文的 Gemeinschaft)这个概念,我们容易看出,由于实体与因果作用这两个纯粹范畴不容许有确定其对象的说明,所以关于实体在关系中的交互因果作用(commercium,又译相互往来),也不能有任何这样的说明。只要可能性、存在和必然性的定义只能在纯粹知性里去寻找,这些定

---

① "实现"是原德文的 realisieren 之译。——中译者

② 这里依 Vaihinger 读 seines(它的)为 ihres(它们的)。——英译者 如读"它的",这代名词就是指不必然性说,读"它们的"则是指实体说的,查 Cassirer 1922 年柏林版仍照原读,似难理解,所以我们中译为"它们的"。——中译者

义能得到其说明,只是通过一种明显的同语反复。因为以这概念的逻辑可能性(即这概念的不自相矛盾)来代替事物的先验可能性(即一个对象相应于这概念)只能欺骗思想简单的人而使之满意*(a)。

[264]
B303　　从上面所讲的一切所得出的不可争辩的结论就是,知性的纯粹概念绝不容许有其先验的① 用途而总是只有其经验性用途。并且,纯粹知性的原理只能在可能的经验的普遍条件下应用于感性的对象,绝不能不问我们能够直观到这些对象的方式而应用于一般事物。

　　因此,先验分析论就导致这一重要结论:知性在验前所能做到的最多是预测一般可能的经验的形式。凡不是出现的东西,既然不是经验的对象,知性就永远不能超出对象必须在其里面才能被给予我们的感性限度。
A247　知性的原理只是阐明出现的一些规则;而冒昧地认为能够在系统学说的

A245　　* 据英译者,在第1版里接着这段而为第2版删去的还有下面一段:认为应该有一个具有意义而不能加以说明的概念,这种说法含有某种奇怪甚至悖理的东西。但是范畴却具有这种特点,即只是由于感性的一般条件,范畴就能具有一种有确定性的意义以及对任何对象的关系。可是当这种条件从纯粹范畴省掉时,纯粹范畴所含有的就不能是别的东西,而只是那种把杂多从属于概念的逻辑机能。只通过概念的这种机能或形式而没有别的东西,我们绝不能知道并辨别什么对象是从属于这个概念的,因为我们已经抽去对象能从属于这个概念所必须具备的惟一感性条件。结果就是除了知性的纯粹概念以外,范畴还要有应用于一般感性的一些确定(即一些图型)[这里依 Valentiner 读 Schema("图型"单数)为 Schemata("图型"复数)。——英译者。所以前面的"范畴"就应是复数。——中译者]。离开这种应用,范畴就不是"通过它一个对象而为人所知并和其他对象区别开来"的概念,而只是思想可能的直观对象的一些方式,以及只是在所需要的别的条件下,按照知性的某种机能给这种对象以其意义的一些方式,也就是替这种对象下定义的一些方式。但是范畴本身是不能有定义的。一般判断的逻辑机能,如单一性与多数性、肯定与否定、主体与述项,都不能一直是在循环方式上来下定义。因为定义本身必须是一个判断,而这样就必须已经含有这机能。所以,就直观的杂多必须通过这些逻辑机能的某一种而被思维这点来说,纯粹范畴无非是一般事物的表象。量就是这种确定:它只能通过具有量的判断(即一般量的判断——judicium commune)才能被思维;实在性是那种确定:它只能通过肯定判
A246　断才能被思维;实体是那东西:在其与直观的关系上必须是一切其他确定的最后的主体。但是,需要这些机能的一种而不是别的一种的东西,到底是什么东西,这是完全没有确定的。所以,范畴离开了感性直观的条件(范畴就含有感性直观的综合)就与任何有确定性的对象都没有关系,所以就不能替任何对象下定义,从而在其本身里就没有客观概念的有效性。

　　(a)　总而言之,如果拿掉一切感性直观,即我们具有的惟一一种直观,那么就没有一个概念能够在任何方式上证实它自己,以便说明它的实在可能性。那时就只剩下逻辑的可能性,即是
B303　说这个概念或这个思想是可能的。可是那并不是我们所讨论的东西,而我们所讨论的乃是这个概念是否和一个对象有关系,因而指示某种东西。——康德自注

　　①　康德在《补遗》(Nachträge xxi)里,改这词为 realen(实在的)。——英译者

形式上提供关于一般事物的综合验前知识(例如因果作用原理)的本体论这种夸耀的名称,就必须让位于纯粹知性的一种纯然分析论这个谦虚的称谓了。

思想是使所予的直观和一个对象发生关系的活动。如果这直观的样式①没有给予出来,这个对象就只是先验的,而知性的这个概念就只有先验的用途,即只是作为一般杂多的思想的统一性。对我们来说,惟一可能的直观就是感性的直观;在纯粹范畴里,感性直观的任何条件都是抽掉的。所以通过一个纯粹范畴就没有任何对象是被确定的。因此,那时一个纯粹范畴只按照各种不同的样式表示关于一个一般的对象的思想。可是一个概念的使用包括一个对象由以②包摄在这个概念下的判断力③的一种作用④,从而至少包括一种形式条件,某种东西正是在这种条件下才被给予出来,如果缺乏判断力的这种条件(即图型),一切包摄就变为不可能的了。因为假若如此,那就没有能包摄在这个概念之下的任何东西被给予出来。所以,范畴纯然先验的使用实在并不是什么使用⑤,并且没有任何有确定性的对象,甚至没有在它的单纯形式上可确定的对象。因此,结论就是:纯粹范畴是不足以成为一条综合的验前原理的,纯粹知性的原理只有经验性的使用,绝无先验的使用,而且在可能的经验的范围以外,不能有任何综合的验前原理。

所以,像下面这样表达这种情况可能是适当的:离开感性的形式条件,纯粹范畴就只有先验的意义;可是它们又不可在先验上使用,因为这样的使用,在其本身来说,是不可能的,由于这些纯粹范畴缺乏在判断中⑥任何使用的一切条件,即缺乏任何所谓⑦对象由以包摄于这些范畴之下的

---

① "样式"是原德文的 Art 之译,即确定种类的样式。——中译者
② "由以"是英译所用的 whereby 之译。据英译者,这词是依 Erdmann 读原德文的 worauf(所自出)为 wodurch(所通过)之译。德文的 wodurch 是指同子句的"作用"说的。——中译者
③ "判断力"是依英译者注为原德文的 Urteilskraft 翻译的。——中译者
④ "作用"是原德文的 Funktion 之译。它原是从拉丁文的 functio 来的。这词本作"性能"讲,所以上文曾中译为"机能";但康德用这词常常是当"作用"讲的。——中译者
⑤ 康德(见《补遗》,CXXVII)在这里加上"for the knowing of anything"(为着知道任何东西)。——英译者
⑥ "在判断中"是原德文的 in Urteilen 之译。——中译者
⑦ "所谓"是英译为 ostensible 的原德文的 angeblichen 之译。——中译者

形式条件。既然仅仅是作为纯粹范畴,它们就不能在经验上使用,而且它们又不能在先验上使用,那么,当它们与一切感性分开时,就不能在任何方式上被使用,这也就是说,它们不能用于任何表面上可算为①对象的东西。它们乃是关于一般对象的知性之使用的纯粹形式,即思想的纯粹形式;但是既然它们只是思想的形式,所以仅仅通过它们并不能思想,或确定任何对象。*

---

① "表面上可算为"也是原德文的 angeblichen 之译。——中译者

[A249] * 据英译者,下面是第 2 版中所删去的第 1 版的原文:种种出现,就其按照范畴的统一性而被思维为对象来说,称为现象(Phaenomena)。但是,如果我们所设定的事物是知性的单纯对象,它能够作为此知性的单纯对象被给予一个直观——虽然不是给予一个[依 Vorländer 读 der(这个)为 einer(一个)。——英译者]感性的直观,因此[依 Vaihinger 读 als(作为)为 also(因此)。——英译者]就是被给予一个知性的直观(coram intuitu intellectuali)——这样的事物就称为本体(noumena 即 intelligibilia)。

[267] 可是我们必须记住,出现这个概念,像先验感性论所加以限制的那样,已经自行指出本体的客观实在性,并且使我们有正当的理由把对象划分为现象与本体,从而把世界划分为感性世界与知性世界(mundus sensibilis et intelligibilis),并且是以这种方式划分的:它不只是按照我们关于同一个事物的知识明晰或不明晰这种逻辑形式,而是按照这两个世界始初能被给予我们的知识的方式之不同,由于这种不同方式,就使这两个世界在其本身来说在其发生的方式上彼此有种类上的分别。因为如果感官仅仅是把某东西作为像它出现的那样向我们表现,这个某东西在其本身来说,也必须是一个东西,而且必须是一种非感性的直观的对象,即知性的一种对象。换句话说,必须有[一种]知识是可能的,而在这种知识里面,并没有感性,而且只有这种知识才有绝对客观的实在性;通过这种知识,对象将如实地被表现,而在我们知性的经验性使用上,事物[A250]只是像它们出现的那样为人们所知。如果是这样,我们就得出结论,我们不能肯定我们所一向主张的东西,即不能说,我们知性所产生的知识的纯粹方式不过是阐明出现的原理,在这些原理的验前应用上也只和经验的形式可能性有关系。与此相反,我们应该承认,除范畴局限于感性条件的经验性使用之外,还有一种纯粹的然而又是客观上有效的使用。因为有一种完全和感性境界不同的境界会展现在我们的面前,这是一个似乎在精神中被思维的(甚至也许是直观到的)世界,因而,这个世界对知性来说是个非常高贵、而不是不那么高贵的沉思对象。

[268] 诚然,我们一切表象都被知性归属于某一对象;既然一切出现无非是表象,所以知性就认为它们是属于作为感性直观的对象的某东西。但是就其这样来作想[这里的英译 thus conceived(中译为"就其是这样来作想")是原德文的 in so fern 之译。——英译者]的某种东西只是先验的对象;这也就意味着某东西=x,对于这等于 x 的某东西,我们是一无所知的,而且就我们知性现有的构造来说我们对它也不能知道什么;但是这种东西作为统觉的统一性的相对物,只能对于感性直观中的杂多的统一性有用。知性用这种统一性来把杂多联成一个对象的概念。这种先验对象不能从感官的材料分开,因为如果分开的话,就没有剩下这个对象通过它就可以被思维[A251]到的任何东西。因此,在其本身来说,先验对象不是知识的对象,而只是在一般对象这个概念之下作为出现的对象——一般对象这个概念是通过这些出现的杂多才被确定的概念。

①但是我们在这里容易遭到一种难以逃避的幻象。以其起源来说，范畴不像直观的形式(空间与时间)那样以感性为根据；因而范畴看来好像可以有一种扩充到感官的一切对象以外的应用。事实上，范畴不过是思想的形式，只包含着验前把直观中所予的杂多统一在一个意识里面的纯然逻辑的能力；因而离开对我们说来的惟一可能的直观，则各范畴甚至还不如纯粹感性形式有意义。通过纯粹感性形式，至少还能有一个对象

[266]

B306

正因为这种缘故，范畴并不表现只给予知性的特殊对象，而只是用来——通过在感性中被给予的东西——确定作为一般某东西的概念的先验对象，以便由于这种确定而在对象的概念下从经验上知道种种出现。

[269]

我们不满足于感性的基体，因而就要在现象之上增加只是纯粹知性才能思想得到的本体，简单的说，其原因如下：感性(以及它的领域，即出现的领域)，其本身是为知性在这种方式上所限制，即它和物之在其本身毫不相干，由于我们的主观构造，只能和这种事物出现的方式有关，全部先验感性论的教训曾导致这种结论；当然，从一般的一个出现这个概念也会得出同样的结论：在其本身来说不是出现的某东西必须和出现相应。因为在我们表象的方式之外，单独的出现是不能成为任何东西的。所以，除非我们在不断地兜圈子，就必须承认出现这个词已经表示对某种东西的一种关系，而某东西的直接表象诚然是感性的，但是，就它离开我们感性的构造(这是我们直观的形式所依据的)来说，这个某东西必须是在其本身来说的某东西，即独立于感性的一个对象。

A252

[270]

这样就产生本体这个概念。这个概念，诚然决不是积极的，并且不是关于任何东西的有确定性的知识，而只表示关于某东西的一般思想，在这种思想里，我抽掉了任何属于感性直观的形式的东西。但是，为了使一个本体可以表示和一切现象可分辨开来的一个真正的对象，我使我的思想脱离感性直观的一切条件的限制还是不够的；我必须同样有根据来假定一种不同于感性直观的另外的直观，而在这种直观里这样的一个对象就是可以被给予出来的。因为不然的话，我的思想诚然没有矛盾，但还是空洞的。我们诚然没有能够证明感性直观是惟一可能的直观，而只证明它对我们来说是惟一可能的直观；但是我们也没有能够证明另一种直观是可能的。因此，虽然我们的思想能抽掉一切感性，但是本体这个念头是否不是一个概念的一种纯然形式，而且当思想与感性分开之后，是否还留下什么对象来，却依然是个悬而未决的问题。

[271]

A253

我使一般出现与之发生关系的对象，乃是先验的对象，即关于一般的某东西这个完全无确定性的思想。这种先验的对象不能称为本体；因为关于它在其本身来说是什么，我毫无所知，而且除了它只作为一般感性直观的对象，从而作为对一切出现来说都是同一个东西之外，我对它毫无概念。我不能通过任何范畴[依 Rosenkranz 读 Kategorien(复数)为 Kategorie(单数)。——英译者。 我们中译的"任何范畴"可作单数解。——中译者]去思维它；这是因为一个范畴只对经验性直观有效，它把这种直观归属于一个一般对象的概念之下。范畴的纯粹用途，在逻辑上诚然是有可能的，就是说没有矛盾的；但是这种用途没有客观有效性，因为那时范畴不是应用于任何直观而赋予直观以对象的统一性；范畴乃是思想的一种单纯作用，没有任何对象通过它而被给予我们，而我只是用它去思想可以在直观中被给予出来的东西。

① 据英译者，以下四个段落，即从这句起到下文的"在消极的意义上的事物来理解"为止(下文英译本的 P270)是第 2 版增加的。——中译者

被给予出来,而联结杂多的方式——这是我们知性所特有的方式——在没有杂多只能在其里面被给予出来的那种直观时,就完全没有表示什么。与此同时,如果我们把作为出现的某些对象称为感性的存在物(Sinnenwesen),即现象,那么,既然我们是把我们直观到对象的方式和属于在其本身来说的对象的性质区别开来,在这种区别里所蕴含的就是:我们把在其本身来说的对象(在其原有的性质上来考虑,虽然我们不能直观到它们),和感官的存在物对立起来,或者说把其他不是我们感官的对象,而只通过知性被思想为对象的那些可能的东西,和感官的存在物对立起来,因而我们就称在其本身来说的对象为知性的存在物(Verstandeswesen)即本体(Noumena)。那么这个问题就发生了:我们知性的纯粹概念关于本体是否有意义,因而能够成为认识本体的一种方式呢?

[267]

可是一开始,我们就碰见一种可能惹起严重误解的双关语。知性在某种关系上称一个对象为纯然的现象,而与此同时,在离开那种关系时,知性却形成了关于在其本身来说的对象的一个表象,并因而表现它自己也能形成这种对象的概念。而知性既然不产生范畴以外的任何概念,所以就又假定,对象在其本身来说至少必须通过这些纯粹的概念而被思维,从而误以为一个知性的存在物的完全无确定性的概念,即我们感性以外的一般某东西的完全无确定性的概念,乃是知性以某种[纯粹知性的]方式就可知道的一种存在物的有确定性的概念。

B307

[268]

如果我们所谓"本体"是指一个就其不是我们感性直观的对象,因而抽掉了我们直观它的方式的东西,这就是在消极意义上的本体。但是,如果我们把本体理解为非感性直观的对象,那么,我们就是预先假定有一种特殊的直观方式,即知性的方式,而这种方式我们是不具有的,甚至它的可能性也是我们所不能理解的。这就是在积极意义上的本体。

感性学说同样是本体在其消极意义上的学说,即关于这些东西的学说:这些东西是知性不涉及我们直观的方式而必须思想的,因此就不只是作为出现,而是作为在其本身来说的东西来思想的。同时知性很清楚地知道,在这样看事物时,就是当离开我们直观的方式来看事物时,知性是不能利用范畴的,因为范畴只在和空间与时间中的直观的统一性之关系上才是有意义的,甚至范畴能借助于一般验前的连接概念而确定这种统

[269]
B308

一性,也只是由于空间与时间的单纯观念性。在没有时间的这种统一性的情况下,因而在本体的情况下,范畴的一切用途,甚至范畴的整个意义,都会完全消逝;因为那时我们无法确定和范畴一致的事物甚至是否有其可能。关于这一点,我只须请读者参看我在前章附录的一般注解开头的几句话①。一个事物的可能性绝不能只由它的概念不自相矛盾这一事实而证明,而要通过它与之相应的某种直观才能证明。所以,如果我们企图把范畴应用于不是我们看作出现的对象,我们就要假定不同于感性直观的一种直观,而这样一来,对象就是在积极意义上的本体了。可是,由于这一类型的直观,即知性的直观,并不形成我们知识能力的任何一部分,所以范畴的使用就绝不能扩张到经验的对象以外,诚然,和感性存在物相应的当然是知性存在物,这是无疑的;即使如此还可能有和我们直观的感性能力毫无关系的知性存在物;但是我们知性的概念,由于它们是我们感性直观的思想之纯然形式,就完全不能应用于这些知性存在物。所以我们所称为"本体"的东西就必须只作为在消极的意义上的事物来理解。

[270]

如果我从经验性知识抽掉一切(通过范畴的)思想,就没有关于任何对象的知识剩下来。因为通过纯然直观,没有任何东西是被思维的,而感性之被刺激是在我里面的这一事实并不就等于这样的表象对于任何对象的关系。可是,如果另一方面,我把一切直观都置之不理,那就还剩下思想的形式——对于可能的直观的杂多确定一个对象的方式。于是范畴就扩张到感性直观以外,因为范畴思想到一般对象而不管对象可以被给予出来的特殊方式(即感性)。但是范畴并不因此就确定了对象的更大范围。因为我们不预先假定有不同于感性直观的另一种直观的可能性,就不能认为这样的对象能被给予出来;而我们绝无正当的理由来预先假定有这另一种直观。

A254

[271]

如果一个概念的客观实在性是我们无法知道的,但这个概念并不含有矛盾,而且同时又和知识的其他方式——这知识包含有该概念所限制的各个所予的概念——相联结,我就称该概念为盖然性的。一个本体的概念——即不是作为感官的对象而被思维,而只是通过一种纯粹知性,作

B310

---

① 英译本上面的 P. 252 即 B288。——英译者

为物之在其本身而被思维的这种事物的概念——这绝不是矛盾的。因为我们关于感性不能断言它是惟一可能的直观。而且为了防止感性直观扩张到物之在其本身,以便对感性知识的客观有效性加以限制,本体这个概念是必需的。感性直观所不适用的其余一些东西①就称为本体,这为的是要说明感性知识不能把它的领域扩张到知性所思想到的一切事物上去。但是我们仍然不能了解这样的本体是怎样会成为可能的;而且也不能了解处在出现范围以外的领域对我们来说怎样是空虚的。那就是说,我们有一种也许可能扩张到更远的知性,但是我们没有任何直观;其实,甚至连这种可能的直观——感性领域以外的对象可以通过它而被给予出来,知性可以通过它而断然在感性领域以外被使用——的概念都没有。所以本体这个概念仅仅是限制性的概念,其作用是要抑制感性的僭越;因而它就只有消极的用途。与此同时,这个本体概念并不是任意的虚构;虽然它不能在感性的范围之外肯定什么积极的事物,但是它却和感性的限制结合在一起。

所以,对象划分为现象与本体,世界划分为感性世界与知性世界,就其积极的意义来说②,是完全不容许的,虽然把概念区别为感性的与知性的确是合理的。因为没有任何对象能为本体与知性世界的概念所确定,而其结果,这些概念就不能肯定是客观有效的。如果丢弃了感官,我们怎么可以设想我们的范畴(它将是给本体留下来的唯一概念)仍然继续表示某种东西呢?因为这种范畴对任何对象的关系,除了思想的单纯统一性以外,还必须有别的东西被给予出来,即必须有范畴可以适用的可能直观。然而如果本体这个概念仅仅是在盖然性意义上来理解,它就不但是可容许的,而且作为对感性的限制,还是不可少的。但是假使那样,本体对我们的知性来说,就不是一个特殊对象,即不是一个知性的对象了;它可能隶属的是什么[一种]知性,这本身就是一个问题。因为我们毫无办法来想象这样一种知性的可能性,这种知性不是通过范畴论证式地知道它的对象,而是在一种非感性的直观里直观地知道它的对象。我们的知

---

① "其余的一些东西"是英译的 the remaining things 之译。这英译是英译者据 Erdmann 读 das übrige(单数)为 die übrigen(复数)的。——中译者

② 这个短语是第 2 版增加的。——英译者

性通过本体这种概念所获得的东西,乃是一种消极的扩张;那就是说,知性不是由于感性而受到限制;与此相反,知性把本体这个名词用于物之在其本身(即不是作为出现者的事物),知性本身就限制了感性。但是在知性限制感性的过程中,知性同时也限制了自己,认识到它不能通过任何范畴而知道这些本体,而且认识到它只能在未知的①东西这个名称下来想这些本体。

在近代哲学家的作品中我发现感性世界(mundus sensibilis)和知性世界(mundus intelligibilis)(a)这两个名词的用法和古人所用的意义完全不相同——近人所用这两个名词的意义是容易理解的,但是所得的结果只是词句的空洞游戏。按照这种用法,有人就认为可以把出现的总和,就其是被直观的来说,称为感官世界,而就其联结是按照知性的规律而被思维的来说,就称为知性世界。单只讲授关于星空的观察性的②天文学就是关于前者[即感官世界——中译者]的说明;另一方面,按照哥白尼的体系或者牛顿的引力定律所讲的理论的天文学就是说明第二种世界,即可知的世界的。但是这种对名词的曲解只是诡辩的狡猾手段;它企图变换问题的意义来适合我们自己的方便,以求避免那个麻烦的问题。诚然,知性与理性都是用来处理出现的;但是所要解答的问题乃是,当对象不是一个现象(即是一个本体)时,知性与理性是否还有另一种使用;而当对象被思维作仅仅是知性的,即被思维作只是给予知性而不给予感官的时候,对象就是在后一种意义上〔即作为本体〕被理解的。所以问题就是,除了知性的经验性使用以外——甚至除了在牛顿的那种宇宙构成的说明中知性的使用以外——是否还有一种与作为对象的本体有关的先验的使用之可能,我们对这个问题的答复是否定的。

A257

B313

[274]

――――――

① 注意:这里"未知的"是原德文的 unbekannten 之译。旧译这词为"不可知的"是错误的。——中译者

(a) 我们必不可像通常德国的解释那样,用"知性世界"这个名称来代替"可知世界"(mundus intelligibilis)这个词:因为只有知识的方式才是知性的或感性的(intellektuell oder sensitiv)。只能是某种直观的对象的东西才必须称为可知的或可感觉的(虽然这是难听的)。——康德自注

② "观察性的"和后面的"理论的"这两词是依 Wille 的读法将原版的 theoretische 与 kontemplative 这两词互换过来的。——英译者  我们的中译是依这异读的。但 Cassirer 1922 年的柏林版仍依原读。——中译者

所以，在我们说感官是如其出现那样表现对象，而知性是如实表现对象的时候，对后一种说法，我们不能在名词的先验意义上，而要在其纯然经验性意义上去理解，就是说，我们要把后一陈述的意义理解为：对象必须被表现为经验的对象，即被表现为彻底相互联结的出现，而不能理解为，这些对象可以离开对可能的经验的关系，因而可以离开对任何感官的关系，而作为纯粹知性的对象。纯粹知性的这种对象永远不是我们所知道的；我们甚至永远不能知道这种先验的或者说非正常的①知识是否在任何条件下有其可能——至少，这种知识是否和属于我们通常的范畴的知识同为一类，是不可能知道的。对我们来说，只有当知性与感性联合被使用时，它们才能确定对象。当我们把这二者分开时，我们要么有直观而没有概念，要么有概念而没有直观——在这两种情况下，我们都是有了一些表象，但不能把它应用于任何有确定性的对象上去。

如果有了这一切解释之后，还有人不愿意立刻放弃范畴的纯然先验使用，那就让他去试试从范畴得到一个综合的命题罢。一个分析命题是不能使知性前进的；因为这种命题既然只是和已经在概念里想到的东西有关，所以这概念在其本身来说，是否与对象有任何关系，或者只是表示一般思想的统一性，即完全抽掉对象可以被给予出来的方式的这种思想的统一性，这个问题是悬而未决的。知性[在其分析的使用上]仅仅在于知道处在这个概念里的东西，而对于这个概念所能适用的对象则漠不关心。所以上面所说的尝试必须是针对一个综合的同时又为先验的原理，例如"凡存在的东西都是作为实体而存在，或者作为依存于实体的一种确定而存在"，或者"凡是不一定存在而事实上存在的东西，是作为另一东西(即它的原因)的结果而存在的"，等等。那么，我就要问：当概念不是应用在其对于可能经验的关系上，而是应用于物之在其本身(即本体)时，知性能从哪里得到这些综合的命题？综合命题总是需要有第三者，然后以这第三者为媒介而把原来没有逻辑(分析的)亲和性的概念互相联结起来。试问在上述的例子中，那第三者是在什么地方？不求援于知性的经验性

---

① 这里英译为 exceptional 的是原德文的 ausserordentliche 之译，Vaihinger 读这词为 aussersinnliche——英译者。 但英语的 exceptional 不大确切，所以我们依原德文中译为"非正常的"。——中译者

使用,从而完全离开纯粹而非感性的判断,综合命题就绝不能得到建立,不但如此,甚至都不能说明任何这种纯粹说法的可能性。所以纯粹而纯然的知性对象这个概念,是完全缺乏一切能使它的应用成为可能的那种原理的。因为我们不能想到这样的知性对象能由以被给予出来的任何方式。对这种知性对象留有余地的盖然性思想,像空洞的空间一样,只用来限制经验性原理,而其本身并没有包含或启示经验性原理范围以外的任何其他知识对象。

附录 反思概念①的歧义

从知性的经验性使用与先验使用的混淆而起的反思②

反思(reflexio)并不涉及有关对象本身的研究而想要从对象直接得出概念来,它是这么一种心理状态,在这种状态下我们首先从事于发现我们在能够达到概念的过程中所必备的主观条件。反思乃是所予对象对于我们知识各种不同来源的关系的意识;只有通过这种意识,我们才能正确地确定知识的各种来源相互间的关系。在对表象③的一切进一步讨论以前,我们必须首先提出这个问题:我们的种种表象是在哪一种知识能力里面联结起来的? 从而④结合或比较表象的是知性抑或是感官? 许多判断为人所接受是由于习惯使然的,或者是根据个人的爱好;而由于事前没有反思,或者至少事后没有对判断加以批判,我们就把它当作起源于知性的了。诚然不是每一个判断都需要有检查(即注意到判断的真实性的根

---

① "反思概念"是原德文的 der Reflexionsbegriffe 之译。——英译者
② "反思"是康德据拉丁文的 reflexio 而译为德文 Überlegung 的中译。这词原是"再三思考"即"熟思"的意思。有中译为"反省"的。——中译者
③ 依 Erdmann 读原德文的 Vorstellung(单数)为 Vorstellungen(复数)。——英译者
④ 依 Erdmann 读原德文的 vor 为 von——英译者。　既读为 von,所以我们的中译就是"从而"。——中译者

据);因为如果判断是直接确实的(例如两点之间只能有一条直线这个判断),那就再没有比这判断本身更好的真实性的证据了。但是一切判断,

[277] 其实一切比较,都需要反思,即是需要对所予的概念之所从属的知识能力进行辨别。我用来使表象之相互比较和这种比较所属的知识能力相对证,且用来辨别这些互相比较的表象是属于纯粹知性,抑或属于感性直观的这一种活动,我称为先验反思。概念在心的一种状态里①所能有的各种相互关系②就是同一性与差异性,一致与相反,内部与外部,以及可确定的与确定(即质料与形式)。正确地确定这些关系依据对这个问题的解答:概念是在哪一种知识能力里面主观上互相隶属的——是在感性里面还是在知性里面?因为知识能力的彼此差异使我们得以想到这些关系的方式有很大的不同。

A262　　在构成任何客观的判断以前,我们对概念进行比较,在它们里面发现③同一性(许多表象在一个概念之下的同一性)以求得全称判断,发现
B318 差异性以求得特称判断,发现一致以求得肯定判断,发现相反以求得否定判断,等等。因为这个缘故,我们似乎应该称上述的概念为比较的概念(conceptus comparationis)。可是,如果问题不在逻辑的形式,而在概念的内容,即事物本身是同一的抑或差异的,一致的抑或相反的,等等,那么既然事物对我们的知识能力能够有两种关系,即对感性的关系和对知性的关系,则对事物互相隶属的方式之确定,也就是事物在这点[即对知识能力的关系——中译者]上所归属之处④。因此之故,所予表象相互之间的关系只能通过先验反思,即通过表象对两种知识中的这种或那种关系[之意识]才能确定。事物是同一的或差异的,一致的或相反的,等等,不能立刻从概念本身通过单纯的比较(comparatio)而得到决定,惟有借助

[278] 于先验的考虑(即反思),通过事物所属的知识能力的辨别,才能决定。所

---

① "在心的一种状态里"是原德文的 in einem Gemütszustande 之译。——中译者
② "关系"(英译的 relations)用复数是依 Hartenstein 的异读的。——英译者　但 Cassirer 1922 年的柏林版仍读为单数。——中译者
③ 这里依 Erdmann 增加德文的 zu treffen(英译为 to find;而中译为"来……发现"。)——英译者
④ 即属于感性或属于知性。——中译者

一、先验原理论

以我们可以说,逻辑性反思是一种单纯的比较活动;因为,既然我们完全不考虑所予的表象属于哪一种知识能力,一切表象,就它们在心中的位置来说,就必须看为是同一等级的。但是先验反思就不同,既然它对于对象本身有关,它就包含着表象的相互客观比较之可能性的根据,因而就完全不同于前一①类型的反思,其实这两种反思甚至不属于同一个知识能力。这种先验的考虑乃是一种义务,凡对于事物想要作出任何验前判断的人,都不能规避这种义务。我们现在就来尽这义务,而这样做时,对于确定知性的实际任务必将获得不少的启发。

1. 同一性与差异性——如果一个对象在不同的场合出现,但总是以同样的内部确定(质与量 qualitas et quantitas)出现,那么,如果我们把它当作纯粹知性的对象,它就总是同一的事物,即是一个事物(在数目上的同一性 numerica identitas),而不是多数的事物。但是,如果这对象是出现,我们就无须比较概念;即使就概念来看完全没有差异,而在同一个时间里,空间位置的差异仍然是这对象(即感官对象)数目上差异的充分根据。例如两滴水,我们能够完全抽掉一切(质与量的)内部差异,而这两滴水同时在不同的空间位置上为我们直观到,这个事实就使我们认为这两滴水在数目上不同的充分正当的理由。莱布尼茨把出现当作物之在其本身,从而把出现当作知性物(intelligibilia),即纯粹知性的对象(虽然,由于我们对出现的表象的性格是模糊不清的,莱布尼茨还是称这些出现为现象),而在那种假定上,他的不能辨别其差异的同一性原理(principium identitatis indiscernibilium)确是无可置疑的。但是,既然出现是感性的对象,在和这种对象的关系上,知性的使用并不是纯粹的,而只是经验性的,那么空间本身,即外部出现的条件,就已经给予我们以多数性与数目上的差异了。因为空间的一部分,虽然和另一部分完全同类而又相等,但仍然在那另一部分的外面,而正是由于这种缘故,它就是不同的一部分,和那另一部分相加时,就构成一更大的空间。一切同时在不同的空间位置上存在的事物,也必须是如此,无论它们在其他方面是怎样相似而又相等。

---

① 这里依 Vaihinger 读原版的 letzteren(后者)为 ersteren(前者)。——英译者

A265

2. 一致与相反——如果实在性只为纯粹知性所表现（即本体的实在性 realitas noumenon），在实在性之间就不能设想任何相反；也就是说没有任何这种关系，即：当这些实在性结合在同一个主体里时，彼此相消其结果而采取像 3－3＝0 的这种形式。另一方面，出现中的实在东西（现象的实在性 realitas phaenomenon）则确实容许有相反。当这样的一些实在

B321 性在一个主体里结合起来时，一个实在性的后果就可能完全或部分消灭另一个实在性的后果，例如在同一直线上的两种动力，就其在相反的方向上或吸引或抗拒来说，就是如此；又如愉快与痛苦的相消而平衡，也是如此。

3. 内部与外部——在纯粹知性的对象里面，只是那（就其存在来说）对任何与它本身不同的东西没有任何关系的，才是内部。空间中的现象实体（substantia phaenomenon）就完全不是这样，这种实体的种种确定无非是一些关系，而实体本身也完全是由纯粹的关系构成的。我们只能通过在空间中起作用的一些力才认识实体，这些力使其他对象与这实体接近（引力），或者阻止其他对象透入这实体（拒力和不可入性）。我们并不认识任何其他构成实体这一概念的属性，实体即是出现在空间中而被我们称为物质的东西。另一方面，作为纯粹知性对象的一切实体必须具有属于其内部实在性的一些内部确定与能力。但是，除了我们内感官能向我们呈现出来的那些偶性以外，还有什么内部偶性是我在思想

A266 中能接受的呢？这种内部偶性必须本身就是一种思想（ein Denken），否则就是与思想相类的东西。正因为这个缘故，由于莱布尼茨把实体看

B322 作本体，他才按他设想实体的方式，把凡是可以表示外部关系的东西，因而也包括合成都从实体中排除掉了，从而使一切实体，乃至物质的组

[280] 成部分，成为了具有表象能力的单纯主体——一言以蔽之，都成为单子（MONADS）了。

4. 质料与形式——这两个概念是其他一切反思的基础，这是由于它们和知性的一切使用不可分割地结合在一起。这两者之一［质料］表示一般可确定的东西，而另一个［形式］则表示这种东西的确定——两者都具有先验的意义，即抽掉了所予的东西的一切差异，并且抽掉了所予的东西所由以被确定的方式。从前逻辑家给普遍的东西以"质料"这个名称，而

给其特定的差异以"形式"这个名称。在任何一个判断中,我们都可以称所予的概念为逻辑的质料(即给定判断的质料),而称这些概念(通过系词)的关系为判断的形式①。在任何存在中,其组成的要素(即本质essentialia)就是质料,其组成要素由以结合为一个东西的方式就是本质的形式。就一般的事物来说,也是这样;我们是把未加以限制的实在性看作一切可能性的质料,其限定(否定)就是一个事物按照先验概念所由以区别于其他事物的形式。知性为要使它能在一定的方式上确定任何事物,就要求首先有某东西至少在概念里被给予出来。结果就是,在纯粹知性的概念里,质料是先于形式的;因为这个缘故,莱布尼茨就首先假定有一些物(即单子);而且假定在这些物里有表象的能力,以便后来在这种能力上建立这些物的外部关系和各种状态(即各种表象)的相互作用。按照这种见解,空间与时间——前者通过实体间的关系,后者通过实体自身当中的确定的联结——作为根据与后果就是可能的了。事实上,如果纯粹知性能直接用于对象,而且空间与时间又是物之在其本身之确定的话,事情就会必然像上面所说的那样。但是,如果空间与时间只是感性直观,我们在其里面确定的一切对象仅仅是出现,那么直观的形式(作为感性的一种主观属性)就先于一切质料(即感觉)了;空间与时间是在一切出现之先的,是在经验的一切材料之先的,并且其实是使经验成为可能的。主智派的哲学家②不能容忍把形式想作先行于事物本身而确定事物的可能性的东西——如果假定我们虽是在模糊的表象中,然而却像事物的实是那样直观事物,那么主智派哲学家的这种意见乃是完全正当的一种批评。但是,既然感性直观是一种完全特定的主观条件,验前处在一切知觉的基础上而作为知觉的始源形式,那么形式就是单独被给予的,而质料(或者说所出现的事物本身)就远不能充任基础(如果我们按照纯然概念,就应该要这样判定),相反,质料自身的可能性倒要预先假定有一种形式直观(即空间与时间),作为在先被给予的东西。

---

① 一般判断的形式就是以符号表示为 S—P。其所予的概念即 S 与 P。这两者就称为逻辑的质料,S 与 P 有了一定的系词,即"是"或"不是",把它们联系起来,就成为 S 是 P 或 S 不是 P,这就是判断的形式。——中译者

② 依穆勒尔的英译,这个"主智派哲学家"就是莱布尼茨。——中译者

反思概念歧义的附注

让我们称我们所指定的概念在感性里或在纯粹知性里所占的地位为概念的先验位置。于是按照其使用的不同对属于每一个概念的地位所作出的决定，以及按照规则给一切概念确定这种位置的种种指导，就统称为先验的位置论(die transzendentale Topik)。这种理论把概念在每一种情形中所应归属的知识能力分辨出来，就提供一种可靠的保障以防止纯粹知性的偷换使用以及由此发生的种种谬见。我们可以把每个概念、许多知识子目归列其下的每个项目，称为逻辑的位置。亚里斯多德的论证指归①(die logische Topik)即是以这种逻辑的位置为根据，它使教师和演说家利用来在指定的思想项目下发现什么是最适宜于当前的材料，从而以满有根据的姿态来进行论证或者表示其雄辩。

先验的位置论就不同，它所包含的不过是上述的一切比较和分辨的四个项目。这四个项目不同于范畴，是由于这个事实：即它们不是按照构成其概念的(量、实在性)东西以呈现出对象，而只是用来叙述前于事物之概念的表象在其一切杂多中的比较。但是，这种比较首先需要有一种反思，即位置的一种确定，就是确定比较的事物的表象所属的位置，亦即确定这些表象是纯粹知性所思维的，抑或是在出现中为感性所给予的。

我们能在逻辑上比较概念，毋须费力去弄清楚它的对象原来是属于哪种能力，即毋须去弄清楚它们的对象是知性的本体抑或是感性的现象。但是如果我们想要以这些概念来进展到其对象，首先就要有先验的反思来确定这些对象是哪种知识能力的对象，是纯粹知性的对象抑或是感性的对象。没有这样的反思，这些概念的使用便很不稳妥，足以引起一些臆断的综合原理，这种原理是批判理性所不能承认的，而且其所根据的不过是一种先验的歧义，即把纯粹知性的对象和出现混淆起来。

莱布尼茨由于没有这种先验位置论，就为反思概念的歧义所迷惑，这

---

① 这是亚里斯多德《逻辑六篇》之一。译者本人在《亚里斯多德逻辑》一书里把这篇的篇名译为"辩论常识篇"，经罗念生同志的批评后(见 1965.10.19《光明日报》)兹改译为"论证指归"，似比旧译法更妥恰。——中译者

位著名的学者于是就建立起一个世界的知性体系,或者更确切地说,他相信只要把一切对象和知性以及知性的思想之抽象的①形式概念相比较,就能获得关于事物的内部性质的知识。我们的反思概念表②给我们以一种意外的利益,把莱布尼茨体系一切部分的特征,同时也把他其实不过是以误解为基础的特殊思维方式的主要根据,一起摆在我们的眼前。莱布尼茨只是通过概念来比较一切事物,结果当然是除了知性借以把它的纯粹概念彼此区分开来的那种差别以外,没有发现任何其他的差别。他不把就自身常有差别的那些感性直观的条件看作始源的条件,因为在他看来,感性只是表象的一种模糊方式,而不是表象的一种特别来源。依他的见解来说,出现就是物之在其本身的表象。如他所承认的那样,这种表象确实在逻辑形式上与通过知性的知识有所不同。因为,由于这种表象通常缺乏分析,它就把某种伴随着表象的混合物带进事物的概念中来,而这种混合物是知性知道怎样从这种概念分开的。总而言之,莱布尼茨把出现知性化,正如洛克按他的心理论(Noogonie)——如果容许我用这个名词的话——把知性的一切概念感性化,即把知性概念解释为只不过是经验性的概念或由反思而来的抽象概念。这两位著名人物不在知性和感性中去寻求表象的两种来源,须知这两种来源虽然极不相同,但是只要在其互相联合之中就能提供事物之客观有效的判断。莱布尼茨与洛克各自只抓住其中之一,把它看作和物之在其本身有直接关系。这样一来,就把另一种能力看作为只能对那被抓住的能力所产生出来的表象加以混乱或整理了。

所以,莱布尼茨就是这样仅就知性来互相比较感官的对象,而把它们视作为一般的事物。第一,这些对象被知性判定为是同一的或差异的,这样来比较它们。由于在他面前只是对象的概念,而不是对象在直观中的位置(对象只有在这种位置上才是能被给予出来的),并且完全没有估计到这些概念的先验地位(不管是要把对象列为出现,或者列为物之在其本身),所以他就不得不把他的不可辨别其差异的同一性原理(这原理只对于一般的事物的概念才是有效的)扩充到包括感官的对象(mundus

---

① "抽象的"是原德文的 abgesonderten 这词之译。英译为 separated 是照字面翻译的。——中译者

② 见本附注的末段,即英译本 P、295~296。——中译者

phaenomenon 现象世界),而且相信他在这样做时,就大大地推进了我们关于自然的知识。确实,如果我知道一滴水在它一切内部的确定上是物之在其本身,并且如果任何一滴水的整个概念和任何其他每一滴水的整个概念是同一的,我就不能容许任何一滴水和任何其他一滴水有什么差别。但是如果一滴水乃是空间中的一种出现,它就不但在知性中(即在概念之下)有其位置,而且在感性的外部直观中(即在空间中)也有其位置,而物理的位置对于事物的内部确定是完全不相干的。一个位置 B 能含有一个完全和位置 A 中的另一个东西相类似而且相等的东西,正如内部极不相同的事物很容易是相类似而相等的那样。位置间的不同,不必任何别的条件,就使作为出现的对象之多数性与区别,不但可能而且是必然的。结果就是,上面的所谓规律[指不可辨别其差异的同一性原理——中译者]并不是什么自然律。它只是事物通过纯然概念的这种①相互比较的一条分析性规则。

[284]

A273
B329

　　第二,种种实在性(作为纯粹肯定来说)在逻辑上绝不彼此抵触;就概念间的关系来说,这条原理是完全真实的一个命题,但是对于自然或对于任何物之在其本身来说却没有丝毫意义。因为确实有实在的抵触;有一些情况,在那里 A－B＝0 是实在的,即在两种实在性结合在一个主体里时,它们就相互抵消其效果。这是自然中的一切障碍过程以及一切抵抗过程所不断呈现在我们面前的,而这种过程,因为是以力为依据的,就必须称为实在性的现象(realitatis phaenomena)。普通力学其实能在一条验前的规则里指出这种抵触的经验性条件,因为它估计到各种力在方向上的相反,这是实在性的先验概念所完全忽略了的一种条件。虽然莱布尼茨先生事实上没有把上述命题[即实在性在逻辑上绝不彼此抵触的命题——中译者]作为极其漂亮的一条新原理宣布出来,但是他曾利用它来作出新的断言,而他的继承者们则公开把它纳入他们的莱布尼茨—沃尔夫体系中去了。这样,按照这条原理,一切恶事都只是被造物的一些限制,即一些否定性所产生的后果,因为惟有否定性才和实在性相冲突。(关于一般事物的纯然概念诚然是如此,可是关于作为出现的事物就不是

---

① 这里原有德文的 oder(或)一词,兹依第 4 版读为 der(这,这种)。——英译者

如此。)在与此类似的方式上,莱布尼茨的门徒认为,把一切实在性结合在一个存在物里面而绝不怕有任何抵触,这不但是可能的,甚至是自然的。因为他们所承认的惟一抵触乃是事物的概念本身由以被消灭的这种矛盾性抵触。他们并不承认有相互损害的抵触,在这种抵触里,两个实在的根据是相互消灭其效果的——这样一种抵触,我们只是用感性中向我们呈现出来的条件作为话语,才能描述的。

第三,莱布尼茨的单子论,他除了只在知性的关系上表现内部与外部的区别之方式外,是毫无根据的。一般的实体都必须有其某种内部的性质,因而这种性质没有任何外部关系,其结果也没有合成。所以单纯的东西就是那些在其本身来说的物里的内部东西的基础。但是在实体的一个状态中,内部东西不能是位置、形状或运动(因为这些确定都是外部关系),因而除了我们自己由以在内部确定我们感官的东西以外,即除了表象的状态以外,不能以任何其他内部状态划归实体。这样,单子的概念就以此而完成了。虽然单子必须充作整个宇宙的基本质料,但它们除了这种只在表象中的活动力量以外,却没有任何其他的活动力量,而且严格说来,表象活动力量之效能,也只限于表象自身之中。

因为上述的缘故,莱布尼茨的实体间可能的相互作用这条原理,就必须是一种前定的和谐,而不能是一种物理的影响作用。因为既然任何事物都只是内部的,即所涉及的是它自身的表象,那么一个实体的表象的状态就不能和另一个实体的表象的状态有任何有效的联结。必须要有某第三种原因确定一切实体,因而使它们的状态能彼此相应。这种相应并不是由于每一个特殊情况中的机缘凑巧的特别干涉(systema assistentiae 援助系统),而是由于对任何实体都有效的原因这个观念的统一性:一切实体都必然在这种统一性中获得它们的存在与永恒性,因而也必然按照普遍的规律在这种统一性中获得它们的交互相应。

第四,莱布尼茨著名的空间与时间说——在这学说中,他把感性的这些形式[按指空间与时间说的——中译者]知性化了——也完全起源于对先验反思的同样误解①。如果我企图用纯然知性来想象事物的各种外部

---

① 这里英译的 fallacy 是原德文的 Täuschung 之译。——英译者 但这词原是"误解"的意思,不应用逻辑名词 fallacy 来英译。——中译者

关系，那就只能用事物的交互作用的概念来想象它们；如果我想要把同一个事物的两种状态联结起来，那就只能按照根据与后果的次序来联络。据此，莱布尼茨就把空间想象为实体的相互作用中的一定秩序，而把时间想象为实体的状态的力学的相继。那似乎是空间与时间自身所固有而不依赖于事物的东西，莱布尼茨把它们归于空间与时间概念的混乱，并且认为，这种混乱使我们把原是力学关系之纯然形式的东西错看为独立自存而先于事物本身的一种特别直观。于是，在莱布尼茨看来，空间与时间就变为事物（即实体与其状态）在其本身来说的联结之知性形式；而这些事物也就是知性的实体（substantiae noumena 本体的实体）了。既然莱布尼茨不承认感性有其自身独具的直观方式，而在知性中寻找对象的一切表象，乃至经验性表象，因而他留给感官的无非是混乱与歪曲知性之表象的这种拙劣的工作，那么他就得把这些知性化的概念当作是对出现同样有效的了。

但是，即使我们通过纯粹知性能够就物之在其本身以综合的方式说些什么（可是这是不可能的），而所说的仍然不会适用于出现，因为出现并不表现物之在其本身。在处理出现的过程中，我们始终不得不在先验反思里，而且只在感性的条件下来比较我的各种概念；而据此，则空间与时间就不是物之在其本身的确定，而是出现的确定了。物之在其本身可能是什么，我不知道，也毋须知道，因为除了在出现里，事物是永远不能来到我的面前的。

反思的其余概念也要以同样的方式来处理。物质是现象的实体（substantia phaenomenon）。内在地属于物质的东西，我就在物质所占空间的一切部分里去寻找，并且也在物质所产生的一切效果里去寻找，虽然这些东西明明白白只能是外部感官的出现。所以我没有什么是绝对内部的东西，而只有在比较上是内部的东西，而且其本身又是外部关系所构成的。物质的绝对内部的[性质]，像纯粹知性所要设想的那样，不过是一种怪想①；因为物质不是在纯粹知性对象之列的，而可能是我们称为物质的这种出现之根据的先验对象，只是某种单纯东西，即使有人告诉我们，我

---

① "怪想"是原德文的 Grille 之译。英译为 phantom。——中译者

们也不了解它是什么。因为我们能了解的,只是在直观中带来某种和我们的言语相应的东西的那种东西。如果有人埋怨说,我们对事物的内部[性质]毫无洞见,其意思是说,我们通过纯粹知性不能理解对我们出现的事物在其本身来说是什么,那么这种埋怨就是完全不正当、不合理的。因为它所要求的是我们应该不用感官就知道事物,就能直观事物,所以我们就应该具有一种完全不同于人类的知识能力的知识能力,这两种知识能力不但在程度上有所不同,并且就直观来说,在种类上也不相同,换句话说,我们应该不是人,而是一种我们甚至不能说它是否有其可能的存在者,至于这种存在者是怎样构造的,那就更不待言了。通过对出现的观察和分析,我们深入到自然的内部隐秘,没有任何人能够说出这种知识在时间中能扩充到什么程度。但是用一切这种知识,并且即使自然的全部都对我们显示出来,我们还是永远不能解答出自然以外的那些先验的问题。其理由就是,我们除了用内感官以外,不能用任何其他的直观来观察我们自己的心;而我们感性的来源的秘密恰恰是在此心里面。感性对于对象的关系以及这种[客观]统一性的先验根据是什么,这些都无疑是深深隐藏的事情,以致我们这些甚至对于自己也只能通过内感官,因而只能作为出现,才能有所知的人,绝不会有正当的理由把感性作为研求的适当工具去发现种种出现以外的任何东西——尽管我们渴望勘探出现的非感性原因。

[287]

A278
B334

只以反思活动为根据对各种结论所作之批判是极其有用的,因为这种批判揭露出只在知性里面把一些对象相互比较而得出的一切结论都是毫无意义的,同时也证实了我们的主要论点,即虽然种种出现不作为物之在其本身而包括在纯粹知性的对象之内,但是这些出现仍然是我们能具有客观有效性的知识的惟一对象,这也就是说,关于这种对象是有和概念相应的直观的。

A279
B335

如果我们在纯逻辑方式上进行反思,则我们仅在知性里面把我们的概念互相比较,以发现两个概念是否具有同样的内容,彼此是否矛盾,在概念里面是否包含有某东西,抑或这某东西是从外面加入来的,这两个概念之中哪个是所予的,哪个只是一种用作思维所予的东西之方式。但是,如果我把这些概念应用于一般的对象(在先验的意义上),而没有确定这种对象是感性直观的对象或者是知性直观的对象,那么在这种对象的观

[288]

念中就立即显出限制,即禁止①这些概念的任何不是②经验性的使用,正是这个事实证明了一个作为一般事物的对象之表象不但是不充分的,而且当它被理解为是没有感性的确定并独立于任何经验性条件时,这个表象也是自相矛盾的。其结论就是:我们或者必须抽掉任何对象及一切对象(像在形式逻辑里那样),或者,如果我们容许有一个对象,我们就必须在感性直观的条件下对这个对象进行思维。因为知性的对象所需要的是我们所不具有的完全特别的一种直观,没有这种直观,知性的对象对我们来说,就等于无;而另一方面,出现不能是在其本身来说的对象,这也是很明显的。如果我心里只想到一般的事物,这些一般事物的外部关系里的差别并不能构成在事物本身里面的一种差别;与此相反,事物的外部差别是以事物本身里面的差别为其先决条件的。如果在一个事物的概念和另一个事物的概念之间没有内部的差别,我就只在不同的关系上设定同一个事物。不但如此,一个单纯③肯定(即实在性)加在另一个肯定之上就是增加两个肯定的积极方面;其中绝不会有什么东西被抽除或者受到抑制;据此,事物中的实在东西是不能自相冲突的——如此等等。

* * *

如我们所已经说明的那样,反思的概念,由于某种误解,曾对知性的使用发生过这么大的影响,致使一切哲学家中最敏锐的一位陷入一种臆断的知性知识的体系里去,这种知识的体系想要没有感性的任何帮助就确定它的对象。因为这个缘故,对这些概念的歧义中那诱惑人——引起这些错误原理——的东西之原因的阐明,作为确定并且稳固知性的限度的一种可靠的方法,是极其有用的。

的确不错,凡是普遍和一个概念相一致或相矛盾的东西,也和包含在这个概念下的每一个特殊东西相一致或相矛盾(形式逻辑的遍有遍无公理,即 dictum de omni et nullo);可是,如果把这条逻辑原理变为下面的

---

① 这里英译为 Forbid(中译为"禁止")是依 Vaihinger 读原版的 empirischen … verkehren (转向…经验性的)为 nicht empirischen … verwehren(禁止…不是经验的)。——英译者
② 原德文的 nicht empirischen 应中译为"不是经验性的",而不应中译为"非经验性的",因后者当是 non…之译,"非"与"不是"有别。——中译者
③ 这里英译为 sheer(中译为"单纯")是原德文的 blossen 之译。——英译者

读法,那就是悖理的了:凡是不包含在一个普遍性概念里的东西,也不包含在这个概念之下的特殊概念里。所以有特殊概念,正是由于这些特殊概念在其本身所包含的多于在普遍概念里所想到的;可是,莱布尼茨的全部知性体系正是基于后面这条原理之上;因而随着这条原理的倒塌,莱布尼茨的体系同这条原理(在知性使用中的)所产生的一切意义含糊的东西也倒塌了。

不可辨别其差异的同一性原理,其实是以这种预先假定为基础的:如果在一般事物的概念里面没有发现某种区别,在事物本身里面也不会发现这种区别,从而,凡是在概念里面彼此不可辨别的事物(在质或量上不可分辨的)都是完全同一的(numero eadem 数目上同一的)。因为在一般事物的纯然概念里面,我们已经抽掉事物①的直观的许多必须条件,于是由于这个奇怪的假定,我们就认为抽掉的那些条件完全不在事物里面,而除了包含在概念里面的东西,就不容许事物有任何其他的东西了。

一立方尺的空间这个概念,不管我在什么地方想到它,并且不管我想过它多少次,在其本身来说始终是同一个样的,但是两个一立方尺,仅仅由于它们的位置的差别,就可以在空间中辨别出来(numero dirversa 数目上的差别);这种位置乃是直观的条件,在直观中这种概念的对象被给予出来;但是这种位置不属于概念,而完全属于感性②。与此相反,如果没有一个否定的陈述和一个肯定的陈述结合在一起,在一个事物的概念中就没有任何冲突;仅仅是肯定的一些概念结合在一起,也不能产生概念间的任何抵消。但是,在感性直观中,如果它里面有实在性(例如运动)被给予出来,那就有一般的运动概念中所曾省掉的条件(相反的方向),这条件足以能使一种冲突(虽然其实不是一种逻辑性的冲突)成为可能,就像从完全积极的东西产生一个零(=0)一样。所以我们不能说,由于在实在性的条件中不会碰见什么冲突,一切实在性就都是和它自身一致的⁽ᵃ⁾。

---

① 这里依 Erdmann 读原版的 einer(一个)为 seiner(它的,指事物说)。——英译者　所以我们中译为"事物的"。——中译者

② "完全属于感性"是原德文的 zur ganzen Sinnlichkeit 之译。——英译者

(a) 如果我们在这里想借这种常见的遁词宣称:至少本体的实在性(realitates noumena)不是相互起相反的作用的,所以我们必须提出一种纯粹的而非感性的实在性的实例,以便让我们了解一个概念是否表现某种东西或者一无表现。可是所要得到的实例只能从经验中来,即经验所产生的只有现象。所以这个命题的意义不过说,只包含有肯定的一个概念是不包含任何否定的——这乃是我们从来不怀疑的一个命题。——康德自注

就纯然的概念来说，内部的东西乃是一切关系性①的确定或外部确定的基体。所以，如果我抽掉直观的一切条件而只限于一个一般事物的概念，我就能抽掉一切外部关系，而必定还剩下某事物的概念。这个概念的所指不是关系，而只是内部确定。从这点看似乎可以说，在无论什么东西（实体）里面，都有某种东西，它既是绝对内部的，又是在一切外部确定之先的，这是因为它首先使外部确定成为可能；结果就是，这个基体，既然在它自身里面不再含有任何外部关系，它就是单纯的。（物体始终不过是一些关系，至少是物体相互外在的各部分之间的关系。）而且，既然除了通过我们的内感官而被给予出来的这些确定之外，我们不知道任何绝对内部的确定，那么上面所说的基体就不仅是单纯的；它（根据和我们内感官的类比来说）同样也是通过表象而被确定的；换句话说，一切东西其实都是单子（Monaden），都是具有表象的单纯的存在物。如果在一般事物的概念以外，没有外直观的对象所必须具备的否则就不能被给予我们的那些其他条件——纯粹概念［事实上］已经抽掉了那些条件——那么我们上面的一些论点是完全有正当理由的。因为在这些所说的其他条件之下，如我们所发现的那样，空间中的一种常住的出现（不可入的广延）只能包含一些关系而完全没有绝对内部的东西，但它仍然能够是一切外部知觉的第一性基体。通过纯然概念，我诚然不能在没想到里面的东西②的情况下想到外面的东西；而这一点乃是由于这种充分的理由，即：关系的概念都预先假定了绝对［即独立］被给予出来的东西，而且没有这些东西，关系的概念是不可能的。但是在直观里所包含的某东西却不能在事物的纯然概念里碰到；而这种东西就产生通过纯然概念永远不能知道的那个基体，即只是由形式的，或者也可能是实在的一些关系所组成的一个③空间以及空间所包含的一切。因为没有一种绝对内部的要素，就绝不能以纯然概念来表现一个事物，所以我就不能主张说，在包摄于这些概念之下的

---

① 依 Hartenstein 读 Verhältnis（关系）为 Verhältnis（关系性）。——英译者　但 Cassirer 1922 年柏林版仍依原读。——中译者

② 这里英译的 inner（里面的东西）是依第 4 版读 Innerem（内部东西）为 Inneres（内部的东西）的。——英译者

③ 这里英译 a（中译为"一个"）是依 Mellin 读 ein（一种）为 einen（一个）的。——英译者

事物本身里面,而且在这些事物的直观里面,也没有在任何完全内部的东西中绝无基础的某种外面的东西。一旦我们抽去直观的一切条件,我承认在这纯然概念里剩下来的只有一般内部的东西及其相互间的关系,而外部的东西也就只能是通过这内部的东西及其相互关系,才是可能的。但是这种只是建立在抽象之上的必然性并不发生在事物的这种情况下:如果这些事物在直观中被给予出来时,带有表示纯然关系的确定,而没有任何里面的东西为基础;因为这些事物不是物之在其本身,而只是出现。我们在物质里面所能知道的东西只是关系(我们所称为物质的内部确定只在一种比较的意义上才是里面的),但是在这些关系之中,有些是自己固有而永恒的,而通过这些自己固有而永恒的关系,我们就有一种有确定性的对象被给予出来。如果我抽掉这些关系,就再没有任何我可以思想的东西留下来,这一种事实并不取消一个事物作为出现的概念,其实也不取消抽象的对象这个概念。它们排除的乃是通过纯然概念就可以确定对象的一切可能性,也就是排除本体的一切可能性。认为一个事物是完全为关系所组成的,这的确听来叫人惊奇。可是,这样的一个事物纯然的出现,不能通过纯粹范畴而被思维;其本身是什么,乃是某一般的东西对于感官的纯然关系。与此相仿,如果我们从纯然的概念出发,我们就不能抽象地在任何别的方式上想到事物的关系,而只能把一个事物看作另一个事物的确定之原因,因为那就是我们的知性想象关系的方式。但是,既然在那种情况下,我们完全不去管直观,于是杂多所能由以确定其组成部分的相互地位的一整类的确定就消失了,即是说感性的形式(空间)就消失了①,虽然实际上,感性的形式乃是一切经验的因果作用的先决条件。

如果所谓纯然知性的对象是指通过纯粹范畴而没有感性的任何图型就被想到②的那些事物,那么这种对象就是不可能的。因为我们知性的一切概念的客观使用的条件,只是我们的感性直观的方式,凭借这种方式,对象才被给予我们;如果我们抽掉这些对象,这些概念就对任何对象

---

① 这两个子句是照原德文中译的。可参看穆勒尔比较正确的英译。斯密的英译乃是原德文的意译,似较难解。——中译者

② "被想到"的原德文,据斯密的校正是为康德(在其《补遗》Nachträge, cl 里)改为"为我们所知道的"。——中译者

都没有关系了。即使我们愿意假定有一种不同于我们这种感性的直观,我们思想的机能对于这种直观还是毫无意义的。可是,如果我们心中只有非感性直观的对象,而我们的范畴对于这种对象是公认为无效的,因而我们永远不能有关于它们的任何知识(不问是直观知识或者是概念知识),那么,我们就必须在事实上承认在这种纯粹消极意义上的本体了。

B343 因为这不过是说,我们这种直观并不扩充到一切事物,而只扩充到我们感官的对象,而结果就是说,这种直观的客观有效性是有限度的,从而就为某另一种直观留下了余地,于是也就为这种直观的对象留下了余地。但

A287 是,如果如此,本体这个概念就是盖然性的,也就是说它是一种东西的表象,而关于这种东西,我们既不能说它是可能的,又不能说它是不可能的;因为我们所熟悉的除我们这种感性直观以外,没有其他的直观,除范畴以外,也没有其他的概念,而我们自己的这种感性直观与范畴对于非感性的

[293] 对象都是不适合的。所以,我们就不能积极地扩充我们思想的对象的范围到我们感性的条件以外,而认定出现之外还有纯粹思想的对象,即本体(noumena),因为这样的对象是没有可指定的积极意义的。其理由就是,就范畴而言,我们必须承认它们自身对于物之在其本身的知识并不适用。没有感性的材料,范畴就只是知性统一性的主观形式,而没有任何对象。思想在其本身来说,其实不是感官的产物,而就这点而言,也不为感官所限定;但是不能因此就立刻作出结论说,思想没有感性的帮助,也有它自己的一种纯粹用途,因为若是如此,那思想就没有对象了。我们不能称本体为这种对象;由于本体所指的实是完全不同于我们直观的直观而又完

B344 全不同于我们知性的知性之一种对象的盖然性概念,所以本体本身就是一个问题。因此,本体这个概念不是一个对象的概念,而是不可避免和我们感性的限制结合在一起的一个问题,即是否可能有完全和任何这种直

A288 观相脱离的对象这一问题。这是一个只能在一种没有确定性的方式上来答复的问题,即我们只能说,由于感性直观不能不分青红皂白地扩充到一切事物,所以就为其他不同的对象留有余地;而结果就是,我们不应绝对否定这后一种对象,可是,由于关于这种对象我们没有确定的概念(因为没有范畴能用于这一目的),我们也不能肯定这后一种对象是我们知性的对象。

所以,知性限制感性,但是并不就扩大它自己的范围。在它警告感性绝不可冒昧要求应用于物之在其本身,而只能应用于出现时,它确是自行思想到一个在其本身来说的对象,但是只作为先验的对象而思之,这个先验对象是出现的原因,因而本身不是出现,而且不能被想作为量,为实在性,为实体,等等(因为[量等]这些概念总是需要有感性的形式来确定一个对象的)。我们完全不知道,在我们里面或者在我们的外面能不能碰见这种先验的对象;它是否会随着感性的停止而立刻消逝,或者没有感性,它仍然存在。如果我们因为这种对象的表象不是感性的,就高兴称它为本体,我们是可以随意这样做的。但是,既然我们不能把我们知性的任何概念用在这种对象之上,这先验对象的表象,对我们来说,依然是空洞的,而且除了用来标志我们感性的限度而留下一个空白地带外,它是没有什么用处的:这个空白地带,不管我们通过可能的经验,还是通过纯粹知性都不能把它填满。

所以这种纯粹知性的批判不容许我们在可以作为出现而呈现出来的那些对象以外,创造对象的一种新的领域,从而错误地走入知性的种种境界里去;不但如此,这种批判甚至不让我们抱有这种对象的概念。这种错误冒险的原因显然出自这样一种过失——这种过失虽然并不替那冒险辩解,但其实是为它开脱。这过失是:违背知性的任务而先验地使用知性,使其对象即可能的直观符合于概念,而不是使概念符合于可能的直观,而概念的客观有效性只是以可能的直观为依据的。这种过失又由于这种事实:统觉,以及随同统觉的思想,是先于表象的一切可能的确定秩序的。结果就是,我们所要做的是思想一般的东西;一方面我们在感性的方式上确定它,而另一方面我们又要使抽象地所表现的普遍对象和这种直观一般东西的方式区别开来。这样一来,我们所剩下的就是只用思想来确定对象的方式了——这是没有内容的纯逻辑形式,而在我们看来,它又像是这样一种方式:在这方式中对象自在地存在着(即本体)而不顾那受我们感官限制的直观。

在我们结束先验分析论以前,还必须附加几句话,虽然其本身不是特别重要,但是为了体系的完整性,也可看作是必需的。先验哲学所通常以

之开始的最高概念乃是可能的东西与不可能的东西这两类的划分。但是，既然一切划分都预先假定有一个被划分的概念，那就需要有一个更高的概念，这个更高的概念就是一般对象的概念，它被理解为盖然的，而并没有决定它是什么或者不是什么。既然惟有范畴才是涉及一般对象的概念，所以区别一个对象是某东西或不是什么东西，要按照范畴的次序，而且要在范畴的指导下进行。

[295]

B347　　（一）与一般、许多、一这些概念对立的有取消一切事物的这个概念，即无。所以，完全没有可指定的直观与之相应的概念，其对象就等于无。那就是说，它是一个没有对象的概念（ens rationis 理论的东西），比如像本体（noumena）这个概念，就不能列入可能性之中，然而我们不会因此而声明它是不可能的；或者像有些新的基本力，能在思想中设想而并不自相A291　矛盾，可是在我们的思维中又不为任何经验的实例所支持，因而就不得算作可能的。

　　（二）实在性是有；否定性是无，即缺乏对象的概念，如影、冷（缺乏性的无：nihil privativum）等。

　　（三）直观的纯然形式是没有实体的，在其本身来说，不是对象，而只是对象（作为出现）的形式条件，如纯粹空间与纯粹时间（想象的东西 ens imaginarium），作为直观的形式来看，这些的确都是某种东西，但它本身并不是被直观到的对象。

B348　　（四）自相矛盾的概念，其对象是无，因为这种概念是无，是不可能的，例如一个两边的直线形（否定性的无 nihil negativum）。

　　因此，无这个概念的划分表应当如下列（与之相应的有的划分是从这无的划分直接得出来的）：

A292

无
作为
1. 没有对象的空洞概念
　　理论的东西
2. 概念的空洞对象　　　3. 没有对象的空洞直观
　　缺乏性的无　　　　　　　想象的东西
4. 没有概念的空洞对象
　　否定性的无

一、先验原理论

我们看到,表(1)"理论的东西"(ens rationis)①是与(4)"否定性的无"(nihil negativum)②有区别的,其理由是前者不列入可能性之中。因为它纯是虚构(虽然不自相矛盾),而后者是与可能性对立的,因为这种概念是取消其自身的。但这两者同是空洞的概念。另一方面,表(2),即"缺乏性的无"(nihil privativum)与表(3)即"想象的东西"(ens imaginarium),乃是概念的空洞材料。如果感官不见光,我们就不能表现黑暗;如果我们不知广延的物,就不能表现空间。否定性和直观的纯粹形式,没有实在的东西,就不是对象。

---

① 即德文的 Gedankending(思想的东西)。——英译者
② 即德文的 Undinge(非物)。——英译者

第二编 先验辩证论

导 言

I. 先验幻象

我们曾称一般的辩证法为幻象（Schein）的逻辑。这并不是说它是一种盖然性的知识；因为盖然性在认识时虽根据不充分，然而还是真理，其知识虽不完备，但不因此而是骗人的；所以这样的知识不应与逻辑的分析部分分开。我们更没有什么正当的理由把出现和幻象看作是同一的①。因为真理或幻象，并不在被直观的对象里面，而是在被思维的对象的判断里面。所以，说"感官不犯错误"是正确的——不是因为感官总是正确地进行判断，而是因为感官完全不作什么判断。因此，真理与错误只是在判断里才会发现，从而导致错误的幻象也只是在判断里才会发现，也就是，都只在对象对于我们知性的关系里才会发现。在任何与知性的规律完全相一致的知识里是没有错误的。在感官的表象里，由于这种表象不包含任何判断，也是没有错误的。无一自然力仅由它自身而能违背它自己的规律。所以，知性由其自己（不为其他的原因所影响）以及感官由它自己，都不会陷入错误。知性不会陷入错误，是因为如果它只按照自己的规律进行活动，其结果（即判断）就必然与这些规律相一致；而与知性的规律相一致，就是一切真理的形式要素。在感官里没有任何判断，既没有真的判断，也没有假的判断。可是，由于我们除了[知性和感官]这两种知识的来源以外，再没有别的知识来源，所以错误的发生只是由于感性对于知性的

---

① 德文的"幻象"是 der Schein，而"出现"（旧译为"现象"）是 die Erscheinung，两词有近似之处，所以对德文来说容易认为是同一的。——中译者

一种没有注意到的影响,而通过这种影响,判断的主观根据就和其客观根据混在一起,而使这些客观根据违背其真正的功能(a)——正像一个在运动中的物体,它自己会永远继续沿着同一方向在直线上运动,但是如果它被沿着另一方向运动的另一力所影响,它就开始转入曲线运动。为了把知性的特别活动同与之混在一起的力区别开来,我们就需要把错误的判断看作两种力之间的对角线——这两种力决定这判断向着不同的方向,而这不同的方向可以说是围成一个角——并且把这个复合的活动分解为知性的和感性的单纯活动。在纯粹验前判断的情况下,这种工作就由先验反思来完成。像我们已经说明的那样,通过先验反思,每一个表象都在与之相应的知识能力中被指定它的地位,而且一方对另一方的影响也就区别开来了。

我们这里所谈的不是经验性的(例如视觉的)幻象。这种幻象是在知性的规则的经验性使用中发生的,而这些规则在其他方面本是正确的,但是通过这种幻象,判断的能力就为想像力的影响所错引了。我们这里所谈的只是先验的幻象。先验幻象把它的影响加在那些并不准备应用于经验的原理上,在这种情况下,我们至少有一种衡量这些原则的正确性的标准。这种先验幻象不顾一切批判所提出的警告,把我们带到完全超出范畴的经验性使用的限度以外,而用纯粹知性的一种只是骗人的扩张来蒙蔽我们。如果有些原理的应用完全限于可能经验的范围以内,我们就称这些原理为内在的;另一方面,有些原理想要超出这个范围,它们就称为超验的,在后面的这种情况下,我所涉及的不是范畴的先验使用或错误的使用,这种先验的使用或误用只是判断力的一种错误,当此判断力没有适当受到批判的制约,因而就没有充分注意到"惟有在其限度以内纯粹知性才容许有自由活动"的那个范围的界限。我所涉及的是一些实际原理,这些原理激励我们去拆除界限上的一切藩篱,去占有不承认任何界限的一个完全新的领域。所以先验的和超验的并不是能互换使用的语词,我们上面所叙述的纯粹知性的原理只能有经验性使用,而不能有先验的使用,

---

(a) 当感性从属于知性作为知性在其上面发挥其功能的对象时,感性就是知性的实在源泉,但是,这同一个感性,就其影响知性的运用,并且确定它去作出判断这点来说,也就是错误的根据。——康德自注

B353 也就是不能有超出经验的界限以外的使用。另一方面,一条取消这些限度或者甚至命令我们在实际上去越过这些限度的原理,就称为超验的。如果我们的批判能够做到揭露这些所谓原理里面的幻象,那么那些单纯属于经验性使用的原理就可称为纯粹知性的内在原理,而与其他的原理相对立。

A297 　　逻辑的幻象是理性形式的单纯模仿(形式谬误的幻象)。这种幻象的发生完全是由于对逻辑的规则不够注意。一经注意到当前的真相,这种幻象就完全消逝。先验幻象就不同,甚至在它已经被发觉而且先验批判已经明白揭露了它的无效性之后,它仍不中止(例如下面这个命题里的幻象:"世界必须在时间中有其开头。")。其原因就是,我们理性(主观上视为人类知识的一种能力)的使用,有一些基本的规则与准则,而这些规则与准则具有客观原则的外形,因而我们就把那本来有利于我们知性的那种概念联系的主观必然性,当作了确定物之在其本身的客观必然性。这种幻象的不能防止,正如我们不能防止海面在地平线上比海岸显得更高

B354
[300] 一样,因为我们看海面是通过更高的光线的;或者举一个更好的例子来说,天文学家也不能防止月亮初升时看来好像大一些似的,虽然他并不为这种幻象所欺骗。

A298 　　所以,先验辩证论将满足于揭露超验判断的幻象,而同时留心使我们不为它所欺骗。但是,要这种幻象像逻辑的幻象一样,在实际上消逝而停止其为幻象,这是先验辩证论所绝不能做到的事情。因为我们所要对付的是自然而不可避免的幻象,这种幻象本依据于主观的原则,但它却把这些主观的原则冒充为客观的来欺骗我们;而逻辑的辩证论,在揭露欺骗性的推论时,仅仅是对付一种在遵守原理时所发生的错误,或者在模仿这种推论之中那种人为的产生出来的幻象。那么,事实上存在着一种属于纯粹理性的自然而不可避免的辩证,这种辩证并不是如手艺不够纯熟的人由于知识不足而陷入的,也不是某个诡辩家有意编造出来以淆乱有思想的人的,它是和人类的理性分不开的,即令在它的欺骗性已经暴露了之

B355 后,它仍然要捉弄理性,继续使理性断断续续地陷入一时的错乱,而常常需要矫正。

Ⅱ. 作为先验幻象所在地的纯粹理性

A. 一般的理性

我们的一切知识都从感官开始,从感官前进到知性,而最后以理性为结束。在理性以外,我们没有更高的能力来把直观的材料加以整理精制,把它放在思想的最高的统一性之下。现在当我必须对这种最高的知识能力作出说明时,就觉得有某些困难。理性像知性一样,能在抽掉知识的一切内容这种纯然的方式上,即逻辑的方式上而被使用。但是理性也能有一种实际的用途,因为它在自身中包含着某种概念与原理的根源,而这种概念与原理都不是从感官或从知性假借而来的。前一种能力早已被逻辑家定为进行间接推理(和直接推理相区别)的能力了;但是,其自身产生概念的另一种能力的性质,却不能从这个定义得到了解。然而,我们在这里既然有了理性之划分为逻辑的能力与先验的能力,我们就不得不去寻找那"含有这两种概念、作为从属于它自己的这种知识根源"的一种更高的概念。按照知性概念的类比,我们可以期望逻辑能力这一意义将提供先验能力这一意义的线索,而且逻辑能力这一意义的"功能表"就会立刻给我们以理性概念的系谱。

在先验逻辑的第一部分里,我们把知性作为规则的能力来处理。我们在这里将要把理性与知性区别开来,而称理性为原理的能力。

"原理"这个名称意义是含糊的。这个词通常是指任何能够用作一条原理的知识而言的,虽然就其本身和就它的真正来源来说,并不是什么原理。任何一个全称命题,乃至通过归纳法而从经验得来的全称命题,都能在一个三段论式里作为大前提;但是它本身不因此而就是一条原理。数学的公理(例如两点之间只能有一条直线)就是普遍验前的知识的实例,因而相对于能够统摄在其之下的那些实例来说,应该称为原理。但是我不能因此就说,我是根据原理而知道"一般直线"和"直线在其本身"的这种属性;我只是在纯粹直观里才知道的。

所以,从原理而来的知识是这种知识:即在其中我通过概念而在普遍中认识特殊。这样,任何一个三段论式都是从原理演绎出知识来的方式。因为其大前提总是提供一个概念,而通过这个概念,一切作为在一种条件之下而统摄于这个概念的东西,都按照原理而从这个概念被知道。可是,

[302] 既然任何普遍性知识都可以在三段论式里用作大前提,而且既然知性提供我们从这种普遍而验前的命题,所以这些命题,就其可能的使用方面来说,也可以称为原理。

A301　但是,如果我们就这些命题起源的关系上来考虑这些命题本身,纯粹知性的这些基本命题就完全不是从概念而来的知识。因为,如果我们不被纯粹直观(在数学中)所支持,或者没有被一般可能经验的条件所支持,这些基本命题甚至不会是验前可能的。"凡发生的东西都有一个原因"这个命题不能单纯从"一般发生"这个概念推论出来;与此相反,正是这个基本命题表示出我们关于发生的东西怎样能够在经验中取得任何真正有确定性的概念。

B358　所以知性绝不能提供任何从概念而来的综合知识;而正是这种知识才恰当而径直地①可称为"原理"。可是一切全称命题也可以在此比较的意义上称为"原理"。

许久以来,人们已期望——这种期望也许会有一个时候(谁晓得是什么时候!)要实现的——我们能够复归民法的一般性原理以代替现在数不尽的那么多的民法条款。因为惟有在这些原理之中,我们才能指望发现我们想要称为"立法的简易化"的秘诀。可是,在这个领域里,法律条文只是加在我们自由上的限制,使我们的自由可以完全和它自身和谐;所以,

A302　法律条文的目的是在于某种"完全是我们自己所建成,因而我们自己通过这些概念就能够成为其原因"的事物。但是,如说"对象在其本身即事物的本性应该从属于原理,而且应该按照纯粹概念而被确定",这种要求,如果不是不可能,至少也完全反乎常识。但是不管怎样(这是我们还须讨论的一个问题),现在至少很明显,真正从原理得出来的知识完全不同于只通过知性而获得的知识。后一种知识诚然也可以采取原理的形式,从而,

[303] 它可先于某些其他的知识,但是在它本身来说,在它是综合知识的限度内,它并不单只是依靠于思想,而且在它的自身中也不含有从概念得来的一种普遍的东西。

B359　我们可以把知性看作以规则为媒介,获得出现的统一性之一种能力,

---

① "径直地"是原德文 schlechthin 之译。——中译者

而把理性看作在原理之下获得知性的规则的统一性之一种能力。据此，理性就绝不直接致力于经验或任何对象，而是致力于知性，为的是要通过概念而给知性的杂多知识以一种验前的统一性，这种统一性可以称为"理性的统一性"，它和知性所完成的任何统一性在种类上是完全不相同的。

这就是在完全没有实例的情况下，在所能说清楚的限度内的理性能力之普遍概念。下面，在我们论证的过程中将要提出实例来。

B. 理性的逻辑使用

在直接知道的东西和只是推论出来的东西之间，人们通常是加以区别的。在三条直线所包围的一个几何形里有三个角，这是直接知道的；但是这三个角的总和等于两直角，这却只是推论出来的。由于我们经常使用推理，终于完全变为习惯，就不再注意到这种区别了，而在所谓感官的错觉中，常常把实在只是推论出来的东西，当作直接知觉到的。在每一个推理的过程中，都有一个基本命题，并又有另一个命题，即结论，是从基本命题引申出来的，而且①最后，还有推论（即逻辑的程序 Konsequenz），由于它，结论的真实性和基本命题的真实性就不可分地结合起来。如果推论出来的判断是早已包含在较前的判断里面，致使这推论出来的判断不通过第三个表象的媒介就可以从较前的判断引申出来，这种推理就称为直接推理（consequentia immediata）——我却宁可称它为知性的推理。但是，如果除了包含在基本命题里面的知识以外，还需要有另一个判断来产生结论，这种推理就要称为理性的推理②。在"凡人都是会死的"这个命题里面，就已经含有下面的几个命题："有些人是会死的"，"有些会死的是人"，"没有不会死的是人"；所以这些命题都是从第一个命题得出来的直接结论。"一切有学问的存在者都是会死的"这个命题就不同；它不是包含在那个基本判断里的（因为在它里面并没有"有学问的存在者"这个概念），而只能利用一个中介的判断才能从它推论出来。

在每一个三段论式里，我首先通过知性来想到一条规则（即大前提）。

---

① "而且"是原德文的 und，是第 2 版增加的。——英译者

② 这里的原德文是 Vernunftschluss（理性的推理），这词区别于 Verstandesschluss（知性的推理），是康德通常用作"三段论式"的一个名词，而在别处，例如在下一个段落里，我就把它翻译成"三段论式"。——英译者

其次,我利用判断力把某已知的东西统摄在这条规则的条件之下(即小前提)。最后,我通过这条规则的述项,从而验前地通过理性来确定所知道的东西(即结论)。所以,作为规则的大前提所表现在已知的东西与其条件之间的关系就是各种不同三段论式的根据。结果就是,三段论式像判断那样,按照它们在知性中所表达已知东西的关系之不同方式,就有三类:三段论式是直言的,假言的,或选言的。

如果像常见的那样,形成结论的判断作为一个问题提出来——要看它是否由已经被给予出来的判断推论出来,并且是否从而作为一完全不同的对象而被思维——那么我就在知性里面去寻找这个结论所肯定的,以发现它是否在那里按照一条普遍的规则而从属于某一定的条件,如果我发现这种条件,并且如果结论的对象能被统摄在那一定的条件之下,这结论就是从那条规则演绎出来的,而这条规则对知识的其他对象也是有效的。由此可见,在推理里面,理性尽力要把各种各样的通过知性而得来的知识归结为为数最少的原理(普遍的条件),从而在推理中达到最高可能的统一性。

C. 理性的纯粹使用

我们能否孤立理性?如认为理性能孤立起来看,它是不是概念与判断的独立的源泉?而且是通过概念与判断而与对象发生关系的独立源泉?抑或这种理性只是一种从属的能力,用来把某一定的称为逻辑的形式加在所予的知识上面?——通过这种能力,知性的知识①就在其相互的关系上被确定下来,而较低的规则在其能通过比较[的过程]从而可行的限度内,就从属于较高的规则(所谓较高级规则其条件在它自己的范围内包含着较低级规则的条件)。这就是我们现在暂时要研究的问题。其实,规则的多数性和原理的统一性是理性所要求的,其意图就是想把知性彻底与其自身一致,正如知性使直观的杂多从属于概念,从而把那杂多联结起来那样。但是这样的一条原理并不对于对象规定任何规律,而且并不包含认识或确定对象作为对象之可能性的任何一般根据;这种原理只

---

① 这里的"知性的知识"是原德文 Verstandeserkenntnisse 之译,英译为"what is known by means of the understanding"(经由知性所知的东西),不免迂回。——中译者

是一种主观的规律按照秩序处理我们知性的所有物,经由知性的概念的比较,它就可以把这些概念归结为最小可能的数目;这种原理并不能使我们有正当的理由来要求对象具有适合于我们知性的方便和扩充我们知性范围等这样的齐一性;因而我们就不可把任何客观的有效性归于这准则。 B363
总而言之,这个问题就是:理性自身即纯粹理性,是否验前包含着综合的原理与规则? 如果是,那么这些原理可能存在于什么东西之中?

关于纯粹理性的先验原理,在其综合的知识里面所将依据的根据,理性在三段论式中之形式上的逻辑程序给了我们充分的指导。

首先,理性在三段论式中,并不涉及直观,以便把直观从属于规则(如知性对它的范畴那样),它只涉及概念与判断。据此,即令纯粹理性要涉及对象,它也和对象以及关于对象的直观没有直接的关系,而只和知性及知性的判断有直接的关系——知性及知性的判断为要确定其对象,是直接和感官以及感官的直观打交道的。所以理性的统一性不是一个可能经验的统一性,而是在根本上不同于这种知性统一性的统一性。"凡发生的事物都有其原因",这不是经理性而被知道和由理性来规定的一条原理。 B364
这原理使经验的统一性成为可能,而且并没有从理性借来任何东西,理性离开对可能经验的关系,绝不能从纯然的概念上设定任何这样的综合统一性。 [306] A307

其次,理性在其逻辑的使用中,乃在发现其判断(结论)的普遍条件,而三段论式本身不过是由统摄其条件于一条普遍规则(即大前提)之下所成的一个判断而已。可是,既然这规则本身又要受到理性的同一要求,而且凡在可行的时候我们就必须(利用先行三段论式 prosyllogism)来寻找条件的条件,所以一般的理性在它的逻辑使用中所特有的原理显然就是:对"通过知性所获得的受条件限制的知识"寻求无条件的东西,从而使受条件限制的东西达到完整的统一性。

但是,这种逻辑的准则之能成为纯粹理性的一条原理只能通过我们如下的这种假定,即如果受条件限制的东西被给予出来,那么,其相互从属的所有条件的整个系列——其本身就是无条件的一个系列——也就同样被给予出来,就是说,乃包含在对象及其联结中。 A308

纯粹理性的这样一条原理显然是综合的;受条件限制的东西在分析

上是与某条件有关系的,但不是与无条件的东西有关系。从这条原理中,又必须有种种综合命题发生,而纯粹知性——由于它只和一种可能经验的对象打交道,而关于这种对象的知识与综合总是受条件限制的——关于所发生的种种综合命题是一无所知的。无条件的东西,如果我们承认它的现实性,就得要①对一切那些使它从任何受条件限制的东西区别开来的确定予以特别的考虑,而这样就必然产生许多验前综合命题的材料。

可是,从纯粹理性的这条最高原理②所发生的这些基本命题③,在它们对一切出现的关系上来说,是超验的,也就是说,绝不能有任何适当的经验性使用。所以,这些基本命题和知性的一切基本命题是完全不相同的。知性的基本命题是完全内在的,由于它们只以经验的可能性为其主题。试以这个基本命题为例:"一系列的条件(无论是在出现的综合中或者是在对于一般事物的思维之中)是扩张到无条件的东西的",这种基本命题是否有其客观的正确性呢?对知性的经验性使用,产生什么结果呢?抑或并没有这种理性的客观有效的基本命题,而只有一种逻辑的规范④来一步一步上升到更高的条件以达到完整性,这样来给我们的知识以理性的最大可能的统一性?是否有这样的可能,即我们把理性的这种要求看作纯粹理性的一种先验的基本命题,从而把它错误对待了?而且我们是否失于草率,而在对象本身里设定一系列条件的这种漫无边际的完整性?如果是那样的话,是否还有其他的误解和谬见可能也潜入这三段论式中来,因而这三段论式的大前提(或者与其说它是一条公准,毋宁说它是一种假定)是从纯粹理性得来的,而三段论式又是从经验上溯到经验的条件的?回答这些问题将是我们在先验辩证论中的任务,我们现在就将努力从它深深隐藏在人类理性里面的源泉中把它加以阐明。我们把这辩证论划分为两卷,第一卷是关于纯粹理性的超验概念,第二卷是关于纯粹理性的超验的和辩证的三段论式。

---

① "就得要"(is…to de)是依第4版读 kann 为 wird 的。——英译者
② "原理"是原德文的 Prinzip 之译。——中译者
③ "基本命题"是原德文的 Grundsätze 之译。斯密英译为 principle,不免易于与前注的 Prinzip 混淆,应该按原德文直译为"基本命题",以资分别。——中译者
④ "规范"是原德文的 Vorschrift 之译。旧译为"教条",不妥。——中译者

第一卷 纯粹理性的概念

不管我们对于从纯粹理性得来的概念之可能性是怎样决定的,至少这些概念不能由纯然反思得来,而只能由推理得来,这却是真的。知性的概念也是在经验之先,而且是为经验之故而在验前被思维的,但是这种概念所包含的不过是对出现反思的统一性而已(这是就这些出现必然属于一个可能的经验性意识这一点而言的)。惟有通过知性的概念,关于对象的知识与确定才成为可能。知性的概念最初提供作出推理时所需之材料,而且这些概念并没有对象的任何验前概念在其前面,以便它们能从而被推论出来。另一方面,知性的概念的客观实在性只基于这个事实,即既然这些概念构成一切经验的知性形式,所以就必定总是有其可能来展示它们的经验中的应用。

"理性的概念"这个名称就已经预先指出我们所处理的某种事物不容许它局限于经验之内,因为这些理性的概念所与之有关系的知识,即任何经验性知识(甚至可能经验的全部或者其经验性综合之全部)只是它的一部分,从来就没有现实的经验完全与之相称,然而任何现实的经验都是属于它的。理性的概念使我们能够掌握①,而知性的概念使我们了解②——([如在关于]知觉[中使用的那样])。如果理性的概念包含着无条件的东西,它们就和"一切经验都从属之但其本身却不是经验对象"的某东西有关——这种东西即为理性在它的推理中从经验所引来,而且理性按照这个东西来估计并测量其经验性使用之程度,但是这东西本身却永远不是这经验性综合的一个子项。然而,如果这些概念具有客观有效性,它们就可称为"正当推出概念"(conceptus ratiocinati);可是,如果它们不具有客

---

① "掌握"是原德文的 begreifen 这个动词之译。原是"抓在一起"的意思。——中译者
② "了解"是原德文的 verstehen 这个动词之译。——中译者

观有效性,它们至少由于貌似推理,以致令人迷惑而窃取其承认,那就可称为"伪理论的概念"(conceptus ratiocinantes)。但是由于这点只能在纯粹理性辩证推理的那章里才能证明,所以我们现在还不能讨论它。在讨论这点以前,正如我们曾经称知性的纯粹概念为范畴那样,我们也要给纯粹理性的概念以一个新的名称,而称它们为"先验的理念"。现在我们就要说明这个名称并证明它有正当的理由。

第一节　一般的理念

我们的各种语言虽然极其丰富,但是思想家每每由于找不到一个恰当适合其概念的语词而感到窘惑,且因缺乏这种语词,他又不能真正被他人所理解,甚至对自己也词不达意。但是创造新词却是对语言的立法提出一种要求,这是很少成功的;在我们采用这种很不得已的权宜之计之先,最好还是检查一下古代学者的语言,看看在那里是否已经有了所说的概念与其适当的语词。即令一个语词的旧时用法,由于引用这词的人不够审慎而变为不十分确定,最好还是抓住那专属于这词的意义(纵然这词原来是否用在恰当意义上仍然是可疑的),这总比我们不能为别人所理解还胜一筹。

因此之故,如果只有一个单词,其确定的意义和某特定的概念准确地相符合,那么,由于把这概念和与之相近的概念区别开来是极其重要的,最好还是善于使用这个词,不要仅仅为了多有变化就用它作为另一词的同义词,而要严格保持这词的原来意义。不然的话,这词就容易使人再不去注意它的惟一特有的意义而湮没在一大堆其他不同意义的语词之中,致使只有这个词所能保持的思想都丧失了。

柏拉图用"理念"(Idee)这个词的方式,十分明显地是要用它来表示某种东西,而这某东西不但永远不能从感官假借过来,而且甚至远远超过(亚里士多德所从事研究的)知性概念,因为在经验中永远不能碰见任何东西和它相符合。在柏拉图看来,理念是事物本身的原型,而不是像范畴那样,只作为可能经验的钥匙。依他的见解,理念是从最高的理性出来的,而从这源泉出来就为人类理性所分享,可是人类理性现在已不再在其原始的状态里,而是千辛万苦地要通过回忆过程(称为哲学)去恢复现在是极其晦昧的旧时理念。我在这里并不想从事于在文字上研究关于这位杰出的哲学家在这个词上的意义。我只须说,在我们把一个作者在日常谈话中或者在著作中关于他的论题所表达的思想进行比较时,发现我们了解他甚于他了解他自己,这并不是不常见的事,由于他没有充分确定他的概念,他有时所说的乃至所想的就会和他自己的本意相违。

柏拉图很能体会到,为了能把出现作为经验来了解,我们的知识能力感到的需要远远高于只把出现依照一种综合的统一性质缀合起来。他当时已经知道,我们的理性自然地抬高其自身到知识的形式上去。这些知识的形式超出经验的限度很远很远,以致从来没有所予的经验性对象能和它们相一致①,然而人们还得承认这些形式有其自己的实在性而决不只是幻想②。

柏拉图在实践(a)的领域中,亦即在以自由为依据的东西中,发现他的理念的主要实例(这自由又依据理性的一种特殊产物即知识)。谁要把"德行"的概念从经验中得出,并且把最多只能在一种不完善的阐述中用作例子的东西变为知识的一种典范(如许多人曾在实际上所作的那样),谁就会把"德行"变为随着时间与环境而变迁的东西,一种不容许有任何规则形成且意义不明的怪物。反之,如所周知,如果我们把任何一个人推举出来作为德行的典范,则我们用来和这个典范相比较的、且惟有它才能判定这个典范价值的那个真正原型,只有在我们心中才会发现。这个原型就是德行的理念,对于这原型说来,一切经验的可能对象可以用作例证(证明理性的概念所命令的东西可以在一定程度上见诸实践),但却不能作为原型。虽然我们任何人在任何时候也不能做到与那包含在德行的纯粹理念里的东西相称,但这一事实并不能证明上面所说的思想是空想。因为恰恰只有利用这种理念,才有可能对于道德的价值或其反面作出任

---

① "和…相一致"是原德文的 kongruieren 之译。——中译者
② "幻想"是原德文的 Hirngespinste 之译。——中译者
(a) 其实柏拉图也扩张他的概念来包括思辨的知识,只要这后一种知识是纯粹的而且是完全验前被给予出来的。他甚至把他的概念扩张到数学,虽然数学的对象只在可能的经验里才会发见。我在这点上不能同意柏拉图,正如我在他关于这些理念的神秘演绎上,或者在他用来把这些理念加以实体化的夸大话语上,不同意他一样——虽然我们得承认,他在这个范围内所用的崇高语言,是很能符合事物性质的一种较为委婉的解释。——康德自注

何判断来;所以这种理念可以用来作为每一次向道德的完善接近的一种不可缺少的基础——不管在人类的本性中那些障碍怎样在毫无指定的限度上使我们远离道德完善的完成。

A316
[312]
柏拉图《理想国》这篇对话已是人所共知的一种空想的完善性的惊人实例;好像只能存在于闲散的思想家脑子里面的东西;而布鲁克尔①曾讥笑过这位哲学家断言一个君主只有参与理念才能统治好。可是,我们应该更明智一些,把这种思想追究到底,而且在这位伟大的哲学家没有给我
B373 们留下指示的地方,通过重新的努力,好好地把它阐发得更清楚,而不要以不能见于实行作为无聊而有害的口实,把它当作无用而放在一边。一部按照法律而容许有最大可能的人类自由的宪法,且这种宪法又使每一个人的自由能够和一切其他人的自由相一致——我只说最大的自由而不说最大的幸福,因为最大的幸福将自行从自由而来——无论如何,这是一种必需有的理念,此必要的理念不但在最初拟议一部宪法的过程中,而且在宪法的一切法律中,都必须作为基础。因为一开始,我们就要排除实际上存在的障碍,这些障碍可能不是不可避免地从人类的本性发生,而出于可以纠正的原因,那就是由于在立法的过程中忽略了纯粹的理念。其实,没有什么东西比鄙俗地诉诸所谓与理念相反的经验对哲学家更为有害、更无价值了。如果在适当的时候,就已经把那些制度按照理念建立起来,
A317 并且如果理念不为一些粗鄙的想法所代替,而这些想法只因为是从经验得来的,就取消了一切善意,那么这样的诉诸理念相反的经验之事就完全不会存在。越是使立法与行政和上述的理念一致,刑罚就越少,因而我们像柏拉图所说的那样,就是完全合理的,在一个尽善尽美的国家里,任何刑罚都是不需要的。这种完善的国家可能在实际上永远不会出现,然而
B374 它并不影响这理念的正确性,这个理念为了要人类的法律制度日趋于最大可能的完善,就把这条准则提出来作为一个原型。因为人类所可能要停止在其上的最高程度是什么,而且在理念与其实现之间还可能有多大的距离要存留下来,这些都是没有人能够——或应该——解答的问题。

---

① 大概是指出版于1742—1744年的布鲁克尔(Johann Jakob Brucker 1696—1770)的《批判哲学史》vol. i. P. 726-727. ——英译者

因为其结果是依靠于自由的;而自由正是有力量来越过一切特定的限度的。

但是,柏拉图不但在人类理性显出它的真正因果作用的地方,不但在理念是(行为与其对象的)有效原因的地方,即在道德的范围里,正确地看出一切从理念起源的清晰的证明,而且就关于自然本身说,他也看出从理念起源之证明。一棵植物、一个动物以及宇宙的井井有条——因而可以说整个自然界——都明白说明,只有按照理念才有其可能。而且说明,虽然没有任何一个被造之物在它个别存在的情况下和它的种类中最完善的东西这个理念相一致,正像一个人不能和他灵魂中作为其行为模范的人性的理念相一致一样,然而,这些理念却仍然是每一个都作为个别的东西,并且每一个都作为不变者,而在最高知性中被完全确定了的,并且它们亦是一切事物的原始原因。可是,只有事物的总和在其构成宇宙的相互联系中,才是完全相称于这个理念的。如果我们把柏拉图的表达方法夸大之处暂且不管,那么这位哲学家在精神方面,从关于物理世界秩序的摹本式的观察飞跃到按照目的(即按照理念)而成的世界秩序那种有计划的安排,这确是一种使人起敬与效法的努力。可是,柏拉图的教导表示其完全独特功绩之处,乃是关于道德、立法与宗教的原理,而在这里经验(在这里指的是善的经验)本身只是由于理念才使之成为可能,虽然这些理念的经验性表现必然总是不完全的。柏拉图的功绩之所以没有得到人们的承认,这是由于人们恰恰按照那些经验性规则来判定它,而这些经验性规则如作为原理看时,其无效性由其本身已经证实了。因为,虽然就自然来说,经验提供了规则且是真理的源泉,但是关于道德律,经验就不幸是幻想之母了!从已作成的事中引出规定什么是应该要做的规律,或者以局限于已做的事的种种限制来硬加在应做的事之上,再没有比这更应受到责难的事了。

[313]

A318

B375

A319

但是,虽然将这些考虑追根问底会给哲学以特有的尊严,然而我们现在却必须从事于一种较少炫耀、但很有价值的工作,即平整基地,使它足够坚固以承担这些宏壮无比的道德大厦。由于理性的自信过强,徒劳无功地搜寻秘藏,在地下四面八方作了种种的挖掘,使地基成为蜂窝似的,从而危及了上层建筑的安全。所以我们就要洞察纯粹理性的先验使用,

[314]
B376

洞察其原理及其理念,使我们能够确定并估计纯粹理性的影响与其真正的价值。可是,在结束这几句导言以前,我还要对那些衷心对哲学有兴趣的人(比一般大多数人更有兴趣)提出请求,如果他们已被这些意见以及下面的意见所说服,他们就应该好好地保持"理念"这个词的原有意义,而不使它变为一个通常用来随意表示任何乱七八糟的表象的词语,以致伤害科学。其实每一种表象都并不缺乏适当的词,所以我们尽可不必侵犯任何一种语词的领域。词的顺序排列①如下:

种②就是"一般的表象"(拉丁文的 repraesentatio)。

从属于它的是"有意识的表象"(拉丁文的 perceptio"知觉")。

只对于主体有关系而为主体的状态之变状的知觉就是"感觉"(拉丁文的 sensatio)。

客观的知觉就是"知识"(拉丁文的 cognitio)。

知识或是"直观"(拉丁文的 intuitus)或是"概念"(拉丁文的 conceptus)。

"直观"是直接和对象发生关系而且是单一的。

"概念"是由几个事物共有的一种特征而间接和对象发生关系的。

概念或是经验性概念,或是纯粹概念。

纯粹概念,就它只是起源于知识来说(而不是起源于感性的纯粹意象中),就称为"知性的概念"(拉丁文的"notio",英译为 notion,一般称为"想法"——中译者)。由"知性概念"所形成的超过经验可能性的概念就是"理念"(Idee),或称"理性的概念"。

凡熟悉上述这些区别的人,一定不能容忍把"红"这个颜色称为"理念","红"这个颜色甚至不能称为一个知性的概念即想法(notio)。

第二节 先验理念

先验分析论已对我们表明,我们的知识的纯然逻辑形式,在其自身中,怎样可以包含本源的纯粹验前概念,而这种概念是在一切经验之先表

---

① "排列"是原德文 Stufenleiter 之译。英语为 arrangement。——中译者
② "种"是与"属"相对而在"属"之上的。——中译者

一、先验原理论

现对象的,或更正确地说,它们指示综合统一性,而只有这种综合统一性才能使关于对象的经验性知识成为可能。判断的形式(转变为综合直观的概念)产生在经验中指导知性的一切使用的范畴。与此相类似,我们可以假定三段论式的形式,当其在范畴的指导下应用于直观的综合统一性时,就包含着特殊验前概念的起源,而这种验前概念我们可称为理性的纯粹概念或先验理念,而且这种概念将按照原理来确定知性在处理经验的全部过程中是怎样使用的。

理性在其推理中的机能在于它按照概念所产生的知识的普遍性中,而三段论式本身就是一种判断,这种判断是验前地在其各条件的全部范围内被确定的。"卡乌斯是会死的"这个命题我诚然可以只通过知性而从经验得出来。但是,我是在追求一个包含着这种判断①的述项(即被断言的东西所用的普通名词②)被给予出来时所应有的条件③的那一种概念(在"卡乌斯是会死的"这个实例中,就是"人"这个概念);在我已经把这个述项(在"卡乌斯是会死的"这个判断或命题里的"会死的")统摄在从它的整个外延来理解的这种条件(即"一切人都是会死的)以后,我才据此进而确定关于我的对象(即"卡乌斯")的知识(即"卡乌斯是会死的")④。

根据上面所说,我们在一个三段论式里,先是把结论中的述项在大前提中一个所予的条件下就其整个外延来思考,然后把这个述项在结论中限定于某特定的对象⑤。外延在这样一种条件中,其全量就称为普遍性(universalitas)。在直观的综合里,我们具有与这种普遍性相应的总体性(universitas),又称条件的全体性(Totalität)⑥。所以理性的先验概念不

---

① "这种判断"指"卡乌斯是会死的",而其述项即"会死的"。——中译者
② "普通名词"就是"会死的"。——中译者
③ "应有的条件"就是"一切人都是会死的"。——中译者
④ 其进行的步骤即:"一切人都是会死的,卡乌斯是人;所以卡乌斯是会死的。"康德这里是说,三段论是追求"中词"的。——中译者
⑤ 例如上面所引用的三段论式的实例中,其结论的述项"会死的"(以 P 来表示)。我们先在大前提中,把"会死的"(P)的条件(以 M 来表示,而在这实例中即"人")在其整个外延上来思考(M 都是 P,以符号表示为 MaP),那就是"一切人都是会死的"这大前提,然后把"会死的"限定于"卡乌斯"这个对象(C 表示为 S),这就是结论。——中译者
⑥ 其实 universitas 与 Totalität 是同义词。一个是拉丁文,一个是德文。——中译者

过是对于任何所予的受条件限制的东西而言的诸条件的全体这个概念而已。然而既然唯独不受条件限制的东西才是使条件的全体成为可能的,且反过来说,条件的全体本身总是不受条件限制的,所以,一般说来,不受条件限制的东西这个概念,作为包含着一切受条件限制的东西之综合的根据来思考,就说明理性的纯粹概念。

A323　　理性的纯粹概念和知性由范畴所表现的各种"关系种类",在数目上是相等的。因此,我们首先要寻找一个主项中直言综合的不受条件限制的东西;其次,要寻找一系列的各子项的假言综合的不受条件限制的东西;再次,要寻找一个系统中各部分的选言综合的不受条件限制的东西。这样就恰恰有同数目的三段论式的种类,其中每一种三段论式都通过一些先行三段论式而推到不受条件限制的东西:第一,推到其本身绝不会是
B380　　述项的主项;第二,推到一种预先假定,其本身并不预先假定另一东西;第三,推到一个概念的划分的各肢的集合体,而这个集合体不需要任何另一个东西来完成这个划分。于是理性的纯粹概念——即一切条件的综合中的全体的纯粹理性概念——就至少需要来给我们以这种任务,即叫我们把知性的统一性尽可能扩张到不受条件限制的东西去,而且这种理性的纯粹概念是根据人类理性的本性的。可是,这些先验概念可能在具体现实中没有任何适当的相应使用,因而就可能没有其他的功用,而只是这样来指导知性,使它在扩充到极点时,同时也成为完全与其自身相一致。

A324　　但是,我们在这里谈到条件的全体和不受条件限度的东西作为理性
[317]　的一切概念的等值名称时,我们又碰见一种我们不能不用的语词,而这种语词由于长期的错用,就带着一种晦昧的意义,以致我们不能稳妥地使用它。"绝对的"(absolute)即是此种少数语词之一,就它们原来的意思而言,是适合于某个概念的,且在同一语言里,没有其他一个词能准确适合这个概念,因此,丧失这词,或者说随便使用它(这等于丧失它),就一定随之而丧失那个概念本身。并且由于在这种情况下,这个概念是理性所十分注意的,所以如果不想大大损害一切先验的判定就不能缺少它。"绝对
B381　的"这词现在时常用来只是指某东西就其本身即就其内部性质来考虑是真的。在这种意义上,"绝对的可能"就会是指那自身(interne)有可能的东西——其实,对于一个东西至少是要这样说的。另一方面,这词有时又

用来表示某东西在一切方面毫无限制的有效,例如说绝对的独裁政治便是。而在这种意义上,则"绝对的可能"的意思就是在任何关系上(在一切方面)都是可能的——对于一个东西的可能性最多也只能这样说。可是我们发现这两种意义常常是联结着的。例如,凡是内部不可能的东西都是在任何关系上不可能的,因而就是绝对不可能的。但是在多数的情况下,这两种意义是相隔甚远的,从而我们就无法作出结论说,因为某东西就其自身来说是可能的,因而就在任何关系上也都是可能的,即绝对可能的。其实,如我在后面要说明的那样,绝对的必然性并不总是依靠内部的必然性,因而我们就不可把它与内部的必然性作为同义词来处理。如果某东西的反面是内部不可能的,当然这个反面就是在一切方面都是不可能的,因而这东西本身是绝对必然的。可是,我不能把这种推理颠倒过来而作出结论说,如果某东西是绝对必然的,它的反面就是内部不可能的,也就是说,事物的绝对必然性是一种内部的必然性。因为这种内部的必然性在一定的实例中是很空洞的一种说法,所以我们不能把它和任何概念连属起来,但是一个东西在一切关系中(对任何可能的东西)为必然的,这一必然性概念则包含着某种十分特殊的确定。既然丧失了一个思辨科学极其重要的概念,对于哲学家来说,绝不是可以漠不关心的事情,所以我相信把这个概念所依靠的名词固定下来并且加以细心的保存,对于哲学家也是不可漠视的事。

A325

B382

[318]

因此,我在下面使用"绝对的"这个词是这种广义的、并和那只是比较有效、即在某一特殊方面为有效的意义相对立。因为后者是为条件所限制的,而前者的有效是没有限制的。

A326

可是,理性的先验概念总只以各条件的综合中的绝对全体为其目标,而且除了达到绝对无条件的东西之外,即除了达到在一切关系上无条件的东西之外,理性的先验概念绝不终止。因为纯粹理性把一切东西都交给知性了——[惟有]知性直接应用于直观的对象,或者更确切地说,应用于这些对象在想像力中的综合。理性本身完全与知性概念使用中的绝对全体有关,并设法把范畴中所思的综合统一性推到完全不受条件限制的东西,我们可把出现的这种统一性称为理性的统一性,而把范畴所表达的统一性称为知性的统一性。因此,理性所从事的只是知性的使用,这诚然

B383

不是就知性包含有可能经验的根据这点来说的(因为条件的绝对全体这个概念不是在任何经验中适用的,由于无一经验是不受条件限制的);它仅是为了要对知性规定其方向,即朝着知性本身毫无概念的那种统一性规定其方向,并这样来把知性关于每一个对象的一切活动统一起来成为一个绝对的全体。所以理性的纯粹概念的客观使用始终是超验的,而知性的纯粹概念的客观使用,按照其本性以及由于它们的应用只是对于可能的经验而言,所以就总是内在的。

我认为理念是理性的一种必然的概念,在感官经验中没有与它相应的①对象能够被给予出来。这样,我们现在所考虑的理性的纯粹概念是先验的理念。它们都是纯粹理性的概念,因为它们把一切在经验中所得的知识都视为通过条件的一种绝对全体而被确定的。它们不是被人任意捏造的;它们是理性自身的本性所给予我们的②,因而就与知性的全部使用处在必然的关系之中。最后,它们是超验的,而且越出一切经验的限度;没有任何与先验理念相称的对象能在任何时间发见于经验中。如果谈到一个理念,就其对象之看作纯粹知性的对象来说,那么,我是说得太多,可是就它对于主体的关系来说,也就是关于它在经验性条件下的现实性来说,因着同样的理由,我就说得太少了,因为理念是最大的概念,所以它永远不能相应地在具体现实中被给予出来。既然在理性的纯然思辨的使用中,后者(即在经验性条件下确定理性的现实性)实为我们的整个目的,而且,既然对一个在实行中永远不能达到的概念之接近与设想这个概念完全没有是一样的,所以关于这样一个概念我们就说:它只是一个理念而已。一切出现的绝对全体——我们可以这样说——只是一个理念;既然我们永远不能在意象中表现它,它就一直仍然是没有解答的一个问题。但是另一方面,既然在知性的实践使用上,我们所惟一关心的是规则的贯彻,那么,实践理性的理念就总能够具体地现实地被给予出来,纵然只是部分地被给予出来;其实这就是理性一切实践使用的不可缺少的条件。

---

① "相应的"按原德文是 kongruierender(相符合的),但斯密与穆勒尔两英译同是 corresponding,所以中译为"相应的"。——中译者

② "所给予我们的"是依穆勒尔的 supplied to us 这一英译而中译。斯密英译为 imposed 是"硬加"的意思,似太重。——中译者

一、先验原理论

理性的实践总是有限制的,而且是有缺点的,但却处于不可规定的范围之下,因而就总在一种绝对完整性这个概念的影响之下。因此,实践的理念总是高度有效果的,而且对我们实际活动的关系来说,是必需而不可或缺的。理性在这里,因为它在现实上实现它的概念所包含的东西,所以就确有因果作用;而对于这种高度的知识①,所以我们就不能以轻蔑的态度说它只是一个理念。与此相反,正因为它是一切可能目的必然统一性的概念,所以,它必作为一个始源的条件(至少是一个有限制作用的条件),以用作一切与实践有关系的事物的标准。

对于理性的先验概念,我们虽然不须说它们只是理念,但绝不能把这理解为理性的先验概念是多余的、空洞的。因为即令这些概念不能对任何对象有所确定,然而以一种基本的及不为人觉察到的方式,作为知性的扩大而前后一致的使用上的一种法规来说,它们是有用的。知性并不由于理性的先验概念而比其按照自己的概念得到更多关于任何对象的知识,但是对于它的这种知识的获得来说,从理性的先验概念所受到的指导则更好且更广泛。此外——这里我们只须提一提——理性的概念可能使从自然概念过渡到实践概念成为可能,而这样就可以给道德的理念以支持,而且使道德的概念和理性的思辨知识联结起来。关于这一切,我们必须等到在后面再加以详述。

A329
[320]

B386

按照我们的计划,我们暂时把实践的理念放在一边,而只在思辨的使用上来考虑理性,或者更进一步限制我们自己,只在先验的使用上来考虑理性。在这里,我们必须沿着我们在范畴的演绎中所采取的途径来进行;我们必须考虑通过理性得来的知识的逻辑形式,看看理性是否也许因这种形式同样可以是概念的一种来源,这种概念使我们能把在其本身来说的对象看作在其与理性各种机能的关系上而验前综合地被确定。

理性作为知识的某种一定的逻辑形式的能力来考虑,乃是推理,即间接判断的能力(即把一个可能的判断的条件统摄在所予的判断的条件之下)。所予的判断就是普遍的规则(大前提)。另一个可能判断的条件在这规则的条件下的统摄就是小前提。把规则所说的应用于所统摄的事例

A330

---

① "高度的知识"即英译的 wisdom,一般中译为"智慧"。——中译者

的实际判断就是结论。规则在某一定条件之下普遍地陈述某种东西。规则的条件是在一种实际的事例中实现的。所以,凡是肯定在那条件下普遍有效的东西,在包含那条件的实例中亦可视为有效。所以理性是通过构成一系列条件的知性活动来达到知识,这是十分明显的。例如,如果我达到"一切物体都是可变更的"这个命题,只是从更远的知识出发(在这种知识中,物体这个概念并不显现,然而这种知识却含有这个概念的条件),即从"凡合成的东西都是可变更的"发出;如果我再从这种知识前进到一个较近而从属于上述命题的条件之下的命题,即"物体都是合成的";又如果我最后过渡到一个把那更远的知识(即可变更的)和实际在我面前的知识联结起来的第三个命题,从而作出结论说,"物体是可变更的"——我是用这种程序,通过一系列的条件(各前提)而达到知识(结论)的。这样凡其实例在直言或假言判断里被给予出来的每一个系列都能够连续下去;于是理性的这种同样的活动就导致复合三段论式的推理,这是一系列的推理,在条件方面(用后溯的复合推理)或者在受条件限制的东西方面(用前推的复合推理)同样可以延伸到没有明确的止境①。

但是,我们立刻就觉得,后溯的复合推理(即在一种所予的知识的根据或条件方面所推论出来的知识,换句话说,三段论式的上升系列)的连锁或系列,其与理性能力的关系不同于下降系列(即通过前推的复合推理,理性在受条件限制的东西那个方向的前进)的连锁或系列与理性能力的关系。因为,既然在前一种情况下,其知识(即结论)只是作为受条件限制的东西被给予出来,所以,我们利用理性来达到这知识,就只有假定在条件方面的那个系列的所有子项(即一系列前提的全体)都是被给予出来的;只在这种假定上,我们面前的判断才是验前可能的;然而在受条件限制的东西方面,就其后果来说,我们把一个系列只在形式的过程中来思考,而不是把它作为在其完整性上已经预先假定了或给予出来的来思考,因而这系列只是潜在的一种进展。所以,如果把知识作为受条件限制的东西来看,理性就不得不把条件的系列作为在上升的线上已经完结了,而

---

① "没有明确的止境"(英译为 indefinitely)与"没有止境"(英语的 infinitely)是有分别的,前者是虽有止境,但其止境还未确定。——中译者

且在其整体上已经被给予出来。但是,如果把这同样的知识视为另外一种知识的一个条件,而且把这种知识视为构成下降线上的一系列的后果,那么,理性就很可以不必去管在验后方面(a parte posteriori)这种进展达到什么程度,而且不必去管这系列的整体是否有其可能。因为要得出结论并不需要有这样的一个系列(由于这种结论已经在验前为它的种种根据所充分确定而得到保证)。在条件方面,其前提的系列可能有一个第一项作为它的最高条件,也可能没有这种第一项,那么从验前看,那系列就是没有限度的了。可是,不管怎样,即令公认我们永远不能得到或掌握"条件的总体",然而这系列必须包含着这样一个总体,所以,如果我们把"受条件限制的"看作一整系列的条件所得出来的后果,而这"受条件限制的"被认为是真的,那么,那一整个系列的条件就必然无条件是真的了。这是理性所要求的。理性声明它的知识是验前确定的,并且是必然的,其所以是这样,要么,其本身就是如此,那就不需要任何根据,要么就是派生出来作为一系列根据的一个子项,而这种系列本身作为一个系列来说,就是无条件真的了。

第三节　先验理念的体系

A333
B390

我们现在不去谈逻辑的辩证(逻辑的辩证是抽去知识的一切内容而限于揭露隐藏在三段论式的形式里的谬误的),而只谈先验的辩证。先验辩证必须包含着、而且完全在验前包含着从纯粹理性得出的某种知识的起源和推论出的一些概念的起源,而这些知识和概念的对象绝不能在经验中被给予出来,因而完全在纯粹知性的能力范围之外。从我们的知识在种种推理和判断中的先验使用和其逻辑使用之间所必有的自然关系来看,我们推断只能有三种辩证推理,它们相应于理性所由之而从原理达到知识的三种推理,而在这一切辩证的推理中,理性任务是从"知性一直为其所局限"的受条件限制的综合,上升到"知性所永远不能达到"的无条件的综合。

[323]

在我们的一切表象中所要普遍发现的关系是:(1)对于主体的关系;(2)对于客体的关系,此客体或者作为出现或者作为"一般思想"的对

B391
A334

---

① "客体"是原德文的"Objekt"之译。而同句中"思想的对象"的"对象"是 Gegenstand 之译。——中译者

象。如果我们把这种划分的目与纲结合起来,那么表象的一切关系(我们能用来形成一个概念或一个理念的)就有三种:(1)对于主体的关系;(2)对于出现中的客体之杂多的关系;(3)对于一切一般事物的关系。

所有一般纯粹概念都和表象的综合统一性有关,而[其中的]纯粹理性的概念(先验理念)却和所有一般条件的无条件的综合统一性有关。所以一切先验理念就可列为三类:第一类包含着思维主体的绝对(无条件的)统一性,第二类包含着出现的条件系列的统一性,第三类包含着一般①思想的一切对象的条件的绝对统一性。

思维主体乃是心理学的对象②,一切出现的总和(即世界)是宇宙论的对象,而那包含着"凡可以被想到的东西"的可能性之最高条件的这个物③(即万有的本质)是神学的对象。于是,纯粹理性就能为先验心理学④(psychologia rationalis)、先验宇宙论(cosmologia rationalis)、最后还有关于上帝的先验知识学(theologia transzendentalis)提供理念。知性不能产生这些学问的任何一种乃至任何一个纯然的计划,即令知性有理性的最高逻辑使用的支持(即具有我们用来从知性的对象之一即一出现而推到一切其他对象即其他出现,一直推到经验性综合的最遥远的项目所可能设想到的推理的支持)也不能产生这种计划。每一种这样的学问都完全是纯粹理性的一种纯粹而真正的产物或问题。

理性的纯粹概念恰恰在什么样的方式上处在一切先验理念的这三种项目下,我们将在下章详尽地加以说明。这些概念是遵照范畴为指导线索的。因为纯粹理性绝不直接和对象发生关系,而是和知性关于对象所形成的概念发生关系。相类似地,只有在完成我们论证的过程中,才能说明理性怎样只因它在直言三段论式中所利用的那种机能的综合使用,才必然达到思维主体的绝对统一性这个概念,怎样在假言三段论式里所用的逻辑进

B392
A335

[324]

---

① 这里是原德文的 überhaupt,英译为 in general,中译为"一般"是依 Erdmann 加上重点的(外文的斜体)。——中译者
② 英译的 object(中译为"对象")是原德文的 der Gegenstand。——英译者
③ 英译的 thing(中译为"物")是原德文的 das Ding。——英译者
④ 英译的 doctrine of soul 就是拉丁文的 psychologia,中译为"心理学",因希腊字原是 soul (灵魂)的意思。——中译者

程,导致一系列所予条件中完全无条件的东西这个概念,最后,选言三段论式的纯然形式是怎样必然包含有理性的最高概念,即一切存在的存在[万有的本质]这个概念——这是一个乍看起来似乎是极其不合理但却是正确的思想。

在这些先验理念的情况下,严格说来,没有任何客观的演绎有其可能,如我们关于范畴所能做出的那样。正因为这些先验理念只是理念,所以事实上它们就不能和任何可被给予出来而与它们吻合的对象有其关系。我们可以设法把这种先验理念从我们的理性的本性中主观地推导①出来;这一点已经在本章叙说过了。

我们很易看出,纯粹理性的惟一目的就是条件方面的综合的绝对整体(不管是依存的条件、隶属的条件、或并发的条件);纯粹理性和受条件限制的东西那方面的绝对完整性是不相干的。因为只要有了前者,就可以预先假定一整个系列的条件而把它在验前对知性呈现出来。一经有了一个完整的(而且不受条件限制的)条件被给予出来,我们就再不需要任何理性的概念把这系列继续下去;因为在从条件前进到受条件限制的东西的这种进展的方向中,每一个步骤都是知性自己所完成的。所以先验理念就只有在条件的系列中,为了要上溯到无条件的东西,即上溯到原理,才是有用的。至于谈到推进到受条件限制的东西,理性诚然很广泛地在逻辑上使用知性的规律,可是在先验上是没有使用这些规律的;而且,如果我们对于(进展的)这样一种综合的绝对整体形成一个理念的话,例如对于世界未来一切变更的全部系列形成一个理念,这只是一种思维之物(ens rationis),是任意想出来而不是理性所必须预先假定的。因为受条件限制的东西之可能性是预先假定其条件的整体,而没有预先假定它的后果。所以这种概念并不是先验理念之一;而我们所与之打交道的只是先验理念。

最后,我们又看到,在先验理念本身之间明显地有其一定的联结与统一性,而纯粹理性就利用这种联结与统一性把它的一切知识结合为一个

---

① 原德文康德写成"Anleitung"(指导),依 Mellin 改为"Ableitung"(推导),英译为"derivation"——整理者据英译本和牟宗三本。

体系。从对于一个人自己(即灵魂)的知识推进到关于世界的知识,而以这为媒介,推到原始存在者,这是很自然,就像理性从前提到结论的逻辑进展(a)。这是否由于一种隐藏的关系,正如存在于逻辑的程序与先验的程序之间的关系一样,这个问题还有待于在这些探索的过程中提出解答,其实,我们已经初步得到了这个问题的答案,因为在讨论理性的先验概念时(这些先验概念在哲学的理论中通常和其他概念混淆,而且没有恰当地和知性的概念区别开来),我们已能把这些先验概念从它们的意义模糊的地位中拯救过来,以确定它们的起源,而同时又固定它们的(我们不能增加的)准确数目,并且在一种系统的联结中把它们呈现出来,从而为纯粹理性划出并规定其特有的领域。

(a) [康德在第2版增加此注]:形而上学只有三个理念作为它研究的应有对象:上帝,自由,和灵魂的不死——这三者是这样相互关联着。使第二个概念和第一个概念结合时,就导致第三个概念作为一种必然的结论。形而上学这门学问所处理的任何其他东西只是用来作为一种手段,以达到这三个理念而证明它们的实在性,形而上学并不为了自然科学的缘故而需要这些理念,而是为了超出自然才需要它们。对于这些理念的深入理解会使神学与道德,且通过这两者的结合也使宗教,并使我们存在的最高目的都完全依赖思辨理性的能力。在理念的系统的表象中,上面所提作为综合的顺序是适当的;但是在这种综合的顺序之前所必然有的探讨中,分析的顺序,或与综合相反的顺序,就更适合于完成我们伟大计划的目的,因为它能使我们从那在经验中直接给予我们的东西出发——从灵魂学推进到宇宙论,从而到达关于上帝的知识。——康德自注

第二卷　纯粹理性的辩证推理　[327]

虽然按照理性的原有规律，一个纯粹先验的理念是理性的一种十分必然的产物，但是我们仍可以说，它的对象却是我们对之毫无概念的某东西。因为对理性的要求相称的一个对象，我们事实上不可能形成一个知性概念，也就是说，无法形成一个可以在可能的经验中显示出来并直观到的概念。但是，如果说，虽然我们对一个理念相应的对象不能有任何知识，然而关于此对象我们仍可有一盖然性的概念，那就更为适当而较少受到别人的误解。　A339 B397

理性的纯粹概念的先验的（主观的）实在性依赖我们通过一种必然的三段论式①而达到上述理念。因此就有一些三段论式没有经验性前提，而且我们用这种三段论式从我们所知的某东西推出关于我们毫无概念的某东西，而且由于一种不可避免的幻象，我们还把客观实在性归于所推论出来的某东西。于是，与其称这些结论为理性的，毋宁称之为"貌似理性的"（vernünftelnde），虽然就其起源来说，它们尽可要求取得"理性的"这一称号，因为它们并不是虚构的，不是偶然发生的，而是从理性的本性所产生出来的。它们不是某某人的诡辩，而是纯粹理性本身的诡辩。甚至最聪明的人也不能免于这种诡辩。经过长期的努力之后，一个人或者能够预防在实际上犯错误，但是永远不能避免这种幻象。这幻象要不断地戏弄他、苦恼他。　[328]

因此，就只有三种辩证的三段论式——这正是它们的结论所产生的理念的数目。在第一种三段论式中，我从并不含有任何杂多东西的主体的先验概念推论到这个主体本身的绝对统一性，可是甚至在我作出这种　A340 B398

---

① 这里英译的 syllogism（三段论式）就是康德所用的 Vernunftschluss（理性的推理）。——英译者

推论的过程中,关于这个主体我是毫无什么概念的。我称这种辩证推理为先验的谬误推理(Paralogismus)。第二种貌似理性的推理是以任何所予的出现的一系列条件的绝对整体这个先验概念作为它的目的。我根据"关于这个系列的不受条件限制的综合统一性"这一概念,当它在某一定的方式上被思维时,总是自相矛盾这一事实,就作出结论说,实际上有一种反面的统一性,虽然我对于这种统一性也毫无概念。理性在这种辩证推理中所处的境遇我将称为纯粹理性的二律背驰(Antinomie)。最后,在第三种貌似理性的推理中,我从一般对象被思维时所必具的条件之整体(就其能对我被给予出来而言)推论到一般事物的可能性之一切条件的绝对综合统一性,也就是从我通过一般事物的纯然的先验概念所不知道的事物,推论到一个"一切存在的本源存在"(ens entium),这是我甚至通过任何先验概念所不能知道的,而关于这种存在的无条件的必然性,我也不能形成任何概念。我称这种辩证三段论式为纯粹理性的理想(Ideal)。

第一章　纯粹理性的谬误推理

A341
B399

逻辑的谬误推理,无论它的内容是什么,只在形式上是谬误的三段论式。先验的谬误推理是这样一种谬误推理,即在它里面有一种先验的根据,而这种根据迫使我们做出一种在形式上无效的结论。这种谬误因而就是扎根于人类理性的本性的,而且引起的一种幻象是不能避免的,虽然可以使它变为无害①。

现在我们形成这样一个概念,它原本不包括在先验概念的总表中,但却必须算作属于该表,而不必改变该表,也不说明该表有缺陷。这就是"我思"这个概念,或者如果有人认为判断这个词语较好,那就可称为"我思"这个判断。我们容易看到,这个"我思"概念(或判断)是一切概念的传达工具,因而也是先验概念的传达工具,所以就总是包含在先验概念的设想中,而它本身也是先验的。但是,"我思"这个概念不能有特别指称,因

---

① 据牟译本,这里康德原文应译为"虽然并不是不可消解的"。——整理者

为它的功用只是引导我的一切思想,使之属于意识。同时,不管"我思"这个概念怎样不杂有经验性成分(感官的种种印象),然而它仍然能够使我们通过我们表象能力之性质分辨出两种对象来。作为能思的"我",它就是内感官的对象,而称为"灵魂"。作为外感官对象的"我"就称为"身体"。据此,作为一个能思的存在者的"我"这个名词是指心理学的对象说的,而心理学可称为"理性的灵魂学",这是由于关于灵魂,我在这里并不想从"我"这个概念(在它呈现于一切思想中的限度内)知道得更多,即更多于我不依靠一切经验(即更特殊而具体地确定我的那一切经验)所推论出来的东西。

其实理性的灵魂学从事的就是这种工作;因为如果在这门科学里,我的思想中微小的经验性成分,或者我的内部状态的任何特殊知觉和知识的种种根据相互混合起来,这门科学就再不是一种理性的灵魂学,而是一种经验性灵魂学了。于是,我们在这里就有一种声称是建立在"我思"这一单个命题之上的科学。不管这种主张的根据是好是坏,我们总可以适当地按照先验哲学的性质来进行研究。读者必不可提出反对的意见来表达关于自我的知觉的这种命题含有一种内部的经验,并且根据这种经验的"理性的灵魂学"绝不是纯粹的,因而在此限度内是以经验性原理为基础的。为何不可提出这种反对意见? 因为这种内部知觉不过是"我思"这个纯然的统觉,甚至先验的概念都是由于这个统觉才成为可能的;我们在先验概念里所肯定的东西就是"我想到实体"、"我想到原因"等等。因为一般内部经验及其可能性,或者一般知觉及其对其他知觉的关系(其中没有任何特殊的区别或经验性确定被给予出来)均不可看作经验性知识,而只可看作是关于一般经验性东西的知识,而且要考虑关于任何一个经验或每一个经验的可能性的研讨,这种研讨确为一种先验的研讨。如果有丝毫知觉的对象(例如甚至愉快或者不愉快)加入自我意识的普遍表象中来,就立刻把理性的心理学改变为经验性心理学了。

所以"我思"是理性心理学的惟一主题。理性心理学的全部教导都是从"我思"发展出来的。如果要把"我思"这个思想和一个"对象"(我自己)发生关系,这个思想显然就只能包含那对象的先验述项,因为丝毫经验性的述项都会毁灭这门科学的理性纯洁性及其对于一切经验的独立性。

B400
A342

B401
A343
[330]

273

A344
B402

这里所要求的只是我们须遵循范畴的指导,只有一点不同:我们的出发点既然是一个所予的东西,即作为能思的存在者的"我",那么,我们从"实体"这个范畴开始(这个范畴是一个在其本身来说的物所由以被表现的),然后沿着范畴的系列回溯①,然而并不在其他方面改变范畴表所采取的顺序。因此理性的灵魂学②的主题(这种灵魂学所含有的其他一切东西都必须从这个主题得出来)如下列:

1. 灵魂是实体③。

2. 就其质来说灵魂是单纯的。　　3. 就其存在的不同时间来说,灵魂在数目上是同一的,即单一性(不是多数性)。

[331]　4. 灵魂与在空间中可能的对象是有关系的(a)。

A345
B403

纯粹心理学的一切概念从上面这些要素发生都只通过联结,而没有杂入任何其他原理。这种纯为内感官的对象的实体,给我们以非物质性(Immaterialität)这个概念;作为单纯的实体,就给我们以不朽性(Inkorruptibilität)这个概念;其同一性,作为知性的实体,就给我们以人格性(Personalität)这个概念;这三者一起就给我们以精神性(Spiritualität)这个概念;而对于空间中的对象的关系就给我们以和物体交相关系(Kommerzium)这个概念,这样也就使我们把能思的实体表现为物质中生命的原理,即魂魄(anima),而且又作为动物性(Animalität)的根据来表现。这最后的一个概念,受到精神性的限制,又给我们以灵魂不死性(Immortalität)这个概念。

与这些概念有关联,我们有先验心理学(有人把先验心理学错认为纯

---

① "沿着范畴的系列回溯"是原德文的 ihrer Reihe rückwärts nachgehen 之译。——中译者

② "灵魂学"是原德文的 Seelenlehre 之译。按"心理学"原是 psychologic 之译,而这词的原义也是"灵魂学",后变为"心理学"。但康德所用的"灵魂"和"心灵"或"心"有本质上的区别。所以我们译 Seelenlehre 为"灵魂学"。——中译者

③ 康德在其所用的《纯粹理性批判》本中曾修改这句为:"灵魂作为实体而存在着"[见《补遗》(Nachträge), No. CLXL.]。——英译者

(a)　如果读者感到难以猜测这些语词在其"先验的抽象性"上的心理学意义,而且难以发现何以上面最后提出灵魂的属性属于"存在"这个范畴,下文他将发现充分的说明与正当的理由。而且我要为所用的拉丁语词提出辩白。这些拉丁语词在本节和在全书里,都篡夺了德语中之同义词的地位。这是有伤风雅的。我的理由就是,我宁可稍为损失一点词句的优美而不愿在任何很小的程度上增加读者的困难。——康德自注

粹理性的一种科学。)的四种谬误推理,是和我们的能思的存在者的本质有关的。除了"我"这个单纯的且在其本身完全是空洞的表象以外,我们为这种学说找不到任何其他基础;而且我们甚至不能说这是一个概念,而只能说它是伴随着一切概念的单纯的意识而已。通过能思的这个我或他或它(物)所表现出来的,无非是种种思想的等于 x 的一个先验的主项。这主项只通过它的述项的思想才被人知道,而离开这种述项,我们对于它就不能有任何概念,而只能永远循环打转,因为关于它的任何判断总是已经使用了它的表象。何以这种不方便不可分地和这种主项 x 结合在一起?其理由是,意识在其自身来说并不是把一个特殊的对象分辨出来的一个表象,而是一般表象的形式,即,只在表象被称为知识时,它才是这表象的形式;因为只有关于知识,我才能说我通过此意识而想到某东西。

　　我进行思维所必具的惟一条件,亦即只是作为主项的"我自己"的一种属性的条件,必须对于任何一个思维的存在者来说都同样是有效的,并且我能够强求一个必然而普遍的判断奠基于一个看来是经验性的命题,即能思维的存在者都是像自我意识对我所陈述的那样构成起来的;这一点乍想起来,好像是奇怪的,可是却有理由的。其理由如下:我们必然地并且在经验之先,把构成我们思维事物所必具的种种条件的一切属性归之于事物。但是我不能通过任何外部的经验,而只有通过自我意识,才能对于一个能思的存在者有任何表象。因此,这一种对象不过是我的这种意识转移到别的东西,只有这样,别的东西才能被表现为能思维的存在者。可是我们在这里只盖然地来理解"我思"这个命题;这不是因它可能包含有关于一个存在者的知觉(如笛卡尔的"我思故我在")来说的,而是就其纯然的可能性来说的,其目的是要看看从这么简单的一个命题我们可以得出什么是适用于这命题的主项的属性(不管那主项是否在现实上存在)。

　　如果我们通过纯粹理性得来关于一般能思维的存在者的知识,其根据不只是"我思"(拉丁文的 cogito),又如果我们同样利用关于我们种种思想的活动以及应该从这些思想得出来的能思的自我的自然规律的一些观察,我们就会有一种经验性心理学,这种心理学会是一种关于内感官的生理学,它也许能说明内感官的种种出现,但绝不能显示这样的特性,犹如不属于可能经验的特性(例如"单纯"的特性),也绝不能产生关于一般能思维的存在者的任何必然的知识。因此,这种心理学就不会是一种理性的心理学。

既然"我思"这个命题(在盖然性上来理解)含有知性每一个判断的形式,而且伴随着一切范畴而作为其传达的媒介,那就很明显,从"我思"这个命题推论出来的结论,只能容许有知性的先验使用。而且既然知性的先验使用排斥任何属于经验的杂质,那么,根据我们上面所说的,我们关于其研究进程的各种方法,就不能有任何有利的预想。所以我们就打算用一种批判的眼光,通过纯粹心理学的一切范畴,把"我思"这个命题做出彻底的研究。

第一版论谬误推理①

第一谬误推理:关于实体性

其表象为我们判断的绝对主项从而不能用作另一事物的确定者,这样的东西,就是实体。

"我",作为一个能思维的存在者来说,是我一切可能判断的绝对主项,而"我自己"这种表象不能用作任何其他东西的述项。

所以,"我"作为能思维的存在者(灵魂)来说,是实体。

对于纯粹心理学的第一个谬误推理的批判

在先验逻辑的分析部分里,我们已经说明:纯粹范畴和其中"实体"这一范畴,在其本身来说,是没有客观意义的,除非它们依据一种直观,且作为综合统一性的机能应用于所依据的这种直观的杂多。如果没有这种杂多,这些范畴就只是判断的机能,而毫无内容。我对于任何一个东西都可说它是实体,意思是说,我能把它从事物的纯然述项与确定区别开来。在我们的一切思想中,"我"就是其主项,种种思想只作为确定而依附在它里面;而这个"我"不能用作另一东西的确定。因此,每一个人都必须要把自己看作实体,而把思想看作只是他的存在的偶性,看作他的状态的确定。

但是,我对实体这种概念能派什么用场呢? 我们不能从这个概念演

---

① 据英译者,在此后,直至英译本第 367 页即 A405 结尾为止,是第 2 版删去的。——中译者

绎出:"我",作为一个能思维的存在者,对我自己而言,是持久存在的,而且不在任何自然的方式上有生有灭。然而,我又不能有什么别的方法来使用我的思维的主体之实体性这个概念,而离开这种使用,我就尽可以没有这种概念了。

我们远不能把上述这些属性只从实体这个纯粹范畴演绎出来,所以我们的出发点反而必须是在经验中作为永恒的东西而被给予出来的一个对象的永恒性。因为实体这个概念只能这样应用于这种对象才是在经验上有它的用处。可是在上述的命题里面,我们并没有把任何经验作为我们的根据;其推论只是从一个关系概念出发,这个关系就是,一切思想与作为它们所依存的共同主项的"我"的关系。在以经验为这命题的依据时,我们用任何可靠的观察也不能证实这样的永恒性。这个"我"诚然是在一切思想之中的,但是在这种表象里面,并没有丝毫直观的痕迹把这个"我"和直观的其他对象区别开来。这样,我们固然能够看到这种表象必定在一切思想之中,可是看不到它是一种常住而持续的直观,其中形形色色的思想作为不断流逝的东西相互交替着。

所以其结论就是:先验心理学的第一个三段论式,在它把思想经常不变的逻辑主项作为关于思想所依存的实在主体的知识提出来时,是把纯然冒充的新见解来欺骗我们。我们都没有而且也不能有关于任何这种主体的任何知识。其实惟有意识才是使一切表象成为思想的东西,因而在它作为先验的主体里面,必然发现我们的一切知觉。但是,在这个"我"的逻辑意义以外,我们没有关于主体在其本身来说的知识。而这个主体作为基体存在于这个"我"的基础上,正如它存在于一切思想的基础之上那样。可是"灵魂是实体"这个命题,尽可姑且让它存在,只要我们认识到,灵魂作为实体这个概念并不能使我们前进一步,因而不能为我们产生任何关于"貌似理性"的灵魂学说的通常演绎(例如说"人类灵魂"在一切变化中甚至在死后是永久存在的),只要我们认识到这种概念只在"理念"中,而不是在"实在性"中表示着一个实体。

第二谬误推理:关于单纯性

凡是一个东西,其活动绝不能看作是几个活动的东西协同而成者,这东西就是单纯的。

现在,灵魂,或者说,能思维的"我",就是这样一个存在。

所以,灵魂或思维的我是单纯的。

对于先验心理学第二谬误推理的批判

这一推理是纯粹灵魂学中一切辩证推理的王牌。它不是什么独断论者所创制出来的纯然诡辩的把戏,以致使其在表面上带有似是而非的性质,而是一种似乎能够经得起最严厉的检查和最详密的研究的推论。这种谬误推理如下所述:

每一复合的实体都是几个实体的集合体,而一个复合体的活动,或依存于这复合体的任何复合东西的活动,都是分布于多数实体的若干活动或若干偶性的一种集合体。从许多活动着的实体的联合而发生的一种结果实是可能的,只要当这种结果只是外部的时候就有这种可能(例如一个物体的运动是其一切部分联合起来的运动)。但是,关于作为属于一个能思维的存在者的内部偶性的思想,那就不同了,因为假定能思维的东西是复合的东西;那么,这复合的东西的每一部分都是思想的一部分,而只有各部分合在一起才会包含着那整个思想,可这是悖理的,因为一些表象(例如一个诗句的单词)分配给不同的存者,就绝不会构成一整个思想(即诗句),因此,说一个思想依存于其本质上是复合的东西,这是不可能的。所以思想只在一种单一的实体里才是可能的,而这种单一的实体,由于它不是许多实体的集合体,所以就是绝对单纯的(a)。

这种论证的所谓"中坚论据"(拉丁文 nervus probandi)在于如下这个命题:为要构成一个思想,就必须在能思维的主体的绝对统一性里面包含着许多表象。可是没有人能够从概念证明这个命题。因为,他是怎样着手证明这个命题的呢?他不能把"思想只能是能思维的存在者的绝对统一性的结果"这个命题作为分析命题来对待。因为许多表象所构成的思想的统一性是集合性的,而就纯然的概念所能说明之限度内,这种思想的统一性可能与一些在一起活动着的不同实体的集体统一性有关系(如一个物体的运动是其一切部分的复合运动那样),正如它也可能与主体的绝

(a) 我们很容易给这种证明以通常三段论式的正确形式,但是就我的意图来说,把证明的赤裸裸的根据弄清楚(虽然是在通俗的方式上),也就够了。——康德自注

对统一性有关系一样。因此,在复合性的思想的情况下,预先假定有一个单纯的实体的这种必然性,是不能按照同一律来证明的。也没有人敢于肯定这个命题能在验前从纯然的概念综合而完全地被知道——至少,如果他按照上面所说明的那样来理解验前综合命题的可能性的根据,他是不会那样肯定的。

同样也不可能从经验中引出主体的这种必然的统一性,以作为每个思想的可能性的条件,因为经验不能给我们产生关于必然性的知识,且不说"绝对统一性"这个概念是完全在经验领域以外这个事实。那么,我们从哪里得出全部心理学的三段论式所依据的那个命题呢?

显而易见,如果我要想象一个能思维的存在者,我就必须设身处地,好像把我自己来代替我想要考虑的对象(这对象不在任何别种的研究中显现),而且我们要求有思想的主体的绝对统一性,只是因为不这样,我们就不能说"我思"(我思杂多在一个表象中之"我思")。因为虽然思想的全体能分割而分布于许多主体中,但是这个主观的"我"却绝不能这样被分割且被分布,而我们在一切思维活动中所预先假定的就是这个"我"。

在这里也和前面的谬误推理一样,"我思"这个统觉的形式命题,一直就是理性心理学在它敢于扩大它的知识时所能援引的惟一根据。可是,这个命题本身不是一个经验,而是属于每一经验且先于每一经验的统觉形式;而作为这样的统觉形式,它就必须理解为关联于某种可能的知识中,作为那种知识的一种纯然主观的条件。我们毫无权利把它转变为关于对象的知识之可能性的条件,也就是说,把它转变为一般能思维的存在者的概念。因为我们不能把这种存在者对我们自己表现出来,除非是用我们意识的公式把我们自己设想为处在每一其他知性存在者的地位上。

我自己(作为灵魂的我自己)的单纯性,实际上不是从"我思"这个命题推论出来的;这种单纯性①已经包含在每一个思想里面。"我是单纯的"这个命题必须看作统觉的一种直接的表达,正如笛卡尔的推论"我思,

A354

[337]

―――――――――

① 这里英译的"it"(这个代词是指"这个单纯性"说的——中译者)是原德文 die 这代词之译。而这里用 die 是依 Erdmann 改读原版的 der 的。——英译者 如依原版读为 der,这词就应按其性指句中的 Satz(命题),今读为 die(阴性),就是指句中的 Einfachheit(单纯性)说的。——中译者

A355 故我在"(拉丁文 cogito, ergo sum)其实就是同语反复,因为这个"我思"(cogito)——实即"我在思维"(sum cogitans)——是直接肯定我的存在的。"我是单纯的",这意思不过是"我"这个表象在其自身里面并不包含丝毫的杂多性,而是绝对的统一性(虽然只是逻辑上的统一性)。

所以,这个著名的心理学证明只是建立在表象的不可分割的统一性上,这种具有统一性的表象仅在动词对一个人称的关系中来管理这动词①。我们把"我"和我们的思想相联属时,我们只在先验上指出所依存的主体,而在这主体里没有注意到任何性质——其实并不由直接或间接的认识而知道关于这主体的任何东西。这主体是一般某东西的意思(即先验的主体),所以其表象必须无疑是单纯的,因为在它里面没有任何东西是有确定性的,而且事实上,其所表现的没有什么东西比通过一个纯然某东西这个概念所表现的更为单纯。可是一个主体的表象的单纯性不因此就是关于这主体本身的单纯性的知识,因为当我们只用"我"这个完全空洞的字样来指定这主体时(这个字样我可以用来指任何一个能思维的主体),我们就把它的各种属性一起都抽掉了。

A356 [338] 那么,通过这个"我",我总是存有主体的一种绝对的(却仅是逻辑上的)统一性的思想(即单纯性),这是很肯定的。可是我们不能从而得出结论说,我因之就知道我的主体的现实单纯性。像我们所曾发现的那样,"我是实体"这个命题不过是表示我在具体的经验上不能使用的那纯粹范畴而已;因而我就可以正当地说,"我是一个单纯的实体",也就是说,一种其表象绝不含有杂多的综合这样的实体。但是这个实体概念,像这个命题一样,关于作为经验对象的我自己,丝毫没有对我们说什么,因为实体这个概念本身只是用作综合的一种机能,而没有直观为其基础,因而也就没有对象。这种概念只是有关于我们知识的条件,并不适用于任何指定的对象。我们将用一种实验来检查这个命题所设想的用处。

任何人都必须承认,断定灵魂的单纯性,其价值只是在于我们能够从而把这个主体与一切物质区别开来,而这样就能使灵魂免于物质所要受到

---

① 原引笛卡尔的名言 cogito, ergo sum,其中的 sum 就是这里所说的表象之统一性,其动词 sum,由于拉丁语的性质是把第一人称与动词统一在一起的,并不表示这第一人称的主词的任何性质。——中译者

的分解。严格地说,这就是上述的命题所意向的惟一用途,因而这个命题一般地表达为"灵魂不是有形体性的"。那么,如果我能说明,虽然我们承认理性的灵魂学这个基本命题(即"凡是能思想的东西都是单纯的实体")有其完全的客观有效性——这种有效性是适合于只从纯粹范畴得来的纯粹理性的判断的——然而我们却仍然丝毫不能利用这个命题来证明灵魂不同于物质、或者和物质有无关系的问题,而这就等于我好像已把这个假定为心理学的明见归之于单纯理念的领域,而毫无任何实在客观的用途似的。

在先验感性论里,我们已经毫无疑义地证明了物体是我们外感官的纯然出现而不是物在其本身。因此我们就有正当理由来说,我们的能思维的主体不是属于有形物质的;换句话说,由于能思维的主体被我们表现为内感官的对象,所以,就其能思维而言,它就不能是外感官的对象,即不能是空间中的出现。这就等于说,能思维的存在者,作为能思维的存在者来说,绝不是我们在外部出现中所能发现的,而且这种能思维的存在者的思想、意识、欲望等,都不能在外面被直观到。这一切都是属于内感官的。事实上,这种论证看来这么自然而且这么平易,所以甚至最通常的理解都像是一直依靠着它,而从最早的时候起,就已经把灵魂看作与肉体完全不相同的东西了。

但是,虽然广延、不可入性、凝结和运动——总而言之,一切外感官能给予我们的东西——都既不是思想、感情、欲望或决心,也不含有这等东西,这些都绝对不是外部直观的对象,然而处在外部出现的基础上而刺激我们的感官以使之获得空间、物质、形状等表象的某东西,在其作为本体时(或者更好地说,作为先验的对象看时),仍然同时可能是我们能思维的主体。我们的外感官所从而被刺激的方式所给予我们的不是表象①,意志等直观,而只是空间及其种种确定的直观,这个事实并不能证明和上述相反的任何东西。因为既然广延的、不可入的或合成的这一切述项只是有关于感性及其直观的,就是说,只就我们被某些(我们在其他方面是不知道的)对象所刺激这一点来说是这样的;所以,所说的某东西就不是广

① 康德原文为"Vorstellungen",英译为"representations"(表象),不妥。按牟译本注,此词非"表象"之义,乃"意想"或"想象"等义。——整理者注

延的，又不是不可入的，也不是合成的了。可是，我们并不以这种说法就能知道我所说的某东西是什么样的对象，而只能认识到，如果就其本身来考虑，因而离开对外感官的任何关系来说，这些外部出现的述项都是不能归之于那某东西的。但是另一方面，内感官的述项，如表象①与思想，就不是和那某东西的性质不一致的。因此，纵然我们承认人类灵魂就其本身来说是单纯的，这种单纯性，就物质的基质来说，也并不足以使灵魂与物质区别开来——就是说，如果我们按实际应该的那样，把物质作为纯然的出现来考虑的话。

如果物质果真是"物之在其本身"，那么，物质作为一种合成的东西，就和作为单纯的东西的灵魂是完全不相同的了。但是物质是纯然的外部出现，其基质不能通过我们所能归之于它的任何述项而被知道。因此，我就尽可以承认"物质在其本身来说是单纯的"这种可能性，虽然由于它刺激我们的方式，它在我们里面就产生广延的东西的直观，因而也就产生合成的东西的直观。我还可以进一步来假定，与我们的外感官有关联的具有广延性的实体，在其本身来说，是具有思想的，而且用这一实体自己的内感官能有意识地表现这些思想。像这样，在一种关系上称为物质性的东西，同时在另一种关系上也就是一种能思维的存在者，其思想不是我们能直观得到的，虽然我们在事实上能在出现中直观到这些思想的符号。据此，我们就不得不放弃只有灵魂（作为特种的实体）才是能思想的这个论题；而应该要退回到"人们思想"这个常用的说法，那就是说，作为外部出现是广延的存在者，就其本身来说，从内部看，也就是一个主体，而且不是合成的，是单纯的且能思维的。

但是，即令对这样的假设，我们并不作出定论，我们还可以作如下一般的解说，如果我理解灵魂为一个在其本身来说是能思想的存在者，那么，"灵魂和物质是不是同属一类"这个问题——所说的物质不是物之在其本身，而只是我们心中的一种表象——其本身就已是不合法的。因为很明显，一个事物之在其本身，和只构成其状态的那些确定是属于不同的性质的。

另一方面，如果我们不是把能思维的"我"和物质来比较，而是把它和

---

① 同前注。——整理者注

处在我们叫做物质的那种外部出现之基础上的纯知性的东西来比较,那么,我们关于纯知性的东西就毫无所知,因而就不能说,灵魂在任何内部方面与之不相同。

所以,单纯的意识并不是关于作为主体的自我的单纯性质的知识,能使我们把自我作为主体与物质作为一种复合的东西分别开来的。

所以,如果在"这种概念可以是有用的"这惟一情况下,即在把我自己和外部经验的对象相比较的情况下,尚且不能确定自我的性质里面什么是特殊而显著的东西,那么,虽然我们仍然可以认为我们知道这能思维的"我",即灵魂(灵魂是内感官的先验对象的名称)是单纯的,但是这种说法,对于实在的对象,丝毫不能适用,因而就丝毫不能扩大我们的知识。 A361

这样一来,全部理性的心理学就随着其基本支柱的垮台而垮下来了。在这里如同在任何别处一样,我们通过单纯概念而没有对可能经验的任何关系,很少有指望来扩充我们的知识——而用我们一切概念的纯然主观的形式,即意识,其指望就更少。因为[如我们所已经发现的那样],甚至"单纯的性质"这一基本概念也是绝不能在任何经验中碰得见的,所以我们就无法把它作为一种客观有效的概念而达到了。 [341]

第三谬误推理:关于人格性

凡在不同的时间中意识到其自身之数目的同一性①者,在这限度内就是一个人格。

既然灵魂就是在不同的时间中意识到……等等。

所以,灵魂就是一个人格。

对于先验心理学第三谬误推理的批判

如果我要通过经验来知道一个外部对象的数目上的同一性,我就要注意那出现中的永恒要素(这是出现的主体,一切其他东西都与之发生关系而为其确定),而且注意到那永恒要素在这些确定的变化所占的时间中的同一性。可是"我"是内感官的一个对象,而一切时间都只是内感官的形式。结果就是,我把数目上同一的自我作为我所有一切前后相继的确定的标准,而且我始终是这样做的,也就是说,在关于我自己的内直观的 A362

---

① "数目的同一性"是指经历无穷的次数,其自身仍为同一的东西。——中译者

形式上都是这样做的。既是如此，我们就要把灵魂的人格性不看作是推论出来的，而须看作自我意识在时间中的一种完全同一的命题；其实这就是何以这个命题是验前有效的理由。因为这个命题实在是等于说，我意识到我自己时的全部时间里，我始终意识到这时间是属于我自己的统一性的；而且不管我说这全部时间是作为个别的统一体在我之中，或者说"我"在这个时间里是数目上同一的，其结果是一样的。

所以，在我自己的意识里，必定碰见人格的同一性。但是，如果我从另一个人的角度来看我自己（作为另一个人外感官的对象），则首先把我表现为在时间中的正是这个外在的观察者，因为在统觉里面，严格说来，时间是被表现为只在我之中的。所以，虽然那观察者承认这个在我的意识里任何时间中都伴随着而且以完全的同一性伴随着一切表象的"我"，但是他却仍然不能从而推论到"我自己"的客观永恒性。因为正如这个观察者把我放在其中的时间并不是我自己的时间，而是他的感性的时间，所以那和我的意识必然结合在一起的同一性并不因此而就是和他的意识结合在一起的同一性，即不是和包含我的主体的外部直观的意识结合在一起的同一性。

所以，在不同的时间中的"我自己"的意识的同一性，只是我的种种思想及其首尾一贯的形式条件，它并不能证明"我的主体"的数目上之同一性。虽然有这个"我"的逻辑同一性，而在"我"的里面，仍可能发生不容许保持"我"的主体同一性这样的变化，然而我们还是可以用那同样发音的"我"归之于"我"，且在每一个不同的状态中，甚至在包含有这个[能思维的]主体的变化的状态中，"我"仍然是可以保持着前面那个主体的思想，从而把它传达给后继的主体[a]。

(a) 一个弹性的球冲击在一条直线上与之相类似的另一个球，就传达给后一个球以其全部的运动，因而就传达给它以其全部的状态（如果我们只涉及空间中的各种位置）。那么，如果以这样的物体为类比，我们就这样设定一些实体，使其一个实体把一些表象连同关于这些表象的意识传递给别的实体，这样我们就能想象到一整系列的实体，其第一个实体把它的状态连同它的意识传递给第二个实体，这第二个实体把它自己的状态连带前一个实体的状态传递给第三个实体，而这第三个实体又把一切前面的实体的各状态连带着它自己的意识，并且连带着那些前面的实体的意识传递给另一个实体，这个最后的实体就会意识到那些在前曾改变了的诸实体的一切状态，作为它自己的一些状态，因为这些状态是会连同关于这些状态的意识被转移到它那里去。然而它还不会已成为一切这些状态中的完全同一的人格。——康德自注

虽然某些古代学派的格言说,"世上一切都在流转中而绝没有任何永恒常住的东西",这是不能和实体的承认相调和的,然而这并不为自我意识的统一性所拒斥。因为我们不能从我们自己的意识来确定作为灵魂的我们是否永恒的。我们既然只把我们所意识到的东西看作属于我们的同一的自我,我们就必然要判定:我们在我们所意识到的整个时间中,自始至终是同一的。可是,我们不能自以为从一个外在的观察者的角度来看这个判断是有效的。因为既然我们在灵魂中所遇见的惟一永恒的出现是伴随着并把一切出现联结起来的"我"这个表象,所以我们就不能证明,这个"我"(即一个单纯思想)不可能像其他用"我"来互相联结起来的思想一样,同样存在于流转状态中。

灵魂的人格性和它的先决条件,即灵魂的永恒性,因而亦即灵魂的实体性,一定要在这个阶段而不是在更早的时候得到证明,这诚然是令人觉得奇怪的事。因为,如果我们先就已假定有灵魂的人格之永恒性和灵魂的实体性的话,即令不能得出意识的连续性来,至少也会得出一个常住的主体中的一种连续意识的可能性,而对于灵魂的人格性来说,那已是足够的了。因为并不因为这人格性的活动一时被打断,其本身就立刻终止。可是,这种永恒性决不是在我们的自我的数目上同一性之先被给予的(这自我数目上的同一性是从我们的同一性的统觉所推论出来的),而与此相反,这种永恒性是首先从这个数目上的同一性推论出来的。(如果这论证是正确地进行,则只在经验上才是适用的实体概念,就一定会在数目上同一性的这种证明之后第一次被带进来。)可是,由于人格的这种同一性并不是在我知道我自己的整个时间的意识中从"我"的同一性得出来的,所以我们就不能更早在这论证中把灵魂之实体性建立在其人格性之上。

正如保留实体与单纯东西的概念那样,同时我们还可以保留人格性这个概念,只要它单纯是先验的,也就是说,只要当它与这个主体的统一性有关时(否则,此主体不能被我们所知),而在这个主体的诸确定中有一种通过统觉的彻底联结。人格性这个概念,像这样来理解,对实践的使用是必需的,而且这种用途也是足够的;但是我们决不能把它夸大为我们的自我知识通过纯粹理性的一种扩大,作为从这个同一自我的纯然概念对我们显示着这个主体的一种不间断的连续性。因为这种概念永远循环地

在旋转着,而且不能在关于以综合知识为目的的任何问题上对我们有什么帮助。物质,作为一种在其本身来说的物(即先验对象),它可能是什么,这是我们完全不知道的,虽然由于它可被表现为某种外部的东西,那作为出现着的物质的永恒性确实可以被观察到。但是如果我要在一切表象的变动中去观察这个单纯的"我",在我把它和我的意识的普遍条件相比较时,除了我自己之外就没有其他的相对物可用。结果,对一切问题,我只能作出同语反复的答复,因为我把我的概念和这概念的统一性来代替"属于作为对象的我自己"的种种性质,这样就把提问人所想知道的东西当作是当然的了。

第四谬误推理:关于观念性
(就外部的关系而言)

其存在只能作为所予的知觉的原因而被推论出来的东西,只有可疑的存在。

[A367] 可是一切外部出现都属于这样的性质,所以其存在就不是直接被知觉到的,我们只能把作为所予的出现的原因推论出来。

所以,外感官的一切对象之存在就是可疑的。这种不确定性我称之为外部出现的观念性,而这种观念性的学说,我称之为观念论,以别于认为外感官的对象可能是有确定性的这种相反说法,而我称这种相反的说法为二元论。

对于先验心理学第四谬误推理的批判

让我们首先考察一下所用的前提。[其论证是]:我们有正当的理由来主张:只有在我们之中的东西才可以直接被知觉到,并且我自己的存在
[345] 才是单纯知觉的惟一对象。所以,在我外边的(如果"我"这词是在知性而不在经验性的意义上来理解的话)现实对象的存在是绝不在知觉中被直接给予出来的。知觉是内感官的变状,而外部对象的存在只能在思想中加在知觉之上作为知觉的外部原因,也就是说,是推论出来的。笛卡尔为了同样的缘故,就把一切知觉(在这名词的最狭隘的意义上)限制在"我作
[A368] 为一个能思维的存在者,是存在的"这个命题上,他是有其正当理由的。既然凡在我外边的就不是在我里面的,很明显我就不能在我的统觉里面碰见外边的东西,因之也就不能在任何知觉里面碰见它,而所谓知觉,恰当地看来,只是统觉的确定。

一、先验原理论

所以，我就不能知觉外部的东西，而只能从我的内部知觉把外部东西的存在推论出来。这里是把内部知觉作为结果看的，而某外部的东西是其近因，可是，从所予的结果推论到一个有确定性的原因，这总是靠不住的，因为这个结果可能由不止一个原因而来。据此，关于知觉对它的原因的关系，那原因是内部的抑或是外部的，这依然是可疑的；也就是说，一切所谓外部的知觉是否我们内感官的单纯活动，或者说，是否和作为其原因的现实外部对象有关系，这总是可以置疑的。总而言之，外部对象的存在只是推论出来的，而且可能要碰到推理的一切危险，而内感官的对象（即我自己连同我的一切表象）是直接知觉得到的，其存在不容置疑。

所以，"观念论者"这个名词不应理解为适用于否定感官外部对象的存在的那些人，而只应理解为"不承认这些对象的存在是通过直接知觉而可以知道，因而就断定，关于外部对象的实在性，我们绝不能通过任何可能的经验而完全确定"的那些人。

A369

在我把谬误推理在它的一切骗人幻象上揭露出来之先，我首先须说，我们必须把两种类型的观念论分辨开来，即先验观念论与经验性观念论。所谓先验观念论是指这种学说而言的：它主张，我们要把一切出现都看作是表象，而不是"物之在其本身"，并主张，时间与空间因之就只是我们直观的感性形式，而不是被给予出来作为独自存在的确定，也不是看作为"物之在其本身"的对象的条件。与这种观念论相对立的，有先验实在论。先验实在论者把时间与空间视为在其本身被给予出来的某东西，是独立于我们的感性的。所以，先验实在论就把外部的种种出现（认为它们的实在性是当然的）解释为物之在其本身，独立于我们和我们的感性而存在，因而是在我们外边的——"在我们的外边"这短语是按照知性的纯粹概念解释的。其实，后来以经验性观念论者表现的人就是这种先验实在论者。他们误认为感官对象如果要成为外部的，就必须独自有其存在而独立于感官，这以后，他们就看出，从这种观点来判定，我们一切感官的表象就都不足以证明它们的实在性了。

[346]

与此相反，先验观念论者却可能是一个经验实在论者，或像别人称他的那样，是个二元论者；就是说，他可以承认物质的存在而无须超出其纯然的自我意识以外，或无须在他的表象的确实性即"我思故我在"之外假

A370

定任何更多的东西。因为他认为这种物质以及其内部的可能性仅只是出现,而和我们的感性分开时,就什么也不是了。所以对他来说,物质只是表象之一种(即直观),这些表象之称为外部的,并不是由于其和"按其自身来说就是外部的"诸对象有关系,而是因为这种表象使知觉与空间相关,才称为外部的。而在这种空间里,一切事物都是相互外在的,然而空间本身却是存在于我们里面的。

  从一开头,我们就已经声明我们自己是赞成这种先验观念论的;而这样,我们的学说就毫无困难地只按我们单纯自我意识的证据而不靠其他的帮助,承认物质的存在,或者毫无困难地声明物质的存在因此而得到证明,就像作为一个思维者的我们自己的存在之被证明一样。我意识到我的种种表象,这是毫无问题的;因此这些表象以及具有这些表象的我自己都是存在的。可是,外部对象(即物体)是单纯出现,因而不过就是我的表象之一种,只有通过这些表象,其对象才是某东西。离开我的表象,外部的对象就什么也不是了。可见外部事物和我自己一样是存在的,而两者其实都是依靠我的自我意识的直接证据的。其惟一的分别就是,我自己作为思维的主体,其表象仅只属于内感官,而标志广延的存在者的那些表象同时还要属于外感官。为了达到外部对象的实在性,我不须用推理,正如我关于我的内感官对象的实在性不须用推理一样,即像关于我的思想的实在性,我不须用推理那样。因为在这两种情况下,对象同样无非是表象,其直接知觉(意识)同时也就是其实在性的充分证明。

  所以,先验观念论者是经验性实在论者,而且是承认物质作为出现有一种不容许用推论,而是直接知觉得到的实在性。另一方面,先验实在论难免陷入种种困难,而不得不让步于经验性观念论,因为它把外感官的对象看作与各感官本身不相同的某东西,而把纯然的出现作为存在于我们外边的并且是自在的东西来处理。依据这样一种见解,不管我们怎样清楚地意识到①我们关于这些东西的表象,我们仍然远不能确实知道,如果

---

① "不管我们怎样清楚地意识到"的原德文是 bei unserem besten Bewusstsein,直译应为"我们最好的意识的情况下",但斯密英译为 however clearly we may be conscious of,而穆勒尔则英译为 with the very best consciousness of,前英译是意译,后者是直译。兹据前英译而重译。——中译者

表象存在,与之相应的对象是否也存在。在我们的体系里就不同:这些外部东西,即物质,在一切形状与变化中,都无非是纯然的出现,即我们里面的表象,其实在性是我们直接意识得到的。

因为就我所知,既然采用经验性观念论的一切心理学家都是先验实在论者,所以他们极其重视经验性观念论而作为人类心理所难于处理的问题之一,这确是十分一贯的。如果我们把外面的种种出现看作是其对象在我们里面所产生的表象,并且如果这些对象本来就是存在于我们外边的东西,那么,除了用从结果推论到其原因之外,我们确实不可能知道这些对象是怎样存在的;既然这样,那推论中的原因究竟是在我们里面,抑或是在我们外面,就始终是可疑的了。我们固然可以承认,可能(在先验的意义上)我们外面的某东西是我们外直观的原因,但是这并不是我们在物质的表象和物质性东西的表象中所想的对象;因为它们都只是出现,即各类的表象,除了在我们里面被发现外,绝不能在别处碰见,其实在性是依靠直接意识的,正如我自己思想的意识①依靠直接意识一样。关于内直观与关于外直观,其先验对象都同样不为人所知道。但是,我们这里所说的不是关于这种先验对象,而是关于经验性对象,这种经验性对象,如果是表现在空间的,就作为外部对象,如果只是表现在时间关系里的,就称为内部对象。然而空间与时间除了在我们里面,它处是找不着的。

所以"在我们外面"这种说法,其意义是不免含糊的,有时是指作为物之在其本身离开我们而存在的东西说的,而有时是指只属于外部出现的东西说的。因此,为了使这个概念在后一种意义上——即关于"我们外直观的实在性"之心理学问题得以被了解所应采用的意义上——十分清楚,我们就要明确地把经验上是外面的对象称为"在空间中能发现的事物",从而把它们和那些在先验意义上的外在对象区别开来。

空间与时间诚然是验前的表象。在通过感觉而确定我们感官的实在对象能使我们在这些感性的关系之下表现这对象以前,空间和时间就处在我们里面,作为我们的感性直观的形式。但是,这种质料的或实在的要

———
① "意识"一词,原德文及英译均如此。按牟译本,此为康德一时的笔误,改为"实在性"较通,且与上文相合。——整理者

素,即在空间中应被直观到的某东西,必然预先假定有知觉。知觉是显示空间中某东西的实在性的;而没有知觉,任何想象的力量都不能杜撰或产生这某东西出来。所以,就其和感性直观的这种或那种的方式有关系,而指出空间或时间中的实在性的就是感觉。一经有了感觉——如果我们认为这感觉起因于一个一般的对象(虽然不是作为确定那对象的),这种感觉就称为知觉——则由于有了感觉的杂多性,我们就能够在想象中描写许多对象,这些对象如果在想象的外面,在空间或时间中就没有经验性位置。不容置疑的是,不管我们谈到苦与乐,或谈到外感官的感觉,如颜色、热等等,知觉总是必须首先被给予出来,然后才有所需要的质料,好让我们来思想感性直观的对象。所以这种知觉是表现空间中实在的某东西的(我们暂且只考虑外部直观),因为,首先知觉乃是一种实在性的表象,而空间是同时并存的单纯可能性的表象。其次,这种实在性是在外感官中即在空间中表现的。再次,空间本身无非是单纯表象,因而除了在其里面表现出来的东西以外,在空间里面就没有任何可算作实在的东西[a];而反过来说,在空间里被给予出来的东西,即通过知觉被表现的东西,也在空间里是实在的。因为如果这种东西不是实在的话,即如果它不是通过经验性直观直接被给予出来的,它就不能在想象中被描写,因为在直观里实在的东西是不能验前杜撰的。

所以一切外部知觉就是产生空间中某实在东西的直接证明,或者毋宁说,就是实在东西本身。在这种意义上,经验性实在论是不容争辩的;那就是说,在空间中有某实在的东西和我们的外部直观相应。空间本身及其作为表象的一切出现诚然只在我们里面,然而,实在的东西,即外部直观一切对象的质料,乃独立于一切幻想或想象而现实地在空间中被给予出来。况且在我们感性的外边,空间本身既然不是什么东西,那就不可能在这种空间里有任何(在先验意义上)在我们外面的某东西能被给予出

A375　(a) 说"在空间中除了在其里面表现出来的东西之外是没有东西的",我们必须完全相信这种似为悖理但确实是正确的命题,因为空间本身无非是表象,因而凡在其里面的东西必须包含在这表象里。除了实际上在空间里表现出来的,没有任何东西在空间里面。乍听起来,这种命题诚然是令人觉得奇怪的,即一个东西只能存在于它的表象里,可是,由于我们在这里所谈的东西不是物之在其本身,而只是出现,即表象。那么,在这种情况下,其反对的意见就消失了。——康德自注

来。所以甚至最顽固的观念论者也不能要求证明在我们外面的对象(在严格的[先验的]意义上理解"外面")和我们的知觉相应。因为如果有任何这样的对象的话,它也不能被表现并被直观为在我们的外面,由于这样的表象与直观是以空间为先决条件的,而在空间中的实在性,因为它是一种纯然表象的实在性,所以就不是别的东西,而只是知觉本身而已。所以外部出现①的实在东西只在知觉里面是实在的,而不能在任何其他方式上是实在的。

关于对象的知识可以从知觉产生出来,其产生的方法要么是想像力的单纯活动,要么是通过经验;在产生的过程中,无疑可能发生其对象不与之相应的虚幻表象。这种迷惑有时可归之于想像力的幻想(如在梦中),有时可归之于判断力的错误(如在所谓错觉中)。为要避免这种迷惑人的幻象,我们就要按照这条规则进行:"凡是按照经验性规律与知觉联结的东西就是现实的。"但是这种迷惑以及预防它的方法,其影响观念论几乎与影响二元论相同,因为我们只是和经验的形式有关。经验性观念论以及它对我们外部知觉的客观实在性所提出的错误疑问,在前面已被充分驳斥了,即:(一)当我们在上面说明外部知觉是产生空间中某现实东西的直接证明,以及这种空间(虽然在其本身来说只是表象的一种单纯形式)在其与一切外部的出现(这些出现又不过是单纯表象)之关系上具有客观的实在性的时候;(二)当我们在上面说明,如果没有知觉,甚至想象和做梦都不可能,而且我们的外感官,就经验所能从而发生的材料来说,必须有在空间中与之相应的现实对象的时候;这时经验性观念论及其提出的错误疑问就已经受到充分的驳斥了。

独断观念论者否定物质的存在,而怀疑观念论者怀疑物质的存在,认为这是不能证明的。前者的见解所根据的是假定。如果有物质这样的东西,就必须是矛盾重重的——这是我们目前还没有必要去讨论的一种见解。关于辩证推理的下一章将要消除[有物质就必然是矛盾重重的]这种困难。下章描写理性之自相矛盾,就是关于那理性自己造作的"属于经验的联结"的东西之可能性的概念。可是怀疑观念论者只是诘难我们的主

---

① "出现"(appearances)蓝本译为"表象",牟本译为"现实",似误。——整理者

张之根据,而且斥责我们,说我们相信物质的存在是根据直接的知觉,并说这种相信的理由不够充分。怀疑观念论者处处迫使我们,甚至在日常经验的最微小的进展中都要我们提高警惕,免致我们把那或许只是不合法得来的东西当作靠自己力量得来的财物,就这点来说,他实是有益于人类理性的人。现在我们能欣赏观念论者这些反对意见的价值。如果我们不是有意在我们最平凡的肯定中自相矛盾,这些反对的意见极力使我们不得不把我们一切的知觉(不管我们叫它们做内部的或外部的),都看作只是"依靠我们感性"的东西的一种意识。这些反对意见还迫使我们去把这些知觉的外部对象不作为物之在其本身来看,而只作为表象来看。我们能直接意识到这些表象,正如我们直接意识到任何其他表象一样,而且这些表象之称为外部的,因为它们依靠我们所称为"外感官"的东西,而外感官的直观就是空间。可是空间本身不过是某些知觉在其中相互联系的那种表象的内部方式而已。

　　如果我们把外部对象作为"物之在其本身"来处理,那就完全不可能理解我们怎样能达到这些在我们之外的事物的实在性的知识,因为我们必须依赖仅在我们里面的表象。其理由就是,我们不能知觉到我们自己外面的东西,而只能知觉到我们里面的东西,因而我们的整个自我意识所产生的,除了只是我们自己的种种确定之外,没有别的东西。所以怀疑观念论就迫使我们在留下来惟一的地方去求庇护,这就是一切出现的观念性。这种学说我们在不依靠这些后果就已经在先验感性论中证明了,而在那阶段上,我们却还没有预见到这些后果。那么,如果人们要问,这样一来,是否就可以说,只有二元论才是灵魂学中惟一可主张的呢? 我们必须回答说:"确是这样,但只是在经验性意义上理解的二元论。"就经验来说,物质作为在出现中的实体,实是给予外感官的,正如能思维的"我"也作为在出现中的实体看是给予内感官的一样。而且,这两方面①出现都必须按照一些规则相互联结起来,而这些规则乃实体这范畴所引入于我们外部知觉之联结和内部知觉之联结中来,从而使这些内外部知觉构成

---

① "两方面"是原德文的 beiderseits 之译。斯密英译为 both fields,不如穆勒尔的英译为 both sides 确切。——中译者

一整个经验。可是,如果像我们经常看到的那样,想要扩大二元论这个概念,而在先验的意义上来理解它,那么二元论和与之相对的两种理论——一为精神论(Pneumatismus),另一为唯物论(Materialismus)——都不会有任何根据,因为那时我们就会错用我们的概念,把表现对象方式中的差别,当作事物本身中的差别(而对象之就其本身来说是什么,仍然一直是未知的)。虽然通过内感官而在时间中表现出来的这个"我"和我之外的空间中的对象,二者是各自很不相同的出现,但是它并不因此而被思维为不同的"事物"。在外部出现基础上的先验对象,以及在内部直观基础上的先验对象,在其自身来说,都一方面不是物质,另一方面不是能思维的存在者,而只是出现的一种根据(这根据是我们所不知的),这些出现把物质的存在和思维的存在之经验性概念提供给我们。 A380

那么,如果我们紧紧抓住上面所成立的那条规则①,正如这批判的论证所显然迫使我们去做的那样,如果我们不把我们的种种问题,推到可能的经验之能以其对象呈现给我们的那些限度以外,我们就绝不会梦想要知道,我们各感官的对象就其本身来说,即离开它们对各感官的关系究竟是什么。但是,如果心理学家把出现当作物之在其本身,而且当作本来是独自存在的事物,那么不管他是一个只把物质纳入他的体系里去的唯物论者,或者是一个只容许有能思维的存在者(即具有我们内感官的形式的存在者)的精神论者,或者是一个物质与能思维的存在者都承认的二元论者,而由于这种的误解,就总是会纠缠在貌似理性的种种思辨里,即"对于那在其本身来说不是一事物而只是一个一般事物出现的东西,是怎能独自存在的"这种问题的貌似理性的思辨里。

就这些谬误推理来考虑全部纯粹心理学 A381

如果我们把那作为内感官之自然科学②看的灵魂学和那作为外感官对象之自然科学看的物体学来比较一下,我们就发现,虽然在这两门科学里许多东西可从经验上学习到,但是还有明显的差别,在后一种科学里, [353]

---

① 这是指上文 A376 所说的"凡是按照经验性规律与知觉联结的东西就是现实的"这条规则。——中译者

② "自然科学"是原德文 Physiologie 之译,这词原是古希腊 Physiologia,即"自然＋论"的意思。——中译者

有许多能够验前地从广延而不可入的存在物这个纯然概念综合地被知道,但是在前一种科学里,没有任何东西能够验前地从一个能思维的存在者这个概念综合地被知道,其原因是,虽然两者①同为出现,但是,外感官所有的出现有固定或常住的东西来提供一种基质作为出现的转瞬即逝的种种确定的基础,因而就提供一个综合的概念,也就是空间的概念和空间中一种出现的概念;而作为我们内感官的惟一形式的时间却没有常住的东西,因而所产生的知识只是关于种种确定的变迁,而不是关于可以被确定的任何对象。因为在我们称为"灵魂"的东西里面,一切都是在不断流转之中,除了那个"我"以外(如果我们必须要这样说),没有是常住的东西,而"我"是单纯的,只是因为其表象没有内容,因而也就没有杂多,因此看起来就像是表现一个单纯的对象,或者说(用一个更正确的词)指出一个单纯的对象。要想使"靠纯粹理性来获得关于一个能思维的一般存在者的知识"成为可能,这个"我"就须是一种直观,而这直观,由于是在一切思想中(在一切经验之前)所预先假定的,故可作为产生验前综合命题之直观。可是这个"我"却不是一种直观,正如它不是任何对象的一个概念一样;它是意识的纯然形式,能够伴随这两种表象,而只在某种别的东西对一种对象的表象提供质料的直观中被给予出来这一限度内,才能把这两种表象提高到知识的地位。所以,全部理性心理学作为超出人类理性一切能力之外的一门科学就成为没有效用的,剩下来而为我们所能做的,只有在经验的指导下去研究我们的灵魂并专攻那些不超出可能的内部经验所能提供一种内容的这个范围内的问题。

但是,虽然我们不能用理性心理学来扩大知识,而且当它这样使用时,它就完全是由一些谬误推理所构成的一种心理学,然而,我们仍然不能否定它具有相当大的消极价值,只要我们把它当作只是我们辩证推理之批判的研究(那些辩证推理发生于人们共通而自然的理性)。

何以我们要用那完全建立在纯粹理性的原理之上的一种灵魂学呢?毫无疑问,主要目的在于维护我们的能思维的自我以防免唯物论的危险。这是借助于我们刚才所作出的关于我们的能思维的自我的那个纯粹概念

---

① "两者"即广延而不可入的存在物和能思维的存在者。——中译者

而完成的。因为由于这种学说,我们完全不必惧怕当除去物质的时候,一切思维乃至能思维的存在者都会受到毁灭,正相反,这种学说却清楚地说明,如果我除去了能思维的主体,整个有形体的世界就必须立刻消逝;因为有形体的世界无非是我们主体感性中的一种出现以及它所有的诸多表象中的一种表象而已。

我承认,这并不能把关于这"能思维的自我"的更进一步的知识给予我,也不使我能够确定其永恒性,乃至确定它是否独立而不依赖我们猜想到的关于外部出现的先验基质而存在;因为我之不知道这种基质,正如我不知道这能思维的自我一样。可是,很有可能的是,我除了在思辨的根据之外,还可以找到理由来期望我的能思维的本性在我的状态的万变之中,始终有一种独立而连续的存在。假使是这样,虽然我坦白地承认我一无所知,但我仍然能够击退一个思辨论敌的独断进攻,而且向他指出,在否定我的种种期望之可能性时,他对我的主体的①本性所能知道的,绝不能比我在坚持我的期望中所能知道的更多,果如此,那么我所收获的就已是很多的了。

基于我们心理学概念里面的这种先验幻象之上的,还有构成理性心理学的实在目标的其他三个辩证问题,是除了用上述的探究以外,不能得到解决的。这三个辩证问题就是:(1)关于灵魂与有机体的交相作用②的可能性问题,即关于在人的生命中的动物性与灵魂的状态问题;(2)关于灵魂与身体的交相作用的开始问题,即关于灵魂在临生时以及在生前的问题;(3)关于这种交相作用的结束的问题,即关于灵魂在身体死时以及死后的问题(也就是灵魂不死的问题)。

我认为,在这些问题中,通常发现的一切困难,而且人们用来作为独断的反对意见想要博得声望,好像对于事物的本性比寻常的理解所能恰当地得到的一种更深入的洞察的这种困难,其所依据的是一种纯然的幻想,人们就用这种幻想把那只在思想中存在的东西加以实体化,并把那种

---

① 原德文为"meines Subjekts",英译为"of the self"(自我的),我们按原德文译为"我的主体的"。——中译者
② "交相作用"是按原德文 Gemeinschaft 中译的,英译为 communion(共有,交流)。——中译者

A385　东西当作一种以同样的性质存在于能思维的主体的外边的实在对象。换句话说，人们把那不过是出现的广延甚至看作离开我们的感性而自存的外部事物之一种属性，并且认为运动由于这些外部事物而来，而且离开我们的感官，实际由其自身而独自发生。因为，那和灵魂联合而引起这么多疑难的物质，不过只是一种形式，或者说一种特别的方式，即用那称为外部感官的直观来表现一个未知对象的方式。很可能还有某东西在我们的外面，我们称为"物质"的这种出现与之相应；可是，就其作为出现的性格来说，它却不是在我们的外面，而只是我们里面的一种思想，虽然由于上述的外部感官，这种思想就把它表现为存在于我们的外边。所以，所谓"物质"并不是指着一种完全不同于内部感官的对象（灵魂）而与其异质的实体说的，而只是那些感官对象的出现之特殊性质。这种对象，就其自身来说，是我们不知道的，而我们称其对象为外部的，是当我们把它和我们算作属于内部感官的那些表象相比较时才这样称呼的，虽然和一切其他的思想一样，这些外部表象也只是属于能思维的主体。诚然这些外部表象具有这种使人误解的属性，就是由于它们是表现空间的对象的，就好像是从灵魂分开而飘浮在灵魂的外边似的。然而，这些外部出现在其中被

A386　直观的空间无非只是一种表象，而在灵魂的外边，我们找不到与之相同性质的相对物。结果就是，问题再不是灵魂与我们外面的不同种类的另一些已知的实体相联合的问题，而只是内部感官的各表象和我们外部感性的种种变状的联结的问题——即关于这些东西如何按照已定的规律而相互联结，使得它们表示一种首尾一贯的经验之统一性。

[356]　　只要我们把内部的出现和外部的出现一起都作为经验中的纯然表象，那就在两种感官的联合里没有什么悖理而令人觉得奇怪的东西了。但是，一经我们把外部的出现加以实体化，不看作表象而看作在我们外面独自存在的东西，其具有的性质和它们存在于我们里面所具有的性质是一样的，而且把这些东西作为出现在其相互的关系中所表示的活动加在我们能思维的主体上，那时，在我们外面的有效原因就立刻取得了和这些出现在我们里面所发生的结果不能调和的性格了。因为这原因只和外感官发生关系，而那结果则和内感官发生关系——这两种感官虽然在同一个主体里结合起来，可是相互间是极不相同的。在外感官里，除了位置的

变动外,没有任何其他外部的结果,而且除了仅在空间的种种关系上所发生的一些动向作为其结果以外,没有任何动力。反之,在我们里面就不同,在那里的结果都是思想,在思想之中,我们并不发现任何位置的关系、运动、形状或其他空间的确定,而且我们在结果中完全失去一些原因的线索,而这些原因是假定为在内部感官里曾引起那些结果的。可是我们应该记得,物体并不是对我们呈现出来的在其本身来说的对象,而是我们不知道是什么的一种未知的对象的一种纯然的出现;我们记得运动也不是这种未知的原因的结果,而只是它对我们感官影响的出现。物体和运动都不是在我们外边的任何东西;两者同是在我们里面的纯然表象;所以,在我们里面产生表象的并不是物质的运动;运动本身只是表象,正如使我们如此而知道的那个物质也是表象一样。所以归根到底,我们为自己造成的全部困难就归结为这样一个问题:我们感性的表象何以这样相互联结起来,使那些我们称为外直观的表象能够按照经验性规律表现为我们外边的对象——这完全不含有人们所认为的那种困难,即要从我们外边的完全不同性质的有效原因说明我们各表象的起源。因为我们把不知原因的显现当作了在我们外边的原因,这种见解只能产生混乱。在长期习惯已经使其中的误解成为根深蒂固的判断的情况下,我们不可能予以纠正而使之立刻达到明晰的程度;这种明晰的程度乃在没有这种不可避免的幻象来扰乱其概念的其他事例中才能达到。所以在现阶段上,我们把理性从种种诡辩的理论解放出来,很难达到理性完全满意所需要的明晰性。

我认为下面的几点评语有助于达到这种最后的明晰性。

一切反对的意见可以划分为独断的、批判的和怀疑的三种。独断的反对意见是针对某个命题的,而批判的反对意见是针对命题的证明的。前者要求对于对象的本性有一种深入的洞察,使我们能够主张这一命题关于此对象所断定之相反方面。这种反对意见之所以是独断的,是由于它认为自己对于这对象的素质所知道的比对方的主张更为充分。至于批判的反对意见,既然它不去诘难这命题的有效或无效,而只抨击其证明,所以,关于这对象,它就不预先认为有更充分的认识,或者迫使我们自认为关于这对象的性质有更优越的知识;它只是说明原来的主张没有得到支持,而不是说它是错误的。怀疑的反对意见是把原来的主张和对方的主张认为同等重要而互相对立起来,依次交替把其一作为立论,把另一作为反驳。这样看来,对立的双方都是独断的,从而证明关于这对象的一切判断都全是无效的了。可见独断的反对意见和怀疑的反对意见同样自认为关于对象进行肯定或否定时,必须洞察对象的性质。但是批判的反对意见就不同,它只指出,在那主张构成时,其所预先假定的某东西是空洞的且只是虚构的;这样,这种反对的意见之被推翻是用除掉其被认为是确实的根据这种方法,而并没有建立直接关于那对象的素质的任何东西。

[A389]

只要我们坚持关于我们的能思维的主体与我们外边事物的交相作用这种理性的通常概念,我们就是独断的,因为我们是按照某一种先验的二元论把我们外边的事物视为独立于我们而存在的实在对象,这种先验的二元论不把这些外部出现作为表象归之于主体,而是把它们如其在感性直观中对我们被给予出来那样,作为对象放在我们外边,于是就把它们完全和能思维的主体分开了。这种暗中偷换的手法是一切关于灵魂与肉体交相作用理论的根据。一直就没有人把这种归之于出现的客观实在性作为问题提出来。反之,却把它看作是当然的;其所研讨的只是关于这种客观实在性应该如何说明与理解的方式。通常有三种体系在这些[说明与理解的]界限上设计出来,而且,事实上也只有这三种可能的体系:即自然影响说体系,预定和谐说体系和超自然干涉说体系。

[358]

[A390]

说明灵魂与物质交相作用的方法,最后两种根据于反对第一种见解,即反对常识的见解。其论证是:显现为物质的东西不能由其直接的影响成为表象的原因,因为这些表象与物质在种类上是完全不同的结果。可是,采取这一路线的人不能把他们所理解的"外感官对象"的东西和物质这个概念结合起来,因为物质也不过是出现,因而其本身也就是某种外部对象所产生的纯然表象。因为假使这样,这些人就会说,外部对象(出现)的表象不能是我们心里面的表象的外部原因;这是完全无意义的一种反对意见,因为没有人能梦想到会主张他曾经承认为纯然表象的东西反为一种外部的原因。依我们的原理来说,这些人建立他们的理论,只能靠说明:凡是我们外感官的真正的(即先验的)对象的东西都不能是我们在"物质"这个称号之下所理解的那些表象(出现)的原因。可是没有人能有权

[A391]

来自认为他对于我们外感官的表象之先验原因能知道一点什么东西;因而那些人的主张是完全没有根据的。另一方面,如果那些声称要改善自然影响说的人保持着先验二元论的通常见解而认为物质之作为物质是在其本身来说的物(不是一种未知物的纯然出现),那么,他们的反对意见就是意图表明:其本身除运动的因果作用之外并不表示任何其他因果作用这样一种外部对象,绝不能是表象的有效原因,但必须有第三种东西插进来,以便在两者之间,如果不建立其交相作用,至少也建立两者的相应与和谐。但是,在这样的论证过程中,他们的反驳一开始就在他们的二元论中把自然影响说的"根本谬妄"(原文为希腊文 πρῶτον ψες)收纳进来了,因而他们的反对意见与其说是自然影响的反证,毋宁说是他们自己二元论的预先假定罢了。因为关于我们能思维的主体和物质的联结的所有种种困难全都起源于不法假定的二元论的见解,即认为物质本身不是出现,不是一种未知对象与之相应的心的一种单纯表象,而是独立于一切感性,在我们外边存在着的在其本身来说的对象。

[359]

所以,反对通常承认的自然影响说,独断类型的反对意见是不实际的。因为,如果自然影响说的反对者承认这种见解,即物质及其运动是单纯出现,而且这两者本身也是单纯的,那么,他的困难就只是"我们感性的未知对象不可能是我们里面的表象的原因",可是,他毫无正当的理由来作出任何这样的主张,因为谁也不能决定一个未知的对象可能作的是什么或不可能作的是什么。于是他就不能不像我们刚才曾证明的那样,对这种先验观念论予以承认。如果他不想明确地把表象加以实体化,而且把这些表象作为实在的东西放在他自己的外边的话。

A392

然而,自然影响说就其通常的形式来说,是容易受到一种有根据的"批判的反对"的。所谓两种实体即能思维的实体和广延的实体的交相作用乃依据一种粗糙的二元论,而且把实际上不过仅仅是能思维的主体之表象这种广延的实体作为自行存在的东西来对待。这样就处理了自然影响说的这种错误的解释:即,我们已经说明关于它的证明是空洞的而且是非法的。

那么,如果我们把一切仅是虚构的东西摆在一边,关于能思维的东西和广延的东西之间的交相作用这个议论纷纷的问题就成为:在一个能思

A393

[360] 维的主体里面的外部直观(即空间及充实空间的形象与运动的直观)是如何成为可能的? 而这个问题是谁都不可能解答的。我们知识中的这个缺口是永远不能填满的;我们所能做的只是以外部的种种出现归之于那作为这种表象原因的先验对象,而对于这种先验对象,我们一无所知而且永远不会获得其任何概念,我们只能像这样来把那缺口指示出来而已。在一切可能在经验领域中发生的问题中,我们都把这些出现作为在其本身来说的对象来对待,而并不执意去追问它们作为出现的可能性的第一根据。但是如果要超出这种限度,我们就不得不需要先验对象这个概念了。

A394　　在灵魂与肉体交相作用之前(即生前),或在其停止之后(即死后),关于能思维的本性之状态,有种种争辩或反对意见,其解决是依据上述关于能思维的存在者与广延物之间的交相作用这些考虑的,从前认为能思维的主体在其与肉体有任何交相作用之先,就已经是能思维的这种意见,现在表现为如下说法:即在某东西由之而在空间中对我们显现的这种感性开始之先,那些在我们现在的状态中显现为肉体的先验对象,在那时可能是在一种完全不同的方式上被直观到的。从前认为"灵魂在其与有形界的交相作用全都停止之后,依然能继续思维"这种意见,现已形成这种见解,即,如果现在完全是我们未知的那些先验对象所借以作为一个物质界而显现的那种感性停止之后,对于那些先验对象的直观不会因之就消失,而完全可能的是,那些同一的未知对象会继续被能思维的主体所知,虽然它再不是在肉体的性质上被知的。

其实,按思辨的各种原理来说,谁也没有丝毫根据来作出任何这样的肯定。甚至谁也不能证明这样的肯定之可能性;这种可能性只能是假定的,但是,如果任何人想要独断地对这种可能性提出任何有效的反对意见,那同样是不可能的,因为无论是谁,他对于外部有形的种种出现的绝对内部原因所知道的,并不多于我或任何他人所知道的。所以,由于他不能提出任何正当的理由来自认为知道在我们现状中(即在生存的状态中)

A395
[361] 外部出现实在依据的是什么,他也就不能知道一切外部直观的条件或思维主体本身,将要随着这种状态的停止而停止。

所以,关于能思维的存在者的性质以及这种存在者与有形界的交相作用之一切争论,只是在我们完全缺乏知识的地方用理性的谬误推理来填空的一种结果,是把我们的思维当作事物来对待并实体化的结果。于是,就发生一种空想的学问,在它所肯定的情况和所否定的情况中都是空想的。因为争辩者们或者假定对那种谁都毫无概念的对象具有某种知识,或者把他们自己的表象作为对象来对待,于是他们都是一直在歧义与矛盾的圈子中旋转。只有一种严格而又公允的批判的冷静态度,才使我们从独断的幻想中解放出来,这种独断的幻想通过一种想象中的幸福,诱惑了许多人而使之受到理论和体系的束缚。上述的这种批判把我们一切思辨的主张严格地限制于可能经验的范围;而它这样做时,并不是对那些屡遭失败加以嘲笑,也不是对我们理性的种种限制感慨叹息,而是按照已建立的原理,有效地确定这些限度,在"五指山"上刻着"不得越雷池一步"(拉丁文 nihil ulterius"不可越此"),而这"五指山"(Pillars of Hercules 赫古莱斯石柱①)是自然自己所设立的,使得我们理性的航程不致越过经验本身所达到的连续海岸线,因为我们一经离开这海岸,马上就飘流到漫无边际的大海中去,抵御不住海市蜃楼的诱惑,漂泊无定,终以愁烦厌倦而结束这种毫无希望的努力。

A396

关于纯粹理性的谬误推理中先验的却又是自然的幻象,我们对读者还要作出一种明晰而概括的阐明,而且关于与范畴表平行的谬误推理的系统排列,也应指出其正当的理由。我们在本节的开始不能有这种尝试,是怕交待不清或者粗略地预测我们论证的进程。现在我们就要完成这个任务了。

一切幻象都可以说是在于把思维的主观条件当作关于对象的知识。在先验辩证论的导言中,我们曾经指明纯粹理性仅仅涉及所予的受条件限制的东西的"诸条件之综合的整体"。可是,既然纯粹理性的辩证幻象不能是一种经验性幻想,像在经验性知识的某些特殊事例中所发生的那样,所以纯粹理性的辩证幻象是和思维的条件中普遍的东西发生关系的,因而纯粹理性的辩证使用只有三种情况。

[362]

A397

---

① 即直布罗陀海峡两边的悬岩,根据古希腊神话,是大力士赫古莱斯(Hercules,古希腊语称为 Heracles)所设立的,而拉丁语则称为 Columnae Hercules(赫古莱斯石柱)作为世界的尽头。我们借用《西游记》中如来佛的"五指山"作为这词的中译。——中译者

1. 一般思维各条件的综合。
2. 经验性思维各条件的综合。
3. 纯粹思维各条件的综合。

在所有这些情况之下,纯粹理性只涉及这种综合的绝对整体,即涉及其本身不受条件限制的那个条件。在这种划分上就建立了三种先验幻象,由于这三种先验幻象,以致乃有辩证论的主要三章以及纯粹理性的三种假冒的科学——即先验心理学、先验宇宙论、先验神学。现在我们只谈第一种。

既然,在一般的思维中,我们抽掉思维对任何对象的一切关系(不管是感官的对象或者是纯粹知性的对象),所以"一般思维各条件的综合"(上列1)就不是客观的,而单纯是思想与其主体的综合,而这种综合被人误为一个对象的综合性表象。

A398　　由此可见,对于一切一般思想的条件所作出的辩证推理(这条件本身是不受条件限制的)并不犯内容上①的错误(因为它抽掉了一切内容或对象),而惟独在形式上有缺陷,因而就必须称为一种谬误推理。

此外,既然伴随着一切思维的惟一条件是在"我思"这个全称命题里面的"我",所以理性应论究的是当其自身是不受条件限制之限度内的那种条件。可是这条件只是形式的条件,即我在其里面抽掉一切对象的任何思想的逻辑统一性;但是,这种条件却可表现为我所想的"对象",即表现为我自己及其不受条件限制的统一性。

[363]　　如果有人对我提出"思维着的东西的素质②是什么"这一问题,我就没有任何验前的知识可用来答复他,因为这答案必须是综合的——一个分析的答案也许能够说明"思想"是指什么说的,但是,除此以外,它就不能产生任何关于这思想可能依靠的东西之知识。可是,为了要有一个综合的解答,我们总是要有直观;而由于这问题的高度的一般性,直观已完全被置于度外了。同样,没有人能够就其一般性来答复"一个东西必须是怎样才成为可动的"这一问题。其理由是:这个问题并不包含其答案的任

---

① "内容上"是按原德文的"im Inhalte"中译的。——中译者
② 这里英译的 constitution(中译"素质")是原德文的 Beschaffenheit 之译。——英译者

何痕迹,即不含有不可入性的广延(物质)。但是,虽然我们对于前一个问题一般而言,没有一个答案,我们却仍然像是能够在表达自我意识"我思"这种命题的特别情况下作出答复。因为这个"我"是基本的主体,即实体;所以我是单纯的云云。但是,既然这样,这些问题就会是从经验得出来的命题,而缺乏那表达一般验前思想的可能性的条件的普遍规则,这些命题就不能含有任何这种非经验性述项。于是,对于我最初认为表面上有理的见解,即我们能够对于能思维的存在者的性质加以判定,而且单独从概念就能这样做,就使人有所怀疑了。但是这样进行思维的错误却仍然没有人发觉。 A399

更进而探讨我所归于我自己(作为一个一般的能思维的存在者的我自己)的属性(按即单纯性等等)的根源,则能说明这些错误之所在。这些属性不是别的,而只是纯粹范畴,我们并不能用来思维一个有确定性的对象,而只能思维一些表象的统一性——以便为这些表象确定一个对象。如果没有一个作为基础地位的直观,范畴就不能自行产生一个对象的概念;因为惟有靠直观,对象才能被给予出来,然后按照范畴为人所思维。如果我要宣称一个东西为出现中的实体,我就必须首先有它的直观的种种述项被给予出来,而且必须能够在这些述项中把永恒的东西和暂时的东西分别开来,把基体(事物本身)和只是依存于基体的东西分别开来。如果我称出现领域中一个事物是单纯的,那意思是说,它的直观虽是出现的一部分,但它本身是不能分割为部分的,等等。但是,如果我只在概念上而不是在出现领域里知道某物是单纯的,则我对于其对象事实上无任何知识,所知道的只是关于我为我自己作出来的某物的一般概念之知识,而这个一般的某物,我不能对它有任何的直观。我之所以说我思维某东西是完全单纯的,只是因为我关于它实在没有什么可说,而只能说它是某东西而已。 A400 [364]

可是,"我"这个纯然统觉,在概念上是实体,在概念上来说是单纯的,等等;且在这种意义上,一切这些心理学的学说,毫无疑问都是正确的。然而这并不给我们所追求的关于灵魂的知识。因为,既然这些述项(实体、单纯等)中没有一种是对直观有效的,所以它们就没有任何可适用于经验的对象的后果,因而就完全是空洞的。实体这个概念并不告诉我们说灵魂是自行持续的,或者本身是不能分割成为部分的外部直观的一部

A401 分，因而也就不会由于任何自然的变更而生灭。这些都是属性，这些属性会使我们在经验的前后联结中认识到灵魂，并显露某种关于灵魂的起源与未来状态的东西。但是如果我用这个单纯范畴的话语来说，"灵魂是一个单纯的实体"，那么，如下情况就很明显，即既然知性所提供的实体这个单纯概念所包含的不能超过如下这种要求，即一个东西应该作为主项在其自身而表现出来，而不能又作为任何别的东西的述项，所以我们就不能从这种说法得出任何关于"我"的永恒的东西，而"单纯的"这属性的确对这种永恒性的参加并没有帮助。所以，从这种来源中，我们关于灵魂在自然界的变化中可能有什么事情发生，是一无所知的。如果我们能够确知灵魂实是物质的单纯部分，我们就能使用这种知识，加上经验关于这方面告诉我们的进一步的帮助，来演绎出灵魂的永恒性，并且演绎出包含在灵魂的单纯性质里面的不可灭性。但是关于这一切，在"我思"这条心理学原理中的"我"这个概念，并没有告诉我们什么东西。

[365] 人们之所以认为在我们之内，能思维的存在者通过纯粹范畴，或确切地说，通过每一类范畴中表示绝对统一性的范畴而知道自己，这是由于下面的理由：统觉本身是范畴之可能性的根据，而在范畴方面所表现的不过是直观的杂多在统觉中有其统一性的限度内的综合而已。所以一般的自A402 我意识就是"作为一切统一性的条件的东西"之表象，而其本身则是不受条件限制的。于是，我们对于那思维的"我"（灵魂），即那视其自身为实体、为单纯的、为在"一切时间中都是数目上同一的"，且为一切其他存在必须由之而被推论出来的一切存在的相关物，就能说：它不是通过范畴而知道它自己，而是在统觉的绝对统一性中，通过自己而知道范畴，又通过范畴而知道一切对象。可是这是十分明显的，我不能把我为了要知道任何对象所必须预行假定的东西作为一个对象而知道，而且能确定的"我"（即思想）和被确定的我（即思维的主体）是不同的，正如知识和知识的对象相区别那样。然而，没有什么比那使我们把思想的综合中的统一性看作这些思想的主体中的一种被知觉到的统一性这个幻象为更自然、更

---

① 这里的"思想"作为能确定的"我"，而"思维的主体"作为被确定的"我"，乍看起来是有些难懂的，但是看下一个子句，康德像是在这里把思想作为想到思维的主体看的。——中译者

令人迷惑的了。我们可称这种幻象为"实体化的意识"(apperceptionis substantiatae 实体的统觉)的偷换概念手法。

如果我们想要给理性灵魂学的辩证三段论式中所包含的谬误推理以一个逻辑的名称，那么，由于这些三段论式的前提都是正确的这个事实，我们就可称它为"中名词意义含糊的谬误"(即 sophisma figurae dictionis 语言形式的诡辩)。一方面当大前提在涉及其条件时，是把范畴作为只是先验的使用，而另一方面，在小前提和结论在涉及那统摄在这条件下面的灵魂时，是在经验的意义上使用那同样的范畴的。例如，在关于实体性①的谬误推理中，实体性这个概念是一个纯粹知性概念，在没有感性直观的条件下，就只容许有先验的使用，即实际上没有任何使用。但是在小前提中，我们还没有首先具体地确定并成立这种使用的条件，即确定和建立这对象的永恒性，就把这同样的概念应用于一切内部经验的对象。于是，我们就把这个范畴作了一种经验性使用，而在这种情况下的这种使用是不能容许的②。

最后，为了按照纯粹理性所确定的顺序来说明"貌似理性的灵魂学"的一切辩证的说法之系统性的联结，从而说明我们已经完全掌握了这些辩证的说法，则我们可注意在一切各类的范畴中都贯彻着统觉，但是各类范畴中只涉及这样一些知性概念，即每一类的范畴中在可能的知觉中形成其他范畴的统一性基础的那些知性概念，即关于恒在性、实在性、单一性(不是多数性)以及存在等知性概念。在这里，理性把这一切范畴表现为一个能思维的存在者之可能性的条件，而这些条件本身是不受任何条件限制的。于是灵魂在其自身中就知道有——

(1) 关系的无条件的统一性，也就是说，灵魂本身不是依存[于别的某东西]而是本身自存的。

(2) 质的无条件的统一性，也就是说，灵魂不是一种实在的全体，而是单纯的(a)。

---

① "实体性"，康德原文为"单纯性"(Simplizität)，依 Adickes 改。——英译者
② 关于谬误推理的本质之更首尾一贯的说明，参看第 2 版第 410~411 页。——英译者
(a) 在这里"单纯的"东西怎样又和"实在性"这个范畴相应，我还不能说明。在下章遇到这同样概念为理性所另有使用时，将得到说明。——康德自注

(3) 时间里多数的各别时间中的无条件的统一性,也就是说,灵魂不是在不同的时间里数目上不相同的,而是同一个主体。

(4) 空间中存在的无条件的统一性,也就是说,灵魂不是对其外面的许多东西之意识,而是对于其自身存在的意识,其他东西的意识则只是其表象。

理性是原理的能力。纯粹心理学的种种断言并不包含有关于灵魂的经验性述项,而其所包含的述项,如果有的话,那是来确定独立于经验而在理性自身里面的对象,亦即由纯然理性来确定对象自身的述项。因此,纯粹心理学的这些断言就应该建立在关于一般能思维的存在者的性质的原理和普遍性概念之上。但实际上不是这样,我们所发现的却是"我在"①这单一表象支配着一切这些断言。正是由于这表象表达一切我的一般经验的纯粹公式,所以它就宣称其自身为一种普遍性命题,对一切能思维的存在者来说都是有效的;而且由于它同时在一切方面都是单一的,它就带有一般思想的各种条件的绝对统一性这个幻象,而这样就把它自身推广到可能的经验所能达到的限度以外。

纯粹理性的谬误推理②

(第二版的修正文)

既然③"我思"这个命题(在盖然的意义上)包含着知性的任何一个判断的形式而且伴随着一切范畴为其传达物,那么,从而得出的推论只容许有知性的先验使用,这是很明显的。且因这种使用不容许有任何经验的杂质,所以经过我们上面已经说明以后,就不能对于它的进行方法怀有任何有利的预期。因此,我们打算用一种批判的眼光,通过纯粹心理学的一切论断来研究"我思"这个命题而把它弄清楚。但是为了简洁起见,我们最好还是连续不断地进行考查。

---

① 康德原文是 Ich bin("我在"),英译为"I am". Max Müller 指出这是一个错误,故他改译为"我思",牟宗三译注中亦主此说。——整理者

② 从这里起直至英译本第383页(原德文第2版第432页)为止,是康德在第二版里重述的谬误推理。——英译者

③ 这里一开始便说"既然",是由于接着上面的原第332页说的。——英译者

下面一般性的论述,可在开始时帮助我们来仔细考查这种论证。我并不仅在"我思"中知道一个对象,而只是在我关联到"一切思想在其中存在的"那个意识的统一性而确定所予的直观时,我才能知道一个对象。因此,我并不通过意识到"我自己"是"在思维着的"而知道"我自己",而只在我意识到关于我自己在思想的机能方面是被确定的这种直观时,我才知道我自己。在思想中的自我意识之种种方式(Modi),在其自身来说,并不是对象的概念(范畴),而是单纯的机能,此机能并不能把一个可知的对象给予思想,因而甚至也不能把"我自己"作为对象而给予思想。这对象不是确定的自我的意识,而只是可确定的自我的意识,即我内直观的意识(这是就直观的杂多能在思想中按照统觉的统一性的普遍条件联结起来这点来说的)。

(1)在一切判断中,"我"是构成判断诸关系的确定性主项。我们必须承认:"我",这个思维着的"我",总是被看作主项,被看作某个东西,这东西不是一个单纯述项而依附于思想。这是一个必然而实为同一的命题;但是这并不意味着"我"作为对象,对我自己来说是一个自行实存的存在者或实体。后一种说法远远超过前一种说法,而且对于它的证明所要求的材料不是在思想中能碰到的,而且在我注意到能思维的自我只是作为这种自我的限度内,这些材料或许比我在思想中所将要发现的东西更多一些。

(2)统觉的"我",从而也就是在思维的每一个活动中的"我",是一个单一体①,不能分化为多数主体,因而指逻辑上的一个单纯的主体,这是已经包含在"思想"这个概念里面的,因此就是一个分析命题。但是,这并不是说,这个能思维的"我"就是一个单纯的实体。说它是一个单纯的实体那就是综合的命题了。实体这个概念总是和直观有关系,而直观在我里面只能是感性的,因而就是完全在知性及其思想的范围之外的。但是当我们说"思想中的'我'是单纯的"时,我们所说的正是这个思想。如果在其他的情况下要用很大力气来确定的东西——即在直观中呈现出来的一切东西之中,确定什么是实体,这种实体能否是单纯的(例如在物质的

---

① "单一体"是依原德文"ein Singular"而译的,英译者译为"one"。——中译者

各部分中这实体能否是单纯的)——一定可以在一切表象中之最贫乏的表象里这样直接被给予我,像是由于天启似的而直接被给予我,这诚然是令人惊奇的。

(3)说"在一切我所意识到的杂多中,我是与我自己同一的",这个命题也同样含蕴在这些概念的自身里面,因而就是一个分析命题。但是主体的这种同一性,即我在我的①一切表象里面所能意识到的主体的同一性,并不涉及主体的任何直观(主体由于此直观,可作为对象而被给予出来),因而就不能是指人格的同一性而说的,如果我们理解"人格的同一性"是一个人自己的实体作为"一个能思维的存在者在其种种状态的一切变化中的同一性"之意识的话。"我思"这个命题不管怎样加以分析,都不足以证明这样一个命题;要证明这样一个命题,尚须有"根据所予的直观的"种种综合判断。

(4)我把我自己的存在作为一个能思维的存在者的存在,和其他在我外边的东西——包括我的身体在内——区别开来,这同样是一个分析命题;因为所谓其他的东西就是我认为是与我自己不相同的那种东西。但是我并不因而知道,此种我自己的意识,如果离开了在我外边的东西(种种表象通过我外边的这些东西才能对我被给予出来)能否甚至有其可能,因而也就是说,我能否只作为思维的存在者而存在(即不以人类的形式而存在)。

那么,对于一般思想中"我自己"这个意识的分析,并不产生任何关于我自己作为对象的知识的东西。于是人们把"一般思想"的逻辑阐述误认为对象的一种形而上学的确定了。

如果有可能在验前证明一切思维的存在者在其自身来说就是单纯的实体,因而(像从同样的证明方式所推出的结论那样)人格是不可从这些实体分开的,而且这种能思维的存在者意识到它们的存在和一切物质相分离并不同于一切物质,那么,这就将会是我们整个批判的一种严重的绊脚石,或者更确切地说,就将会成为一个惟一不能答复的反对意见了。

---

① 这里英译的"my"(我的)是依 Erdmann 读原德文的"seinen"(它的)为"meinen"(我的)之译,如依原德文的"它的",则这词是指主体而言的,1922年的柏林版仍依原读。——中译者

因为经由这样的进程,我们就会超出感官世界而进入本体的领域;那时谁也不能否认我们有权来在这领域里更进一步,乃至在里面定居下来,并且,如果我们是幸运的话,就会享有永久占有的权利。"凡是能思维的存在者作为这样的存在者来说,都是单纯的实体"这个命题是一个综合验前命题;它是综合的,因为它超出了它所以出发的概念,而把存在的方式加在一般思想之上(即加在能思维的存在者这个概念之上);这个命题是验前的,因为它在概念上面加了不能在任何经验中被给予的一个述项(即单纯性的述项)。那么,我们就可从而知道,验前综合命题是可能的,而且是可容许的,不仅如我们所已经说过的那样与可能经验的对象有关,并作为这种经验之可能性的原理,而且又适用于一般的事物以及在其本身来说的事物——这种结局就会断送我们的全部批判,而迫使我们去勉强同意那老一套的办法了。可是,在严密考虑后,我们觉得还没有这样的严重危险。

B410

[371]

理性心理学的整个进程是一种谬误推理所决定的。这种谬误推理是以下面的三段论式表示出来的:

只能作为主项而被思维的东西就只能作为主体而存在,因而就是实体。

一个能思维的存在者只作为这样的存在者来考虑时,只能作为主项而被思维。

B411

所以,一个能思维的存在者只能作为主体而存在,也就是作为实体而存在。

在大前提中,我们谈到一个能一般地和任何关系上被思维的存在者,因而也是在直观中被给予的那种被思维的存在者。但是,在小前提中,我们所谈到的只是就这个存在者把它自己看作仅在对于思维和意识统一性的关系上作为主项说的,而不是同样也在这个存在者①对于直观(通过此直观它可作为对象对思想被给予出来)之关系上作为主项说的。所以这结论乃由谬误推理通过中词歧义的诡辩([形式逻辑用拉丁文所说的]

---

① "这个存在者"是照英译者依 Vorländer 读原版的"sie"为"es"的,因读为 sie 即指"统一性",而读为 es 则指"存在者"。——中译者

per sophisma figurae dictionis 直译应为"词藻上的诡辩")而得到的⁽ᵃ⁾。

B412　　如果我们回想到"关于原理的体系陈述"一章中"一般注释"(B288～294)和"一切一般的对象区分为现象与本体的根据"一节(B295～315)中所说的东西,我们就清楚地看出,我们把这著名的论证归之于一种谬误推理是完全正确的。因为在那里曾证明,其自身能作为主项而绝不能作为[372]述项而独自存在的这样一种东西的概念是不带有任何客观实在性的;换句话说,我们不能知道有没有这个概念所适用的任何对象——至于这样的存在方式的可能性,我们却无法决定——因而这个概念就不产生任何知识。如果"实体"这个名词的意思是指被给予出来的对象,而且如果它是产生知识的,我们就必须使之以一种永恒的直观为其基础,作为我们的概念的对象所必须通过才能被给予出来的条件,因而就是这概念的客观实在性不可或缺的条件。可是,在内部直观中,没有什么永恒的B413 东西,因为"我"只是"我的思想"的意识。所以,只要我们不超出单纯的思维之外,我们就没有必要的条件,即"应用实体概念(即一个自存的主体这个概念),来作为能思维的存在者的这个自我"之必要条件。而随着实体这个概念的客观实在性的消逝,单纯性这个与之联合的概念也就同样消逝了;这单纯性就变为一般思想中自我意识的单纯逻辑上质的单一性,而这个单一性,不管其主体是合成的或不是合成的,都必须要呈现。

对曼德尔松(Mendelssohn)①关于灵魂的永恒性证明的驳斥

　　这位敏锐的哲学家很快就看到,用来企图证明灵魂——如果人们承

　　(a)　在这两个前提里,"思想"是在完全不相同的意义上理解的:在大前提里,它是作为关于一个一般的对象,因而是关于可在直观里被给予出来的对象;在小前提里,它只作为思想与自我意识的关系。在后一种意义上,并没有任何对象被思维着,其所表现的只是关于作为主项(作为B412 思想的形式)的自我。在前一个前提里,我们谈到只能作为主项而被思维的东西;但是在后一个前提里,我们所谈的却不是任何东西,而是(抽掉一切对象的)思想,并且在这思想中,"我"总是当作意识的主项。所以,其所得出的结论就不能说是,"我只能作为主体而存在",而只能说,"在思维到我的存在时,我除了作为(所包含的)判断的主项以外,就不能使用我自己"。这是一个自同命题,它对于我的存在方式并没有说出任何东西。——康德自注

　　① 曼德尔松(Moses Mendelssohn)(1729—1786)在他 1767 年出版的《斐多篇》(Phädon)一书中有这种证明,见他的全集《Gesammelte Schriften》(1843,ii. P. 151 ff.)。——英译者

认它是一种单纯的存在者的话——不能通过分解而终止其存在的这种通常的论证,对证明灵魂必然连续存在这一目的来说是不够的,因为我们可以假定灵魂通过简单的消散而不存在,在《斐多篇》里,曼德尔松极力要证明灵魂不能遭受消散这种过程,因为那就会是真正的毁灭了。其证明的方法是说明一个单纯的存在者不能终止其存在。他的论证就是:由于灵魂不能减弱而逐渐丧失其存在的某部分,进而逐渐变为无(因为灵魂是没有部分的,所以在其自身中是没有多数可言的),因之在其存在与不存在这两个刹那之间是没有时间的——这却是不可能的。然而曼德尔松却没有观察到,即令我们承认灵魂的单纯本性,即承认它不含有彼此外在的许多成分,从而不会有外延的量,但是,正如对任何其他的存在一样,我们不能否定它的内涵量,即关于它的一切能力的实在性的等级量,乃至关于一切构成其存在的东西的实在性的等级量,而这种实在性的等级量可以通过一切无穷多更小的等级而逐步减小。像这样,所假定的实体——即其永恒性还没有证明的东西——尽可变为无,这诚然不是由于分解,而是由于其种种力量的逐渐丧失(拉丁文所谓 remissio 减退),如果容许我用另一个名词的话,就是由于渐次"衰弱"(elanguescence)。因为意识本身总是有一种等级的,而这种等级总是能减小(a)的,而且对于那意识到自己的能力来说,也必然是如此,并且对于一切其他能力来说,也无不是如此。所以灵魂的永恒性,单只是作为内感官的对象来看,依然一直没有得到证实,而且其实是不能证实的。灵魂在生存中的永恒性当然本身是明显的,因为能思维的存在者(如人)本身同样是外感官的对象。但是这就远不能满足理性心理学家,他们是从事于从单纯概念来证明灵魂在超出此生之

(a) "明晰性"并不是逻辑家所断言的那样是一种表象的意识。意识的某一等级,虽然对回忆而言是不足的,但是甚至在许多模糊不清的表象里,还是必会碰见它的,因为完全没有意识时,我们就不能辨别模糊不清的表象的各种不相同的联结,但是关于许多概念的性格,例如正义与公正之分,又如音乐家在即席演奏时,同时发出几个主音调,是能辨别其模糊不清的表象的。但是,在意识足够来意识到这种表象和那种表象的区别时,这种表象就是明晰的。如果意识只能辨别其区别,但却意识不到这种区别,这表象就还须称为模糊不清的。所以意识就有无限多的等级,一直到意识的完全消逝。——康德自注

外的绝对永恒性的(a)。

[374] B416　　如果我们把上述的各命题在其综合的联结上来理解，正如在理性心理学的体系中所必须理解的那样，作为对一切能思维的存在者都是有效的，而且我们又从关系这个范畴出发，把"一切能思维的存在者作为这样的存在者来说，都是实体"这个命题，通过一系列的命题，往后追溯直至兜它一个圈子，那么，我们最后就达到这些能思维的存在者的存在①。可是

B416　　(a)　有些哲学家在为一种新的可能性而论证时，认为如果他们能够拒斥了别人在他们的假设中所指出的矛盾，那就足够了。这就是一切自认为在此生终止之后还能理解思想的可能性的那些人的论证程序[这里英译的"procedure"（中译为"论证程序"）是依 Mellin 读原版的"sind"为"tun"之译。——英译者]——而关于这种可能性，这些人只在我们人类生命中才在经验性直观中有其例证。但是，用这种论证方法的人，一经别人举出其他并不更冒进的可能性来，就觉得很为难了。例如一个单纯实体可分割为几种实体，反过来，几个实体又可融合（即并合）为一个单纯实体，就是这样的可能性。因为虽然可分割性预先假定有合成的东西，但是它并不一定需要一些实体所合成的东西，而只需要同一个实体的许多能力的等级所合成的东西。正如我们能够想到灵魂的一切力量与机能，乃至意识的力量与机能减小了一半，而其减小的方式使实体仍然不变，我们也同样能没有矛盾地表现这种消失的一半为保留在灵魂的外边而非里边的东西，而且我们也同样可以主张，既然一切在灵魂里面的都是实在的东西，因而也就是有等级的东西——换言之，灵魂的整个存在是毫无缺陷的——都已分割为二了，那时在灵魂的外边就有了另一个与之分开的实体出现。因为被分割出来的多数东西是从前就存在的，诚然不是作为多数的实体而存在，而是作为实体原有的每一种实在性的多数而存在，即作为实体里面的存在之量之多数而存在；而这实体的单一性因此就只是存在的一种方式，其存在的这种方式是由于有了

B417　这种分割就变为实存的多数性。几个单纯的实体也同样可融合为一个实体，而除了只是实存的多数性之外，它并不丧失任何其他的东西，因为这一个实体就会包含一切以前各实体的实在性的等级在一起。我们也许又可以把对我们产生[我们称为]物质的这种出现的几个单纯实体表现为产生儿女的灵魂——诚然不是通过相互机械的或者化学的影响而产生，而是通过一种我们所不知的影响而产生的，其前一种影响只是这不知的影响的出现而已——也就是说，通过父母之灵魂作为强弱量[即内涵量]来考虑的力学分割而产生儿女的灵魂，而那些父母之灵魂通过和同类的新质料的并合而弥补其损失。我决不是承认这种幻想会有任何用处或有效性；而且正如我们分析论的原理所曾足够地证明过的那样，范畴（包括实体范畴）只能有其经验性使用。但是，如果唯理论者只从思维的单纯能力而丝毫没有一个对象所借以被给予出来的任何永恒直观，便大胆地去构成一个自实存的存在者，而其根据只是在思想中统觉的统一性不能从合成的东西得到说明，却不肯像他应该承认的那样，坦白承认他不能够说明一种能思维的自然["一种能思维的自然"是原德文 einer denkenden Natur 之译。——英译者]之可能性，那么，何以唯物论者（虽是同样不能诉诸经验来支持他[所猜测]的种种可能性。）不会有正当的理由来同样大胆去用他的原理来成立相反的结论，而同时也保持其论敌所依赖的那种形式统一性呢？——康德自注

① 参看英译本第 330 页，如在那里所注意到的，康德在其自用的《纯粹理性批判》本中把"灵魂是实体"改为"灵魂作为实体而存在"。——英译者

在这种理性心理学的体系中,这些存在者不但理解为独立于外边的事物而意识到它们的存在,而且又作为能够本来就独自确定关于是实体的一种必然特征的永恒性那种存在。于是唯理论者的体系就不可避免地被定为观念论了,或者至少是评定为怀疑的观念论。因为如果外物的存在对于一个人在时间中的存在之确定来说并不需要,那么关于外物的存在这种假定就完全是没有理由的假定,其证明也就绝不能作出来了。 [375] B418

另一方面,如果我们用分析方法来进行,从"我思"这个命题出发,把"我思"作为一个在其自身中已含有所予的一个存在,因而就是含有模式的,并且把它加以分析,以便确定它的内容,从而发现这个"我"是否以及如何只通过这种内容而确定它的空间或时间中的存在,那么,理性灵魂学的种种命题所由以开始的就不是"一般能思维的存在者"这个概念,而是一种实在性,而我就从这种实在性所由以被思维的方式进行推论,看看当其中一切经验性东西都除去之后,其属于"一般能思维的存在者"的究竟是什么,这在下列的表里说明之: B419

(1)我思, [376]

(2)作为主体, (3)作为单纯的主体,

(4)作为在我的思想的每一个状态中的同一主体。

在第二个命题里,还没有确定我是否能只作为主体而不又作为另一个存在者的述项而存在且被思维,因而在这里主体这一概念只是在逻辑的意义上理解的,还没有确定我们是否要把它作为一个实体来理解。同样,第三个命题关于这个主体的"造性"(Beschaffenheit)或实存(Subsistenz)是没有证明什么的;可是在这个命题里,统觉的绝对统一性,即表象中简单的"我"(构成思想的联合或分离与之有关的那个简单的"我"),具有其特有的重要意义。因为统觉乃是实在的某东西,其单纯性已在其可能性这个单纯事实中就已经有了它的简单性。然而在空间里却没有任何实在的东西能够是简单的;作为空间中惟一简单的东西的点,只是界限,其本身并不是什么可作为部分而用来构成空间的东西。由此可见,用唯物论者的话来解释自我作为一个单纯思维主体的造性,这是不可能的。但是,既然在第一个命题里,我的存在理解为所予的——因为这个命题并不是说每一个能思维的存在者都是存在的,否则那就会肯定了它的绝对必然性, B420

因而就说得过多了；而它只是说，"我在思维的状态中存在"——所以，这个命题是经验性的，它意味着只对我在时间中的表象之关系上才能确定我的存在。但是，既然为了达到这个意图，我又需要有某种永恒的东西，而就"我思维到我自己"来说，这种永恒的东西并没有在内直观里对我被给予出来，那么，通过这种单纯的自我意识是完全不可能确定我存在的方式的，不管是作为实体，或是作为属性而存在。所以，如果唯物论没有资格来解释我的存在，精神论也同样不能解释；而结论就是，就灵魂的独立存在的可能性来说，我们绝无法知道关于灵魂的"造性"的任何东西。

[377]

B421

其实，怎样会有可能通过意识的统一性——我们之所以能知道这种统一性，只是因为我们不得不使用它作为经验的可能性所不能或缺的——来超过经验（超出我们在此生的存在）以外，乃至通过经验性的"我思"，（就任何种类的直观来说，都是完全未曾加以确定的"我思"）这个命题而扩充我们的知识到一切一般的思维的存在者的本性呢？

理性心理学的存在，不是作为一种对我们关于自我的知识有所增加的学说而存在，而只是作为一种锻炼（Disziplin）而存在。理性心理学在这个领域里，对于思辨的理性设立不可逾越的界限，这样一方面就使我们不致投入无灵魂的唯物论的怀抱中去，另一方面，又不致陷入一种精神论中去，这种精神论，只要当我们还存在于此生之中，必是完全没有根据的。但是，虽然这种理性心理学并不提供任何积极的学说，它却提醒我们，应该把理性对我们关于超过此生限度的东西的追根到底的探求作出令人满意答复的拒绝，作为理性的提示，叫我们把我们自我的知识从无益而浮夸的思辨转向到有益的实践使用上去。虽然在这种实践的使用上，我们总是以经验的对象为目的的，但是，其种种原理乃出自更高的来源，而且可以确定我们去约束我们的行动，好像我们的归宿会达到经验以外无限遥远之处，从而远远超出此生以外似的。

B422

从这一切就可明白，理性心理学是由于误解而有其起源的。在这里，人们把处在范畴基础上的意识的统一性误为作为对象的主体的直观，也就是把实体这个范畴用在这统一性上面去。但是，这种统一性只是在思想中的统一性，而单独通过这种思想中的统一性是没有任何对象被给予出来的，因而对于这种统一性，不能应用那总须以特定所予的直观为其先决条件的实体这个范畴。结果就是,这种主体是不能为我们所知道的。各范畴的主体不能由思维到这些范畴而获得关于这主体本身作为这些范畴的对象的概念。因为要思维到范畴,我们所要解释的这主体的纯粹自我意识本身就必须是预先假定的。时间的表象在其中有其本源根据的主体,同样不能以这个主体来在时间中确定其自身的存在。如果时间的表象不能这样确定其主体,那么,自我作为一个一般能思维的存在者,通过范畴而得到确定,也同样是不可能的[378](a)。

所以,想要获得扩充到可能经验的界限以外而同时又促进人类最高利益的知识,这种期望,就思辨哲学自以为能满足这种期望的这点来说,乃根据于迷妄,而在其企图得到实现时,就是毁灭了自己。然而我们批判的严格性在证明关于经验的对象的过程中,不可能独断地确定任何处在经验的限度以外的东西,其对于理性仍有很重要的贡献。因为这样做时,它就使理性免掉反面的一切可能肯定的危险。但是除了两种方法以外,就不能达到那种目的。我们要么确实证明我们的命题;要么在我们不能这样证明的时候,设法找出其所以不能的种种根源。如果我们把这些根源追踪到我们理性的必然限度,我们就必须强迫一切反对者服从这条同

B423

B424

[379]

(a)如上所述,这个"我思"是一个经验性命题,而在其自身中包含有"我在"这个命题。但是我不能说"凡是思维的都是存在的"。因为如果是这样的话,则思维的这个属性就会使得一切具有这种属性的存在都变为必然的存在了。因此,我就不能把我的存在看作从"我思"这个命题推论出来的,如笛卡尔想要争辩的那样——因为那样就要有"凡是思维的都是存在的"这个大前提在它的前面。"我的存在"和"我思"是同一的命题,"我思"表达一种未确定的经验性直观,即一种知觉(而这样就说明那属于感性的感觉处于这存在性命题的基础上),但是"我思"是在经验之前,而那经验是通过关于时间的范畴而确定知觉的对象所必需的;这里所谈到的"存在"不是一个范畴。范畴作为自身来说,不适用于一个不是有确定性的所予对象,而只适用于这种对象,即我们具有其概念,而关于它,我们想知道它是否在概念之外而存在的这种对象,这里所说的没有确定性的知觉只是指所给予的某实在东西,诚然是对一般思想被给予出来,而这样就不是作为出现,也不是作为"物之在其本身"(本体),而是作为实际上["实际上"是原德文的 in der Tat 之译。——中译者]存在的某东西,在"我思"这个命题里作为这样的东西被表示出来["被表示出来"是原德文 bezeichnet 这词之译。——中译者]。因为我们必须注意,当我称"我思"这个命题为一个经验性命题时,我的意思并不是说在这个命题里的"我"是一个经验性表象。正与此相反,"我"是纯粹知性的,因为它属于一般的思想,没有某经验性对象来提供思想的质料,这个"我思"的活动["活动"是拉丁文 actus 这词之译。——中译者]其实不会发生的;但是经验性的东西只是纯粹知性能力的应用或使用的条件。——康德自注

B423

一的规律，即关于要求作出独断主张的克己的规律。

然而，关于按照理性的实践使用的原理（此原理与理性的思辨使用紧密结合在一起），以设定来生这种权利乃至这种必然性，并不因此而有任何损失。因为单纯对于来生的思辨证明，对于人们的通常理性并没有任何影响。这种证明是站在一根头发尖端上的，以至于甚至各学派使之不垮下来，也惟有使它像陀螺那样不断地旋转；即令在他们自己的心目中，这种证明也不能提供一种使任何东西能在其上建立起来的持久基础。凡对世界有贡献的种种证明都能保持其全部价值而毫不减弱，而且实际上放弃了那些独断的僭妄时，这些有贡献的证明即增加其明晰性与自然的力量。因为那时，理性才定位于原来的特殊范围里，即目的的秩序里，同时也是自然的秩序里；而且，既然理性就其本身来说，不但是一种理论的能力，而同时又是一种实践的能力，而作为这样的能力来说，理性并不为自然的条件所束缚，所以它有正当的理由来扩充这个目的的秩序，连同我们的存在，一直扩展到经验和生命的界限以外，如果我们按照这个世界上生物的性质的类比来进行判定的话，理性在处理这种生物的性质时，必须承认这条原理，即没有任何器官、能力、冲动乃至任何东西是多余的，或者和它的使用不相称的，因而就没有任何东西是没有目的的，而一切东西都正符合于它在生存中的命运——如果我们用这种类比来进行判定的话，我们就得把惟一能在它自身里面包含着这整个秩序的最后目的的"人"，看作这秩序的例外的惟一被造物。人的天赋——不但是他的天资和享受这些天资的冲动，而尤其是在人心内的道德律——是远远超过他在此生能从天赋获得的一切功用与利益的，这使他知道离开一切功利效果，乃至离开身后名誉的虚酬，去珍惜一个正直意志的单纯意识，把它看作高过一切其他价值之上；这样他就感觉到一种内心的要求，通过现世的行为和牺牲现世的许多利益，来为自己取得资格，以便做一个在理念中被抓住的更美好的世界里的公民，这种强有力而不可争辩的证明由如下各种因素而得到增强：这首先是日益增加的我们关于周围所看见的东西之"目的性"的知识；再则是我们对天地万物广阔无垠之默识和我们的知识之可能扩充的一种无限量性的意识，以及与之等量的努力追求之意识。这一切都仍然留存给我们，但是我们必须放弃我们这样的希望,即从关于我们自己的单纯的理论的知识来理解我们的存在之必然延续。

关于心理学的谬误推理之解决的结论

理性心理学中的辩证幻象是从理性的一种理念——即纯粹理智这种理念——与一个一般能思维的存在者这个完全未确定的概念相混淆而发生的。我由于一种可能的经验而思想到我自己,但同时却又抽掉一切现实的经验;从而我就得出结论说,我甚至离开经验及其经验性条件,也能意识到我的存在。这样做时,我就把"抽掉我在经验上所确定的存在"这种可能的抽象和"我的能思维的自我的可能的单独存在"这种假定的意识混淆起来了,于是我就相信我知道在我里面是实体性的东西就是先验的主体了。但是,我在思想中实在所有的,完全单只是意识的统一性,也就是一切确定都以之为根据的知识之单纯形式的意识统一性。

说明"灵魂与身体的交相作用"这任务本来不属于我们这里所研讨的心理学。因为这种心理学所提出的是要求证明灵魂甚至在离开这种交相关系时(即在身体死后)还有其人格。因而这种心理学在名词的本来意义上是超验的。诚然,这种心理学也从事于经验对象的研究,但是,只是在这对象停止其为经验的对象这一方面。另一方面,我们的体系可提供对这个问题的充分答案。正如一般人所认识到的那样,这个问题特有的困难乃在于认为内感官对象(灵魂)和外感官对象之间有种类上的不同,因为,就内感官对象而言,其直观的形式条件只是时间,而就外感官对象而言,其直观形式条件还有空间。但是,如果我们考虑到这两种对象的彼此不同不在于内部的不同,而只是由于其中之一个是在外部对另一个显现的,而且那处在物质出现的基础上作为"在其本身来说"的物,可能毕竟在性质上不是如此异质的,那么这种困难就消逝了,而留下来的惟一问题就是一般所说的诸实体之间的交相作用是怎样成为可能的问题了。然而这个问题是心理学领域以外的问题,而在分析论中关于基本能力和机能所有种种说明之后,读者将会毫不迟疑地把这个问题看作同样是在人类一切知识领域以外的了。

关于"从理性心理学过渡到宇宙论"的一般性意见

"我思"或"我在思维的状态中存在"这个命题是一个经验性命题。然而,这样一个命题以经验性直观为基础,因而也以作为出现的被思维的对象为基础。结果似乎是,按我们的理论来说,灵魂甚至在思想中完全转变为出现,而这样一来,我们的意识本身由于不过是一种纯然的外表(Schein),在实际上是必然达不到什么东西的。

思想,就其自身来看,只是逻辑机能,因而就不过是一种结合纯然可能的直观所有杂多的纯粹自发性,并不能把意识的主体展示为出现;其充足的理由是,思想并不估计到直观的方式,不管直观是感性的或知性的。我藉着思想把"我自己"表现给我自己,既不是像我本来那样,也不是像我对自己显现的那样。我之思想我自己,只是像我思想任何一般的对象那样,抽掉了直观的方式。如果我在这里把我自己表现为思想的主体或表现为思想的根据,这些表象方式并不表示"实体"或"原因"的范畴。因为范畴都是已应用于我们的感性直观上的思想机能或判断机能,而我假若想知道我自己,这样的直观就是所需要的。另一方面,如果我要意识我自己只是作为"思维",那么既然我并不是在考虑"我自己的自我是怎样可在直观中被给予出来的",所以,这个"自我"可能对于我,即思维着的这个"我",是纯然的出现,但是就我在思维这点来说,这个自我就并不是什么纯然的出现了;在纯然的思想里面,我在关于我自己的意识里就是这存在者本身,虽然在我本身中没有任何东西可因此对思想被给予出来。

"我思"这个命题,就其等于"我在思维的状态中存在"这一说法来说,不是单纯的逻辑机能,而是在关于存在方面确定主体的(那时这主体同时也是对象),而且没有内感官,就不能有"我思"发生,但是内感官的直观所呈现出来的对象不是作为"物之在其本身",而只是作为出现,所以在这里就不但有思想的自发性,而且又有直观的感受性,即关于我自己的思想用于关于我自己的①经验性直观。可是,如果能思维的自我不单纯是通过"我"把自身识别为按其自身来说的对象,而且又要确定其存在的方式,即要去知道其自身作为本体,那么,这种自我就要指望这种直观来提出作为

---

① 这里原德文是"主体自己的"。——中译者

实体、原因等范畴的逻辑机能之使用的种种条件。可是,这却是不可能的,因为内部的经验性直观是感性的且产生出现的材料,这种材料并不对纯粹意识的对象提供关于其独立存在的知识的任何东西,而是只能用来获得经验而已。

如果我们承认,我们在适当的次序上,不在经验中,而在理性的纯粹使用的某些规律中——这些规律不单纯是逻辑的规则,而是在验前有效并且又是关于我们的存在——发现其根据,把我们自己视为关于我们自己的存在之完全验前的立法者及确定此存在者,那么就会因此显现出一种自发性,通过这种自发性,我们的实在性就会独立于经验性直观的种种条件而为可确定的了;并且我们还会感知到,在"我们存在"的意识中含有验前的某东西,可以用来确定我们的存在——其完全的确定只在感性的条件上才是可能的——就其某一定的内部能力来说,则与一种非感性的知性世界有关。[383]

但是,这对于促进理性心理学的企图来说,是毫无用处的。在这种不平凡的能力里面(这种能力是道德律的意识第一次对我显示的),为着我的存在的确定,我诚然应该有一条纯粹知性的原理。可是,我们作出那确定来,要通过什么述项呢?那些述项不过就是在感性的直观中所必须给予我的;而这样一来,关于理性心理学我所处的情况,就正好和从前一样,即仍然需要有感性直观来赋予我的知性概念(实体、原因等等)以其意义,而惟有通过这些概念我才对于我自己有知识;而这些感性直观绝不能帮助我超出经验的领域。虽然如此,关于那总是指向经验对象的实践使用,我是应该有正当理由来按照在理论上使用时的类比意义,把这些概念应用于自由和拥有自由的主体。可是在这样做时,我理解这些概念为主项与述项、根据与后果的单纯逻辑机能,而按照这些逻辑机能,行为或结果都这样符合于那些[道德的]规律而被确定,其结果就是,道德律连同自然律都可以按照实体与原因的范畴而得到说明,虽然这两种规律的根源乃在一种完全不同的原理中。这些见解,原来只是为了防止"我们的自我直观作为出现"这一说法特别易于遭到的误会。在后文,我们将更有机会来应用这些见解。

B431

B432

第二章　纯粹理性的二律背驰

[384]

我们在本编的导言中已说明纯粹理性的先验幻象是依据辩证推理的。这种推理的图型是由逻辑在三段论式的三种形式中提供出来的，正如范畴在一切判断的四种机能里发现其逻辑图型一样。这些伪理性推理的第一种类型讨论主体或灵魂的"一切一般表象"的主观条件之无条件的统一性，与直言的三段论式相应，其大前提是一条原理，此原理肯定了述项对于主项的关系。辩证论证的第二种类型是依据假言三段论式的类比而成的。其内容就是出现中的客观条件的无条件的统一性。在下章所讨论的第三种类型同样以"一般对象的可能性的客观条件的无条件的统一性"为其论题。

A406

B433

但是有一点要特别注意。先验谬误推理在关于我们思想主体的理念中，产生一种纯是片面的幻象。这里，出自理性概念的丝毫幻象都不会在相反主张上产生出来。这种长处完全是在唯灵论方面，虽然唯灵论也有其固有缺陷，即不能否认一切有利于它的幻象在批判研究之严格考验下会全部化为泡影。

[385]

当理性应用于出现的客观综合时，情况就完全不同了。因为在这个领域里，不管理性怎样努力于建立它的无条件的统一性原理，而且虽然事实上它也得到极大的、即令是表面上使人迷惑的成功，但是它很快就陷入一些矛盾中，以致它就不得不在这种宇宙论的领域内停止其任何这种僭妄主张。

A407

在这里，我们面临着人类理性的一种新的现象——一种完全是自然的矛盾，在其中，我们无须去作种种微妙的研究，或设置种种诱人的陷阱，这自然的矛盾是自然而然、完全不可避免地陷入的一种矛盾。这种矛盾确是防护着理性，使之不醉心于一种纯是片面幻象所产生的虚构信念，但是它同时也使理性受到这样的诱惑，不是沉迷于怀疑的绝望，就是采取一种顽固的态度，独断地设定一定的主张而拒绝虚心倾听反面的论证。这两种态度都是健康哲学的死敌，虽然前者也许可能称为纯粹理性的无痛

B434

苦而死亡(euthanasia)。

在我们考虑纯粹理性规律的这种冲突,或说二律背驰所引起的对立与纠纷的各种形式以前,我们仅提出必须注意的几点,以便说明并辩解我们在研究这个题目时所想要采用的方法。一切先验的理念,当它们涉及出现之综合中的绝对整体时,我们都称之为"宇宙概念";其理由一则是因为此"绝对整体"也是"世界全体"概念(此概念自身只是一理念)的基础;一则是因为这些先验的理念只谈到出现的综合,所以就只是经验性综合。反之,当绝对整体是一切一般可能事物的条件的综合的绝对整体时,它就引起纯粹理性的一种理想(Ideal),虽然这种理想在事实上可能与宇宙概念有某种一定的关系,但是它却和这个宇宙概念完全不同。因此,正如纯粹理性的谬误推理形成了辩证心理学的基础那样,纯粹理性的二律背驰就同样对我们显示出一种冒充的纯粹理性的宇宙论的先验原理。但是,它这样做,不是为了说明这种学问有效和想去采用它。正如理性的冲突这个名称就足以说明的那样,这种伪科学在其眩惑而虚伪的幻象性里,就足可显示出它是一种绝对不能和出现相协调的理念。

第一节 宇宙论的理念体系

在按照原理进行系统精密地列举这些理念的过程中,我们必须记住两点。首先,我们必须认识到纯粹而先验的概念只能从知性产生。实际上理性并不能产生任何概念。理性所能作的最多是使知性的概念不受可能经验不可避免的种种限制,从而设法把这种概念扩展到经验性东西的限度以外(虽然事实上仍与经验性的东西相关)。这种扩展是在如下所说的方式上而成的。对于一个所予的受条件限制的东西来说,理性在条件方面——即知性把一切出现都隶属之以作为其综合统一性的条件——则要求有绝对的整体,而在其这样要求中,就把范畴转变为一种先验的理念。因为只有把经验性综合扩张到无条件的东西这么远,才能使之成为绝对完整的;可是无条件的东西绝不能在经验中被发现,而只在理念中才能被发现。理性提出这种要求,是按照这条原理的:如果受条件限制的东西是被给予了的,则一切条件的整个总和,从而绝对无条件的东西(只有通过此无条件限制的东西,受条件限制的东西才成为可能)也就是被给予

[387]

A410

B437

了的。所以先验理念首先就不过是范畴扩充到那无条件的东西，而且可以还原为一个按照范畴四种项目而排列的表。其次，不是所有范畴都适合于这种使用，而只有这样一些范畴，即那使综合由以构成"互相隶属而不是彼此并列的条件系列以及能产生一种受条件限制的东西的系列"的范畴，才是适用的。绝对整体只是就各条件和那所予的受条件限制的东西相关的条件上升的系列而言才是理性所要求的。关于条件所有后果的下降系列，或者关于这些后果的并列条件的集合体，就没有这种要求。因为在所予的受条件限制的东西这种情况下，条件则是预先假定的，而且是认为和受条件限制的东西一起被给予出来的。另一方面，因为后果并不使其条件成为可能，而是预先假定这些条件的，所以在我们推进到后果时，或者说从其所予的条件下降到那被条件限制的东西时，就不需要去考虑[条件的]系列是不是停止；关于这种下降系列的整体这个问题就绝不是理性的一种预先假定了。

所以，我们必须把时间思考为：到眼前所予的一刹那间为止是完全过去了的，而且其本身就是在这个完成的形式上被给予出来的。即令这样完全过去了的时间不是我们所确定的，上面所说的也仍然成立。但是，既然未来不是我们达到现在的条件，所以，在我们理解现在的时候，我们怎样想到未来的时间，是终止的抑或是继续到无穷的，这都是完全不相干的事情。假设我们有 m、n、o 这个系列，其中的 n 作为受 m 条件所限制而被给予，同时它又是 o 的条件。这个系列从受条件限制的 n 上溯到 m(l、k、i 等等)，而又从条件 n 下降到受条件限制的 o(p、q、r 等等)。那么，为了能把 n 看作所予的，我就必须预先假定有第一个系列。按照理性及其对于条件整体的要求，n 只是以该系列为媒介才成为可能的。可是其可能性并不能依赖后来的系列 o、p、q、r。所以这后一个系列就不能视为所予的，而只能视为可被给予的(dabilis)。

A411

B438

我想把"在条件方面，从最切近于所予的出现条件开始，进而过渡到较为更遥远的各条件系列之综合"称为"后溯综合"；把"在受条件限制的东西方面，从第一个后果开始，前进到更远的各后果的系列之综合"称为"前进综合"。第一个综合是按前因而进行的，第二个综合是按后果而进

[388]

行的。所以，宇宙论的理念是和后溯综合打交道的，是按前因进行的，而

不是按后果进行的。整体的前进形式所提出的纯粹理性问题是无理由的,而且是不必要的,因为这问题的提出,对于完全理解在出现中所予的东西来说,不是需要的。为了这种理解,我们所需要考虑的只是根据,而不是后果。

在按照范畴表来安排理念表的过程中,首先,我们了解一下我们一切直观的两个本源的量,即时间与空间。时间在其本身来说,就是一个系列,而且事实上是一切系列的形式条件。在时间里面,就某一所予的"现在"来说,其能作为条件的先行者(过去)是验前地与其后继者(未来)相区别的。所以,任何所予的受条件限制的东西之条件系列的绝对整体这个先验理念,只和一切过去的时间有关系,而照理性的理念来说,过去的时间,作为"所予的一刹那"的条件,必然被思维为全部给予了的。但是,在空间里,就空间自身来说,并没有前进与后溯之区别。因为,由于其各部分是同时并存的,所以空间是一种集合体,而不是一种系列。"现的一刹那"只能看作是受过去时间所限制的,而绝不能看作是限制过去时间的,因为只有通过过去的时间,或者更确切地说,通过先行的时间的流逝,当前的刹那才能存在。但是,由于空间的各部分彼此并列而不是一个从属于另一个,所以,其一部分就不是其另一部分之成为可能的条件;空间不相同,在其自身来说,空间并不构成一个系列。虽然是这样,"空间的杂多部分之综合"(借此综合我得以把握空间)却仍是相继而起的,在时间中发生而包含有一个系列。而且在所予的空间所集合的各个空间的系列中(如尺之在丈中),既然那些在所予空间的广延中所思维的各个空间总是这个所予的空间的限度的条件,所以一个空间的测量,也要视为某一所予的受条件限制的东西之条件系列之综合,其所不同的,只是其条件一方自身并不和受条件限制的那一方有分别,而在空间中后溯与前进因之就好像完全是同一的。由于空间的一部分不是通过其他部分被给予出来的,而只是由其他部分所限定,那么,就其被限定而言,我们就必须把每一个空间作为也是为条件所限制的,因为它须先假定有另一空间作为它的界限的条件,等等。以限制来说,在空间中的前进因之也就是一种后溯,而种种条件之系列中的综合的绝对整体这个先验理念也就同样适用于空间。我之能够研究空间中出现的绝对整体,正和我之研究过去时间的绝

A412
B439

A413
B440

[389]

对整体同样合理。对于这个问题的答复是否有其可能,当在后文予以解决。

第二,空间中的实在性(即物质)是一受条件限制者。其内部的各条件就是其各部分。而这些部分的部分则是其更遥远条件。这样一来,就有一种后溯的综合,它的绝对整体是理性所要求的。只能通过一种完全的分割,才能有这种后溯的综合,而通过这种分割,物质的实在性或消失变为无,或消失变为非物质,即变为"单纯者"。于是,这里我们又有了一条件系列以及一种朝着无条件的东西之进展。

第三,关于出现之间的实在关系的各范畴,即实体及其属性这个范畴不宜于作为一个先验理念。那就是说,在这范畴中,理性不能发现任何"从后溯的方式进行至条件"的根据。由于属性都是依附于同一个实体的,所以这些属性彼此并列,并不构成一个系列。甚至在其与实体的关系中,这些属性实际上也不从属于实体,而是实体自身存在的方式。可是,在这种范畴里,那仍可看作为先验理性之理念的东西,就是这实体性东西①的概念。但是,既然这种实体性东西的概念不过是意指"一般对象"的概念,而"一般对象"之概念当我们在其中只想到离开一切述项的先验主项的限度内才是存在的。然而,我们在这里所研究的无条件的东西,却只是就其可以在一系列的出现中存在而言的,那么,这种实体性的东西就不能是那系列的一项,这是明显的。相互作用中各实体也是这样,这些实体是单纯的集合体,并不含有任何什么东西可以把一个系列基于其上②。因为我们关于这些实体,不能像对于诸空间所能说的那样,说它们是作为彼此可能性的条件而彼此互相从属,由于各个空间的界限绝不是在其中由自己来确定,而是通过某其他的空间才得到确定的。这样一来,就只剩下因果作用这个范畴了。因果作用呈现出一个所予的结果的一系列的原因,这样我们就能从作为受条件限制的东西的结果而追溯到作为条件原因,进而答复理性的问题。

第四,可能的、现实的和必然的这些概念除在以下所说的限度内,它

---

① "实体性的东西"是原德文 das Substantiale 之译。——中译者
② 这句子在原德文是"没有一个系列的指数",而这比较难懂。我们的中译是依斯密的英译而译的。——中译者

们不能引到任何系列,即偶然的东西在其存在中必须总是看作受条件限制的,而且看作照着知性的规则指向它成为必然的东西所应具有的条件,而这种条件又指向一种更高的条件,直至理性最后在这个系列的整体中达到无条件的必然的东西为止。

当我们这样选出那些范畴,即"在杂多综合中必然引至系列"的那些范畴时,我们就发现和范畴的四个名目相应的,只有如下四个宇宙论的理念:

1."一切出现之所予的全体"的"合成"之绝对完整性。　B443
2.在出现的一个所予全体的划分中的绝对完整性。
3.在一个出现的起源中的绝对完整性。
4."出现中种种可变动的东西的存在"之"依附性"的绝对完整性。

这里有几点要注意。第一,绝对整体这个理念所谈的只是种种出现 A416 的说明(exposition),因而就不涉及知性关于一般所谓事物的整体所能形成的纯粹概念。这里我们把出现看作所予的;而理性所要求的是出现所以可能的条件之绝对完整性(所谓条件是就其构成一个系列来说的)。因之理性所规定的,是出现可按照知性的规律被呈现出来的一种绝对(即在一切方面)完整的综合。

第二,其实,理性在这种系列的、继续向后追溯的条件的综合中所寻　[391]
找的,只是无条件的东西。理性目的好像就是前提系列中再不需要其他　B444
前提为其先决条件的一种完整性。这种无条件的东西总是包含在想象中所表现的系列之绝对整体中。但是这种绝对完整的综合又只是一个理念;因为我们不能知道(至少在这种研求的开始时)这种综合在出现的情况下,是否有其可能。如果我们完全是通过知性的纯粹概念来表现一个东西,而不去理会感性直观的种种条件,我们确实可以立刻肯定,有了受条件限制的东西,就同样要有互相从属的条件的整个系列。有条件限制的东西只是通过条件的全部系列而被给予。可是,当我们和出现打交道时,我们就发现一种特别的限制由条件被给予出来的方式而来,这方式就 A417 是通过直观的杂多之前后相继的综合——这种综合要通过往后追溯而变为完整,至于这种完整性在感性上是否有其可能这还是一个问题;但此完整性之理念毕竟处在理性中,不管我们把那些与之相称的经验性概念联结起来是可能的,还是不可能的。那么,既然无条件的东西必然包含在出现中的杂多之往后追溯的综合之绝对整体中——这种综合是受范畴引导的,这些范畴把出现表现为一个所予的受条件限制的东西的条件系列——哪怕我们并不确定这一整体是否能实现,怎样实现;那么,这里理性采取的方法就是从整体这个理念出发,虽然实际上它以无条件的东西为目的,不管这无条件的东西是全部系列自身,或者是这全部系列的一部分。

我们可以用两种方式之一来设想这种无条件的东西。它可以看作整个系列所组成,在这整个系列里,所有各项毫无例外地都是受条件限制的,而只有各项的整体才是绝对无条件的东西。这种往后追溯就称为无限的。在另一方式上,那绝对无条件的东西只是系列的一部分——这部分是其他各项所从属的,而它本身就不受任何其他条件的限制(a),依第一种见解就先行部分来说(a parte priori),那个系列是没有限度的,或没有起头的,即无限的,同时它也是以其全部而被给予出来的。但是,往后追溯的进程却永不能达到完成,因而只能称为潜在的无限的后溯。依第二种见解,就有系列的第一项,这第一项以过去的时间来说,就称为世界的起头,以空间来说,就称为世界的极限,以某一所予的有限全体来说,就称为单纯的东西,以原因来说,就称为绝对的自我能动性(即自由),以变化的事物的存在来说,就称为"绝对的自然必然性"。

我们有两个名词,世界与自然。这两个名词有时是相互渗入的①。前者[即世界]所指的是一切出现数目上的总和及其综合整体,无论是在大的综合或小的综合,即通过合成的进展或通过分割的进展,都是一样的。这同样的世界,在其作为力学的全体看,就称为自然(b)。那时我们所谈的就不是空间与时间中的集合体,以便把它作为一个量来确定,而谈的

(a) 一个所予的受条件限制的东西的条件系列之绝对整体总是无条件的,因为在它以外不再有任何条件能限制它。但是这样一系列的绝对整体只是一个理念,或者更确切地说,只是一个盖然的概念,其可能性是要研究的,尤其是关于无条件的东西怎样包含于其中的方式(这无条件的东西其实就是争论中的先验理念)是需要研究的。——康德自注

① 原德文是"相互渗入",英译为"相合"、"一致"。——中译者

(b) 所谓"自然",作为形容词(形式上)来理解,是指一个事物的各种确定按照因果作用的内部原理的联结说的,另一方面,如作实词(内容上)来理解,其意思就是一切出现的总和,这是就出现由于一种内部的因果作用原理而处在彻底的相互联结上说的。在第一种意义上,我们就谈到流体的自然,火的自然,等等[即流体等的本质——中译者]。那时,自然这词是用在形式的意义上的。另一方面,当我们谈到自然的事物时,我们心中所想的是一个自存的全体。——康德自注

只是一切出现的存在中的统一体。在这种情况下,那发生的东西的条件就称为"原因"。在出现[的领域]中所发生的东西之无条件的因果作用就称为"自由",而其受条件限制的因果作用就称为自然原因(Natur-ursache),这是在其较狭的[形容词的]意义上而言的。在一般存在中,凡是受条件限制的都名为"不必然的"(zufällig),而无条件的就名为"必然的"。出现之无条件的必然性可称为"自然的必然性"。 [393]

我在上面称我们现在研究的理念为宇宙论理念,其理由,一部分是因为"世界"这个名词的意思是一切出现的总和,而我们的理念都是完全指向出现中的无条件的东西的;一部分是因为"世界"这个名词,在其先验的意义上,是指一切存在事物的绝对整体说的,而我们就只注意综合的完整性,即令那完整性只是在综合的条件之后溯中才能达到。所以,虽然有一种异议,即说"这些理念都是超验的",并且"虽然它们在种类上不超过对象(即出现),而只是关于感官世界的,而不是关于本体的,这一综合却仍然推进综合达到超出一切可能经验的程度"等;所以我们仍然主张这些理念可以很适当地称为"宇宙概念"(Weltbegriffe)。关于往后追溯所以之为目的的数学上无条件的东西与力学上无条件的东西之间的区别,我也要在狭义的意义上称前两种概念为宇宙概念,因为是和大型的世界与小型的世界有关系的,而称其他两种概念为超验的自然概念(Naturbegriffe)。这种区别在目前还没有特别的价值;后文将会看到其意义。 A420

B448

第二节　纯粹理性的二论冲突

如果正论(Thetik)作为独断学说任何体系的名称,我们就可以把反论(Antithetik)的意思不作为反面的独断主张讲,而作为表面上独断知识的正题与反题(thesis cum antithesi)的冲突讲,而在这两题中,没有一种主张能证明对另一种主张的优越性。因此,二论冲突并不处理片面的主张,其所研究的只是理性的两种学说的彼此冲突及其原因。先验的二论冲突研究纯粹理性二律背驰的原因与结果。如果在使用知性的原理过程中,我们不把我们的理性只应用于经验的对象,而冒险把这些原理补充到经验的限度以外,那就发生伪理性的学说,而这些学说既不能指望在经验中得到证实,也不怕有经验的反驳。每一种这样的学说不但本身没有矛

A421

[394]

B449

盾，而且在理性的本性中也可找到其必然性的条件——可是不幸的是：反面一方的主张也有其同样有效而必然的根据。

与这种纯粹理性的辩证性质相关的那些自然发生的一些问题是：(1)在什么命题中，纯粹理性不可避免地陷入一种二律背驰；(2)这种二律背驰是由于什么原因而来的；(3)虽然有了这种矛盾，是否还给理性留下一条达到确实性的途径？其方法是什么？

A422　　所以，我们必须把纯粹理性的辩证学说同一切诡辩的命题区别开来。这种辩证学说所涉及到的必须不是为了某种特别意图而任意提出的一种问题，而是人类理性在其进展中所必然要遇到的问题。其次，这种辩证学说及其反面的学说都必须不含有任何单纯人为的、一经发觉就立刻消逝

B450　　的幻象，而含有一种自然而不可避免的幻象，以至这种幻象不再愚弄我们之后，仍然继续来迷惑我们，虽然它不能再欺骗我们，并从而变为无害的，但是却永远不能根绝。

这种辩证学说并不和知性在经验性概念中的统一性有关系，而是和纯然理念中的理性之统一性有关系。既然理性的这种统一性包含有依照规则的综合，所以它必然符合于知性；然而由于它要求有综合的绝对统一性，所以就必须同时和理性相谐和。但是，这种统一性的情况是这样的，即在其适合于理性时，对知性来说就太大了；而在其适合于知性时，对理性来说又太小了。这样，就发生我们无论如何都不能避免的冲突。

A423
[395]　　于是，这些伪理性的主张就展开了一个辩证的战场，在这战场上，开始进攻的一方必操胜券，而被迫防守的一方就总遭败北。因之，勇敢的战士不管他们拥护好事或拥护坏事，只要他们设法取得最后进攻的权利，而毋须抵抗敌方的新进攻，就总可以操其获得桂冠的胜券。我们很容易理

B451　　解，虽然这种战场反复争来争去，而且双方都会获得无数次的胜利，但是最后一场决定性的胜仗总是让拥护战胜理由的战士成为战场的主人，这仅只是由于其对手已被禁止再来参加战斗。作为大公无私的裁判人，我们必须暂且不去过问竞争者为的是好事或坏事而进行战斗。我们必须让他们自己去裁决这个问题。在他们精疲力竭而并没有相互伤害之后，大概他们自己也许看到他们的争执毫无用处而握手言欢，进而分手道别。

这种旁观的方法，或者更确切地说，激励各种主张互相冲突的方法，

一、先验原理论

并不是为了偏袒一方,而是为了研究争论的对象也许是双方尽力想要抓住而终归无效的一种骗人的幌子①,而且即令没有任何对方被克服,也没有一方能达到任何结果——我说这种办法可以称为怀疑的方法。这完全不同于怀疑论——怀疑论是技术与科学的无知的原则,它破坏一切知识的基础并且极力用一切可能的方式来毁灭其可靠性与坚定性。怀疑的方法与此不同;因为它是以确定性为其目的的。它设法去发现在双方真诚而有力地进行其争执的情况下所彼此发生误会之点,正如明智的立法者,极力从法官在诉讼的事例中所感到的困惑,来获得关于他们的法律的缺点与歧义方面的教训一样。在法律实施中所揭露的二律背驰,对我们有限的智慧来说,是产生这种法律制定的最好衡量标准。理性在抽象的思辨中不容易觉察到其错误,而由于二律背驰,就开始意识到在其原理的确定中[所必须估计到的]各种因素②。

但是这种怀疑的方法只是对于先验哲学来说才是最需要的,虽在一切其他的研究领域里可能用不到这种方法,但在先验哲学的领域里却不得不用它。在数学里使用这种方法确是悖理的;因为在数学里不会有错误的主张能隐蔽起来而不被人发现,因为其证明都必须在纯粹直观的指导下并且始终通过明显的综合而进行。在实验的哲学里,因怀疑而引起的迟延诚然可能是有用的;可是没有任何可能的误解是不容易排除的;其解决争执的最后方式,无论其发现是迟是早,终必由经验提供出来。道德哲学至少能在可能的经验中具体呈现其原理及其实践的后果;从而就可避免从抽象而来的误会。但是关于先验的种种主张,情况就完全不同了,因为先验的主张自称明察一切可能经验的范围以外的东西。这些主张的抽象综合绝不能在任何验前的直观里被给予出来,而这些主张又是如此构成,以至其中的错误的东西绝不能借助任何经验而被检查出来。因此,先验理性就不容有其他方法来检查,惟有努力使其各种主张得到和谐而已。但是为了这种检查的应用而得到成功,首先就要让这些主张所陷入的相互争执去自由地且不受阻碍地发展起来。我们现在就着手来排列这些相互争执(a)。

---

① "骗人的幌子"是原德文的 Blendwerk 之译。——中译者
② "因素"是原德文的 Momente 之译。常译为"契机"。——中译者
(a) 这些二律背驰是按照上面所列举的先验理念的顺序而逐一排列的。——康德自注

先验理念的第一种冲突

正　题

世界在时间中有一个起头,在空间方面也是有界限的。

证　明

如果我们假定世界在时间中没有起头,一直到任何一个所予的瞬间,一种永恒已经过去,而在世界中就已经有了一个无限系列相继而起的事物状态过去了。可是,一个系列的无限性就在于它永远不能通过相继而起的综合来完成。可见,一个无限的世界系列不可能是已经过去的,因而世界的一个起头就是世界存在的必然条件,这是所要证明的第一点。

关于第二点(空间方面),让我们还是假定其反面,即世界是一个同时并存的东西的无限所予的全体。可是,我们只有通过其各部分的综合才能设想一个不是在直观中(a) 作为在某一定界限之内被给予出来的量之大小,而且只有通过由一个单位反复加在另一个单位上以至达到完成的综合(b),我们才能设想这样一种量的总体。所以,为了把充实一切空间的世界作为一个全体来想,我们就必须把一个无限的世界的各部分之相继而起的综合看作完成了的。也就是必须把一个无限时间在列举一切共存的东西的时间之中看为是已经过去了的。但是这都是不可能的。因此,我们就不能把实在东西的无限集合体看作一个所予的全体,因而也就不能把它看作是同时所予的。所以世界在空间中广延方面不是无限的,而是包围在界限里面的。这就是证明的第二点。

反　题

世界没有起头,在空间中没有界限;它在时间和空间两方面都是无限的。

(a) 一个无确定性的量之能作为一个全体而被直观到,是当它虽然包围在界限里,然而我们却不需要通过测量来构成其整体,即毋须通过其各部分的相继而起的综合来构成其整体。因为界限在把任何外面的东西加以分开时,其本身就确定了其完整性。——康德自注

(b) 整体这个概念,在这种情况下,只是其各部分完成了综合之表象;因为既然我们不能从那关于全体的直观——因为在这种情况下,这种直观是不可能的——来得到这个概念,所以我们之领会到这个概念,只能通过其部分的综合,而这综合被看作至少在理念里是延长到无限的完成的。——康德自注

证 明

如果我们假定世界有一个起头,由于所谓起头就是一种存在,在这种存在之前就有一个时间,而在这时间里还没有事物,那么就必须有在前的一个时间,而在这个时间里还没有世界,那就是一个空洞的时间,然而一个东西是不可能在一个空洞的时间内发生的,因为这样一个时间的任何部分和其任何别的部分比较,都不具有存在的而不是非存在的特殊条件;而且不管我们认为这东西是自行发生的,或是由于其他原因发生的,都是适用的。在世界上诚然许多事物的系列能够开始,但是世界本身却不能有一个起头,因而在已经过去的时间方面,世界是无限的。

关于第二点,设我们一开始就假定其反面,即世界在空间中是有限的,而且是被限定的,结果就是世界存在于一个被限定的空洞的空间里面。因此,在空间中不只是有事物间的关系,而且还有事物对空间的关系。可是既然世界是一个绝对的全体,在它以外没有直观的对象,因而就没有世界与之有关系的那个相关联的东西,而这世界对于空洞的空间的关系就是它对于没有对象的关系了。但是这种关系等于无,结果,世界为空洞的空间所限制也等于无。所以世界不能在空间中被限制,即世界在外延方面是无限的(a)。

第一种二律背驰的注解

一、正题的注解

在叙述这些双方争辩的论证过程中,我没有想要费尽心力地去诡辩,

(a) 空间只是外直观的形式(形式的直观),它不是能够在外面被直观到的一种实在对象。空间,作为先于确定(占据或限制)它的一切东西而存在,或者更确切地说,先于按照它的形式给它以经验性直观的一切东西而存在,在绝对空间这个名称之下,不过是外部出现的单纯可能性,这是就这些出现在其自身来说是存在的或者是能加在所予的出现上面来说的。所以经验性直观并不是出现与空间(知觉与空间直观)的组合体。这两者在一种综合里,其一个并不是其他一个的相关联物,而是在同一个经验性直观中作为这直观的内容与形式而被联结起来的。如果我们企图把这两个因素之一置于其他因素之外而把空间置于一切出现之外,那就产生外直观的种种空间的确定,而这种确定又不是可能的知觉。例如,世界的运动(或静止)对于无限的虚空的空间的关系,这种关系的确定是永远不能知觉得到的一种确定,因而就是一种单纯空想事物的述项了。——康德自注

也就是说，我并不是想用私人辩护师的方法企图趁对方不小心而予以进攻，尽量让对方诉诸一误解的法律，以便于他驳倒那条法律而证明自己不正当的要求。上面正反两方的证明都是从争辩的性质自然发生的，我们并没有利用任何一方的独断论者所达到的错误结论而提供的空隙。

[400] 　　我尽可假装用独断者所惯用的方法，从一个"所予的量的无限性"这一不健全的概念出发，来建立正题。我尽可证明说，一个量是无限的，只要没有更大于其自身的量（即如其中所包含的所予单位的数量所决定的）是可能的。可是没有什么数量是最大的，因为在它之上总能够增加一个或更多的单位。结果就是，一个无限的所予的量是不可能的，因而一个无限的世界（就已过去了的系列而言或就广延而言的无限）也是不可能的；它在这两方面都必须是有限的。这就是我的证明所可采取的思路。但是上面的概念并不和我们所谓无限的全体相称。因为这种无限的全体并不

A432
B460 表现它是如何大，结果，它就不是一个极量的概念。我们通过它只想到它对于任何可指定的单位的关系，而就这单位来说，它是大于一切数的。按所选单位的较大或较小，这无限的东西就随之而较大或较小。可是，由于无限的东西只是在于"它与所予单位的关系"而成的，所以它就总是同一

[401] 的。因此，全体的绝对量不会照这种方式为人所知；其实上面的概念并不涉及这全体的绝对量。

　　无限性的真正先验概念是这样的，即：在计算一个量所需要此单位的相继的综合是永远不能得到完成的(a)。由此完全确实地得出结论就是：导致一个所予刹那（即现在）的现实的相继续状态的一种永恒性不能已经过去，因此世界必有一个开始。

　　在正题的第二部分中，那包含在一个无限的然而却是过去了的系列里的困难是不会发生的，因为在广延方面，无限的世界之杂多是作为同时存在而被给予出来的。但是，如果我们去设想这样一种杂多的整体，而又不能诉诸于在直观中自行构成的那种整体的界限，我们就得要说明这样一个概念，即在目前的情况下，这个概念不能从全体而进行到其各部分的

(a) 所以这种量就包含着大于任何数目的（所予单位）的量——这就是无限这个数学概念。——康德自注

有确定性的多数性,而必须由各部分的相继综合来证明其全体的可能性。[402] 然而既然这种综合必须构成一种永远不能完成的系列,所以我在这综合之先,或者通过这综合,都不能想到一个整体。其理由是,在这种情况下,整体这个概念,在其本身来说,就是各部分完成了的综合之表象。由于这种完成是不可能的,所以关于它的概念也同样是不可能的。

二、反题的注解

"所予世界系列和世界全体"的无限性之证明是依据这种事实的,即就其相反的假定(即假定世界是有限的)来说,必须有一个空洞的时间和一个空洞的空间构成世界的界限。我深知,曾有人企图避免这种结论,说世界在时间与空间中的界限是完全可能的,毋须我们事先作出一个先于世界开始的绝对时间或一个扩张到实在世界以外的绝对空间这种不可能的假定。我十分满意莱布尼茨派哲学家们所主张的这种学说的后一部分。空间仅只是外直观的形式;它不是在外面能被直观到的一个实在对象;它不是出现的相关联物,而是出现本身的形式。而且既然这样,空间不是什么对象,而只是可能对象的形式,那么我们就不能把它看作在其本身来说是确定事物存在的某绝对的东西。事物作为出现来说,是确定空间的,即事物就空间一切关于"量及关系"的可能述项,确定其中某一个特殊的述项属于实在的东西。另一方面,空间作为一种自存的某东西来看,在其本身来说,并不是什么实在的东西;因而它就不能确定实在东西的大小或形状。从而就可进一步得出结论说,空间无论是充实的或空洞的(a),都可能为种种出现所限定,但是出现却不能为在它们外面的一个空洞空间所限定。时间也是这样。但是,虽然我们承认这一切,仍不能否定,如果我们要假定世界在空间与时间中有一个界限,我们就得假定世界以外的空洞的空间和在世界以先的空洞的时间这两种虚构物(Undinge)。[400]

自认为能够使我们避免上述后果(即须假定:如果世界在时间与空间中有其界限,无限的空虚就必须确定所有现实事物存在于其中的量)的论证方法乃在于以某个为我们毫无所知的知性世界来偷换感性世界;以 [401]

A433
B461

(a) 很明显,我们这里想要说的是:空洞的空间,只要它是一些出现所限定的,即世界以内的空洞的空间,至少和先验原理不相矛盾,那么以先验原理来说,它就是可以容许的。可是,这并不等于肯定其可能性。——康德自注

一种一般的而并不预先假定有任何其他条件的存在来偷换最初的起头（即其前面有一个"非存在"的时间存在）；以世界全体的界限来偷换广延的界限——这样就取消了时间与空间。但是我们在这里所谈的只是现象世界及其量，因而就不能抽去上述的感性条件而不毁灭那世界的存在本身。如果感性世界是有限度的，它就必然要处在无限的空虚中。如果我们把那个空虚，因而也就把那作为一切出现之可能性的验前条件之一般空间置之不理，那么整个感性世界也就消逝了。但是我们的问题中所给予的只是这种世界。知性世界不过是一般世界的一般概念，其中已抽掉对于它的直观的一切条件，因之关于它，就没有肯定的或否定的综合命题为人所可能主张了。

先验理念的第二种冲突

正　题

在世界中每一个组合的实体都是由单纯的部分组成的，而且除了单纯的东西或者由单纯的东西所构成的东西之外，任何地方都再没有任何东西存在。

证　明

设我们假定组合的东西不是由单纯的部分所构成的。那么，如果一切组合都在思想中除掉，就没有任何组合的部分，并且（由于我们不承认有单纯的部分）没有单纯的部分留下来，也就是什么东西都没有留下来，结果也就没有实体会被给予出来。所以，或者是不可能把一切组合在思想中除掉，或者在除掉一切组合之后，必须留下某种"没有组合而存在"的东西，即单纯的东西。在前一情况下，组合的东西就不会由实体所构成；因组合之应用于实体，只是偶然的关系，而实体之独立于这种关系时，必须还是作为自存的东西而继续存在。既然这和我们的假定相矛盾，所以就只剩下原来的假定，即在世界中实体的组合是由单纯的部分所构成的。

那么，由此推定出来作为直接的结果就是：世界中的东西毫无例外都是单纯的存在物；组合仅是这些存在物的一种外部状态；而且，虽然我们永远不能把这些基本的实体孤立起来使我们可以把它们从这种组合的状态拿出来，但是理性却必须把它们思维为一切组合的基本主体，因而为先于一切组合的单纯存在物。

<h2 style="text-align:center">反　　题</h2>

在世界中任何组合的东西都不是由单纯的部分所构成的,而且在世界中,没有任何地方存在着任何单纯的东西。

<h2 style="text-align:center">证　　明</h2>

假定一个组合的东西(作为一实体)是单纯的部分所构成的。既然一切外部的关系,因而亦即一切实体的组合,只在空间中才有其可能,所以一个空间也就必须是由占住它的组合的东西所包含的那样多的部分所构成的,可是空间却不是由单纯的部分所构成,而是由多数的空间所构成的。所以,组合的东西的每一部分就必须占住一个空间。但是每一个组合的东西的绝对始元部分都是单纯的。所以单纯的东西就也占住一个空间。可是,既然每一个占住一个空间的实在东西,在其自身就包含着杂多的相互外在的构成分子,因而就是组合的;而且,既然一个实在的组合的东西不是一些偶性所构成的(因为偶性不可能没有实体而相互外在地存在),而是一些实体所构成的,从而就可推定,单纯的东西就会是实体的一种组合的东西——这实在是自相矛盾。[403]

反题的第二个命题说,世界中没有任何地方存在着任何单纯的东西。这只是想要说,绝对单纯的东西的存在不能以外部或内部的任何经验或知觉来证明;因而绝对单纯的东西仅是一种理念,其客观实在性永远不能在任何可能的经验中表示出来,而这理念既然没有对象,所以在出现之说明中是不适用的。其理由就是,如果我们假定在经验中可以找到这种先验理念的对象的话,这种对象的经验性直观就会作为一种不含有相互外在而又联合成统一体的杂多[因素]的东西而被人所知道。但是,既然我们不能从这种没有被意识到的杂多就推断在任何一种关于对象的直观中这种杂多都是完全不可能的;而且既然没有这种证明绝对的单纯性就永远不能成立,所以这种单纯性就不能从任何知觉推论出来。绝对单纯的对象是永远不能在任何可能的经验中被给予出来的。而且,既然所谓感官的世界必须是指一切可能的经验的总和而言,所以在那里面的任何地方都不会发现单纯的东西。 A437 B465

反题的第二个命题比第一个命题有更广泛得多的应用。第一个命题 [404]

只是从组合的东西的直观排除单纯的东西,而第二个命题是从整个自然界排除单纯的东西。据此,证明这第二个命题就不可以引用关于组合的东西的外部直观所予的对象这个概念。而只能引用关于组合的东西的外部直观同一般可能的经验的关系。

第二种二律背驰的注解

一、正题的注解

当我谈到一个全体必然地由单纯的部分所组成时,我只是就组合——在这词的严格意义上——的实体性全体而言,即就杂多的那种偶然的统一性而言,而在那杂多被给予出来的时候,原是(至少在思想中)作为分离的,然后才变为相互联结的,并从而构成一种统一体。恰当地说来,空间不应称为组合体(compositum)而应称为总体(totum),因为空间的各部分只有在全体里才有其可能,而不是全体通过部分才有其可能。顶多,空间可以称为一种观念性的组合体(compositum ideale),而不称为实在性的组合体(compositum reale)。可是这种说法毕竟是难以捉摸的。既然空间不是一种由实体(甚至不是由实在的偶性)所构成的一种组合物,所以如果我从空间拿走了一切组合性,就没有什么东西剩下来了,乃至没有一个点剩下来。理由就是,点只是作为一个空间的界限才有其可能,因而也就是作为一个组合物的界限才有其可能。所以空间与时间不是由单纯的部分组成的,那只属于一个实体的状态的东西,即令它具有大小量,譬如说变量,它也不是由单纯的东西所组成的;就是说,变量的某一等级并不是通过许多单纯变量之增加而发生的。我们从组合的东西推论到单纯的东西,只适用于自存的东西。[一种东西的]状态的种种偶性不是自存的。于是单纯的东西作为构成实体性的组合物的一些部分这种证明,如果把它扩展太远,而且又无区别地把它应用于任何组合的东西(如常见的那样)是很容易被推翻的,与此同时,全部正题也就被推翻了。

此外,我这里所谈到的单纯的东西,只是就其在组合的东西中必然被给予出来这点来说的——组合的东西可分解为单纯的东西为其组成部分。单子(Monas)这词,按照莱布尼茨用法的严格意义来说,应该仅指作为单纯的实体(例如在自我意识中)而直接被给予出来的一类单纯的东西

而言，而不是指组合物的要素，这种要素称为原子（Atomus）较好。由于我要证明的单纯实体只是作为组合物中要素的这种[存在]，所以我就尽可称第二种二律背驰的正题为先验"原子论"（Atomistik）。但是，由于这词经久已用来指"说明物体出现"（分子）这一种特殊说明的方式，因而它也预先假定有经验性概念，所以这个正题就较适当地称为单子论的辩证原理。 [407]

二、反题的注解

针对关于物质的无限可分割性的学说（其证明纯是数学的），单子论者们曾提出种种反对意见。可是这些反对意见立刻就使单子论者们也受到怀疑。因为不管数学的证明如何自明，单子论者们却不愿承认，这些证明就空间在现实上是一切物质的可能性的形式来说，是根据对于空间的素质（Beschaffenheit）洞悉之上的。单子论者们把这些证明看作只是从抽象而任意的概念所得出的推论，因而就不适用于实在的东西。但是怎么可能来想出一种与"在空间的原有直观中被给予的直观"不相同的直观呢！而且，空间的种种验前确定怎么竟不能直接适用于只在其充实这种空间的限度内才成为可能的那种东西呢！如果我们注意这种反对的意见的话，我们除了数学点以外（数学点虽是单纯的，但不是空间的一部分，而只是一个空间的界限），就还要设想一些物理点同样是单纯的，而又具有能够作为空间的部分来通过其纯然堆聚而充实空间这种特殊的性质。对于这种谬论，我们毋须重复许多人所熟悉而有决定性的反驳了——企图通过纯粹辩解概念的诡辩手法，来取消数学已经证明而明显的真理，这是完全徒劳无功的——我只提出一点，即当哲学在这里用数学来进行欺诈时，其所以这样做，是因为哲学忘记了我们在这种讨论中所谈的只是出现及其条件而已。在这里由知性所形成的组合物之纯粹概念去寻找单纯物之概念，这是不够的；所要寻找的东西是组合物（物质）之直观所需要的单纯物之直观。但是，按照感性的规律，因而即在感官的对象里，这是完全不可能的。虽然，当一个由一些实体所构成的全体仅为纯粹知性所想到时，我们在这个全体的一切组合之先就必须有单纯的东西，这是正确的，但是，就现象的实体性的总和（totum substantial phenomenon）来说，这就不是正确的了。现象的实体性的总和，作为在空间中的经验性直观来说，带有"它没有一个部分是单纯的"这种必然的特征，因为空间没有任何
[406]

[A441
B469

[407]

部分是单纯的。诚然,单子论者们是很够敏锐的,他们企图逃避这种困难,其所用的方法是拒绝把空间作为外直观对象(物体)可能性的条件,而把这种对象以及实体的力学关系作为空间可能性的条件。但是我们关于物体只是把它作为出现才有其概念;而作为出现来说,物体必然预先假定空间作为一切外部出现的可能性的条件。所以,想这样来回避问题是白费气力,而这点在先验感性论里,我们已经充分地讨论过了。诚然,如果物体是"在其自身来说的物"的话,单子论者们的论证自是有效的。

A443
B471

[408]

第二种辩证的主张具有这样一种特点,即与之正相对立的有一种独断的主张,这种主张是一切伪理性的主张中惟一想在一种经验性的对象中对我们只归之于先验理念的实在性即实体的绝对单纯性的实在性提出明显的证据。这里我所指的是这种主张,即内感官的对象,也就是在内感官里想到的"我"这个对象,是一种绝对单纯的实体。现在我毋须着手讨论这个问题(因为在上面已经充分考虑过它了),我只须指出,如果(像在"我"这个完全没有其他内容的表象里面所见的那样)有任何东西只作为对象而被想到,却没有对它的直观增加任何综合性的确定,那么,在这种表象中我们就没有知觉到任何杂多的东西或者任何组合性。不但如此,而且既然我由以想到这对象的那些述项都纯为内感官的直观,那么,我们就不能在那里发现表示相互外在的杂多,因而足以表示一个实在的组合性的任何东西。"自我意识"属于这样一种性质,即:思维的主体同时也是它自己的对象,于是,它就不能把它自己划分开来,虽然它能够划分那些依附于它的种种确定;因为就其自身来说,每一个对象都是绝对的统一体。然而当我们把这种主体作为从外部视为直观的对象时,在它的出现中就必须显出[某种]组合性;而且,如果我们想知道其中是否有一种相互外在的杂多的话,我们就必须用这种方法来看待。

[409]

A444
B472

先验理念的第三种冲突

正　题

按照自然律的因果作用并不是世界上一切出现都能由之引出的惟一因果作用。为了说明这些出现,必须假定还有另一种因果作用,即自由的因果作用。

A445
B473

证　明

设我们假定,除了按照自然律的因果作用外,并没有别的因果作用。既然如此,那么每一件发生的事情都预先假定有一个先前的状态使它不可避免地要按照规则跟在这个先前的状态而来。但是,这个先前的状态本身必须是已经发生的某东西("在其先前还不曾存在于其中的一个时间内发生的"东西);因为,如果它曾一直存在着,它的结果也就会一直存在着,那就不会是刚刚发生的东西了。因此,某东西由以发生的"原因的因果作用"其本身也就是某种曾经发生的某东西,而这东西按照自然律又预先假定有一个先前的状态及其因果作用,而这种状态同样又预先假定有一个还更早的状态,等等。所以,如果每个东西都只能按照自然律发生,那就永远只有相对的起头,而不会有第一个起头,结果,在原因方面,依次相继而起的原因系列就没有完整性。但是自然律正是这样的,即:没有一种充分验前确定的原因,就没有任何东西发生。所以,"除了按照自然律而成的因果作用以外,其他因果作用都是不可能的"这一命题,就其无限制的普遍性而被理解,那就是自相矛盾的;所以我们不能把这种因果作用看作惟一的因果作用。[410]

于是,我们就必须假定有某东西由以发生的另一种因果作用,其原因本身不是依照自然的规律被它先前的另一原因所确定的,即我们必须假定原因的一种绝对的自发性,由于这种自发性本身,那按照自然律进行的出现之系列从而有一开始。这就是先验的自由,如果没有这种自由,甚至在自然的[通常]过程中,原因方面的出现系列也永远不能成为完整的。[411]

反　题

自由是没有的;世界上一切东西只按照自然律而发生。

证　明

假定有在先验意义上的自由作为一种特殊的因果作用,世界上的种种事件皆依照它才能发生,这是一种绝对地开始一个状态的力量,因而也就是绝对地开始"此状态一系列后果"的力量;于是,结论就是:在这种自发性中,不只是一个系列要有其绝对的起头,而且产生这系列的这种自发性的确定也要有其绝对的起头,这就是说,因果作用本身将要有一个绝对 [410]

的起头;这种[因果作用的]活动,在其发生的过程中,没有在它先前的东西按照一定的规律来确定它。但是每一个活动的起头都预先假定有一种还没有见诸行动的原因这个状态;而这活动的力学的起头如果也是一种第一个起头,则它也预先假定有一种与其先前的原因状态毫无因果联系的状态,也就是说,它绝不是从那先前的原因状态而来的状态。这样,先验的自由和因果作用的规律是相对立的;而先验的自由所假定的在种种活动的原因之相继状态之间有效的那种联系,就使一切经验的统一性成为不可能。在任何经验中都不能发现先验的自由,因而这种自由便是一种空洞的"思想性东西"(Gedankending)。

所以,我们就必须只在自然中(而不是自由中)去寻找宇宙事件的联系与秩序。脱离自然律的自由(独立)无疑是从强迫中解放,但这也就是从一切规则的指导中脱离。因为我们不能说,自由的规律渗入那展示自然过程中的因果作用中以代替自然律。如果自由是按照规律被确定的,那就不是自由,而不过是另一种名称下的自然罢了。自然与先验自由之不同,正如按照规律与无规律之不同一样。自然诚然把这种艰巨的任务赋于知性,要知性在一切事件总是受到条件限制的原因系列中去追求那越来越深的根源。但是,自然把经验按照规律的彻底统一性这种诺言摆在知性面前作为报偿。另一方面,自由的幻象在原因的连锁中,为喜爱穷根追源的知性提供一个休息点,引导知性到达一种从其自身开始活动的无条件的因果作用。可是,这种因果作用却是盲目的,而且消除了那些"只能通过它们,一种完全首尾一贯的经验才成为可能"的规则。

第三种二律背驰的注释

一、正题的注释

"自由"这个先验理念并不构成心理学中"自由"概念之全部内容,因心理学中这一概念的内容主要是经验性的,而这个先验理念只表示一种行动的绝对自发性,并以此作为行动应自负其责的固有根据。可是,对哲学来说,这就是真正的绊脚石;因为在承认任何这种类型的无条件的因果作用的途程中,有许多不可克服的困难。在处理"意志自由"这个问题中,

始终使思辨理性感到十分为难的就是这个问题的严格先验方面,恰当地看来,这个问题只是这样的:我们是否必须承认有一种自发地开始"相继发生的事物或状态之系列"的力量。"这种力量是如何成为可能的"这一问题,我们在这里毋须答复,正如"关于按照自然规律的因果作用如何有其可能"这个问题,我们毋须答复一样。其理由是:[为我们所已见到的那样]我们必须满足于这种验前知识,即"依照自然规律而成的因果作用必须预先假定"这一验前知识;我们丝毫不能理解如下情况是如何可能的,即:通过一种存在就能确定另一种存在,而为着这个缘故,这另一种存在就只能由经验来指导我们。我们只是在使世界的起源能为人所设想、所必需这一限度内来证明出现系列的第一个开始的必然性。因为一切后来随之而起的状态都可以作为依照纯粹自然律所产生的。但是,既然在时间中自发地开始一个系列的这种力量由此而得到证明(虽然没有得到理解),所以现在也容许我们来承认:在世界的进程中有种种不同的系列,能够在其因果作用中自行开始,因而就把一种从自由而起作用的力量归之于这些系列的实体。我们必须不让自己被一种误解所阻止而不作出这种结论来。这种误解就是:"由于在世界上所发生的系列只能有一个相对的最初起头,因而在世界上总是有事物的其他状态在这个起头的前面,所以,在世界的进程中就没有一个系列的绝对最初的起头是可能的。"因为我们在这里所谈的绝对最初的起头并不是时间中的一个起头,而是因果作用的起头。例如,如果我在这刹那间从我所坐的椅子上站起来,这完全是自由的,并没有自然原因的作用必然确定我要这样做。那么,一个新的系列连同其一切无限的自然后果,就在这站起来的事件中有其绝对的起头,虽然就时间来说,这事只是在其先前的一种系列的连续。因为我的这种决定与行动并不形成种种纯粹自然结果的连接发生之一部分,而且不是这些结果的单纯的连续。就这一决定而言,自然的原因对它并没有确定性影响的作用。这种动作诚然是跟在这些自然原因后面的,但不是从这些原因发生的;因此,就因果作用来说(虽然不是就时间来说),这种动作就必须称为一系列出现的绝对最初的起头。

理性的这种要求,即在自然原因的系列中,我们求助于从自由而来的一种最初的起头,得到了充分的证实,即当我们看到一切古代哲学家(除

[413]

A450
B478

[414]

[415]

伊壁鸠鲁派以外)说明世界的各种运动时,都感到不得不假定一个元始的运动者,即一个自由活动着的原因,亦即最初由其自行开始的这个宇宙运动状态的系列的始因。他们并没有企图从自然本身的资力来使一种最初的起头成为人所能设想的。

二、反题的注释

"自然万能"的拥护者(先验的重农主义)在维护其立场以反对支持自由这种相反主张所提供的伪理性论证中,其所作的论辩如下:"如果就时间来说,你不承认在世界上有任何东西在数学上是最初的,那么,就因果作用说,就没有必要来寻求力学上最初的东西了。"你有什么权威来创造世界的一个绝对最初的状态,因而创造那川流不息的出现系列的一个绝对的起头,并从而对于无限制的自然设定一些界限,作为你想像中休止的地方呢?既然世界上种种的实体总是一直存在着的——至少经验的统一性使这样一种假定成为必然——那就没有困难来认定实体种种状态的变迁也同样一直总是存在着的,因而我们就毋须寻求一个无论是数学的或力学的最初起头。一种无限的引申,并没有一种最初的项,而其余各项却仅是其继续,就其可能性来说,这实在是不可理解的。但是,如果因为这个缘故,你就拒绝承认自然中这样一个不可理解之谜,那么你就不得不否认许多同样不可理解的基本综合特性和综合的力量了。你甚至要否定变动本身的可能性。因为如果经验不向你保证事实上是有变化发生的,你就永远不能在验前想出"有"与"无"这种不断交替的可能性。

即令我们承认自由这种先验的力量为世界上发生的事件提供一个起头,但这种力量无论如何必须在世界以外(虽然任何这样的假定,即:"认为在一切可能的直观的总和之上,还存在着一个不能在任何可能的知觉中给予出来的对象",仍然是一种十分大胆而冒昧的假定)。但是,把这样的力量归之于世界上的实体却是绝不容许的,因为,如果这样,那按照普遍规律必然确定出现的相互联结(我们称为"自然"),以及我们用来辨别经验与梦幻这种经验性真理的标准就几乎要完全消失了。与这种毫无规律的自由能力比较起来,自然[作为一种有秩序的体系]就是难以想象的了;自由的影响就会不断在改变着自然的规律,而在自然过程中本来是有规律而齐一的种种出现就都会变为支离破碎的了。

先验理念的第四种冲突

正　题

有一个绝对必然的存在者属于世界,或者作为世界的一部分,或者作为世界的原因。

证　明

作为一切出现之总和的感性世界包含着一系列的变更。因为,如没有这种系列,则甚至"作为感性世界可能性的条件"这种"时间系列的表象"都不会给予我们(a)。但是,每一个变更都是受其条件限制的,而这种条件在时间中是在变更之先并使之成为必然的。每一个所予的受条件限制的东西,就其存在来说,都预先假定有一完整的条件系列一直升到无条件的东西,而惟有这无条件的东西才是绝对必然的。如果变更作为绝对必然的东西之后果而存在,那么,我们就必须承认某种绝对必然的东西的存在。但这种必然存在本身是属于感性世界的;因为,如果它存在于感性世界之外,则世界中的变更系列就从一个其本身不属于感性世界的必然原因引发其开始了,而这是不可能的。因为,由于一个系列在时间中的起头只能在时间中被先于它的东西所确定,所以,一个系列的变更之起头的最高条件就必须在这系列还没有存在的时间中(因为一个起头就是一个存在,而在它之先有一个尚不曾有这个起头的时间)。据此,变更的必然原因的因果作用以及这原因本身,必须属于时间,因而就必须属于出现——因为时间只是作为出现的形式才是可能的。所以,这种因果作用就不能离开那构成感官世界的一切出现的总和而被思维。因此,某绝对必然的东西是包含在世界自身之中的,不管某绝对的东西是世界中变化的整个系列,还是这系列的一部分。

反　题

在世界之中,没有一个绝对必然的存在者,在世界之外,也没有一个绝对必然的存在者作为世界的原因。

(a)　时间作为变化可能性的形式条件,诚然客观上是在那些变化之先的,可是在主观上且在实际意识中,时间的表象如一切其他的表象一样,只是在与知觉的联结中被给予出来的。——康德自注

证　明

　　如果我们假定世界本身是必然的,或者在世界之中有一个必然的存在者存在着,那么这有两种可能由我们必择其一。要么在变更的系列中有一个绝对必然的起头,而它不再有原因;要么,这系列本身没有任何起头,而且就其一切部分来说,这个系列虽是不必然的又是受条件限制的,可是作为一个全体来说,却是绝对必然而无条件的。但是,前一种可能和时间中一切出现之确定的力学规律相冲突;后一种可能则是自相矛盾的,因为,如果一个系列的各部分①之中没有任何一部分是必然的,这些部分的集合②的存在就不能是必然的了。

　　另一方面,如果我们假定世界的一个绝对必然的原因存在于世界之外,那么,这原因作为世界中的变更的原因系列的最高一项,就必须创始(a)这些变更及其系列等的存在。可是,这种原因本身必须开始活动,因而其因果作用就会在时间中,而这样就会属于出现的总和,即属于世界。于是,所得出的结论就是,这个原因本身不会在世界之外——但这和我们的假定相矛盾。所以,在世界之中和在世界之外(虽然和世界有因果性的联结),都没有任何绝对的必然的存在者。

第四种二律背驰的注解

一、正题的注解

　　在证明一个必然存在者之存在时,我在这一证明中,除用宇宙论的论证外,不应当使用任何其他论证。宇宙论的论证从出现[领域]中受条件限制的东西上溯到概念中无条件的东西,而这无条件的东西作为这系列的绝对总体的必要条件。想要从一个最高存在者这个单纯理念求得这种证明,乃属于理性的另一条原理,这要另行讨论。

---

　　① "各部分"是英译本"it"的中译,但是,这个代名词是指英译本的"a series"说的,而原德文却是 Teil,所以我们中译为"各部分"——中译者

　　② "集合"是原德文的 Menge,而"各部分的集合"是英译的"a series"。——中译者

　　(a) "创始"一词有两种意义:第一,能动的,指一个原因开始(infit)一系列的状态而言,这一系列的状态就是这原因的结果;第二,被动的,指原因的因果作用开始运作(fit)而言。我在这里是从前一个意义推论到后一个意义。——康德自注

纯粹宇宙论的证明，在证实一个必然的存在者的过程中，必须把"这种存在者是否世界本身抑或与世界不相同"这一问题悬而不决。要建立[这种存在者是与世界不相同的]这后一种见解，我们所需要的原理就再不是属于宇宙论的原理，而且也不是发生于出现系列的原理。因为，我们须使用的是关于(仅作为知性对象看的)"一般不必然存在者"的概念以及使我们用纯然的概念就能把这些概念和一个必然存在者联结起来的一条原理。但是这完全是属于先验哲学的；而我们在这里还不能讨论它。[418]

如果我们在宇宙论上开始我们的证明，以出现的系列和按照因果作用的经验性规律在这系列中的回溯为依据，我们以后就必不可突然离开这种论证的形式而转移到某种不是这系列项目的东西。我们看任何作为"条件"的东西，必须确切地像我们看这系列中的受条件限制的东西对于其条件的关系那样，而这系列是假定为带我们不断地进展到最高条件去的系列。那么，如果这种关系是感性的，并且是属于知性的可能经验性使用的领域中的，则这一最高的条件或原因就只按照感性的规律，因而亦即只在这最高条件本身属于时间的系列这一限度内，才能使这一回溯达到终点。因此，我们就必须把这种必然的存在者看作宇宙系列的最高一项。 A458 B486 [419]

可是某些思想家竟然擅自作了这一种跳跃(μετάβασις εἰς ἄλλο γένος 转变至另一种类)。他们从世界中的变更推论到变更的经验性的不必然性(Zufälligkeit)，即变更在经验上对于确定的原因的依赖，而这样就得到经验性条件的一个上升的系列。至此为止，这些哲学家是完全正确的。但是，既然他们在这种系列中不能发现任何最初的起头，或者说任何最高的一项，他们就突然离开不必然性这个经验性概念，而抓住这纯粹范畴，然后使这范畴引起一种严格的知性的系列，而其完整性是根据一个绝对必然原因的存在的。既然这种原因不为任何感性条件所束缚，它就能脱离时间的条件，而这种条件则要求其因果作用本身有一个起头。但是从下文就可知道，这种进程是完全不合理的。[420]

不必然的东西之所以称为不必然的东西，在这个范畴的严格意义上讲，就是因为其矛盾性对立是可能的。但我们却不能从经验性的不必然性论证到知性的不必然性。在任何东西已变更时，其状态的反面在另一个时间上是现实的，因而也是可能的。可是，这种现在的状态不是先前状 A460 B488

态的矛盾性对立。要想得到这样一个矛盾性对立,我们必须设想先前状态曾经存于其中的同一个时间内,这状态的反面已能在其位置上存在了。但这样一种情况永远不能从变更推论出来。一个在运动中的物体(等于 A)可以静止下来(等于非 A)。可是,从一个与 A 状态相反的状态跟在 A 状态之后发生这个事实,我们不能论证说,A 的矛盾性对立是可能的,并从而就说 A 是不必然的。想要证明这个结论,我们须证明在运动发生之时,就有静止以代替运动。而我们所知道的却只是跟在运动之后的时间里,静止是实在的,因而同样是可能的。一个时间中的运动和另一个时间中的静止,二者的关系不是矛盾性对立。因此,相反的两个确定之相继而起(即变更),并不建立纯粹知性的概念中所表现的那种类型的不必然性,因而就不能使我们达到同样是在纯粹知性意义上所设想的一个必然的存在者的存在。变更只证明经验性的不必然性;即如果没有属于先前一时间的原因,这个新的状态就永远不能由自身发出。这是因果作用的规律所规定的条件。这种原因,即令作为绝对必然的来看,亦必须在时间中可以碰见,而且必须属于出现的系列。

[421]

二、反题的注解

当我们在出现的系列中上溯时,我们所遇到的那些阻碍我们肯定有一个绝对必然的最高原因之存在的困难,与由于和一般东西的必然存在的单纯概念有关而引起的那种困难,是不一样的。所以,这些困难就不是本体论的,而必定和出现的系列因果性联结有关(对这种因果性联结我们必须假定一个其本身是无条件者的条件),因此,这些困难就必然是宇宙论的而且必然是和经验性规律有关系的。我们必须说明原因系列(在感性世界中)的回溯永远不能在一种经验上无条件限制的条件中终止,而且从世界的种种状态的不必然性(为这种状态的变化所证明的)而来的宇宙论的论证,并不支持这系列的一个最初而绝对原始性的原因这种假定。

[418]

A459
B487

在这种二律背驰中暴露出一种奇怪的情况。在正题中推论出一个原始存在者的存在,其所依据的理由也就是在反题中推论出这个存在者的不存在所依据的同样理由,而双方的推论是同样严谨的。开始时,我们深信不疑,有一个必然的存在者存在着,因为整个过去的时间涵盖着一切条件的系列,因而也就涵盖着那无条件的东西(即必然的东西);而我们现在却又深信不疑,必然的存在者是没有的,其理由恰恰又是过去的整个时间涵盖一切条件的系列(所以这系列的条件本身就全都是受条件限制的)。现说明如下:前一论证只估计到在时间中相互确定的条件系列的绝对总体,而这样就达到无条件的而又是必然的东西。另一方面,后一论证考虑到在时间系列里所确定的一切东西的不必然性(因为在任何东西之先都有一个时间,而在这个时间里,条件本身是必须确定为条件限制的),而从这种观点来看,任何无条件的东西以及一切绝对的必然性都完全消逝了。然而,在两种情况下,论证的方法都完全符合于通常人类的理性,而通常人类的理性则每每由于从两种不同的观点来考虑其对象,于是就陷入自相冲突中去了。梅伦先生(J. J. D. de Mairan 1678—1771)认为两位著名的天文学家的争论(由于观点的选择而发生的与我们所谈的相类似的困难所引起)是个应十分注意的现象而值得他来写一篇关于这一纠纷的专论。一位天文学家论证说,月球在自己的轴上旋转,因为它总是以同一个面向着地球。另一位天文学家却得出相反的结论,说月球不是在它自己的轴上旋转的,因为它总是以同一个面向着地球。按照两人观察月球运动时所选择的观点来说,双方的推论都是正确的。

第三节　理性在这些冲突中的利害关系

现在,在我们面前,我们已经完全有了宇宙论的理念之辩证活动。这些理念在任何可能的经验中绝不能有与之相一致的对象被给予出来,而且甚至在思想中,理性也不能使这些理念与自然的普遍规律相调和。可是,这些理念并不是任意构想出来。理性,在经验性综合的不断推进中,想要脱离一切条件的束缚,而且在其无条件的总体上去领会那"按照经验的规则,除了作为受条件限制的东西之外绝不能得到确定的"东西,它就必然到达这些理念。这些理性的主张不过是企图解决理性的四种自然而不可避免的问题而已。问题恰恰只有四种,不多也不少,这是由于,恰恰只有四种综合的预先假定的系列验前地把一些限制外加在经验性的综合之上。

当理性力求把它的领域扩展到经验的一切限度以外时,我们只得用一些枯燥无味的公式来表达其洋洋得意的自负的主张,而这些公式只含

有这些主张的合法要求的根据。由于适合于先验的哲学,一切经验性的特征都从这些主张剥离出来,虽然只有和这些特征结合起来,这些主张才显得十分壮观。但是,在这种经验性的应用中,而且在理性使用之前进的扩张中,哲学从我们经验的领域开始,翱翔直上,到达这些崇高的理念,只要它果能实现其主张,它所显示的尊严与价值就会把一切其他人类科学远远抛在后面。因为哲学许诺我们的是我们最高期望的一种可靠的基础,而这些期望是关于理性的一切努力所必须汇合到的那些最终的目的。世界在时间中是否有一个起头,在空间中,世界的广延是否有任何界限;在任何地方,或者在我能思维的自我中,是否有一种不可分割,且不可毁灭的统一性,抑或所有的东西都是可分割的,并且是转瞬即逝的;我在我的行动中是否自由,或者像其他存在者一样,是被自然与命运牵着走的;

[423]

最后,世界是否有一个最高的原因,或者,自然的事物及其秩序必须作为最后的对象以终结我们的思想——这最后的对象甚至在我们思辨中所永远不能超越的。这些问题,其解答是数学家愿意以其全部科学来换取的。

A464
B492

因为在关于那些最关切人类最高目的中,数学是不能使他们满足的。但是,人类理性所引为自豪的数学,其尊严所依据的则是:数学指导理性在自然中的秩序与规律中(不管在自然中的大者或小者都一样)和在自然的种种动力的极度统一性中来认识自然,从而把洞察自然的程度提高至远远超过任何以平凡的经验为基础的哲学所能使我们期望得到的东西;因之,数学给理性的使用以机缘与鼓励,使之超出一切经验之外,同时,又由适当的直观提供给理性以最好的材料来支持理性的钻研(在这些钻研的性质所容许的限度内)。

对思辨来说,很不幸的是(也许对人类的实践利益来说却是一种幸事),理性在其一些最高的期待中发现其自身为两种相反的论证之冲突所困惑,使得为其名誉计,为其安全计,都不容许它有所退缩而把这种争辩漫不经心地作为一种儿戏来看待;且由于它自己在争论的问题上有直接的利害关系,就更不能命令讲和。于是留给理性所能做的事,惟有考虑一下,那使其自身分裂的冲突,其起源是否从一种单纯的误解而引起的。在

A465
B493

这样一种探讨中,双方可能都须牺牲其高傲的要求;但是从此也就开始了理性对知性和感性的持久而和平的统治。

一、先验原理论

我们目前将暂时搁置这种彻底的探讨,以便首先考虑一下,如果我们不得不在对立的双方有所抉择时,我们愿意为哪一方而战?"如果我们只顾及我们的利害关系,而不考虑真理的逻辑标准,我们应该怎样进行"这一问题的提出,在关于双方所争持的权利中是不决定什么的,但是却有这种利益,即:它能使我们理解:何以参加这种纠纷的人,虽然并未由于对于争辩的事情有任何深刻的见解而受影响,但却情愿站在这一方进行斗争,而不愿站在他一方?其次,这问题的提出又可使人看清楚某些偶然之点,例如一方的愤激热情和另一方的冷静自得;而且它又说明,何以世人热烈赞成一方,而强烈对他方抱着偏见?

[424]

比较一下那些形成双方出发点的原理就使我们(如我们将要发现的那样)能够确定一个观点,而这种初步的研究惟有从这种观点上才能以所应有的彻底性来实行。在反题的种种主张中,我们看到一种思维方式的完全齐一性和各准则的充分统一性,这就是一条纯粹经验主义的原理,它不只应用于世界上种种出现的说明,而且还应用于整个世界本身的先验理念的解决。另一方面,正题的各种主张,除在出现系列中所用的经验性的说明方式外,还预先假定种种知性的起头;在这一限度内,所用的准则是复杂的。但是由于正题的主要而显著的特质是预先假定有知性的起头,所以我就称它为纯粹理性的独断论。

A466
B494

在宇宙论理念的确定中,我们在独断论方面,即在正题方面发现有如下各点:

第一,某一定的实践利益。每一个思想正常的人,如果他对于那对他确有关系的东西有了解时,都必会强烈地愿意参与这种实践的利益。说世界有一个起头;说我的能思维的自我是单纯的而有不可毁灭的性质;说这个自我在有意的行动中是自由的而且超出自然的强迫之上;最后,说在一切构成世界的诸事物中的一切秩序都由那个一切事物均从而得到其统一性与合目的性的联结的原始存在者而来的——这一切全都是道德与宗教的基石。可是反题却夺去我们这一切支点,或至少在表面上是如此。

第二,理性在正题方面有一种思辨的利益。当先验的理念在正题所规定的方式上被设定而被使用时,就可以完全在验前把握住各条件的整个连锁和受条件限制的东西的由来。因为那时我们是从无条件的东西出

[425]
A467
B495

发的。反题不能这样,因而就对反题大为不利。关于反题中综合的条件这个问题,反题所作的答复都导致同一论究的无终期的重复。按照反题的主张,每一个所予的起头都迫使我们前进到一个更高的起头;每一部分都导致更小的部分;每一事件都有另一事件在其先前作为其原因;而一致存在的条件又总是依据其他的条件,绝不能在任何自存的东西(即作为原始存在者)之中得到无条件的立足点与支持点。

第三,正题又有通俗的优点;这一点确在很大程度上使它得到人们的欢迎。常识在"一切综合的无条件的起头"这个理念中,并不觉得有丝毫的困难。由于前进到后果比回溯到理由较为习惯,所以常识对于绝对起头的可能性并不感到为难;与此相反,常识在这种概念中却感到舒服,并且同时又有一个固定点,是它用来指导其行动的导线所能隶属的。在"从受条件限制的东西到条件"这种永无止境的上溯过程中,一只脚总是悬在空中的这种情况是不能令人满意的。

在宇宙论的理念之确定中,我们在经验主义方面,即在反题方面,发现有:第一,没有像道德和宗教为正题所提供的那种实践利益(这是由理性的纯粹原理而来的)。反之,纯粹的经验主义好像是把道德与宗教的一切力量和影响都剥夺了。如果没有一个与世界不同的原始存在者,如果世界没有起头并因而没有一个创世主,如果我们的意志不是自由的,而且灵魂可以分割并像物质一样可以消灭,则道德的理念和原理就都丧失其效力,而和作为其理论支持点的先验理念同一命运了。

但第二,作为这种损失的补偿,经验主义对于理性的思辨的①利益却提供一些便利,这些便利极其动人,而且远远胜过关于理性理念的独断教义所能提供的顺利。按照经验主义的原理,知性总是在自己固有的基础上,即真正可能经验的领域中,钻研经验的规律,且利用这些规律就能无限地扩充知性提供的稳妥而易于理解的知识。在这里,一切对象,依其自身以及依其种种关系,都能而且应该在直观中表现出来,或者至少在概念中表现出来,而和这些概念相应的一些意象能在所予的类似直观中清楚而明晰地提供出来。这并没有什么必要来离开自然次序的链锁而去凭借

---

① 所谓"思辨的",对康德来说,是"理论的"的意思,以区别于"实践的"。——英译者

理念,因理念的对象是知性所不知道的,由于这些对象作为单纯的思想上的东西因而永远不能被给予出来。其实,知性不容许离开其固有的任务,借口完成其任务而转入理想化的理性领域和超验的概念之领域中去——在这个领域里,知性就再不需要按照自然律来进行观察与钻研,而只思维与构想(dichten)而已,满以为它不能为自然事实所反驳,不受这些事实所提供的证据所束缚,而擅自把这些事实置之不理,或者甚至把它们从属于更高的权威,即从属于纯粹理性的权威。

所以,经验主义者绝不容许自然的任何时期被视为绝对最初的时期,也不容许他对于自然广延的洞察的限度被视为最宽广的可能极限。而且他也不容许从自然的对象——这是他能通过观察和数学加以分析而且能在直观中综合地确定的东西(即广延的东西)——过渡到为感官和想像力都绝不能具体地表现的东西(单纯的东西)。他也不承认如下假定的合法性,即在自然本身里面假定有一种力量独立于自然的规律而起作用(即自由),从而侵犯知性的职司,而这职司就是按照必然的规则去研究种种出现的起源。最后,他不肯同意应该在自然之外,在一个原始的存在者中去寻找一种原因。我们所知道的只是自然,因为惟独自然才能把对象对我们呈现出来,并暗示我们关于这些对象的规律。

如果经验主义的哲学家,在提出其反题时,没有其他意图,而只是要克服一些人的轻率和冒昧,这些人误解了理性的真正任务,以至在矜夸其洞见与知识的地方恰恰就是真正的洞见与知识停止的地方,而且把只在对于实践利益有效的东西描述为促进思辨的利益的东西(为的是要随着他们的方便来打断物理研求的线索,然后借口扩大知识而把这线索禁锢在先验理念上,其实,通过先验理念我们只知道我们是一无所知的);我说,如果经验主义者满足于此,他的原理就会是这样一条准则,即:劝戒我们在权利上有节制,在作断言时要谦虚,同时要通过适宜地分派给我们的教师(即通过经验),尽可能来扩大我们的知性。如果我们依此进程去做,我们就不致失去对我们实践利益起作用的种种知性的假定和信念;只是绝不容许这些假定和信念冒称科学的知识与理性的洞见而享有尊严。知识(作为这样的知识来说是思辨的)所有的对象只是经验提供的;如果我们越过这样设立的界限,则离开经验去寻求一种新的知识的那种综合,是缺乏直观的基质的,而只有在这基质上综合才能使用。

但是,像经常发生的那样,当经验主义本身在其对于理念的态度上变为独断而自负地否定在其直观性知识范围以外的一切东西时,它就暴露了同样缺乏的谦虚;而且更应该受到谴责,因为这对理性的实践利益所带来的损害是不可弥补的。

上述的正反两方面的主张构成了伊璧鸠鲁派(a)与柏拉图主义之间的对立。

这两种类型的哲学,每一种所说的都超过它所知的,前者鼓励并促进了知识,但不利于实践;后者提供非常好的实践原理,但是容许理性对自然的出现作出观念性的说明,在关于这些自然的出现中,对我们来说,只有思辨的知识才是可能的——即他忽略了物理的探讨。

最后,关于冲突的正反之间,我们初步进行选择时所应考虑的第三种因素则为:令人极为奇怪的是,经验主义如此普遍的不受欢迎。我们很可以认为,常识会热烈地采取一种使它指望通过完全经验性的知识以及在这种知识中所显示的合理的联结而得到满足的纲领,而不去采取那种迫使它上升到远远超过最纯熟的思想家的洞见与理性能力的概念的先验独断论。但是独断论的这种性质正是使这样的独断论为常识所欢迎之处。因为这种独断论能使常识感到最有学问的人也不能有优越之点来胜过它。如果常识关于这些事情理解的并不多,或者毫不理解,则也没有人能夸口说他理解得更多;而且,虽然关于这些事情,常识不能像那些有特别锻炼的人那样,用学究的正确方式来表达自己,可是其所能提出的似是而

(a) 可是伊璧鸠鲁是否在什么时候提出过这些原理作为客观的主张,还是一个未决的问题,如果对他来说,这些原理也许只是理性思辨使用的准则,那么在这方面,他就比古代任何其他哲学家都显现出一种更为真正的哲学精神,我们在说明出现的过程中,必须做得好像我们的探讨范围并没有为世界的任何界限或起头所限制似的;我们必须假定组成世界的质料必须像我们从经验中找出的质料那样;我们所假定的事件产生方式只有一种,那就是使这些事件通过自然不可变更的规律而得到确定的方式;最后,我们不得使用任何与世界性质不相同的原因——这一切原理现在还是十分正确的。就扩大思辨哲学的范围来说,这些都是十分正确的原理(虽然甚少为人所遵守),同时并[使我们能够]不依赖异类的[即非道德的而是理论的]来源而发现道德的原理;而且这并不等于说,当我们还在从事单纯思辨时,那些要求我们不去理会这些独断命题[即"世界有限度与起头","有一个神的原因"等等]的人,就应当被责难为想去否定这些命题。——康德自注

一、先验原理论

非的论证还是滔滔不绝的,由于它仅只游荡于理念之中,而关于这些理念既然没有任何人知道什么,因而它就能自由地畅所欲言了;然而在所讨论的东西包含或涉及自然的研究之事时,它就不得不保持沉默而承认它的无知了。这样一来,怠惰就与虚荣相结合以坚强地支持这些原理,不但如此,而且,虽然哲学家觉得非常困难地来接受一个他不能提出任何正当理由的原理,尤其是使用一些他不能证明其客观实在性的概念,可是以常识来说,没有别的比这更为平常的了。常识坚持要有某东西可以作为它的一个可靠的出发点。即使设想这种预先假定的出发点有困难,也并未使之感觉不安,由于它不知道"设想"是什么一回事,它就从来没有想到要对于这种假定加以反思;凡是习以为常的东西,它都作为已知的来接受。其实,对常识来说,一切思辨的利益,在实践的利益面前,都是相形见绌的;而且凡是惧怕或希望激励它去假定或相信的东西,都想象为它所理解并知道的东西。所以经验主义就完全没有先验的观念化了的理性通俗性;而且不管这种经验主义对于最高的实践原理怎样不利,我们尽可不必去忧虑它会越过各学派的限度而在日常生活中发生任何重大影响,或者在大众中受到任何实在的欢迎。

人类理性,就其本质来说是像建筑术那样具有全部计划的。那就是说,它把我们的一切知识都视为属于一个可能的体系,因而它承认这样一些原理,即:在任何情况下使我们所能得到的任何知识均可能和别的知识结合起来成为一个体系。但是,反题的一些命题却属于使知识的体系完全不可能得到完成的命题。它们主张的是:在世界的每一个状态之外总是还有一个更早的状态,在每一部分里面还有同样可分割的部分,在每一事件之先还有另一个其本身也同样是被产生出来的事件;而且又主张,在一般的存在里,一切都是受条件限制的,因为一个无条件的最初存在是无处可寻的。所以,既然反题拒绝承认任何东西是最初的或者说是一种起头从而足以充当建筑的基础,因之,依照这样的假定,知识的一种完成的建筑物就完全不可能了。所以理性的建筑术利益——不是要求理性在经验上的统一性,而是要求理性的纯粹验前的统一性——就形成正题的各种主张的一种自然的推荐书。

如果人们能不受这样一切利益的束缚,而且不问后果地来考虑理性

的种种主张,只注目于这些主张的根据的内在力量,而且避免苦恼的惟一方法是同意敌对两方的任何一方的话,那么,人们就会常处于不断摇摆的状态了。他们今日深信,人类意志是自由的;明天则当反思到不可分解的自然连锁时,又认为自由无非是自欺,一切都只不过是自然。可是,如果需要行动起来时,这种单纯思辨理性的玩意就恍如梦醒,人们的选择原理就得完全按照实践的利害关系了。但既然一个具有反思性质而爱好研究的存在者应该用一定时间来检查他自己的理性,完全放弃一切偏见而坦白地把他观察所得到的意见提请别人来裁决,那么,我们就不能责备、更不应阻止一个人把争执的双方提交公审,让他们毫不怕威胁地在与自己地位相同的陪审员面前,即在易犯错误的人所组成的陪审团面前,尽力来为自己辩护。

第四节　纯粹理性的先验问题解决的绝对必然性

自认为能解决一切问题且能解答一切疑问,这是不知羞愧的自夸,说明他将由于过度自高自大而立刻失去一切信赖。然而有些科学,其本性所要求的则是:凡在其领域中发生的问题,就其已被认知而言,都应该是可以完全解答的。因为其答案必从问题所由以发生的同样根源而来。在这些科学里,不容许以不可避免的无知为借口;问题都可以要求得到解答。在一切可能的情况下,我们必须能够按照规则而知道什么是对的,什么是错的,因为这与我们的责任有关,而对于我们不知道的东西,我们是没有什么责任的。另一方面,在自然出现的说明中,许多事一直还是不能确定的,而且许多问题是不能解答的,因为关于自然,我们所知道的东西并不是在一切情况下都足够来说明所要说明的东西。所以问题就是:在先验哲学里,有没有关于一个呈现于纯粹理性的对象问题是这种理性所不能解答的? 而且,我们是否可以合理地托故不作出一个决定性的答复? 在这样托故时,我们须要说明,任何我们能获得的知识都仍然使我们完全不能断定应该归之于对象的是什么,而且,虽然我们确有一概念足以来提出问题,但是我们却完全缺乏材料或能力来解答这个问题。

我主张,在思辨知识的整个范围里,先验哲学是独一无二的,因为没有任何"关于一个被给予纯粹理性的对象"的问题,不能为这同一人类的理性所解答,而且没有任何"不可避免的无知"或"问题的艰深莫测"的自解能解除我们彻底而完全地解答这个问题的责任。使我们能够提出问题的概念必然也足以使我们有资格来答复这个问题,因为,正如在"对"与"错"的情况下那样,所谈的对象不是在概念以外发见的。

可是,在先验哲学里,只有宇宙论的问题才是我们有权要求(关于对象的造性)得到一个充分答复的问题,而且不容许哲学家以不可捉摸为口实而不去答复。这些问题必须专与宇宙论的理念有关,因为对象必须是在经验上被给予出来,而问题只是关于它与一个理念的相符合。反之,如果对象是先验的,因而其本身是未知的;例如,如果问题是:其[在我们里边的]出现是思想(灵魂)的某东西,在其本身来说是否一个单纯的存在者;又如:一切东西是否有一个绝对必然的原因,等等,那么,在每一个这样的情况下,我们所必须做的,就是为我们的理念找出一个对象来;而我们就尽可宣称这种对象是我们所不知道的,虽然并非因其不被我们知道,就说是不可能的(a)。惟独宇宙论的理念才有这种特点,即:这种理念能够预先假定其对象和对象的概念所需要的经验性综合作为被给予出来的。由这些理念引起的问题只与这种综合的进展有关,当这种综合要进展到包含有绝对整体时,这整体,由于它不能在任何经验中被给予出来,所以就不再是经验性的。既然我们在这里所处理的只是作为可能经验对象的东西,而不是作为"物之在其本身"来说的东西,所以对于超验宇宙论问题的答复只能在理念里面。我们不是问"任何对象本身的造性是什么",也不去追究关于可能的经验中,什么东西能够在任何经验中具体地被给予出来,我们的问题只是关于"处在理念中的东西"的问题,经验性的综合对此理念只能接近而已;所以这个问题必能完全从理性中得到解决。既

(a) 关于"一个先验对象的造性是什么"这个问题,虽然我们不能有一答案说它是什么,但是我们却能回答说,这个问题本身是毫无意义的,因为没有[和它相应的]对象。据此,在先验灵魂学中所处理的一切问题都可以这种方式解答,事实上也是这样解答的;先验灵魂学的问题都与一切内部出现的先验主体有关,而这个主体本身却不是出现,因而它就不是作为对象被给予出来,而且在它里面没有一个范畴(问题实在指向的就是范畴)具备其应用上所需要的条件。在这里我们有一个事例如俗语所说的那样:"没有答复,本身也就是答复。"关于"不能通过任何确定的述项而被思维"这样的某东西的造性问题——由于它完全超出对我们被给予出来的对象之范围以外——实为完全空洞无意义的问题。——康德自注

然理念只是理性的产物,所以理性就不能推卸其责任而委诸未知的对象。

[433] A480 B508

认为一门科学对于其领域中的一切问题(quaestiones do-mesticae)都应能要求而且期望有一确实的答案(虽然,也许截至目前为止还没有找到这种答案),这种认为,乍看起来似非寻常,其实并不见得是如此。除先验哲学外,还有两门纯粹理性的科学,一门是纯粹思辨的,另一门带有实践的内容,这就是纯粹数学与纯粹伦理学。不是有人曾认为,由于我们必然不知道其条件,所以不管是有理数或者无理数,直径对于圆周的准确关系是什么,我们必须永不能断定吗?既然就有理数来说,没有任何适当的解答是可能的,而就无理数来说,人们还没有找出任何解答,所以结论就是,至少解答的不可能是我们能确实知道的,关于这种不可能性,兰柏尔特(Lambert)①也曾作出必要的证明。在道德的普遍原理中,没有什么是不确定的,因为这些原理或者是完全空洞而毫无意义的,或者是必须从我们理性的概念中得出来的。在自然科学里就不同,在那里有无穷的猜测,不能期望有确定性。因为自然的出现是一些对象,这些对象独立于我们的概念而被给予我们,而且解释这些自然出现的关键并不在我们和我们

A481 B509

的纯粹思维中,而在我们的外边;因而在许多情况下,由于不能发现关键之所在,所以就不能指望有一个确实的解决。我们这里当然不是谈论先验分析论的一些问题(那些问题是关于我们纯粹知识的演绎的);我们目前所研究的只是关于就对象而论判断的确实性,而不是关于就概念本身来源而论判断的确实性。

所以,对于理性这样给自己提出的种种问题,我们至少有责任作出批判的解答,这种责任是我们不能回避的,我们不能以埋怨我们理性的限度狭隘而回避,或依据自知之明而谦卑地承认我们的理性没有能力来确定地解答而回避之。所谓理性给自己提出的问题是,世界是从无始以来就存在,抑或有一个起头;宇宙的空间是充满事物以至无穷,抑或是在一定的界限之内被围住的;在世界上是否有任何单纯的东西,抑或一切都是无限可分割的;是否有通过自由而发生与产生的事情,抑或一切事情都依靠

---

① 指 J. H. 兰柏尔特(1728—1777)的"π 无公约数"这个证明,兰柏尔特 1768 年在一篇关于先验的量度的研究报告中把这证明呈交柏林科学院。——英译者

自然秩序中的事件连锁;最后,是否有任何完全无条件的而在其本身来说是必然的这种存在者之存在,抑或一切都是在其存在上受条件限制的,因而是依靠外在的东西,而其本身是不必然的。所有这些问题都和一个只在我们思想中才能发现而不在任何别处发现的对象相关,也就是与出现的综合的绝对无条件的总体相关。如果我们从自己的概念不能肯定并且确定任何确实的东西,我们必不可归咎于对象,认为对象隐蔽自己而不让我们去发现它。既然这样一个对象在我们的理念之外是无处可寻的,所以它就是不可能被给予出来的。我们必须在我们的理念本身里去寻找这种寻不着对象的原因。因为只要我们固执地坚持要假定有一个现实的对象是和这理念相应的,那么像这样所见的问题就不容许有任何解决了。一种关于处在我们的概念本身中的辩证的清楚阐明很快就会对于我们应该怎样为这一个问题进行判定提供完全的定准。

[434]
A482
B510

认为对这些问题我们不能获得确实性这种借口,我们立刻就可以要求对下面这个问题必须有明确的答复来予以反驳,即:使我们陷入难以解决的理念从何而来? 这些理念是来自要求说明的种种出现,而我们按照这些理念只须追求阐明这些出现的原理或规则吗? 即令我们假定自然全部都展开在我们面前,且呈现于我们直观中的没有任何东西能逃避我们的感官和意识而隐蔽起来,但是我们的理念的对象却仍然不能通过任何经验具体地被我们所知。为达到此目的,除了这种详尽的直观之外,我们还要有由任何经验性的知识所不可能得到的东西,即一种完成了的综合以及关于它的绝对总体的意识。于是,我们的问题就毋须在关于任何所予的出现说明中提出,因而就不能看作对象本身硬加给我们的问题。这对象永远不能显现在我们面前,因为它不能通过任何可能的经验被给予出来。在一切可能的知觉中,我们总是为条件所围绕(不管是在空间还是在时间中),而不会碰见什么无条件的东西需要我们来确定它是位于一个综合的绝对起头中还是位于一个没有任何起头的系列之绝对总体中。"全体"一词,在经验性的意义上,总是比较而言的。量的绝对全体(全宇宙),划分的全体,派生的全体,一般存在的条件的全体,以及关于这一全体是否由有限的综合所达成,抑或由一种需要无限扩张的综合所达成等等,这一切问题都与任何可能的经验无涉。例如,我们假定一个物体或是

A483
B511

由单纯的部分或是由无穷尽的组合部分所组成,无论怎样,我们都不会更好地甚至有差别地说明这物体的种种出现;因为一个单纯的出现和一个无限的组合体都同样不能呈现在我们的面前。只是当说明的条件在知觉中被给予出来这一限度内,出现才要求有其说明;但是当一切能在知觉中被给予的东西都一起作为一个绝对的全体时,其本身就不是①一种知觉了。然而在理性的先验问题中所要求的却正是这种"全体"的说明。

这样一来,这些问题的解答就永远不能在经验中发现,而这正是我们为什么不应说"那应该归于[我们理念的]对象是不确实的"之理由。因为我们的对象只是在我们的脑子里面而不能在脑子以外被给予出来,所以我们只须小心和我们自己一致,并避免意义的含糊,这种意义的含糊是把我们的理念转变为一种假设的对象的表象,而这对象本应在经验上被给予出来,因而就应该是按照经验的规律为人所知的。所以这种独断的解答不但是不确实的,而且是不可能的。批判的解答可能有其完全的确实性,但这种解答并不在客观上考虑这问题,而是在"问题所根据的知识基础"的关系上考虑这问题的。

第五节 四种先验理念中宇宙论问题怀疑的表述

如果一开头我们就了解到,不管独断的解答究竟是什么,它只会增加我们的无知,把我们从一种不可思议的东西摔到另一种不可思议的东西那里去,从一种不明不白的东西摔到一种更不明不白的东西那里去,或者甚至摔进矛盾中去,那么我们就会自行放弃独断地答复那些问题的要求了。如果我们的问题所要的答复简单的是一个"是"或"不是"的话,我们最好把答案的假设根据置之不理,而首先来考虑依照答案为肯定或否定,我们应该得到的是什么。如果那时我们发现两种情况下的结果都是毫无意义的②,我们就有很好的理由对我们的问题建立一种批判的检讨,使我

---

① is not(不是)是依 Mellin 读 eine(一个)为 keine 之译。——英译者

② 康德在这里用"sinnleeres"这个双层意思的词是开玩笑的。这词原是"意义空洞"的意思,即"无意义"的意思,但也可以说是"荒唐"的意思。——英译者

们能够确定这个问题本身是否依据一种无根据的预先假定,因为这问题是玩弄一个理念,而这个理念的虚伪性能通过对其应用与应用后果的研究,比在其分开各别表现时,更容易被检查出来。这就是处理纯粹理性所提交给纯粹理性的种种问题之怀疑方式的极大功用。用这种方式,我们所花费的劳力极小,而免掉大量的无效果的独断论,并且用一种冷静的批判来代替它,这种冷静的批判作为一种真正的泻剂,将会有力地使我们防免这样一些无根据的信念以及这些信念所导致的杂驳知识之假相。

所以,如果在处理一个宇宙论的理念中,我事先就能体会到,不管我们怎样看待那在出现相继而起的综合中的无条件的东西,这无条件的东西对于知性的任何概念来说,必然不是太大就是太小,则我应该能够理解,既然这宇宙论的理念,除了必须和一可能的知性概念相符合的经验对象相关外,它和任何别的东西是没有关系的,所以这种理念就必是完全空洞而毫无意义的;因为不管我们怎样来看待它的对象,都不能使这对象和知性的概念相一致。事实上,谈到一切宇宙论的概念时,情况都是这样的;这就是为什么理性(只要它坚持这些概念)总是陷入一种不可避免的二律背驰中去。因为假定:

第一,世界没有起头;那么世界对我们的概念来说,就太大了,因为这种概念既是相继而起的回溯,它就永远不能达到那已经过去了的全部无穷时间。如果假定世界有一个起头的话,那么,在必然的经验性回溯中,这世界对知性的概念来说又太小了。因为,由于还要预先假定在这个起头以前有一个时间,因而它就仍然不是无条件的;所以知性在经验上所使用的规律就迫使我们去寻求一个在时间上更高的条件;因而[在时间中被限制的]世界对于这条规律来说显然就太小了。

对于世界在空间中大小的问题的二重答复,也是如此。如果世界在空间中无限且无界限,它对于任何可能的经验性概念来说就太大了。如果它是有限的且有界限,我们就有权来问,确定这些界限的是什么东西。空洞的空间不是事物自存的相关连物,而且不能是"我们在它上面可停止"的一种条件;它更不能是形成一种可能经验之一部分的经验性条件。(因为怎能有关于绝对虚无的经验?)然而要想获得在经验性综合中的绝对总体,这无条件的东西就必然总是一个经验性的概念。结果就是,一个

有界限的世界对我们的概念来说,就是太小了。

第二,如果空间中的每一个出现(物质)是无限多的部分所构成的,在划分中的回溯,对我们的概念来说,就会总是太大;如果空间的划分要停止在这种划分的任何一项(单纯的成分)之上,对于无条件的东西这个理念来说,这回溯就会太小。因为这一项总还可以有一种回溯到包含在其中更进一步的部分。

第三,如果我们认为在世界中,除按照自然的规律以外,没有任何别的事物发生,那么,原因的因果作用本身也就总是某种发生的东西,于是就使回溯到一个更高的原因成为必然的,而这样在先行方面(a parte priori)各条件系列的连续就无止境了。这样一来,作为总是通过有效的原因而起作用的自然,对我们在宇宙事件的综合中所能使用的任何概念来说,也就太大了。

如果我们在某种情况下承认有"自为原因"的事件发生,即承认有通过自由而产生,那么,按照一条自然不可避免的规律,"何以如此"这个问题就仍然纠缠着我们,迫使我们按照支配经验的因果律来越过"自为原因"的事件;这样我们就发觉这种联结的总体,对我们必然的经验性概念来说,就是太小了。

第四,如果我们承认有一个绝对必然的存在者(不管它是世界本身,或者是世界中的某东西,或者是世界的原因),我们就把它安放在一个离时间任何所予的一点无限遥远的一个时间里面,因为不然的话,它就会依赖于在它之前的另一个存在者。但是这样的一种存在,对我们的经验性概念来说,就是太大了,而且是通过任何回溯(无论这回溯进行到多么远),都是不可接近的。

再者,如果我们主张,凡是属于世界的东西(无论它是条件限制的或者是条件)都是不必然的(zufällig),那么,任何所予的存在,对我们的概念来说,都是太小的。因为我们总是不得不四处去寻找它所依赖的某种其他的存在。

我们已经说过,在这一切的情况下,宇宙理念,对于经验性的回溯来说,不是太大就是太小,因而对于知性的任何可能的概念来说,也是这样。所以我们一直主张,错误在于理念,因为理念对于其所指向的东西,即可

能的经验,不是太大就是太小。何以我们没有用相反的方式来表达我们的意思,说在前一种情况下,经验性概念对理念来说总是太小,而在后一种情况下,它总是太大,因而责任就应归于经验性的回溯呢?理由是这样:可能的经验就是惟一能够给我们的经验以实在性的东西;缺乏可能的经验,概念就只是一个理念,毫无真实性,即与任何对象毫无关系。所以,可能的经验性概念乃是一种标准(Richtmass),我们用它来判定理念是否只是一个理念,只是一个思想物,抑或在世界中有其对象。因为关于任何东西,我们都能够说它相对于另一东西来说是太大或太小,只是前者为后者而设立,并且必须要适合于后者。古代辩证学派所提出的难题中,有这样一个问题:如果一个球不能穿过一个洞,我们应该说这个球是太大,或者说这个洞是太小。在这种情况下,随便我们怎样说都是无关重要的事情,因为我们不知道何者是为着另一事物而存在的。可是在一个人和他的衣服这种情况下,我们就不能说人对他的衣服来说是太长,而只能说衣服对人来说太短。 [439] A490 B518

这样一来,我们就达到了一种至少是很有根据的怀疑,即:这些宇宙论的理念,以及与其相连的一切互相冲突的伪理性的主张,可能只是依据关于这些理念的对象被给予我们的方式的一种空洞而纯然虚构的概念;而这种怀疑就可使我们踏入正途从而揭露那使我们长期以来误入歧途的幻象。

第六节　先验观念论是解决宇宙论的辩证论的关键

在先验感性论中我们已经充分地证明,凡是在空间或时间中所直观的东西,也就是说对我们而言的任何可能经验的一切对象,都无非是出现,也就是单纯表象,在它们被表现的方式上,它们作为外延的东西来说,或作为变更的系列来说,在我们的思想以外是没有其独立存在的。我称这种学说为先验观念论(a)。实在论者,即先验意义上的实在论者,把我们 A491 B519

(a)　我在别的地方曾称它为"形式观念论",以别于"实质观念论",也就是以别于怀疑或否定外界事物本身存在的那种通常的观念论。[这是第二版增加的注。——英译者]——康德自注

感性的一些变状作为自存的东西来对待，即把单纯表象作为物之在其本身来对待。

[440] 把那种久为人所责难的经验观念论归之于我们，是不公道的，那种经验观念论，一方面承认空间的真正实在性，另一方面却否定空间中有外延的东西存在，或者至少认为这种存在是可疑的，从而就在这方面不承认真实与梦幻之间有任何恰当可证明的区别。至于对于时间中内感官的出现，经验观念论以为把这种出现看作实在的东西没有困难；甚至肯定说，这种内部的经验就是其对象的现实存在（对象之在其本身及一切这种时间确定）的充分而惟一的证明。

B520　我们的先验观念论就不同，这种观念论承认外直观的对象作为在空间中被直观到的东西的实在性，承认在时间中为内感官所表现的一切变化的实在性。因为，既然空间乃是我们称为外部直观的形式，而且既然如A492 没有空间中的对象就会没有任何经验性的表象，所以我们就能够而且必须把空间中有外延的东西看作实在的；关于时间，亦复如是。但是这种空间和时间，连同一切出现，在其本身来说都不是什么物（Dinge）；它们无非是表象，不能在我们心（Gemüt）外而存在。乃至我们的心（作为意识的对象来说）所有的内部感性的直观（表现为在时间中相继而起的不同状态所确定了的）也都不是自身独立存在的自我本身，即不是先验的主体，而只是这个为我们所不知道的存在者的感性所给予的一种出现。我们不能承认这种内部出现以任何单独自行存在的方式存在；因为它是时间所限制的，而时间不是"物之在其本身"的一种确定。可是，空间与时间中的出现的经验性的真实性是充分得到保证的；因为如果梦幻与真正的出现两者B521 是在同一个经验中确实而完全地结合在一起，那么按照经验性规律，出现的经验性的真实性就足够从梦幻区别开来了。

所以，经验的对象绝不依其自身而被给予，而只是在经验中被给予，而且在经验之外没有其存在。如说，"月中可能有居民，虽然从来没有人A493 曾见过他们"，这一说法必须得到承认。可是这只是说，在经验的可能进展中，我们会碰见月中的居民。因为凡是按照经验进展的规律而与知觉有联结的东西都是实在的。所以，如果这些东西和我的现实意识有一种[441] 经验性的联结，它们就是实在的，虽然它们并不因之就在其本身来说是实在的,即不能在经验的进展之外是实在的。

除了知觉以及从这知觉到其他可能的知觉这种经验的进展之外,没有任何东西是实在地给予我们的。因为出现作为单纯的表象,在其本身来说只是在知觉里面才是实在的,事实上,这种知觉无非是一种经验性的表象的实在性,也就是说,只不过是出现而已。在我们知觉到一种出现之先便称这出现为实在的东西,其意思是说,或者在经验的进展中我们必然碰到这样一种知觉,或者完全无意义。因为如果我们谈到的是"物之在其本身",我们固然可以说,它离开对我们的感官和可能的经验的一切关系就其本身而言还是存在的。但是我们在这里所谈的只能是在空间与时间中的出现,而空间与时间都不是在其本身来说的事物之确定,而只是我们感性的确定。据此,在空间与时间中的东西乃是出现;出现在其本身来说不是什么东西,而只是一些表象所组成的,这些表象如果不是在我们里面被给予出来——那就是说,不在知觉中被给予出来——那它就无处可以碰见。

严格来说,感性直观的能力只是一种接受性,即以某种伴随着表象的方式而被刺激的能力,而这些表象的相互关系就是空间的与时间的一种纯粹直观(即我们感性的单纯形式),而这些表象,只要它们在空间与时间中被联结起来,并且是按照经验的统一性的规律可以确定的,就称为对象。这些表象的非感性的原因是我们完全不知道的,因而也就不能作为对象而被我们直观到。因为这样一个对象必应表现为既不在空间中又不在时间中(由于空间与时间只是感性表象的条件),而离开这种条件,我们就不能设想任何直观。可是,我们可以把"一般出现"的纯粹知性原因称为"先验对象",但这只是为了要有某种东西以相应于那作为感受性的感性而已。我们可以把我们可能的知觉的全部内容与联结归之于这个先验对象,并且可以说,这先验对象在其自身来说先于一切经验而被给予出来。但是出现虽然和这个先验对象相符合,然而却不是按其自身被给予出来的,而只是在这种经验里被给予出来的,因为它们只是一种表象,而表象作为知觉来说,只是在这些知觉按照经验统一性的规则和一切其他知觉结合在一起的限度内,才能标志出一个实在的对象。所以我们就能够说,过去时间的实在的东西是在经验的先验对象中被给予出来的;但是,这些东西对我来说是对象而且在过去时间中是实在的,只是当我(或者由于历史的线索或者由于因果的迹象)想象到一种"依据经验规律的可能的知觉回溯系列"时,简言之,即世界的过程,把我们引到一个"作为现在时间条件的过去的时间系列"时,才是这样——可是这"作为现在时间条件的过去的时间系列"不是在其本身来说,而只在一种可能经验的联结来说才能表现为现实的。因之,在我自己的存在之先的那个已经过去了的漫长岁月中曾发生过的一切事件,其实就是指把经验的连锁从目前的知觉一直延伸到在时间方面确定这个知觉的一切条件上去的可能性。

所以,如果我把在一切时间和一切地方存在着的感官对象表现给我自己,我并不是把它们[好像是]先于经验而存在那样安置在空间和时间里。这种表象不过是一种可能经验在其绝对完整性上的思想。既然这些对象不过是单纯的表象,所以它们就只在这样一种可能的经验里才被给予出来。如果说它们存在于我们的一切经验之先,这不过是说,如果我从知觉出发,前进到它们所属的那部分经验,我们就要碰见它们。这种前进的经验性条件的原因(即确定我将要碰见的是一项什么原因,或者,我要回溯到多么远才能碰见任何这样的原因)是先验的,因而就必然是我们所不知道的。可是我关心的并不是这种先验的原因,而只是对象(即出现)在其中有对我被给予出来的经验中的进展的规则。其次,我或者说,在空间的经验性进展中,我能碰见比现在我看到的最远的星宿还要远百倍的星宿,或者说,即令一向没有人曾看见过这些星宿,将来也没有什么时候会看见它们,但是在宇宙的空间中可能会碰见它们,不管如何说,这最后在结果上是不关重要的。因为,甚至假定这些星宿是作为物之在其本身被给予出来的,它们与可能的经验也毫无关系,则以下情况仍是真实的,即对我来说,它们仍然一样是毫无意义的,即不是对象,除非它们包含在经验回溯的系列中,它们就不能是对象。在另一种的关系上,当我们为着一个绝对全体这个宇宙论的理念而使用这些出现时,因而亦即在我们处理一个"超出可能经验的界限"的问题时,"我们在其中看那些感官的对象的实在性"的方式的区别,才变为重要的,因为这种区别可用来防止在我们误解经验性概念时所必然发生的欺骗性错误。

第七节　理性宇宙论的自相冲突之批判的解决

　　纯粹理性的二律背驰完全依据以下之辩证的论证,即:如果受条件限制的东西是被给予的,则其一切条件的整个系列也同样是被给予的;感官的对象是作为受条件限制的东西被给予的;所以,结论自然是:感官对象的一切条件的整个系列也就是被给予的。通过这种三段论式,其大前提乍看起来是这么自然而明显,于是在(出现的综合里)"构成系列"的各条件中有多少差异,就引入多少个宇宙论的理念。这些理念设定这些系列的绝对总体;因之这些理念就使理性陷入不可避免的自相冲突中去。如果我们首先把这种伪理性论证所使用的某些概念加以纠正而使之明确下来,我们就将更能看出在这种论证中使人误解的是什么。

　　首先,十分明显而绝不可置疑的是:如果受条件限制的东西是被给予的,它的一切条件的系列之回溯就是我们应担负的任务。因为在受条件限制的东西这个概念本身中就包含着某东西与一种条件有关,如果这种条件本身又是受条件限制的,它就必然又与更远的一种条件有关,这样就通过这系列的一切项目了。所以上述命题乃是分析命题,绝不怕有什么先验的批判。理性的一条逻辑公准就是:我们通过知性可以把一个概念和从其本身直接得出来的种种条件之联结尽可能加以穷追而且加以扩充。

　　更进一步说,如果受条件限制的东西及其条件都是在其本身来说的东西,那么,有了受条件限制的东西被给予时,要达到其条件的回溯就不只是当作一种必须要完成的任务,而且其条件也随着受那条件限制的东西之被给予,就已经在实际上被给予了的。并且,既然刚才所说的对于这一系列各项都是有效的,所以,随着那受条件限制的东西的被给予出来,其所有条件的全部系列就是被给予的,因而其无条件的东西也就是被给予的,或者更确切地说,是同时被预先假定的,即依据那"只有通过全部系列才有其可能的受条件限制的东西是被给予出来的"这一事实而同时被预先假定的。在这里,受条件限制的东西与其条件的综合乃是单纯知性的综合,这种综合是把事物如实地表现出来,并不考虑到我们是否并怎样能够获得关于事物的知识。可是,如果我所处理的是出现——出现作为

B526

A498

[444]

B527

A499 单纯的表象,除了当我能得到关于它们的知识,或更确切地说,除了我能按照出现本身那样得到出现,出现是不能被给予出来的,因为出现不过是知识的经验性方式而已——那么,在这些名词的同样意义上,我就不能说:如果受条件限制的东西被给予出来,它的一切条件(作为出现)也是同样被给予出来的,因而我就绝不能推论到其各种条件的系列之绝对总体。所有出现在其被领会的过程中,本身也不过是在空间与时间中的一种经验性综合,而且只在这种综合中才被给予出来。所以我们就不能得出结论说:如果受条件限制的东西在出现中被给予出来,构成其经验性条件的综合也就随之而被给予出来,而且是预先假定的。这种综合在回溯中首先发生,而没有回溯,这种综合永远不会存在。我们所能说的就是:追求条件的一种回溯,亦即在条件方面的那种连续的经验性综合,作为被责成或被要求完成的一项任务,而且在这种回溯的过程中,绝不会再没有被给予出来的条件。

B528

[445]
A500

从上述这些考虑,就清楚地知道,宇宙论推理的大前提是把受条件限制的东西在一种纯粹范畴的先验意义上来理解的,而小前提则是把这受条件限制的东西在一个知性概念用于单纯出现的经验性意义上来理解的。所以,这论证就犯了名为"中词歧义的诡辩"(sophisma figurae dictionis)的辩证谬误。可是,这种谬误并不是一种人为的故意的谬误;而是我们人所有的共通理性的十分自然的幻象使我们陷入的谬误,即当任何东西作为受条件限制的东西而被给予出来的时候,就好像不假思索或毫无问题似地在大前提中假定这受条件限制的东西之种种条件及其系列。其实这种假定只是逻辑上的要求,即任何结论都应有其充分的前提,而且在所说的受条件限制的东西及其条件的联结之中不涉及时间顺序;受条件限制的东西及其条件是预先假定一起被给予出来的。其次,在小前提中我们也很自然地把出现看作"物之在其本身",而又看作对纯粹知性所给予的对象,而不是我们在大前提中所作的那样,把对象能被给予出来所必须具备的一切直观条件尽行抽掉。然而,在这样做时,我们却忽略了概念之间一种重要的区别。受条件限制的东西与其条件的综合(以及这些条件的整个系列)在大前提中并不带有经由时间或者任何前后相继的概念的限制。反之,在小前提中所包摄的经验性综合,即出现中的条件系列,必然是相继而起的,其系列的各项只是作为在时间中一个跟着一个那样被给予出来;因而我在这种情况下,就没有权利来假定这个综合的绝对总体以及由这个综合所表现的系列的绝对总体。在大前提中,这个系列的所有各项本来就都是被给予出来而毫无时间条件的,但是在这小前提中,这些各项只是通过相继而起的回溯才成为可能,而这回溯也只是在其实际被完成的过程中才被给予出来。

B529
A501

当这种错误已证明包含在双方都同样用来作为其宇宙论主张之根据的论证中时,我们就完全可以把双方都驳回,因为它们不能提出任何充分的证据来支持他们的要求。但是纠纷却并不因之而终止——好像已证明了一方或同时两方在其所主张的实际学说中,即在其论证的结论中有什么错误似的。因为,虽然他们还没有能用证明的有效根据来支持其争辩,但是,既然一方肯定世界有一个起头,而另一方肯定世界没有起头,从无始以来就有的,那么,两者必有一方是正确的,这是再清楚不过的了。但是,即令如此,由于双方的论证既然同样清楚,所以,就不能决定哪方是对的。固然可以命令两方在理性的法庭面前保持和睦;可是争论依然要继续下去。所以,我们不能有任何方法来一劳永逸地解决这种争论而使双方感到满意,除非说服他们,使他们确认:他们之能够这样堂堂皇皇地互相驳斥这个事实,就证明了他们实际上是在作无谓的争论,而且有某种先验幻象用一种虚无飘渺的"实在"在嘲弄他们。这就是我们现在为解决这一无论如何也不肯接受裁决的争论所要遵循的途径。

[446]

B530
A502

古希腊伊里亚的芝诺(Zeno)是一个巧妙的辩证论家,他受到柏拉图的严厉谴责,因为他是一个爱玩把戏的诡辩家,为了表现他的技巧,他先通过令人信服的论证去证明一个命题,然后马上又用另一个同样有力的论证,来推翻前面的论证。例如,芝诺主张神(大概他认为就是世界)既不是有限的,又不是无限的;既不是运动着的,又不是静止的;既不同于任何其他东西,又不是不同于其他东西。在批评他的人看来,他似乎有同时否定两个互相矛盾命题的荒谬意向。但是在我看来,这种责难的理由是不正确的。他的开头的命题,我不久就要详细地论证。关于其他的命题,如果所谓"神"这个词是指"宇宙"而言,他的确应该说:宇宙既不是永恒地在

它原来的位置上,即不是静止的,又不是在改变它的位置,即不是运动着的,因为一切位置都在宇宙中,因而宇宙本身就不是在任何一个位置上。其次,如果宇宙本来就涵盖着一切存在的东西,它就不能同于任何其他的东西或者不同于任何其他的东西,因为没有其他东西,没有在它外边的东西,能和它相比较。如果两个相反的判断都预先假定一种人所不能承认的条件,那么尽管它们是对立的——对立并不等于严格的所谓矛盾——可两者都要垮台,因为,任何一方所仅能藉此条件才能维持其立场的条件本身垮台了。

[447]　如果有人说,"一切物体或者有香味,或者有臭味",则就可能有第三种情况,即一个物体可能完全无味,因而这两个冲突的命题可以同时是假的。可是,如果我说"一切物体要么是有香味的,要么是没有香味的"(拉丁文所谓 vel suaveolens vel non suaveolens),这两个判断就是直接地互相矛盾的,而且只有前一个是假的,其矛盾的对立面,即"有些物体是没香味的",也包括着那些完全没有气味的物体在内。既然在前面的对立中(即消极的对立 per disparata),味(物体概念这种不必然的条件)并没有被相反的判断所除去,而仍然留存在这概念里面,所以这两个判断就不是矛盾的对立关系。

　　所以,如果我们说,世界在广延上或者是无限的或者不是无限的(non est infinitus),并且如果前者是假的,那么它的矛盾对立,即"世界不是无限的",就必然是真的了。这样,我只是否定了一个无限世界的存在,却并没有肯定一个有限世界来代替它。但是,如果我们说,世界或者是无限的,或者是有限的(即非无限的),那么这两种说法都可能是假的。因为在这种情况下,我们把世界本身看作在其量上被确定了的,而在相反的判断中,我们就不只是除去其无限性,也许随之把世界的整个单独存在都除去了,而且把一种确定附加在世界之上,把它看作在其自身就实际存在的东西。但是,这种说法同样可能是假的;可能世界不是作为一个"在其本身来说的物"被给予出来的,在其量上也不是无限或有限的。请容许我称这种对立为"辩证的",而称矛盾的对立为"分析的"。这样,两个辩证对立判断可以同时是假的;因为其中之一不是另一个的单纯矛盾面,其所说的比一个单纯的矛盾所需要的有更多一些东西。

一、先验原理论

如果我们把"世界在量上是无限的"和"世界在量上是有限的"这两个命题看作是矛盾对立的,则我们就是在假定世界(即一切出现的整个系列)是一个在其本身来说的事物,甚至当我停止了在其出现系列中的无限的或有限的回溯,它依然是如此。可是,如果我摈弃这种假定,或者更确切地说,摈弃这伴随着的先验幻象,而否定世界是一个"在其本身来说的事物",那么这两种主张的矛盾对立就变为一种单纯辩证的对立了。既然世界不是离开我们所有表象的回溯系列而自身独立存在的,所以它自身的存在既不是一个无限的全体,也不是一个有限的全体。它只是在出现系列的经验性回溯中存在,而不能作为某种自身存在的东西为我们所见到。那么,如果这种系列总是受条件限制的,因而也就永远不能作为完整的系列而被给予出来,则世界就不是一个无条件的整体,也就不是作为这样的一个整体而存在,不管它是属于无限的量或属于有限的量。

[448]

A505
B533

我们在这里关于第一个宇宙论的理念,即关于出现中的量的绝对总体的理念所说的,对于一切其他的宇宙论理念来说也是适用的。条件的系列只有在回溯的综合本身中才能发现,而不是在"被看作在其本身并按其本身先于所有回溯而被给予出来的东西"这么一种出现的领域中发现的。所以我们必须说,在一个所予的出现中,其各部分的数目本身既不是有限的,也不是无限的。因为一个出现并不是在其本身而存在的某东西,而其各部分是在分解的综合的回溯过程中并通过这种过程才第一次被给予出来,而这种回溯过程绝不是以绝对的完整性(有限或无限的)被给予出来的。关于互相隶属的原因的系列以及从受条件限制的东西进到无条件的必然存在这个系列,也是可以这样说的。绝不能把这些系列看作按其本身在其总体上就是有限的或无限的。既然它们是互相隶属的表象的系列,它们就只存在于力学的回溯里,而在这种回溯之先,它们不能作为事物的自存系列而有其任何本身的存在。

A506
B534

所以,只要我们说明纯粹理性在其宇宙论的理念中的二律背驰只是辩证的,而且说明它所以是一种冲突,只是由于一种幻象,而这种幻象的发生是由于:我们把那只能作为"物之在其本身之条件"看才有效的绝对总体这一理念应用于出现——这些出现只在我们的表象里才存在,因而当这些出现形成了一个系列,它们就只在一种相继而起的回溯中而不在

[449] 任何其他地方存在——只要说明了这一切时,那种二律背驰也就消逝了。但是我们从这种二律背驰所得到的实在不是独断的好处,而是批判的并且是有关学理的好处。这种二律背驰提供关于出现的先验观念性的间接证明——这种证明应该说服任何不以先验感性论中所作出的直接证明为满足的人。这种证明必存于下面一种二难推理(Dilemma)中:如果世界是一个按其本身而存在的整体,它或者是有限的,或者是无限的。但是有限和无限两者都是假的(如在反题与正题的证明中所各自说明的那样)。

B535
A507
所以,世界(即一切出现的总和)是一个按其本身而存在的整体,这也是假的。那么,我们由此就知道,一般出现不是什么在我们的表象以外的东西——而这也就是出现的先验观念性意义之所在。

这是相当重要的一点。这一点就使我们能够看到,在四种二律背驰中所作出的一些证明不是纯然没有根据的欺骗。如果假定:出现和包括一切出现的感性世界是"物之在其本身",那么这些证明诚然都是很有根据的,可是,从这样得来的命题所产生的冲突就说明在这种假定中有一种谬误,这样就使我们得以发现作为感官对象的事物之真正造性。虽然这种先验的辩证并不有利于怀疑论,但是它确是有利于怀疑的方法,这种方法可把这样的辩证显示为其伟大效用的一种例证。因为当我们让理性的种种论证有其不受限制的自由来互相反对时,我们总会得到某些有益的东西。虽然不一定是我们原来所要寻求的,但是却有可能帮助我们纠正我们的判断。

第八节　纯粹理性在运用于宇宙论的理念中的限定性原理

A508
B536
既然感性世界中的条件系列没有一个极点(Maximum)——即被视为在其本身来说的事物——通过总体这条宇宙论原理被给予出来,而只能把这极点作为一种在条件系列中要进行回溯的任务,那么,纯粹理性的

[450] 这条原理就要按照这种意义加以修正;然后,这条原理才可保留其有效性,诚然,不是作为一条公理(即要我们思考这总体实际上在对象中的公理),而是作为知性的一个问题,亦即主体的一个问题而保留其有效性,这问题引导知性或主体按照这理念所规定的完整性,在任何所予的受条件

限制的东西的条件系列中,进行回溯而且继续回溯上去。因为在我们的感性中(也就是在空间与时间中),我们在所予的出现的阐明中所能达到的每一个条件又都是受条件限制的。由于这些出现不是在其本身来说的对象——如果是的话,我们就可能在其中发现绝对无条件的东西了——而不过是经验性的表象,这种表象总是必须在直观里去寻求那在空间与时间中确定它们的条件,所以恰当地说来,理性的这条原理只是一条规则,它规定在所予的出现的条件系列中的一种回溯,决不容许把它所达到的任何东西作为绝对无条件的东西来对待而结束这个回溯。因此这条原理并不是经验的可能性和关于感官对象的经验性知识的原理,因而就不是知性的原理,因为任何经验要符合所予的直观,都是包围在界限之内的。这条原理也不是理性的组织性原理,使我们能够把我们关于感性世界的概念扩张到一切可能的经验以外。毋宁说它是经验最大可能的继续与扩张的原理,不容许把任何经验性的限度作为绝对有效的。所以它是理性的一条原理,用来作为一条规则,设定我们在回溯中所应该做的是什么,而在一切回溯之先,并不预测如其本身那样的对象中的东西是什么。据此,我就称这条原理为"理性的限定性原理",以区别于被认为实际上存在于对象中(即存在于出现中)①条件系列的绝对总体的原理,因为这后一种原理是组织性的宇宙论原理。我企图用这种区别来说明本来并没有这种组织性原理,并以此来防止通过一种先验的暗中转换意义而必然发生的事情,即把客观实在性归之于只能作为规则用的一个理念。

为了恰当地确定纯粹理性这条规则的意义,我们首先必须指出,这条规则并不能告诉我们对象是什么,而只告诉我们如何贯彻这经验性的回溯,以达到关于对象的完整的概念。如果这规则企图告诉我们对象是什么的话,它就应是一条组织性的原理,而这样的原理是纯粹理性所永远不能提供的。我们不能把这规则看作可以主张"一个所予的受条件限制的东西之条件系列在其自身来说是有限的或无限的"。不然的话,那就会把一个只在理念中才产生的绝对总体的单纯理念,看作等于思维一个不

---

① 这一句依原德文可直译为"被认为在对象中(即在出现中)按其本身来说的那样而被给予出来"。——中译者

能在任何经验中被给予的对象了。因为在这种意义上来说,我们就是把独立于经验性综合的客观实在性归之于一系列出现的了,所以,这种理性的理念所能做的,不过是对条件中的回溯性综合订出一条规则;而按照这个规则,这一回溯性综合就必须从受条件限制的东西起,通过一切互相隶属的条件,进行到无条件的东西为止。然而,这种综合永远不能达到这个目标,因为绝对无条件的东西在经验里是不能发现的。

所以,我们必须首先确定在综合永远不能完成的那些情况下,所谓一个系列的综合所指的是什么。关于这一点,通常使用的有两种说法,它们原是想要标志出一种区别来,虽然没有正确地指定这种区别的根据。数学家只谈到无限级数(progressus in infinitum)。哲学家的任务是检查概念,他们认为这种说法不合理,而拒绝接受它,并代之以不限定级数(progressus in indefinitum)这个短语。我们毋须花费时间来检查这种区别的种种理由,或者详述其用法有好处或没有好处,我们只须按照我们自己的目的所需的精确程度来确定这些概念。

对于一条直线,我们可以正当地说它能延长至无限。在这种情况下,无限的前进和不确定的前进之间的区别使人难以捉摸。当我说,"引一条线"时,如果加上"不限定",比加上"无限",听起来似乎更正确些,后者的意思是说,你必须不断地引长这线——这不是"引一条线"的本意——而前者的意思是说,随你喜欢把这线引长到多远;而且如果我们仅指我们力所能及而言,则这种说法是很正确的,因为我们常能把这线引得更长些而没有止境。在我们只谈到前进的情况下,即仅就从条件到受条件限制的东西的进展而言的一切情况下,都是如此:即在出现系列中,这种可能的进展是无止境前进的。从一双父母到其世世代代的子孙,这条世系的下降线是可以无止境地进行的,而我们尽可以把这条线看作在世界上是实际如此继续下去的。因为在这种情况下,理性绝不要求有"系列的一个绝对整体",因为它并不预先假定那个整体为一种条件以及为所给予的东西(datum),而只作为受条件限制的东西而预设,而这某东西是容许作为可以给予的(dabile),并且可以继续无止境地增加的。

可是,就下面的问题而言,情况就完全不同了。这问题是:当在一系列中从某种作为受条件限制者而被给予的东西回溯并上升到其条件时,

一、先验原理论

这种上升的回溯能扩张到多远。我们能说这回溯是无限的吗？或者只能说，它是不确定地扩张的吗？例如，我们能够从现在还在世的人，通过他们一系列的祖先无限地上升吗？或者是否我们只能说，在我们回溯的限度内，我们绝没有遇见一种经验性的理由把这个系列看作是在任何一点上受到限制的，因而我们就有正当的理由，而且同时又不得不就每一个祖先去追寻更远的祖先(虽然事实上，我们没有预先假定他们)？

对以上问题我们可以答复说：当全体在经验性的直观里被给予出来时，其内部条件的系列中的回溯是无限地进行的；但是，当这系列之中只有一项被给予出来时，而从这项出发，回溯又要进行到绝对的整体，那么这种回溯就是属于"未确定的性格"。据此，我们就必须说，一个物体的分割，即在一定界限内所予的物质的一部分的分割，将要进行到无限。因为这部分的物质是作为一个全体在经验性的直观里被给予出来的，因而就连同它的一切可能的部分在经验性的直观里被给予出来。既然这种全体的条件就是这全体的一部分，而这部分的条件就是这部分的部分。由此类推以至无穷，而且，既然在分解的这种回溯中，这种条件系列的一个无条件的(即不可分割的)项永远碰不到，那么，就不但永远没有任何经验性的理由使这种分割停止下来，而且任何继续下去的分割，其更细的各项本身就是先于这种分割的继续而在经验上被给予出来的。那就是说，这分割是无限地进行的。另一方面，既然任何一个人的祖先系列不是在任何可能的经验中以其绝对总体被给予出来的，那么回溯就在世世代代这个系列中从每一项进行到更高的项，并不会碰到表示一个项为绝对无条件的什么经验性的界限。而且，既然可能提供条件的各项都不是在回溯之先已包含在全体的经验性的直观中，所以这种回溯就不是由所予的东西的分割而无限地进行着，而只进行到"不确定的远"，以便在所予的那些项之上寻求更远的项，而这些更远的项，其本身又总是作为受条件限制的东西被给予出来。

A513
B541

[453]

无论回溯是无限的还是不限定的，在这两种情况下，都不可把条件系列看成在对象中是作为"无限"而被给予出来的。这些系列都不是"物之在其本身"，而只是出现。由于这些出现互为条件，只在回溯本身中才被给予出来，所以问题就不再是这个条件系列本身大小如何，是有限的或是

A514
B542

无限的,因为它本身什么东西也不是;问题只是,我们怎样来进行这个经验性的回溯,并且应该继续进行到多远。在这里,关于控制这种进行程序的规则,我们发现一种重要的区别。当其全体在经验上被给予出来时,有可能在其内部条件的系列中回溯到无穷。当全体不是被给予出来的,而首先须通过经验性的回溯才被给予出来时,我们就只能说,寻求这系列的更高的条件有无限的可能性。在前一种情况下,我们可以说:经验上被给予出来的项,总是比我通过分解的回溯所能达到的项要多;可是,在后一种情况下,我们所能说的则是:我们总能在回溯中一步又一步地前进,因为没有任何项是绝对无条件而在经验上被给予出来的;而且由于更高的项总是可能的,因此探求此更高的项就是必然的了。在一种情况下,我们必然发现系列的更远的项;而在另一种情况下,既然没有任何经验有绝对的界限,所以需要我们去追求这些项。因为,要么我们没有任何知觉给经验性的回溯设定一种绝对的界限,而在这种情况下,我们就不能把这回溯看成完成了的;要么我们有一种知觉限制了我们的系列,而在这种情况下,这知觉就不能是已经过的系列之一部分(因为限制的必须不同于受限制的),因而我们就必须把我们的回溯继续进行到这种条件上去,而这样一来,这回溯就又重新开始,并依此再继续进行下去。

这些见解,在下节应用到时,将会适当地阐述明白。

第九节　关于一切宇宙论的理念中理性的限定性原理的经验性使用

我们已有多次机会说明过,知性或理性的纯粹概念不能有经验的使用;并且说明过,在感性世界中条件系列的绝对总体这一提法是依据理性的一种先验的使用,在这种使用中,理性要求它所假定为"在其本身来说的东西"有这种无条件的完整性;且又说明过,既然感性世界不包含有这样的完整性,我们关于感性世界中的这个系列的绝对大小量,就永远没有任何正当的理由来追问它是有限的或者它本来就是没有限度的,而只能追问,在这个经验性的回溯中,当"我们把经验追踪到其种种条件,遵照理性的规则,因而不以对理性问题所得到的任何答复为满足,除非是与那对象相符合"的时候,我们应该进行到多么远。

所以,惟一留给我们的东西就是作为一种"可能经验的延续与量度"规则的理性原理的有效性问题;至于这条理性的原理作为出现的一条组织性原理,对[被看作物]之在其本身来说的出现是无效的,这已是充分证明了的。如果我们能牢牢记住这些结论,理性的自相冲突就将完全停止。因为这种批判的解答不但把那使理性自相冲突的幻象消灭,而且用一种教义来代替了它,这种教义,在纠正对这种冲突的惟一来源的误解时,就使理性变为自相一致。这样一来,在其他情况下是一条辩证的原理,就变成一条学理的原理了。其实,如果能用这个原理来支持"按照其主观意义而又符合经验的对象而确定知性在经验上的最大可能使用",其结果就和把它设想为——从纯粹理性来说是不可能的——"在验前确定对象本身"这么一条公理几乎相同了。因为只有这条原理在指导知性的最广泛的可能经验性使用中谐调而有效,它才能在与经验的对象有关的方面,在扩大与纠正我们的知识的过程中发挥影响。

[455]
A517
B545

(一)"宇宙全体中的出现所组成之总体" 这一宇宙论理念的解决

在这里,和其他宇宙论的问题一样,理性的限定性原理所根据的是这个命题,即在经验性的回溯中,我们关于一个绝对的限度是没有经验的,即没有关于作为在经验上是绝对无条件的条件的这种经验。其理由是:这样的一种经验要包含以无或空虚作为出现的限制,并且在延续的回溯中我们应该能够在一种知觉中碰见这种限制,而这是不可能的。

这个命题实质上是说,我们在经验性的回溯中所能达到的惟一条件,是其本身不必被看作在经验上受条件限制的那种条件,所以这个命题归根到底是含有这条规则的,就是说,不管我们在这个上升的系列里前进了多么远,我们总是需要追求这个系列的更高的一项,而通过经验,这个更高的项能否被我们知道,是不一定的。

A518
B546

所以,对于第一个宇宙论问题的解决,我们又要决定,在回溯到宇宙的这个无条件的大小量的过程中,即在空间与时间中,能否把这种永无限度的上升称为向无限的回溯,或者只称为未确定(in indefinitum)要继续多么远的回溯。

世界一切过去状态的系列,和并存于宇宙空间一切事物的系列一样,

[456] A519 B547

原本只是一般的表象,只是我对我自己想到的——虽然是在一种未确定的方式上想到的——一种可能的经验性回溯。只能以这样的方式,所予的知觉才能产生这样的条件系列的概念(a)。可是我们只在概念中才有的这个宇宙全体,却永远不能作为一个全体而在直观中存在。所以我们不能从宇宙的全体论证到回溯的大小量,即不能按照前者来确定后者,恰恰相反,只有通过经验性的回溯量的大小,我才能替自己构成关于世界的大小量的一个概念。但是关于这种经验性的回溯,我们所归根到底能知道的,至多不过是,从条件系列的每一个所予的项,我们总是还要在经验上前进到一个更高而更远的项。所以,出现全体的大小量不是用这种方法就可以在任何绝对的方式上得到确定的;因而我们就不能说,这种回溯是无穷地进行的。如果我们这样说的话,我们就是预测到了这个回溯尚未达到的那些项,把那些项的数目表现为如此之大,使得任何经验性的综合都不能达到它们,而这样我们就是在回溯之先确定了世界的大小量(虽然只是消极地)——但这是不可能的。既然世界不是在它的总体上通过任何直观被给予我的,它的大小量也不是在回溯之先被给予我的,所以,我们关于世界的大小量就完全不能说什么,甚至不能说在它里面有一种无限的回溯。我们所能做的,只是按照确定它里面经验性回溯的规则来寻找它的大小量这个概念,这条规则所说的不过是,不管我们在经验性的条件系列中已经达到多么远,我们永远不应假定一个绝对的限度,而应该把每一个作为受条件限制的出现,隶属于另一个作为它的条件的出现,而且我们必须前进到这种条件。这就是不限定的回溯(regressus in indefinitum),由于这种回溯并不在对象中确定什么大小量,所以它能很清楚地与无限的回溯(regressus in infinitum)区别开来。

A520 B548

[457] 所以,我不能说世界在空间中或者在过去时间方面是无限的。任何这种大小量的概念,作为一个所予的无限性的概念,在经验上是不可能的,

---

(a) 所以,这一宇宙系列既不能比其概念惟一以之为根据的可能经验性回溯大一些,也不能小一些。而且既然这种回溯所能产生的既不是一种确定的无限,也不是一种确定的有限(即绝对限定的任何东西),那就很明显,不能把世界的大小量理解为有限的,也不能把它理解为无限的了。世界的大小量借以得到表现的这个回溯,是不容许有这两种选择的任何一种的。——康德自注

因而对于作为感官的一个对象的世界来说,也是绝对不可能的。我也不能说,从一个所予的知觉到一切在一个系列中限定它的东西的回溯,不管是在空间中或者是在过去的时间中,是能够进行到无限的;因为那就会预先假定世界是有无限的大小量了。我也不能说,这个回溯是有限的;一个绝对限度在经验上同样是不可能的。这样一来,关于经验的整个对象,即感官的世界,我一无可说;我必须把我所说的局限于这条规则,就是:按照经验的对象确定经验是如何可以获得,并且是如何向前推进的。

所以对关于世界的大小量这个宇宙论问题的第一个消极的答复就是:世界在时间中没有最初的起头而且在空间中也没有极限。

因为如果我们假定其反面,世界在一方面就是为空洞时间所限定,而另一方面就会为空洞空间所限定了。可是,既然世界作为出现来说,它在其自身不能在这两种方式上受到限制——因为出现不是事物之在其本身——世界的这些限度就得要在一个可能的经验中被给予出来,那就是说,我们就需要对被绝对空洞的时间或绝对空洞的空间所规定的限制有一种知觉。但是这种经验,以其完全空无内容,乃是不可能的。结果就是,世界的一种绝对的限度,在经验上是不可能的,因而就是绝对不可能的(a)。肯定的答复也可以同样直接得出来:出现系列的回溯,作为世界大小量的确定,是不限定地进行的。这就等于说,虽然感性世界没有绝对的大小量,但是经验性回溯(只是通过这种回溯感性世界才能在条件方面被给予出来)是有它自己的规则的,那就是,它必须总是从这个系列的每一项——它们是作为受条件限制的东西——前进到一个还更远的项;它这样做,或者是通过我们自己的经验,或者是通过历史的引线,或者是通过因果的连锁。而且像这条规则进一步所要求的那样,我们惟一的而且恒常的目的必须是知性可能的经验性使用的扩大,因为这就是理性在它的原理的应用上的惟一应有的任务。

(a) 可以指出,这个证明提出的方式与第一种二律背驰反题的独断证明,是很不相同的。在那个论证里,我们是按照通常独断的见解,把感性世界看作在其自身、在其总体上先于任何回溯而被给予出来的东西。当时我们是主张,除非世界占据一切时间与一切空间,它不能在时间空间里有任何确定的位置。所以当时的结论也不同于上面所作的结论,因为在独断的证明中,我们是推论出世界的现实无限性的。——康德自注

这条规则并不规定一种必须在某种出现类别中无止境地进行确定的经验性回溯，例如，从一个活着的人，通过一系列的祖先世系的回溯，我们绝不可指望碰见第一世祖父母；又如在天体的系列中我们绝不承认有一个极限的太阳。这条规则所要求的只是：前进是从出现到出现的，因为即令所达到的出现不产生现实的知觉（例如在出现的程度太弱，对我们的意识不能成为经验时），然而作为出现来说，它们仍然属于一种可能的经验。

凡是起头都在时间中，有广延的东西的一切界限都在空间中；但是空间与时间只属于感官的世界。因此，虽然在世界中的出现是为条件所限定的，但是世界本身则既不是受条件限定的，也不是不受条件限定的。

同样地，既然世界永远不能作为完整的被给予出来，乃至作为受条件限制的东西的条件系列也不能作为一个宇宙的系列而作为完整的被给予出来，所以世界的大小量这一个概念，只能通过回溯而不是在回溯之先，在一个集合的直观中被给予出来，但是这个回溯只是在于大小量的确定，而并不给予任何确定的概念。所以，它并不产生任何在某种度量的关系上能够描写为无限的一个大小量的概念。换句话说，这种回溯不进行到无限的东西——好像这个无限的东西是可以被给予出来似的——而只进行到不定的远，以便给出那个在这个回溯的本身里面而且通过它才第一次成为现实的经验性的大小量。

（二）"直观中所予的一全体的分割之总体"这一宇宙论理念的解决

[459]

如果我们把一个在直观中被给予的全体进行分割，我们是从某种受条件限制的东西分割到它的可能性的条件的。部分的分割（subdivisio 细分或 decompositio 分解）是在这些条件的系列中的一种回溯。只有这种回溯能达到单纯的部分，这个系列的绝对总体才是被给予出来的。但是，如果在一种不断进行的分解中，一切部分本身又都是可分割的，这个分割，即从受条件限制的东西到它的条件这个回溯，是无限地进行的。因为一切条件（部分）本身包含在受条件限制的东西里面，而既然这是在一个被包围在界限之内的直观里完整地被给予出来的，那么所有部分就全都和受条件限制的东西一起被给予出来了。所以这个回溯就不可只称为不限定的回溯。关于第一个宇宙论的理念，这是可容许的，因为它要求一种从受条件限制的东西到它的条件的进展,而这些条件作为在受条件限制的东西的外面的东西,就不是通过这个受条件限制的东西且和它并排被给予出来的,而是在经验性的回溯中第一次加在它上面去的。然而,对于一个可分割到无限的全体,我们不能说它是无限多的部分构成的。因为虽然所有部分都包含在关于全体的直观里,但是全部分割却不包含在这种直观里,而只是包含在这个不断的分解中,即包含在这个回溯的本身中,系列正是由于这个回溯才初次成为现实的。既然这个回溯是无限的,那么它所达到的一切的项或部分,都是包含在作为一个集合体(Aggregate)来看的所予的全体里面。但是分割的整个系列不包含在这个全体里面,因为它是一个不断继续的无限而永远不能成为全体,所以就不能展现出一种无限的多,或者说,不能展现出在一个全体中无限多的任何结合。

  这种一般的说法显然是适用于空间的。凡是被直观为在界限之内的空间都是这样的一种全体,其由分解而得到的部分本身总是各个空间。所以每一个限定的空间都是无限地可分割的。

  这就很自然地得出这个说法的第二种应用来,那就是,应用于包围在界限之内的外部出现,即物体。这种物体的可分割性是根据空间的可分割性的,这分割性构成物体作为一种广延全体的可能性。所以物体是无限可分割的,可是并非由无限多的部分所构成的。

  诚然,既然物体要在空间中被表现为实体,对于空间可分割性的规律来说,物体和空间不同。我们确是可以承认分解永远不能把所有的合成性从空间除去;因为那就等于说,在其里面没有自潜存在的东西的空间就不再是空间了,这是不可能的事情。另一方面,断言如果在思想中排除掉物质的所有合成性,就不会有任何东西剩下来,这种说法似乎是和实体的概念不能相容的,因为实体的意思是指所有合成性的主体说的,即使合成的东西的各个要素,从而连同构成一个物体的那种空间中的结合被排除了,那个实体也必须在其要素中继续存在。但是,虽然上面所说的,对于通过知性的纯粹概念被思维的在其本身来说的物是真的,但是对于我们在出现中称为实体的东西,就不是真的了。因为后者不是一个绝对的主体,而只是感性的一种常驻意象;它不是什么东西,除非是作为一种直观,而在这种直观中永远不能碰见无条件性。

然而,虽然这条无限前进的规则,无疑是应用于被看作纯然空间的充实的这样一种出现的再分割,但它却不能应用于其各个部分已经以一定方式相互分开而构成一个分离量(quantum discretum)的这样一个所予的全体。我们不能设想有组织的全体的每一部分,其本身又是这样有组织的,因之把这些部分分析到无限时,总是还会碰见其他具有更精密组织的部分(Kunstteile);总而言之,我们不能假定这个全体是组织到无限的程度的。如果这样,它就是一种不可思议的假设了。诚然,物质的各部分,在无限地加以分解时,可能是有组织的。空间中一个所予的出现分割的无限性只是根据这种事实,即通过这种无限性,只有可分割性(在其本身来说,关于它的部分的数目,是绝对不可确定的)是给予的——其各部分的本身只有通过再分割的过程才是被给予出来而得到确定的。简单地说,它的全体并非本身就是已经分割了的。所以,分割在全体中可以确定的各部分的数目,就要以我们在这个分割的回溯过程中愿意进展到多么远的程度为转移。另一方面,在一个有机体被看作是组织到无限的这种情况之下,全体是表现为已经被分成各个部分,而且在一切回溯之先已经给我们产生了确定的、然而是数目无限的部分。可是,这是自相矛盾的。因为这种无限的内部错综既被看作是一个无限的(即永远不会得到完成的)系列,而同时又被看作在一种[分离的]集合体里面完成了的。只有在出现是一种连续量(quantum continuum)的时候,无限的可分割性才属于它;它是和空间的占据不可分开的,其实空间的占据就是它的根据。把任何东西看作一个分离量(quantum discretum)也就是把它里面的单位的数目理解为确定了的,因而在每一种情况下都是把它看作等于某一个数目的。只有经验才能说明在一个有组织的物体里面能组织到什么程度;而虽然按我们的经验来说,我们可能确实还没有达到任何无机的部分,但是我们至少也得要承认经验到这种部分的可能性。可是,当我们是想着一般出现的先验分割时,这种分割可能扩充到什么程度的问题,就毋须经验来解答了;这是为理性的原理所决定的,这条原理规定着,在有广延的东西的分解中,其经验性回溯依照这个出现的性质,绝不能看为是绝对完成了的。

关于数学的先验理念解答的结束语和关于力学的先验理念解答的前言

在通过一切先验理念以图表的形式来表现纯粹理性的二律背驰,而又以揭示对立两方的主张都是错误的来说明这种冲突的理由,以及消除这种冲突的惟一手段的时候,我们曾把条件在一切情况下对于受条件限制的东西之关系,表现为空间与时间的关系。这是一般人类知性通常所作的假定,而冲突是完全从这种假定来的。依这种看法,对一种所予的受条件限制的东西来说,条件系列中总体的所有辩证的表象完全都是属于相同的性格的。条件跟受条件限制的东西一起,都是一个系列的一项,这样,条件和受条件限制的东西就是同质的。在这样的一个系列之中,永远不能把回溯想成是已完成了的,或者如果必须把它作为完成了的来想时,本身是受条件限制的一项就必定被错认为是最初的一项,因而就是无条件的;人们可能并非总是按其大小量来考虑对象,即受条件限制的东西,但是至少也是这样来看待它的条件系列的。这样一来,就出现了困难——任何调和的方法都不能解决这种困难,而只有用快刀斩乱麻的方法,才能克服它——这种困难就是:对知性来说,理性把系列弄得太长或太短,结果使得知性永远够不上所规定的理念。

但是在这一切之中,我们曾忽视了那些对象之间所具有的一种极其重要的区别,即理性力图要将其提升为理念的那些知性概念之间的区别。按照上面作出的范畴表,有两种概念含有出现的数学综合,而其他两种含有力学综合。至此为止,我们并不需要考虑这种区别;因为正如在一切先验理念的一般表象里,我们一直是与出现里面的条件相符合的那样,在这两种数学的先验理念里,我们所想着的惟一对象就是作为出现的对象,但是既然我们是进而考虑知性的力学概念接近理性的理念究竟到什么程度,那种区别就变为重要的了,而且,一种牵涉到理性争讼的完全崭新的看法也就敞亮了。在我们前次裁审时,曾把这种争讼予以驳回,认为两造都是依据虚伪的预先假定的。但是既然在力学的二律背驰中,也许可能发现一种和理性的要求相容的预先假定,而且既然法官也许能对两造因错述其请求而遗漏的地方作出弥补,所以可能解决这种争讼而使两造都得到满意,而这种手续在数学的二律背驰中是不可能的。

如果我们单独考虑条件系列的延长，考虑系列是否够得上理念，或者理念对系列来说是太大或太小，那么，在这些方面系列诚然都是同质的，但是在这些理念基础上的这个知性概念所包含的，可能只是同质的综合（这是在每一个大小量的组成或分割中所同样预先假定的），或者也可能是异质的综合。因为在力学的综合情况下，在因果的联系上和在必然的与不必然的两者之间的联系上，至少同样可以容许有异质的。

所以在出现系列的数学的联系中，只容许有感性的条件，即是说，条件本身无一不是系列的一部分。另一方面，在感性条件的力学系列中，却能够有一种异质的条件，其本身不是这个系列的一部分，而纯是知性的，作为知性的来说，是在系列之外。像这样，理性就得到满足，而那无条件的就被安排在一切出现之前，不过出现的必然受条件限制的性格并不变为含糊，出现的系列也不会被打断而破坏知性所规定的原理。

由于力学的理念容许出现有一种在出现系列以外的条件，即本身不是出现的条件，我们所得到的结论就完全不同于在数学的二律背驰情况下可能得到的任何结论了。在那种结论里，我们不得不揭发对立的辩证两方的主张都是错误的。在力学的系列中就与此不同。在力学的系列中，完全受条件限制的而与作为出现考虑的系列不可分的东西，是和一种虽然确实在经验上是无条件的但却是非感性的条件，结合在一起的。这样一来，我们就能够一方面使知性得到满足，而另一方面使理性得到满足(a)。用某种方法来在纯然出现中寻找无条件总体的这些辩证论都完全失败了，而这样给理性的命题以这种更正确的解释时，那双方都一样可以是真的了。只和数学上无条件的统一性有关的那些宇宙论理念，就绝不能是这样的；因为在那些理念里面，不能发现出现系列的任何条件，其本身不是出现，而作为出现来看，不是这个系列的一项。

(a) 知性不容许在出现之中有任何条件其本身能够在经验上是无条件的。但是如果对出现里某一受条件限制的东西，我们能设想一知性的条件，而不作为属于这个出现系列中的一项；并且在我们这样设想时，丝毫不中断这个经验性的条件系列，那么就可承认这样一种条件是经验性上无条件的，而不致损害经验性回溯的连续性。——康德自注

(三)"一切宇宙事件都是从其原因而来的这个总体"之宇宙论理念的解决

在我们处理发生的事情时,我们只能想到两种因果作用:要么是按照自然的,要么是从自由而来的。前者乃是感性世界中一种状态和在它之前的一种状态的联系,而这种状态是按照规则,跟在它之前的状态的后面而来的。既然出现的因果作用依据时间的条件,而且,如果在前的状态一直总是存在的,就不能产生一种是最初在时间中发生的结果,因之发生的或初次出来的东西,其原因的因果作用本身也必然是初次出来的,而且按照知性的原理,它本身又是需要一种原因的。

另一方面,所谓自由,在它的宇宙论的意义上,我把它理解为是自发地[即从其自身 von selbst]开始一种状态的力量。所以这种因果作用本身并不像自然的规律所要求的那样,从属于在时间中确定它的另一种原因;在这种意义上,自由是一个纯粹先验理念,首先它不含有从经验借来的任何东西,其次,它谈到的是一个不能在任何经验里被确定下来或者被给予出来的对象。凡发生的东西都有其原因,这是一条限制着一切经验可能性本身的普遍规律,因而,原因的因果作用,它既然是发生的或者说初次出来的,其本身就又要有一个原因;而这样一来,经验的整个范围,不管它到了什么程度,就变为纯粹自然的东西的总和了。但是,既然这样不能得到确定因果关系的条件的绝对总体,理性就给自己创造能由自身而开始起作用的一种自发性这个理念,这种自发性是毋须由一种在它之先的原因,按照因果律,来确定它去起作用的。

应该特别注意到,自由这个实践的概念是根据这个先验理念的,而在这个先验理念里就有一向使人困扰的自由可能性这个问题的困难的实在来源。自由在实践的意义上,是独立于情欲冲动的强迫的自由选择(Willkür)。因为自由选择就它为情欲所刺激,即为感性的动机所激动来说,是感性的;如果它在情欲上成为必然的,它就称为兽性的(arbitrium brutum,兽性自由选择)。人类的自由选择确是一种感性的自由选择(arbitrium sensitivum),然而不是兽性的,而是自由的(liberum)。因为感性并不使它的活动成为必然的。在人里面有一种自决的能力,它独立于任何情欲冲动的强迫。

很明显,如果在感性世界里,一切因果作用都是纯粹自然的话,那么每一个事件就都会按照必然的规律为时间中另一事件所确定,结果就是,种种出现,就它们确定自由选择来说,就会在自由的选择中使这种选择变为必然的而作为出现的自然后果了。所以先验自由的否定就必然包含着一切实践自由的取消。因为实践的自由预先假定,虽然某东西还没有发生,但是它是应该发生了的,因而它在出现中的原因就不能如此确定,以致排斥我们自由选择的因果作用——这种因果作用,它独立于那些自然的原因,而且甚至与它们的力量与影响相反对,而能产生某种按经验的规律在时间的顺序中被确定的东西,因而就完全由它自身开始一系列的事件。

那么,就像在理性冒昧地超出可能经验的限度以外,和自身发生冲突那种总是发生的情况一样,在这里问题就实在不是自然的①而是先验的了。谈到自由的可能性问题,这其实是有关心理学的;但是,因为这个问题是依据纯粹理性的辩证的论证,所以它的研究和解答就完全属于先验哲学。在试图作出这种解答——这固然是先验哲学所不能推诿的任务——之前,我必须多多少少更确切地说明先验哲学处理这个问题时所依的程序。

如果出现都是物之在其本身,而空间与时间是事物之在其本身存在的形式,那么一切条件就总会如受条件限制的东西那样,都是同一系列的各项;而这样一来,在目前的情况下,像在其他的先验理念的情况下那样,就发生系列对知性来说,必定不是太大,就是太小这种二律背驰了。但是,在这节和在下一节里,我们所要处理的理性的力学概念,具有这种特性,即它们不涉及作为一种太小量来考虑的对象,而只涉及它的存在。因之,我们就能抽去条件系列的大小量,而只考虑条件对于受条件限制的东西的力学关系。这样,我们在处理关于自然与自由的问题时,对所碰见的困难就是自由是否有其可能,如果可能,它是否能和因果作用的自然规律的普遍性一道存在;如果说凡世界中的结果要么必须从自然而来,要么必

---

① "自然的"是康德原文 physiologisch 之译,这词本可译为"生理学的",但它是这词的转义,而康德在这里是用这词的原义,即 physis(自然)+logisch(知识的),故须译为"自然的"。——中译者

须从自由而来,这种说法是一个真正的选言命题吗？或者,我们是否必须这样说:在同一个事件里,而在不同的关系上能够同时有这两种情况吗？在感性世界中一切事件都是按照自然不可变更的规律处在彻底的联系之中,这是先验感性论所证明的原理,而不容有其例外的。所以只能是这样提出问题:这条不可违反的规则是完全排斥自由的吗？或者这样问:一种结果,即使它这样按照自然被确定了,它是否同时又可以在自由里面有其根据呢？出现的绝对实在性这种寻常但却是谬误的预先假定在这里就显出它的有害影响,而使理性无所措其手足了。因为如果出现是物之在其本身,那就不能主张有自由。而自然就是所有一切事件的完全而充足的确定性原因,事件的条件就只有在出现系列中才能发现;它和它的后果都同是按照自然律成为必然的了。在另一方面,如果不把出现当作多于它们在实际上那样;如果把它们看为不是物之在其本身,而只看作按照经验的规律联系起来的表象,它们本身就必须有不是出现的一些根据。这样的一种知性的原因,其结果是出现的,从而是能通过其他出现被确定的,但是它的因果作用却不能这样被确定。一方面,结果是在经验性的条件系列中来发现的,而另一方面,知性的原因和它的因果作用一起,却是在这个系列之外的。这样,关于它的知性的原因,可以把结果看为自由的,而同时在出现方面,又可看为是按照自然的必然性从这些出现产生出来的。在这种区别以一般而抽象的方式叙说出来时,看来只能是这样难以捉摸而模糊不清,但是在它的应用过程中则会逐渐变得清楚起来。我的意图一直只是要指出,既然在自然的前后关系中,一切出现的一贯联系是一条绝不会变更的规律,那么坚持出现的实在性的主张所引起的必然后果就是毁灭一切自由。像这样遵从寻常见解的那些人是从来不能够调和自然和自由的。

和自然必然性的普遍规律相融洽
而通过自由的因果性的可能性

凡在感官的对象中本身不是出现的东西,我称为知性的。所以,如果在感性世界中必须作为出现看的东西在其自身里有一种能力,这种能力不是感性直观的对象,但通过这种能力,那作为出现看的东西就能成为种种出现的原因,那么这种存在者的因果作用就能从两个观点来看。把它看作一个物之在其本身的因果作用，它在其活动上就是知性的；把它看作感官的世界中一个出现的因果作用，它在其结果上就是感性的。所以我们得要既形成这样一个主体的这种能力的一个经验性的概念，同时又要形成它的一个知性的概念，而且要把两种因果作用都看为是在同一个结果中发生的。关于感官的一个对象所具有的这种能力的双重考虑方式，和我们关于出现以及可能的经验所要形成的任何概念并不矛盾。因为既然它们不是物之在其本身，它们就必须依据一个确定它们为纯然表象的先验对象；而结果就没有任何东西能妨碍我们在先验对象借以表现的质之外，把一种不是出现的因果作用（虽然它的结果要在出现中才能碰见）归之于这个先验对象。凡是动因必定有一种性格，即有一种因果作用的规律，没有这个性格，它就不是一种原因。所以，依上述的假定，我们就应该让在一个属于感性世界的主体里首先有一种经验性的性格，由于这种性格，作为出现来说的主体的种种活动，就按照自然的不变规律，与其他出现处于一以贯之的联系之中。而且，既然这些活动能够从其他出现得出来，它们就和这些其他出现一起构成自然秩序中一单个系列。其次，我们又应该要让这个主体有一个知性的性格，由于这种性格，它固然成为那些作为出现的同样活动的原因，但是这种性格本身不受感性的任何条件制约，并且本身不是出现。我们可以称前者为这个东西在出现里的性格，而称后者为这个东西作为物之在其本身的性格。

可是这个活动的主体，就其知性的性格来说，不会受时间的任何条件所制约；时间只是出现的条件，不是物之在其本身的条件。在这种主体里面，没有任何活动是生灭的，因而它就毋须符合一切在时间中变动的东西都是受到确定的这条规律，即毋须符合凡发生的东西都在先行于它的出现里面有其原因这一规律。总而言之，它的因果作用，就其为知性的①这点来说，在通过它而使事件在感官的世界中成为必然的那些经验性的条件之系列中，是不会有地位的。诚然，这个知性的性格是永远不能直接被人知道的，因为除非表现出来，任何东西都不能被知觉得到。我们须按照

---

① 这里"知性的"是原德文 intellektuell 之译。在其他情形下，康德都是用 intelligibel 这个词。——英译者

那经验性的性格来想它——正如我们虽然关于先验对象在其自身是什么一无所知,却不得不把它设想为出现的基础。

所以,这个主体,就其经验性的性格来说,作为出现,要符合于因果性确定的一切规律。在这个范围内,这个主体不过是感官世界的一部分,而它的结果,像一切其他出现那样,必然是自然的不可避免的结果。在被发现的外部出现对这个主体的影响的限度内,并且在它的经验性性格,即它的因果作用的规律,通过经验为人已知的这个限度内,它的一切活动必须容许按照自然律来解释。换句话说,对于这些活动的完全而必然的确定所需要的一切,必然是在可能的经验中发现的。

然而,按它的知性的性格来说(虽然关于那种性格我们只有一种一般的概念),必须把这同一个主体认为是不受感性的任何影响和不为出现所确定的。由于它是本体,在它里面,没有什么东西发生,不能有需要时间中力学确定的什么变动,因而就没有对出现的因果性依赖。其结果就是,既然只在感性世界中才碰见自然的必然性,那么,这个活动的存在者在其活动中必定独立于一切这样的必然性而不受它的制约。在这个活动的存在者本身里面,没有什么动作开始;但是我们仍然可以很正确地说,这个活动的存在者靠它自己开始它在感性世界中的结果。但是,在这种情况下,我们却不应该说,这些结果是靠它们自己在感性世界中开始的;它们总是预先为先行的经验性条件所确定的——虽然只是通过它们的经验性性格(这种性格不过是知性的东西的出现)才能如此,而这样它们就只是作为自然原因系列的连续才有其可能。因此,自由和自然,在这两个名词的充分意义上,能够在同一活动中,就这一活动是和它们的知性原因相对照,或与它们的感性原因相对照而同时存在,毫无冲突。

关于自由在其与普遍的自然必然性相联系上的宇宙论理念的说明

我曾认为,作出关于我们先验问题解答的这种约略的概述,使我们能够更好地通盘考虑一下理性在达到这个解答时所要采取的途径,这样做是适当的。现在我将进而提出包含在这种解答中的各种因素,并且把每个因素详细地来考虑。

凡发生的事情都有一个原因,这是自然的规律。既然这个原因的因果作用,即这个原因的活动,在时间中先于所随之而起的结果,那么这个原因的活动本身,就不能从来就已经是存在着的,而必定是发生的,并且在出现之中有一个确定它的原因。结果就是,一切事件都是在经验上被确定于自然的秩序之中的。只是由于这条规律,种种出现才能构成一种自然而变为经验的对象。这条规律乃是知性的规律,不容许违背它,而且任何出现也没有例外。如果容许这种例外,就是把一种出现置之于一切可能的经验范围之外,把它和可能经验的一切对象区别开来,这样就使它成为一个只是思想的东西,成为脑中的幻影了。

A543
B571

这种说法似乎已包含着存在有其原因链条的意思在内,在回溯到这些原因的种种条件时,是不容有什么绝对总体的。但是我们用不着耽心。在我们一般讨论理性在出现系列中进行到无条件的东西时所陷入的二律背驰的时候,就已经处理过这一点了。如果我们听从先验实在论的愚弄,那么自然和自由都没有了。这里惟一的问题就是:如果承认在整个事件系列中只有自然的必然性,是否还有可能把同一个事件,在一方面看为只是自然的结果,而在另一方面看为是由自由而来的结果;或者,在这两种因果作用之间有一种直接的矛盾吗?

在出现[的领域]里,种种原因之中确实不能有任何东西能绝对地而且凭它自己开始一个系列。每一个活动,作为出现来看,就它引起一个事件而言,本身也就是一个事件或发生的东西,并且预先假定了另一个在其中能发现其原因的状态。所以每一个发生的东西只是系列的延续,而没有由自身开始的东西是这个系列的可能的一项。这样一来,在时间的次序中,自然原因的活动本身也就是结果;它们预先假定了在时间的系列中,有先于它们的种种原因。一个始源的活动,即能够由它的自身使以前不存在的东西得以发生的活动,是不能在由因果联系着的出现中去寻找的。

A544
B572

[471]

可是,承认了结果都是出现,它们的原因同样也是出现,是否它们的原因的因果作用必然完全是经验性的呢?是否可以是这样:虽然对于出现中每一种结果来说,诚然需要有一种按照经验性的因果作用规律和它的原因的联系,但是这种经验性的因果作用,丝毫不违反它和自然原因的联系,而本身是一种因果作用的结果,但这种因果作用却不是经验性的而是知性的呢？这后一种因果作用是一种原因的活动,而这种原因,就出现来说是始源的,因而作为这种能力的归属来看,就不是出现,而是知性的东西;虽然另一方面,就它是自然连锁的一环来说,必须把它看作完全属于感官世界。

我们需要有出现的因果性联系这条原理,以便我们能够寻找而确定自然事件的自然条件。就是说,寻找而确定它们在出现中的原因。如果承认这条原理,并且不由任何例外而削弱它,那么,知性在其经验上使用时,在一切发生的事情中只看见有自然,并且有正当理由来这样看,它的种种要求也就完全得到满足了;而且物理的解释也可以在它本来的路线上进行而不受到干涉了。如果我们假定——即使这种假定是一种单纯的想象——在自然原因之中,有一些原因具有一种只是属于知性的能力,这也并不违背上面所说的那些要求,因为这种能力对活动的确定,并不依据经验性的条件,而只是依据知性。当然,我们又必须同时能够假定这些原因在出现中的活动符合经验性的因果作用的一切规律。像这样,那个活动的主体,作为现象性的原因(causa phaenomenon)来说,就在其一切活动的不可分解的依赖性上和自然结合在一起,而只在我们从经验性的对象上升到先验性的对象时,才发现这个主体连同它所有出现中的因果作用,在它的本体①里有某些特定的条件,我们必须把这些条件仅仅看作是知性的。因为,如果在确定出现能以什么方式作为原因时,我们依照的是自然规则,就勿需去管这些出现及它们的联系有何种根据可以设想为存在于经验上我们不知道的先验主体里面。在经验的探讨中,是毋须去考虑这个知性的根据的;它只是与纯粹知性中的思想有关;而且,虽然这种纯粹知性的思想和活动的种种结果是在出现中被碰见的,但是这些出现却能够按照自然的规律,借助其他的出现而得到完全的因果性解释。我们要把它们严格的经验性性格作为解释的最高根据,完全不必去管它们知性的性格(即它们经验性性格的先验原因),这一知性性格除了以那经验的东西用为它的感性标志外,完全是未知的。

---

① 这里的"本体"是依 Hartenstein 读原版的 phaenomenon(现象)为 noumenon 之译。——英译者。 但是1922年 Cassirer 的柏林版仍读如原版。——中译者

让我们试把这点应用于经验。人是感性世界的出现之一，而就这点来说，人就是自然原因之一，其因果作用必须从属于经验性的规律。和一切其他自然中的东西一样，人必须也有一个经验性的性格。通过人在他的作为中所显示的力量和能力，我们就会知道这种性格。在无生命的自然中，或者在只是动物的自然中，我们并未发现任何根据会想到有任何能力不是只在感性的方式上受到条件的制约的。可是，只通过感官而知道其余一切自然的人，通过纯粹的统觉，又知道他自己；但这是在他并不将其看作感官的印象的那些行为与内部的确定里面而知道自己的。所以，人对于他自己来说，一方面是现象，而另一方面，就它们的活动并不能归之于感性的接受性的某些能力而言，他又仅仅是一个知性的对象。我们称这些能力为知性与理性。我们特别把理性在一种很特别而格外不同的方式上，和一切在经验上受到条件限制的力量区别开来。因为理性完全按照理念来看它的对象，并按照理念来确定知性，然后知性才进而把它自己同样是纯粹的概念用作经验上的使用。

　　从我们在一切行为的事情中作为规则加在我们行动的力量上的一些命令的宣示来看，就看得明白，我们的理性是有因果作用的，或者说，我们至少是对我们自己把理性描写为有因果作用的。"应该"表示一种必然性以及和种种根据的一种联系，它们在整个自然的其他地方是不能被发现的。知性在自然中所知道的，只是有什么，什么是曾经有过的，或者什么是将会有的。我们不能说，自然中的任何东西应该是不同于它在一切这些时间关系上实在所是的那样。当我们只想到自然的过程时，"应该"是毫无意义的。问到什么应该在自然的世界里发生，就像是问一个圆应该有什么属性一样地悖理。我们有正当理由来问的只是：什么在自然中发生？圆的属性是什么？

　　这个"应该"表达一种可能的活动，其根据只能是一个纯然概念；而在只是一种自然的活动的情况下，根据必定总是一种出现。"应该"所适用的活动诚然必须在自然的条件下才成为可能的。可是，这些条件在确定意志本身时，并不起任何作用，而只在确定自由选择在出现中的结果与其后果时，才起作用。无论有多少自然的根据或情欲的冲动推进我来行使意志的力量，它们绝不能引起这种"应该"，而只能引起一种愿望，但这种愿望远远不是必然的,而总是受条件限制的;而理性所宣布的这个"应该"就使这种愿望和一种限度并和一个目的对照起来——不但这样,而且还禁止它或认可它。不管所愿望的东西是纯然感性的对象(愉快的东西)或者是纯粹理性的对象(善的东西),理性对于经验上给予出来的任何根据是不让步的。在这里,理性并不遵从事物在出现中所呈现的那种事物次序,而以完全的自发性按照理念为它自己构成它自己的一种次序,而使经验性的种种条件适合于这种次序,并且按照这种次序来宣布种种活动是必需的,即使这些动作是从来没有过的,而且也许永远不会有。并且理性也同时预先假定它对于这一切活动是能有因果作用的,因为否则就不能指望从它的理念得到任何经验上的结果。

现在我们就这些考虑,试采取我们的立场,而至少认为理性关于出现是可能有因果作用的。虽然它是理性,但是它仍然显出一种经验性的性格。因为每一个原因都预先假定有一条规则,而按照这条规则,某些出现要作为结果随之而来;并且每一条规则都要求在结果中有齐一性。其实原因作为能力这个概念是以这种齐一性为基础的,而就它必须为单纯的出现所显示这点来说,它就可称为原因的经验性性格。这种性格是持久不变的,但是它的结果,按照伴随着而来并且部分是有限制性的条件的变动,就在种种变动的形式中出现。

A549
B577

[474]

所以每一个人都有他的自由选择的一种经验性的性格。这种性格不过是他的理性的某种因果作用。这是只就那种因果作用在它在出现中的结果显示出一条规则来说的。从这一条规则,我们就可推论出来,理性的动机与其活动在其种类上和在其程度上是怎样的,这样就可对于这个人的自由选择的主观原理作出一种估计。既然这种经验性的性格本身,必须从作为它的结果的种种出现来发现,并且从经验显示的这些出现所遵从的那条规则来发现,因而人们在出现领域中的一切活动,都是照着自然的次序,为我们的经验性的性格与和那种性格一起起作用的其他原因所确定的;如果我们能够详尽研究人们自由选择的一切出现,就会发现:没有一种人的活动是我们不能正确地预言的,并且可认为是必然从它先行的条件出来的。那么,只就这种经验性的性格来说,自由是没有的;然而只是按照这种性格,我们才能研究人——即是说,如果我们只是观察,并

A550
B578

且设法以人类学的方式创立一种自然科学的研究,以探求人的动作的发动原因,我们才能研究人。

但是,当我们就其与理性的关系来考虑这些活动时——我不是指思辨的理性说的,我们用思辨的理性是力求说明这些活动的初次出现,而我所指理性,是就它本身就是产生活动的原因而说的——即是说,如果我们把这些活动和理性在其实践的关系上进行比较,我们就发现一条规则和一种次序,是完全不同于自然的次序的。因为很有可能,一切在自然的过程中所发生的东西,并且是按照它的经验性的种种根据所必然不可避免地发生的东西,是应该不发生的。可是,有时候我们却发现,或者说,至少我们相信我们发现,理性的种种理念,在实际事实上,证明它们对于人们的种种作为出现看的活动是有其因果作用的;而且我们并发现这些动作的发生,不是因为它们为经验性的原因所确定,而是因为它们为理性的根据所确定的。

[475]

A551
B579

假若我们承认可以把理性说成其对于出现是有因果作用的,那么即使它的经验性的性格(作为感官的一种方式)是完全而且必然地在它的一切细节上都是被确定下来的,但是理性的活动仍然可以说是自由的。这种经验性的性格本身是在其知性的性格(作为一种思想的方式)上被确定的。可是知性的性格是我们不知道的;我们只能通过出现而指出它的性质;而这些出现实际上只是产生关于感官的方式即经验性性格的一种直接的知识[a]。行动就其能归之于思想的一种方式来说,不是按照经验的规律从这种思想的方式而来的;即是说,没有纯粹理性的条件在它之先,而只有在它内感官的出现里面的这些条件的结果在它之先。纯粹理性,作为一种纯粹知性的能力,不受时间的形式所支配,结果也就不受时间中前后相继的条件所支配。理性的因果作用,在其知性的性格上,当它产生一个结果时,它并不就在一定的时间上发生或者说开始存在。因为如果是

---

[a] 各种活动的实在道德性,其功过,甚至我们自己行为的实在道德性,其功过,都是这样一直完全不为我们所洞悉的。我们所计算的责任,所涉及的只能是经验性的性格,这种性格多少可归之于自由的纯粹影响,多少可归之于单纯的自然,即没有责任可说的气质上的过失或气质的幸运功绩(merito fortunae),是永远不能确定的,所以对此问题是不能作出完全公允的判断的。——康德自注

这样,它本身就会从属于出现的自然规律,而因果性的系列是在时间中按照这规律而被确定的;这样它的因果作用就会是自然,而不是自由了。所以我们有正当理由来说的只是:如果理性能够对于出现有因果作用,那么它就是一种能力,结果的经验性系列的感性条件是通过这种能力而开始的。因为处在理性里面的条件不是感性的,从而它本身就不是开始存在的。所以我们在任何经验性的系列中不能发现的东西也就被发现是可能的,就是说,诸事件前后相继的系列的那个条件本身可能是在经验上无条件的。因为在这里,条件是在出现系列之外(在知性的东西里),因而就不受任何感性条件所限制,也不通过一种先在的原因而受时间确定的限制。

当然,这个同一的原因在另一种关系上则属于出现的系列。人本身就是一种出现。他有一种经验性的性格。这种性格就是他一切行动的经验性原因。没有任何一个按照这个性格而确定人的条件不是包含在自然结果系列里面或者不服从其规律的——这规律就是,不能有在时间中发生的东西的经验上无条件的因果作用。所以,没有所予的活动(既然它只能作为出现而被知觉到)能绝对由它自身而开始。但是,关于纯粹理性,我们就不能说,自由选择在它里面被确定的那个状态是有某另一个状态在它之先,而它自身是由这个状态所确定的。因为既然理性本身不是一种出现,而且不受任何感性的条件所制约,所以甚至就其因果作用而言,它里面也没有时间次序,而且按照规则确定时间中的前后相继的自然力学规律,对它也不适用。

理性是人所由以出现自由选择的那一切行动的不变条件。在这些行动从来还没有发生之前,它们全都是在这个经验性的性格中预先被确定了的。谈到这个"以经验性的性格为其感性图型"的知性的性格时,不能有什么在前与在后;任何行动,不管它对其他出现在时间中是什么关系,都是纯粹理性的知性性格的直接结果。所以理性是自由活动的;它不是通过时间中先在的外部或内部的根据,而是在自然原因的连锁中以力学的方式被确定的。所以不应该把这种自由设想为只是消极地独立于经验性的条件。如果这样来看理性的这个能力,它就再不是出现的原因了。必须在积极意义上把它描写为引起一系列事件的力量。在理性本身里面,没有东西是开始的;作为所有有意动作的无条件的条件来说,它不容许有在时间中先于它自己的任何条件。它的结果固然在出现系列中有一个起头，但是在这个系列中绝不能有一个绝对最初的起头。

[477]　　为了用其经验上使用的例子来说明理性的这条限定性原理——但这不是为了证实它，因为努力用实例来证明先验命题是无用的——让我以一种有意的行动为例，例如散布在社会上引起一定混乱的恶意谎言。首先我们设法揭穿这种谎言所由以发生的动机，接着在明白了这些动机之后，我们就进而确定这种行动与其后果有多少是能归咎于说谎的人的。关于第一个问题，我们追踪这个行为的经验性性格到它的根源，发现这些根源是在不良的教育、择友的不善，部分也在于一种自然气质的恶劣、不知羞耻、轻浮和肤浅，也不要忽略考虑可能渗入进来的种种一时的原因。我们进行这种研究，正如我们正在弄清楚确定一种所予的结果的一系列

A555
B583
的原因是一样的。但是，虽然我们相信这个行为是这样被确定下来的，然而我们仍然责备这个说谎的人。我们责备他，当然不是因为他的不幸的气质，也不是因为影响他的那些情况，甚至也不是因为他过去的生活方式；因为我们预先假定我可以不去考虑这种生活过去是怎样，我们可以把过去一系列的条件看为是没有发生过的，而把这个行动看作是完全不受任何在前的状态所制约的，似乎这个犯事的人在这种行动里面由他自己开始了一个完全新的后果系列。我们的谴责是根据理性的一条规律，按这条规律我们把理性看为一种原因，这个原因不管上述的一切经验性的条件，能够确定——而且应该确定——这个当事者是可以不如此行动的。我们不把理性的这种因果作用看为只是一种协同的动因，而把它看作就其自身来说就是全备的，即使情欲的种种冲动不赞成它而直接反对它，它也是全由它自己而活动的；这个活动是归之于活动者的知性性格的；当他说谎的那一瞬间，罪过就完全是他的了。不管这个活动的一切经验性的条件是怎样，理性是完全自由的，而谎言完全是由于理性没有履行责任。

[478]　　这样来计算责任，就清楚说明我们认为理性并不为这些感性的影响

A556
B584
所感染，也不易受到改变。它的种种出现——即它在其结果里表示自己的种种方式——确是变化的；但是在它自身里面，却没有在前的状态确定继起的状态的情况，就是说，它不属于按照自然的规律而使种种出现成为必然的这个感性条件系列。在一切时间上而且在一切情况下，理性都在

人们一切活动之中,并且总是一样的;但是它本身不在时间之中,而且并不落在它从前不在那里面的任何新的状态里。谈到新的种种状态时,理性是能确定者,而非可被确定者。所以我们就不可问,何以理性没有以另一种方式确定它自己,而只可问,何以它通过其因果作用没有以另一种方式确定种种出现。但是对于这种问题,不可能有任何答复。因为不同的一种知性性格,就会有不同的一种经验性性格。当我们说,虽然有了他的整个过去的生活经历,说谎的人还是能叫自己不说谎,这时候,我们的意思只是说,这个行动是在理性的直接支配之下,而理性就其因果作用来说,是不受出现的或者说不受时间的任何条件所限制的。虽然时间的不同使种种出现在它们相互的关系上有根本上的不同——因为出现不是物之在其本身,因而就不是自在的原因——但是时间的不同不能使活动对于理性的关系有何不同。

所以在我们关于自由活动的因果作用的判断里,我们能达到知性的原因,但是不能超过它。我们能知道知性的原因是自由的,就是说,它是独立于感性而被确定的,而这样,它可以是出现在感性上的无条件的条件。但是要解释何以在当前的情况下这个知性的性格所给出的恰恰是这些出现和这种经验性的性格,那就超出我们理性的一切力量了,其实也超出了理性提出问题的一切权利,正像我们想要问,何以我们外部感性直观的先验对象只给出空间中的直观,而不给出某种其他方式的直观一样。但是我们所要解答的问题并不要求我们来提出任何这样的问题。我们的问题只是这个:自由与自然的必然性能否存在于同一个活动里而没有冲突;而我们已经充分地答复了这个问题。我们曾说明,既然自由所处的关系,可能是对于完全不同于自然必然性的条件的一种条件,那么后者的规律就不影响前者,两者就都可以彼此独立而丝毫不相互干涉地存在了。

读者应该仔细注意:在上面所说的里面,我们的意向从来不是要证明那种"作为含有我们感性世界种种出现的原因的那些能力之一"的自由的实在性。因为这样的研究不单只是处理概念,所以它就不会是先验的。而且,它也不能成功,因为我们从经验永远不能推论出任何不能按照经验的规律而被思维的东西。我们的意向从来也不是要证明自由的可能性。

因为在这种意向中，我们也不会成功，这是由于从纯然验前的概念，我们不能知道任何实在根据的可能性与其因果作用。在这里只是把自由当作一个先验理念来对待，而理性正是由这个理念引导去思维：它能通过感性的无条件的东西而在出现中开始条件的系列；这样思维，它就陷入了与那些它自己为知性的经验上使用所规定的规律相冲突的二律背驰之中。我们惟一能说明的，而且我们惟一想要说明的就是：这种二律背驰依据的是一种纯然的幻象，而通过自由的因果作用至少并不是和自然不相容的。

（四）"一切出现就其一般存在来说的其依存性的总体" 这个宇宙论理念的解决

在前一分节中，我们曾就其形成一种力学的系列考虑过感性世界的变动，而在那种系列中，每一项都是像结果对于原因那样隶属于另一项的。我们现在只使用这个状态系列来指导我们去寻找一种可作为一切可变的东西的最高条件的存在，也就是寻找必然的存在者。我们这里所谈的不是无条件的因果作用，而是实体本身的无条件的存在。所以我们心中所想着的系列其实是一种概念的系列，而不是其中一个直观是其他直观的条件的这种直观的系列。

但是很明显，既然在一切出现的总和中，每一个东西都是可变的，因而在它的存在上是受条件限制的，所以在依存的整个系列中，不能有任何无条件的一项，其存在是能被看为绝对必然的。所以，如果出现是物之在其本身的话，并因而推论说，如果条件和受条件限制的东西总是同属于同一直观的系列的话，那么一个必然的存在者就绝无可能作为感官世界中一切出现的存在的条件而存在了。

力学的回溯，在一个重要方面是和数学的回溯不同的。既然数学的回溯只限于部分结合而形成一个全体，或全体分割成为部分，那么这种系列的条件就必须被看为这个系列的各部分，因而是同质的，并且它就是出现。在力学的回溯里则不同。在那里，我们所关心的不是所予的各部分的一个无条件的全体可能性，或一个所予全体的一个无条件的部分，而是一种状态从它的原因的得出，或者实体本身的不必然的存在从必然的存在的得出。所以，在这后一种回溯中，就毋须有条件和受条件限制的东西一起来形成一种经验性的系列之一部分。

一、先验原理论

这样一来,在我们的面前就有了避免这种看来是二律背驰的道路了。如果在不同的联系上来理解,互相冲突的命题可以同是真的。感官世界一切东西都可能是不必然的,所以就只有经验上一种受条件限制的存在,然而还可能有整个系列的一种非经验性的条件;就是说,可能存在着一个无条件必然的存在者。这个必然的存在者,作为系列的知性条件,就不会作为其一项而属于这个系列,甚至不会作为系列的最高项,而且也不会使系列的任何项变为在经验上是无条件的,而整个感性世界,就它的各个不同的各项的经验上受条件限制的存在来说,是不受影响的。这样来设想一个无条件的存在者怎样可用为出现的根据,不同于我们在上一分节里处理自由的经验上无条件的因果作用时所遵照的方法。因为在那时,事物本身作为原因(substantia phaenomenon,现象的实体)是被设想为属于条件系列的,而只有它的因果作用是被思维为知性的。现在则不同,必须把这个必然的存在者想作是完全在感性世界的系列之外(作为世界以外的东西 as ens extramundanum),而且纯是知性的。除此之外,必然的存在者就没有其他方法能免于受到使一切出现变为不必然的并且是依存的这条规律所控制的了。

这条理性的限定性原理,就它和我们目前的问题有关系的地方来说,则是这样的:感性世界的任何事物都有一种经验上受条件限制的存在,而且在事物的任何性质中,没有一个能是无条件地必然的;对于条件系列的每一项来说,我们必须指望在一种可能的经验中有其经验性的条件,而且必须尽力去寻找它;没有什么东西使我们有正当理由从经验性系列以外的一种条件引伸出一种存在来,或者甚至把它看为在这个系列中的地位是绝对独立的和自足的。与此同时,这条原理并不妨碍我们承认这整个系列可以依据某一知性的存在者,而这个存在者是不受任何经验性的条件限制且它自己是含有一切出现可能性的根据的。

在以上所说的之中,我们并没有意图来证明这样一个存在者的无条件必然的存在,或者甚至建立感性世界中一切出现的存在的纯知性条件的可能性。正如我们一方面限制着理性,免得它离开经验性条件的指导线误入超经验的歧途,而采取不能有任何具体表象的解释根据,所以我们在另一方面,同样限制着知性的纯经验性使用的规律,免得知性冒昧地决定关于一般事物的可能性,且只根据知性的东西在解释出现时毫无用处,就宣布它为不可能的。所以我们所曾说明的,只是一切自然事物及其一切经验性条件的彻底不必然性是与一种必然的,虽然是纯然知性的条件这种自由选择的假定,是毫不冲突的;而且因为这两种说法彼此并无实在的矛盾,所以两者都可以同时是真的。像知性所设想的这样一个绝对必然的存在者①,本身也许是没有可能的,但是不能从那属于感性世界的任何东西的普遍不必然性与依存性就把这点推论出来,也不能从禁止我们不得停留在感性世界的任何一个不必然的项上而求助于感性世界以外的一种原因的这条原理而推论出来。理性在它的经验性使用上,沿着一种途径而进行,而在它的先验性使用上,则沿着另一种途径而进行。

感性世界所包含的无非是出现,而出现是纯然表象,这些表象又总是在感性上受条件限制的;在这个领域内,物之在其本身永远不是我们的对象。所以在处理经验性系列的一项时,不管它是哪一项,我们绝无正当理由跳出感性的前后联系之外,这是毫不奇怪的。因为这样做,就是像对待物之在其本身那样而对待出现,而在其本身来说的物是离开它们的先验根据而存在,并且在我们寻找它们存在的一种外面的原因时,它们依然总是一样的。不必然的事物归根到底确是会像这样的,但是事物的纯然表象就不是。这种表象的不必然性只导致确定现象的回溯,就是说只导致经验性的回溯。另一方面,设想种种出现,即感性世界的一个知性的根据,而且设想它是脱离出现的不必然性,这和出现系列中的无限度的经验性回溯,或者和出现的彻底不必然性,都是不冲突的。其实,我们就是以这种方式,而且只能以这样的方式来除去那表面上的二律背驰。如果对于每一个在其存在上是受条件限制的东西来说,它的条件总是感性的,因而是属于这个系列的,则它本身必然是受条件限制的,正如我们在第四种二律背驰的反题里所曾说明的那样。所以,要么是理性由于它要求有那无条件的东西,就必须依然自相冲突,要么是必须把这个无条件的东西放在这个系列以外,放在知性的东西里面去。那时,它的必然性就不需要,

---

① "像知性所设想的这样一个绝对必然的存在者"是原德文 ein solches schlechthinnotwendiges Verstandeswesen 之译,直译应为"这样一个绝对必然的知性存在物"。——中译者

或者说就容许任何经验性的条件；就出现来说，它就是无条件地必然的了。

理性在经验上的使用在涉及感官世界存在的条件时，并不因纳入一个纯然知性的存在者而受到影响；它按照彻底不必然性的原理，从经验性的条件总是进行到仍然是经验性的更高条件。但是，在我们谈到目的而想到的是理性的纯粹使用时，这条限定性原理就不排斥一种不是在系列中的知性原因，这也同样是真的。因为在那时，这个知性原因所指的只是一般感性系列的可能性的纯然先验的而为我们所不知的根据。知性原因的存在，作为独立于一切感性条件，且就这些条件作为无条件地必然的而言，它和出现的无限度不必然性，即是说，和经验性条件系列中的永无止境的回溯，不是不一致的。

关于纯粹理性全部二律背驰的结束语

只要理性在它的概念里所想到的仅仅是感性世界中条件的总体，而考虑的是在这方面对于那些条件能得到什么满足，那么我们的理念就同时是先验的而又是宇宙论的了。可是，一旦这个无条件的东西（而我们在实际上所谈到的就是这个无条件的东西）被置于完全在感性世界以外的东西里面，从而处在一切可能经验以外，理念就立刻变为超验的了。那时，这些理念就不再只是为着完成理性的经验性使用——这是一个总必须追求的理念，虽然它永远不能完全达到。与此相反，这些理念把自己和经验完全分开，而自行作出经验所不提供任何质料的对象，而且，这些对象的客观实在性所依据的也不是经验性系列的完成，而是纯粹验前的概念。这样的超验理念具有一种纯知性的对象；而我们固然可以承认这个对象为一个先验的对象，但是这就要求我们在此之外还必须同样也承认我们关于它是一无所知的，而且承认不能把它想作一个用清楚的内部术语来说的确定事物。由于它独立于一切经验性的概念，我们就排除了能建立这样一个对象的可能性的任何理由，而且也没有丝毫的正当理由来假定它。这样一个对象只是一个纯然思想的东西。然而引起第四种二律背驰的宇宙论理念却迫使我们采取这种步骤。因为出现的存在——这些出现绝不是自为根据，而总是受条件所限制的——要求我们到处去寻找

与一切出现不同的某种东西,就是说,寻找一个在其中这种不必然性可以终止的知性对象。但是一经我们容许我们自己来假定完全在感性领域以外的一种自存的实在性,我们就只得把一切出现看为①那自身是知性的东西借以表现知性对象的不必然的方式了。结果,剩下来我们所能用的惟一方法就是类比;通过类比,我们用经验的概念来对知性的事物形成一定的概念——关于这些事物之在其自身,我们是毫无所知的。既然除了通过经验之外,不能知道不必然的东西,而我们在这里所谈到的是绝不能成为经验对象的东西,所以关于这些东西我们就必须从本身是必然的东西来得出知识,就是说必须从一般东西的纯粹概念来得出这种知识。这样一来,我们在超出感官世界所采取的第一步就使我们在寻找这样的新知识的过程中,不得不从研究绝对必然的存在者开始,而且从关于这个存在者的种种概念来得出关于一切东西就其是纯然知性的来说的一些概念。我们打算在下一章里就这样做。

第三章 纯粹理性的理想

第一节 一般理想

我们在上面已经看到,离开感性的条件,没有对象能通过纯粹的知性概念而得到表现。因为那时,纯粹概念的客观实在性的条件就不存在。所以在这些概念里面,除了思想的纯然形式之外,绝不会发现任何东西。可是,如果应用于出现,它们就能具体地被表示出来,因为在出现里它们就得到适合经验的概念的质料——经验的概念不过是具体的知性的概念。但是理念甚至比范畴更远离客观实在性,这是因为不能发现任何出现能在它里面把理念具体地表现出来。理念含有特定的完整性,从来没

---

① "把一切出现看为"是依 Hartenstein 读原版的 anzusehen 为 anzusehen sind 而译的,若依原读,则"出现"(Erscheinungen)当是主动的词,而依异读,则"出现"可能为被动的词。但 1922 年 Cassirer 柏林版仍依原读。——中译者

有可能的经验性知识达到过。在理念里,理性的目的只是在于系统的统一性,而它是想要使经验上可能的统一性接近这系统的统一性的,但是却从没有完全达到它。

然而,我称为理想的东西似乎甚至比理念更远离于客观实在性。所谓理想,我所理解的,不只是具体的理念,而是个体上的理念,这里说的个体是指只能被理念确定或已被理念确定了的一个个体东西。

人性[作为一个理念],就它的完全圆满性来说,不仅包含一切属于人类本性而构成我们对它的概念的本质属性——这些本质属性又扩充到完全和它们的目的相符合的程度,以致成为我们关于圆满的人性这个理念——而且在这概念之外,人性还包含着这个理念的完全确定所需要的一切东西。因为在所有矛盾的述项之中,每两个相互矛盾的述项,只有其中之一是能适合于完人这个理念的。依我们看来是一个理想的东西,依柏拉图的见解它就是属神的知性(göttlichen Verstandes)的一个理念,也就是这种知性纯粹直观的一个个体对象,是一切可能的存在者中最完善的,是出现领域中一切模本的原型(Urgrund)。

即使不想入非非,我们也得承认,人类理性所包含的不只是理念,而还有理想。虽然这些理想不像柏拉图的理念那样具有创造的力量,但是仍然有(作为限定性原理)实践的力量,并且形成一定活动的可能的圆满性的基础。道德概念,由于依据某种经验性的东西(愉快或不愉快),就不是理性的完全纯粹的概念。然而谈到理性用来对本身漫无规律的自由加以限制的原理时,这些概念(在我们只注意它们的形式时)却尽可用作理性纯粹概念的实例。德行,连同人类智慧在其完全的纯洁性上,都是理念。可是(斯多葛派的)哲人就是一种理想,即只存在于思想中的人,然而却是和智慧这个理念完全符合的。正像理念给出规则那样,理想在这种情况下就用作模仿的完全确定的原型;而且对于我们的行动说来,我们所有的标准不过是我们心中这种神人的行为,我们用它来和自己比较而判定自己,从而改善我们自己,尽管我们永远不能达到那标准所规定的完善。虽然我们不能承认这些理想有客观的实在性(存在),但不能因之就把它们看成脑中的虚构;它们替理性提供一种理性不可或缺的标准,事实上供给理性以各从其类圆满完备的东西这一种概念,从而使理性能够对

[487] 不完善的东西,估计以及衡量其程度与缺点。但是企图在一个实例中来实现这个理想,即企图在出现[的领域]中来实现它,比方在一本小说中来描写哲人,是行不通的。其实在这种尝试里,有某种是悖理的东西,远不足以为训,这是由于经常破坏这个理念的完整性的那种自然限制使被认作为目的的幻象成为完全不可能的,而这样就使它带有纯是虚构的模样,叫人怀疑到善的本身——也就是怀疑到在这个理念里有其根源的这个善。

理性的理想的性质就是如此。它必然总是依据确定的概念而作为规则与原型,在我们的活动上是这样,在我们的批判判断中也是这样。而想像力的各种产物则属于完全不同的性质;没有人能够说明它们,或者给它们作出一个可理解的概念来;每一个想像力的产物都是一种草图(Monogramm),只是一套特殊性质,并非由可指定的规则所确定,与其说它形成一种确定的意象,毋宁说它形成的是从种种不同的经验而来的模模糊糊的写生画,正像画家与相士宣称的装在他们脑子里的表象,他们自认为这些表象是属于他们的创作或者甚至属于他们的批判的判断之不可言说的影象。这样的表象可以称为——虽然不应该这样称为——感性的理想,这是由于它们被看为可能的经验性直观的(其实是不能实现的)模型,但又没有提供可以说明而加以检查的规则。

A571
B599

与此相反,理性在它的理想里面,其目的则在于按照验前规则进行完全确定。因之,理性自己是思维到一个对象的,并且把这个对象看作是按照原理可以完全确定的。可是,这种确定所需要的条件不能在经验中发现,从而这个概念本身是超验的。

第二节　先验的理想(先验的原型 Prototypon Transzendentale)

[488] 每一个概念,就它所不包含的东西来说,都是未确定的,并且从属于可确定性的原理。根据这条原理,每两个相互矛盾的对立的述项之中,只有一个能属于一个概念。这条原理是以矛盾律为基础的,因而是一条纯逻辑性原理。作为这样的一条原理,它抽掉了知识的全部内容而只和知识的逻辑形式有关。

一、先验原理论

但是,任何东西,按其可能性来说,也同样从属于完全确定这条原理,而按照这条原理来说,如果把东西的所有可能的述项和它们的矛盾对立一起来考虑,那么每一对矛盾对立的述项之一必须属于这个东西。这条原理并不只是依据矛盾律;因为,除了把每一个东西在其对于两个矛盾的述项关系上来考虑之外,这条原理还在这东西对于一切可能性的总和这种关系之上来考虑它,也就是在这东西对于各种东西的一切述项的总和这种关系上来考虑它。这条原理预先假定这种总和是一种验前的条件,所以它就进而把所有东西都表现为是从它在这种一切可能性之总和中所有的份儿而得出来的它自己的可能性(a)。所以,完全确定的原理只是与内容有关,而不只是与逻辑形式有关。它意在构成一个东西的完全概念的一切述项的综合的原理,而不只是与两个矛盾述项之一的分析性表象有关的原理。这条原理包含一种先验的预先假定,即它预先假定有一切可能性的质料,而这又被看作是验前包含着每一个东西的特殊可能性所需要的材料。

A572
B600

A573
B601

凡是存在的东西都是完全确定了的这个命题的意思,不只是说每一对所予的矛盾述项之一,必定总是属于这个东西,而且是说每一对可能的述项之一必定总是属于这个东西。以这个命题来说,不只是述项在逻辑上相互比较,而且也是在先验的方式上,把东西本身和一切可能述项的总和来比较。所以这个命题所肯定的就是:要完全知道一个东西就必须知道每一个可能的[述项],并且以这个述项来肯定地或否定地确定这个东西。可见,完全确定乃是一个概念。这个概念在它的总体性上永远不能具体地表现出来。它是根据于一个理念,而这个理念只存在于理性的能力里面——这个能力是给知性规定它的完全使用的规则的。

[489]

虽然一切可能性的总和这个理念,仅就其用作所有各个东西完全确定的条件来说,它本身对于可构成它的述项这方面是没有确定的,而照我

(a) 按照这条原理,每一东西因而就是和一种共同的相关物,即一切可能性的总和有关系的,如果这种相关物(即一切可能述项的质料)是在某一东西的理念中发现的,即未通过一切可能东西的根据之同一性,就证明这一切东西的彼此亲和性。然而,每一个概念的可确定性是隶属于排中律的普遍性(universalitas)的,而一个东西的确定则隶属于一切可能述项的总体性(universitas)或一切可能述项之总和。——康德自注

们所思维的,它不过是一切可能述项的总和罢了,但是在我们更仔细地来审查它时,我们就发现,这个理念,作为一个原始概念(Urbegriff),是排斥许多述项的,这些述项是已经通过其他的述项被给予出来的、派生的,或者是和其他的述项不相容的;而且我们又发现,它事实上是把它自己确定为验前就是完全确定的一个概念。这样一来,它就成为一个通过纯然理念而被完全定下来的单一对象的概念。

当我们不只是在逻辑上而且是在先验上来考虑一切可能述项时,也就是说,当我们照着能够验前思维是属于这些述项的内容来考虑它们时,我们就发现,我们通过某些这样的述项就表现实有的东西(Sein),通过其他的述项就表现一个单纯的无(Nichtsein)。仅仅通过"不"这个词所表示的逻辑性否定,本来并不是谈到一个概念,而只是谈到一个概念在判断中对于另一个概念的关系,因而是远不足以在内容上确定一个概念的。"不死的"这词并不使我们可以宣称我们用这个词就是在所指的对象里表现一个单纯的无;这个词并没有影响到任何内容。一个先验否定就不同。先验的否定表示无本身,而与先验的肯定对立。先验的肯定是它的概念本身就表示实有的东西的这样一个东西。所以先验的肯定就称为实在性(即"物性"——Sachheit),因为只有通过这种肯定,而且只就它所达到的来说,对象才是某种东西(事物),而它的反面,即否定,只是表示一种缺乏,而且仅就它是被思维的这一点来说,它所表现的是一切事物的取消。

除以相反的肯定为其根据之外,没有人能确定地想到一个否定。生来瞎眼的人,对于黑暗是毫无观念的,因为他们对于光明没有观念。野蛮人不知道贫穷,因为他们不知有财富。无知的人对于他们的无知毫无概念,因为他们没有关于知识的概念,等等。所以一切否定的概念都是派生的;包含一切事物的可能性和彻底确定的材料以及所谓质料或先验内容乃是实在。

(a) 天文学家的观察和计算,已经教导了我们许多可惊奇的东西;但是他们给我们的最重要教训就是揭示我们无知的深渊,没有他们的教训,我们绝不会想到我们是这么极端的无知。反省如此揭示出来的无知,在我们对我们的理性所应使用的目的估计中必定会产生很大的变化〔这条注在第1、第2版中,大概由于疏忽都是附在前一句上去了,兹改正。——英译者〕。可是,1922年Cassirer版,仍以这条注附在前一句上。——中译者〕。——康德自注

[A578 B606]

[492]

很明显,理性,在达成它的目的时,即在表现东西的必然彻底确定时,所预先假定的,不是和这个理想相应的一个存在者的存在,而只是这样一个存在者的理念,预先假定这个理念只是为了从彻底确定的一种无条件的总体得出受条件限制的总体,即得出有限度的东西的总体。所以,这个理想是一切东西的原型(Prototypon),一切东西全都是作为不完全的模仿(Ectypa)而从它得出它们可能性的质料,在各种不同的程度上接近它,但是在现实上却始终远远不能达到它。

因此,东西的一切可能性(即就其内容来说的杂多的综合)必须看作是派生的;只有一种例外,即在它自身里包含一切实在的这种东西的可能性是例外。这种可能性必须作为本源的来看。因为一切否定(这些否定只是任何东西能由以与最实在的东西[ens realissimum]区别开来的那些述项)都只是更大的,而终究是最高的实在的限制;因而预先假定了这种实在,并且就它们的内容来说,是从它得出来的。东西的所有杂多性,只是相应地对形成东西的共同基体的最高实在这个概念加以限制的种种方式,正如一切图形只是作为限制无限空间的许许多多的不同方式一样。所以,理性之理想所有的那个对象,一种只在理性里面而且通过理性才对我们现出的对象,就称为原始存在者(Urwesen, ens originarium)。由于

[A579 B607]

它上面再没有什么东西,又可被称为最高的存在者(ens summum);并且由于凡是受条件限制的东西都从属于它,它就称为一切存在的存在(ens entium)。可是这些名词不应被理解为是指一个现实对象对其他东西的客观关系说的,而应理解为是指一个理念对概念的客观关系说的。关于这一无与伦比的存在者的存在,我们是毫无所知的。

我们不能说,原始存在者乃是许多派生的存在者所构成的,因为既然派生的存在者预先假定了原始存在者,所以派生存在者本身就不能构成它。因此就必须把原始存在者这个理念想作是单纯的。

因此,一切其他的可能性从这个原始存在者的派生,不能严格地看作是原始存在者的最高实在性的一种限制,而好像是它的分割似的。假若这样,就会把原始存在者仅仅当作许多派生的存在者的堆积体;而像我们刚才曾说明过的那样,这是不可能的,虽然在我们第一次的简略叙述中,

[493] 我们曾用过这样的词语。与此相反,最高的实在性必须制约一切东西的

可能性,作为它们的根据,而不是作为它们的总和;所以东西的杂多性所依据的必须不是原始存在者本身的受到限制,而是一切从它而来的东西,包括我们在那里面的一切感性以及在出现中的一切实在——这种存在是不能被当作成分而属于最高存在者这个理念的。

如果在穷追我们这个理念的过程中,进一步把它实体化,我们就能通过最高实在这个纯然概念而把这个原始存在者确定为一个惟一的、单纯的、毫无欠缺的、永恒的等等的存在者。简单地说,我们通过一切断定就能在它的无条件的完整性上确定它。这样一个存在者的概念,在其先验的意义上来理解就是上帝的概念;这样一来,纯粹理性的这个理想,如上面所下的定义那样,就是先验神学的对象了。

可是把先验理念这样来使用,我们就越出了它的意图与有效性的限度了。因为理性在使用它作为被彻底确定的东西的一种根据时,只是把它作为一切实在性的概念来用的,并没有要求所有这种实在性是客观上被给予的,并且本身是一个东西。这样一个东西,乃是一种纯粹的虚构,在其中我们把我们在一个理想中的理念的杂多结合起来,而实现为一个个别的存在者。但是我们没有权这样做,甚至没有权假定这样一种假设的可能性。从这样一个理想出来的任何后果,对于东西的彻底确定没有任何关系,对它的任何方面亦毫无影响;这个理念所以被说明为必然的,只是由于它有助于东西的确定。

但是只叙述我们理性的进程和它的辩证是不够的;我们还要设法发现这种辩证的根源,使得我们能够解释它所引起的作为知性的一个现象的幻象。因为我们所说的理想是根据一种自然的理念,而不是根据一种只是任意选择的理念。所以要提出的问题就是:何以理性把东西的所有可能性都看作是来自一单个基本的可能性,即来自最高实在的可能性,从而预先假定这种可能性是包含在一个个别的原始存在者里面的呢?

从先验分析论中的讨论来看,答案是明显的。感官对象的可能性是这些对象对于我们思维的关系,其中某种东西(即经验的形式)是能在验前被思维的,而构成其质料的东西,在出现中的实在(和感觉相应的东西)必须是给予的,否则,它甚至不能被思维,而它的可能性也不能被表现了。然而感官的一个对象,只是在它与出现中所可能的一切述项相比较,而通

A580
B608

A581
B609

[494]

过这些述项①被肯定地或否定地表现出来时,才能彻底被确定。但是,既然构成这个东西本身的东西,即出现中的实在东西必须是所予的——否则,这个东西就完全不能被设想——而且既然一切出现的实在东西在其中被给予出来的是经验,是作为单一而无所不包的来看的经验,所以感官的一切对象的可能性的质料就必须预先假定为是在一个整体中被给予出来的;而只有根据这个整体的限制,经验性的对象、对象彼此间的区别和它们的彻底确定才有其可能。事实上,除了感官的对象以外,没有其他的对象是能够被给予我们的,而且除了在可能经验的前后关系上也没有对象能被给予我们;结果就是,除非预先假定一切经验性的实在性作为它的可能性的条件,就没有东西是我们能有的对象。可是,由于一种自然的幻象,我们把这条只适用于作为感官的对象给予我们的那些东西的原理,看作是对一般东西都必须有效的原理。因此,省掉了这种限制,我们就把我们对于作为出现的东西的可能性的概念之经验性原理,作为一般东西可能性的先验原理来对待了。

如果我们进而继续把一切实在性的总和这个理念实体化,那是因为我们辩证地把经验作为一个整体的集体统一性替代了知性在经验上使用的个别的统一性,从而认为出现的这个整体是一个在它自己里面含有一切经验性的实在性的单一东西;然后再利用上面所讲的先验偷换手法把它变为一个东西的概念,而这个东西是在一切东西的可能性的根源上,而替它们的彻底确定提供实在的条件的(a)。

第三节　思辨理性证明最高存在者的存在的论证

虽然为了使知性对于它的种种概念的彻底确定能有一种充分的基

---

① "这些述项"是依 Hartenstein 读原版的 dieselbe(单数)为 dieselben(复数)而译。因为读单数则这代名词当指"出现",而读复数,它就是指"述项"。——英译者

(a)　最实在的东西(ens realissimum)这个理想固然只是一个表象,但它首先得到实现,即变成一个对象,然后才实体化,最后,由于理性向着统一性完成的自然进程(像我们不久就要说明的那样),就变为人格化了。因为经验的限定性的统一性不是根据出现本身(根据感性),而是根据杂多通过知性的联系(在统觉里面),结果就是,最高实在性的统一性以及一切东西的彻底确定性(可能性),看来是处在一个最高的知性里面的,因而是处在一种智力里面的。——康德自注

础,理性必须预先假定某种东西,这种需要是迫切的,然而理性很快就意识到这种预先假定的理想的性格只是虚构的性格,而单凭这种根据,它就不能容许自己相信它自己思维的单纯产物是一个实在的东西——如果它不是迫不得已要从另一方面,从所予的受条件限制的东西到无条件的东西的回溯中寻找一个休息场所的话。固然,这个无条件的东西不是以它在其本身就是实在的而被给予出来的,也不是以它的纯然概念就有其实在性而被给予出来的;可是,当我们追溯这些条件到它们的根据时,惟有它才能完成条件的系列。这就是我们人类理性,由于它的本性,引导我们每一个人乃至最不反思的人所采取的途径,虽然并非每个人都继续沿着这条途径而前进。这条途径不是从概念开始,而是从通常的经验开始,因而是以现实存在的某种东西为根据的。但是,如果这个根据不依赖绝对必然的东西这个不可动摇的磐石,它就会塌下来的。并且如果在这个绝对必然的东西以外和在它的下面,有任何空洞的空间,又如果它不是本身充实着一切东西而并不留任何疑问的余地——即是说,除非它的实在性是无限的——那么这个不可动摇的磐石本身又会没有支持了。

A584
B612

[496]

如果我们承认某种东西是存在的,不管这个东西是什么,我们就必须也承认有某种东西是必然存在的。因为不必然的东西的存在,只是在作为它的原因的某种其他不必然的东西的存在这个条件之下;而从这个东西,我们又必须推论出还有另一个原因来,一直到我们达到一个不是不必然的原因,因而这个原因就是无条件必然的。理性进展到原始存在者之所根据的就是这个论证。

可是,理性却到处寻找一个与像无条件的必然性那样的最高的存在方式相合的概念——其意图不是为了要在验前从这个概念推论出这个概念所表现的东西的存在(因为如果那是它所自认为要作的,就应该把它们的追求仅限于纯然概念,而不会要求有一个所予的存在为它的基础),其意图只是为了在它的各种不同概念之中发现那个在任何方面都和绝对的必然性相容的概念。因为它把以绝对的必然性而存在的某东西必须是有的这一点,看为在论证中的第一步就已经是证明了的。那么,假如除去了凡是不和这个必然性相容的东西,剩下的只是一个存在,这个存在必定是那绝对必然的存在者,而不管它的必然性是否可为人所理解,即是说,不

A585
B613

管它的必然性是否可以只从它的概念演绎出来。

然而在它的概念里,包含有对任何"何以故"(das Warum)之问题的"因这缘故"(das Darum)的答复,在任何方面都不缺陷的东西,在任何方式上都足以为一种条件的东西,看来恰恰就是最适合把绝对必然性归之它的那个存在者。因为虽然它包含着一切是可能的东西的条件,但是它本身并不需要任何条件,而且事实上不容有任何条件,因而至少在这一种特性上是满足无条件的必然性这个概念的。在这方面,一切其他概念都必定是达不到的;因为由于它们是有缺陷而需要补足的,它们就不能有独立于一切其他的条件作为其特征。我们固然没有正当的理由来论证说,凡是不包含最高的而且在一切方面都是完全的条件的东西,其本身就是在它的存在上受到条件限制的。但是我们有正当理由说,这样的东西不具有这样一个特征;只有通过这个特征,理性才能凭借一种验前的概念而知道它对于任何东西都是无条件的。

所以,最实在的东西这个概念,在一切可能东西的概念之中,是最能与无条件必然的存在者这个概念相一致的;而且,即使它不能完全配得上这个概念,我们在这种事情上也毫无别的方法,而不得不抓住这个概念。因为我们是不能不承认一个必然存在者的存在的;而一旦我们承认了它的存在,在可能性的全部范围内,我们就不会发现任何东西[比最实在的东西]在存在的方式上的这种优越性具有更有根据的要求。

这就是人类理性的自然进程。它一开始就叫自己相信有某一必然的存在者的存在。它把这个存在者理解为具有一种无条件的存在。然后它就到处去寻找独立于任何条件的那种东西的概念,而在本身是一切其他东西的充分条件的那种东西里面发现它,也就是说,在包含着一切实在性的那种东西里面发现它。但是包含一切而没有限度的东西就是绝对的统一性,并且含有同样也是最高存在者的这样一个单一存在者的概念。因此,我们的结论是,最高存在者作为一切东西的原始根据,必然是以绝对的必然性而存在的。

如果我们的目的是在于达到一种决定——就是说,如果是默认某种必然的存在者的存在,并且如果进一步同意我们必须决定它是什么——那么,就必须承认上面的思维方式具有一定的使人信服的力量。因为在那种情况下，不能有更好的选择，或者更确切地说，我们是毫无选择，只觉得我们不得不决定把完全的实在性的绝对统一性作为可能性的最后源泉。可是，如果我们不需要达到任何决定，宁可让问题悬而不决，一直等到证据的分量使我们不得不同意它为止，换句话说，如果我们所要作的只是估计一下我们对问题实在知道的有多少，我们自以为知道的又有多少，[498] 那么上面的论证，看起来就远不是这么有优势，而需要偏袒的同情来弥补它的主张的缺陷了。

因为，如果我们把所争论之点理解为这里所说的那样，即第一，从任何所予的存在(可能只是我自己的存在)，我们都能正确地推论出一个无条件地必然的存在者的存在来；第二，我们必须把一个包含一切实在的存在者，从而是包含所有一切条件的存在者，看作是绝对无条件的东西，因而在一个最实在的东西这个概念里面，我们就发现也能够把绝对的必然性归之于它的这样一个东西的概念——即使同意了这一切，也并不能就说，一个不具有最高实在性的有限的存在者这个概念因此就和绝对的实在性不相容。因为，虽然我在它的概念里，没有发现那个包含在一切条件的总体这个概念里的无条件的东西，但是我们并无正当理由来作出结论说，它的存在因此就必须是受条件限制的；正如我在一个假言三段论式里不能说，凡是没有某种条件(在所讨论的实例中，就是按照[纯粹]概念的完整性这个条件)的地方，那受条件限制的东西也是没有的。与此相反，我们完全有自由来主张任何有限制的存在者，虽然它们是有限制的，却也可以是无条件地必然的，即使我们不能从我们关于它们所有的普遍概念推论出它们的必然性。可见这个论证并不能给我们以关于一个必然的存在者的属性的丝毫概念，实际上这个论证是完全没有效力的。 A588 B616

但是这种论证依然继续具有一定的重要性，而且具有一种权威，我们不能根据这种客观上的不充分，就立刻进而剥夺它这种权威。因为如果认为在理性的这个理念里面有一些是完全有效的拘束力，只是在这些拘束力应用到我们自己身上来的时候，才缺乏一切的实在性，就是说，这些拘束力是没有任何动机的——除非假定有一个最高存在者存在着来给这些实践的规律以其效能和证实，而我们在这种情形中就有遵从这些概念的责任，虽然这些概念在客观上可能是不充足的，但是按照我们理性的标 A589 B617 [499]

准来说却是压倒一切的，而且和它比较起来，我们所知道的，没有任何东西是更好而更有说服力的。这样一来，借着实践所增加的力量，决定这问题的义务，就使思辨的犹豫不决所脆弱地保持着的平衡偏重于一边了。如果理性受这样的迫切动机所催促，还不能使它的判断和那些要求相符合，那么理性就在自己的判决里被定罪了——这种判决是最周到的——而并不问它所看到的是怎样不完备，因为那些要求至少比我们所知道的任何其他的要求更为有力。

  这种论证，虽然由于它依据不必然的东西的内部不充足性而在实际上是先验的，但是它是这么简单而自然，所以一经提出，就给最平凡的知性以一种好的印象。我们看到事物的变化与生灭；因而这些事物，或者至少它们的状态，必须具有其原因。但是关于能在经验中被给予出来的任何原因，都可提出这种同样问题。所以，我们能在那里更适当地安放这个最后的因果作用，如果不是在那最高的因果作用也存在的地方，那就是在其自身原来就包含着每个可能结果的充足根据的那个存在者里面，而且通过一个无所不包容的完备性这个属性，我们也很容易接受它的概念。然后我们就把这个最高原因看为是绝对必然的，由于我们觉得我们绝对必须上升到它，而没有根据来超过它。并且这样就在一切民族之中，在极其愚昧的多神教里面闪出一神教的几道曙光，而他们之被引到一神教去，不是由于反思和深沉的思辨，而只是由于平凡知性的自然倾向，逐渐地领会到知性本身的要求。

从思辨的理性证明上帝的存在只有三种可能的方法

  一切导致这种目标的途径，要么是从一定的经验和由经验而知道的感性世界的特殊造性开始，按照因果作用的规律上升到这个世界以外的最高原因；要么是从纯粹未确定的经验，即从一般存在的经验出发；要么是抽掉一切经验，而从纯然概念完全验前地论证到一个最高原因的存在。其第一种证明是自然神学的证明，第二种是宇宙论的证明，第三种是本体论的证明。没有其他的证明，也不能有其他的证明。

  我打算要说明，理性在一条途径上，即经验的途径上不能有大的进展，正如它在另一条途径上，即先验的途径上不能有大的进展是一样的；

而且要说明,理性这样展开它的翅膀,企图只靠思辨的力量,来飞翔在感官世界之上,是白费力气的。至于讨论这些论证的次序,则正好和理性在它自己的发展的前进中所采取的次序相反,因而也和我们自己在上面叙述中所遵照的次序相反。因为将要表明,虽然最初引起这种研究的是经验,但是在一切这种努力中,揭示理性欲使自身达到目标的是先验的概念,而且事实上,先验的概念是理性在它要达到那个目标的种种努力中的惟一指导。所以我将以考查先验的证明为起点,然后再研究所添加的经验性因素在增进论证的力量上,能有什么效果。

第四节　上帝存在的本体论证明之不可能性

A592
B620

从以上所说就看得很明白,一个绝对必然的存在者的概念是纯粹理性的概念,即一个单纯理念,其客观实在性远不能由理性需要它这一点而得到证明。因为这个理念所告诉我们的,只是关于某种一定不可达到的完整性,从而它不过是用来限制知性而不是把它扩充到新的对象。但是我们在这里却面临着实是奇怪而令人苦恼的东西。那就是,虽然从一般所予的存在到某种绝对必然的存在者的推论,似乎既是必要的又是合理的,但是知性能形成关于这样一种必然性的概念所必须具备的一切条件,每一个都是我们在作出这种推论的路途中的障碍。

[501]

历代以来,人们都谈到一个绝对必然的存在者,而谈到这种存在者时,人们所力图要做的,是证明它的存在,而不是了解这种东西是否可以予以思维并且如何去思维它。当然,给这个概念以一种文字上的定义是没有困难的;定义可以说,绝对必然的存在者是某东西,它的不存在是没有可能的。但是这种定义并不能使人深入了解那使这个存在者成为必然的是什么条件,从而就把它的不存在看为是绝对不可思议的。我们所想要知道的恰恰就是这些条件,然后我们才可以确定在用这个概念时,我们是否想到任何东西。因为利用"无条件的"这词,使我们能除掉一切条件,而这些条件是知性在设想某东西为必然的时候,总是需要的;这种做法丝毫不能使我们明了,我们在用无条件地必然的这个概念时,是否还想到些什么,或许什么也没有想到。

A593
B621

不但如此。这种概念人们起初是盲目尝试,而现在却已为大家完全熟悉，已假定它的意义在许许多多的实例中被揭示出来了；而因此之故，就好像完全不需要去进一步研究它的可理解性了。有人认为，凡是几何命题，例如三角形有三个角，都是绝对必然的这种事实足以使我们有正当理由谈论一个完全处在我们知性范围以外的对象，好像我们完全理解我们用那个对象的概念时所打算要说的是什么似的。

一切作为实例的，毫无例外都是从判断得来的，而不是从事物和事物的存在得来的。但是判断的无条件的必然性不同于事物的绝对必然性。判断的绝对必然性只是事物的一种受条件限制的必然性，或者是判断中述项的一种受条件限制的必然性。上面所引用的命题并不断言三个角是绝对必然的，而是断言在有一个三角形的条件下（即一个三角形是所予的），在这个三角形里面就必然发现三个角。确实，这种逻辑的必然性对人的迷惑是如此之大，以致用这种简单的手段，即以一种把存在包括在它的意义里面的方式而形成关于一个东西的验前概念这种手段，我们就认为自己已有正当的理由下结论说，因为存在必然属于这个概念的对象——总是在我们把这个事物设定为所予的（为存在着的）这个条件之下——所以我们也必须按照同一律，要设定它的对象的存在，而且又说这个存在者因而本身也就是绝对必然的了——重复地说，它是绝对必然的，就是因为在任意假定的且在我们设定其对象的这种条件下而假定的概念里，已经是想到过这个存在者的存在了。

如果在一个同一命题里，我不承认其述项而保留其主项，结果就是矛盾；所以我就说，这个述项是必然属于这个主项的。但是如果我们不承认其主项，而且同样也不承认其述项，那就没有矛盾了；因为那时并没有留下什么可与之矛盾的东西。设定一个三角形而又不承认它的三个角，这是自相矛盾的。但就对三角和它的三个角一起都不承认，这是没有矛盾的。关于一个绝对必然的存在者这个概念亦复如是。如果不承认它的存在，我们对这个东西本身和它的一切述项都是不予承认的，这样就没有矛盾的问题能发生了。那时，在它以外，就没有任何可与之相矛盾的东西，因为这个东西的必然性不被认为是得自于任何外面的东西的；也没有任何内面的东西会与之相矛盾，因为在我们不承认这个东西的本身时，我们同时也已经不承认它的一切内部的属性。"上帝是万能的"是一个必然的判断。如果我们设定一位神,即设定一个无限的存在者,就不能不承认其万能性;因为"上帝"与"万能的"这两个概念是同一的。但是,如果我们说,"上帝是没有的",那么万能性和它的任何其他的述项都不是所予的;这些述项和它们的主项一起都不被承认,因而在这样的一个判断里就毫无矛盾。

这样我们就看到,如果一个判断的述项和它的主项一起不被承认,那就不能产生任何内部的矛盾,而且不管这个述项是什么,都是这样。避免这种结论的惟一方法就是论证:有些主体是不能除去的,而总是必须一直存在的。可是,那就等于说,绝对必然的主体是有的;而那正是我所怀疑的假定,而且上面的论证已证明了这个假定的可能性。因为,关于一个可以和它的一切述项一起被否认而还留下一种矛盾的东西,我丝毫不能形成任何概念;而既然没有矛盾,我就不能只通过纯粹验前概念而有不可能性的标志了。

[503]

A596
B624

虽然有了人人都必定会同意的所有这些一般性的考虑,但是我们还可能为一种实例所诘难。这种实例提出来是为了要证明,在实际上正好是相反的,即是说,要证明有一个概念,其实只有一个概念,当谈到它的对象的不存在,或者说不承认它的对象的时候,本身就是矛盾的,那就是最实在的东西。有人说,这个最实在的东西是具有一切实在性的,而且我们有正当理由认为这样一个存在者是可能的(一个概念不是自相矛盾的这个事实并不证明它的对象的可能性;但是我暂时愿意承认它的相反的说法(a))。[上面的论证还继续说:]"一切实在性"包括存在;所以存在是包括在可能的东西的概念里面的。那么,如果不承认这个东西,就是不承认这个东西的内部可能性——这是自相矛盾的。

A597
B625

我们答复如下。把存在这个概念——不管它是在什么名称之下伪装着的——引入一个我们声明只是就其可能性来思维东西的概念里面来,

(a) 如果一个概念不是自相矛盾的,它就总是可能的。这是可能性的逻辑标志(Merkmal)。因而通过它可以把概念的对象与否定的无(nihil negativum,即没有概念的空洞对象,参看正文A292)区别开来。但是它依然可以是一个空洞的概念,除非已经证明了这个概念所由以产生的综合的客观实在性;而这种证明,像我们上面说明过的那样,依据的是可能经验的原理,而不是分析的原理(即矛盾律)。这就警告我们不要直接从概念的逻辑可能性论证事物的实在可能性。——康德自注

[504] 这就已经是一种矛盾了。如果承认那是合理的，那么表面上像是获得了胜利，而实际上并没有说出什么东西来；所说的仅仅是同语反复。我们必须问：说这个或那个东西（不管它是什么东西，但承认它是可能的）是存在的，这个命题是一个分析命题抑或是一个综合命题？如果它是分析的，肯定这个东西的存在，对于这个东西的思想并没有增加什么；但是这样一来，要么在我们心中思想的就是这个东西本身，要么我们预先已经认为存在是属于可能的东西的范围的，从而以之为借口，就从它的内部可能性推论到它的存在——这不过是一种可怜的同语反复而已。"实在性"这词在这个东西的概念里，听起来像是不同于述项的概念里的"存在"这词，但是用它来应付上述的反对意见是徒劳无功的。因为如果凡是设定（不管所设定的是什么东西）都称为实在性，那么这个东西连同它的一切述项就是已经在那主体的概念里设定了的，并且已经作为现实的被假定了；在它的述项里不过是重复这点而已。但是，如果在另一方面，我们承认像凡是讲道理的人都必须承认的那样，一切存在性命题都是综合的，我们怎样能公然主张，存在这个述项不能被否认而没有矛盾呢？这一点只是在分析命题中才有的特征，而且，事实上这正是构成分析命题的分析性格的特征。

A598
B626

如果我不是早就发现逻辑的述项和实在的述项的混淆（所谓实在述项是确定一个东西的述项）所引起的幻象几乎是不可纠正的，我就会指望通过存在这个概念的一种正确的确定就直接终止这一切无聊而于事无补的争辩。只要我们喜欢，随便什么东西都可用作一个逻辑的述项；甚至可以用主项来陈述它自身；因为形式逻辑是抽掉一切内容的。但是一种能确定的(Bestimmung)述项乃是加在主项概念之上而扩大它的述项。所以它必不是已经包含在这个概念里面的。

"是"(Sein，又译"存在")显然不是一个实在的述项；就是说，它不是可以加在一个东西的概念之上的某种东西的概念。它只是肯定一个东西，或者肯定地确定作为在其本身存在着的某种东西。在逻辑上说来，它

[505] 只是一个判断的连系词。"上帝是万能的"这个命题含有两个概念，其中每一个都有它的对象，即上帝与万能性。"是"这个系词并不增加什么新的述项，而只用来肯定述项对其主项的关系。如果现在我们拿这个主项（上帝）连同它的一切述项（万能性在内）而说："上帝是"，或者说"有一个

A599
B627

上帝",我们并不把任何新的述项附属于上帝这个概念,而只肯定这个主项自身连同一切它的述项,而且事实上是肯定它是作为与我的概念有关系的一个对象。对象与概念两者的内容必须同为一个;我通过"它是"两个字来把它的对象思维为绝对所予的,对于只表示什么是可能的概念,并没有增加什么。换句话说,实在的东西所包含的不会多于仅仅是可能的东西。实在的一百元钱所包含的不比可能的一百元钱所包含的多一分一毫。因为,可能的一百元是指概念说的,而实在的一百元是指对象与对象的肯定说的,如果指对象说的比指概念说的包含更多,那么我的概念就不表示那整个对象,因而就不是这对象的适当概念了。可是实在的一百元对我的经济状况的影响与一百元的纯然概念的影响(即一百元的可能性的概念的影响)却不相同。因为,实际存在的对象,在分析上并不包含在我的概念里面,而是在综合上加在我的概念之上的(而这个概念乃是我的状态的一种确定),然而所设想的一百元,并不像实在的一百元这样在我的概念之外获得存在,并且有所增加。

不管我们用什么述项,亦不管我们用多少述项来思维一个东西——即令我们彻底地把它确定下来——在我们进一步声明有这个东西时,我们对于这个东西并没有增加。不然的话,它就不会恰好是那存在的东西,而是多于我们在概念中所思维的那东西了;因而我们就不能说存在的恰好是我的概念的对象。如果我们在一个东西里面把实在的各方面都思维到而只遗漏一方面,我就不能通过我说这个缺乏的东西是存在的,就加上了所遗漏的实在那一方面。与此相反,它是带有我所思维的同样缺点而存在的,因为不然的话,所存在的就会不同于我所思维的了。所以,当我把一存在者作为最高实在毫无缺陷地来思维时,它是否存在的这个问题依然存在。因为,虽然在我的概念中,一般东西的可能的实在内容尽可毫无欠缺,但是就它对于我的思维的整个情况的关系来说,它还是缺乏某种东西的,就是说,关于这个对象的知识还是在验后有其可能的。在这里我们就发现我们目前困难的根源了。如果我们所处理的是感官的一个对象,我就不能把这个东西的存在和它的纯然概念混淆起来。因为通过这个东西的概念所思维的,只是综合于一般可能经验性知识的普通条件,而通过它的存在所思维的,是它作为属于全部经验的前后联络的东西。可是,这样和全部经验的内容联系起来,这个对象的概念毫无扩大;这种情形所发生的只是我们的思想由之获得一种增加的可能的知觉。所以并不奇怪,如果我们企图只是通过纯粹范畴来思维存在,我们就不能指定任何标志能把它和单纯的可能性区别开来。

所以,不管我们关于一个对象的概念所包含的是什么,而且也不管它所包含的是多少,如果我们要把存在归之于这个对象,我们就必须超出这个概念以外。在感官对象的情况下,这一点是通过它们按照经验的规律和我们知觉中的某一种知觉相联系而发生的。但是在处理纯粹思维的对象时,我们无法知道它们的存在,因为这是要在完全验前的方式上才能知道的。我们对于一切存在的意识(不管是直接通过知觉,或者是间接通过把某东西和知觉联系起来的种种推论)都是完全属于经验的统一性的。任何在这个范围以外而当作确定看的存在,虽然我们不能够断言为绝对不可能,但也是属于假定性质的,而我们永远不能通过任何东西来证明这种假定是正当的。

一个最高存在者这个概念在许多方面上是很有用的一个理念;但是正因为它仅仅是一个理念,它只靠它自己,却完全不能扩大我们关于存在的是什么的这种知识。在那种在经验里面并通过经验才知道的东西以外,关于任何存在的可能性这个理念甚至都不能就此对我们有所启发。我们不能不承认它有可能性的分析性标志,因为可能性的这种标志只是纯属肯定的东西(实在的东西),并不引起任何矛盾。但是,既然这些实在的东西不是就它们的特定性格被给予我们的;既然即使它们这样被给予出来,我们仍然不能作出判断;既然除了在经验里面,绝不能在别的地方去寻找综合知识可能的标志,而一个理念的对象又不能属于经验,那么在一个东西里面的一切实在属性的联系就是一种综合,而这种综合的可能性,是我们不能在验前予以确定的。可见大名鼎鼎的莱布尼茨远远没有做到他洋洋自得以为是成功了的事情——验前理解这个崇高理想的存在者的可能性。

所以企图用笛卡尔著名的本体论论证来证明一个最高存在者的存在,只是白费气力和自吃苦头;我们仅仅由理念来丰富我们的洞见,所得的结果,和一个商人在他的现金账上加上几个零来改善他的地位,毫无二致。

第五节　上帝存在的宇宙论证明之不可能性

A603
B631

企图从一个纯是任意选择的理念想出与之相应的对象的存在来,是一种很不自然的程序,而且就是经院派的故伎重演。如果在我们的理性方面,以前不曾有过这样一种需要,即假定某种必然的东西(在它里面我们的回溯可以终止)作为一般存在的基础;而且如果理性不曾因为这种必然的东西必须是无条件的并且是验前确实的,而被强迫去寻找一个——假使可能的话——能满足这种要求而使我们能够在完全验前的方式上知道一种存在的这种概念,人们也许永远不会做出这种尝试。人们认为在一个最实在的东西这个理念里就会发现这样一个概念,因而就把那个理念只用作关于那个必然的存在者的更确定的知识,而关于那个必然的存在者的必然存在,我们在其他根据上已经深信不疑或者已经为人所说服了。可是,理性的这种自然的进程是隐蔽着,为人所看不清楚的,所以本来应该以这个概念为终止,现在反而企图从它开始,来从它演绎出存在的那种必然性,但是这个概念却只适宜于补充这种必然性。于是就发生了这个不幸的本体论证明。这种证明既不使自然而健全的知性得到满足,又不使严格证明这种更是学理上的要求得到满足。

[508]

A604
B632

我们现在所要考查的宇宙论证明,保持着绝对必然性和最高实在性的联系,但是和前一种证明不同,它不是从最高实在性而推论到存在的必然性,而是从某种存在者事前被给予出来的无条件必然性,推论到那个存在者的无限制的实在性。它就这样进入了一种推理的途径。不管这种途径是有理的或者只是冒充有理的,总之,它不只是对于常识,甚至对于思辨的知性,都是自然的而最有说服力的。它并草拟了自然神学中一切证明的初步大纲,而不管它是如何为一些多余的附加所粉饰而伪装起来,这种大纲一直总是为人所沿袭,而且今后也将总是为人所沿袭。莱布尼茨称这种证明为从世界的不可预测性(a contingentia mundi)而来的证明。我们现在就进而对之予以说明并加以检查。

这种证明是这样的:如果任何东西存在,一个绝对必然的存在者必须也存在。可是至少我是存在的,所以一个绝对必然的存在者就存在。小前提含有一种经验,而大前提是从有任何某种经验而推论到必然的存

A605
B633

在$^{(a)}$。所以这个证明实在是从经验开始,而不是完全验前的或本体论的。为此之故,而且因为一切可能经验的对象称为世界,所以这种证明就称为宇宙论的证明。由于在讨论经验的对象时,这个证明抽掉了这个世界由以能和任何其他可能的世界分别开来的一切特别的属性,于是这个名称也用来把这种证明和自然神学的证明区别开来,因为自然神学的证明是基于我们的感官展示给我们的世界的特殊属性之观察上的。

然后这个证明就进行如下:这个必然的存在者只能在一种方式上得到确定,即通过两个相反的述项之一而得到确定。所以它必定是通过它自己的概念而完全得到确定的。可是,只有一个可能概念是在验前完全确定一个东西的,那就是最实在的东西这个概念。所以最实在的东西这个概念是惟一的通过它能思维一个必然的存在者的概念。换句话说,一个最高存在者是必然存在的。

在这种宇宙论的论证中,有这么多的冒充有理的原理结合在一起,看来思辨理性在这种情况下,曾集中了其辩证技能的一切方法来产生最大可能的先验幻象。我们暂时搁置这种论证的检查,而先依次详细说明,那种种措施,是把一种旧的论证粉饰为一种新的论证,而且由以求助两种证人的同意,这两种证人之中,一种持有纯粹理性的证据,而另一种持有经验的证据。其实,惟一的证人是用纯粹理性的名义来说话的;它只改变它的服装与声调,千方百计来充当第二种证人。为了给自己奠定一种牢固的基础,这种证明是站在经验的立场上的,从而表示它不同于本体论的证明,因为本体论的证明是完全信赖纯粹验前的概念的。但是这个宇宙论证明,只为着论证的单独一步而利用这种经验,那就是要推断一个必然存在者的存在。这个经验性的前提不能告诉我们这个存在者可能具有什么属性。所以理性就完全放弃经验,而设法从纯然概念来发现一个绝对必然的存在者所必须具有的属性是什么,即一切可能的东西之中,哪一个在它自身里包含有绝对必然性所必需具备的条件(requisita)。可是人们认

(a) 大家都很熟悉这种推理,而毋须详细叙述它了。它是依赖所假定的自然因果作用的先验规律的:凡不必然的东西都有它的原因。如果这个原因本身是不必然的,它同样又有其原因,直到所有原因所从属的系列终止于一个绝对必然的原因,而没有这个原因,系列就不会完成。——康德自注

为,这些条件除了在最实在的东西这个概念中,是无处可寻的,因而就作出结论说,这个最实在的东西就是绝对必然的存在者。但是很明显,我们这里预先假定了这个最高实在性的概念是和存在的绝对必然性这个概念完全相称的;就是说,后者能从前者推论出来。但是这就是本体论证明所主张的那个命题;在这里它是在宇宙论证明中假定的,而且实际上是作为这个证明的基础;然而它就是这后一证明曾声明予以摈弃的假定。因为绝对的必然性是从纯然概念而确定下来的一种存在。如果我说,最实在的东西这个概念是一个、并且其实是惟一的一个适合于且相称于必然存在的概念,我就必须也承认必然的存在能从这个概念推论出来。可见这个所谓宇宙论证明可能具有的任何说服力,其实都是得自从纯然概念而作出的本体论证明。诉之于经验是十分多余的;经验也许能引我们到绝对的必然性这个概念去,但不能够证实这种必然性是属于任何确定的东西。因为一旦我们想要这样做,我们马上就必须放弃一切经验而在纯粹概念之中去寻找它们是否有一个含着一个绝对必然的存在者的可能性的种种条件。如果我们这样就能确定一个必然的存在者的可能性,我们同样也就证明它的存在了。因为那时我们所说的就是这样:一切可能的东西之中,有一个是带有绝对的必然性的,也就是说,这个存在者是以绝对的必然性而存在的。

如果把谬误的而使人迷惑的论证在正确的三段论式的形式上提出来,它们是最容易受到暴露的。我们现在就在所讨论的实例中来这样进行。

如果"凡绝对必然的存在者也就是一切存在者中之最实在的"这个命题是正确的(而这是宇宙论证明的命脉),它就必然像一切肯定判断那样,至少是可由限制换位的。因此可以得出结论说,有些最实在的东西也同样是绝对必然的存在者。但是一个最实在的东西不能在任何方面不同于另一个最实在的东西,而若对于这个概念下的"有些"是真,则对于这个概念下的"一切"也是真的;所以,在这种情况下,我就能把这个命题单纯地而不只限制地来换位,而说每一个最实在的东西都是一个必然的存在者了。但是既然这个命题只是由它的①验前概念而得到确定,所以最实在的

---

① "它的"是依 seinen 之译,而依 Erdmann 则读 reinen(纯粹的)。——英译者   但 1922 年 Cassirer 柏林版也读为 seinen。——中译者

[511]
A609
B637

东西这个纯然概念就必须带有那个存在者的绝对必然性；而这恰恰是本体论证明所说的，却是宇宙论证明所拒绝承认的，尽管宇宙论证明的种种结论在事实上隐蔽地以此为基础。

可见思辨理性在它企图证明一个最高存在者的存在时所踏入的第二条途径，不只是和第一条一样的虚伪，而且还加上了这样一种缺点，就是它犯了一种失掉题旨的谬误（ignoratio elenchi 不辨真赝）。它声言要把我们引上一条新路，但是兜了一个小圈子后，就把我们带回我们原来听它的吩咐而放弃的那条路上去。

我曾经说过：在这个宇宙论的论证中藏有一整窝的辩证假定，它是先验批判很容易查出而予以毁灭的。我只列举这些骗人的原理，而让读者来做进一步研讨和驳斥它们的工作，因为到了这时，读者在这些事情上已经很内行了。

A610
B638

在宇宙论的证明中，我们发现，例如：(1) 那个用来从不必然的东西推论出一个原因的先验原理。这条原理只在感性世界中才是适合的；在这个世界以外，它是毫无意义的。因为不必然的东西这个纯是知性的概念，不能引起任何像因果作用这类的综合命题。除了只在感性世界里面，因果作用的原理毫无意义，而且也毫无使用它的标志。但是在宇宙论的证明中，它恰恰是用来让我们能够进展到感性世界以外去。(2) 从感性世界中不能有从一个跟着一个的原因的无穷系列而推论出一个第一原因的这种推理。理性使用的种种原理，即使在经验的世界中并不能使我们有正当理由来作出这种结论，而在这个世界以外，在这个系列永远不能扩充到的领域中，就更不能这样做。(3) 对于这种系列的完成，理性没有正当的理由自满自足。除去那些没有它们就不可能有必然性的概念的一切条件，这一点被理性认为是这个系列概念的完成，其所根据的是，如果除去这一切条件，那时我们就不能再设想什么东西了。(4) 把一切实在的东西结合为一个（而没有内部矛盾）这种概念的逻辑可能性和这样一种实在性的先验可能性混淆起来。在这种实在性的先验可能性的情况下，需要一条原理来证明这种综合的可实践性，可是这种原理只能应用于可能经验的领域，等等。

[512]

宇宙论证明的程序是个有意计划，来使我们能够避免应该只是在验前通过概念而证明必然存在者的存在。这种证明需要在本体论的方式上来完成,而我们觉得那种作法是我们完全没有资格去实行的。因此,我们就以一种现实的存在(一般的经验)作为我们推论的出发点,而照我们所能做到的方式进展到这种存在的绝对必然的条件。这样我们就毋须说明这种条件的可能性了。因为如果已经证明它是存在的,关于它的可能性这个问题就完全是多余的。如果现在我们要圆满地确定这种必然的存在者的性质,我们就不会设法以实际上与之相称的方式来进行,即从它的概念来发现它的存在的必然性。因为如果我们能那样做,我们就不需要一个经验性的出发点。不仅不需要,我们所追求的还只是消极的条件(conditio sine qua non 没有它就不行的条件),若没有这种条件,一个存在者就不会是绝对必然的了。在一切其他种种从所予的后果到它的根据的推理中,这是合理的;但不幸的是在当前的情况下,绝对必然性所需要的条件只能在一单个存在者里面才能发现。所以这种存在者必须在它的概念里含有一切绝对必然性所需要的东西,结果,它就使我能够在验前推论这种绝对的必然性。所以我也能够倒转这个推论,而说:任何这个(最高实在性的)概念所能用得上的东西都是绝对必然的。如果我不能作出这种推论(正像如果我想要避免承认宇宙论的证明就必须接受的那样),我在我所一直走的这条新路上就受到挫折,而再回到我的出发点上来了。最高存在者这个概念,在验前能满足一切关于一个东西的内部确定所提出的问题,因而就是一个独一无二的理想,由于这个概念虽然是普遍性的,但同时它也指出一个个体是在可能的东西之列。但是关于它自己的存在的问题,就不令人满意了——虽然这正是我们研究的实在意图——而且,如果有人承认一个必然的存在者的存在,但却要知道一切[存在的]东西之中,哪一个是和那个存在者作为同一看待的,我们就不能这样回答:"这个,而不是那个,才是那必然的存在者。"

A611
B639

A612
B640
[513]

我们固然可以设定一个无所不足的存在者的存在,把它作为一切可能结果的原因,以便减轻理性在追求解释所需要的种种根据的统一性这种过程中的工作。但是如果冒昧到这种程度,以致说这样一个存在者是必然存在的,那么,我们表达一种可容许的假设的方式就再不客气了,而是很自负地认为所主张的是必然确实的了。因为关于我们自称知其为是绝对必然的知识,它本身必须带有绝对的必然性。

先验理想的整个问题可归结为:要么是有了绝对必然性,而去发现一个具有这种必然性的概念,要么是有了某种东西的概念,而去发现那个东西是绝对必然的。如果二者之一是可能的,那么其他一种也必须是可能的;因为理性只承认,必然地从它的概念出来的,才是绝对必然的。但是,这两种工作都完全超过了我们想要在这事情上满足我们知性的最大努力;而想要使知性默认它的无能,这一切企图也同样是徒劳无功的。

我们如此不可缺少的作为一切东西的最后负荷者的无条件必然性,对人类理性来说,是真正的不可思议的。无始无终的时间,威严赫赫,像哈勒(Haller)①所描写的那样,但是在人心上却远远没有留下同样使人十分感动的印象;因为永恒的时间只是事物持续性的度量而不是支持事物的。那个存在者,即对我们表现为一切可能的存在者之中最崇高的存在者,似乎在自言自语地说:"我是从永恒到永恒,我之外无一物,除非是我的意志使它存在;但是我是从何而来的呢?"我们不能搁置这种思想,然而却又不能忍受这种思想。在这里,我们的一切支持都归于无用;最大的圆满也好,最小的圆满也好,以纯然思辨的理性看来,都是昙花一现,绝无归宿,思辨理性对它都毫无留恋,听其完全没灭而不足惜。

自然中许多力量通过某种结果而显示它们的存在,但它们向来是我们不可思议的;因为我们靠观察不能充分地把它们追踪到底。处于种种出现的基底上的先验对象(而且连带何以我们的感性受某种最高条件的制约而不受其他条件的制约这种理由)现在和将来都永远是我们不可思议的。事物本身固然是所予的,但是我们不能洞察它的性质。不过纯粹理性的理想则与此不同;绝不能说它是不可思议的。因为,既然不要求它提出它的实在性的任何证件,只是在理性方面需要借助它去完成一切综合的统一性;而且既然因为这样,它甚至不是作为可思维的对象而被给予出来,它就不能像一个对象那样成为不可思议的。与此相反,它作为一个纯然理念必须在理性的本质中找到它的地位和它的解答,因而必是允许

---

① Albrecht von Haller(1708—1777)是一个写关于医学和有关题目的作家,是 *Die Alpen* 和其他的诗章的作者。——英译者

研究的。因为按照理性的本质我们应该能够依照客观的根据,而在纯然幻象的情况下,依照着主观的根据,说明我们的一切概念、意见和主张。

关于在"一个必然的存在者之存在的一切先验证明"中辩证幻象的发现和解释

上面的两种证明都是先验的,就是说,都是试图不依靠经验性的原理而作出的证明。因为,虽然宇宙论的证明预先假定有一般的经验,但是它不依据这种经验的任何特殊属性,而是依据那些纯粹理性原理,这些原理可应用于一个通过一般经验的意识而被给予出来的存在。不但如此,它很早就放弃了这种经验的指导而只依赖纯粹概念了。那么,在这些先验的证明中,把必然性这个概念和最高实在性联系起来,而又把只能是一个理念的东西加以实在化和实体化的这种辩证而又自然的幻象的原因又是什么呢?何以我们不得不假定在存在的东西中有某个在其本身是必然的,但同时又对这样一个存在者的存在,像对着一道深渊似的畏缩不前呢?我们怎样做才能保证理性在这点上了解自己,而从一种犹豫不决、决而复悔的摇摆状态中逃出来而达到确定无疑的洞见呢?

一旦我们假定某种东西是存在的,我们就不免推论到这种东西是必然存在的。在这一事实中,颇有某种令人奇怪的事。宇宙论的论证依据的是这种十分自然的(虽然并不因此而是确定的)推论。另一方面,如果我拿任何东西的概念来看,不管是什么东西,我发现我绝不能把这个东西的存在表现为绝对必然的,而且发现不管那存在的是什么,没有东西阻止我去思维到它的不存在。所以,我固然不得不认定某东西作为一般存在的东西的条件来说是必然的,但是我不能认为任何特殊的东西在其本身就是必然的。换句话说,我永远不能完成所作的对存在的条件的回溯,除非假定有一个必然的存在者,然而我却绝不能从这样一个东西开始。

如果我不得不认定某东西作为存在的东西的条件来说是必然的,但是又不能认定任何特殊的东西作为在其本身来说就是必然的,那就必定会得出结论说,必然性和不必然性并不涉及事物的本身;否则就会是一种矛盾。结果,这两条原理都不是客观的。可是,可以把它们看为是理性的主观原理。一条原理是叫我们去寻找某种必然的东西作为一切存在而被给予出来的东西的条件,就是说,绝不停止下来,一直要等到我们已经到

达一种是验前完成的解释；另一条原理则禁止我们，叫我们绝不要存有能够完成它的指望，即禁止我们把任何经验上的东西作为无条件的来对待，从而使我们免除进一步去找它所带来的劳累。在这种方式上看来，作为只是辅导性的和制约性的且只与理性形式上的利益有关的这两条原理，尽可并行不悖。其中的一条原理规定我们要用哲学的态度来研究自然，似乎凡是属于存在的都有一种必然的最初根据——可是只是为着把系统的统一性带到我们的知识中来，而其方法就是始终追求这样一个理念作为所想象的最终根据。另一条原理就警告我们不得把存在的东西的任何确定看作这样的一种最终根据，即看作是绝对必然的，而总是为进一步起源留有余地，这样就把每一个确定全都作为总是受某种另外东西所制约的来对待。但是，如果在事物中所知觉的任何东西我们都一定要作为受条件限制的来看待，那么任何可以在经验上被给予出来的东西都不能看作是绝对必然的了。

所以，既然这个绝对必然的东西只是旨在用作一条原理，以便在一切出现之中得到最大可能的统一性，并作为那些出现的最终根据；而且既然由于第二条规则命令我们总要把统一性的一切经验性的原因看为本身是派生的，我们就永远不能在这个世界里面达到这种统一性，因而我们也就必须把这个绝对必然的东西看为在世界以外的了。

古代的哲学家们一方面把自然中的一切形式看为不必然的，而另一方面，他们随从常人的判断把质料看为本原的和必然的。但是，如果他们不是相对地把质料看作一切出现的基体，而是在质料本身上考虑它，并且就它的存在来考虑它，那么绝对必然性的理念就会马上消逝。因为没有任何东西会绝对强迫理性承认这样的一种存在；与此相反，理性总是能在思想中消灭它而没有矛盾；绝对必然性是只在思想中才被发现的一种必然性。所以这种信念必然是由某种限定性的原理而来的。事实上，广延和不可入性（两者一起构成物质的概念）构成一切出现的统一性的最高经验性的原理①；而这条原理，就它在经验上是无条件的来说，具有限定性

---

① "原理"是依穆勒尔和斯密两人英译的 principle 一词而中译的。原德文本用 Prinzipium 这词，直译当为"基础"或"最初原理"，根据斯密的意见，康德更常用的词是 Prinzip，故有今译。但译为"基础"或"最初原理"或"基本原理"均无不妥。——中译者

原理的性格。但是，由于构成出现中实在的东西的物质的每一个确定，包括不可入性，都是一种结果(作用)，而这种结果又必须有它的原因，因而在性格上总是派生的，所以物质与一个作为一切派生的统一性的原理的必然存在者这个理念是不相容的。(因为它的实在属性，由于是派生的，全都只是有条件地必然的，因而是可以被除去的——从而物质的整个存在也就被除掉了。)如果情况不是这样，我们就应该用经验性的手段来达到统一性的最后根据，而这是第二条限定性原理所禁止的。所以结果就是：物质和一般属于世界的东西都是和一个必然的原始存在者这个理念不相容的，甚至在把这个必然的原始存在者看为仅是最大的经验性的统一性的原理时，也是这样。必须把那个存在者，或者说那条原理，放在世界以外，然后我们才能自由地、总是满怀信心地、正像没有必然的存在者似的，从别的出现得出世界的出现与其存在；然而我们仍然可以自由地向着那种推论出来的完整性不断地迈进，犹如预先假定有这样一个存在者是一种最后的根据似的。

根据这些考虑，最高存在者这个理想无非是理性的一条限定性原理，它指示我们把世界中所有的联系都看作好像是从一种无所不足的必然的原因产生出来的。我们可以把解释那种联系时所用的那一种系统的按照普遍的规律又是必然的统一性的规则，奠基在这个理想之上；但是这个理想并不肯定有一种在其本身是必然的存在。与此同时，我们又不能避免这种先验的偷换，即把这种形式上的原理表现为组织性的，从而把这种统一性加以实体化。我们在这里所说的和谈到空间时所说的是一样的。空间只是感性的一种基础，但是由于它是一切形状的主要根源与条件，而形状不过是空间本身的限制，人们就把空间当作自行存在的绝对必然的东西，而且当作本身就是验前被给予出来的一个对象；谈到最高存在者这个理想也是一样。既然自然的有系统的统一性，除了在我们预先假定一个最实在的东西的理念作为最高的原因这个限度之内，不能规定为我们理性在经验上使用的一条原理，所以就很自然把这个最实在的东西这个理念表现为一种现实的对象，而这个对象就它是最高的条件这个性格来说，也就是必然的了——于是，就把一条限定性的原理变成一条组织性的原理了。在我们把这个对世界说来是绝对(无条件地)必然的最高存在者认

A619
B647

A620
B648
[517]

[518]

为是在其自身并且靠其自身就是一个东西时，上面所说的那种替换就显而易见了。因为那时我们不能设想所谓它的必然性是什么意思。必然性这个概念只能在我们的理性中才作为思想的一种形式条件而被发现；而不能把它实体化作为存在的一种物质条件。

第六节　自然神学证明的不可能性

那么，如果一般东西的概念和任何一般存在的经验都不能提供所需要的东西，剩下来只得看看一种确定的经验，现存世界事物的经验以及这些事物的造性与秩序，能否作为一种证明的基础来帮助我们达到关于一个最高存在者的确实信念。我们建议称这种证明为自然神学的证明，如果这种尝试又失败的话，结果必定是靠纯粹思辨的理性，关于和我们先验的理念相应的存在者的存在之任何令人满意的证明，都是不可能的了。

[A621 B649]　从上面所说的来看，我们对于这种研究有一种很容易而无争论余地的解答。因为，任何经验怎能够适合一个理念呢？理念的特性正是在于没有经验能与之相等这种事实。一个必然的而且无所不足的原始存在者这个先验理念是如此无比地伟大，如此高出任何经验性的东西，因为经验性的东西始终是受条件限制的，以致它使我们徬徨不知所措，一则是因为我们在经验里永远不能发现足够的材料来满足这样一个概念，一则又因为我们向来总是在受条件限制的东西的范围里去追寻那无条件的东西，但终究是白费气力——没有任何经验性综合的规律给我们任何这种无条件东西的一个实例，或者在追求它的过程中提供丝毫的指导。

[519]　如果这个最高存在者本身是在条件的这种连锁中，它就会是这个系列的一项，而就像它下面更低的各项一样，需要进一步追求它由之而来的更高的根据。否则，如果我们打算把它从这个连锁分开，而没想它是离开自然原因系列而存在的一种纯知性的存在者，那么理性能设法经由什么桥梁来过渡到它那里去呢？因为一切关于从结果过渡到原因的规律，即[A622 B650]我们知识的一切综合与扩大，都只是与可能的经验有关的，因而也只是与感性世界的对象有关，而离开这些对象，就毫无意义。

现存世界在它的广大无边以及它的各部分的无限分割性里向我们显现出是如此的纷繁复杂、秩序井然、宏伟瑰丽而不可测度，即以我们微弱的知性所得到的关于它的知识,已经面临着这么多而且无法估计的种种奇观,结果就是远非我们的言语所能形容、数字所能量度的,它使我们的思想变为模糊,我们关于这个整体的判断,就只归结为不可言说的惊奇,但是正因为如此,我们反更加有话可说。我们到处都看到一连串的结果与原因,原因与结果,目的的手段,手段的目的,生生灭灭,各依其序。没有什么东西能由它自己而到达它现在所处的情况,而总是有另一东西作为它所由来的原因,并且这个原因又要我们去重复同样的追求。所以除非在这种不必然性的无穷尽的连锁之上,我们假定某种东西来支持着它——假定某种东西是原始的而且是独立自主的存在,作为宇宙起源的原因同时又保证宇宙的连续——否则整个宇宙就必定会沦没在虚无的无底深渊里。就世界的一切来看,这个必须假定的东西确是最高的,但是我们得要把什么的大小量归于这个最高的原因呢?我们并不知道世界的全部内容,更不知道怎样把它和一切可能的东西相比较而估计它的大小。但是就因果作用来说,既然我们不得不有一个终极的、最高的存在者,那么又有什么来阻止我们把一种置它于一切可能的东西之上的完全程度归之于它呢?我们很容易这样做——虽然只是通过一个抽象概念的粗略的草图——就是把它对我们自己表现为在它里面,像在一单个实体里那样,结合着一切可能的完善。这种概念是符合我们理性的简省原理之要求的;它并没有自相矛盾的地方,而且绝不与任何经验直接相抵触;并且它又有这样的性质:就是理性通过它在发现秩序以及目的性的过程中所提供的指导,对其在经验范围里的扩充和使用作出贡献。

这种证明总是值得我们尊重的,它是最古老、最明晰、而又最适合普通人类理性的。它鼓舞着自然的研究,正如它本身是来自自然的研究,从而不断取得它的新力量。在我们的观察原本不会看到什么目的及意图的地方,这种证明就提示目的与意图,而且通过一种其原理是在自然以外的特殊统一性的这种指导性概念,来扩大我们的知识。这种扩大的知识对于它的原因,即对于导致它的理念,起着反作用,而且加强对最高的创造主的信念,以致这种信念取得一种不可抵抗的说服力。

所以,企图用任何方法来削弱这种论证的权威,不仅令人不舒服,而且是枉然的。理性经常为这种即使是经验性的,但却很有力量而不断增加的证据所支持,就不致于因那种微妙而抽象的思辨所引起的怀疑而感到沮丧。它只要一看自然的奇异和宇宙的庄严,就立刻从一切忧郁反思的迟疑不决中振奋起来,像大梦初醒一样,从高处上升到高处,直至最高处,从受条件限制的东西到限制它的条件,一直到那最高而不受任何条件限制的创造主。

但是,虽然我们对于这种处理问题的方法的合理性与有效性没有任何异议,反而要推荐它和推进它,但是我们不能赞成这种论证所十分愿意提出的要求,即对必然确实性的要求,以及要人们予以同意的要求,因为那些要求是没有得到其他方面的特别许可或支持的。如果自以为了不起的诡辩家的独断言语,减低它的气焰而变得较为温和谦逊,使人易于相信而足以缓和人们的疑虑,那么虽然它不能强人无条件地屈服,但也不致损及它的善意企图。所以我主张,自然神学的证明靠它自己绝不能证明一个最高存在者的存在,而必须投靠本体论的论证来弥补它的缺陷。自然神学的证明只能作为本体论论证的初阶;而本体论的论证(在思辨的证明有其可能的限度内),因而就是包含着人类理性绝不能置之不理的惟一可能证明的根据。

自然神学证明的要点如下:(1)我们在世界中到处都看见一种秩序的鲜明的象征,说明它是按照一定的意图且以伟大的智慧来贯彻这种意图的;而这是在一个其内容形形色色不可言说、其范围广大无边的宇宙里面的。(2)这种有意图的秩序本是外在于世界的事物,并不必然地属于这些事物的,就是说,如果不是一条有理性的原理,照着根本的种种理念进行安排,为了这一些意图而选择了并计划了这些形形色色的事物,这些事物就不能自发地合着这么多不同的手段,来协同完成一定的、最后的种种意图。(3)所以,一定存在着一个最高而有智慧的原因(数目上或不只一个),这个原因必定不只作为以繁殖而盲目地起着作用的万能自然,而是作为通过自由的智力,成为世界的原因。(4)这个原因的统一性,可以从世界各部分——像是作为一个技术所布置的机构的各部分——彼此之间存在着的交互关系的一种统一性而推论出来——就我们的观察足以证实的来说,这种推论是可靠的,而超过这些限界,按照类比的原理来进行,推论却是盖然的。

一、先验原理论

理性在上面所得出的结论是从类比而来的。理性把自然的某些产物和我们人类技术的成品进行类比。人们作出技术的成品时，是违背自然，强迫自然不照它原来的目的而符合我们的目的来进行的。理性进行类比时，根据的是那些特殊的自然产物与房屋、船只、手表一类的东西的类似性。理性就是这样从类比而得出结论的，对于这一点我们在这里不必太过严格地来批评自然的理性。自然理性所得出的结论是说，在自然的基础上有一种因果作用，类似产生技术成品的因果作用，亦即有一种知性和意志；并且又说，一个自行起作用的自然(就是使一切艺术，也许甚至使理性本身成为可能的自然)的内部可能性因而就是来自另一种，虽然是超人类的艺术——这是一种也许不能经得起彻底的先验批判的理论方式。可是关于这种理论所得出的这些结论，我们也不必提出质问，但是无论如何，我们必须承认，如果我们要指定一种原因，除了按照只以那些其原因与作用的方式是我们完全知道的有意图的产物作类比的推论以外，在这里就别无其他更可靠的途径了。理性永远不能有正当的理由舍去它所知道的因果作用，而采取它毫无所知而又不能证明的那些模糊不清的解释根据。

[522]

根据这种论证方法，自然中这么多有意图性及和谐的适应性只能够证明其形式的不必然性，而不足以证明其质料的不必然性，即不足以证明世界中实体的不必然性。要证明世界中实体的不必然性，我们就要证明世界中的事物，如果在其实体上不是最高智慧的产物，就不会自行按照普遍规律而有这样的秩序与和谐。但是如果要证明这点，我们所需要的证明根据就完全不同于和人类技术类比而得出的那些根据。所以，这种论证所能证明的，最多就是世界的一个建筑师，而这个建筑师一直总是为他所用的材料的适应性所制约的，而不能证明一切都服从其理念的一个世界创造者。可是这却完全不适合于我们眼前所有的那种崇高的意图，即证明有一个无所不足的原始存在者。为了证明质料本身的不必然性，我们得要用先验的论证，而这正是我们在这里所要避免的。

A627
B655

所以，这个推论是说，整个世界里到处可以观察得到的意图性与秩序都可看作一种完全是不必然性的安排，从而我们可以论证到一个与之成比例的原因之存在。但是这种原因的概念，必须能使我们知道关于它的

[523]

A628
B656

某些十分确定的东西,因而就只能具有一切能力、智慧等等,总之,具有一个无所不足的存在者所应有的完善这个概念。因为在力量与美德上"极其伟大"、"令人惊奇"、"不可测度"这些述项并不叫人对它有任何确定的概念,实际上也没有告诉我们这个东西在其本身是什么。这些述项只是对于这个对象的大小量的相对表象,是观察者在静观世界时把它与他自己以及与他的理解能力相比较而用的,而且同样也是称赞之词,无论是我们赞美这个对象或者是观察主体感觉到在对于那个对象的关系上自形渺小。在我们谈到一个东西完善到极大的程度时,除了包括一切可能完善的概念以外,就没有其他确定的概念可用了;而在那个概念中,只有这个实在性的全量(omnitudo)才是完全被确定的。

我相信没有人敢于自认他完全理解他所观察的世界的大小(不管是在范围或内容方面)对于全能的关系、世界秩序对于最高智慧的关系、世界的统一性对于创世主绝对统一性的关系,等等。所以自然神学不能提出任何关于世界最高原因的确定概念,因而就不能用作一种本身又形成宗教的基础的神学的基础。

A629
B657

经由经验的路途而迈进到绝对总体是完全不可能的。然而这就是在自然神学的证明中所企图做到的。那么,为越过这种广阔深渊所采取的手段是什么呢?

自然神学的论证固然能引导我们到达赞叹世界创造主的伟大、智慧、能力等等这一点,但是不能使我们更进一步,所以那时我们就放弃从经验性的根据来证明的这一种论证,而依靠这种不必然性,那是我们在论证的第一步上曾从世界的秩序与意图性推论出来的。把这种不必然性作为我们惟一的前提,然后我们只通过先验的概念,推进到一个绝对必然的存在者的存在,而从这种第一原因的绝对必然性最后就推进到那个必然存在者的完全确定的或可确定的概念,即推进到一个包罗万象的实在性的

[524]

概念。可见自然神学证明在其证明失败之后,在面临着这种困难的时候,就退回到宇宙论的证明去;而且既然宇宙论的证明只是一种改头换面的本体论证明,所以自然神学证明,实际上只是通过纯粹理性而达到它的意图——虽然在出发时它否认和纯粹理性有任何血缘关系而自以为能以来自经验的令人信服的证据证明它的结论。

所以，那些提倡自然神学论证的人，毫无根据可以在他们的态度上这样藐视证明的先验方式，自以为是自然的精明研究者，而洋洋自得地把先验的证明贬损为看不清前途的薄弱思辨推理的人为产物。因为如果他们愿意检查一下他们自己的程序，他们就会发现，在自然与经验的坚固基础上前进了相当的程途之后，发觉自己对他们理性所揭示出来的对象仍然距离很远，就忽然离开这个基础而转到单纯可能性的领域中去，希望在那里驾着理念的两翼而飞近那个对象——即一直拒绝他们一切经验性的追求的那个对象。因为在这种大跃进之后，在他们认为已经发现了坚牢的基础时，他们就把他们的概念——即他们现在已经拥有、却不知如何拥有的这个确定性的概念——扩充到创造的全部范围。然后他们就用经验来说明完全是纯粹理性的产物的这个理想，但是他们的说明是很不够的，并且所用的方式是远在其对象的尊严之下的；而且他们自始至终都坚持不肯承认，他们达到这种知识或假设所经由的路途，完全不同于经验的路途。

A630
B658

所以自然神学关于一个原始的或最高的存在者的存在的证明，是依据宇宙论的证明的，而宇宙论的证明又是依据本体论的证明的。既然除了这三种证明以外，再没有给思辨理性留下其他的途径，那么，如果对于这么高出于知性的一切经验使用之上的命题的证明有其可能的话，从理性的纯粹概念而推演的本体论的证明，就是惟一可能的证明了。

第七节　对于根据理性的思辨原理的一切神学之批判

[525]
A631
B659

如果我把神学理解为关于原始存在者的知识，那么神学要么是只根据理性的（theologia rationalis，理性的神学），要么就是根据启示的（theologia revelata，天启的神学）。理性的神学思维它的对象，要么是通过纯粹理性，只利用先验的概念（ens originarium 原始的存在者，ens realissimum 最实在的存在者，ens entium 一切存在的存在），这就称为先验神学，要么是通过从自然借来的一个概念（我们的灵魂），作为一个最高理智的原始存在者的这个概念，这时它就称为自然的神学。承认只有先验神学的人称为神有论者（Deist）；同时又承认一种自然神学的人就称为神治论者(Theist)。神有论者承认我们只通过理性就能知道一个原始存在者的存在,但是主张我们对于它的概念只是先验的,即只是一个具有一切实在性的存在者的概念,而我们又不能在任何更特定的方式上确定这个存在者。神治论者肯定理性通过和自然的类比就能更准确地确定它的对象,即把这个存在者确定为通过知性与自由而在它自身里面包含一切其他东西的最终根据。所以神有论者把这个存在者表现为只是世界的原因(是通过它的本性的必然性抑或是通过自由,这点还没确定),而神治论者则把它表现为世界的创造主。

其次,先验神学或者是想从一般的经验推演出这个原始存在者的存在(没有更详细地确定这种经验所属的世界的性质),而这时它就称为宇宙神学(Kosmotheologie);或者它是相信通过纯然概念而不需任何经验的帮助就能知道这样一个存在者的存在,这时它就称为本体神学(Ontotheologie)。

自然神学从世界中显出的构造、秩序和统一性而推论出世界创造主的属性与存在——在这个世界中,我们要承认两种因果作用与其规则,即自然与自由。从这个世界,自然神学就上升到一个最高理智,或者作为一切自然秩序与完善的原理,或者作为一切道德秩序与完善的原理。在前一种情况下,它就称为自然神学(Physikotheologie),而在后一种情况下,它就称为道德神学(Moraltheologie)(a)。

既然我们已经惯于把上帝这个概念理解为不是指作为一切事物的根本始源而盲目工作的永恒自然,而是指一个最高存在者,它通过知性与自由而作为一切事物的创造主;并且既然这个概念只是在这种意义上使我们注意,所以严格说来,我们可以不承认神有论者对上帝有任何信仰,而只承认他是对于一个原始存在者或一个最高原因有一种肯定。可是,由于不能有人只因为其不敢肯定就该受到他是在否定的责难,所以说神有论者相信有一个上帝,而神治论者相信有一个活生生的上帝(summa intelligentia,最高的理智),就不是那么粗暴而是更公允了。下面我们进而

(a) 不是神学的伦理:因为这种伦理学包含道德律,而道德律是预先假定有世界的最高统治者的存在的。道德神学与此不同,它是对一个最高存在者的存在的一种深信——以道德律为根据的一种深信。——康德自注

一、先验原理论

研究理性的所有这些的努力的可能的根源是什么。

为进行这种研究,可以把理论的知识定义为关于实有东西(was da ist)的知识,把实践的知识定义为关于应有东西(was da sein soll)的表象。根据这种定义,理性的理论使用,是我用来验前(作为必然的)而知道某东西是如此的,而其实践的使用,是我用来在验前知道什么是应该发生的。如果某东西是这样或者某东西应该发生是无可置疑而确实的,但是这种确实性同时只是有条件的,那时它的某种一定的条件可以是绝对必然的,也可以是一种随意的、不必然的预先假定。在前一种情况下,那个条件是作为先决的条件而要求的(per thesin,由于所主张的);而在后一种情况下,那个条件是假定的(per hypothesin,假设的)。可见,既然有一些是绝对必然的实践规律,即道德律;结果就必须是:如果这些规律必然预先假定任何存在者的存在作为它们强制力量的可能性的条件,那么就必须把这种存在者的存在作为先决条件而要求;其充足理由就是,从它而推论出这个确定条件的受条件限制的东西是在验前就已知道是绝对必然的。在将来某个时候,我们还要说明道德律不只预先假定一个最高存在者的存在,而且由于这些道德律本身在其他方面也是绝对必然的,我们就有正当理由把这最高存在者作为先决条件而要求,虽然这只是从实践的观点看的。可是,目前我们暂且不谈这样的论证方式。

凡是我们只讨论实有东西(而不是讨论应有的东西)的地方,在经验中给予我们的那个受条件限制的东西总是被思维作同样也是不必然的。所以,限制那受条件限制的就不是作为绝对必然的而被知道的,只是作为相对必然的,或者更确切地说,作为需要的;就其本身以及在验前来说,它是我们在想要由理性而知道那受条件限制的东西时所假定的一种随意选定的预先假定。所以,如果在理论知识的领域中,想要知道一个东西的绝对必然性,就只得通过验前的概念,而绝不由于设定它作为在经验中所予的一种存在的原因而得知。

如果理论的知识涉及任何经验不能达到的对象或者对象的概念,它就是思辨的。它所以被称为思辨的是为了把它和关于自然的知识区别开来,而关于自然的知识只是涉及在一种可能的经验里能被给予出来的那些对象或对象的述项。

我们用来从作为结果看的发生的东西(经验上不必然的东西)推论到一个原因,这种原理是关于自然的知识的原理,而不是思辨的原理。因为,如果我们抽去其所以成为包含一切可能经验的条件的原理的东西,并把一切经验的东西搁置在一边,而想要把它应用于一般不必然的东西,那么主张有能向我们表明怎样从我们面前的东西过渡到某一称为它的原因的完全和它不同的东西,这类命题,就毫无正当理由了。在这种纯是思辨的使用中,任何其客观实在性能具体地成为可理解的这种意义,不仅要从不必然的东西的概念中丧失,而且会从原因的概念中丧失。

[528]　如果我们从世界中事物的存在推论到事物原因的存在,我们就不是在自然的知识上使用理性,而是在思辨上使用理性了。因为前一类型的知识,把它当作在经验上是不必然的,并且关联到一种原因的东西,并不是事物本身(实体),而只是发生的东西,即事物的状态。至于实体(质料)在其存在本身上是不必然的这点,需要以一种纯思辨的方式才能知道。其次,甚至在我们只是谈到世界的形式、事物联系和变化的方式,并想要从这些推论到完全与世界不同的一种原因时,它就又成为纯思辨理性的一个判断了,这是由于我们所谈到的对象并不是可能经验的对象。在这种使用上,这条只在经验的领域里面才有效、而在此以外就不能应用并且实在是毫无意义的因果作用原理,就完全改变了它应有的用途了。

我现在主张,在神学上,任何只是在思辨的方式上使用理性的企图都是毫无效果且完全无效的,理性在自然研究中使用的原理绝不导致任何神学。结果就是,惟一可能的理性神学就是以道德律为根据的或者是从道德律寻找指导的理性神学。理性的一切综合原理只容有一种内在的使用;为了得到关于一个最高存在者的知识,我们就得要把这些原理用于先验上,而对于这种用途,我们的知性是绝不适宜的。如果在经验上有效的因果作用规律会导致那个原始存在者,那么原始存在者就必须属于经验的一连串的对象,而这样一来,它就会和一切出现一样,本身又是受条件限制的了。但是,即使借助于结果对其原因的关系这种力学的规律,把跳过经验的限度看为是可容许的,那么由这种手续我们能获得什么概念呢?它绝不提供关于一个最高存在者的概念,因为经验永远不给我们以一切可能结果中最大的结果——像提供这种原因的证据所需要的那种最大的结果。如果设法通过最高的完善和原始的必然性的这种纯然理念来弥补我们概念中确定性的缺陷,我们固然可以作为一种好意的表示而接受,但却不能靠一种不可争辩的证明把这作为权利而提出要求。所以,自然神学的证明,由于它把思辨和直观结合起来,也许能对其他的证明(如果有这种证明的话)增加力量;但是单独地来看,它只能用来给理性作为神学知识的准备,并且在这个方向使它有一种自然的倾向,而就理性本身来说,靠它自己是不能完成这项工作的。

这一切都清楚地指向这个结论:先验的问题只容许有先验的解答,即是说这种解答所根据的完全是验前的、毫无经验性的东西掺杂在内的那些概念。但是所讨论的问题显然是综合性的,只要我们把我们的知识推广到经验的一切限度以外,即推广到与我们的一种纯然理念相应的存在者的存在,而这个理念是任何经验所不能比拟的。然而,像我们所已经证明的那样,综合的验前知识只在它表达可能经验的形式条件的限度内才成为可能的;因而一切原理都只具有内在的有效性,即是说,它们只适用于经验性知识的对象,只适用于出现。所以想要通过纯为思辨的理性,利用一种先验的手续来构成一种神学,这一切企图都是毫无结果的。

但是即使有人宁可怀疑在分析论里所曾提出的所有那些证明,而不愿丧失他长期依赖的有充足的论证支持的那种信念,他仍然不能拒绝满足我的要求,即至少应该圆满地说明,他怎样并且借助于哪一种内心的灵感,而相信他能只靠着理念的两翼就高高翱翔在一切可能的经验的上空。新的证明或企图改善旧的证明,我都一律不去管了。在这个领域中,其实选择余地是很少的,因为一切纯是思辨的证明,终究是叫我们回到同一个证明,即本体论的证明中去,所以我并没有任何实在的理由害怕那些脱离感性的理性的独断拥护者会有许多丰富的创见。可是谈到发现这一类企图的谬误,从而使它的主张归于无效,却是我不得不应战的;而且我尽可能这样做,即使我不认为我是一个能征惯战的战士。但是我用这种方法,绝不指望根除那些习惯于独断劝导方式的人心中的侥幸成功的期望;所以我就限于这缓和的要求,请他们用普通的且根据人类知性的性质以及我们一切其他的知识来源的话语,对这一个问题作出令人满意的答复:完全验前地扩充我们的知识并且把它扩充到这样一个领域里——这个领域

对我们来说，没有经验的可能，因而无法证明我们自己所想出的任何概念的客观实在性；在这种工作中，我们到底是如何开始的呢？不管知性用什么方式达到一个概念，这个概念的对象的存在，是永远不能通过任何分析而在概念里面发现的；因为关于对象的存在的知识正在于这个对象是存在于我们的思想以外的。仅仅通过概念要发现新的对象以及不可捉摸的(überschweng icher)存在者是完全不可能的；而求援于经验也毫无用处，因为在任何情况下，经验所提供的只能是出现。

但是，即使理性在其纯是思辨的使用上，对于这么伟大的工作——即要证明一个最高存在者的存在——远远不适合，但是理性仍然有很大的效用，它能纠正从其他方面得来的关于这个存在者的知识，使这种知识不自相矛盾而且和所有对于知性对象的观点相互一致，并且使它免除一切和一个原始存在者的概念不相容的东西，并除去一切经验限制的掺杂。

所以，先验神学虽有其种种不足，但是在它的消极用途上还是极其重要的，而且可用来作为我们理性的经常批评者，只要理性和纯粹理念打交道，而纯粹理念，就其是纯粹理念来说，是不容有不是先验的标尺的。因为，如果在某种其他的关系上，也许在实践的一些根据上，一个最高而无所不足的存在者作为最高智力这种预先假定，能毫无问题地证明它的有效性，那么在它的先验方面，正确地确定这个概念为一个必然的、最为实在的存在者的概念，使它免去一切只是属于出现的(广义的拟人论的)、因而和最高实在性不相调和的东西，而且同时又处理了一切与之相反的主张，无论是无神论的、神有论的、或拟人论的主张，这是极其重要的。其实这种批判的处置绝不是困难的，因为使我们能够证明人类理性无力主张这样一个存在者的存在的那些根据，也足以证明一切相反主张是无效的。因为，我们能从哪种根源，通过理性的纯然思辨的使用，得出这种知识，即认为没有作为一切事物的终究根据的最高存在者，或者说这个最高存在者并不具有任何我们从其后果来推论而表现为和一个能思维的存在者所有力学的实在性相类似的那些属性，或者如拟人论者们所坚持的那样，说这个最高存在者必然从属于感性又必然加在我们通过经验而知道的那些智力之上的一切限制呢？

可见，对于理性的纯是思辨的使用来说，这个最高存在者虽然一直就是一个单纯的理想,但是它不失为一个毫无瑕疵的理想,是完成人类全部知识的而成为这知识的极点的一个概念。它的客观实在性固然不能只由思辨的理性而得到证明,但是也不能只由思辨的理性而予以否定。那么如果有一种道德的神学能够弥补这种缺陷,从前只是有问题的先验神学,就会证明它是确定这个最高存在者的概念,以及经常检查常为感性所欺骗而总是和它自己的理念不能调和的理性,所不可或缺的了。必然性、无限性、统一性、世界以外的存在(而不是作为世界灵魂的)、不受时间条件限制的永恒性、不受空间条件限制的遍在、全能,等等,都只是先验的述项,因此,凡是神学认为不可或缺的这些述项的纯洁化概念,都只能是从先验神学得来的。

[532]

先验辩证论附录

纯粹理性的理念的限定性使用

纯粹理性一切辩证尝试的结果不但证实了我们在先验分析论中所已经证明的,即自以为引导我们超出可能经验范围以外的我们所有那些结论,都是骗人而毫无根据的;它并且同时也以这种教训来教导我们说,人类理性有一种想要超过这些界限的自然倾向,并且先验理念对于理性正如范畴对于知性的一样是自然的——尽管有这种分别,即范畴导致真理,也就是导致我们的概念和对象相符合,而理念所产生的虽然是纯然的幻象,但却是不可抗拒的,它的有危害性的影响,即使我们通过最苛刻的批判,也仅仅只能中和而已。

A643
B671

如果一种东西的基础是在我们力量的本质里的,这个东西就必然适合这些力量的正当使用并且和这样使用相一致,只要我们能够防止某种误解而发现这些力量的正当方向。所以我们有权认为,先验理念本来有其好的、正当的、因而是内在的用途,虽然在误解它们的意义而把它们当作实在事物的概念时,它们在应用上就成为超验的了,而正由于这个缘故,它们就能成为欺骗人的了。因为能够成为超验的或内在的东西,并不是理念本身,而只是它的用途。所谓超验或内在,就是指超出一切可能经验的范围以外或者在经验的限度以内有其使用,前者是就理念用于一个错认为和它相应的对象而言,后者是就对于知性有权处理的对象只被引向知性的一般用途而言。一切非法偷换的错误,都应归之于判断力的久缺,而绝不能归之于知性或理性。

[533]

理性对于对象绝无直接的关系,而只是对知性有关系;它只是通过知性才有它自己[特定的]经验性使用。所以理性并不创造[对象的]概念,而只安排它们,并且给它们以统一性,即只在概念得到最大可能的应用时,也就是以在各种的系列里获得系列的总体为目的时,才能具有的那种统一性。知性并不去管这种总体,而只问这种联系,即通过这种条件系列按照概念而自己得以成立的这种联系。所以理性以知性以及知性的有效应用作为它的唯一对象。正如知性通过概念把对象里的杂多统一起来那样,理性也通过理念把概念的杂多统一起来以设定某一集合统一性作为知性种种活动的目标,而在其他方面,知性关心的只是个别的统一性。

因之我主张,先验理念绝不容有任何组织性的使用。在它们这样被错误地看待,因而被看作是提供某种对象的概念时,它们就只是伪理性的概念,即只是辩证的概念了。另一方面,先验理念有一种极好的、实在是必需而不可或缺的限定性的使用,即指导知性指向一定的目标,凡是知性的一切规则所决定的路途都汇集在这一目标上,犹如它们汇集在一个交切点上。这一点固然是一个纯然理念、想象的一个焦点(focus imaginarius),由于这焦点完全处在可能经验的范围以外,知性的概念实际上并不是从它出发的;不过它却有益于给这些概念以一种与最大可能的扩大相结合的最大可能的统一性。这样就会引起一种幻象,以为上面所说的路线,在经验上可能的知识领域以外的一种实在的对象里有它们的来源①——正如在一面镜子中所反射的对象,看起来是在镜子后面一样。但是,如果我们要把知性指向(作为可能经验总和的部分的)任何所予的经验以外,从而获得它的最大可能扩大,这种幻象是必然需要的(不过我们不应为它所蒙蔽),正如在镜中所见的情况下,如果除了横在我们眼前的对象之外,我们还想要看到远在我们背后的那些对象,那么其中包含的幻象就是势所必然的了。

如果我们就其整个范围来考虑知性给我们的知识,就会发现理性在它对于这种知识的全体的态度上有特别不同的一点,即它规定而且设法达成知识的系统化,也就是显示知识各部分依照一个单一原理的相互联系。理性的这种统一性,始终是预先假定有一个理念,即知识全体的形式——这个全体先于各部分的确定知识,而且包含着验前给每部分确定了它的地位以及它对于其他部分的关系所需要的条件。因之,这个理念在知性所获得的知识里面,设定一种完全的统一性作为这种知识的先决

---

① 这里"在……对象里有它们的来源"是 Mellin 读原版的 ausgeschlossen 为 geflossen 之译。——英译者。如依原读则应译为"从对象发现它们的来源",1922 年 Cassirer 柏林版就仍依原读,可供参考。——中译者

条件,而通过这种统一性,这种知识就不只是一种不必然的堆积,而是按照必然规律而联成的一个体系了。我们不能说这种理念是关于对象的概念,它只是这种概念的彻底统一性——就这种统一性作为知性的规则而言。这些理性的概念不是从自然得来的;相反,我们是按照这些理念来质问自然,如果我们的知识和这些理念不相称,我们就认为它是有缺点的。大家承认,纯土、纯水、纯气等等,是没有的。可是,我们需要这些东西的概念(虽然就它们的完全纯洁性来说,它们只在理性里面才有其起源),以便适当地确定在产生的种种出现之中,这些自然的原因各自所占的份额。所以为了按照一种机械性理念说明物体间的相互化学作用,就把每一类物质都还原为土(就其重量来说)、为盐和燃烧体(就其力来说),以及作为转运器的水与气(像是头两种原素借以产生其结果的机器)。通常用来表达的方式固然与此有些不同,但是仍然容易看出理性对于自然科学家的分类的影响。

如果理性是从普遍推演出特殊的一种能力,并且如果普遍在其本身已经确定而被给予出来了,那么需要的只是判断力来实行归摄的过程,这样特殊就在一种必然的方式上得到确定了。我将这称为理性的必然性使用。可是,如果承认普遍只是可疑的,并且是一种纯然理念,则特殊是确实的,但是以这个特殊作为它的后果的那条规则的普遍性仍然是一个问题。我们把全部是确实的一些特殊事例按着这条规则来加以检查,看它们是否由这条规则而来。如果看来一切能引用的特殊事例都是从这条规则而来的,我们就可推断出规则的普遍性,而从这点又推论到一切特殊事例,乃至本身还没有被给予出来的那些事例,我将称这为理性的假设性使用。

以被认为是可疑的概念之理念为根据的这种理性的假设性使用,严格说来,不是组织性的,就是说,严格地来判断,它不具有我们所能认为的那种性格,即证明我们采取作为假设的那条普遍性规则的真实性。因为,我们怎样知道一切在实际上由这条被采用的原理而来的可能后果都证明这原理的普遍性呢?理性的假设性使用只是限定性的;就可能的限度来说,它的唯一目的是把统一性引到我们零碎知识的体系中来,从而使这规则接近于普遍性。

一、先验原理论

所以,理性的假设性的使用以知性知识的系统统一性为目的,而这种统一性就是它的一切规则的真实性的标准。可是这个系统统一性(作为一个纯然理念)只是计划中的一种统一性,不能认为它本身就是所予的,而应认为它只是一个须解决的问题。这种统一性帮助我们为知性在其多种多样而特别的使用方式中找出一条原理,使知性注意到还没有被给予出来的事例,从而使它更为连贯一致。

但是从这些考虑而使我们有正当理由来得出的惟一结论就是,理性所规定的知性知识杂多的统一性,是一条逻辑性的原理。它的作用是在知性靠它自己不能建立起规则的那些情况下,通过理念而帮助知性,同时又在一条单一的原理之下,给知性的各种不同规则以统一性,或系统性,从而使其尽可能地保持前后一贯。但是,如果说对象的造性或认识对象之为对象的知性的本质,在其本身来说,就已被确定了具有系统的统一性,并且说我们在某种程度上能够不问理性的任何这种特别利害关系,而在验前设定这种统一性为当然的,因而我们能够主张知性的知识在其一切可能方式上(包括经验性的知识)具有理性所要求的统一性,并从属于种种共同的原理,而知性的各种方式,虽然极不相同,但却能从这些共同的原理推演出来——那么,这些说法就是肯定了理性的一条先验的原理,并使这种系统的统一性不只作为方法在主观上以及在逻辑上是必然的,并且在客观上是必然的了。

我们可以通过理性使用的一个实例来说明这点。在符合知性的概念的各种统一性之中,也包含被称为"力量"的实体之因果作用的统一性。同一个实体所显出的各种各样的出现,乍看起来是各自不同,因而在一开始,我们就得假定有多少结果就有多少不同的力量。例如在人的心中,我们有感觉、意识、想象、记忆、机智、辨别力、愉快、欲望等等。可是有一条逻辑的准则,要求我们尽其可能把这些能力拿来互相比较,而发现它们所隐蔽的同一性,借以减少这种表面上的分歧。我们得要研究,想象结合着意识,也许就与记忆、机智、辨别力是同样的东西,而且也许和知性及理性也是同一的。虽然逻辑不能决定实际上是否有一种基本力的存在,但是这样一种力量的理念却是包含在力量杂多性的系统表象中的一个问题。理性的逻辑原理要求我们尽可能完全地实现这种统一性;越是发现这种

[537] 和那种力量的出现是彼此同一的，它们就越有可能只是同一种力量的不同表现，而这种力量相对于更特定的力量就可称为基本力，对于其他的力量，也是同样如此。

相对的基本力又必须互相比较，以便找出它们的和谐一致，从而使它们接近于一单个根本的力，即绝对的基本的力。但是理性的这种统一性仅仅是假设性的。我们并不是肯定这样的一种力量必然会被碰见，但是为了理性的利益，即为了给经验所能提供给我们的杂多规则确立一定的原理，我们必须去寻找它。凡是有可能的地方，我们都必须努力以这种方式把系统的统一性带到我们的知识里面来。

A650
B678

但在转到知识的先验使用方面的时候，我们发现基本力这种理念并不只是被当作理性假设性使用的一个问题，而是要求具有客观实在性，作为设定一个实体各种各样的力量的系统统一性的基本条件，而表示理性的必然原理，因为在还没有作出任何试图说明这些种种力量是和谐的，甚至在一切试图这样做已经失败之后，我们仍然预先假定这样一种统一性实际上是存在的，这不仅像在上面所举出的实例那样，因为有实体的统一性而如此，就是对一般的物质来说，我们所面临的力量，虽然在一定程度上是同质的，但同时也是各不相同的，在这种情况下，也是如此。在一切这样的情况下，理性之所以都预先假定各种各样的力量之系统统一性，是由于特定的自然律都从属于更一般的规律，并且由于原理中那种节约，不只是理性的经济要求，而且也是自然自己的规律之一。

的确，除非我们也预先假定一条先验的原理——由此而在验前假定这种系统的统一性本来就必然存在在对象里——否则，我们就很难理解怎么能有一条"理性用来规定规则的统一性"之逻辑原理。因为，理性有什么权利在其逻辑使用上要求我们把自然中所显露的杂多力量当作一种单纯隐蔽的统一性，并且在可能限度内从一种基本力中引申出这种统一性来呢？——如果可以随意承认，一切力量都是不同质的，并且我们得出的这种系统的统一性可以不和自然相符合，那么理性又怎能这样做呢？这样理性就会违背它自己的使命，想要把一种完全和自然的安排不一致的理念作为它的目的了。我们也不能说，理性在按照它自己的原理进行时，通过对自然的不必然的造性的观察而达到关于这种统一性的知识。

A651
B679

[538]

一、先验原理论

因为要求我们去寻求这种统一性的理性规律,是一条必然的规律,没有这条规律,我们就会完全没有理性,而没有理性,就没有知性的一贯运用,而没有这种运用,就没有经验性真理的充足标志了。所以,为了取得一种经验性的标志,我们就毫无选择,惟有预先假定自然的系统统一性是客观上有效的而且是必然的。

虽然哲学家们一直总是不承认这条先验原理,甚至自己也确实没有意识到曾用过它,但是我们却发现,这条原理是以很值得注意的方式蕴含在他们所由以进行的各种原理中的。个别事物在许许多多方面的不同,并不排斥种的同一性,各个种必须看为是少数类的不同确定,而这些类又是更高类的不同确定,如此类推;总而言之,我们必须在其能从更高而更一般性的概念推演出来这个限度内,追求一切可能经验性的概念的一定系统的统一性——这是一条逻辑的原理,是经院派的规则;没有这种原理,就不能有理性的使用。只因为有在普遍的性质被归之于事物而作为特殊性质所根据的基础这个限度内,我们才能从普遍推断特殊。

哲学家们在那条著名的经院派准则里,就是预先假定在自然中发现了上面所说的这种统一性的。那准则是说,基本原理或原则,无必要时不得增多(entia praeter necessitatem non esse multiplicanda 除非有必要,事物不要增多)。这条准则声明,事物按其本性是给理性的统一性提供材料的,表面上的无限分歧,不足以妨碍我们去假定在这种分歧的背后有基本性质的统一性——这些性质通过重复的确定,种种分歧就由之而得出。虽然这种统一性是一种纯然理念,但在各时代里,人们都热烈地追求它,所以就须节制对它的欲望,而不是去鼓励它。当化学家成功地把一切盐类还原为两大类,即酸与碱时,已有了很大的进步;但他们还要努力说明甚至这种差别也不过是同一种基本质料的变异或分歧的表现。化学家们曾一步一步地设法把各类的土(石头乃至金属的质料)还原为三类,而且最后还原为两类;但并不以此为满足,他们不能放弃这种思想,即认为在这些类的背后只有一类;不但如此,甚至土与盐还可能有一条共同的原理。尽可有人认为这只是一种节省的措施,是理性想用来省掉一切可能的麻烦,是一种假设的试图,如果成功的话,通过这样得来的统一性,就要给所假定的解释原理以盖然性。但是这样一种自私的意图是很容易和所

说的理念区别开来的。因为照着这个理念,每个人都预先假定理性的这种统一性是和自然本身一致的,而且理性——虽然事实上不能确定这种统一性的界限——在这里并不是乞求而是命令的。

如果在呈现于我们面前的形形色色出现之中,有这么大的多样性——我不说在形式上,因为在那方面,形形色色可能是互相类似的;而是在内容上,即在所存在的东西的杂多性上——以致即使最敏锐的人类知性都绝不能通过比较它们而看出丝毫的类似性来(这是很可设想的一种可能性),那么"类"的逻辑规律就站不住脚;我们甚至就不应该有类的概念,或者老老实实说不应该有任何其他普遍概念;而只和这种概念打交道的知性本身也就不存在了。所以,如果类的逻辑原理是要应用于自然(我在这里所理解的自然只是被给予我们的那些对象),它就应预先假定一条先验的原理。而按照这后一条原理,在可能经验的杂多中就必然要预先假定同质性(虽然我们不能以验前方式来确定它的程度);因为没有同质性,就没有经验性的概念是可能的,因而就没有经验是可能的。

设定同一性为它的先决条件的这条类的逻辑原理,是为另一条原理,即种的逻辑原理所平衡的。种的逻辑原理要求事物中有杂多性以及分歧性,虽然由于这些事物都属于同一类而有其一致性,这条原理并且规定知性要注意事物的分歧性一如注意其同一性。这条种的逻辑原理(即区别观察的原理,也就是辨别力的原理)对前一条原理(即机智力的原理)中所可能有的轻率,立定一种限度;这样理性就展现出一种双重的、自相冲突的兴趣,一方面是关于类的范围(即普遍性)的兴趣,而另一方面是关于种的多数性的内容(即确定性)的兴趣。在前一种情况下,知性多是在概念之下进行思维,而后一种情况,知性多是在概念之中进行思维。这种双重的兴趣也在自然研究者中间的思维方法的分歧上表现出来。那些偏重于思辨的研究者,我们几乎可以说,都敌视异质性,并且总是要寻找类的统一性;另一方面,那些偏重于经验的研究者,则经常努力于以那种种方式来分化自然,以致几乎使按照普遍原理而确定自然的种种出现这种企图,成为绝望。

这后一种思想方式显然根据的是以一切知识的系统完整性为目的的逻辑原理——这种思想方式所规定的,是从类开始,而下降到可能包括在类之下的杂多,从而得到其体系的扩大,正如在另外一种办法即上升到类的办法中,我们要努力得到这个体系的统一性。因为如果我们的注意力局限在划定一个类的这种概念的范围,就不能确定在它的[逻辑]划分中,我们能进行到什么程度,正如我们只从一个物体所占住的空间不能判定在其部分的[物理]分割中能进行到什么程度一样。结果就是,每一个类都要求有种的分歧,而这些种又要求有族的分歧;而既然这些族之中,绝没有任何一族本身是没有范围的(即作为共通的概念 conceptus communis 的范围),于是理性在进行到完整性之中,就要求不得把任何一个种看为在其本身就是最低的。因为既然种总是一个概念,所包含的只是不同事物所共同的东西,所以它就不是完全确定了的。所以,它就不能和个体直接发生关系,而必然有其他的概念,即族,总是被包含在它之下。特殊化这条规律可以公式化而成为这条原理: entium varietates non temere esse minuendas(事物的多样性不得盲目地减少)。

但是容易看出,这条逻辑规律,如果不依据一条特殊化的先验规律,就将毫无意义,而且不能应用。这条特殊化的先验规律固然不是要求在能成为我们的对象的事物之中的差异的现实无限性——这条逻辑性原理,由于它只肯定这个逻辑的范围在可能划分方面的未确定性,所以它并不是为这种主张提供什么根据——但是这条特殊化的先验规律仍然把这种任务加在知性身上,要求知性在每一个可以找出来的种之下,去寻找族,而且在每一种差异之下去寻找还要更小的差异。因为如果没有更低的概念,就不能有更高的概念。可是知性能有知识,只是通过概念,因而无论它把这个划分的过程进行到多么远,从来就不只是通过直观,而总是通过更低的概念的。在其完全确定上的关于出现的知识——它只是通过知性才有其可能——要求在我们概念的特殊化中有一个无止境的进展,并推进到其他还剩下来的种种差异上去,这些差异是我们在种的概念中已抽去的,而在类的概念中则更是这样。

特殊化这条规律不能得自经验;经验永远不能使我们看见任何这样辽阔的远景。如果不是为在前的特殊化先验规律所引导,经验性的特殊化就会很快在分辨杂多时停顿下来。那特殊化先验规律作为理性的一条原理,引导我们总是去寻找更多的差异,甚至在感官已不能揭示差异的时

[542]

候，还引导我们猜疑有差异的存在。发现吸收性的土类是不同种类的（有石灰土类以及盐酸土类），只是在前面有理性的规则的指导，才是可能的——理性进行中所假定的乃是自然是这么纷繁复杂，所以我们就可认定有这种差异，因而为知性规定去追寻这些差异的任务。其实，只是在认为自然中有种种差异这种假定上，正如只是在自然的对象显示异质性这种条件下，我们才能有知性这种能力。因为包括在概念下的东西之分歧也正是使概念的使用有其机会和知性有其运用的东西。

A658
B686

所以，是理性替知性准备了它活动的领域：(1)通过更高类之下所有杂多的同质性这条原理；(2)通过更低种之下同质的东西的多样性这条原理；(3)为要完成这种系统的统一性，必须还有一条规律，即一切概念的亲和性（Affinität）这条规律——这条规律规定我们通过分歧性的逐渐增加而从每一个种过渡到一切其他的种。这些原理可以称为形式的同质性、特殊化和连续性原理。连续性的原理是从其他两条原理的结合而成的，因为只有通过上升到更高的类和下降到更低的种这两种过程，我们才能获得系统在其完整性上的联系这个理念。因为一切众多的差异在那时才相互发生关系，这是由于通过越来越大地扩充确定的一切等级，它们都从一个最高的类而发生出来。

[543]

A659
B687

三条逻辑原理所规定的系统的统一性可以用以下的方式来说明。每一个概念都可看作是一个点，作为观察者的站，这一点就有它原有的视界，就是从那个观点所能表现而且好像能概观的形形色色的事物。这个视界必须能够包括着无数的点，而每一个点又有它自己的更狭隘的视界；即是说，每一个种，都按照特殊化这条原理，包括着一些族，而这个逻辑性的视界完全由更小的视界（族）所组成，绝不是由不具有范围的点（个体）所组成的。但是对于种种不同的视界，即类来说，这些类的每一个都由它的概念所确定，都有一个共同的视界，我们能够从它，像是从一个共同的中心点那样，来概观一切的类；而从这个更高的类，我们就能一直进展到我们到达一切类的最高类，从而到达那个普遍的、并且是真正的视界，这个视界是从最高的概念的观点被确定的，并且在它自身之下包括着一切杂多性——类、种和族。

把我们带到这个最高观点的是同质性的规律，而带到一切更低的观

一、先验原理论

点以及它们最大可能的多样性的是特殊化的规律。而且，既然这样在一切可能概念的整个范围里就没有空隙，并且既然在这个范围以外不能碰见任何东西，那么从这种普遍视界和它的完全划分的预先假定就产生了这条原理：形式之间没有空隙（non datur vacuum formarum），就是说，没有彼此孤立的不同的原始的、最初的类，就像是为一种空洞的间隔空间所分开的那样；而一切众多的类都只是一个单独的最高而普遍的类的划分。作为这条原理的直接后果又可得出：形式之间有连续性（datur continuum formarum），就是说，种的一切差异都是一个接连一个，不容有从一个到另一个的飞跃，它们之间的过渡都只能通过介于两者之间的一切更小等级的差异。总而言之，从理性说来，不会有最大可能彼此接近的种或族，在种之间总是可能还有其他中间的种，这中间的种与各个种的差异总是小于各个种彼此之间的差异。 A660 B688

第一条规律使我们不致满足于过多不同的原始类，而叫我们恰如其分地注意到同质性；第二条规律则对于这种趋于统一性的倾向加以阻抑，而坚持在我们着手把一个普遍概念用于个体之先，要辨别它里面的族。第三条规律则通过以下规定而把前两条规律结合起来，这规定①是：即使在极端的杂多性之中，我们在从一个种到另一个种的逐渐过渡中也观察到一种同质性，从而能看出不同的分歧之间，由于都是从同一个主干产生出来的，就有一种关系。

种的连续性（continuum specierum）这条逻辑规律在逻辑的形式上（formarum logicarum）是预先假定了一条先验的规律（即自然中连续性的规律 lex continui in natura）。没有这条规律，前一条规律就只会把知性引入歧途，使它遵从一条也许完全违反自然本身规定的途径。所以这条规律必须以纯粹先验的根据为基础，而不能以经验的根据为基础。因为如果它以经验的根据为基础，它就会比体系发生的要晚，而实际上在我们关于自然的知识中的一切有系统的东西，都是由这规律本身所引出的，这些规律的形成并不是由于什么进行某种实验的秘密之计——这些规律 ［544］

---

① 按句法，"规定"是指第三条规律的规定，这是依 Hartenstein 读原版的代名词 sie 为 es 而翻译的。——英译者

^{A661}
^{B689}只是被当作试验性的建议而提出的——的缘故。这类的预测，一旦被证实，就会产生强有力的证据以支持假设所想的统一性是极有根据的这种见解；因而这样的证据在这方面是有其实用效果的。但是很明显，这些规律是把基本原因的节省、结果的杂多性，及由此二者而来的自然各部分之间的亲和性，都看作是合理而自然的，因此，这些原理本身就直接是令人愿意接受的，而不只是方法上的措施而已。

但是容易看出，形式的这种连续性是一种纯然理念，在经验中并不能发现任何与之相合的对象。因为首先，自然中的各个种实际上是分开的，因而构成一个分离量。如果在追溯各个种的亲和性时，进展确是继续不断的，那么在任何两个所予的种之间就会有中间各项的真正无限性，而这是不可能的。而且其次，我们并不能拿这条规律作任何在经验上的确定使用，因为它所教导我们的都只是泛泛地说到我们要寻找的亲和性的级别，至于我们寻找这些级别时要找到什么程度，以及要用什么方法去寻找，它并没有提出任何标准。

A662
B690

[545]
如果我们把系统的统一性这些原理，照着适合它们在经验上使用的顺序，加以安排，它们的顺序就是：杂多性、亲和性、统一性，它们每一个都是在其最高度的完整性上被理解为一个理念的。理性预先假定有知性所获得的知识，这种知识和经验有直接关系，而理性按照远远超出一切可能经验的范围以外的理念来寻求这种知识的统一性。杂多（虽然有它的分歧性，但是由于它隶属于统一性的原理）的亲和性固然与事物有关，但更多地是与事物的属性以及能力有关。例如，如果起初我们不完善的经验使我们把行星的轨道看成圆形，但是如果我们后来发现这些轨道是逸出圆形的，我们就追溯这些逸出圆形的偏差，直到能按照固定的规律，通过那一切无限的中间等级，把圆形变为那些偏斜轨道之一。即是说，我们假定行星的运动本不是圆形的，是或多或少接近于圆的性质；于是我们就到达一个椭圆形的理念。再如由于彗星在观察所及的限度内，并不按任何这样的进程回到它们原来的位置上，它们的轨道就显出更大的偏差。这时我们所做的就是假定彗星是在抛物线的路线上进行的，而这种路线和

A663
B691
椭圆形近似，而就我们所有的观察来说，这种路线和一个具有无限制地伸长其长轴的椭圆是不能区别的。这样，在这些原理的指导下，我们在轨道

的类的形式中就发现一种统一性,因而在行星运动的一切规律的原因里又发现一种统一性,那就是引力。然后我们又更进一步扩大我们的胜利,设法用同样的原理来说明一切变异以及表面上和这些规则离异的情形;最后,我们甚至继续增加一些经验永远不能证实的东西,就是按照亲和性这些规则,设想彗星的双曲线轨道,而在这种轨道的路线上,这些天体就完全离开我们的太阳系,从一个太阳转向到另一个太阳,把宇宙的最遥远部分联系起来——这个宇宙,虽然对我们来说是无限的,但是却为那同一的动力完全连贯在一起。

这些原理值得注意的特色及其惟一与我们有关的东西,就是看来它们像是先验的,以及虽然它们所包含的是作为理性在经验上使用之指导的纯然理念——理性像是渐近线式似的遵循着这些理念,即越来越接近但永远不能达到——但是它们作为综合的验前命题,仍然具有客观的、但又不确定的有效性,并且用来作为可能经验的规则。在精心构成经验的过程中,这些理念用作辅导性的原理,是有很大的效用的。可是它们不能有先验的演绎;像我们在上面曾经说明过的那样,在理念的情况下,这样的一种演绎是永远没有可能的。

在先验分析论里,我们曾把只是作为直观的限定性原理的知性之力学的原理,和就直观来说是组织性的知性之数学的原理区别开来。但是对于经验来说,这些力学的原理却是组织性的,因为它们使那些没有它们就不能有经验的概念成为验前可能的。但是对于经验的概念来说,纯粹理性的原理就绝不能是组织性的;因为既然和它们相应的感性图型是永远不能被给予出来的,它们就永远不能有其具体对象。那么,如果我们不容许纯粹理性的原理被当作组织性的原理而作这样的经验性使用,我们怎样替它们找到一种限定性的使用,同时使其因此而有某种客观有效性呢?并且,这种所谓的限定性使用,又是什么意思呢?

知性是理性的一种对象,正如感性是知性的一种对象一样,使知性一切可能的经验性活动的统一性成为系统的,是理性的事情;正如使出现的杂多通过概念联系起来并使之从属于经验的规律,是知性的事情一样。但是如果没有感性的图型,知性的活动是未确定的;正如在谈到这个条件(知性应在此条件下,并依此条件所达到的限度以系统的方式去结合其概念)时,理性的统一性在其本身说来也是未确定的一样。但是,虽然我们在直观里不能发现知性一切概念完全系统的统一所需要的图型,不过又不得不承认这样一个图型的类似物是被给予出来的。这种类似物就是知性知识在一条原理之下的划分与合一中的最大这个理念。因为,只要把一切引起不确定的杂多性的限制条件都放在一边,那最大而绝对完整的东西是能确定地被思维的。所以理性的理念就是感性的图型的一种类似物;但是有一点不同,即知性概念应用于理性的图型上时,并不产生关于对象本身的知识(像把范畴应用于它们的感性图型上的情况那样),而只产生知性一切使用的系统统一性的规则或原理。但是,既然验前规定知性在其使用中的彻底统一性的原理对于经验的对象也都有效,尽管只是间接地有效,那么纯粹理性的原理对于那个对象也必须有客观的实在性;但并不是为了在那对象中确定什么,而只是为了指出一种程序,使知性的经验性的和确定的使用能由以与它自己达到完全的一致。这种成功,是由于使知性的使用尽可能地和彻底统一性的原理联系起来,并且在这条原理的指导下确定了它的程序。

凡是不从对象的造性,而从理性对于对象知识的某种可能的完成之关心而得来的一切主观原理,我称为理性的准则。所以,有一些思辨理性的准则,它们完全是依据思辨的兴趣,尽管看起来像是一些客观的原理。

当单纯的限定性原理被当作组织性原理来处理,并且因此作为客观的原理使用时,它们就可能陷入相冲突之中。但是,在这些原理只作为准则来处理时,并没有实在的冲突可说,而只有引起不同的思维方式的理性之兴趣的差异。事实上,理性只有唯一一种兴趣,而它的准则的冲突只是这种兴趣努力想得到满足而使用的各种方法之间的差别,以及这些方法之间的相互限制。

所以一个思想家可能(按照特殊化的原理)特别地关心杂多性,而另一个思想家则可能(按照集合的原理)特别地关心于统一性。他们各自都相信他是通过对于对象的洞见而得到自己的判断的,其实它们完全是依据更多或更少地执着于这两条原理之一而作出的;而且,既然这些原理都不是根据客观的理由而只根据理性的兴趣,严格说来,"原理"这个名称是不适用的,更适当的是称为"准则"。在我们观察到明智之士就人、动物或植物,乃至矿物的特征互相争辩时,如有的人认为每个民族都有特定的遗传性,各家族、各种族都有确定的遗传差异,而反对的一方则坚决主张在这一切情况下,自然都对一切作了恰恰同样的安排,这些差别不过是由于外面不可预测的情况而来的,那么我们只要考虑一下他们作出这些主张所论及的是什么对象,就体会到这个对象隐蔽得很深,是不容他们谈什么洞见而深入到这对象的性质的。这种争辩纯粹是由理性的双重兴趣而来的。一方醉心于(或者至少采用)一种兴趣,而其他一方则倾心于其他一种兴趣。所以自然的杂多性和统一性的两条准则之间的差异是易于调和的。但是,只要把这两条准则看作是产生客观的洞见,那么直到找出一种方法调整它们的冲突的要求并在这方面满足了理性为止,它们就不仅引起争辩,还会成为积极的障碍,使真理的发现受到长期的延滞。

对于莱布尼茨①所指出,巴博内②所支持,而大家广为讨论的造物连续阶梯这条规律的肯定或否定,上面所说的也大致有效。这纯是从基于理性兴趣之上的亲和性的原理所得的结果。因为对于自然的安排的观察与洞见,绝不能使我们有正当理由对这条规律有客观的肯定。造物阶梯的各级,就它们在经验中向我们呈现出来的来说,彼此的距离是很大的;而且,在我们看来似乎可能是很小的差异,在自然界自身里常常是很大的间隙,因而关于自然的最后计划,我们是不能从任何这种观察里作出决定的。我们尤其应当记住,在这么多的事物中,发现一些类似性和相互接近的情况,绝不是很困难的事。另一方面,在自然中按照这样一条原理去追求秩序这种方法,以及规定我们把这样的秩序看作在自然本身中就有其根据——但并不确定它的根据在哪里或者到什么程度——的这个准则,确是理性的一条合情合理而极好的限定性原理,作为这种限定性原理,它远远超出了经验或观察所能证实的东西;而且,虽然它本身并不确定什么,但它却可用来划定趋向系统的统一性的途径。

---

① 见莱布尼茨的《新论》第 3 卷第 6 章(Nouveaux Essais, Liv. iii. ch. 6)。——英译者
② 见巴博内(Charles Bonnet, 1726—1793)的《关于自然的意见》(Betrachtungen über die Natur)第 29—85 页。——英译者

人类理性自然辩证性质的最终意图

纯粹理性的理念,就其本身来说,永远不能是辩证的;它们所引起的惑人的幻象只是由它们的使用而来的,因为它们发生于我们理性的本质;而思辨的一切权利与要求的最高法庭竟成了迷惑与幻象的根源,这是不可能的。所以,大概理念原有它们的好的且适当的任务,这是按我们理性的自然倾向所确定的。可是一伙诡辩家大声叫嚷,诬赖理性为背理与矛盾,虽然他们不能深入到理性最深的意图,但是他们却猛攻了理性的种种规定。然而他们之所以有尽所欲言的可能,而且有使他们能够非难和谴责理性对他们的要求的教养,其实都是由于理性所引起的良好影响。

我们非先有验前概念的先验演绎,便不能怀着确信而使用它。纯粹理性的理念固然不能有在范畴的情况下才有其可能的那种演绎,但是,如果这些纯粹理性的理念有丝毫的客观的有效性(不管那有效性如何不确定),而不是要成为纯然空洞的思想上的东西(entia rationis ratiocinantis),它们的演绎便必定是可能的,不管这种演绎——如同我们所承认的那样——怎样大大不同于那种我们所曾能够替范畴所做的演绎,这就要完成纯粹理性的批判工作,而这正是我们现在打算要进行的工作。

某东西是绝对作为一个对象而给予我们理性,还是只作为一个在理念中的对象,那是有很大分别的。在前一种情况下,我们是使用概念来确定对象;在后一种情况下,事实上只有一种图型,而并没有直接给予这图型的任何对象(即使是一种假设的对象),而这个图型只能使我们让我们自己在一种间接的方式上来表现其他的对象,那就是说,利用其他对象对于这个理念的关系,在这一些对象的系统统一性上来表现它们。所以,我说一个最理智的概念是一个纯然的理念,那就是说,不要把它的客观实在性理解为在于它直接和一个对象有关(因为在那种意义上,我们就不能为它的客观有效性辩解了)。上面所说的图型只是按照理性最大可能的统一性的种种条件而构成的一种图型——即只在我们理性的经验性使用中来得到其最大可能的系统统一性的一般事物的概念的图型。所以,我们好像是从这个理念所认为的对象得到经验的对象并把所认为的对象看作经验的对象的根据或原因似的。例如,我们声明,世界上的事物必须看成好像是从一个最高理智得到它们的存在似的。可见这个理念其实只是一个启发性的概念,而不是一个明示的概念。它并不给我们指明一个对象是怎样构成的,而是在它的引导下,我们设法去确定经验的对象的造性如何与其关联。那么,如果我们能够说明这三种先验的理念(心理学的、宇宙论的和神学理念),——虽然不是和与之相应的任何对象直接有关系——或者确定它们,然后以之作为关于理性在经验上使用的一些规则,引导我们在这样一种理念中的对象的预先假定的条件下达到系统的统一性;这样就对于经验性知识的扩大有所贡献,绝不致和它背道而驰,我们就可推断,总是按照这样的理念来进行,乃是理性的一条必要的准则。其实,这就是思辨理性的一切理念,不是作为把我们的知识扩充到比经验所能给予的更多的对象的组织性的原理,而是作为一般经验知识的杂多的系统统一性的限定性原理的先验演绎,通过这种限定性的原理,这种经验性的知识在它原有的限度内就更足够地得到保证,而且比在没有这种理念而只通过知性的原理的作用的情况下,有可能得到更有效的改善。 [551]

我将设法使我所说得更清楚些。依照这些作为原理的理念,我们将要,第一,在心理学中以内部经验为指导,把我们心中的一切出现、一切活动和接受性联系起来,好像心是以人格的同一性而持续存在(至少是在此生之中)的一种单纯实体似的,尽管它的状态(即肉体的状态只作为外部条件而属于它们)是在不断的变化之中。第二,在宇宙论中,我们必须在看作绝不容有完成的追求中穷追内部自然出现以及外部自然出现的条件,正好像出现系列在其本身没有止境,没有任何最初的或者说最高项似的。在这样做时,我们不必否定在一切出现之外有这些出现的纯知性的根据;但是由于我们关于这些东西一无所知,我们就绝不能企图在我们关于自然的解释中利用它们。第三,在神学的领域中,我们必须把凡能属于可能经验的脉络的东西看作好像这种经验形成一种绝对的、但同时又是完全依存的、而在感性上受条件限制着的统一体,而又同时好像一切出现的总和(即感性世界本身)有一个惟一的,最高而一切充足的根据,即一个自存的、原始的、有创造性的理性在它自己之外。因为我们正是看到这个有创造性的理性的理念才指导我们理性的经验性使用来得到它最大可能的扩大——那就是把一切对象看作好像它们都是从这样的一个原型而发 A672 B700

A673 B701

生出来似的,换句话说,我们不应该从一个单纯的思维的实体而得出灵魂的内部出现,而是要从一个出现按照一个单纯的存在者的理念得出另一个出现来;我们不应该从一个最高的理智得出世界的秩序与系统的统一性,而要从一个透顶聪明的原因而获得这个秩序,这个秩序是理性以之为依据来在联系世界的经验性原因与结果之中,可以最有效地使用的东西,而且这样就满足了它原来的种种要求了。

[552] 没有什么能妨碍我们去假定这些理念也是客观的,就是说,把它们实体化——但在宇宙论的理念的情况中是个例外。因为如果在那种情况下,理性这样进行就陷入二律背驰了。心理学的理念和神学的理念不包含任何二律背驰,并且没有矛盾。那么,怎么会有人争论它们的客观实在性呢? 否定它们的可能性的人,在否定的时候和我们在肯定的时候,同样是根据很少的知识。可是没有什么积极的妨碍能叫我们不假定什么,这并不是以充足的理由来假定它的;我们毫无正当的理由把超过我们一切概念的——虽然并不和这些概念相矛盾——单纯思想上的东西,作为实在的而且确定的对象来采用,而所有的证据只是专想去完成它自己所决定去致力的那种思辨的理性。不应把这些理念认为是在其自身存在着的,而只能认为是有图型的实在性——这里所谓的图型,就是自然知识系统的统一这条限定性原理的图型。这些理念应该被看成只是实在东西的类似物,而不是本身就是实在的东西。我们把我们知性用来限制这个概念的种种条件都拿走了,但也只有这些条件才使我们有可能对任何东西有一种确定的概念。那时,我们所思维的是某东西,关于它本身是怎样,我们是毫无概念的,但是我们却把它和出现的总和的关系想象为类似于出现之间彼此相对的关系。

如果我们像这样假定这种理想的存在者,我们其实并没有把我们的知识扩充到可能经验的对象以外;我们只是通过这个理念替这个图型所提供的那种系统的统一性扩充了这种经验的经验性统一性——因之这个理念不能要求作为一条组织性的原理,而只能要求作为一条限定性的原理。因为承认我们设定与这个理念相应的事物,即某东西或一个实在的存在者,并不就是说,我们要用先验的①概念来扩大我们关于事物的知

[553]

---

① 这里"先验"依第 4 版读原文的 transzendenten(超验的)为 transzendentalen 而译。——英译者,但 1922 年 Cassirer 柏林版仍依原读,姑依第 4 版中译以待参考。——中译者

识。因为这个被设定的存在者总是按其理念而不是按其自身而被设定的;因而它的被设定,只是用来表达理性在经验上使用所应遵循的规则那种系统的统一性的。关于这种统一性的根据,或者关于这种统一性所赖以作为原因的那个存在者的内部性格是什么,它是没有决定的。

所以,纯是思辨的理性所给予我们关于上帝的先验的而且惟一确定的概念,在最严格的意义上,是**神有论**的;那就是说,理性并不确定这样一个概念的客观有效性,而只是提供出某东西的理念,而这个某东西就是一切经验性的实在性的最高而必要的统一性的根据。我们思维这个某东西,只能依据那"按照理性的规律是一切事物的原因"的一个实在实体而进行类比。其实,这是我们必须如何思维它的方式,只要我们从事于把它作为一个特殊的对象来思维,而不愿意一直满足于理性的限定性的原理这个纯然的理念,而把思维的一切条件的完成作为远远超过人类的知性的东西而放在一边。可是,这种思维的进程和我们知识之中的那种并不为理性所限制的对于系统的统一性的彻底追求,是不相一致的。那么,事情就是这样的:如果我们假定一个神圣存在者,我们其实对于它的最高完善的内部可能性和对于它的存在的必然性,都丝毫不能设想;但是,另一方面,对于一切和不必然的东西有关的那些问题,我们是能够作出令人满意的答案的,而且,关于理性在它的经验使用中所追求的那个最高统一性,能使之有最完全的满意。可是,我们关于这个假定本身不能使理性得到满足,这就说明,使理性有其正当理由从一个远远超出它的范围的地方出发,并且努力用这种方法来考察其作为构成一个完整的全体的对象,这一切乃是理性的思辨的兴趣,而不是它的洞见。

我们在这里就碰到一种区别——一种思维在处理同一个假定时的程序的区别。这个区别是有点难于捉摸的,但是在先验哲学中是很重要的。我可能有充足的根据在一种相对的意义上假定(suppositio relativa)某东西,然而不能有权绝对地假定(suppositio absoluta)它。在一条只是限定性的原理的情况下,要估计到这种区别。我们承认这条原理的必然性,但是完全不知道它的必然性的根源;而在假定它有一个最高的根据时,我们只是为了更确定地思维它的普遍性而已。例如,当我思维一个与纯然的理念相应的存在者——其实与一个先验理念相应的存在者,是存在的——的时候，我没有权利来假定任何这样作为在其自身是存在的事物，因为没有那种通过它我能将任何对象思维成为被确定了的概念，来充足地用于这种意图——因为这个理念本身是排斥了我的种种概念的客观有效性所需要的一切条件的。实在性、实体、因果作用，乃至存在中的必然性这些概念，离开它们在使一个对象的经验性知识成为可能的这种用途，都毫无这种用来确定任何对象的意义。所以，我能够使用它们来说明感官世界中事物的可能性，而不能使用它们来说明宇宙本身的可能性。这种说明的根据应是在世界之外的，因而就不能是可能经验的对象。然而，虽然我不能假定这样一个不可思议的存在者本身，我仍可以假定它是与感官世界有关系的一种纯然理念的对象。因为，如果我的理性最大可能的经验上使用是依据一个理念的(即我马上就要更确切地予以确定的系统上完整的统一这个理念)，这个理念，虽然它本身绝不能在经验中充分地展示出来，然而为了使我们可以达到最高可能的经验统一性的程度而与之接近，它又是不可或缺的，那么，我就不但有权，而且不得不实现这个理念，那就是给它设定一个实在的对象，但是我只能把设定为在其本身我是毫无所知的某种东西，而作为那个系统的统一性的一种根据，我在它与这种统一性的关系上，就把类似于知性在经验的范围里所使用的概念的那种属性归之于它。因此，从世界中的实在东西，即从实体、从因果作用以及从必然性进行类比，我就想到一个具有一切最高完善性的存在者；而且，既然这个理念只依赖于我的理性，我就能想到这个存在者是自存的理性，它通过最大的和谐与统一性这些理念，就成为宇宙的原因了。我之所以略去了一切可能限制这个理念的条件，只是为了在这样一种本源根据的支持下，使宇宙中的杂多的系统统一性成为可能，从而又使理性的最大可能的经验性使用成为可能。当我这样做时，是把一切联系表现为好像它们都是一个最高理性的法令似的，而我们的理性不过是这个最高理性的一种模糊的摹本而已。然后，我进而完全通过这种概念来思维这个最高存在者——这种概念本来只在感官世界里才适用的。但是，既然我只把这种先验的假定在相对上来使用，就是说，把它作为对经验最大可能的统一性给出基体的东西，我尽可以只通过属于感官世界的种种属性去思维一个与感官世界有区别的存在者。因为我并不想，而且我并没有正当的理由去想,按照我的理念的这个对象其本来是什么而去知道它。为了这样的意图,我们并没有可用的概念;在我们拿着甚至是实在性、实体、因果作用,乃至存在中的必然性这些概念,冒险来超出感官的领域时,这一切概念都丧失其一切意义而成为概念的空洞名称,其本身毫无内容了。我心中只思维到其本身是我所不知道的一个存在者和宇宙的最大可能系统的统一性的关系;只是为了要用它作为我的理性最大可能经验性使用的限定性原理的一种图型而已。

A679
B707

如果我们的目的是我们所有理念的先验对象的话,我们就显然不能用实在性、实体、因果作用等概念的话语来预先假定它的实在性(Wirklichkeit)本身,因为这些概念对于完全和感官世界不同的任何东西是丝毫不适用的。因此理性对于一个最高存在者作为最高原因所作出的假定,只是相对的;这原来只是打算为了感官世界中系统的统一性而设定的,且是作为理念中的纯然某东西,而关于这某东西在其本身是什么,我们是毫无概念的。这就说明何以关于对感官给予出来作为存在的东西,我们是需要一个本源的、在其本身就是必然的存在者这个理念,然而绝不能关于它或者关于它的绝对必然性形成丝毫的概念。

我们现在关于全部先验辩证论的结果就有一种明晰的见解,而且能正确地确定纯粹理性理念的最后意图了。这些理念只是由于疏忽和误解才变为辩证的。事实上,纯粹理性只涉及它自身。它不能有任何其他的任务。因为对它所给予出来的东西,并不是要归摄于经验概念的统一性的对象,而是知性所提供的并且需要归摄于理性概念的统一性的对象,即需要归摄于按照一种原理而得到的那些联系的统一的诸知识。理性的统一性是系统的统一性;而这种系统的统一性并不是在客观用来将理性的应用扩充到对象的原理,而是在主观上用来将其应用扩充到一切关于对象的可能经验性知识的准则。但是,既然理性所能对知性的经验性使用给予的系统的联系,不仅推动了它的扩充,而且还保证了它的正确性,所以这种系统的统一性原理,在这个限度内也是客观的,但是在一种不确定的方式上(principium vagum,在模糊不清的基础上)才是客观的。它不是一条组织性的原理,能够使我们关于它的直接对象确定什么,而只是一条限定性的原理与准则,以推动和无限地加强理性的经验性使用——这

[556]
A680
B708

永远不在任何方式上违反理性的经验性使用的规律而进行,然而同时又开辟出一些不在知性所认知的范围内的新途径。

但是理性只能以给予这种统一性的理念一个对象这种方式,来思维这种系统的统一性;既然经验永远不能给出完全系统的统一性的一个实例来,所以我们所要以之归于这个理念的对象的东西就不是经验所能提供的了。这个理性的对象(ens rationis ratiocinatae 推论出来的理性的东西)乃是一种纯然的理念;不是假定它作为绝对而且在其本身是实在的某东西,而只是盖然性设定它作为一种先决条件(因为我们不能通过知性的任何概念而达到它),使我们可以把感官世界中事物的一切联系看成好像它们的根据是在这样一个存在者里面似的。在这个过程中,我们惟一的意图是要得到理性所不可或缺的那种系统的统一性,而那种系统的统一性,虽然从各方面看来都足以促进知性所能得到的经验性知识,但它永远不能进行干涉以妨碍或阻止这种经验知识。

如果我们把这个理念看作是对于一个实在的东西的肯定或者甚至看作是一种假定,这样,我们便可以进而把世界的有系统的秩序的根据归之于这个实在的东西,那么我们就误解了这个理念的意义了。与此相反,这个逃避我们概念的根据,其本来固有的造性究竟是什么,是完全悬而未决的;这个理念只是作为一个观点被设定,只是从这个观点,那种"对于理性是如此重要、而对于知性又是如此有利的"统一才能进一步得以扩张。简言之,这个先验的东西只是这种限定性的原理的图型,正是通过这种限定性的原理,理性在其力量所及的限度内,将系统的统一性扩大到经验的全部领域之上。

这样一个理念的第一个对象,就是只作为思维的自然物即灵魂来看的"我"自身。如果我要研究一个思维的存在者在其本身所禀受的属性,我就必须询问经验。因为除了范畴的图型在感性直观中被给予出来的情况之外,我甚至不能把范畴中的任何一个应用于这种对象,但是我永远不能由此达到内感官一切出现的一种系统的统一性。因此,理性就采用一切思维的经验的统一性这个概念,来代替那不能使我们进展到很远的经验的概念(即灵魂在实际上是什么的那个概念);而由于理性认为这种统一性是无条件的,而且是原始的,它就从这种统一性形成一个"理性概念",也就是一种"单纯实体"的理念;而既然实体在其本身是不变的(就人格来说是同一的),它就和它以外的其他实在的东西经常联结;总而言之,这就是单纯的自存的知性的理念。然而在这样做时,理性的企图不是别的,而只是以系统统一性的原理来说明灵魂的种种出现。它努力把一切确定表现为存在于一个单个主体里面,在可能的限度内把一切力量表现为从一单个基本力量所得来,把一切变化表现为属于同一个永恒存在者的各种状态,而且把一切空间中的出现都表现为完全不同于思想的活动。实体的单纯性以及其他属性只打算作为这条限定性原理的图型,而不是预先假定为灵魂的种种属性的现实根据。因为灵魂的这些属性可能是依据完全不同的一些根据,而关于这些根据,我们是不能知道什么的。灵魂就其本身来说,是不能通过这些假定的述项而被人知道的,即令我们把它们看作是关于灵魂是绝对有效的东西,也是如此。因为它们构成一个纯然理念,而这个理念是不能具体地表现出来的。这样设想出来的这个心理学的理念,只要我们小心地不把它看作是多于一个纯然的理念,并因而被认为是只相对于理性的系统性的使用才是有效的,它便只能产生便利。因为那时,完全属于另外一类的有形体的出现的经验上的规律,就不能掺杂进来说明完全属于内感官的东西。不容许有任何谈到灵魂的生灭以及再生的那些虚无缥缈的假设。这样一来,就保持了关于内感官这个对象的考虑的完全纯洁性而使之不致由于异质属性的引入而变得模糊不清。这就使理性的研究指向到把这个领域中的解释的根据尽可能归结为一单条原理。通过这样一个看来好像是一个实在东西似的图型,就最好地达到这一切;其实它是别无他法可达到的。这个心理学的理念所能指出的,不过是一个限定性概念的图型。因为如果我要追问灵魂在其本身说来是否属于精神的性质,这个问题是毫无意义的。在使用这样一个概念时,我不只是抽掉有形体的自然,而且抽掉一般的自然,即抽掉任何可能经验的一切述项,因而就抽掉了为了这样一个概念而思维一个对象这个过程中所需要的一切条件;但是当它只是作为与一个对象有关系的东西时,这个概念才能说是有意义的。

纯粹思辨理性的第二个限定性理念是一般世界这个概念。因为自然本来就是那惟一的对象,关于它,理性是需要限定性原理的。这个自然是两重的；或是思维的自然或是有形体的自然。要思维有形体的自然，就其内部的可能性来说，即就确定范畴对它的应用来说，我们毋须任何理念，即毋须任何超越经验的表象。其实在这点上，也没有任何理念是可能的，因为在和有形体的自然打交道时，我们只是以感性直观为指导的。这种情况是不同于基本心理学概念("我")那种情况的，这个概念在验前就含有思想的某一定形式，即思想的统一性。所以剩下给纯粹理性的只是一般自然以及在自然中依据某原理的一切条件的完整性。这些条件系列的绝对总体，就其各项的得出来说，它是一个永远不能在理性的经验的使用中完全实现的东西，但是还可用作一条规则，在我们处理这种系列时规定我们应该怎样进行，那就是说，在说明出现时，不管是在回溯的次序中来说明，还是在上升的次序中来说明，我们都应该这样来对待这个系列，好像它在其自身是无限似的，即好像它是进行到不定的限度(in indefinitum)似的。另一方面，当理性本身被看作能确定的原因时，像在自由那种情况下那样，即在实践的原理的情况下，我们就要好像在我们面前有一个对象那样来进行，这个对象当然不是感官的对象，而是纯粹知性的对象。在这种实践的范围里，条件就再不是在出现系列之中了；我们能够把它们放在这个系列以外，因而种种状态的系列便可以看作好像它通过一个知性的原因而有一种绝对的开头似的。这一切都说明宇宙论的理念只不过是限定性的原理，远不像组织性的原理那样，设定了这种系列的现实总体。我们在"关于纯粹理性的二律背驰"一章里已充分讨论了这个题目，对此可资参考。

纯粹理性的第三个理念包含有一个相对的假定，即关于一个作为一切宇宙论系列的惟一的而且充足的原因的存在者，那就是上帝的理念。我们毫无根据来在一种绝对的方式上假定这种理念的对象(即就其自身作出假定)；因为有什么东西能使我们只在它的概念的基础上相信或者肯定一个最完善、并由于它的本性而又绝对必然的存在者呢？即便我们这样相信了或肯定了，我们又怎样说明我们的程序是有正当理由的呢？我们能够企图来证明这种假定的必然性，只是由于它对于世界的关系；那么，问题就很明显，这样一个存在者的理念，像一切思辨的理性那样，只是想要把理性的一条命令加以公式化地形成，这条命令是说，要按照系统的统一性原理来看世界中的一切联系,好像一切这样的联系的根源都是在作为最高的而且无所不足的原因的一单个的包罗万象的存在者里面似的。这样也就很明显,理性在这里所有的意图无非是要规定它自己的形式上的规则以得到它经验上使用的扩大,可是绝不能有超出经验上使用限度的扩大。结果也很明显,这个理念并不以任何隐蔽的方式包含着任何这样的原理,而在其应用于可能经验中要求在性格上成为组织性的原理。

[560]

"完全只依据于理性的概念"这种最高形式的统一性是事物的有意图的统一性。理性思辨的利害关系必然要把一切世界中的秩序看作好像它是起源于一个最高理性的计划似的。这样一条原理,当它应用到经验的领域时,给我们的理性敞开了完全新的展望,即关于世界的事物如何可以按照目的论的规律相互联系起来,因而使世界能达到事物的最大系统的统一性。所以把一个最高的智力假定为宇宙的独一无二的原因,虽然只是在理念上,但总是能够对理性有益而无损的。例如,在研究地球的形状(它的形状是圆而稍带扁平的)(a),研究大山、海洋等的形状时,我们如果假定它是世界创造主有智慧意图的结果,我们这样就能得出许多发现来。只要我们把这条原理限于只是限定性的用途,就是错误也不能使我们受到任何严重的损害。因为充其量其最坏之处也不过是在我指望有目的论的联系(nexus finalis)的地方只发现一种机械的或者说物理的有效联系(nexus effectivus)而已。在这种情况下,我们只是没有发现更多的统一性;我们并不毁灭理性在它的经验上的使用中所坚持的统一性。但是,即使有这种失望,也不能在其一般的关系上影响到目的论规律本身。因为,纵然一个解剖学家,当他将一种目的归之于一个动物的身体上的某一肢体而有人能清楚地证明并不是如此时,这个解剖学家会被判决为是有错误的,但是,虽然如此,想在任何情况下证明自然的某种安排,不管它怎样,

[A687 B715]

[A688 B716]

[561]

(a) 从地球的圆形所产生的好处是人所周知的。但是很少有人知道,只有地球的扁圆形才阻止大陆高地,甚至阻止也许由地震所抛起的小山不断地、而且其实在较短的时间内便能发现的对地球轴心位置的改变。地球赤道上的凸出形成如此高大的山脉,以致所有其他大山的动力永远不能在变动地轴位置方面产生任何可观察到的结果,然而这种安排虽然是如此有智慧,但我们毫无迟疑地从地球过去的液体状态来说明它。——康德自注

是完全没有目的的,也绝不可能。因此,医学生理学就把它关于有机体的结构所适合的目的那种很有限的经验性知识,借着只是由纯粹理性所负责的原理来加以扩充;而且把这条原理贯彻到使它有信心来假定而又得到一般的赞同,认为一个动物中的任何东西都全有它的功用,而且合乎某种好的意图。如果这种假定被当作是组织性的,它就远远超过据观察迄今为止所能证明为正当的内容了;因而我们的推断就必须是:这种假定不过是理性的一条限定性的原理,它利用世界最高原因的有意图的因果作用这个理念,来帮助我们得到最高可能的系统统一性——好像这个存在者作为最高智力按照一种极其有智慧的意图起着作用并成为一切事物的原因似的。

可是,如果我们忽略了这个理念只是限于一种限定性的用途,那就会引导理性误入种种歧途了。因为那时它就离开惟一能含有划定其正当路程的标志的经验的实地,冒险超过它,而进到那些不可思议、不可追寻的东西之中,想入非非,发现其自身完全隔绝于依照经验的一切可能而行动了。

由于我们使用一个最高存在者这个理念的方式是反乎理念的本质的,即在组织性的方式上使用而不限于在限定性的方式上使用,因而所引起的第一个错误便是理性松懈(ignava ratio)的错误。如果任何原理使我们把我们无论在什么题目上对于自然的研究看作是绝对完成了的,而使理性倾向于停止下来不再向前追求,好像它已经完全在它所从事的工作中得到成功似的,我们也可以称这样的原理为犯有理性松懈错误的原理。所以心理学的理念,当它用来作为一条组织性的原理去说明我们灵魂的种种出现,从而把我们关于自我的知识扩充到超出经验的限度(到死后的状态)的时候,固然是简化了理性的工作;但是它干扰了而且完全破坏了理性在我们经验的指导下处理自然的那种习惯。独断的精神论者,则是从他所相信的在"我"中直接知觉到的思维实体的统一性来说明

(a) 这是古代辩证论者对一种诡辩论证的称谓。这种诡辩论证是这样的:如果你命中注定这次要病愈,则不管你就医与否,你总会病愈的。西塞罗说这种论证方式之所以有这样的名称,乃是因为如果我们照着它来论证,理性在人生中就变得无用了。我据同一理由也把这个名称用于纯粹理性的诡辩论证。——康德自注

状态万变中的人格的常住不变的统一性；或者从我们对于思维主体的非物质性的意识来说明我们对于只能在死后才能发生的事情的兴趣；如此等等。这样他就废止了一切关于这些内部出现能在物理的解释根据上找到其原因的经验性的研究；他自恃为一种超验的理性中的假定权威，自以为有权忽视内在于经验中的那些知识来源，这虽然是牺牲了一切实在的钻研，但对于他自己是极为便利的。在独断地处理我们的那个最高智力的理念和错误地以这个理念为基础的自然的神学体系(即自然神学)之中，上面所说的那些有害的后果就尤其明显了。因为在研究领域中，如果我们不是在物质的机构的普遍规律中去寻找原因，而直接诉之于最高智慧的不可追寻的命令，那么，在自然中所显露的那些目的，连同许多我们只是以之归于自然的目的，就使我们对于原因的钻研成为很容易的工作，而这样一来，就使我们能够把理性的劳作看作是完成了的，而事实上，这时我们只是废止了理性的使用而已——这种使用是完全依靠自然的秩序以及自然变化的系列为其指导的①。如果我们从目的论所考虑的不只是自然的某些部分，例如陆地的分布，它的构造，大山的构造以及它们的位置，或者不只考虑动植物界的组织，而是使自然的系统统一性在其对于一个最高智力的关系上成为完全普遍的，那么，这种错误是能够避免的。因为那时我们就是把自然作为一种按照普遍规律，依据于一种有意图性、且没有任何特别的安排在这种有意图性之外的东西来看待，不管在任何所予的情况下，要证明这点是相当困难的。那么我们就有了关于目的论联系的系统统一性的一条限制性原理——可是我们并不是预先确定这种联系的。我们所以敢于做的，就是按照普遍规律，彻底查明这个物理机械的联系，指望这样就能发现在实际上这种目的论的联系是什么。只有这样，有意图的统一性这条原理才能总是有助于关于经验的理性使用的扩大，而绝不会妨碍它。

从上面系统统一性这条原理的误解而引起的第二种错误便是理性颠倒(perversa ratio)的错误②。系统统一性这个理念，应该只用来作为一条限定性的原理，以指导我们去按照自然的普遍规律寻找事物联系中的

---

① 这是依斯密的英译而翻译的。原文是"按照这些变化的内部与一般的规律的"。——中译者

② 原是古希腊语 ὕστερον πρότερον，直译为后前，即前后倒置。——中译者

这种统一性；因而我们应该相信，只在我们能够用经验的方式证实这种统一性的比例上才接近于这条原理的使用中的完整性——当然这种完整性乃是永远不能达到的。若不采用这种方法，就把程序颠倒过来了。有意图的统一性这条原理的实在性不但是预先假定了的，而且因为就其自身说来，它完全超出我们的各种理解力，我们就进而在一种拟人的方式上去确定它，而这样也就强迫地、专横地把种种目的硬加在自然上面，而不是通过物理钻研的途径，去寻找关于这些目的的这种更合理的路线。这样一来，原本是要只帮助我们按照普遍规律以完成自然的统一性的目的论，就不只趋向于取消这种统一性；而且还妨碍理性实现它自身本有的意图，即按照这些规律①而从自然那里证明一个最高有理智的原因存在。因为，如果能在自然中验前预先假定有其最完整的有意图性，即作为属于自然的本质的东西，怎能要求我们去寻找它，并通过它的一切渐增等级来接近万物的创造主的最高完善呢？因为这种完善，既然是绝对必然的，就必须是验前可以知道的了。这条限定性的原理，规定着那种自然中的统一性——不只是在经验上知道、而且在验前就预先假定那种系统的统一性——应该绝对地被预先假定，因而是从事物的本质而来的。可是，如果我一开始就是以一个最高有意图的存在者作为一切事物的根据，这实际上就是把它作为和事物的性质完全无关而不必然的，而且作为不能从它自己的普遍规律而为人们所知的东西而放弃了这种自然的统一性。于是，就发生一种恶性循环；我们所假定的正是主要争论之点。

错认自然的系统统一性这条限制性原理为一条组织性原理，而且把那种只在理念中用作理性前后一致使用的根据的东西，预先假定为实体化②的一种原因，只能使理性混乱。自然的研究是有它原本的独立路线的，一直照着各种自然原因的普遍规律而保持自然原因的连锁，当这样做时，它固然是按照宇宙的创造主这个理念进行的，但不是为了从这种理念

---

① 这词的复数是依 Wille 读原版的 nach diesen 为 nach diesem 而译。——英译者　但 1922 年 Cassirer 柏林版仍依原读，按本词前截"规律"是复数 Gesetzen，则这里的"这"就应是复数，为"这些"，故 Wille 的异读为是。——中译者

② 这里我们把原德文 hypostatisch 这个副词译为一个形容词，纯是为了行文起见，直译应为"实体化地预先假定"。——中译者

一、先验原理论

演绎出它一直在等待着的有意图性,而是为了从这种有意图性得到关于这样一个创造主存在的知识。而且,由于在自然的事物的本质中,并尽可能在一般事物的本质中寻找这种有意图性,也就是想要知道这个最高存在者的存在是绝对必然的。不管这后一种意图成功与否,只要把这个理念局限于纯然限定性原理的条件,这个理念便依然就它本身说来是真实的,而在其用途上是有正当理由的。

完全的有意图的统一性构成绝对意义上的完善。如果我们在构成经验的整个对象里,即在构成我们一切客观上有效的知识的对象的事物的本质里,不能发现这种统一性,因而不能在自然的普遍而必然的规律中发现它,我们怎能认为可以直接从这种统一性推论出一个作为一切因果作用的本源的原始存在者的最高而绝对必然的完善呢?最大可能的系统统一性,并因而包括有意图的统一性,是理性使用的训练学校,其实又是理性最大可能使用的可能性的基础。所以这样的统一性的理念是和我们理性的本性不可分割地结合在一起的。为着这个缘故,这同一个理念,对我们来说,是立法的;因而如果我们假定一个与之相应的立法的理性(intellectus archetypus,知性的原理),从而以之作为我们理性的对象而得出自然的一切系统的统一性来,这是很自然的。

在讨论纯粹理性的二律背驰时,我们曾说过,纯粹理性所提出的种种问题,在任何情况下,都必须能有其答案,而且并曾说过,关于这些问题,不容许以我们知识的有限为口实(其实这种口实在关于自然的许多问题上才是不可避免而又和问题有关系的)。因为在谈到纯粹理性所提出的问题时,我们并不是提出关于事物性质的问题,而只是提出从理性的本性所发生的问题,只是关于理性的内部结构问题。我们现在就有条件就纯粹理性最关心的两个问题的限度来证实那乍看起来像是轻率的肯定,而这样就最后完成我们关于纯粹理性辩证法的讨论。

关于先验神学[a],如果我们问到,第一,是否有任何不同于世界的东西含有世界的秩序以及它由以按照普遍规律而进行联系的根据?其答案

(a) 在我们已经说过了关于心理学的理念以及它的应有的任务作为理性的纯然限定性的使用的原理之后,我对于内感官一切杂多的系统的统一性由以变成实体化的先验的幻象就毋须多作论述了。其进程和我们对于神学的理想进行批判时所讨论的进程十分相似。——康德自注

[566]

A697
B725

是：无疑是有的。因为世界乃是一切出现的总和；因而就必须有这些出现的某种先验根据，也就是只由纯粹知性才可思维的一种根据。第二，如果问题是：这个存在者是否是实体，是否属于最大实在性，是否是必然的？等等，我们就回答说：这个问题是毫无意义的。因为我们能够企图用来形成这样一个对象的一切范畴，只容许有经验上的使用，而当它们不是应用于可能经验的对象时，即不是应用于感官的世界时，它们是毫无意义的。在这个领域以外，它们只是我们可以承认的概念的名称，但是通过它们，我们不能了解任何东西。第三，如果问题是：我们可否以经验的对象为类比，至少思维到这个不同于世界的存在者？答案是：断然可以，但只是作为在理念中的对象，而不是作为实在性中的对象，就是只作为一种基体，即作为我们所不知道的、却是世界的被安排的系统统一性、秩序以及有意图性的基体——它是一个理性不得不形成的、作为其自然研究的限定性原理的理念。不但如此，我们还可自由地把某些拟人论的、但对这条原理的限制职能有帮助的成分，纳入到这种理念中来，使我们不致受到别人的谴责。因为它始终只是一个理念，并不直接地和一个不同于世界的存在者发生关系，而且又是利用这种统一性的一个图型，那就是一个在其创始世界时，按照有智慧的一些意图而行动的最高智力这个图型。至于世界统一性的这种本源的根据，就其自身来说是什么，我们并不因此而自认为已经作出决定，而所决定的，只是关于世界的事物，在其对于理性的系统使用的关系上，我们应该如何使用这种本源的根据，或者更确切地说，使用这种本源根据的理念。

A698
B726

但是，可能有人还要坚持追问：依这样的一些根据，我们就能够假定一个有智慧的而且万能的世界创造主吗？毫无疑义我们是可以的；并且，我们不但可以这样假定，而且必须这样假定。但是，那时我们就能把我们的知识扩充到可能经验的领域以外吗？断然不可。我们所做的，只是预先假定某东西，只是预先假定纯然先验的对象，关于这种对象，就其本身是怎样，我们是毫无概念可言的。如果我们要研究自然，我们就不得不有世界的系统的而有意图的安排这种预先假定，而只是在对于这种预先安排的关系上，我们才依照与一个智力（这是一种经验性的概念）相类比而思维到这种不为我们所知的存在者；那就是说，我们在谈到以这个存在者为根据的种种目的以及尽善尽美的时候,就正是将那些依照我们理性的各种条件而能看作是含有这种系统统一性的根据的属性赋予这个存在者。所以,这种理念只是在谈到世界时,关于我们理性的使用才是有效的。如果我们将一种绝对的而且必然的有效性归之于这种理念,我们就是忘记了我们所思维的是只在理念中的一个存在者;而这样从一个不是通过观察世界而可确定的根据出发,我们就再不能在适用于理性的经验性使用的方式上来应用这条原理了。

但是还有人要问:当我用理性来考虑世界时,我能采用任何方法来利用这种关于一个最高存在者的概念和预先假定吗? 答复是:能。理性之所以用这种理念,也正是为了这种缘故。但是,既然这样,我可否进而把看来像是有意图的一些安排看作是有意计划的,这样就从而得出神的意志来,尽管神的意志当然是间接地利用那些原是设立来为那神意助威的特殊的自然造物? 答复又是:可以,我们诚然能这样做;但是有一个条件,那就是不管我们所说的是神的智慧按照它的最高目的而处理一切事物,还是所说的是最高智慧这个理念就是自然研究中的一条限定性原理,而且甚至在那些我们不能发现有系统的而且有意图的统一性的情况下,仍然是依据普遍规律的有系统有意图的统一性原理。换句话说,当我们知觉到这样的统一性时,不管我们是说上帝以他的智慧来决定它要这样,还是说自然很聪明地这样安排了它,都是没有关系的。因为那使我们有正当理由来采取这样一个最高智力的理念作为限定性原理的一种图型的,正是这个最大可能的有系统有意图的统一性——这种统一性是我们理性所需要的必须作为一切自然研究的基础的限定性原理。所以,我们在世界中越是发现有意图性,就越是充分地证实了我们理念的正当性。但是,既然那条原理的惟一目标原是要指导我们去寻找自然的必然的统一性,而且要寻找到最高可能程度的统一性,所以,一方面,固然在我们达到那统一性的限度内,有赖于这样一个最高存在者的理念,而另一方面,我们不能忽视自然的普遍规律(采用这个理念只是为了要发现这些普遍规律),而把这种自然的有意图性看作在其根源上是不必然的,而且是超自然的,从而不致使我们自相矛盾。因为我们没有正当理由在自然之上假定一个有那些性质的存在者,而只能采用这样一个存在者的理念,以便能把种种出现看作是互相按照一种"因果性的确定"这条原理而系统地联系起来的。

基于同样的理由,在对世界的原因的思维中,我们也有理由在我们的理念中,不只是按照某种微妙的拟人论——没有这种拟人论,我们便不能对于此原因思维任何事情——来表现这种原因,那就是说,不只是把这种原因表现为一种有智力、有快乐与不快乐的情绪,以及与这些情绪相对应的愿望与意愿的存在,而且通过把一种无限的完善性——这种完善性远远超过任何"由于我们对于世界的秩序的经验知识而使我们有理由归属于该原因"的完善性——归属于该原因的方式来表现这种原因。因为系统统一性的限定性原理规定我们应该这样来研究自然:好像这种最大可能的系统的且有意图性的统一性真的可以无限地(in infinitum)随处发现。因为虽然我们在发现世界的完善性方面有些成功,但成功不多,可是纵然如此,这是我们的理性——我们必须始终通过理性去寻求并推测这种完善性——的立法所要求的;而且,它必须始终对指导我们按照这一原则去研究自然有益,而决不会有害。但是,显然,在以这种途径把这种原则表现为包含着这样一个最高创造者的理念时,我并不是把这一原则建立在这样一个存在者的存在性上,也不是把它建立在关于这样一个存在者的知识上,而只是建立在这样一个存在者的理念上,而且实际上我并不从此存在者引申出任何东西,而只是从该存在者的理念中引申出一切东西,即是说,按照这样一个理念,从世界中的事物的本质中引申出一切东西。对于这个理性概念的真正使用的一种确定的、未公式化的意识,实在说来,好像已激发了各时代哲学家的谦逊而合理的哲学描述,因为,他们说到大自然的智慧和"神意",并说到神圣的智慧时,正好像"大自然"与"神圣的智慧"是两个相等的词语——实在说来,只要当他们只论述思辨理性时,他们是偏向于采用前一种表达法,其根据是前一种词语能使我们避免承认比我们所有理由做出的更多的断定,而且它同样可以把理性引入其自身的恰当的范围,即是说,引入自然。

所以,纯粹理性一开始就好像是要我们指望,至少要能将知识扩大到经验的一切限度之外,而适当地去理解它时,则只包含着一些限定性原理,而这些原理,事实上虽然规定了一种知性在其经验上使用所能达到的统一性,然而通过这事实,即这些原理,把知性一切努力的目标放在这么遥远的地方,通过系统的统一性,就使知性保持它与自身完全一致并达到最高可能的程度。但是,另一方面,如果误解了这些原理,而把它们作为超验知识的组织性原理来对待,它们就会通过一种眩惑人、愚弄人的幻象,而产生说服力和一种纯然非事实的知识,于是也就引起种种矛盾和永无止境的争论了。

*　　　*　　　*

可见,一切人类知识都是从直观开始,从直观进行到概念,而以理念为结束。虽然这三种要素,都在验前有其知识的来源,最初看来,像是蔑视一切经验的限度似的,但是一种彻底的批判就叫我们确信,理性在它的思辨使用上永远不能以这些要素来超出可能经验的领域,而且确信,知识的这种最高能力的原有使命是使用一切方法,以及使用这些方法的原理,都只是为了按照统一性的所有可能的原理——关于目的的原理是最重要的——来深入到自然的秘密的最深处,但是绝不飞翔到自然的限度以外,对我们来说,在此之外无非是空洞的空间。正如在先验分析论中所作的那种批判考查那样,一切像是把我们的知识扩充到现实经验以外的命题,经过考查,就毫无疑义地足以说服我们,它们所能导致的一切永远不多于可能的经验。如果我们不对抽象的、一般的学说——不管它们是怎样清楚——抱有怀疑;如果一些像有道理而实则迷惑人的展望不引诱我们去逃避那些学说所加之于我们的束缚,我们也许能够省掉那种质问"超经验的理性为支持其越权行为而提出来的那些辩证论的证人"所招致的劳累,因为我从一开始就应该毫无疑义地知道,虽然一切这样的越权行为也许是怀有好意的,但是必然是绝无根据的,因为它们是关于一种人所绝不能达到的知识。但是,除非我们深入到甚至最聪明的人都为它们所欺骗的幻象的原因之中,这种讨论是永无终止的,况且把我们的一切超验知识分解为它的要素(作为关于我们内部性质的研究),就其本身来说,是很有价值的,而对于哲学家来说,实在是一种义务。因此,虽然思辨理性的一切这样的努力都是徒劳无功的,但是,我们还是认为有必要将这些努力穷追到它们的最初来源。而且,由于这个辩证的幻象不但在我们的判断中欺骗我们,而又因为我们在这些判断中有兴趣,它就具有永远将继续具有的某一定的自然的吸引力,所以,我们认为,为了防止将来出现这种错误,就应该把我们可以描述为这次公案的记录详加叙述,而且把这些记录存入人类理性的档案里面。

二、先验方法论

[571]
A705
B733

二、先验方法论

导　言

如果把纯粹思辨理性的一切知识的总和看作是至少在我们自己里面有了关于它的理念的一种建筑物，那么就可以说，在原理的先验论中我们曾估计到一些材料，而且曾确定这些材料足够用作哪种建筑物并且适合于什么高度和强度。事实上，我们发觉，虽然我们所打算的是建筑一座参天的高塔，但是材料的供应只足以营造一所住宅，其宽敞恰恰只够我们在经验水平上的事业的需要，而其高度适足以让我们去瞭望经验。所以我们原来计划的大胆事业，由于材料的缺乏，就不得不失败，——更不必说使人类语言混乱的巴比伦高塔了①，其结果必然在工匠中引起关于所要依据来施工的计划的种种争论，终于遣散他们分布到四面八方，让他们各人照着自己的设计去营建各自的房舍。可是，我们现在所关心的不是材料，而是计划；然而我们曾经受到警告，不得任意将一种可能是完全超过我们能力所及的盲目设计看作冒险，但又不得不为自己营造一所安全的住宅，所以我们就必须依照所供应给我们又适合于我们的需要的材料来设计我们的建筑。

所以，所谓方法的先验论，我就理解为纯粹理性对于一种完整体系的形式条件的确定。关于这点，我们将要讨论纯粹理性的锻炼、法规、建筑术和历史，而在其先验方面，提供各经院哲学曾在其与"一般知性用途"的关系上用实用逻辑的名称作过尝试而未令人满意地得出的那种东西。因为，纯然普遍性的逻辑并不局限于知性使之成为可能的任何特殊的一种知识(例如不局限于知性的纯粹知识)，也不局限于一定的对象，那么，普遍性的逻辑，除了从其他科学借来知识之外，所能做的不过是提出在一切科学部门里以供系统化所用的可能方法的名称以及专门名词而已，而这只能使初学的人预先熟悉一些名称，其意义与用法是要到后来才学习的。

---

① 这里，康德是借用了犹太人《创世纪》第十一章里关于"巴比伦高塔"的神话。——中译者

第一章　纯粹理性的锻炼

由于普遍有求知的欲望,所以消极的判断,即不只在它们的形式上而且在内容上都是消极的判断,是不为人所重视的。这种判断有点被看作是我们不断努力来扩充我们知识的多疑善防的敌人,要想替它们赢得一点宽容是需要说一些为之辩解的话的,更不用说博得一点好感与美誉了。

只就逻辑的形式来说,我们可以随意把任何一个命题变为消极的;但是关于一般知识的内容,即为判断所扩大或为判断所限制的内容,消极判断特有的任务就是摈除错误。因此,原意是要摈除虚假知识的消极命题,遇有无错误可能的地方,即令是真命题也是空洞的,也就是说,不适合于它们的原意了,而正是因为这样,每每就是很悖理的,像"亚力山大没有任何军队,就不能征服任何国土"这种经院派的命题,就属于这一类。

但是,在我们可能知识的限度极其狭窄之处,在作出判断的引诱极其强烈,我们周围的幻景极其骗人,而从错误产生的危害又极其厉害之处,只用来预防错误的消极教训,就甚至比许多用来增进我们知识的积极指示更为重要。借以抑制而最后根除那经常想要违反某些规则的倾向的那种强制,我们就称为锻炼。锻炼和培养不同。培养的目的只是要传授某种技能而不是要消除任何现有的行动习惯。所谓才能,则是在其本身就已经有一种要表现它自己的冲动的能力,而对于才能的发展,锻炼就因而有消极(a)的贡献,而培养与学说却有积极的贡献。

谁都愿意承认,倾向于放纵不羁的气质以及我们的各种才能(如想像力与机智)在许多方面需要受到锻炼,但是说到理性,它的本分就是对一切其他努力规定锻炼,而它本身反需要这种锻炼确是会令人惊奇的;其

(a) 我深知道,在经院的术语中,"锻炼"这个名词通常用作"教学的"同义词。可是,在许多情况下,锻炼在以"强制来训练"的意义上,是和教学在"教导"的意义上严格地区分开的,而这些事情的性质使我们不得不保留适合于这种区别的惟一名词,所以就应该总是在消极的意义上使用锻炼这个名词,而不作别用。——康德自注

实,它一向幸免于受到这种屈辱,不过是因为它外貌端庄,地位稳定,谁都不会轻易怀疑到它那样无聊地把空想作为概念,而又把空话当作事物。

理性在它的经验上使用,是不需要什么批判的,因为在这个领域里面,它的种种原理都总是经得起经验的考验。在数学里,也不需要这种批判,因为在那里理性的一切概念都必须立刻具体地在纯粹直观里显示出来,于是在这些概念里,一切无根据的和任意决定的东西都立即暴露出来。但是既没有经验性的直观,又没有纯粹的直观把理性限于看得见的轨道时,那就是说,当理性在它的先验使用上,按照纯然的概念而被考虑时,它尤其急于需要锻炼以限制它扩充到可能经验的狭隘限度以外的倾向,并且防止它免于放任和错误,因而纯粹理性的全部哲学只有这种严格的消极功用。除此之外,别无其他。检举能免除特殊的错误,批评能免除错误的原因,但是像在纯粹理性的情况下那样,我们碰见种种的幻象和谬误结合在一起并在共同原理下联成一整个体系,这里就好像需要很特别的一种消极的立法、根据理性的本质与其纯粹使用的对象,在锻炼的名义下建成警惕和自我检讨的体系——在这种体系面前,没有伪理性的幻象能够站得住脚,而不立刻暴露其自己,不管它是提出什么特殊待遇的要求。 A711 B739 [576]

但是应该注意到,在先验批判这第二个主要部分中,纯粹理性的锻炼不是指向通过纯粹理性的知识的内容,而只指向它的方法。因在先验原理论中已经考虑过那内容了。但是在使用理性的方式中,不管它的应用对象是什么,还是有这么多相类似的地方,然而同时它的先验的使用在本质上又和其他使用有这样的不同,因而如果没有一种特别为这个缘故而想出的锻炼的告诫性的消极教训,我们就不能期望能避免那些由于不正当使用即原是在其他领域中适合于理性而在这个先验的范围内便不适合的方法所必然引起的错误。 A712 B740

第一节 关于纯粹理性独断使用的锻炼

数学显示出纯粹理性没有经验的帮助却能扩大这种成就的最光辉的实例。实例是会蔓延的,尤其当它们在一个领域中有了成功的能力,就很自然地使之洋洋得意而指望在其他领域中也会有同样的幸运。因此,纯粹理性就指望在它的先验使用上,像在它的数学使用上一样,能够成功地而且稳妥地扩充它的领土,尤其是它所使用的,乃是在数学里曾获得如此显明效果的同样方法的时候,它是抱着这种指望的。所以我们亟应知道称为数学的这种达到必然的确实性的方法和我们想要由以在哲学中获得同样的确实性——而在那个领域中称为独断的——那种方法是否性质相同。

哲学的知识乃是理性从概念得来的知识;数学的知识却是理性从概念的构成而得来的知识。所谓构成一个概念,其意思就是指验前显示出来和这个概念相应的直观。所以概念的构成是需要一种非经验性的直观的。非经验性的直观,就其是直观来说,必须是一个单个的对象,但是就其是概念的构成(一种普遍性表象)来说,它在其表象中,必须表达一切归于同样概念的可能直观的普遍有效性。所以我构成一个三角形的方法乃是在纯粹直观里,只通过想象来表现和这个概念相应的对象,或者在纸上以经验性的直观来表现这个对象——而在这两种情况下,都完全是在验前的、绝不从任何经验借来什么模范,我们所做出的单一图形是经验性的,然而却用它来表达这个概念而没有损伤它的普遍性,因为在这种经验性的直观中,我们只考虑我们用来构成这个概念的活动,而抽去许多由于不改变"三角形"这个概念因而就是完全不相干的种种确定(例如边与角的大小)。

可见哲学的知识所考虑的,是普遍中的特殊,而数学的知识是考虑特殊中的普遍,或者甚至单一实例中的普遍。虽然这仍然总是在验前的而且是借助于理性来考虑的。因此,正如这个单一的对象是由用以构成该对象某一特定普遍条件的确定的那样,这个单一的对象所与之相应而作为它的图型的概念,也同样必须是作为在普遍上确定而被思维的东西。所以这两种通过理性的知识,其彼此之间的本质分别乃在于这种形式上的分别,而不是由于它们的材料或对象的不同。那些说哲学是以质为其对象而数学只是以量为其对象,从而打算把这两者区别开来的人,是把结果误为原因了,数学的知识之所以限于只是量的原因,乃是它的形式。因为容许我们来构成的即验前在直观中显示出来的只有种种量的概念;而各种质是不能在任何非经验性的直观中呈现出来的。其结果就是,只有通过概念,理性才能获得关于质的知识。除非从经验而来,没有人能得到和实在性这个概念相应的直观。我们绝不能验前从我们自己以及先于实在性的经验性的意识中得到这种直观。我们只按照圆锥的概念,而毫不借助于经验就能给自己在直观中形成圆锥的形状,但是这个圆锥的颜色就必须是从前在某种经验中给予出来的。除了在经验所提供的一个实例里以外,我不能在直观中表现一般原因这个概念;关于其他概念,亦是这样。其实,哲学和数学一样,也是讨论各种量的,例如总体,无限,等等。数学也和各种质有关,例如线和面作为不同质的空间之间的差别,以及以广延的连续性作为空间的一种质。但是,虽然在这种情况下,哲学和数学有一个共同的对象,然而理性在哲学中和在数学中处理那个对象的方式是完全不同的,哲学限于普遍的概念;数学只靠概念,就一事无成,因而立刻就趋向直观,而在直观里,它虽然不是在经验上,而是在具体上考虑这个概念,但是却只在它验前所呈现的直观中考虑它,即在它所构成的直观中考虑它,并且在这种直观中,凡是从这种构成所需要的条件而来的东西,对于这样构成的概念的对象都必须是普遍有效的。

设令给一个哲学家以三角形的概念,而让他用他自己的方法去找出三角形的三个角与直角有什么关系。他所有的,只是一个为三条直线包围着而具有三个角的图形的概念而已,不管他默思这个概念多么久,他永远不会产生任何新东西出来,他可以分析并弄清楚一条直线或者一个角或者"三"这个数目的概念,但是他绝不能达到任何不是已经包含在这些概念之中的属性,可是试试让一个几何学家来处理这些问题。他一开始就立即构成一个三角形。既然他知道两直角和正好等于在直线上一单个点所能构成的所有邻接角之和,他就延长他的三角形的一边而得到两个邻接角,而这两个邻接角加在一起等于两个直角。然后他就引一条对边平行线来分割那个外角,可以看到他这样就得到了等于内角的外邻角——等等。像这样,始终为直观所指导而通过一连串的推论,他就达到问题的圆满明白而又普遍有效的解决了。

但是数学不只像在几何学里那样构成大小的量(quanta);它还像在代数里那样构成量之为量(quantitas)。在代数中,数学完全抽去用量这样一个概念所思维的对象的属性。然后,它就选定量之为量(数)的一切构成的一定符号,即加、减、开方等符号,一经它已经在各种量的普遍概念中分别开来各种量所能有的不同关系,它就在直观中按照一定的普遍规则显示出量所由以产生和变化的各种各样演算方法。例如,当一个量要为另一个量所除时,两个量的符号,就依照除法的记号放在一起,而在其他的数学进程中也是照这类方法去做的;而这样,在代数中利用一种符号的构成,正如在几何学中利用一种外形的构成(即对象本身的几何构成)那样,我们就终于达到论证的知识利用纯然概念所绝不能达到的种种结果。

哲学家和数学家都实行理性的技术,一个是利用概念来进行,另一个是利用他验前按照概念所显示出来的直观而进行的,然而两者各自的幸运有着如此根本的不同,其理由是什么呢?从我们上面所阐明的基本的先验原理中,就明白其原因是什么了。我们在这里所关心的不是通过概念的单纯分析而能产生的分析命题(在这里哲学家无疑占了数学家的上风),而是综合命题,其实就恰恰是能在验前知道的那些综合命题。因为我必不可把我的注意力限于我在我的三角形的概念中实际上所思维的东西(那不过是纯然定义而已);我必须超过它而达到不包含在这个概念里面却又属于这个概念的一些属性,但是除非我或者按照经验的直观的条件,或者按照纯粹直观的条件来确定我的对象,否则便是不可能的。按照经验的直观条件只能给我们一个(根据各个角的测量)经验性命题,而这种命题既不会有普遍性更没有必然性;所以这样就不合我们的意图了,第二种进行的方法乃是数学的方法,而在这目前的实例中,乃是几何学构成的方法,而我是用这种方法在一种纯粹的直观中(正如我在经验性的直观中所做的那样),把属于一个一般三角形的图形的杂多,因而也就是属于它的概念的杂多,联系起来。普遍的综合命题必须是通过这种方法而得到构成的。

所以,如果我是以哲学家的态度来研究三角形,也就是说,用论证的方法来思维它,那是徒劳无功的。除了单纯定义以外,我不能前进一步。固然有只从概念而成的先验综合,这种综合只有哲学家才能处理;但是这种综合只能对于一般事物有关系,即用以确定这事物的知觉之所以能属于可能经验的条件的,但是在数学的问题里,关于这点是没有问题的,而且也完全没有关于存在的问题,而只有关于对象本身的种种属性问题,那就是说,只就这些属性和对象的概念相联系来说,才是有问题的。

在上面的例证中,我们只努力于弄清楚理性按照概念的论证的使用和它通过概念的构成那种直观性的使用这两者之间存在着的很大分别。这自然就导致这个问题:使理性有这种双重使用的必然原因是什么,而我们又怎能认识它所使用的为第一种方法抑或第二种方法? [581]

我们所有的知识最后总是和可能直观有关系的,因为只有通过直观,一个对象才被给予出来。可是一个验前的概念,也就是说,一个不是经验的概念,要么就是在它的本身已经包含着一种纯粹直观(如果是这样,它就是可以构成的),要么就是它们所包含的,只是没有在验前被给予出来的可能直观的综合而已,在这后一种情况下,我们固然可以在形成综合的验前判断中利用它,但是只能在按照概念的论证方式上,而绝不是在通过概念的构成这种直观的方式上来利用它。 A720 B748

验前被给予出来的惟一直观乃是出现的纯然形式的直观,也就是空间与时间的直观。空间与时间作为概念是能在直观里在验前被显示出来的,那就是说,或者关于量的性质(形)被构成,或者只就其量(即同质杂多的纯然综合),通过数而被构成。但是事物在空间与时间中所由以被给予我们的出现的质料,只能在知觉中表现出来,因而就是验后的。验前表现这种出现的内容的惟一概念就是一般事物的概念,而关于这种一般事物的验前综合知识所能给予我们的无非是知觉能在验后给予出来的东西的综合的单纯规则,它绝不能产生一种关于实在对象的验前直观,因为这种直观一定必须是经验性的。

关于其直观不容许在验前被给予出来的一般事物的综合命题,都是先验的。先验的命题绝不能通过概念的构成而被给予出来,而只能按照验前概念才被给予出来。它们所包含的不过是这样的规则,即我们按照它来在经验上寻找"不能有验前地以直观表象(即知觉)的东西的某种综合统一性"的规则。但是这些综合的原理,不能验前地在特定的事例里将它们的任何一个概念显示出来;它们只能借助于经验在验后才显示出来,而经验本身又只有照着这些原理才成为可能。我们如果对于一个概念作 A721 B749

[582] 出综合的判断,我们就必须越出这个概念以外,而诉诸这个概念在其里面被给予出来的直观。因为如果我们停留在这个概念所包含的东西那里,所作出的判断就只是分析的,只可用作这个思想的一种解释,而且这解释是按照实际包含在这个概念里面的东西而作出的。但是我能从这个概念转到与之相应的纯粹的或经验性的直观,以便在那直观里具体地来考虑它,从而这样来在验前或在验后知道这个概念的对象的种种属性是什么。验前的方法通过这个概念的构成给我们以合乎理性的数学的知识,而验后的方法则给我们以仅是经验性的(机械的)知识,这种知识是不能产生必然的且不可争辩的命题的。所以我尽可分析我关于黄金的经验性概念,而所得到的不过只是列举出凡我在使用这词时所想到的东西,这样虽然对于我的知识的逻辑性格有所改进,但是并没有对它有任何增加。但是我拿起这个由它的名称而熟悉的物质,就从而得到知觉;这些知觉就产生各种综合的却是经验性的命题,当概念是数学的,如在三角形的概念那样时,我就能构成这个概念,那就是说,在直观上验前把它给予出来,而这样就得到同时既是综合的又是理性的知识。但是,如果所给予我的乃是实在性、实体、力等先验的概念,它所指出的,既不是一种经验性的直观,又不是一种纯粹的直观,而只是经验性直观的综合,而这种直观,由于是经验性的,是不能在验前被给予的。而且既然这种综合如此不能在验前越过这个概念而前进到与之相应的直观,所以这个概念就不能产生任何能确定的综合命题,而只能产生关于可能经验性的种种直观的综合(a)的

[583] 原理。所以先验的命题,乃是按照纯然概念通过理性而来的综合知识;而且它是论证性的,由于它虽然是使经验性知识的任何综合统一性成为可能的唯一东西,然而它并不是在验前以直观给予我们的。

这样就有理性的两重使用;而就普遍性与其知识的验前起源来说,虽然这两种使用的方式是彼此相类似的,但是就其结果来说,是很不相同

(a) 利用原因这个概念,我其实越出了一事件(即所发生的某东西)的经验性概念,但是我并不转到具体表示原因这个概念的直观,而是转到那一般的时间条件,而这些时间条件在经验中可能发现是和这个概念相一致的,所以我只按照概念而进行;我不能通过概念的构成而进行,因为这个概念乃是知觉综合的规则,而知觉不是纯粹直观,因而就不得在验前被给予出来。——康德自注

二、先验方法论

的。其理由就是,在其中一切对象被给予我们的种种出现之中有两种要素,即直观的形式(空间与时间)——那是完全能在验前被知道并确定的——以及质料(即物理的要素)或者说内容——质料或内容所指的乃是在空间与时间里碰见的某东西,因而含有和感觉相应的一种存在的东西(Dasein),关于这种除了在经验上绝不能以任何确定的方式被给予出来的质料要素,我们除了可能的种种感觉——在可能经验里属于统觉的统一性的限度内——的综合这种未确定的概念以外,就在验前一无所有。至于谈到那形式的要素,我们是能在验前的直观中确定我们的种种概念的,因为我们在空间与时间中,通过同质的综合,给我们自己创造对象本身——这些对象只是作为量来看的。前一种方法称为理性按照概念的使用;在这样使用理性时,我们所能做的只是把种种出现按照它们的现实内容而使之归属于概念。至于这些概念,除了只在经验上,也就是说,除了在验后(虽然总是按照这些作为经验性综合规则的概念),是不能通过这种方法而使之成为确定的。另一方法就是理性通过概念的构成的使用;而且既然这里的概念和一种验前直观有关系,正是由于这个理由,它们本身就是验前的,能在纯粹直观中以一种很确定的方式被给予出来,毋须任何经验性材料的帮助。关于存在于空间与时间里的一切事物,就以下的问题来考虑,即这种事物是否就是量,如果是量的话,能到什么程度;我们是否要以积极的存在或不存在归之于它;这种占住空间或时间的某东西在什么程度上是一种元始的基体或者仅是实体的一种确定;它的存在对于其他存在有没有作为那其他存在的原因或结果的关系,最后,关于它的存在,是孤立的还是和其他种种存在有交互的关系并依赖于它们——这些问题,而且还有这种存在的可能性、现实性和必然性,或者与此等等的反面,这一切问题,都一起全属于理性从概念所获得的知识,而这种知识就名为哲学的知识。但是直观验前在空间中的确定(形状),时间的划分(延续),或者乃至时间与空间中同一事物的综合里面的普遍要素的知识,以及从而产生的直观的量(数),——这一切都是那种理性通过概念构成的工作,而称为数学的工作。

A724
B752

[584]

在理性的数学使用上,伴随着理性的很大成功,自然就引起一种期望,以为理性,或者,至少它的方法,在其他的领域中会像在量的领域中那

A725
B753
样得到同样的成功。因为这种方法的"优点"乃是能够在直观里实现它的一切概念,而这些直观是它能够在验前准备的,也就是它借以变成所谓自然的主人的东西;可是纯粹哲学,在它想要在验前通过论证的概念而获得关于自然世界的洞见的时候,就会茫茫然不知所措,因为它不能在验前直观到这些概念的实在性,从而证实它们。如果数学专家努力于实行他们的计划,在这些专家方面,关于这种进程,并不像缺乏自信心,而在大众方面,对于专家的技能,也抱着很大的期望,这是因为,数学专家关于他们的数学,从来没有企图用哲学家的态度来进行研究(确是一个难题),他们甚至从来就没有想到理性两种使用之间的特别不同之处。他们把他们从寻常意识借来的通行的、经验性的规则,作为公理性质的东西来对待。谈到空间与时间概念的根源这个问题,他们是毫不感兴趣的,虽然他们自己原本正是从事于这些概念(作为惟一的原始量)的研究的。同样地,他们认

[585]

为不必要去研究知性纯粹概念的起源,从而确定这些概念有效性的限度;他们只想去使用这些概念。在这一切上,他们是完全正确的,只要他们不越出应有的界限,也就是不越出自然世界的界限。但是,不知不觉地,他们就从感性的领域转到纯粹概念,乃至先验概念的危险地域上来,这是

A726
B754
(instabilis tellus:不稳定的地域;innabilis unda:不可游泳的水)不容许他们站立或游泳的地方,而且在这地方,他们匆忙走过的足迹很快就湮没了。在数学里就不同,在那里,他们所经过的路程都成为康庄大道,传至久远,而且可以毫无疑虑地大踏步前进。

我们把精密正确地确定纯粹理性在它的先验使用上的界限作为我们的任务。但是这种先验知识的追求有这种特点,就是虽然有了极明显极迫切的警告,而人们却仍然让他们自己去为虚妄的期望所迷惑,因而就没有立刻完全放弃那"越出经验的范围而进入智性世界的迷人地域"的一切企图。所以就必须割断这些异想天开的期望的最后寄托,那就是要说明在这种知识上,实行数学的方法是毫无好处的(除非是要更明显地暴露这种方法的限度);而且要说明,虽然在自然科学中测量术和哲学两者确是携手同行的,但仍然是完全不相同的,所以一方的程序绝不能为他方所模仿。

数学的精确性是以定义、公理以及实证为依据的。我如果能说明数

学家所理解的所谓定义、公理以及实证全都不是哲学家所能做得到或者模仿的,那我们就满足了。我将要说明在哲学里,几何学家用他的方法只能建筑一些空中楼阁,正如在数学里,使用哲学的方法只能终成画饼一样。其实哲学正是在于知道它的限度;而且乃至数学家,除非有出类拔萃的天资,能自然不超出其应有的领域,否则就不能无视哲学的警告,或者像对于那些警告无动于衷似地为所欲为。

一、定义。所谓下定义,如这个词所指出的那样,实在只是在事物概念的范围以内把事物之完整的本原的概念显现出来(a)。如果以此作为我们的标准,那就完全不能下一个经验性概念的定义,而只能把它弄个明白。因为由于我们在这种概念中所发现的只是某种感性对象的少数的特征,所以就绝不能确定当我们用这个词来指同一个对象的时候,是否有时是表示更多的特征,而有时是表示较少的特征。例如就黄金这个概念来说,除了它的重量、颜色、坚韧性之外,一个人可能还想到它的不锈性,而另一个人也许并不知道这种性质。我们使用某一定的特征,只求它们能足够使我们达到我们要辨别的意图;新的观察除去了某些属性而加上了其他属性;这样,概念的界限永远不能得到确定。其实,例如给水这种经验性概念下定义有什么用处呢?在我们谈到"水"以及它的种种属性时,我们并不止于在"水"这个词里面所想到的东西,而是要进行种种实验的。这个词连同我们附加在它上面的几个特征,更正当地应看作只是事物的一种名称,而不是作为它的概念;这种所谓定义不过是这个词的确定而已。其次,验前给予的概念,如实体、原因、权利、公平等等,严格地说来,是不能有定义的。因为一个被给予出来的概念,就其被给予来说,仍然可能是模糊的,现在是否已完全达成它的明晰表象我就永远不能有什么把握,除非我知道它是和它的对象相称的。但是既然关于对象的概念,就它被给予出来而言,可能含有许多不清楚的表象;而这些不清楚的表象,虽然在我们应用这个概念时,是我们经常使用的,但是在我们的分析中是我

(a) 所谓"完整的"意思是指一切特征的明晰性和充足性;所谓"范围"意思是指实有的特征并不多于完整的概念所有的特征这样来说明的精确性;所谓"本原的",意思就是指范围的确定不是从任何别的东西得来的,因而就不需要任何证明,因为如果需要证明的话,就会使所假定的说明没有资格处在关于所下定义的对象的一切判断的首位了。——康德自注

们所忽略的,所以我的概念分析的精密性总是可疑的,而适当的实例之多只足以使这个精密性成为盖然的,绝不能使它成为必然而确实的。我不用"定义"这个名词,而宁愿用"阐明"这个名词。因为"阐明"这个名词,是较为谨慎的名词。虽然批判者对于分析的精密性仍然有所怀疑,但是却能承认"阐明"这个名词在一定程度上是有效的。那么,既然经验性的概念和验前被给予的概念都不容许有其定义,所以剩下来以之作为这种心理操作试验对象的惟一一种概念,就是任意制成的概念了。我所制造的概念,总是我能下定义的概念;因为既然它不是知性的本性所给予我的,又不是经验所给予我的,而是我自己有意把它做成这样的,所以在使用它时,我就必须知道我原来要想的是什么。可是我不能说,我已经给一个真实的对象下了定义,因为如果这个概念依靠经验的条件(例如船上的钟这个概念),那么我的这种任意制成的概念就不保证它的对象之存在或可能性了。我甚至不能由以知道它是否有一个对象,而我的解释,与其说是对象的定义,毋宁说是我的计划的声明。所以,容许有其定义的概念,剩下来的只有包含着一种能在验前有其构成的任意综合的那些概念了。结果就是,数学乃是有定义的惟一科学。因为数学所思维的对象是验前在直观中表示出来的,而且这种对象所包含的,确是不多于或少于这个概念的,因为这个对象的概念被给予出来乃是通过定义①的——而这个定义是原始地被给予而毋须从任何其他来源得出的。拉丁语的"阐明"(exposition)、"说明"(explication)、"声明"(declaration)和"定义"(definition)都是以德语的"定义"(Erklärung)这个词来翻译的,因而我们在我们的要求上不必太过苛刻而完全拒绝哲学的说明(Erklärung)有其定义这个光荣的称号。我们只限于简单地这样说,哲学的定义绝不多于所予概念的阐明,而数学的定义乃是原来所作出的概念的构成;而且哲

---

① 这里的"定义"是原德文 Erklärung 之译,亦即前面第三句里译为"解释"的那个词,而在这里中译"定义",是因为这词在原德文里本有"定义"的意思,故斯密英译为"definition",而穆勒尔则英译为 definition in its primary,依后一英译则中译为"基本定义",但据斯密则以接着的短语(中译为子句)来补充其"原始"即"基本"的意思。——中译者

② 康德通常是作为"解释"的意思而使用这个词的,但如上面所指出,在上句中这词是作为"定义"用的。——英译者

学的定义只能通过分析而得到(分析的详尽性绝不是必然确实的),而数学的定义乃是由综合产生的。所以,数学的定义是构成其概念的,而在哲学的定义中,概念只得到说明。从这就得出结论如下:

(a) 在哲学里,我们必不可模仿数学而从定义开始,除非纯为一种试验。因为,既然定义是所予概念的分析,所以就预先假定先已有概念的存在,即令存在于一种模糊的状态之中;而不完全的阐明必须先于完全的阐明。结果,我们能够从少数的特征推论出许多东西,而毋须先要达到完全的阐明,即定义。总之,在哲学里,极其精确而明晰的定义应该不在我们研讨的起头,而在其结尾(a)。在数学里就不同。在那里,我们在定义之先,没有任何概念是通过这个定义第一次被给予出来的。因为这个缘故,数学就必须总是从定义开始,而且它总是能够从定义开始。

(b) 数学的定义永远不能有错误。因为,既然概念首先是通过定义被给予出来的,所以它除了正是定义所想要由它来理解的东西之外,并不含有其他任何东西。虽然没有什么不正确的东西能被引入到它的内容里面去,然而有时(虽然很偶然)在它由以表现的形式里也可能有缺点,即关于精确性的缺点。例如,圆的通常说明是说,圆是一条曲线,在它上面的一切点都和同一个点(中心)等距离。这种说明的缺点就是"曲"这个规定是不必加进去的。因为从这个定义演绎出来而且能易于证明的,必须有一条特殊的定理,那就是,如果一条线上所有的点都全是和同一个点等距离,这条线就是曲的(没有一部分是直的)了。可是分析的定义就可能在许多方式上发生错误,或者是通过引入实际上不属于这个概念的一些特征,或者是由于缺乏作为一个定义本质特色的详尽性。后一种缺点是由于我们绝不能完全确知分析是否详尽。因为这一些理由,定义的数学方法不容许在哲学中模仿。

(a) 哲学充满着各种错误的定义,尤其充满那种虽含有所需要的某些要素,但仍是不完全的定义。如果我们要等到我们下了定义之后才能使用一个概念的话,那么,一切哲学的处境就实在可怜了。但是,既然从分析所得的种种要素,在分析所达到的限度内,还是能有其很好而又稳妥的用途,所以,不完整的定义,即本不是定义,但仍是真实的,因而是接近定义的,是可以使用而且极有好处的。在数学里,定义是属于以本质为目标的,而在哲学里,定义是属于以改善其本质为目标的。达到一个相称的定义是值得去追求的,但是每每是很困难的。法学家到现在还没有达到关于权利概念的定义。——康德自注

二、公理。公理，就其是直接正确的来说，都是综合的验前原理。可是一个概念不能和另一个概念综合地而又同时直接地结合起来，因为想要越出这两个概念的任何一个，需要第三者作为我们知识的媒介。因此，既然哲学纯是理性依据概念而获得的知识，所以在它里面就不能有配称为公理的原理。数学就不同。数学能有公理，因为借助于概念在对象的直观中的构成，数学就能在验前而且直接地把对象的述项结合在一起，例如在"三点总是在一个平面上"这个命题里就是这样。但是只从概念得来的综合原理，例如"凡发生的事物都有其原因"绝不能直接的正确。在这里，我必须从周围去寻找某个第三者即经验中的时间来确定这个条件；只从概念，我不能不通过任何媒介而直接地获得关于这种原理的知识。所以论证性的原理完全不同于直观性的原理，那就是说不同于公理；它总是需要有演绎。反之，公理就不需要这种演绎，而且由于同样的缘故，它就是自明的——这是哲学的各种原理所永远不能提出的一种要求，无论它们是多么正确。结果，纯粹先验理性的综合命题全都不是完全自明的命题，不可能像"二加二等于四"这个命题那样自明，然而往往有人替这些命题狂妄地提出这种要求来。在分析论中，我固然曾把直观的某些公理引入纯粹知性的基本原理表里面去；但是在那里所应用的基本原理(Grundsatz)本身并不是公理，而只是用来详细说明一般公理的可能性的基础(Prinzipium)的，其本身不过是从概念得来的一条基本原理而已。因为在先验哲学中，数学的可能性本身是必须证明的。所以哲学就没有公理，而且绝不可以在任何这样的绝对方式上规定它的验前原理，而关于这些原理，必须听凭彻底的演绎来建立它的权威。

三、实证(Demonstrations)。一种无可争辩的证明，只在其直观性的这一限度内，才能称为实证。经验所告诉我们的乃是"什么是什么"，而并不告诉我们"什么只是什么而不能不是这样"。结果，证明的经验性根据在任何时候都不能达到不可争辩的证明这种程度。甚至从论证性的知识所用的验前概念，都绝不能发生直观性的确实性，也就是说，不能发生实证性的证据，不管所得出的判断在其他方面如何不可争辩地确实。所以只有数学才含有实证，因为它不是从概念得出它的知识，而是从概念的构成得出的，即从直观得出的，而直观能按照这些概念在验前给予出来。甚至代数用方程式的方法,从方程式通过约法而演算出的正确答案连同答案的证明固然也不是几何学的性质的,但仍然是用符号构成的①。它属于符号的概念,尤其是关于大小量的种种关系的概念,是在直观上呈现出来的;而这种方法,除了它的种种启发性的便利以外,通过把符号逐一摆在我们的眼前,就能使一切推论免生错误。哲学的知识不能有这种便利,因为它总是得要抽象考虑普遍的东西(即通过概念来考虑),而数学能具体地(即在个别的直观中)考虑普遍的东西,然而同时也通过纯粹验前表象,而使一切错误立刻变得一见而知了。所以,我与其称哲学的知识为实证——这种实证,如这个词所指出的那样,是在对象的直观里而且是通过这种直观而进行的,——毋宁称之为讲述的(论证的)证明,因为这种证明只是通过话语(思维中的对象)就可实现。

从这一切就可得出结论说,尽管哲学以独断的程序为自豪,而且用数学的名称与标志来装饰自己的门面,但并不属于数学的行列,虽然它尽可有种种的根据来指望和数学携手同行,但这种做法是不适合于哲学的本质的,尤其是在纯粹理性的领域内。这种僭妄乃是绝不能得到满足的无聊主张,而且事实上必然使哲学转换它的真正意图,那就是要暴露出那种理性忘记自己限度的种种蒙蔽手法,并通过充分澄清我们的概念,来把理性从它的冒昧思辨追求那里唤回到适度的、然而是彻底的知识方面来。所以,理性在其先验的种种努力中,必不得抱着热情的期望向前突进,好像它们曾走过的途程会直接趋向所定的目标,好像它所接受的前提很牢靠而无须时常回到它们那里去考虑似的:是否我们也许在种种推论的过程会发现在原理上曾经忽视了的缺点,因而就不得不更充分地确定这些原理,或者完全变更它们。

我把一切不可争辩的命题,无论是可实证的或者是直接确实的,划分为学说的(dogmata)和教训的(mathemata)两种,直接从概念得来的综合命题乃是一种学说(dogma);当一个综合命题是通过概念的构成而直接

---

① 这里的"用符号构成"是原德文 charakteristische Konstruktion 之译。这短语的意义不甚明晰。斯密的注认为可译为"用符号构成"(construction by means of symbols),而正文则译为 in a way charactistic of science,穆勒尔则英译为 construction by characters. 当以斯密的注和穆勒尔的英译为是。——中译者

获得的，它就是一种教训(mathema)。其实，分析判断，除了我们关于对象所有的概念所已经包含的东西之外，并不就这个对象对我们有任何指示；这种命题并不把我们的知识扩充到对象概念以外，而只把这个概念弄清楚。所以不能正确地称它们为学说（也许可翻译这词为教义 Lehrsprüche）。在这两种综合验前命题之中，按照词的通常用法，只有属于哲学知识的那些命题才能称为"学说"；算术或几何的命题都很难称为学说，所以词的习惯用法，就证实了我们关于这个名词的解释，那就是，只有从概念得来的判断才能称为学说，而那些以概念的构成为基础的判断，就不能称为学说。

可是，在纯粹理性的全部领域中，在其纯是思辨的使用上，并没有一个综合判断是直接从概念得出来的。因为，像我们已经说明的那样，理念不能形成任何客观有效的综合判断的基础。纯粹理性通过知性的概念固然建立了可靠的原理，可是不能直接地由概念而构成，而始终只是间接地通过这些概念对于某完全不必然的东西的关系，也就是通过可能的经验而形成。当预先假定了这样的经验（那就是作为可能经验对象的某东西）的时候，这些原理固然是不可争辩地确实的；但是，就它们本身来说，我们永远不能直接在验前知道它们。所以，纯是从所包括的概念那里就没有人能洞察"凡发生的事物都有其原因"这个命题。所以，这个命题并不是一种学说，虽然从另一个观点来看，也就是从它的可能使用，即从经验这个观点来看，可以以完全不可争辩的确实性来证明它，但是，虽然它需要证明，然而不应称它为定理，而应称它为原理，因为它具有这种特别的性格，即它使作为它自己证明的根据的经验成为可能，而且在这种经验中，必须总是预先假定它。

那么，如果在纯粹理性的思辨使用中，没有学说可用作它的特别题材，一切学说的方法，无论是从数学家借来的或者是特别创制的，按其原来的方式就都是不适宜的了。因为这些方法只是用来掩盖缺点与错误而使哲学误入歧途的，而哲学的真正意图，却要使我们极其清楚地看到理性的每一个步骤，但是哲学的方法总是能够成为有体系的。因为我们的理性本身在主观上乃是一个体系，虽然在它纯粹的使用上，借助于纯然概念，它不过是我们的研究所能按照统一性的原理而由此进行的一种体系而已,但是材料却只有由经验提供。在这里,我们不能讨论先验哲学所特有的方法;我们现在所关心的只是在于批判地来估计从我们的各种能力所可以期待的是什么东西——即我们能否进行建筑;而且用我们能发配的材料(纯粹验前概念),我们可以指望把这个建筑物建筑到什么高度。

第二节 关于纯粹理性争辩使用的锻炼

理性在它的一切作为中,都必须受到批判;如果它以任何抑制来限制批判的自由,它就必定损害到自己,致使别人将有害的疑虑加于自身。没有任何东西,从它的用处来看,是这么重要,没有任何东西是这么神圣,是可以受到这种大公无私的彻底检查的。理性的存在就是依赖于有这种自由。因为理性毫无独裁的权力;它的裁决始终纯是自由公民的同意,而每一个公民必须能够毫无障碍地发表他的反对意见或者乃至表示其否决权。

但是理性虽然绝不能拒绝服从批判,然而始终并无理由怕受批判,固然在它的学说的(非数学的)使用上,它没有彻底地意识到应这样严格遵守它自己的最高法律,使它觉得毋须有胆怯的心情,乃至完全放弃一切擅自取得的学说权威的态度,出现在一种更高级裁判的理性之批判检讨面前。

可是,当理性所要应付的不是法官的裁决,而是身份相同的公民所提出的要求,而且对于这些要求它只得进行自卫的时候,情形就完全不同了。因为,既然这些要求原在其否定上,正像它自己的要求在肯定上,同样地独断,那么它就能够从人的标准而言($κατ'ἄνθρωπον$ 即在人面前)来为自己辩护,其所用的方式能保证它免受一切妨害,而且为它提供一种所有权证明来得到法律上的占有而毋须惧怕外来的要求,虽然按真理标准而言($κατ'ἀλήθειαν$ 就事物的真理而言),这种所有权证明本身,是不能无争辩地得以证明的。

所谓纯粹理性的争辩使用,我的意思是指理性为它的命题辩护以反抗那用来否定它的命题的相反命题。这里的争论点,并非说它自己的主张不是不能是虚伪的,而只是说,没有人能以不可争辩的确实性,或者乃至以较高程度的可能性,来主张其反面。我们在这里,不是由于别人的宽容而占有我们的财产;因为,即令我们的所有权可能不令人满意,然而没有人能有条件来证明这种所有权的不合法,这是完全可靠的。

竟然有纯粹理性的冲突这种事情,而且作为一切争执的最高法庭的理性竟然这样自相矛盾,这实在是可悲而令人沮丧的。我们在前章曾被迫处理这样的一种冲突;但殊不知这只是一种表面上的、依据于一种误解的冲突,我们按照通常的偏见,误认出现为物之在其自身,然后在这种或另一种方式上(这种事情在两种方式上是同为不可能的),要求出现的综合的绝对完整性——而关于出现,这种要求乃是完全不能容许的。所以在提出"出现的系列就其在自身被给予来说,是有一个绝对的最初开始"和"这种系列是绝对地而且在其自身说来并无任何开始的"这两个命题时,并没有实在的理性自相矛盾。因为这两个命题是彼此完全一致的,因为出现,就其存在(作为出现)而言,其自己本身,是完全不成为任何东西的,这也就是说,不会[被认为]是自相矛盾的东西;而认为它们本身就是存在的这种假定,自然一定会引起自相矛盾的推论。

但是还有其他的情况,那是我们不能以任何这样的误解为口实的,因为我们在那里不能用上述的方式来处理理性的争执——例如,一方面有人从有神论的立场主张有一个最高的存在者,而另一方面,又有人从无神论的立场主张没有最高的存在者,又如在心理学中,有人主张凡是思维的东西都禀有绝对的、常存的统一性,因而不同于一切转瞬即逝的物质统一体,而与之反对的方面却主张灵魂并不是非物质的统一体而且是不能免于流逝的。因为在这些情况里,既然知性所处理的只是物之在其本身而不是出现,那么这种问题的对象就不杂有任何和它的性质相矛盾的异质要素。如果纯粹理性在否定方面所主张的等于它的否定争论点的积极理由,那么它的确会有实在的冲突。因为,如果批判只是针对作出独断肯定的那些人所提出的证明的根据,那么这种批判可以自由接受。我们并不因之就要放弃这些肯定的主张,因为这些主张至少是理性的利害关系所偏袒的——这种利害关系乃是对方所不能援引的。

关于"有上帝的存在"和"有一种来生"这两种基本命题,某些优秀而思想丰富的人(例如苏尔兹 Sulzer①)鉴于向来所用的论证的软弱,因而就常常表达一种意见,认为我们将在某个时候会发现一些无可争论的实证。

---

① 这里是指 J. G. Sulzer(1720—1779)。——英译者

这种意见我就完全不敢苟同。与此相反,我却确信这种事情永远不会发生,因为,对这种和经验的对象以及这些对象的内部可能性毫无关系的综合性主张,理性会从哪里得到它所需要的根据呢?但是永远不会有任何人将能以丝毫的证明,更不能独断地来主张其反面,这也必然是确实可靠的。因为主张反面的人既然只得通过纯粹理性才能证明他的主张,他就必须设法证明一个最高存在者和在我们里面作为纯粹智力的能思维的主体同是不可能的。但是他从哪里会得到那种能给他以正当理由的知识来这样综合地判定关于必在一切可能经验以外的事物呢?所以我们就可以这样完全确信,没有人能在任何时候证明反面的主张,因之就毋须我们去关心到形式的论证了。我们总是能够承认这些命题的——这些命题是这么紧密地和我们的理性在它的经验性使用上的思辨利害关系结合在一起,而且又是调和思辨的利害和实践的利害的惟一手段。至于反对我们的论敌(在这里不能只作为一个批判者来考虑),我们便以我们"不清楚"(non liquet)这种话来武装我们自己,而这种话一定使他感到困难。与此同时,我们并不在乎他反过来将这种论证来对付我们,因为我们还是始终可以使用理性的主观准则,而这是我们的论敌所必然缺乏的,在这种准则的保护下,我们就能以冷静不在乎的态度来看他的一切徒然的进攻。

所以,纯粹理性是没有真实的冲突的。因为这种冲突的战场得要位于纯粹神学以及心理学的领域中;而在那领域中,没有能足够地武装起来的战士,也没有我们须要惧怕的武器,讥笑与自夸便是他的全套军械,而这些不过是一种不值一笑的儿戏。这种考虑是令人受到安慰,并使理性重新鼓起勇气的;因为,如果只能号召理性来消除一切错误,而它竟然自相冲突,并且毫无安宁与①平静的希望,那么它们依靠的是什么呢?

凡是自然所原来设立的,都是适合于某种意图的。即使毒物也有其用途,毒物可用来抵消在我们种种体液里所产生的其他毒物,因而在每一部完备的药典中都一定有其地位。仅对纯然思辨理性的信心与自足的那些意见是由理性自身的本质所引起的,因而就一定有其良好的用途与目的,而我们是不应轻视这种用途与目的的。何以天意要把许多和我们最

---

① 这里的"与"是依第五版读 oder(或)为 und 之译。——英译者

^{A744}
^{B772} 高的利害关系紧密结合在一起的东西放在远非我们能达到的地方,使得我们只能在一种缺乏明晰性、以不得不有所怀疑的方式来领会它们——因之我们求知的想望就多受刺激而少得满足呢?其实我们很可以怀疑:冒昧地对于这种未确定的事情说一些大胆的话,究竟是有益的,抑或反而是有害的?但是毫无疑问,最好始终让理性有追求与批判的完全自由,使得它在照料它自己应有的利益上不致受到妨碍。限制理性的思辨和扩张理性的思辨,都同样能促进这些利益,而且外来的影响进行干涉使得理性

[597] 离开它应取的途径,以及用和它的原有的目的毫不相干的东西来抑制它的时候,这些利害就总会受到损失。

所以,务必容许你的论敌以理性的名义来说话,而你只用理性的武器去反击他。此外,毋须顾虑到所得的结果对于我们实践的利益有什么关系,因为在一种纯是思辨的争论里,这些利益是绝不在任何方式上受到影响的。这种争执只能用来揭露理性的某种二律背驰,而由于这种二律背驰是来自理性的本质的,它就必须予以倾听而且受到检讨。理性的对象受到两方面的考虑是有益于理性的,而对它的判断加以限制乃是对它的纠正。在这里争辩的东西不是理性的实践利益而是提出这些利益的语势(Ton)。因为,即令我们得要放弃知识的语言,我们仍然有充足的理由在

^{A745}
^{B773} 最严正的理性面前,来使用一种坚信的完全合法的语言。

如果我们问冷静的、[其禀性]特别适合于公平判断的休谟,是什么东西致使他以其由苦思而得出的牵强巧辩①,来颠覆那对于人类能如此予以安慰而又有益的信念,即"人类的理性具有充足的洞见来肯定一个最高的存在者的存在并能对它有确定的概念"这一信念,他就会回答说:"只是为了增进理性的自知,而且因为见到有些人伤害理性而感到愤怒,那些人一方面夸大理性的种种力量,而另一方面又阻止理性坦白地承认它通过自我检查而清楚看见的种种弱点";另一方面,如果我们质问完全热衷于理性的经验性使用而毫不同情一切超验的思辨的普里斯特列②这位虔诚

---

① 这里是指休谟的《关于自然宗教的对话》(1779 年出版)一书。——英译者

② 即英国的 Joseph Priestley(1733—1804),著有《Disquitions ralating to Matter and Spirit》(《关于物质与精神的研究》1777 年)和《The Doctrine of Philosophical Necessity》(《哲学的必然性学说》1777 年出版)。——英译者

二、先验方法论

热心的宗教教师,是什么动机诱导他来推翻一切宗教的两大柱石如自由以及灵魂不死(对他来说,来生的希望只是期待复活这种奇迹而已),他所能作出的答复不过是说,他关心的乃是理性的利益,如果我们想要有某些对象不受物质自然的种种规律的限制,而这些规律却是我们能精密地知道而确定的,那么理性就必然受到损害了。普里斯特列是知道如何把他似非而是的教义和宗教的种种利益结合起来的。苛责他而使一个好心好意的人感到痛苦,是不公道的,因为他不过是越出自然科学的领域,因而就迷失了方向而已。休谟也是同样地怀有好意,而他在道德品格上是完全不可指责的。所以,当他坚持认为他所精密想出的种种思辨在自然科学的领域内是不能放弃的时候,我们也必须对他表示同样的照顾。因为他正确地主张,这些思辨的对象完全是在自然科学的界限以外,而在纯粹理念的领域之内的。 [598] A746 B774

那么,应该怎样办呢?尤其是见到这种危险,好像这样一来,人类的各种最大的利益都受到威胁了。没有比我们由此不得不作出的那种决定会更自然、更合理的了。让这些思想家去自由采取他们的路线吧。如果他们显出才能,如果他们开始新的而深奥的研究,一句话,如果他们显示理性,那么,理性总定会有好处的。如果我们在使理性不受任何束缚的那些手段以外,还用其他的手段,如果我们像是召集群众去救火似地叫嚣造反,而群众并不理解这种微妙的探求,我们就成为笑柄了,因为所争论的问题,不是在这些研究里什么是有益的或有损于人类最好的利益的,而只是理性借着把一切利益都抽掉了的思辨,能前进到多远,究竟这种思辨算不算什么?或者毋宁必须放弃它,而和实践的利益相交换,所以,我们不应手拿着剑冲进斗争里去,而应该从批判者的安全席位上作为一个和平的旁观者出现,这场战斗对战斗者说来固然是劳累的,但是对我们是爽心悦目的;最后的结局一定是完全不流血的,所以就对我们神学的见地有贡献来说必定是有好处的。因为如果指望理性使人能够明白,而又事先规定理性必须一定袒护哪一边,那实在是悖理的。而且理性由于其自身已经为理性所限制而拘束于理性的限度之内,因之我们就不必召集警卫以使用政治的权力来压迫那具有惊人的优势却又似乎是有危害性的那一方。在这种辩证的冲突中,所获得的胜利,是不致令我们有所忧虑的。 [599] A747 B775

其实理性是极其需要这种辩证的争辩的;而且大家都十分情愿,在公众的绝对赞同之下,更早发生这种争辩,因为这样一来,批判就会早些达到其成熟期,而争论的两方认识到使它们冲突的种种幻象与偏见,所有这些争执就都必然会立刻终止。

在人类的本性中有某一种虚伪的性质,它像一切从自然而来的东西那样,归根到底是必须对良好的目的有贡献的,这种性质就是那种想要隐藏我们实在的情操,而卖弄假装为人们看作良好而值得钦佩的情操的倾向。这种掩饰我们自己而披着对我们有利的外衣,无疑不仅使我们成为有文化的,而且在某种程度上并使我们成为有道德的。因为只要我们不能看穿端庄、诚实、谦让的外貌时,我们便在我们周围的人的善良外貌的真实例证中,找到一个改造自己的学校,但是把我们自己表现为比我们原来那样更好,表现出我们并不感觉到的情操,这种倾向只可作为一种临时的处置,使我们脱离野蛮粗鲁的状态,而让我们至少假装着我们知道是好的那种外表上的仪容。但是后来,当真实的原理已经发展,而且变成了我们思维方法的一部分的时候,我们就必须日益诚恳地和这种二重性进行斗争;不然的话,它就会腐蚀我们的心,而且以貌似良善的蔓延的野草,妨碍真正良善情操的成长了。

甚至在思辨的思想的表现中,很可惜我还看到同样的不诚实的性质,虚伪的陈述和伪善的行为,而在这种表现中照着所应该的那样,坦白而直率地承认我们的思想,本来是没有多少障碍的,并且不这样做是毫无好处的。因为没有任何东西比用一种虚伪的形式来传递我们的思想,隐瞒我们对于自己的主张所感觉到的疑惑,或者对于我们自己所承认为不充足的证明根据予以一种无争论余地的外表,对于知识的利益来说是更为有损的,只要滋生这些不可告人的手法出于单纯个人的虚荣(关于不涉及特别利益和不容易有不可争辩的确实性的那些思辨判断,常常是这种情况),在取得大家接受的过程中,就为其他人的虚荣所抵消;而这样一来,最终的结果,就和完全诚实而正当的行为所得的结果是一样的,只是迟缓一点而已。当舆论认为那些爱好巧妙提问的人其目的乃是想要动摇公共福利的基础时,我们与其让假设的论敌得到优势,以为我们是不得已将我们的语气降低到只是一种实践的信念并且是已经被迫要承认我们缺乏思辩所得的无可争论的确实性,毋宁通过诡辩的论证来促进一种善良主张,这样做法似乎不仅是明达的而且是可行的,甚至是值得称赞的。可是我不得不认为没有任何其他东西像欺骗、伪善和欺诈那样,与维持一种善良的意图的目的,更为根本不相容。当然至少可以要求,在纯粹思辨的事情上,衡量理性所提出的考虑时,我们完全应该极其诚恳地进行。如果我们对这一小事果能如愿以偿,那么关于上帝、灵魂不死、自由等重大问题的思辨理性的争执就老早得到了解决,或者很快就会作出结论了。所以意图的纯洁性常常和事业的美好成反比例,而且坦白与老实也许在攻击一方时,比在拥护一方时,更容易发现。

所以,我将假定我的读者不想看到用一种不正义的方式来捍卫一种正义的事情;因之他们就默认我们在这一点上是完全一致的,即依据我们批判的原理,而且所注意的不是通常发生的事而是应该发生的事,那么,正当地说来,便不会有纯粹理性的争论。因为,两个人怎能关于一种事物进行争论,而对于这个事物的实在性,两方都不能在现实的经验中乃至在可能的经验中表现出来,而在这争论中,两方所沉思的乃是这事物的纯然理念,却想由此抽出比这理念更多的某东西即对象本身的实在性来呢? 既然任何一方都不能使他的论题真正为人所理解而确定,而只能攻击与反驳其对方的论题,他们有什么方法来结束这个争论呢? 因为这是纯粹理性的一切主张的命运,那就是:由于这些主张是超出一切可能经验的条件之上,而在可能经验的范围以外,真理确实是绝不可能的。但是与此同时,这些主张又要使用知性的种种规律,即只适用于经验上使用,而且没有它们综合思维便寸步难行的规律,所以两方都不能避免暴露其弱点,而每一方就因而利用对方的弱点了。

我们可以把纯粹理性的批判作为纯粹理性一切争论的真正法庭;因为这种批判是不卷入这些争论里面去的(因为这些争论直接和对象有关),而是要按照其最初设定的种种原理确定并衡量一般理性的权利。

如果没有这种批判,理性就像是在自然的状态之中,只有通过战争才能成立而且保证它的主张和要求,与此相反,批判按照它自己设立的基本原理达到它的一切决定,而这些原理是没有人能对它们的权威发生疑问的,于是这种批判就替我们保证了一种法律秩序的和平,而在这种秩序之

下,我们的争辩只能按照诉讼的公认方法来进行。在前一种状态下,争辩以两方都认为获得胜利而结束;而在这种胜利之后,一般说来是由某个调停的权力来安排暂时休战的;而在后一种情况下,争辩是由司法的判决而终结的,由于这种判决打中了冲突的根本,因而就有效地保持了永久的和平。所以一种纯为独断之理性的不断争辩,最后叫我们不得不在理性自身的某种批判中,以及在基于这种批判的立法中,来寻找援助以息争端。像霍布斯所主张的那样,自然的状态是没有公道的、强暴的,我们别无办法,只得放弃这种状态而服从法律的制裁。法律限制我们的自由,只是为了我们的自由可以和他人的自由以及全体的公共利益相一致。

这种自由附带有这种权利,那就是把我们自由还不能处理的各种思想和疑惑公开付诸讨论,而且这样做时,不会被人污蔑为捣乱的有危害性的公民,这是人类理性原有的权利之一,而人类理性,除了人人在其中都有发言权的那种普遍的人类理性之外,并不承认其他裁判者。而且,既然我们的状态所能有的改善,一定要得自这种来源,所以这样的一种权利是神圣的而且必不可剥夺的。我们斥责任何"反对或攻击社会大部分人而且又是最善良的人所已经赞成的见解"的大胆主张为有危害性的,这种做法实在是很不聪明的;这样做时,我们是将这种主张所不应有的重要性归之于它们了。无论什么时候,我一旦听见真有本事的作家,曾证明没有人类意志的自由,没有来生的希望,以及上帝的存在,我就急于要读这本书,因为我期待用他的本事来增加我对于这些事情的见识。但是在开卷之先,我就已经完全确知他没有正当理由来特别阐发他的任何意见,这并不是因为我相信我拥有关于这些重要命题的决定性的证明,而是因为先验的批判曾经向我揭示了我们纯粹理性一切的贮藏,因而我就完全信服理性在这个领域里既然没有资格来达到肯定的主张,那么它也就同样不能,乃至更加不能,建立关于这些问题的任何否定的结论。因为自由思想家从什么来源能得出他所谓的知识,例如说没有最高存在者的知识呢?这种命题是在可能经验的范围以外的,因而就是超出一切人类眼光的限度的。至于独断的拥护者替这件好事所作出的答复,我就完全毋须去读了。我事先就知道他只是为了要别人接受他自己的论证,才攻击他的论敌的诡辩论证的;而且我更知道,虚假论证之完全为人所熟悉的思路不如那些新奇而细心精制的思路能提供这么多的新观察的材料。反对宗教的人，固然在他自己的方式上，同样是独断的，但是他却给我一种为我所欢迎的机会来应用，而且在某方面来修正我的批判的原理，而与此同时，我也不必惧怕这些原理会受到丝毫的危害。

[603]
A754
B782

但是我们是否必须要我们在大学受教育的青年提防这种著作，使他们不致过早知道这种有危害性的命题，一直等到他们的判断力成熟，或者更确切地说，等到我们想要灌输到他们里面去的学说，已经根深蒂固而且能有效地来抵抗那些不管来自何方的相反见解的说服力呢？

如果我们在纯粹理性的问题上主张要坚持用独断的办法，而且用严格争辩的方式，也就是说，我们自己参加论战，并以支持对方的主张所需要的证明来武装我们自己，这样来处理我们的论敌，这种办法确是暂时最有利的；但是归根到底，没有什么东西会比这样使青年在一个时期内受着保护更为愚蠢而徒劳无功的，固然这样能使青年一时不致变坏，但是后来，当好奇心或者对于时尚的爱好使青年注意到这些著作时，他们青年的信念能够受得起考验吗？任何一个人，如果在抵挡他的论敌的进攻时，所能用的武器只是独断的武器，而不能发展隐藏在他自己胸中的正如隐藏在他的论敌的胸中一样的辩证，[那么他就是处在危险的地位]。他所看到的乃是具有新奇的魅力的诡辩论证，和已经失去这种魅力的诡辩论证相对立的论证，而且后一种论证反会引起他的怀疑，因为原来实际上是利用了他的少年人的轻信，因而他就开始相信为了表示他已经脱离他的幼稚训练，最好的方法，莫过于尽行丢弃这些好心好意的警告；而由于习惯于独断论，他就大口吞下以相反的独断论来毁灭他原有的原理的这种毒药。

A755
B783

在大学的教学中，我们所应采取的途径，恰恰是和在这里所推荐的途径相反，但是所必具的条件，总是要采取的教法是基于纯粹理性批判中的彻底教养的。因为，为了使这种批判的原理尽早发生作用，而且为了表明即使辩证的幻象势力达到最高点时，这种批判的原理仍然有充分的力量，那么就绝对需要让那在独断论者看来是极其可怕的种种攻击，对学生的理性发挥其充分的力量——虽然学生的理性仍然薄弱，可是已经为批判所启发了——并且使学生有自行检查的机会，以批判的原理为标准，逐一

[604]

看到,发动这些攻击的人们某些主张是怎样毫无根据的。由于解释这些论证使之烟消云散,对他来说毫无困难,所以他早就开始感觉到他自己有力量能防护自己,不致受到这种欺骗的危害,以致这些欺骗对他来说,最后丧失掉一切诱惑的能力。毁灭论敌种种构造的打击,固然也许同样对于他自己要建立的任何思辨的构造,有同等的摧毁力,可是,这点并不丝毫令他感到不安,因为他本不需要任何这样的躲避处,由于他在实践的范围内仍然保有很好的希望来在那里满怀信心地发现更牢固的土地以建成他自己理性的而且有益的体系。

所以,正当地说来,在纯粹理性的领域内,并没有任何可争论的东西,双方都是和空气斗争,与自己的影子角力,因为他们越出了自然的境界,在那外边,他们的独断把握力抓不住任何他们极力要保持住的东西,任凭他们怎样斗争,他们劈开的影子立刻又恢复原形,像北欧神话中神的殿堂(Valhalla)上的英雄①们那样,只是在不流血的搏斗中又一次作消遣的玩耍而已。

但是我们也不能承认纯粹理性有任何怀疑的使用可以被称为一切争论中的中立原理。使理性自相冲突,提供双方以其武器,然后冷静讥讽地旁观猛烈的斗争,从独断的观点来说,这是不应有的,使人想到一种幸灾乐祸的居心。可是,如果我们考虑那些以独断的态度进行论证的人是怎样固执到底,大言不惭,拒绝以任何批判来节制他们的主张,实在也没有其他可行的途径,惟有让一方的大言不惭和另一方有同等理由的大言不惭互相冲突,或者这样对理性所提供的抵抗,至少可以使之仓皇失措,而对于它的种种自负引起怀疑,并且使之愿意听听批判的意见。但是,我们如果把只是安于这些疑问,并因而开始推崇这种信念而且承认我们的无知,作为不仅是对于独断论的安心自得的一种纠正且是停止理性自相冲突的正当方法,那是徒劳无功的办法,而且绝不足以克服理性的动荡不安,它最多只能是一种把它从它的美满的独断迷梦中唤醒过来的手段,而使它开始对它自己的地位进行更精密的检查。可是,由于逃避令人讨厌

---

① 据北欧的神话,Valhalla 是战场上牺牲的战士精灵聚集的会堂,战争之神奥丁(Odin)召集战士精灵之所。它有 540 个门。每日清晨,战士们由这些门出去,赴战场作战,晚上就回来在堂上宴会,纯以战争为娱乐。——中译者

的理性争论事务的怀疑方法,看来像是我们达到哲学持久和平的捷径,或者即使不是这样,至少是一条为那些佯装表示他们之所以蔑视一切这种研究是有其哲学上的正当理由的人所赞成的道路,所以我就认为,把这种思维方法在它的真正情况下表示出来是有必要的。

纯粹理性在它内部的种种冲突中怀疑的满足之不可能性

A758
B786

对于我的无知这种意识(除非这种无知同时被认为是必然的)来说,它并不终止我的研究,反而应该成为开始研究的理由,一切无知不是对于事物的无知就是对于知识的机能与限度的无知。如果无知不过是偶然的,那么在前一种情况下,就应该刺激我们来独断地研究事物(对象),而在后一种情况下,则是批判地来研究我的可能知识的限度。但是不能从观察方面的经验上证明我的无知是绝对必然的,因而我就毋须去进一步来研究,而只有通过一种以批判方法来进行的,直至我们知识的最初根源的检查,才能证明这一点。所以,除了验前的根据以外,是不能确定我们理性的限度的;另一方面,理性的限度如果只在于对无知的一种知识,而这种无知又永远不能完全消除,则我们之所以能在验后认识这种限度,所参照的就是,不管我们所知道的是多少,仍然还有待我们去知道的内容。只有通过理性本身的批判才成为可能的那前一种关于我们的无知的知识才是科学;后一种关于我们无知的知识,不过是知觉,而我们不能说知觉所发生的种种影响可以达到什么程度。如果我把大地所呈现于我的感官的形象表现为有一个圆的地平线的平面,我就不能知道它扩延到什么程度。但是经验所告诉我们的乃是,不管我到哪里去,我总是在我的周围看到有空间,而在这空间里①,我还是可以前进;这样,任何时候我都知道我关于地球的实际知识的限度,但不知道一切可能的地理学的限度。但是如果我已经达到这种程度,能知道地球是一个球体而且它的表面是圆的,那么乃至从它的一小部分,例如从经纬度的大小,我就也能够按照原理而验前确定地知道地球的直径,而由直径知道地球的整个面积,并且我虽然

[606]

A759
B787

---

① "在这空间里"是依 Erdmann 读原版的 dahin(从这空间出发)为 darin(从其中)之译。——英译者

不知道这地面上可能包括的种种对象,但是关于它的圆周大小,以及限度,我是知道的。

我们知识的一切可能对象的总和在我们看来是一个具有好像是地平线的平面——也就是在其环视里包括整个平面上的一切而我们称之为无条件的总体的这个理念。想在经验上达到这个概念是不可能的,而一切想在验前按照一条确实的原理来确定它的这种企图是徒然的。然而我们纯粹理性所提出的一切问题,都是关于这地平线以外的可能是什么,或者关于在它的界线上可能是什么东西。

著名的休谟就是人类理性的地理学家之一,这种地理学家以为把所有这类问题摆在人类理性地平线之外便充分地处理了这些问题——而这是休谟所不能确定的地平线。休谟特别讨论了因果作用的原理,而完全正确地认为这条原理的真理,乃至一般所谓有效原因这个概念的客观有效性,不是根据任何洞见,也就是说,不是根据任何验前的知识,因而它的权威,不能归之于它的必然性,而只能归之于它在经验的过程中的一般效用,以及归之于它从经验获得的某种主观的必然性,这就是他称之为"习惯"的东西。从我们的理性不能在任何超经验的方式上使用这条原理,他就推论出理性一切超出经验的东西以外的冒进都是无效的结论。

这种行为——使理性的作为①受到检查,而且有必要时还受到谴责的行为——可以称之为理性的检举。这种检举自然一定会引起关于原理的一切超验使用的怀疑。但是这只是其第二步,而并不完结研究的工作。在纯粹理性问题上标志着其幼稚时期的第一步,就是独断的。其第二步是怀疑的;而这一步,是表示经验已经使我们的判断力变得更聪明而更慎重了。但是根据于已经证明有普遍性的可靠原理而且只有充分成熟的判断力才能采取的第三步,现在就是必然的了,那就是说,开始受到检查的,不是理性的事实,而是在其种种力量的全部范围里的理性本身,而且是关于理性对于知识的各种纯粹验前方式的能力倾向。这个不是理性的检举,而是理性的批判,通过这种批判所证明的不是理性现有的界限,而是

---

① 这里所谓的"作为"原德文是 die Fakta,是拉丁语的 factus 的复数,应是"所做的事",而斯密与穆勒尔两者的英译皆作为 facts 讲,似不确切,故改译为这词。——中译者

它的确定的(而且必然的)限度,不是它关于这点或那点的无知,而是它关于某一种一切可能问题的无知,这一切都是从原理实证的而不纯是由猜测而达到的。所以怀疑主义乃是人类理性的休息所,在那里理性可以反思它的种种独断性的流浪经历,而检查一下它所在的地区,使得它将来可以更正确地选择它的途径。但是这不是它永久安居的处所。要得到这样的处所,只有通过我们关于知识的对象本身和关于对象的知识所受到的种种限制的那种完全的确实性知识。

我们的理性不是像一个毫无涯岸、远远延扩着的平面,其限度只是我们约略知道一些而已,我们毋宁必须把它比作一个球状体,其半径可从它表面弧形的曲线来确定——那就是说,从综合验前命题的性质来确定——而且我们从而又能确实地详细说明它的容积与界限。在这个球状体之外(在经验的领域之外),没有任何东西能成为理性的对象;不但这样,关于这种假定的对象的种种问题,也只和归摄于知性的概念而且和能在这个经验球状里面碰见的那些关系的完全确定的主观性原理有关。

正如预测经验的知性原理所说明的那样,我们在实际上是具有知识的验前综合方式的。如果有人完全不能理解这些原理的可能性,他起头就很可能倾向于怀疑这些原理是否验前就现实地处在我们里面;但是他不能因之就断言这些原理超过知性的种种力量,而这样就表现出理性在这些原理指导下所采取的一切步骤都是无效的。他能够说的只是,如果我们能深入到这些原理的起源与真实性,我们就能够确定我们理性的范围与限度,但是在我们能够有这种洞见之先,我们关于理性的限度的任何主张都是任意作出的。根据这一点,对于一切独断的哲学的一般怀疑(由于这种哲学是没有批判过理性本身而进行的)就是完全有其正当的理由了;但是我们一旦已为理性准备了并由更彻底准备的根据而确保了理性向前进展的径途,我们就不能完全否认理性有权来采取这种前进性的步骤了,因为纯粹理性向我们所提出的一切概念,乃至一切问题,都不是在经验中而完全是在理性本身中有其本源的,因而必然在关于它们的有效性或无效性的问题上,能够得以解决并得到确定。我们没有权利忽视这些问题,好像它们的解决事实上是依赖于事物的性质似的,因而就好像我们可以以我们的无能为口实而不愿从事于进一步对它们的研究;因为既然理性是这些理念的惟一产生者,那么理性就有责任说明它们的有效性或迷惑人的辩证的性质。

[609]

A764
B792

一切怀疑的争论本应是只指向独断论者的,独断论者毫不顾虑到他的基本客观性原理,也就是说,毫无批判,就安心地在他们采取的途径上前进;应该要计划通过怀疑的争论使独断论者慌张起来从而使他有自知之明。可是,就其本身来说,这种争论丝毫不能使我们决定我们能知道的是什么,不能知道的又是什么。理性的一切不成功的独断企图却是事实,而使这些事实受到怀疑论者的检举总是有好处的。但是这种怀疑论的检举,关于那种使理性希望在它未来的企图中能有更好的成功并在这种基础上建立种种要求的期待,是不能决定什么的;其结果就是,纯然检举是不能使关于人类理性的权利的争论停止的。

休谟大概是所有怀疑论者中最有发明天才的,而且在谈到唤起理性进行彻底自我检查的过程中怀疑的程序所能发挥的影响方面,休谟确是没有对手的。所以只要不离开我们的正题,我们很值得去弄个明白:这么敏锐而可敬的一个人,他所用的推理过程和所犯的错误究竟是怎样的——他的推理过程在开始时确是在真理的轨道上的。

A765
B793

休谟大概也觉察到(虽然他绝未彻底地弄清楚)我们在某种判断中超出了我们关于对象的概念。我称这种判断为综合的判断。我如何借助于经验又能超出我原有的概念,这是不难说明的。经验本身原是知觉的综合。这种综合把我从一种知觉所得到的概念,通过另外加上的别种知觉,而增加起来。但是我们以为我们自己是能够在验前超出我们的概念的,而这样就扩大了我们的知识。关于至少能成为经验对象的东西,我们便企图通过纯粹知性来这样做;如果是关于永远不能在经验里碰见的事物的属性,乃至这种事物的存在,我们就企图通过纯粹理性来这样做。我们的怀疑论哲学家不是像他所应该的那样,把这两种判断分别开来,而笔直进行下去,将概念的这种增长,以及可以说,我们知性与理性方面没有经

[610]

由经验而受胎的自然发生,当作不可能的东西来对待。所以他就把知性与理性的所有这些被认为是验前的原理看作是没有事实根据的东西,而断定这些原理无非是经验与其规律所引起的习俗所养成的习惯,因而只是经验的,也就是说,本身就是不必然的规则,而我们却以一种冒充的必

二、先验方法论

然性与普遍性归之于它们。为了支持他的这种使人惊异的论题的主张，他举出人人都承认的因果关系这条原理为例证。因为，既然没有知性的能力能叫我们从一个事物的概念转到普遍地必然地由这个事物的概念所给予的某另一东西的存在，所以他就相信他因而就能够作出结论说，没有经验，就没有任何东西能增加我们的概念而且使我们有正当的理由提出这样一种在验前扩大其自身的判断。日光熔化蜜蜡，而又使黏土变硬；他指出没有知性能从我们原来对于这些东西所具有的概念来发现这些事情，更不能按照规律把它们推论出来。只有经验才能告诉我们这样一条规律。但是，像我们在先验逻辑里所曾发现的那样，虽然我们永远不能直接超出所给予我们的概念的内容，但是我们在第三种东西的关系上，就是说，在可能经验的关系上，却能知道这种内容和其他事物联系的规律，而且是在验前的方式上知道的。所以，如果蜜蜡从前是硬的，而现在熔化了，虽然在验前，不依靠经验，我不能在任何特定的方式上从结果确定其原因，或者从原因确定其结果，但是我验前却能知道，在前面必定有某东西（例如日光），而融化则是按照固定的规律跟在它的后面而来的。所以休谟在从我们按照规律而确定的不必然性推论到这条规律本身的不必然性时，是犯了错误的。他把"超出一种事物的概念而达到可能的经验"这件事（这种事是验前发生而构成这个概念的客观实在性的）和现实经验中总是属于经验的对象的综合混淆起来了。所以他所混淆的，乃是亲和性原理（这条原理的位置是在知性里面并肯定必然的联系的）和联想的规则，而这规则只存在于想像力的模仿能力里面，它所能表示出来的只是不必然的联系，而不是客观的联系。

从其他方面来说，休谟乃是一个异常敏锐的思想家，而他的怀疑论的错误，主要是从他和一切独断论者所共有的缺点而来的，这种缺点就是，他对于能归之于知性的一切各种各样的验前综合，没有作出一种有系统的检查。如果他曾作出过这种检查的话，那么他就会发现（只提到许多可能实例之一）永恒性的原理乃是属于这种性格的一条原理，而且会发现这条原理，像因果作用的原理一样，是预测经验的，那么他就会能为"知性与纯粹理性由以在验前扩大其自身"的种种活动规定一定限度。然而他并不是这样做，而只限制了知性，并没有定明它的限度，这样就一方面造成普遍的怀疑,而另一方面对于我们不可避免的无知,却并不能提供任何确定的知识。因为虽然他使知性某些原理受到检举,但是并没有作出任何企图用来批判的分析天秤,就知性的一切力量来评定知性本身;虽然他曾正确地不承认知性所实在不能提供的东西,但是他又进而不承认知性在验前扩大其自身的所有这种力量,而且在这样不承认时,他从来没有对知性的全部力量加以检查。所以等待着一切怀疑主义的命运也同样落到休谟的身上,那就是人们对他的怀疑学说也抱着怀疑的态度,认为其所根据的乃只是不必然的事实,而不是使人不得不放弃作出独断主张的一切权利的原理。

[A768 B796]

再则休谟所攻击的,其实主要是理性的辩证的借口要求,但是他在知性的有根据的要求和理性的借口要求之间,并没有加以区别。因此理性坚持要放任自己的那种要特别表现出特性的热情,就毫未受到妨碍而只是一时受到阻抑。它并不觉得它已从它总是嬉笑的场所被排挤出来;这样一来,虽然它在这方面或那方面受到挫折,而还不能停止这些冒险的行动。与此相反,这些攻击只引起对方的准备,而使我们更加顽抗地坚执己见。但是对于理性一切力量——以及对于一种最适度的疆域的要求所由以得到的确实性和对于更高的妄想的徒劳无益的信念——的彻底检查就使争执终止下来,而使理性满足于一种有限的、却是没有人和它争论的遗产。

[612]

在没有批判能力的独断论者看来,由于他没有检查过他的知性的范围,因而就没有按照原理确定他可能的知识的限度,所以这些怀疑的攻击就不仅是有危害性的,甚至是有破坏性的了。因为他事前不知道他的种种力量所能达到的范围有多远,其实又相信这些力量只能用尝试与失败的方法来确定其限度。其结果就是,如果他的主张中,有一种是他不能说出其正当的理由的,或者是含有他不能以任何原理来说明其幻象的,那么一旦受到攻击,他的所有争论点都会受到别人的怀疑,无论这些争论点表面上如何像是说得通。

[A769 B797]

所以怀疑论者是一个监工,他迫使独断论的推理者对于知性与理性,发展出一种健康的批判。当我们已经前进了这么远,那就再不怕别人的盘问了,因为我们已经知道怎样把我们实有的财产和完全在它们以外的东西分辨开来,而由我们对于这后一种领域无所要求,所以就不能卷入关于这个领域的争执。所以,虽然怀疑的程序本身不能对理性的种种问题提供出任何令人满意的解答,但是它却引起理性的细心谨慎,而且指出一些足以使理性确保其合法的财产的根本措施,这就为这种解答预备了道路。

第三节　纯粹理性关于假设的锻炼

既然我们理性的批判最后已经告诉我们的,乃是我们在理性的纯粹的思辨的使用上不能达到任何知识,那么看来是否就对假设敞开了适当广阔的领域呢？因为在我不能有所断定的地方,我们是否至少有自由来创作理论以及提出意见呢？ [613]

如果所谓想像力不是纯然的想入非非,而是在理性的严格监视下有所创见,那么事先总必须有完全确实的某东西,而不是虚构的或者只是属于个人意见的东西,即必须有对象本身的可能性。这种可能性一经成立,那么关于其现实性,就容许有各人的意见了;但是,如果这种意见不是毫无根据的,它就必须和在现实上所予的东西发生联系,而且其确实的程度是能用来说明这样被给予出来的东西的。在那时候,而只有在那时候,所假定的东西才能称之为一种假设。 A770 B798

由于我们关于力学的联系之可能性,验前不能形成丝毫的概念,而且由于纯粹知性的范畴不足以用来想出任何这种概念,而只可用来在经验中碰见时去领会它,所以我们就不能按照这些范畴,照着任何在经验中不能被给予出来的新的性质,来创造性地想出任何对象来;因而我们就不能在任何合乎规则的假设里利用这样一个对象;否则我们就会使理性根据于一些空洞的幻想,而不根据于事物的概念了。所以,虚构任何新的本源力量,例如,没有感官的帮助就能直观其对象的一种知性;或者没有任何接触便能吸引的一种力;或者是存在于空间然而不是不可入的一种新的实体,这都是不容许的。又如设定不同于任何在经验中所显示的一种实体间的交互作用,一种非空间性的占住(Gegenwart),一种非时间性的延续,都是不合乎规则的。总而言之,我们的理性所能用作事物可能性的条件的,只是可能经验的条件;它绝不能完全脱离这些条件而形成事物的概 A771 B799

念。这样形成的概念,虽然不是自相矛盾,却是毫无对象的。

[614] 　　像我们所曾说过的那样,理性概念是纯然的理念,没有我们在任何经验中能碰得见的对象。然而并不因为这个缘故,它们所指的对象就是虚构的,从而只是假定为可能的。我们把它们当作是有问题的,因为我们要以它们为启发性的虚拟,以之为基础,在经验范围中建立知性有系统使用的限定性原理。除了这种联系之外,它们只是思想上的东西(Gedankendinge),其可能性既然是不可证明的,所以就不能用假设的性格来说明现实的出现。完全可以把灵魂作为单纯的(einfache)来思维,为的是要依照这种理念,来利用灵魂一切能力的彻底的、必然的统一性,作为我们解释它的种种内部出现的原理;而我们这样做,并没有顾到这种事实,即这种统一性是永远不能在具体上使人明白的。但是假定灵魂作为一种单纯的实体(一种超验的概念)就是一种命题,它不只像在许多物理的假设的情况下那样,是不能证明的,而且又是完全盲目而武断的冒险。因为单纯的东西是在任何经验中所绝不能碰见的;而且,如果这里所谓实体,意思是指感性直观的永恒对象,那么一种单纯的出现的可能性就是完全不可理解的。理性没有提供任何充分的根据使我们哪怕作为一种意见来假定纯然知性的存在者,或者假定属于感性世界的事物的纯然知性的属性,虽然(由于我们对于它们的可能性或不可能性毫无概念)我们也不能自认有任何洞见能使我们有正当理由来独断地否定这些东西。

A772
B800

　　在解释所予的出现时,除了那些已经发现是按照出现的已知规律和所予的出现有联系的以外,不能引用其他的事物或解释的根据。在一种先验的假设里,我们是用一种纯然理性的理念来解释自然的存在的,其实这种先验的假设不是什么解释;这样来进行,乃是以我们完全不理解的某东西,来解释我们已知的经验性原理所不充分理解的某东西,并且这样一种假设的原理,最多也不过只是用来满足理性,而不是用来促进知性对于对象的使用。自然中的秩序和有意图性也要从自然的根据按照自然的规律而加以解释;最狂妄的一些假设,如果只是关于自然的,比之只是为了我们可以有一种解释而假定的超自然的假设,例如诉之于神圣的创造主的这种假设,是更可容忍的。那种假设是理性松懈的原理(ignava ratio);因为采用那种假设时,我们是轻轻地把其客观实在性,至少是关于其可能

[615]

A773
B801

性,能在经验的过程中予以确定的一切原因放过去了,而为的是要休止于一个纯然的理念——这是对于理性很舒适的一种理念。至于这些原因系列的解释根据的绝对总体,对于自然的存在问题来说,是没有任何困难的。因为世界中的对象(Weltobjekte)无非是一些出现,而我们绝不必在它们那里去求得条件系列综合的完整性。

在理性的思辨使用中,绝不容许用先验的假设,也不容许所谓的我们能诉之于超自然的根据以弥补解释自然的根据的缺陷。对于这种办法的反对意见有两种:一种是认为理性远远不能因此而丝毫有所进展,而且断绝了它自己的使用中的一切前进的道路;另一种则认为这种放纵的特权归根到底剥夺了理性在其原有的领域中,也就是在经验的领域中,由耕耘所产生的一切果实。因为凡当解释自然的存在遇有困难时,总是很方便地有一种先验的解释根据,使我们毋须再往前研究,而我们的追求因而也就终止,不是通过什么洞见,而是通过一条完全不可理解的原理,这条原理从一开始就构成这个必然包含着绝对原始的东西的概念。

容许一种假设的第二种要求,就是它能在验前充分说明[实际]所予的那些后果。如果为了这样说明起见,我们须要求助于补充的假设,那就会使人怀疑到这些假设纯是虚构的;因为每一种这样的假设都需要有其正当的理由,正如那基本的假设所必须有的那样,因而这些补充的假设就不能用作基本的假设的可靠的证据。我们如果假定有一种绝对完全的原因,那么在解释世界中所展示的有意图性、秩序、及其广大无边等等,我们就毋须感到为难了,但是至少以我们的概念来判断,眼见那些显然是越轨的东西和罪恶的行为,那就需要其他新的假设,以便在这些东西所提示的种种异议面前,来维持原来的假设。如果要使用人类灵魂的单纯自足性来说明灵魂的种种出现(appearances),而由于类似物质中所发生的种种变化(成长与衰退)的那些现象(phenomena),这种说明就为某些困难所反驳,因而我们就得要求援于种种新的假设,而这些假设固然可以说得过去,然而,除了它们自己来支援的那种意见(即基本的假设)所赋予的凭据以外,是没有什么凭据的。

如果在这里举出理性所作出的种种主张的例子——灵魂的有形统一性和最高存在者的存在——不是作为假说提出来而是作为验前证明的学

说提出来的,我现在就不去理会它们,而只说如果是那样的话,我们就必须留意到所作出的证明是有实证的、无可争辩的确实性的。因为要从事说明的,不过就是这种理念的实在性之为盖然的而已,那就像要证明一个几何的命题只是大概如此一样的荒谬了。当理性离开一切经验来使用时,要么就是它能完全在验前而且必然地知道一些命题,要么就是一无所知。所以理性的判断绝不是意见;要么就是它必须完全避免判断,要么就是以不可争辩的确实性来进行肯定。关于属于事物的东西的意见和盖然性的判断,只能在解释现实上所予的东西时提出来,或者是作为按照经验性的规律,从处在现实所予的东西的基础上的那种东西而来的后果而提出来。所以这种意见和盖然性的判断只是关于经验的对象系列的。在这个领域以外形成意见,只是以思想为游戏而已。因为那时我们就须要还预先假定另一种意见——这就是认为我们由一条不确实的道路也许达到真理的这种意见。

[617]

A776
B804

但是,虽然在处理纯粹理性的纯然思辨的种种问题时,为了把一些命题作为根据是不能用假设的,然而为了支持一些命题,是完全容许用假设的;那就是说,不可在任何独断的方式上使用假设,而只可在争论的方式上使用假设。所谓命题的支持,我的意思并不是说对于这些命题的主张另行增加新鲜的根据,而只是使我们论敌所声明要用来摧毁这种主张的一些诡辩论证成为无效的而已,可是纯粹理性的一切综合命题都具有这种特点,那就是,虽然在断言这个或那个理念的实在性时,我们绝不能有充足的知识来给我们的命题以确实性,但是我们的论敌也同样不能断定其反面。人类理性的运气均等,在思辨的知识中,对于两方都是毫无偏袒的,其结果就是,思辨的知识成为两方永无止境的争斗战场了。但是像我们以后要说明的那样,理性关于它的实践的使用,是有权来设定当它在纯然思辨的领域内没有充分证明时所无权假定的东西的。因为虽然一切这种假定是违背思辨的完整性的,但这思辨完整性的原理乃是实践的利益所完全不去理会的。理性在实践的范围里有种种占有的权利,而对于这些权利,它毋须提出什么证明,事实上它也不能提供任何证明。因此,证明的责任在于敌对的那一方。但是,由于对方在企图证明所讨论的对象不存在时,他关于这个对象所知道的,正等于主张这个对象的实在性的一

A777
B805

方所知道的那么少,所以主张对象的实在性的一方,断言某东西是一种在实践上必要的假定,却是更胜一筹的(melior est conditio possidentis 占有者的条件是比较优越的)。因为他为了他自己好的主张起见,像是在自卫时那样,能自由使用对方用来攻击那主张的同样武器,那就是假设。假设不是意在加强他所主张的证明,而只是要说明敌对的一方对于所争论的事情理解的太少,所以就不容许他洋洋自得地以为在他关于思辨的深入见解上占了上风。

所以在纯粹理性的领域内,假设只容许用作争斗的武器,而且只能为了捍卫一种权利来使用,而不是为了建立这种权利。但是我们总得要在我们自己里面寻找敌方。因为思辨的理性在其先验的使用上,本身也就是辩证的;我们所惧怕的反对意见也就在我们自己里面。我们必须把它们寻找出来,正如我们在权利的诉讼中所做的那样,因为关于权利的种种要求,虽然它们是陈旧的,但是绝不会丧失其时效,所以我们必须将它们寻找出来,以便使它们宣告作废,这样才可以建立一种持久的和平;表面上的沉默只是徒有其表而已。必须清除处在人类理性本性深处的那些骚扰的根苗。但是我们怎能除去这种根苗呢?除了给它以自由,给它以滋养,好让它发育长大,而显现在我们眼前,然后再予全部毁灭以外,此外别无他法。所以我们必须想出一些任何论敌所绝未想到的反对意见,实则将我们的武器供给他,并且让他有尽可能想要得到的最有利的地位。在这一切上面,我们绝不惧怕,而是大有希望;那就是,我们可以因此而获得以后再没有争论的产业。

所以我们的全套装备,除了其他的东西以外,还需要纯粹理性的种种假设。因为,虽然它们只是铅制的武器,没有经过经验的任何规律把它们炼成钢一般的坚硬,然而它们和我们的论敌所能用来攻击我们的那些武器同样有效。所以,如果在某种非思辨的联系上,我们曾假定灵魂的本质乃是非物质的而且不受任何形体变化的影响,而我们却碰见这种困难,那就是经验像是证明我们心理力量的提高和错乱,同样只是我们身体器官的不同变状,那么我们之所以削弱这种证明的力量,乃是由于设定我们的肉体只是一种基本的出现,在我们目前的状态中(在此生之中),是用作我们感性的全部能力的条件;同时也就是用作我们一切思维的条件,而且它和肉体的分离就可以因而看成是我们知识能力的这种使用的结束,同时又是它的智力使用的开始,一旦这样来看,肉体就不是思维的原因,而只是思维的限制性条件,因而虽然它确是促进感性和肉欲生活的,但是,因为如此,就不得不认为它是纯粹的精神的生活的障碍。那么肉欲的和感性的造性对于肉体的造性之依赖就并不证明我们全部生活对于我们各器官的状态之依赖。我们还可更进一步,而发现从来没有人提示过或充分发展过的一些完全新的反对意见。

就人来说,像就非理性的被造物来说一样,生育是以机会为转移的,其实常常是以给养的充足,支配者的心情以及心境的变态为转移的,乃至以罪恶为转移的。一种被造物的生命在这么微不足道的情况下,而又是这样完全依赖我们自己的选择而有其最初的起头,如果认为它的存在能延长到无穷,这就很困难了。谈到整个人类(在地球上)的延续,这种困难是微乎其微的,因为在个别的事例中的偶然情况还是从属于一般的规律的,但是谈到每一个个体时,要从这么细微的原因来指望有这么强有力的结果,这看来确是极其可疑的。但是为了应付这些反对意见,我们可以提出一种先验的假设,那就是,严格地说来,一切生命只是知性的,不受时间变化控制的,既不开始于生出,又不终止于死亡;此生只是一种出现,也就是说只是纯然精神生命的感性表象,整个感性世界乃是纯然一幅图画,在我们现在的知识中飘浮在我们面前,有如一梦,就其自身说来,是没有客观实在性的;如果我们能够如实地直观到我们自己以及种种事物的话,我们就会看见我们自己在精神的存在者的境界之中,而我们和这些精神存在者惟一而且真正的交通并未曾通过生出而开始,而又将不因肉体的死亡而告终——生与死无非是出现而已。

可是关于这一切,我们毫无所知。我们只是在假定的方式上把它提出来,为的是要应付攻击;实际上,我们不是这样主张的。这甚至不成其为理性的一个理念,而只是为自卫所规划的一个概念而已。但是我们在这里是完全照着理性进行的。我们的论敌错误地把经验条件的缺乏表现为等于证明我们的信念的完全不可能,因而就按照他已经穷尽一切可能的这种假定而进行。我们所作的只是要说明他之所以不能通过经验的纯然规律而掌握可能事物的整个领域,正如我们之所以不能在经验以外达到任何足以证明我们的理性有正当理由所达到的结论那样,如果有人采用这种防卫的假定性手段来抵抗他的论敌的轻率傲慢的否定,我们不得认为他是有意采用这些意见作为他自己的意见的;他一旦处置了他的论敌的独断僭妄主张以后,就放弃这些意见了。因为,虽然对于别人的主张所抱的只是否定的态度,看来像是谦虚而温和的,但是如果竟然把对于一种主张的反对意见看成是反面主张的证明,这种看法的冒昧与不顾实际乃是和采取积极的立场而且肯定它是正确的一样毫无分别了。

所以很清楚,在理性的思辨使用上作为意见看的假设,就其本身来说,是没有有效性的,而只对于对方的超验主张来说才相对地有效。因为把可能经验的原理作为一般事物可能性的条件,乃是一种超验的办法,正如肯定[超验]概念的客观实在性是超验的办法一样,因为超验概念的对象除了在一切可能经验的范围以外,是无处可寻的。纯粹理性断然判定的东西,必须(像凡理性所知道的东西那样)是必然的;不然的话,就无所谓断定什么。因此,以事实论,纯粹理性并不包含任何意见。上面所谈到的假设至少只是不能驳倒的盖然性判断,虽然实际上提不出任何证明。所以它们纯是个人的意见。但是老实说,我们还是需要它们作为防御容易发生的顾虑的武器;甚至为了保证我们内部的宁静,它们也是必需的,我们必须保持它们的这种性格,小心提防它们有了独立权威或绝对有效性的这种僭越,因为不然的话,它们就会使理性沉溺于虚构和幻想之中了。

第四节　纯粹理性关于它的证明的锻炼

先验综合命题的证明与产生一种验前综合知识的一切其他证明的区别在于,在前一种情形下,理性不能利用它的概念直接对对象起作用,而是必须首先证明这些概念的客观有效性以及概念验前综合的可能性。这条规则所以为必需的,不只是出于慎重的考虑,它对于其自身证明之所以可能正是不可缺少的。假若我想要在验前越出一个对象的概念,只有借助于在这个概念之外所提供的某种特殊指导,才能做到。在数学里,引导我的综合的,是验前的直观,因而我们的一切结论都可以直接从纯粹直观得出来。在先验的知识中,只要我们所涉及的仅是知性的概念,我们的指导就是经验的可能性。这种证明并不表明所予的概念(例如发生的东西的概念)直接导致另一个概念(原因的概念);因为这样的过渡是一种没有正当理由的飞跃。证明是通过表明经验本身,从而也表明经验的对象没有这样一种联系则不可能而进行的。因此证明也必须同时说明有可能综合地并且验前地达到某种关于事物的知识,而这种知识原来并不包含在关于这些事物的概念里。除非是满足上述要求,否则证明就会像决堤之水,泛滥四野,一任联想之潜流的偶然引导,到处奔流。这种以联想的种种主观原因为依据,并被看作洞察了自然亲和性表面上的确信,是不能抵消如此冒险的证明过程必然引起的种种疑虑的。正因为这个缘故,一切想要证明充足理由原理的企图,从来就毫无效果,这是人们所公认的;而在未有我们的先验批判以前,由于不能放弃这条原理,人们就认为,与其尝试新的独断证明,毋宁大胆地诉之于人类的常识——这种权宜之计总是标志理性的事业是处在绝望的状态中。

但是,如果所要证明的命题是纯粹理性的一种声明,因而如果我打算利用纯然理念越出我的经验性的概念,那么,对综合中的这种步骤(假定它是可能的),就更加有必要来说明其正当的理由以作为企图证明这个命题本身的先决条件。从统觉的统一性得来的而被认为是关于我们思维主体的单纯性质的所谓证明,不管多么可能言之成理,它都面临着这个不可避免的困难,就是:既然绝对单纯性这个意念不是一个能够直接与一种知觉发生关系的概念,而是一个理念,它必须得推论出来,那么就无法了解,(包含在或至少能包含在一切思维中的)纯然意识——尽管它到此为止确是一种单纯的表象——是如何会引我们到达一种在其里面只包含着思想的东西之意识与知识的。假如我表现运动中一个物体的力量,这物体就我来说本是绝对的统一体,而我对于它的表象是单纯的;因而我能以运动着的一点来表示这个表象——因为这物体的体积在这里和我们的考虑没有关系;并且我们可以不减弱它的运动力量而把它想为随意小到任何程度,乃至想成它存在于一个点上。但我不能因此就作出结论说,如果除了一个物体的运动力量外没有其他的东西是给予我的,那么这个物体就可被想成单纯的实体——只是因为关于它的表象抽去了它的体积从而就成为单纯的了。由抽象所得到的单纯的东西是与作为对象的单纯的东西完全不同的;虽然抽象的"我"不能在它里面包含有杂多,但在它的另一种意义上,如就其指称灵魂本身而言,它就可能是一个极端复杂的概念;在它下面是包含着很复杂的东西的,而且它所指称的正是这个复杂的东西。所以在上述这些论证里,我发现了一种谬误推理。但是为了防御这种谬误推理(因为没有任何警告,我们对于证明不会抱有疑心),就免不了需要手边经常备有一种关于意在证明多于经验所能产生的那些综合命题可能性的标准。这个标准在于下述的要求:证明不应直接进展到所愿望的述项,而只能借助于某一原理来达到它,这条原理是能实证有可能以一种验前的方式把我们的概念扩充到理念那里去,并且实现这些理念的。如果始终遵守这种预防措施,如果在想作任何证明之前,我们仔细地考虑到,我们如何能,以及有什么可希望的根据能期望这种借助纯粹理性的概念的扩充,并且仔细考虑到,在这种情况下,这一并非由概念发展而来亦非在任何可能经验的关系上能预测得到的洞见,究竟从何处得来,那么我们就会省掉许多麻烦和毫无结果的劳累,不致再指望从理性得到显然是超出其能力的东西——或者更确切地说,既然理性被思辨地扩大其领域的强烈欲望所困扰,它就不易使其受到自行约束的锻炼而得到限制。

所以,第一条规则就是:我们要考虑:为要得到先验的证明的正当理由,我们打算从什么来源得出这些证明所依据的原理,以及有什么权利指望我们的推论获得成功。在考虑这些问题之先,就不要作任何先验的证明。如果所用的原理是些知性的原理(例如因果作用原理),那么想要利用它们达到纯粹理性的理念是无益的;这种原理只对可能经验的对象才有效。如果它们是纯粹理性的原理,那也是徒劳无功的。理性固然有它自己的原理;但是作为客观的原理来看,它们全都是辩证的,除了为使经验系统一贯而作为理性在经验中使用的限定性原理而外,这些原理是没有效的。但是,如果这类自认为证明的证明提出来了,我们就不得不用我们成熟判断的"没有解决"(non liquet)这句话来对付这些所谓证明的虚假的说服力;尽管我们不能查出其中所含的幻象,但却完全有权利要求证明中所用的原理有其演绎;如果这些原理的根源只是在理性里面,这种要求就永远得不到满足。这样我们就毋须理会每一毫无根据的幻象有什么特殊性质而加以驳斥;在严格执法的批判理性这个法庭上,这种具有无穷巧计的全部辩证性质,是可以全盘清理的。

先验的证明第二个特点是:每一个先验的命题只能有一种证明。如果我不是从概念推论,而是从与概念相应的直观推论,不管这种直观是数学里那样的纯粹直观,还是像自然科学那样的经验性直观,这用来作为推论的基础的直观提供给我综合命题的杂多材料,我能以不止一种方法联系这些材料,结果就是,既然我可以从不止一点出发,我就能从种种不同的途径达到同样的命题。

可是在先验命题的情况下,我们总是只从一个概念出发,按照这个概念而肯定对象有其可能的综合条件。既然在这个对象之外再没有任何东西使对象能通过它而得到确定,所以证明只能有一种根据。这个证明所包含的,除了按照此单一概念对一个一般对象的确定以外,再没有什么。例如在先验分析论里,我们得出凡发生的东西都有其原因这条原理,是从一般发生这个概念客观上有其可能必须具备的条件而来的——换言之,是通过说明"一种在时间中的事件的确定,从而也就是属于经验的事件,除了从属于这样一条力学的规则之外,则是不可能的"这样一种方式,而得出这一原理的。这就是证明的惟一可能的根据;因为只有通过借助于因果律使一个对象对于这个概念被确定下来,所表现的事件才有其客观的有效性,即是真实的。固然,人们也曾尝试作过这条原理的其他证明,例如从[所发生的东西的]不必然性作出证明。但是在检查这种论证时,我们除发生这件事以外,即除了这个对象在其存在之前有它的不存在这件事以外,并不能发现不必然性的任何其他标志。这样,我们就回到前面的那同样的证明的根据了。与此类似,如果要证明"凡是能思维的都是单纯的"这个命题,我们就不管思想的杂多,只抓住"我"这个概念,而这个"我"乃是单纯的,并且一切思维都和它有关。关于上帝存在的先验证明也与此相同;这种证明的惟一基础,就是最实在的存在者与必然的存在者这两个概念的交互作用(Rezipro kabilität),而不必到别的地方去寻找它。

通过这种警告,关于理性所断言的批判已归结到很小范围了。当理性只是通过概念进行工作时,可能的证明只有一个——而这是说,如果任何证明是有可能的话。所以,如果我们看见独断论者拿出十种证明来,我们就可完全相信他实在是没有证明的。因为如果他提出了一种不可争辩的证明(这是在纯粹理性的问题上总是必须要求的),他又何必要有其他的证明呢?他的意图只能是议会中提案人的意图。这种提案人的各种各样的论证,都是针对不同的集团,以便利用听他辩护的那些人的弱点——那些人并不深入去了解问题,想要快点了事,因而就抓住最先吸引他们的注意力的随便什么东西,据以作出决定。

纯粹理性所特有的第三条规则,在其服从关于先验的证明的锻炼之限度内即是:其证明决不能用归谬法(apagogisch),而总是应该用明示法(ostensiv)。在任何一种知识里,直接的或明示的证明,是这样一种证明,即把对于要证明的真理的信念和对这种真理的各种来源的深入洞察相结合;与此相反,归谬法的证明,虽然能在实际上产生确定性,但是并不能使我们与就其成为可能的种种根据相联系来理解真理。所以,与其把后者看作满足理性一切要求的证明办法,毋宁看作是最后的手段。谈到说服力,它只是有一点优越于直接证明,那就是它所揭示的矛盾总是比最好的联系带有更明晰的表象,因而接近于实证的直观性的确实性。

何以在各门科学中都使用归谬法的证明,似乎这就是真实的理由。在需要从中得出这种或那种知识的种种根据太多,或隐藏得太深的时候,我们就尝试是否能通过它的后果而达到所想得到的知识。可是这种由肯定后项而肯定前项的办法(modus ponens 假言推理的肯定式),即从后果的真推论到一种主张的真,只是在一切后果都是真的时候,才能容许;因为在那种情况下,这种主张的真只有一个可能的根据,而这个根据也必须是真的。但是这种程序是不能实行的;要发现任何所予命题之一切可能的后果,那是超出我们的一切力量的。但是,在我们设法要证明某种东西只是作为一种假设时,就用到这种推理方式,虽然得要有某种特殊的变更。这所作出的变更是,我们承认所得的结论按照类比法是有效的,即是说,我们所根据的是:如果我们所检查的许多后果都和一种假设的根据相一致,那么一切其他可能的后果也会与之相一致。但是从这个论证的性质来说,依靠这样的证据,一种假设绝不能转变为已证实的真理,这是很明显的。由否定后项而否定其前项的论证方法(modus tollens 假言推理的否定式),是从后果推到其根据的。这种方法不但十分严格,而且也是

一种非常容易的证明方式。因为甚至只有单独的一种错误后果能从一个命题引申出来,这个命题本身就也是错误的。从而它就不像明示的证明那样,我们须借助深入到其可能性的完全洞见,以检查能把我们引到一个命题的真实性的整个系列的根据;我们只须说明从这个命题的反面所推到的后果,只要有一个是假的,就能证明这个命题本身是假的,因而就证明我们应加以证明的命题是真的了。

可是,归谬法的证明,只在不可能错误地用我们表象里主观的东西来代替客观的东西,即代替关于对象中的东西的知识的那些科学里,才是容许的。凡是在易于发生这种代替的科学里,必定常碰见这种情形:一种所予命题的反面命题只和思维的主观条件相矛盾,而不是和对象相矛盾;或者,这两个命题只是在误以为是客观条件的一种主观条件之下互相矛盾;既然这个条件是假的,所以两个命题都可能是假的,这就不可能从一个命题之假而推论到另一个命题之真。

在数学中,所讲的这种偷换是不可能的;因而在那里归谬法的证明有其真正的地位。在自然科学里,一切知识都以经验性的直观为基础,通过许多观察的重复比较,一般说来,是能防止偷换的;但是在这个领域里,这种证明的方式大都不十分重要。但是,纯粹理性的种种先验试图全都是在辩证幻象本身领域里进行的,即在主观的东西的领域里进行的,而在其前提里,这种主观的东西对理性是表现为客观的,实际上是把自身作为客观的硬加在理性上面。所以在这个领域里,只要是谈到综合命题,就绝不容许通过否定其所主张的反面而为其所主张的东西作辩护。因为此种反驳或者只是:反面的意见与任何东西必须通过它才能被我们的理性所设想的那种主观条件相冲突的表象,丝毫也不能对否定那个事物本身作出贡献——正如我们必须承认,虽然一个存在者的存在之无条件的必然性,对我们来说,是完全不可设想的,并且就应该在主观的根据上反对对一个必然的最高存在者的每一种思辨的证明,但是我们仍然没有权利否认这样一个原始存在者就其本身来说的可能性——或者,不然的话,此种反驳就是:肯定与否定的双方,都为先验幻象所欺骗,而以对象的一种不可能的概念当作他们所主张的基础。在这种情况下,我们就能用这条规则:non entis nulla sunt predicata(对不存在的东西,不能有所论述);就是说,凡对于这个对象所说的,不管是肯定或否定,都是错误的,因而,我们不能通过反驳对方而归谬地得到关于真理的知识。例如,如果假定了感性世界就其本身来说是以其总体被给予出来的,那么说它在空间里必定是无限的或者是有限而受限制的,就是错误的。双方的论点同样是错误的。种种出现(作为纯然表象)而又要在其本身(作为对象)被给予出来,是不可能的;而且,虽然这种想象的全体的无限性,固然是不受条件限制的,但这和概念中所预先假定的量[即总体]之不受条件限制的确定,是相矛盾的(因为在出现中一切东西都要受条件限制)。

[628]

  证明的归谬法是独断推理的人总能用来抓住他们的钦佩者的实在诱惑力量。这好比一个代战者,他为了要维持他所代战的一方的名誉及不可争辩的权利,就向凡是对这些权利提出异议的人挑战。可是,这种自吹自擂对于争论中的大是大非毫无证明,而只能证明斗士们各自的力量,并且事实上只是表明采取攻势的那些人的力量而已。观战者看到双方时胜时败,因而对争论的对象发生怀疑,可是他们毫无正当理由采取这种态度:向斗士们声明:non defensoribus istis tempus eget(时间是不需要什么辩护的),那就够了。各人都必须用合法的、而且带有所依据的种种根据的一种先验演绎的证明,直接来捍卫他的立场。只有在这样做了的时候,我们才能决定他的要求在何种程度上允许有合理的辩解。如果一个论敌所依靠的是主观的根据,反驳他是轻而易举的。可是独断论者不能有这种便利。他自己的批判一般是依赖主观的影响的,他的论敌反过来也同样会把他逼得走投无路。但是,如果双方同是以直接的方法来进行,要么他们很快就发现说明他们的主张所依据的根据之困难,甚至发现这是不可能的,剩下的惟一出路就是诉之于某种形式的有时效的权威;要么就是我们的批判会很容易发现他们的独断程序所由来的幻象,迫使纯粹理性放弃它在思辨领域中的夸大僭妄,而退回其应有的领土(即实践原理的领土)的疆界以内。

A794
B822

第二章 纯粹理性的法规

人类理性在它的纯粹使用上一无所成,并且事实上需要一种锻炼以制止它的放纵,防止从而引起的欺骗,这对于人类理性来说,是一种耻辱。但是,另一方面,理性发现它自身能够而且必须拿这种锻炼来应用,而毋须受到任何外来的检讨;并且又发现,它必须为它的思辨使用所设定的界限,同样也限定它所有论敌的伪理性的种种僭妄,而又使它能抵御一切攻击并保持它从前夸大的要求中还留存下来的东西,这就使理性觉得有把握而获得自信了。所以,纯粹理性的一切哲学的最大的、也许是惟一的用途,只是消极的;因为它不是用作扩大纯粹理性的工具,而是用作限制纯粹理性的锻炼,并且它的用途不是在于发现真理,只是具有防止错误这种适度的优点。

可是,必须有知识的积极方式的某种来源——这些方式属于纯粹理性的领域,出现错误也许只是由于误解,而实际上它们却是理性的努力所指向的目标——否则,我们还有什么其他的方法,能说明我们这种要在经验限度外寻求坚固的立脚点的不可遏止的欲望呢?理性对于它有很大利害关系的对象是有一种预感的。但是,当它遵循纯粹思辨的途径想接近这些对象时,它们却在理性面前溜走了。也许理性可以在其余惟一一个可通行的途径,即理性的实践的使用中,去寻找较好的运气。

我所谓的法规,是指某些知识能力正确使用的一切验前原理的总和。所以,普通逻辑的分析部分就是一般知性以及理性的一种法规;但这只是就知性和理性的形式说的;普通逻辑是抽掉一切内容的。我们曾同样地说明先验分析论是纯粹知性的法规;因为只有知性才能在验前有知识的真正综合方式。但是如果没有知识能力的正确使用的可能性,也就没有法规。正如我们已作的证明曾说明的那样,一切通过纯粹理性在其思辨性使用上的综合知识,都是完全不可能的。因此没有关于理性思辨使用的法规;这种使用完全是辩证的。在这方面,全部先验逻辑仅是

一种锻炼。结果就是,如果有纯粹理性的任何正确使用,那就必须有它使用的一套法规,于是这法规所处理的,不是理性的思辨使用,而是它的实践使用。

第一节 我们所有理性纯粹使用的最终目的

理性为其本性的一种倾向所驱使,越出其经验性使用的领域,冒险进入一种纯粹的使用,只是借助于理念前进到一切知识的极限,而且除了在一种自存的、有系统的全体[之领会]中完成它的过程外,决不会得到满足。这种努力是否仅是理性思辨的利害关系的结果,抑或我们必须认为它的根源完全是在理性的实践的利害关系上?

对于纯粹理性在其思辨运用中所常有的成就这一问题,我暂且不去管它,而只研究这类的问题,这些问题的解答构成它的最后目标,而不管这目标达到与否,并且对于这个目标来说,一切其他目标都需看作不过是手段而已。从理性的本性来看,这些最高的目标必须有一定的统一性,使得它们这样统一起来时,可以促进人类那种至高无上的利益。

理性的思辨,在其先验的使用上,它所指向的最后目标与三种对象有关:意志的自由,灵魂的不死和上帝的存在。理性的纯思辨的利害关系与这三个对象的关系是很小的,如果只是为了理性的这种思辨利益,我们尽可不必费工夫去作先验的研究——这种功夫,在它和种种不可克服的困难作永无止境的斗争时,是多么令人疲倦——因为关于这些事情,不管得到什么发现,我们都不能具体地在任何有益的方式上利用它们,即不能在自然的研究中利用它们。如果意志果真是自由的,这只是对我们的决意行为的知性原因有意义。因为,对于意志的外部表现之现象,即对于我们的行为的表现,我们必须按照一条不可违背的准则去说明它,这准则是这么重要,以致如果没有它,我们就不能在任何经验的方式上使用理性,这和说明自然的一切其他出现是同一的方式,即是说,都是遵照不变的规律的。再则,假若我们真能深入看透灵魂的精神性质,也就同时深入看透灵魂的不死,即使这样,我们也不能利用这种认识来说明今生的种种出现,或者说明未来状态的特别性质,因为我们关于非形体的性质之概念,

[A799 B827] 仅仅是消极的,它丝毫也不扩充我们的知识,除了只是虚构的而不能为哲学所承认的东西,它对于推论是没有提供足够的材料的。再次,如果真能证明一个最高智力的存在,我们固然能用以使得世界的安排与秩序中有意图的东西成为大体上可理解的,但是我们毫无保证可以从中得出任何特殊的安排或配置;或者大胆地在知觉不到的地方推论出这样的东西来。因为理性思辨使用的一条必然的规则就是:不得越过种种自然的原因,放

[632] 弃经验能教导我们的东西,而去从完全超出我们一切知识的某种东西演绎出我们所知道的东西来。简言之,对思辨的理性来说,这三个命题总是超验的,而不容有其内在的使用——即那种与经验对象有关因而在某种方式上其实对我们有用的使用——而在其本身来说,虽然它们为我们的理性增加了沉重的负担,但却是毫无益处的。

[A800 B828] 这样,如果说这三个基本命题对知识来说是绝不需要的,但却为我们的理性大力推荐,那么恰当地看来,它们的重要性必定是只关于实践方面的。

所谓"实践",我是指通过自由而成为可能的一切东西。但是,当我们行使自由选择的条件是属于经验的时候,理性对于它只有一种限定性的使用而无其他使用,而且只能用以实现其经验性规律中的统一性。例如以慎重行事的种种格言来说,理性的全部任务是在于把我们的各种欲望为我们规定的一切目的,在一个单一的目的,即幸福这个目的中统一起来,并且调整达到这个目的的种种手段。所以在这个领域内,为要达到各个感官向我们推举的那些目的,理性所能提供的不过是自由行动的实用规律;它不能为我们提出纯粹的、完全在验前确定的规律。这后一种规律,即纯粹的实践规律,它的目的完全是在验前通过理性被给予出来的,并且它不是以在经验上受条件限制的方式,而是以一种绝对的方式为我们规定下来的,这种规律是纯粹理性的产物。这种规律就是道德;因而只有这些道德规律才属于理性的实践使用,而且是可以有法规的。

[A801 B829] 在可称为纯粹哲学的这门科学中,理性的全部装备事实上是以上述三个问题为目的而被确定的。可是,这些问题本身反过来又引起我们的注意,就是叫我们注意到,如果意志是自由的,如果也有上帝以及来生,我

们就应该做什么这个问题。因为这是我们关于最高目的的态度,所以很明显,自然在它为我们所作出的巧妙准备中,其最后的意向,实则在我们理性的安排中,是只以道德的利益为指归的。

但是,当我们把目标转向一个和先验哲学无关(a)的对象的时候,我们务必留意,不能过分多说题外话而有伤体系的统一,但对于这个新的题目又不能谈得太少,致使由于缺乏明晰性反而没有说服力。我希望能尽量保持先验的因素,而完全把任何也许会伴随而来的心理学因素,即经验性的因素搁置一旁,以避免这两种危险。

我必须首先指出,我暂且只在这种实践的意义上来使用自由这个概念,而搁置那其他的先验意义,因为先验的意义不能被用来在经验上解释出现,况且如说明过的那样,对于理性来说,它本身就是成问题的。任意选择的意志纯是兽性的(arbitrium brutum 兽性的任意),除了通过感性的冲动,即在情欲上,它是不能得到确定的。一个不依靠感性的冲动,因而只是通过理性所提出的动机而被确定的任意选择的意志,就称为自由的意志(arbitrium liberum 自由的任意),而凡是和这种意志结合在一起,无论是作为根据还是作为后果,就称为实践的。通过经验就能证明实践的自由。因为人类任意选择的意志,不只是由于刺激——直接影响感官的东西——才被确定的;我们有力量想出那些在更间接的方式上是有益或有害的东西的表象,从而克服感性欲望上的种种印象。但是,若就我们的整体状态来考虑什么是值得追求的,即什么是善而有益的,则这些考虑都是以理性为根据的。所以理性提供的规律是命令宣示的规律,即自由的客观规律,它告诉我们什么是应该发生的——即使它可能永远不会发生——正是在这一点上,它不同于只与发生的东西有关系的自然律,因此这些规律需称为实践的规律。

理性在其由以规定规律的种种活动中,是否本身又为其它的势力所确定,以及在其对于感性冲动的关系上称为自由的东西,是否在更高更远

(a) 一切实践的概念都和满足或不满足,即快乐和痛苦所及的对象有关系,因而至少间接地与我们感情的对象有关系。但由于感情不是我们用以表现事物的一种能力,而是处于我们全部知识能力以外的,所以凡是和快乐或痛苦有关的判断要素,也就是实践判断的要素,它并不属于先验哲学,因为先验哲学是关于知识的纯粹验前方式的。——康德自注

离作用的原因之关系上,仍是自然?这一问题在实践的领域中对我们是无关紧要的,因为我们所要求于理性的不过是行为的规律;这是一个纯思辨的问题,只要我们考虑的是什么应该做,或什么不应该做,我们就可以置之不理。我们虽然这样通过经验而知道实践的自由是自然中的原因之一,即理性在确定意志中的一种因果作用,但是先验的自由却要求这一理性独立于——就其开始一系列出现时的因果作用而言——感性世界一切起确定作用的原因。所以,先验的自由看起来是和自然的规律相反的;从而先验的自由仍然还是一个问题。但是这个问题不属于理性在其实践使用的范围以内;因此在纯粹理性的法规里,我们只须处理两个问题,这两个问题都与纯粹理性的实践兴趣有关,而且关于这两个问题,理性使用的法规,必须是有可能的——这两个问题就是:有没有一个上帝?是否有来生?先验的自由这个问题,只是思辨知识的事情,而在我们讨论实践的事情时,就可把它作为与我们无涉的争论而置之不理。况且,我们在纯粹理性的二律背驰中对这个问题已经作过充分的讨论了。

第二节　至善这个理想作为纯粹理性最终目的之起决定作用的根据

理性在其思辨的使用上引导我们通过经验的领域,由于它在那里得不到完全的满足,就从经验到达思辨的理念,然而这思辨的理念终究又把我们带回到经验中来。在这个过程中,理念是实现了它们的意图,但是它们的实现方式,即使是有益的,却不是如我们所期望的。我们还剩下另外一条探求的路线,那就是:在实践的范围中,我们是否也可以碰到纯粹理性,并且,这里的纯粹理性能否带领我们到达如上述的纯粹理性最高目的的理念,这样,理性能否从它的实践利益的立场,给我们提供它在其思辨利益方面完全拒绝提供的东西?

我们理念所关心的一切,思辨的和实践的,结合为以下三个问题:

一、我能知道的是什么?

二、我应该做的是什么?

三、我可以期望的是什么?

第一个问题纯是思辨的。我可以自信地说,我对于这个问题已经穷尽其一切可能的答案了,并且最终发现了理性所不得不认为满意的答案,而且只要它不去管实践的事情,它确有很好的理由感到满足。但是,我们仍离纯粹理性全部努力所实际指向的两大目的很远,正如在开始之初,由于贪图安逸,我们拒绝为探求而努力那样。所以,在与知识有关的范围内,这一点至少是确实的,且已肯定地证明了,即关于这后面两个问题,我们是不能得到任何知识的。

第二个问题纯是实践的。作为这样的问题,它固然属于纯粹理性的范围,但即使如此,它也不是先验的,而是道德的问题。因此就这个问题本身而言,而且只靠其本身,并不能形成本批判所讨论的正式题目。

如果我做我所应该做的,那么可以希望得到什么呢？这第三个问题同时既是实践的又是理论的,而实践的问题,只是用作一种引线,把我们引到理论问题的答案那里去,在我们进行到底的时候,就到达了思辨的问题。因为一切希望都是以幸福为指导的,而对于实践问题和道德律的关系,则像知道与自然律对于事物之理论知识的关系那样。前者最终会达到这个结论,即某种东西的有(这是确定最后可能的目的的)是因为某种东西应该发生;而后者会达到这个结论,即某种东西的有(这是作为最高的原因而起作用的),是因为某种东西发生了。

幸福是我们一切愿望的满足,就愿望的多少而言,满足有其广大性,就愿望的强弱而言,满足有其深浅性,而就愿望的久暂而言,满足有其延续性。从幸福的动因而得出的实践规律,我称为实用的(处世的规则),而其动因不外是配得幸福那种规律。如果有这种规律的话,我称为道德的(道德律)。前者劝告我们,如果我们想要得到幸福,我们就得要做什么;后者指令我们,我们必须怎样行动才配得到幸福。前者以经验性的原理为根据;因为我们只有借助经验才能知道要求满足的有什么愿望,或者知道能满足这些愿望的那些自然的东西是什么。后者并不考虑愿望,也不考虑满足这些愿望的自然手段,而只考虑一般有理性的存在者的自由,以及那些必要的条件,即只有通过它这种自由才能与按照原理而进行的幸福的分配相一致的那些条件。所以,这后一种规律能以纯粹理性的纯然理念为根据,而且是验前知道的。

我认为实际上有纯粹的道德律,它完全在验前确定(而不管经验性的动机,即幸福)什么是应做的,什么是不应做的,即是说,确定一般有理性的存在者的自由的使用;而且我认为这些规律是以绝对的方式发出命令的(不只是假定式的、假定有其他经验性的目的的),因而在一切方面都是必然的。我有正当理由作这种假定,因为我不但能诉之于最博学的道德研究者所用的证明,而且能诉之于每一个人的道德判断,只要他肯努力把这样一条规律想清楚。

所以,纯粹理性其实并不在其思辨使用里,而是在那同时也是道德使用的实践使用里,包含有经验的可能性的原理,即按照道德格言可能在人类历史中碰到的那种行动的原理。因为既然理性命令应有这样的行动,所以这样的行动的发生必须是可能的。因此,一种特殊的系统统一性即道德的统一性,必须同样是可能的。我们确已发现自然的系统统一性是不能按照理性的思辨原理而得到证明的。因为,虽然事实上理性关于一般自由有因果作用,但关于作为全体的自然,它却没有因果作用;而且,虽然理性的道德原理事实上能引起自由的行动,但是这些原理却不能引起自然的规律。因此纯粹理性的原理有其客观的有效性是在它的实践使用上——这意思是说在它的道德使用上。

就其可以和道德律相一致而言,我称这个世界为一个道德的世界;这就是说,这个世界是依照有理性的存在者的自由而能成为的世界,并且是依照道德的必然规律应该是如此的世界。由于我们在这里没有管任何条件(目的),以至没有管道德所遭遇到的一切特别的困难(人类本性的弱点与腐败),这个世界因之一向被思想为只是一个知性的世界;所以在这个限度内,它是一个纯然理念,虽然同时又是一个实践的理念,实际上是能如它所应该的那样对感性世界产生影响,而使这个世界尽可能地符合于此理念的。所以,一个道德世界这个理念的客观实在性,并非针对一种知性直观的对象而言(我们完全不能想到任何这种对象),而是针对感性世界而言;可是这个感性世界被看作纯粹理性在其实践使用上的一个对象,即在"每一有理性的存在者的自由意志在道德律之下与他自己以及与所有其他存在者的自由取得完全有系统的统一性"的这一限度内,被看作有理性的存在者在感性世界里的"神秘团体"(corpus mysticum)。

这就是对纯粹理性关于其实践利益的两个问题中第一个问题的解

答:凡是你做了你就成为配得幸福的,你就去做。第二个问题就是:如果我这样做了,也不至于不配得幸福,我可否指望由这样做而得到幸福? 在回答这个问题时,我们需要考虑,验前规定这条规律的纯粹理性原理是否同样必然地把这种指望和这条规律联结起来。

我主张,正如按照理性在其实践使用中的情形看,道德的原理是必然的,同样地,按照理性在其理论使用的范围看,也必需假定,人人都有根据希望,照着由于他的行为而使自己配得到的幸福的分量而得到幸福,因而道德的体系是和幸福的体系不分割地相结合的,虽然只是在纯粹理性的理念中的结合。

可是在一个知性的世界里,即在道德的世界里,在其概念中我们是不管道德的种种障碍(欲望)的,其中幸福和道德结合在一起且与之成比例的这个体系,可以设想为是自然的,因为一方面为道德律所激励,一方面又为道德律所限制的自由,其本身就是一般幸福的原因,这是由于有理性的存在者在这种原理的指导下,其本身就同时是他们自己以及他人的持久福利的创造者。但是这种自得好报的道德体系,仅仅是一种理念,它的实现要依靠这个条件,即人人都做他们所应该做的事,就是说有理性的存在者的一切行动,都好像是从一个把一切私人意志都包容在它里面并使之从属它的最高意志出来似的。但是,既然道德律对于每一个人在行使其自由时——即使他人不遵守这条规律而行动——依然具有约束力,那么世界上事物的性质和这些行动本身的因果作用,以及它们对于道德的关系,就都不能确定这些行动的种种后果将会怎样与幸福发生关系。所以,通过理性并不能知道对于幸福的希望与使一个人自己配得幸福的必需的努力,是否有上述的那种必然联系。只有同样设定一个在自然的基础上作为自然的原因,并按照道德律统治一切的最高理性,才能指望有这种联系。

一种这样的智力的理念,即其中最完善的道德意志结合着最高福祉而为世界上一切幸福的原因这种理念——只要幸福与道德即配得幸福有正确的关系——我就将之称为至善的理想。所以,只有在最高的本源的善里面,纯粹理性才能发现从实践观点看的那最高派生的善之两种要素间的必然联系的根据——亦即一个知性的(道德的)世界的根据。可是,

既然我们必然地为理性迫使,要把我们自己表现为属于这一道德的世界,而感官却只是呈现出一个出现的世界,那么我们就必须假定道德的世界是我们在感官世界中行为的一种后果(在感官世界里,配得幸福和幸福之间没有表现出这种联系),因此就必须假定那道德的世界,对我们说来,是一个未来的世界。所以上帝与来生是两种基本设定,而按照纯粹理性的原理,这两种基本设定和同一理性所加于我们的责任,是不可分开的。

道德靠其自身就构成一个体系。可是幸福却不是这样,除非它是按道德的正确比例进行分配的。但这种分配只有在知性的世界里,在一个有智慧的创造主和统治者的支配之下,才是有可能的。理性觉得它不得不假设这样一个统治者连同这样一个世界里的生命——这个世界我们必须把它看成是未来的世界——不然的话,它就得把道德律看成空洞的幻想,因为如果没有这种基本假设,它用以和道德律联系起来的必然后果,就不能产生出来。因此,每个人都把道德律作为命令来看;如果道德不在验前把某些适当的后果和它们的规律联系起来,从而带有许诺与威胁,道德律就不能成为命令。但是如果道德律不是处在一个必然的存在者里面,并且如果这个存在者不是惟一能使这种有意图的统一成为可能的至善,道德律也是不能成为命令的。

在我们仅仅考虑世界里有理性的一些存在者以及它们在至善的统治下按照道德律的相互联系这个限度内,莱布尼茨就称这种世界为恩宠的王国(das Reich der Gnaden),以别于自然的王国;在自然的王国里,这些有理性的存在者固然也在道德律的统治下,但是从它们的行动所期望的后果,不过是按照我们感性世界中自然的程序所产生的。所以,从实践的观点看,理性的那种必然的理念,是把我们自己看作是在恩宠的世界中的,而在那里幸福是等待着我们的,除非由于我们自己不配得幸福,而限制了我们在幸福中的份额。

实践的规律,在其是行动的主观根据这个限度内,即在其是主观原理的限度内,称为准则(Maximen)。对于道德的纯洁性与后果的评判是依照理念作出的,而道德律的遵守是按照准则来判定的。

我们终身必然是从属于道德的准则的;但这是不可能有的事情,除非理性把这一纯然理念的道德律和起着作用的原因联系起来,这原因是对于按照道德律的行为,确定它与我们的最高目的正确符合的结局,而不管这结局是在今生和来世。可见,如果没有上帝也没有一个我们现在不可见却期望着的世界,那么道德的光荣的理念固然是人们称许和赞叹的对象,但不会是意图与行动的动机。因为这些理念不能圆满实现那个——对一切有理性的存在者是自然的、并为同一个纯粹理性验前所确定而使之成为必然的——目的。

幸福,单独地来讲,对于我们的理性远远不是完备的善。除非幸福和配得幸福结合起来,即和道德的行为结合起来,理性是不欣赏幸福的(不管个人的倾向怎样想往它);道德,单独地来讲,而且连同单独的配得幸福也一样,也都远远不是完备的善。要使善成为完备的,就要使其行为不至于不配得幸福之人必须能期望参与幸福。甚至完全没有个人意图的理性,如果它处在必须以一切幸福配给他人的一个存在者的地位,它也不能以另外的方式来作判断;因为在实践的理念里,两种要素本质上是相联系的,尽管联系的方式是:道德的意向限定幸福的参与并使之成为可能,而不是反过来,对幸福的展望使道德的意向成为可能。因为在后一种情形下,这种意向就不是道德的,因而就不配得完备的幸福了——在理性看来,幸福是不容有其限制的,除非是由我们自己不道德的行为引起的限制。

[641]

A814
B842

所以,幸福只有在与有理性的存在者的道德——这存在者依其道德而成为配得幸福的——有确切的比例时,才构成这个世界的最高的善,这个世界即是我们在其中不得不按照纯粹的然而又是实践的、理性的命令来安置我们自己的世界。其实这个世界只是一个知性的世界,因为感性世界并不能使人期望这种目的的有系统的统一性能由事物的性质产生。这种统一性的实在性也不是以任何其他的东西为根据的。在这样设想的一个至善里,自存的理性为一个最高原因的一切充足性装备起来,按照善的意图(Zweckmässigkeit)来设立、维持,并完成事物的普遍秩序——这种秩序,在感官世界里,大部分是隐藏着而不为我们所见的。

这种道德的神学,具有优越于思辨神学的这一特点:它必然导致一个惟一的、毫无缺陷的,而又是有理性的原始存在者这个概念;而思辨神学,在客观的根据上甚至不能指出这种存在者的方向,至于这个存在者的存在，思辨神学则更不能使人有任何确信了。因为在先验的神学和自然的神学里，不管理性能把我们引到多远，我们也不能发现任何值得注意的根据，能假定有这样一个单个的存在者：我们可以有正当的理由把它放在一切自然原因之前，并使这些自然原因在一切方面依赖于它。另一方面，如果我们从作为世界的必然规律的道德统一性这个观点来看，考虑到惟一给这规律以适当效力因而对我们是强有力的这个原因必须是什么，那么我们就会断言，必须独有一个在其自身中包括着一切规律的最高意志。因为，在一些不同的意志之下，我们怎能发现种种目的的完全统一性呢？这个神必须是万能的，才能使整个自然以及它对于世界中的道德关系服从他的意志；这个神必须是无所不知的，他才可以知道我们内心深处的情操与其道德的价值；这个神必须是无所不在的，他才可以在凡是最高的善有所需要地方，立即予以满足；这个神必须是无始无终的，它才能使自然与自由的和谐永远不至于停止，等等。

但是，在这个知性的世界里——这个世界，作为纯然自然来看，固然只是一个感性世界，但是作为自由的体系来看，就可称为一个知性的，即道德的世界(regnum gratiae 恩宠的王国)——一切目的的有系统的统一性必然又导致一切事物的有意图的统一性，而这一切事物是按照自然的普遍规律(正如前一种统一性是按照道德的普遍而必然的规律那样)构成这种大全体的，从而把实践的理性和思辨的理性结合起来。如果这个世界要和理性的这种使用，即没有它我们就必然会认为自己不配有理性的这种使用相一致，换言之，如果这个世界要和理性的道德使用相一致——这种使用完全以至善这个理念为基础——如果要这样，那么就必须把这个世界表现为起源于一个理念。这样一来，一切对自然的探讨就都会倾向于采取一种目的系统的形式，而这扩充到极点，就变为一种自然神学了。但是，由于这种自然神学在作为以自由本身的本质为根据的统一性之道德秩序中有其根源，而不是由于外来的命令偶然成立的，它就会把自然的有意图性与必定在验前和事物的可能性不可分割地联系着的那些根据，结合起来，而这样就会导致一种先验的神学——这种神学是以最高本体论的完备性这个理念作为系统的统一性之原理的。而且，既然所有一切事物的本源都在于一个惟一的原始存在者的绝对必然性，那么这条原理联系那些事物就是按照自然的普遍必然规律的。

如果我们不是为自己提出一些目的,那么,即使是在对经验的关系上,我们能把我们的知性作何种使用呢?但是最高的目的是道德的目的,而只有纯粹理性把这些目的给予我们时,我们才能知道它们。但是即使我们具备了这些道德的目的,并且把它们用作一种指导线索,然而除非自然自身显示出有意图的统一性来,我们还是不能以任何适宜的方式利用关于自然的知识把知识建立起来。因为没有这种统一性,我们自己就没有理性,由于没有理性的学校,因而也没有可以由此给必要的概念以其材料的这种对象的培养。但是前一种有意图的统一性是必然的,并以任意选择的意志本质为基础,而这后一种[自然中有意图性的]统一性,包含着具体应用的条件,也同样必须是如此。这样看来,不能把通过理性而得到的我们知识的先验扩大,当作纯粹理性加于我们的实践意图性的原因,而只能是它的结果。

因此,在人类理性的历史中,我们发现了这一事实:在道德的概念尚未足够纯洁而确定之前,以及在按照这些道德概念并从必然的原理使目的的系统统一性得到了解以前,关于自然的知识以及甚至在其他许多科学中理性之相当显著的发展,也只能引起一些关于神性的粗糙和游移不定的概念,或者像有时见到的情形,竟然产生出对于一切这类事情的令人惊异的漠不关心态度。道德理念的更大的培养,这是我们的宗教之纯洁无瑕的道德律使之成为必然的,这种培养通过理性所不得不感受到的切身利益,而使理性敏锐地觉知到它的对象。这种情形的发生,并不依赖对自然更广博的见解或正确而可靠的先验洞见(因为这种洞见始终是缺乏的)。引起那种我们现在认为是正确的神的概念的,是道德的理念——而我们认为这种概念是正确的并不是因为思辨理性使我们确信它的正确性,而是因为它完全和理性的道德原理相一致。所以我们最后总是应该要把这种功绩,即曾把我们的最高利益与一种理性只能想到而不能证明的知识联系起来,并从而表明其虽非已被证明的教义但却是一种基本假定——它对理性的最重要的目的来说是绝对必要的——这种功绩,归之于纯粹理性,虽然只是归之于它在实践上的使用。

但是,当实践的理性已经达到这种目标,即达到作为至善的惟一原始存在者这个概念的时候,它决不能冒昧地认为已经高踞在其应用的一切经验性条件之上而达到了一种关于新的对象的直接知识,因而能从这种概念出发,演绎出道德律本身来了。因为正是这些规律,由于它们内部的实践必然性,才把我们引到"自性具足"的原因,或者说世界的有智慧的统治者这个基本假定,以便通过这种作用而使道德律付诸实行,所以我们就不得把这个程序倒转过来,把道德律看作不必然的并且只是从统治者的意志而来的,尤其不能认为除了按照这些道德律而形成这样一个意志外,我们对它就毫无一点构想。这样,只要实践的理性有权作我们的指导,我们就不会因为是上帝的命令而把一些行为看作是不得不作的,而会因为我们内心感到不得不作,才把这些行为看作神圣的命令。我们将会按照依据理性的原理所确定的有意图的统一性来研究自由,而只有我们把理性从行为本身的性质所教导我们的道德律看作是神圣的,我们才认为自己是遵照神的意志而行动的;而且我们相信,只有通过促进那世界上在我们心中同样也在他人心中的最好的东西,我们才能服役于那个神的意志。由此可见,道德的神学只有内在的用途。这种神学使我们能够完成我们在现世中的天职,因为它指示我们怎样使自己适合于一切目的的体系,而且告诫我们要防止放弃道德上有立法权的理性之在我们合理生活中的指导,而直接从最高存在者这个理念寻求指导的那种狂热,其实这样做就是对神的不虔诚,因为我们如果这样做,就是在先验上来使用道德神学;这就像纯粹思辨的先验使用一样,必定会颠倒理性的最后目的而使之失败。

第三节　意见　知识　信念

认为一种事物是真的,这是我们知性中的事情。虽然这可能依据的是客观的根据,但尚需要作出判断的个人心中有其种种主观的原因。如果所作出的判断对一切具有理性的人都是有效的,那么它的根据就是客观上充足的,以此而认为它是真的,就称之为心服(Überzeugung),如果判断的根据只是在于主体的特别性格,以此而认为判断是真的,就称为信服(Überredung)。

信服是一种纯然幻象,因为它把只处在主体里面的判断根据看作客

二、先验方法论

观的。这样的判断只对个人有效,而认以为真,是不容有其传达的。但是,真理依靠的是与对象相一致,因而对于真理的每一个知性的判断就应是互相一致的(consentientia uni tertio, consentiunt inter se)。所以,当一个事物被我们认为是真的时,我们用来决定其是心服抑或信服的试金石是外部的,也就是说看它能否传达给别人,并且看它是否对一切人类理性全是有效的。因为这样就至少可以假定:虽然各个人的性格不相同,但是一切人的判断相互一致的根据是有共同基础的,即都是依据对象的,正是由于此,一切判断才全都与对象一致——从而,这个判断的真实性就得到了证明。

A821
B849

所以,只要主体把判断只看作他的心的一种出现,主观上就不能把信服与心服区分开来。但是,看看对我们有效的判断之根据对他人的理性是否如同对我的理性一样有同一的结果,这种用来检查他人知性的实验,是一种手段,虽然只是一种主观的手段,确不是用来产生心服的,但却能在判断中侦察出任何只是对个人才有效的东西,即能在判断中侦察出任何仅仅是信服的东西。

[646]

此外,如果我们能够详细指出被我们当作判断的客观根据的主观原因,从而能够把这欺骗人的判断作为我们心中的一种事件来解释,而并不需要考虑到对象的性格,我们就揭露了这幻象而再不为它所欺骗,虽然就幻象的主观原因原本是在我们的本性里这一点来说,我们多少总还会受到它的一些影响。

除非一个判断是引起心服的,否则我不能肯定任何东西,即是说不能断言它是必然对每个人都是有效的一个判断。至于信服,那是我随我的意思自行持有的,我不能也不应该自以为可以在我自己以外,把它作为有效的强加于人。

A822
B850

把一种事物认为是真,也就是判断的主观有效性,对于心服(心服同时也是客观有效的)的关系,有下列三种等级:意见、信念与知识。持有意见是这样保持一个判断,即在意识中感觉到不仅客观上不充足,就是主观也不够充足。如果我们认为一个判断只是主观上是充足的,同时又把它看作客观上是不充足的,我们所持有的就被称作信念的东西。最后,当所认为是真的东西,主观上和客观上都是充足的时候,它便是知识了。主观的充足性称为(对我自己的)心服,而客观的充足性就称为(对每个人的)确实性。对于这样容易了解的名词,毋须我再花时间解释了。

如果我不是至少知道某些东西——借助于它就其自身来说只是盖然性的判断能得到和真理的联系,这种联系虽然不完全,但也胜于任意虚构——我绝不能冒昧地持有任何意见。并且这种联系的规律必须是真确的。因为对于这种规律,我所有的也不过是意见,那么这就只是一种想象的玩意,和真理是毫无关系的。其次,在通过纯粹理性而作出判断时,绝不容许保持意见。因为,这样进行的判断并不以经验的根据为基础,而是在任何情况下都是必然的,因而必须是在验前得到的,所以它所联系的原理需要普遍性和必然性,从而就需要完全的确实性;不然的话,谈到真理我们就没有指导了。因此,在纯粹数学中,若有意见则是荒谬的;在数学里,要么我们必须知道,要么我们索性不作任何判断。在道德的原理情况下,亦复如此,因为我们决不可仅仅依据一种行为是容许的这种意见,就冒昧去行动,而必须知道它是容许的,才能去做。

另一方面,在理性的先验使用上,"持有意见"这个名词无疑是太弱而不适用,但是"知道"这个名词又是太强。所以在纯是思辨的范围内,我们并不能作出任何判断。因为,我们认为某种事物是真的所依据的主观根据,与能产生信念的那些根据一样,在思辨的问题上是不容许的,这是由于没有任何经验的支持,它们是无效的,并且不容许以同等的分量传达给别人。

但是,只有从实践的观点才能称理论上不充足而认为一事物是真的这种态度为相信。这种实践的观点,或者是技术的观点,或者是道德的观点,前一种观点和任意选择的目的及不必然的目的有关,而后一种观点和绝对必然的目的有关。

一旦目的被接受之后,达到目的的种种条件就被假设为必然的。如果我不知道有其他条件能达到这个目的,这种必然性在主观上,仍然只是比较而言是充足的。另一方面,如果我确实知道,任何人都不知道有能导致所提出的目的的其他任何条件,这种必然性就是绝对的,并且对任何人来说都是充足的。在前一种情况下,我的假定以及认为某些条件是真,只是不必然的信念;在后一种情况下,它是一种必然的信念。医生必须为病危的病人做某些事情,但是并不知道他的病的实情。他观察种种症候,如果他不能发现可能是属于另外的病症,他就判定它为肺病了。然而甚至以他自己的估计来说,他的信念也只是不必然的;另一个观察者可能得到一个更正确的结论。这种不必然的信念,毕竟能构成一定行动的实际使用手段的根据,我把它称之为实用的信念。

为了检查某人所肯定的东西是否仅是他的信服——或者说至少是他主观的心服,即他的坚信——所用的最好方法就是打赌。某人以肯定而毫不妥协的自信态度提出他的见解,以致像是完全没有想到他会有什么错误,这是常见的事。打赌就使他感到窘惑了。结果有时是,他所有的心服估计可以值一个杜卡田(Dukaten 德国的旧金币)而不是十个杜卡田,因为他很情愿以一个杜卡田来冒险,可是当问题是十个杜卡田时,他就开始觉得也许他很可能是错的,而这是以前他没有觉得的。如果在某一给定的情况下,我们肯定自己是以终身的幸福孤注一掷,我们判断的洋洋自得的口气就会降低,我们会变得十分胆怯,第一次发现我们的信念并没有达到这种程度。可见实用的信念总有一定的程度,而这个程度则依牵涉到的利害关系的不同可大可小。

但是,在许多情况下,当我们所处理的是我们对其不能有任何作为的对象,并且因之我们对于它的判断仅仅是理论的时候,我们就能设想并对自己描写出一种态度,我们认为有充分的根据采取这种态度,但却没有任何能达到事情的确实性的手段。所以甚至在纯理论的判断上,也有类似实践判断的东西,就这种东西的心理而言,用"信念"这个名词是适当的,我将之称为学说的信念。我情愿以我所有的一切为我的这种论点打赌——比如,我认为在我们所见到的行星中,至少有一个是有人居住的。所以我说,以为其他世界是有人居住的,这种说法不单只是意见,而是坚强的信念,我为它的正确性是准备冒大险的。

这样我们就必须承认,关于上帝存在的学说是属于学说的信念的。因为说到关于世界的理论知识,我不能举出任何东西必然把这种思想假定为我解释世界所显示的种种出现的条件,反而不得不像一切事物都纯为自然似的,来使用我的理性。不过,有意图的统一性是理性应用于自然的重要条件,我们是不能忽视它的,尤其当经验如此丰富地提供给我这种有意图的统一性之为数众多的实例时,更不能忽视它。但是,除了只是这种条件,即一个最高智力曾按照最明智的目的安排好一切事物这条基本设定之外,我不知道还有这种统一性能由以为我在自然的研究中提供指导的什么其他条件。结果就是,作为固然是不必然的意图,然而并不是不重要的意图的一种条件,也就是要在自然的研究中有其指导,我们必须设定世界有一个有智慧的创造者。不止如此,我[在解释自然的]种种尝试之中,其结果常常证实这种设定是有效的,而不能从反面举出任何有决定性的事情,因此,如果我竟然声明我把这种设定仅作为一种意见来保持,我所说的就太不够了。即使就这种理论的关系来说,也能说我是坚信有上帝的。所以,严格地说,这种信念不是实践的信念;它必须称为一种学说的信念,自然的神学(自然神学)必定总是会产生这种信念的。鉴于人类本性的装备是这么美好,而生命又是这么短促,以致不适宜我们全部力量的充分发挥,所以我们能在这同样的神圣智慧中发现同样充足的根据,以使我们在理论上相信人的灵魂是有其未来的生命的。

在这种情况下,信念的表示从客观的观点来看,是谦逊态度的表示,而与此同时,从主观的观点来看,又是坚定的心安理得的表示。如果我能做到这种程度,把这一仅是在理论上保持的信念,作为我有正当理由来采取的一种假定,那么我这样做,也就能保证我关于世界的原因的性格以及未来世界的性格的所有概念,比我实在有条件提出的概念是更为周密的。因为,如果我假定任何东西,纵然只是作为一种假设,那么我关于它的属性所知道的至少要这么多,以致我需要假定的不是它的概念而只能是它的存在。"信念"这个名词涉及的只是一个理念所给我的指导,以及为促进我的理性活动而坚定我对理念的保持这种主观上的影响,然而我并不能从思辨的观点来说明这种信念。

但是纯学说的信念是有点缺乏稳定性的;我们常常会由于所碰到的种种思辨上的困难而抓不住它,虽然到了最后,我们总是免不了要回到那里去。

至于道德的信念,那就完全不同了。因为这里必须有某些事情发生,就是说我一切都必须遵守道德律,这是绝对必须的。在这里,目的是绝对确立了的,而且按照我所能有的洞察,只有一种可能的条件,能使这种目的与其他一切目的联系起来,从而有其实践的有效性,这个条件就是,有上帝以及未来的世界。我也完全确实地了解，没有人能知道任何其他条件能在道德律之下引到同样的目的统一性。所以，既然道德的训条同时也就是我的准则(因为理性规定它应该如此)，我就必须相信上帝的存在以及有一个未来的生命，而且我确信任何东西都不能动摇我这种信念，如果动摇的话，就会推翻我的道德原理本身，而我若不想变成在自己眼中是可憎恶的，就不能否认这些道德原理。

所以，即使理性想要超出一切经验的范围这一切抱负不凡的企图都失败了，而在与我们实践的立场有关的限度内，所剩下来的东西还是能足以满足我们的。当然，没有人能够夸口说他知道有上帝以及来生；如果他真知道，他正是我长期寻找的人。一切知识，如果和纯理性的对象有关，那都是能传达的；因而我可以指望，在他的教导下，我自己的知识就会异常开展。不会的，我的确信不是逻辑的确信，而是道德的确信；而且既然它依据的是(道德情操的)主观根据，我甚至都不能说，"有一个上帝等等，在道德上是确实的"，而只能说，"我在道德上确信有一个上帝，等等"。换言之，对于上帝以及未来世界的信念是这样和我的道德情操交织在一起，以致很少有丧失我的道德情操的危险，同样也没有什么理由担心我们对于上帝和未来世界的信念会被夺走。

我们似乎觉得可疑的惟一之处，是把道德情操的假定作为这种理性信念的基础。如果我们不管道德情操，而拿一个对道德律漠不关心的人来说，那么理性提出的问题就变成一个纯思辨的问题了，而且它固然能被类推的强有力的根据所支持，但是用这类根据并不一定会迫使最顽固的怀疑论让步(a)。但是在这些问题中，没有人是没有利害关系的。因为，即使由于缺乏好的道德情操而使他和道德的利益关系绝缘，就是在这种情况下仍然会足以使他惧怕有上帝和来生的存在。使他有这种惧怕不需要别的，只要使他不能佯称确实没有上帝这样的存在者也确实没有这种来

[A829 B857]

[651]

[A830 B858]

(a) 人心(如我同样相信的，一切有理性的存在者都必然如此)对于道德，是有一种自然的兴趣的，虽然这种兴趣并不专一，而且在实践上不占优势。如果我们坚定并增加这种兴趣，我们就会发现，理性是可教的，而且就本身来说，它对于思辨的兴趣和实践的兴趣之结合，是更为开明的。但是，如果我们不注意我们首要的是使人成为善人——至少有几分善人，我们就永远不能把他们变为[信奉上帝和来生的]诚实的信徒。——康德自注

生就行。因为，既然只有通过理性才能确切无疑地证明这一点，那么他要宣称上帝的存在和来生这两者都是不可能的，就必须能够证明才行，而这肯定是没有人能合理地来尝试的。所以这一点就可用作消极的信念，这种信念固然不能引起道德及美好的情操，但却能引起和它们相类似的东西，那就是对于罪恶情操爆发的一种强有力的制止。

但是有人会说：纯粹理性在经验范围以外展望前途而能做到的只有这点吗？仅仅只是两条信念吗？我们完全相信，普通的知性也能做到这些，而毋须拿问题来求教于哲学家们的意见。

我在这里不想详谈哲学通过它的批判的许多艰苦的努力对人类理性所曾作出的贡献，同时亦承认这些贡献终归只是消极的；在下一节里还要再谈这一点。但是我可以立刻答复说：你真的需要这么一种与一切人有关，又应超过普通知性所能及，而只有哲学家才能给你以启示的知识吗？你所挑剔的正是上面所主张的正确性之最好的证实。因为我们正是由此而看清楚了我们在开始时所不能预见的东西，即在毫无差别地涉及到一切人的事情中，自然分配天赋的才能时并无偏袒的过错，而关于人类本性的本质上的目的，最高哲学所能达到的，也不会超过在自然所予的指导下，乃至在最平凡的知性指导下所可能达到的。

第三章　纯粹理性的建筑术

我们所谓的建筑术，是指构成种种体系的技术。由于是系统的统一性最初把普通的知识提高到科学的地位，即从单纯的知识堆积而形成一个体系，所以建筑术就是我们的知识中关于科学的东西的学说，因而就必然形成方法论的一部分。

按照理性立法的规定，它不容许我们各种不同的知识种类成为仅仅是一种片断的堆集，而必须形成一种体系。只有这样，各种知识才能促进理性的主要目的。我所谓的体系，是指许许多多的知识种类在一个理念之下的统一性。这种理念是理性所提供的概念，也就是一个全体的形式这个概念；而所谓全体，只是就这一概念不仅是验前确定其杂多内容的范围,而且还确定各部分彼此相对所占的地位这一点来说的。所以,理性的科学概念包含那种全体的目的以及形式,即和这种要求相符合的目的以及形式。所有的各个部分都与之有关,而且在其理念里各部分也都彼此相关联的这个目的统一性,使我们有可能从我们关于其他部分的知识来确定是否有的部分被遗漏,而又防止任意有所增加,或者在其完整性方面,防止与这样在验前被确定的界限不相符合的任何不确定性。所以这个全体是一种有组织的统一体(articulatio 接合),而不是一种堆砌(coacervatio 堆集)。它可以从内部成长(per intus susceptionem 由内部的吸收),而不是由外部的增加(per appositionem 拼凑)而来。所以它类似于动物的身体,其成长不是由于新肢体的增加,而是由于在不改变其比例的情况下使各肢体日益加强,而对于它的各种目的,更为有效。

A833
B861

[654]

  为使其实现,理念需要一种图型,即需要其各部分的基本的杂多与一种秩序,这两者都必须在验前为由其目的所界定的原理所确定。不是按照理念,即不按理性的终极目标而计划,而是在经验上按照不必然引起的各种意图(其数目是不能事前知道的)而规定的图型,产生技术的统一性;而从理念开始的图型(在其中理性验前提出了种种目的,而不是有待于在经验上给予出这些目的)就用作建筑术统一性的基础。至于我们称为科学的东西——其图型必须含有它的轮廓(monogramma 草图)及按照理念即验前把整体划分出的各个部分,同时这图型又必须确实地并按照原理把它和一切其他的整体区分开来——并不是以技术的方式,就其各个部分的类似性,或就其为了所有那些随意选定的外部目的对我们知识的具体地偶然使用,而形成的,它是以建筑术的方式,就其各个部分的亲和性,以及从使整体成为可能的那惟一最高和内在的目的得出来的各个部分的亲和性而形成的。

A834
B862

  凡是企图建立一门科学的人,必须有一种理念作为这门科学的基础。但是在苦心完成这门科学的过程中,图型,乃至他最初为这门科学所下的定义,是很少能和他的理念相称的。因为这种理念潜藏在理性里面,好似一个胚胎,其中各个部分还没有发展,甚至在显微镜的观察下,也仅能识其大概。结果就是,既然各门科学都是从某种普遍利益的观点而计划的,我们就切不可按着它们的创立者对其作的描述来解释它们和确定它们,而是这种解释和确定必须与理念相符合,我们从所汇集的各部分的自然统一性发现这种理念是以理性本身为基础的。因为那时我们就会发觉,

[655] 它的创立者以至他最近的继承者,都是在摸索他们自己一直没有弄清楚的一个理念,因而他们并没有条件来确定这门科学的应有的内容、它各部分的关联(系统的统一性)与界限。

A835
B863
使人非常遗憾的是,只有在我们按照潜藏于心里的一种理念的暗示,花了许多时间胡乱地收集材料之后,而且事实上又是在我们只就一种技术的方式长期集合了这些材料之后,我们才首次有可能更清楚地看出这个理念,而按照理性的种种目的,以建筑术的方式来计划一个整体。各种体系的形成方式就像蛆虫那样,通过从集合在一起的概念的纯然汇合而模糊发生(generatio aequivoca 含糊的产生),起初并不完善,而只是逐渐地达到完全,尽管这些体系在理性的纯然自行发展中,都像是原始的胚胎,本来有它的图型。因此,不但每一个体系都按照一个理念通过关节的结合而联系在一起,而且所有的体系也全都是在人类知识的体系中有机地结合在一起,各自作为整体的一个肢体,从而这就能有全部人类知识的一种建筑术;从现在已收集的大量材料或从古代各种体系的废墟可以得到的大量材料看来,这种建筑术不但有其可能,而且事实上也不困难。我们在这里满足于完成我们的任务,就是只草拟从纯粹理性发生的一切知识的建筑术;而在草拟中,我们的出发点就是我们知识能力的总根分权长出两大枝的地方,其中一枝是理性。我们所谓的理性,在这里是指所有的那些知识的高级能力,因而是以"理性的"与"经验的"相比较而言。

A836
B864
如果我把一切客观上被看为知识内容的东西抽掉,则从主观上看来,一切知识就或者是历史的,或者是理性的了。历史的知识是从给予而来(cognitio ex datis)的知识;理性的知识是从原理而来(cognitio ex principils)的知识。然而,一种创建成的知识也可能原本是给予的,因此,对于具有这种知识的个人来说,如果他所知道的,只是如外面给予他的那

[656] 么多(在其被给予的形式上),不管是通过直接经验或听闻,还是(像在一般知识的情况下)通过教导,那么这种知识就仍然只是历史的。所以,任何一个学会了(在这个词的严格意义上)一种哲学体系,例如沃尔夫的哲

学体系的人,即使他知道了这一体系的一切原理、解释及证明,连同全部学说的形式的划分,甚至可说精通了这一切,而他所有的也不过是沃尔夫哲学的全部历史的知识而已。他所知道、所判断的,只是曾给予他的东西。如果我们抗辩一个定义,他就不知道从什么地方再得到另一个定义了。他的心意是按照另一个人的心意形成的,而模仿能力本身是不生产的。换言之,在他心里的知识,不是从理性发生出来的,即使从客观上看它,固然是由理性而来的知识,然而就其主观的性格来说,它仍然只是历史的。他是抓住了而又保持了,就是说他学习得很好,但却是活人的一个石膏模型。客观上是理性的,那理性知识的各种方式(即只能在人类理性里有其最初起源的知识)只有当它们是从理性的普遍来源得来,即从原理得来时,才能在主观上也称为理性的知识——从这种来源中也能产生出批判,甚至产生出对已学习到的东西的驳斥。

一切从理性发生的知识,要么是从概念得来的,要么是从概念的构成得来的。前者称为哲学的,后者称为数学的。我在先验方法论第一章里已讨论过这两种知识的基本区别。知识可能在客观上是哲学的,然而在主观上是历史的。大多数初学者以及那些眼光永不超出他们的学派而终身总是初学的人,都是这样的。但是值得注意的是,数学的知识,就其主观性格说来,也正像人们学会了它那样,可以被看作从理性发生的知识;因而关于数学的知识,就没有像我们在哲学知识的情况下划分出来的那种区别。这是由于,教师能获得他的知识的惟一来源不在别处,只是在理性的根本的真正的原理里面,因而初学者不能从任何其他的来源获得这种知识,并且这种知识也是不能争辩的;同时还由于,理性在这里的使用虽然是验前的,但只是具体的,就是说理性是在纯粹的、因而不会有瑕疵的、排除一切幻象的错误的直观里使用的。所以,在一切验前从理性所发生的科学之中,惟有数学能为人们所学习;除非在历史的方式上,哲学是不能学的;至于和理性有关的东西,我们学会的最多不过是用哲学来推究(philosophise)而已。

哲学是一切哲学知识的体系。如果我们所说的哲学是指为评估所有那些哲学推究的企图而用的原型,而且如果这种原型又是用来评估每一种主观哲学的——这些哲学的结构往往互不相同且易于改变——那么哲

学就必须作为客观的来看了。这样来看的哲学是一种可能的科学的纯然理念,这种科学并非具体存在着,但我们通过许多不同的途径努力要与之接近,直到最终发现一条充满感性产物的惟一真正的途径,而一向发育不全的意象,在人力所及的限度内,变为与此原型相似为止。不到这个时候,我们是不能学好哲学的。因为,哲学在哪里?谁掌握着哲学?我们怎样会认知它是哲学呢?我们只能学习用哲学来推究,即按照理性的普遍原理,在某些实际存在着的对哲学的尝试上,来发挥理性的才能;然而,却总是保持着在这些原理的来源上研究、肯定或否定这些原理的那种理性的权利。

A839
B867
[658]

哲学的概念从来就只是经院学派的概念——仅就其作为一种科学的性格而被追求,因而仅以适合于科学系统的统一性为其目标的一种知识体系的概念,其结果不过是知识的逻辑性的完全而已。但与此同时也还有哲学的另外一种概念,即宇宙概念(conceptus cosmicus),它一向是形成"哲学"这一名词的实在的基础,尤其当哲学像是被人格化了,而其原型表现在理想的哲学家心目中的时候,更是如此。依这种见解,哲学是关于一切知识与人类理性的主要目的(teleologia rationis humanae)之关系的科学,哲学家不是一个理性领域中的技术家,他本身是人类理性的立法者。在哲学一词的这种意义上,一个人自称为哲学家,并且自以为和只存在于理念中的模型相等,那就太过于自负了。

A840
B868

数学家、自然哲学家和逻辑学家,不管前二者在理性知识领域里的进展如何成功,后二者,尤其是在哲学的知识中,仍然还是理性领域里的工匠。在理想中有一个教师给他们布置工作,把他们作为工具使用,以促进达到人类理性的主要目的。惟有这个教师我们才称他作哲学家;但是由于天底下并没有这样一个人,而他的立法的理念却被发现在每一个人所禀受的理性之中,所以我们就应完全保持这种立法的理念,而按照这一宇宙概念[a],从其主要目的的立场出发,更精密地确定哲学关于系统统一性所规定的东西。

(a) 这里所谓的"宇宙概念"(Weltbegriff)是指与人人在其中都必然有一种利害关系的那种东西有关的概念;因而一门科学如果只是被看作按照某些随意选择的目的而计划的学科之一,我就必须照着经院学派的概念来确定它。——康德自注

主要的目的还不是最高的目的;就理性对于完全系统之统一性的要求来说,只有其中之一可以被说成是最高的目的。所以主要的目的要么是最后的目的,要么是必然和前者相联系而作为手段的附属的目的。前者不是别的,它就是人的整个天职,讨论它的哲学被称为道德哲学。由于道德哲学优越于理性的一切其他工作,所以古人用"哲学家"这个词时,总是特别指道德学家说的;而且就是在现在,如果某个人在理性指导下显示出自我控制的能力,我们由于某种类推,也称他为哲学家,而不问他的知识是如何的有限。

人类理性(哲学)有两个对象,即自然与自由,因而它不但包含着自然律,而且包含着道德律。始初是在两个彼此不同的体系中把它们呈现出来的,但最后它们终究成为了一个单一的哲学体系。自然的哲学讨论的是一切实有的事物,而道德哲学讨论的是应有的事物。 [659]

纯粹理性哲学,或者是一种哲学入门(propaedeutic),即哲学的预备,它从理性的一切纯粹验前知识方面研究理性的能力,而称为批判的;或者是纯粹理性的体系,即是一种在其系统的联系上,显示纯粹理性发生的(真实的或虚妄的)哲学知识的整体的科学,称为形而上学。但是形而上学这个名称也可以指全部的纯粹哲学,包括批判在内,这样它就包括对一切能够在验前被知道的东西的研究,以及对构成这类纯粹哲学的各种知识方式的体系的东西的阐述——所以它有别于理性的一切经验性使用,也有别于理性的一切数学上的使用。 A841 B869

形而上学划分为纯粹理性思辨使用的形而上学和纯粹理性实践使用的形而上学。因而,要么是自然形而上学,要么是道德形而上学。前者包括只是从概念得来的一切纯粹理性原理(所以不包括数学在内),并且用于一切事物的理论知识中;后者包括在验前方式上确定我们的一切行为与疏忽(das Tun und Lassen)并使之成为必然的那些原理。道德是完全能够验前从原理得出而适用于我们行为的惟一法典。因此,道德形而上学事实上就是纯粹道德哲学,它并不以人类学或其他的经验条件作为基础。"形而上学"这个名词,在其严格的意义上,通常是保留给思辨理性的形而上学为用的。但是,由于纯粹道德哲学实际形成了从纯粹理性而来的人类哲学知识这个特殊部门的一部分,所以我们就为纯粹道德哲学保留"形而上 A842 B870

[660]

学"这个名称。可是我们现在并不涉及到它,就把它搁置一边吧。

按其在类别上以及起源上的区别,把各种不同的知识予以隔离而防止它们的相互混淆——由于通常在我们使用它们时,它们是结合在一起的,因而就混淆了——这是极其重要的。化学家对实体的分析,以及数学家在其特殊的学科上所作的,对于哲学家来说,在更高的程度上为之,是一种责任,这使得他能够在知性的各种各样的使用与其特别的价值和影响之中,准确地确定属于每一种特别知识的那个部分。人类理性,自从它最初开始思维,或更确切地说自从它开始反思,一直到现在,从来没有放弃过形而上学;但也从来没有以充分摆脱任何杂质的方式获得过它。这种科学的理念,是和思辨的人类理性一样古老的;有谁不是以经院派的方式或者以通常的方式进行思辨呢?但是必须承认,我们知识的两种要素——完全验前即在我们掌握中的要素以及在验后只从经验才可获得的要素——从来就没有很清楚地区分开来;甚至以思想为职业的人也没有把它们清楚地区分开来,所以他们就不能得到一种特殊的知识分界,借以判明如此长久和深刻地纠缠着人类理性的这门科学的真正理念。原先当形而上学被宣称为人类知识的第一原理的科学时,其本意并不是要划分出一种完全特殊的知识门类,而是从一般性的角度把它当作具有某种优越地位的知识门类,而这并不足以把这种知识和经验性的知识区别开来。因为在经验性的原理之中,我们能够辨别某些更一般的、因而在等级上是高于其他的原理;但是,在这些一系列相互隶属的各项之中——在这个系列里,我们并没有把完全是验前的与只是验后才知道的区别开来——我们把区别最高的或者说第一的各项与较低的从属的各项的界限划在什么地方呢?如果在计算年代的时候,我们只是把时代分为初世纪和以后的世纪,我们会怎样说呢?我们必定问:第五世纪,第十世纪,等等,是否属于初世纪? 因此我同样也要问:广延这个概念是否属于形而上学? 你答复说:是的。那么,物体这个概念也这样吗? 答复曰:是。那么,液体的概念呢?现在你觉得不知如何是好了,因为这样推下去,一切就都属于形而上学了。所以很明显,单纯的从属等级(特殊从属于一般)是不能确定一种科学的界限的;在所考虑的事例中,只有类别和起源的彻底不同,才足以确定这种界限。但是在另一方面,由于形而上学的基本理念,就其作为验前的知识来说，显示出与数学有某种类似性，它就变为模糊了。形而上学的基本理念与数学确实有关系，这是由于它们二者都有一种验前的起源；但是只要我们牢牢记住哲学的知识与数学的知识之间的差别，即一种是从概念得来的，而在另一种那里，我们只有通过概念的构成，才能达到验前的判断，那么，我们就要承认它们在种类上是断然不同的，而这种不同，固然总是多少感觉得到，但绝不能按照明晰的标准得到规定。所以就会出现这种情况：由于哲学家在发展他们科学的理念这种工作中还没有获得成功，他们就不能有任何确实的目的，或者在把它弄精确的过程中不能有稳妥的指导；因此，既然他们对于应取的途径一无所知，那么在这种任意设想出来的事业中，他们关于各人所自以为在自己的途径上所得到的发现，就总是彼此争执，不能一致，结果就是，他们的科学一开始就为局外人所蔑视，而到最后，甚至他们自己也轻视它了。

一切纯粹的验前知识，由于它所能在其里面发生的惟一的特殊知识能力，其本身就有一种特别的统一性；而形而上学就是这种哲学：就这一系统的统一性来叙述纯粹验前知识，即是它的任务。形而上学的思辨部分——它曾特别占用了形而上学这个名称，亦即被我们称为自然形而上学的，并且它是通过验前概念就实有（而不是就应有）来考虑一切事物的——是按下列方式划分的。

形而上学，在这词的狭义上是由先验的哲学和纯粹理性的自然科学①组成的。前者只处理在与一般对象有关的概念与原理的系统中的知性与理性，而不考虑可能被给予出来的对象（这是 Ontologia 即本体论）；后者研究自然，即所予对象的可能总和（不管是给予感官的，或者，如果我们愿意用这个词的话，是给予另一种直观的），因而就是自然科学（Physiologie）——虽然它是理性的自然科学。在这种关于自然的理性研究中，理性的使用不是自然的，就是超自然的，或者用更合适的词来说，不是内在的就是超验的。前者和能够在经验中（具体地）应用的这种关于自然的知识有关；而后者和超出一切经验的经验对象的联系有关。这种超

---

① 这里的"自然科学"是康德原用的 die Physiologie 一词中译。Physiologie 一般译为"生理学"，但这词的希腊语原义是"自然"+"科学"，所以在这里应照这词的古希腊语原义翻译。——中译者

验的自然科学的对象，或者是内部的联系，或者是外部的联系，但两者都是超出可能的经验的。作为处理内部的联系看，它就是自然全体的自然科学，即关于世界的先验知识；作为处理外部的联系看，它就是自然全体与自然之上的一个存在者的关系的自然科学，即是说，是关于上帝的先验知识。

内在的自然哲学则与此不同，它把自然看作一切诸感官对象的总和，因而看作正像它给予我们的那样，但是只是按照自然惟有依据它才能被给予我们的那些验前条件才如此。这样的对象只有两种。一是外感官的那些对象，因而就是这些对象的总和，即有形的自然。二是内感官的对象，即灵魂，而按照它的基本原理①就称为思维的自然。有形自然的形而上学称为物理学；而由于它必须只包含关于它的验前知识的原理，就被称为理性的物理学。思维的自然的形而上学称为心理学，而由于同样的理由，就须被理解为只是关于它的理性的知识。

这样，形而上学的全部体系就是由四个主要部分构成的：(1)本体论；(2)理性的自然科学；(3)理性的宇宙论；(4)理性的神学。其第三部分，即纯粹理性所发展的自然学说，包含两类，即理性的物理学(a)和理性的心理学。

纯粹理性哲学的原始理念本身规定了这种划分，因此，这种划分，由于符合于理性的主要目的，而是建筑术的，并非由于仅符合于观察到的不必然的类似性，从而似乎是漫无目的地制定出来的，而是技术的。所以，这种划分又是不可变更的，并且有立法的权威。不过，似乎尚有某些可疑之点，可能会减弱我们关于它的要求之合法性的信念。

首先，在对象被给予我们的感官，即在验后的方式上被给予的限度内，我们怎能期望有关于这些对象的验前知识（因而有形而上学）呢？而

---

① "而按照它的基本原理"原英文版为 and in accordance with our fundamental concepts of it（按照我们关于它的那些基本概念），这里按韦译文，未改动。——校订者

(a) 绝不能把我说的理性的物理学的意思理解为通常称为普通物理学的那种东西。与其说普通物理学是自然哲学，毋宁说它是数学，自然的形而上学完全与数学不同。它远远不能按照数学的丰产方式来扩大我们的知识，但是在它应用于自然时，由于它产生关于知性纯粹知识的批判，还是很重要的。因为若是缺少了它，甚至就连数学家也会由于死死抓住某些所谓共同的——虽然是共同的，但事实上仍是形而上学的——概念，于不知不觉之中用种种假设拖累住他们关于自然的学说，而这些假设，一旦其所包含的原理受到批判，就烟消云散，可是对于数学的使用却毫无损害——在这个领域里，这种使用是完全不可或缺的。——康德自注

且,又怎么可能知道事物的本性并验前按照原理而达到理性的心理学呢?答案是:我们从经验取来的,除了需要给我们一个外感官或内感官的对象以外,再没有什么。外部感官的对象,我们是通过物质的纯然概念(不可入的、无生命的广延)得来的;内部感官的对象,我们是通过一个能思维的存在者的概念(在"我思"这个经验性的内部表象里)得来的。至于其余的种种,在关于这些对象的全部形而上学的论述中,我们必须完全放弃所有那些为使我们能对对象作出更进一步的判断而把其他更为特别的经验加于这些概念之上的经验性原理。

第二,我们怎样来看经验性的心理学? 这种心理学总是要求在形而上学中有其地位;而且在我们这个时代,人们一直是对它促进形而上学的进步抱着极大的希望,这是因为依靠验前的方法来取得成功的指望已经被放弃了。我对这个问题的答复是,经验心理学属于那关于自然的原有(经验性)的学说所应属的地方,即和应用的哲学并列,其验前的原理则包含在纯粹哲学里面;所以就这点来说,它和应用的哲学相联系,虽然不能和它混为一谈。所以经验性的心理学是完全被排除于形而上学的领域之外的,其实它已经完全为形而上学的理念所排斥了。可是,按照经院学派的旧习,我们还必须让经验性的心理学在形而上学中占某种地位(虽然只是作为一种插曲),而我们这样做的动机是为经济起见,因为经验性的心理学还不够富有而能够自成一种研究的题目,并且它也是非常重要的,因而就不可完全加以排斥,而强迫它定居在也许比在形而上学里更不适合的邻近的某处。虽然它不过是一个异乡人,但已经长期被接受作为家里的一员,所以我们仍然让它留居长一点的时期,一直等到它有条件在附属于自然的经验性学说的人类学中定居下来为止。

一般说来,凡此种种就是形而上学的理念。在开始时,所期望于形而上学的是多于能合理要求的,而它有一个时期是以愉快的预测为其娱乐的。但在这些指望终成泡影之后,它就为一般人所蔑视了。我们批判的全部进程①,整个必须足以说服读者,使之相信,虽然形而上学不能成为

---

① "进程"是原德文 Verlauf 之译,穆勒尔译为 course 是准确的,而斯密英译为 argument 是意译。——中译者

宗教的基础,但是它必须总是继续作为宗教的一种堡垒;而且还要使之相信,由于人类理性按其本性是辩证的,就永远不能没有这样一种科学来抑止它,而且通过一种科学的、完全能说服人的自觉来防止目无法纪的思辨理性必然在道德及宗教领域会犯的破坏行动。所以我们深信,无论那些不按一种科学的本性,而按其偶然而非必然发生的效果,来判定那种科学的人,其态度是怎样冷酷,或带着蔑视的苛评,我们总会回到形而上学那里去的,正如会回到我们曾与之反目的爱人那里去一样。因为在这里我们所关心的是形而上学的主要目的——形而上学必须不断地从事于这些目的的追求,或是努力求得对于这些目的的洞见,或者是驳斥那些自以为达到这些目的的人。

只有形而上学,自然的形而上学和道德的形而上学,尤其是用为形而上学的导论或前论的那冒昧的、自恃的理性的批判,才正当地构成在严格意义上可称为哲学的东西。哲学的当务之急就是智慧;并且,它是通过科学的途径来追求智慧,而一旦踏上这条途径,这条途径就永远不会荒芜,而且是不容有迷途的。数学、自然科学,以至我们的经验知识,虽然大部分是为了一时所碰到的目的,但其最后的结果,却是为了人类的必然而主要的目的而作为手段的,因此具有很高的价值。但是,这些知识部门能执行这后一种任务,只是在它们借助于通过理性而从纯粹概念得来的知识,而不管我们愿意把这种知识叫做什么,其实它不过是形而上学而已。

由于同样的理由,形而上学又是人类理性的圆满充分的发展,暂且不论它作为科学而对某些特别目的所发生的影响,形而上学毕竟是一种不可或缺的学问。因为形而上学在考察到理性时,它讨论的是必须形成某些科学的可能性以及一切科学的用途之基础的那些要素和最高准则。作为纯然思辨而言,说它是用来防止错误而不是扩大知识的,这并不降低它的价值,相反,恰恰是给了它尊严和权威,这是由于通过它的检查,就能保证科学共同制度的一般秩序、和谐,乃至它的安宁,以免那些为科学共同制度勇敢而有效地劳作的人忽视了那最高的目的,即全人类的幸福。

第四章　纯粹理性的历史

A852
B880
[666]

在这里立这个标题,只是为了指出今后的哲学工作者必须完成体系中还剩下来的一部分。我只从先验的观点,即纯粹理性本性的观点,来浏览一遍那些在这个领域曾劳作过的人的所有著作,即已满足了——这一浏览所发现的[许多庄严]结构,可惜已经荒芜了。

在哲学的幼稚时代,人们所开始的是我们想要结束的,那就是关于上帝的知识,专注于对另一世界的期望,毋宁说其实专注于另一世界的特殊性质,这是很值得注意的事实,尽管那时不能不这样。从更早更野蛮的状态一直遗留到现在的每一社会里的古老习惯所产生的宗教概念无论是怎样粗野,它还没有妨碍社会中更开明的人士致力于这些事情的自由研究;他们会很容易地看出,除了过着良善的生活,并没有更基本的或更可靠的方法使统治世界的冥冥力量满意,因而使自己至少在来生得到幸福。因此,在当时人们所致力的所有那些理性的抽象研究之中,神学和道德就是两种动机,或确切地说,两个参照点。主要还是前者,它逐步使纯是思辨的理性致力于后来在形而上学的名义下完成那著名的劳作。

A853
B881

我在这里并不企图把形而上学中所发生的种种变迁的历史时期区分开来,而只粗略概述引起主要革命的各种理念。在这里,我发现有三个争点是在争论的过程中与所发生的最可注意的变迁有关的。

[667]

(一)关于我们一切通过理性而得来的知识的对象,有纯为感觉论的哲学家,又有纯为智性论的哲学家。伊璧鸠鲁可视为前一派中的佼佼者,柏拉图可视为后一派中的佼佼者。两派之间的区别虽然是微妙的,但却从最早的时期就已经开始了;而这两种立场一直不断地为人们保持。前一派的人主张实在性只是在感官对象里才有,其他的一切都是想象;相反,后一派的人宣称在感官里只有幻象,而惟有知性才知道什么是真的。前一派固然不否认知性的概念有其实在性,但对这派人来说,这种实在性只是逻辑的,而对于另一派人来说,这种实在性是神秘的。前一派的人容认知性的概念,但是只承认感性的对象。后一派要求真正的对象应该纯

A854
B882

是知性的,并且主张我们通过纯粹知性有一种不为感官所伴随的直观。

(二)关于纯粹理性的知识的起源。问题是,这种知识是从经验得来,或者独立于经验而在理性中有其起源?亚里士多德可看为经验论者的领袖,柏拉图可看作理性论者的领袖。在近代,洛克追随亚里士多德,而莱布尼茨则追随柏拉图(虽然与柏拉图的神秘体系多有不同),但是他们两人并不能使这种争论达到任何确定的结论。不管我们怎样看伊璧鸠鲁,他在感性的体系中至少是前后一致的,远胜于亚里士多德和洛克,因为他绝不打算以推论而越出经验的界限。从想以推论越出经验的界限来说,洛克是非常典型的,他从经验得出一切概念和原理之后,便在使用这些概念和原理时走得如此之远,乃至断言我们能以像数学命题那样的同样确定性来证明上帝的存在以及灵魂不死——虽然两者都是完全处在经验的界限以外的。

(三)关于方法——如果任何东西要得到方法的称号,它就必须是一种按照原理进行的程序。我们可以把现在在这种研究领域中盛行的方法分为自然论的和科学的。纯粹理性的自然论者所奉为他的原理的是:不用科学而通过通常的理性,即通过他所谓的健全的理性,对于那些形成形而上学问题的最崇高的问题,就能够比通过思辨理性所得到的更有成就。这样,他所肯定的,实质上就是说,我们用肉眼来确定月球的大小及其距离,比用种种数学设计所确定的还要准确,这就是把纯粹对理性的蔑视归结为了原理。而其中最为荒谬的则是,把对一切人为方法的忽视反倒称誉为扩大我们知识的特殊方法。因为这里谈到的是由于缺乏更多的洞见而成为自然论者的那些人,他们是不能正当地受到谴责的。他们遵从平凡的理性,但却并不把他们的无知自夸成一种方法,说里面包含着我们如何能从德谟克里特的深井中汲取真理的秘诀。Quod sapio, satis est mihi; non ego curo, esse quod Arcesilas aerumnosique Solones①(我所知道的,对我是满足的;我不想做一个阿塞西劳斯和多忧多虑的索伦),这就是一个箴言,有了这,他们就可度过一种快活而值得赞美的生涯,并不去管什么科学;科学也不会因他们的干扰而陷于混乱。

---

① 引自 Persius(佩尔西乌斯,罗马斯多葛派诗人)的《讽刺诗》三,第78—79行。——英译者

至于采取科学的方法的那些人，他们所选择的，或者是独断地进行，或者是怀疑地进行；但是无论如何，他们是不得不系统地进行的。我可以拿著名的沃尔夫为前一种方法的代表，而以休谟为后一种方法的代表，此后就可依我目前的意图不必提其他人的名字了。惟有批判的道路是仍然行得通的。如果读者已经是这么体贴我而又耐心地一直在这条道路上陪伴着我，他现在就可自行决定，如果他愿意给予帮助使这条道路变为一条康庄大道，或许有可能在本世纪终结以前，达成许多世纪以来未竟的事业，即使人类理性在那一向热烈从事但至今尚一无所成的事业上，得到完全的满足。 [669]

[671] 索　引

本词目是按英语字母排列的。词目后的数字指正文边页方括号内的原英文版页码。

A

Absolute　绝对的，78，317—18。参看 Unconditioned 无条件的

Accidents　偶性，偶性与实体，214—16，333，389，403，405—6；偶性的，偶然的事物，262，390

Action(Handlung)　活动，行动，作为，行为；作为派生的概念，115，228；实体的经验性标准，229

Actuality(Wirklichkeit, Realität)　实在性，现实性；实在性范畴，185，239，242，243，244，249，250，251，252 注，350。参看 Reality 实在性

Aesthetic　感性论；先验感性论，65—91；术语的意义，66，93；第二版中的修正，34；先验感性论的结果，244，266，407

Affection　刺激；直观依据刺激，105；自我由其自身的刺激，87—8，166，168 注

Affinity　亲和性，139—40，145 起，488 注，542，参看 Association 联想。

Algebra　代数，579，590

Alteration(Veränderung)　变易，变更，115，216—18，230 起，225，405—6，413，415 起；参看 change 变动，变化

Amphiboly　歧义；术语的意义，282

Analogy　类比；经验的类比，208—38；术语的意义，211

Analysis　分析，14，47，60—61，111，112；一切分析都预先假定有综合，152

Analytic and synthetic judgments　分析判断与综合判断，48 起，70，75，76，85—6，155，157，189—194，199，274—5，284，363，369—70，444，447，504 起，530，580 起；参看 Synthetic a priori judgments 综合的验前判断

Analytic and synthetic methods　分析的方法与综合的方法，119，325 注，374—5

Analytic unity of apperception　统觉的分析统一性，154 及注

Analytic　分析论；先验分析论，102—296；分析论的内容，98，100，103，176—7，466

Ancient philosophy　古代哲学；一般的论述，1，9，99，215，254 注，516

Anthropology　人类学，474

索　引

Anthropomorphism　拟人论,531,566,568

Anticipations of Perception　知觉的预测,201—8;这种说法的意义,202

Antinomies　二律背驰(反),297—570;术语的意义,328

Apagogical proof　归谬法的证明,625 起

Apodeictic judgments　必然判断,70,75,110

Appearance(Erscheinung)　出现;一般论述,65,124 起,143—4,201,470,494;与自在之物对立的出现,24,82 起,172—3,219,220,230,259,265 起,278 起,282 起,346 起,351 起,356 起,381 起,440,441,444 起,447 起,453 起,457,460,466 起,482 起,485 起,494;与幻象对立的出现,88—9,440

Apperception　统觉,127,472;统觉的先验统一性,135—61,166,168 起 209 起,237,335 起,362 起,369 起,376,377;经验性的统觉,136,141,153,158;统觉的分析统一性,154 及注;统觉与内感官的区别,136,166,168 起,365 起,368 起;参看"I think"我思

Apprehension　领会,144,209,244;领会的综合,131—2,170—71,173,233—4;领会总是前后相继的,213,219

A priori 验前;一般论述,11,18 起,22 起,42—8,58 起,149,195,210,605—6;术语的意义,43,188;验前概念,45,581,583,参看 Understanding 知性:知性的验前纯粹概念;综合验前判断,50 起,70,76,80,85 起,91,237—8,243,251,253,265,273 起,353,363,370,402,529,545 起,580 起,589,608,609—10,621;在一切经验中都预先假定有验前的概念,42,45,126,133—50,170—71,174,193,219,223,225—6;数学的验前性格,52,68,70—71,85—6,259—60,577 起;直观的形式都是验前的,66,68,70 起,74 起,81,170—71;逻辑的验前知识,94 起,102,179;验前知识是如何可能的,125—6,129 起,164—5,170—73,577 起;证明验前原理的方法,45,130,188,192—4,238,241;物理科学中的验前知识,54,76,173,205,208;在经验的限度以外没有验前的知识,87,129—30,149,162,174,181—182,186,211—12,239—44,259—75,530,580 起;关于自我的验前知识,参看 Psychology,理性的心理学;验前确定与关于神的存在之证明,487 起,502 起,507 起

Archetype　原型,310 起,486 起,492,551,657

Architectonic　建筑术,33—4,429,653 起

Aristotle　亚里士多德;亚里士多德的逻辑,17,114,281;亚里士多德的范畴,130 起;亚里士多德是个经验论者,310,667

Arithemetic　算术,53,199,参看 Algebra 代数,Number 数

Assertoric judgments　断言判断(实然判断),109—10

553

Association 联想;作为解释的原理,127,165;联想和先验综合的联系,132,139—140,144 起,参看 Affinity 亲和性

Astronomy 天文学,273,490 注,545

Attention 注意,168 注

Axioms 公理;数学的公理,54,199,200,301,589—90;时间的公理,75,哲学中无公理,589—90

Axioms of Intuition 直观的公理,197—201,590

B

Bacon. Francis 法兰西斯·培根,4,20

Baumgarten 鲍姆加尔顿,66 注

Beauty 美,66 注

Being 存在,有,504—5

Belief 信念,646 起,参看 Faith 信仰

Berkeley 贝克莱;贝克莱的观念论,89,244

Body 物体,身体;物体的概念,45,49—50,66,135,407;直接被知的物体,346 起,参看 244 起;人的身体与灵魂,338—340,354 起,370,381,558,618 起;物体的无限可分割性,452,459;参看 Matter 物质:物理的物质

Bonnet 博内,548

Brucker 布鲁克尔,312

C

Canon 法规,59,99,100,630

Categorical judgments 直言(断言)判断,128,158 注

Categories 范畴;术语的意义,113,114,128,143,160;范畴表,113 起;何以没有范畴的定义,115,260—61,263,586;范畴如何是有效的,126,138 起,164,170 起,174—5,241;证明范畴的方法,130,188;范畴是一切经验的基础;147 起,160—61,170—71 及注;限制在经验性直观的领域,162,173—4,181—2,186—7,211—12,239,252 起 260 起,264 起,269 起,363,365,377,382,460,554,555,557,565—6;范畴对于出现的应用,180 起 378 注;纯粹范畴,333 起,363 起,444 起,参看 A priori and Concepts of understanding 知性的验前范畴与知性的概念

Causality 因果性,因果作用;因果性不能从经验上得出,44,124—5,139,175,223—4,302;因果作用(性)的综合性格,50—51,124,139;因果作用(性)作为逻辑的范畴,113,262;因果性如何区别于交互性范畴,117;因果作用的图型,185;因果性范畴的证明,172,218—27,240—41,470,610;因果性(作用)在验前是不可理解的,

205,230,253,262,412—13,610;因果作用在知识中的地位,248,253起,582注;同时的或相继而起的因果作用,227—8;因果作用的连续性,231—3;因果作用与实体,228—230,235;第一因问题,389—390,409起,415起,464起,481,499,508注,511,513,515起,519起,527起,551,553,554;因果作用与自由,27—9,383,392,409起,412起,430,464—79,481;因果作用与齐一性,473—4

Certainty 确实性;批判哲学提供的知识的确实性;11,35—6,57,85,196—7;211,431起,607,616,646—7;经验的确实性,45,80;道德和知识的确实性,431,433,647;直接的确实性,276,590;持有意见亦必须有某些确实性,646;对上帝信仰的确实性,650

Change(Wechsel) 变化,变动,76,79,213起,218,229,参看Alteration变更

Chemistry 化学,24注,534,539

Clearness 清楚性,明晰性,12,373注

Coexistence 并存,共存,209,213,214,227—8,233起,238注

Colour 颜色,73—4

Combination (Verbindung) 结合;结合总是从知性得来,151—2,154—61;结合的不同式样,197注

Community(Gemeinschaft, Wechselwirkung) 交互性;交互性作为逻辑范畴,113,116,117—18;交互性的图型,185;交互性的证明,233—6;交互性在验前不可理解,240—41,253,255—6,262;灵魂与身体的交往,354起,381

Comparison 比较,276—8,281—2

Completeness 完全性,完备性;术语的意义,586注;批判哲学所提供的知识的完备性,10,13—14,25—6,33,59,60,102,104,115—16,431起

Concepts (Begriff) 概念;数学中的概念,19,577起;形而上学中的概念,21;验前的概念,22起,45,104,113,121,503,510,529,581,583,586—7;经验性的概念,85,120,137,582,586;在判断中的概念,48起,53—4,109;概念与直观的对立,65,69—70,83,92—3,105,126,155注,259—75,289起,456,480,485,541,569,577起,590;概念是经验与知识所需要的,112,126,149;知性的纯粹概念,122起,129—30,162起,174—5,180起,186,253起,267起,280,308,444起,454,485,582,参看Catagories范畴;在概念里识别(认识)的综合,133起;理性的概念,308起,454起,485起,493,529—30;概念不能由于把对象想象作存在的而被扩大,505—6;概念分析论,104—75;这一标题的意义,103

Conditions 条件;条件的系列,306—7,321—2,324—5,386起,390起,415起,425,443—69,475起,480起,511

Consciousness 意识；自我意识，34注，36注，88，134，142注，153—5，169，245起，256，329起，341—2，365，368，371，373，377，381起，408，参看 Apperception 统觉：统觉的先验统一性，及 Inner Sense 内感官；作为与纯粹意识对立的经验性意识，201

Constitutive Principles 组织性原理；作为与限定性原理对立的组织性原理，210—11，258，450起，454起，533，535，546，547，564

Construction 构成(结构)；数学中的构成，19，240，242，260，577，579，582，583，590

Content 内容，83，277，457，488，490，491，492，539，540，574，参看 Matter 质料

Contingency 不必然性；术语的意义，392；判断的不必然性，44；规则的不必然性，45；整体中各部分的不必然性，50；事件的不必然性，254及注；不必然的与必然的，418起，438，480起，496，511，515，516，519，521，522，523—4，527，528，553，624，647—8

Continuity 连续性；一般大小量的连续性，204，208；变化(变动)与变易(改变)的连续性，205，231，248；空间的连续性，235，249，578；时间的连续性，204，225；属的连续性，542起，548—9

Contradiction 矛盾；矛盾律(毋矛盾律)，52，189起，240，262，269，284，446起，502，503注，507；矛盾与时间，76，190—91，420—21，488，626

Copernicus 哥白尼，22，25注

Copula 系词；系词的功用，159；系词与样式(模态)，109—10

Cosmological proof 宇宙论的证明，417起，500，507，514，515，524

Cosmology 宇宙论；纯粹宇宙论，323，385起，551

Criteria 标准；真理的标准，97—8，119，538，645

Criticism 批评，批判，9起，26—7，29起，59—60，357，359，361，435，436，601起，607起，659

D

Deduction 演绎；范畴的演绎，术语的意义，120；主观演绎与客观演绎的区别，12；经验性的演绎，121；形而上学的演绎，106—19；先验的演绎，129—175；观念的演绎，324，549起

Definition 定义；实在的定义，260；哲学与数学中的定义，586起

Degree 等级，184，201—8，231，374注

Deists 神有论者，525，526，531，553

Democritus 德谟克里特，668

Demonstration 证实，证明，590起

Derivative concepts 派生的概念，14，114，490

Descartes 笛卡尔;笛卡尔疑问的观念论,244,345起;笛卡尔的"我思故我有(我在)",332,337,378注,参看"I think""我思";笛卡尔的本体论证明,507

Determination 确定(通常译为"规定");完全确定的原理,488—95

Dialectic 辩证论;先验辩证论,297—570;术语的意义,99,100;辩证论的意图,24注,176,297起,307,322,394起,556起;辩证的对立,447,参看 Illusion 幻象;辩证的幻象

Dichotomy 二分法;一切验前的划分都用二分法,116

Difference 差异,分别,278—9

Dimensions 向量;空间的向量,70;时间的向量,75

Discursive 推论的;推论的概念,69,75;推论的知识,176,579起,590;推论的确实性,197

Disjunctive judgments 选言判断,109,158;选言判断与交互性范畴的关系,117;选言三段论式,其形而上学的意义,491

Dogmatism 独断论,30,32,46,57,58,357,424起,435,436,591,592,593起,603,605,628;独断的证明,215,237,238,457注,608,611,612;独断的反对意见,357,359

Duration 持续;持续作为时间的型式,209

Dynamical 力学的;作为与数学相对立的,116,196,197,248,258,392,393,462起,480,546

E

Editions 版本;[纯粹理性批判]第一版与第二版之间的差别,33,34,35

Ego 我,参看 Self 自我

Empirical 经验性的,65,78,85,92,参看 Experience 经验;经验性的统觉,136,141,153,158;经验性的概念,85,120,137;经验性的意识,157—8;经验性的直观,83,85,86,160—2,164,171,196,200,243,259,487;经验性的判断,159;道德里的经验性成分,61,486起;经验性的性格,468起参看 Experience 经验

Ens entium 存在之存在,328,492

Ens realissimum 最实在的存在者,490起,495注,497起,503起,507起,517

Epicurus 伊璧鸠鲁,202,415,427及注,667

Epigenesis 新生说;纯粹理性的新生说,174

Error 错误,297—8,参看 Illusion 幻象

Eternity 永恒,513,531

Ethics 伦理学,95,433(参看431),神学的伦理学,526注;参看 Morality 道德

Evil 恶,罪恶,284

Existence 存在;关于存在的知识,196,210,243,247—8,262,378 注,492 起,496,498,501 起,513,515,530,580;存在与"我思",169 注,375 起;力学的概念与存在有关,466

Experience 经验;术语的意义,162,171,173,175,208—9,485,609;经验是一切知识的开始,41;一切经验判断的综合性,49—50;没有超出经验的界限之外的知识,24,27,129—30,162,174,239—44,250,257—275,287,378 及注,380 起,427,440 起,449 起,457,506—7,529,552,561 起,578 起,608,613;超越经验的一些企图,46 起,257 起;经验预先假定验前的诸成分,22—3,42,45,126,133—50,170—71,174,219,223;经验不能给出普遍性,42,43—4,125,223—4;空间不可从经验得出,68,70;时间不可从经验得出,74 起,81;感受性的一切其他概念都依靠经验,82;范畴不从经验得出,124—5,127—8,139,174;自然的特殊规律只从经验得出,173,230,237,241;道德的原理不能从经验得出,311 起;理性的心理学不能从经验得出,329—30,331—2;自由不能从经验得出,479;以经验的可能性作标准的证明,126—7,129,138,192—4,215,238,240—41,253,404,470,527,592,610,621,624;经验与想象的区别,35 注,36 注,244 起;经验的统一性,36 注,138,237,249 起,412,441,442,494—5,506,551 起;关于上帝存在的各种证明是以经验为基础的这一虚假断言,508 起,514,523—4,525—6,528;经验为理念所超越,308—9,310 起,319,393,434—5,464 起,483,485,518,529,541,544 起;参看 Empirical 经验性的

Experiment 试验;试验的重要性,20,23 注,24 注;形而上学里的试验,23 注;试验的哲学,396

Explanation 解释,说明;术语的意义,122;实在的解释,261 注

Explicative judgments 说明的判断,48

Exposition 阐明,阐述,68,587

Extension 外延,延扩;参看 Space 空间

F

Faith (Glaube) 信仰,29,427,参看 Belief 信念

Feeling (Gefühl) 感情,61,74 注,633 注

Figure 形(状),格;空间的形,66,492,581;三段论的格,158 注

Force 力,力量,66,230,241,514,参看 536—7;力作为派生的概念,115,228

Form 形式;作为与质料或内容相对的形式,65—6,84,111,121,215,241,252,277,280—81,398 注,488,494,516,522,528,577,583;逻辑的形式,94 起,98,100,118,280,488,574;直观的形式,67—91,参看 Intuition 直观

索　引

Freedom　自由；术语的意义，392；自由与因果作用，28—9，409起，412起，430，438，464—79，559；自由作为形而上学的对象，325注，383，521，525，631—2；自由是怎样被证明的，30—31；政治的自由，312；思想的自由，600，602起

Function　机能；术语的意义，105；机能与判断，106，112，113，152，160；综合中机能的同一性，136；未图型化的范畴只是逻辑的通项，259，261，263，381，383，参看368

Future life　来生，30—31，325注，331，333起，364，369—77，379—80，639，649，650

G

Galileo　伽利略，20

Generatio aequivoca　偶然（含糊）发生说，174，655

Genus and species　种与属（类与种），538起

Geometry　几何，几何学，19，53—4，68—9，70—71，85—6，122，170注，199，201，501—2，578起

God　上帝；对上帝的信仰，29，89—90，648起；上帝作为形而上学的对象，325注，484起；关于上帝的概念，493，553，559起；关于上帝的证明，495—524，595，625，638起；上帝与世界，117，531，559—60，565起，631—632；道德律不依靠上帝的纯然意志，644；参看Intelligence智力：神的智力

H

Haller　哈勒，513

Happiness　幸福，312，632，636，638起

Historical knowledge　历史知识，655—6

Homogeneous　同质的东西，198起，261，539—40，542

Hume　休谟；休谟论因果作用，44，55，606—7；休谟对于验前知识的否认，127，606起；休谟攻击宗教信仰的动机，597—8

Hypotheses　假设；批判哲学中没有假设，11，12，25注，613起，649；除非用于为反驳独断论者的论战目的，617起

Hypothetical judgments　假言判断，109，158；理性的假设使用，535，537

I

Ideal of reason　理性的理想；术语的意义，328，385，485起；最实在的存在是一个理想，489起，531；理性的理想不是不可思议的，514；至善的理想，639

Idealism　观念论；观念论为批判哲学所摧毁，32；第一版中对观念论的驳斥，345—52；第二版中对观念论的驳斥，244—7，参看34注至36注，256；不同类别的观念论，244，345起，350—51，439—40；按理性论者的见解观念论是不可避免的，375

Ideality 观念性；空间与时间的观念性，72起，78起，89，449

Ideas 观念,理念;柏拉图的理念,47,310 起;理性的理念,这一术语的意义,309,314;理念超出经验,308—9,310 起,319,393,434—5,464 起,483,485,518,529,541,544 起;理念的价值,311 起,316,318 起,486—7,532 起,549 起,567 起,631 起,653;主观的或客观的理念,318 起,324,434,450 起,483,485 起,491 起,500,537 起,546 起,550 起,554 起,567 起;理念的演绎,315 起;理念的分类,323,506,542—4;宇宙论的理念,431—2,436 起,443,448,450 起,483,559;理念能引起活动,474 起

Identity 同一性;一般论述,278—9,538 起;不可辨别其差异的东西的同一性,278,279,283,284,289 起;人格的同一性,341 起,369 起,551,557

Illusion (Schein) 幻象;幻象与出现的对立,89,247,297 起,350,381,参看 440;幻象的逻辑,99;辩证的和先验的幻象,99—101,298 起,327—8,362,380,384,394,422 起,443 起,448,454 起,493—5,514 起,532 起,549,627

Image (Bild) 意象;意象不同于图型,182,183

Imagination (Einbildungskraft) 想像力,想象;想像力的性质与机能,81,112,127,141,142,143,144 及注,145 起,165,166,172 注,173,182,185,192,199,218,219,226,233,242,247,350,391,487,613;想像力中再生的综合,132,133,143;经验性的想象,132,141,147,183;想象不同于经验,35 注,36 注,244

Immanent principles 内在性原理,299,307,318,532,662

Immateriality of soul 灵魂的非物质性,331,338 起

Immediate knowledge 直接的知识,276,303,589

Immortality 不死性,不朽,永生,参看 Future life 来生

Impenetrability 不可入性,45,247,516

Imperative 命令的宣示;道德的命令宣示,472 起,633—4

Induction 归纳法,归纳;归纳法不能给予普遍性,69,125,223

Inertia 惰性,惯性;惰性原理,56 注

Inference 推理,303—4,308

Infinite judgments 不定(无限)判断;逻辑中的不定判断,108

Infinitude 无限性;空间与时间的无限性,69,70,75,81,89;世界在空间与时间中的无限性,391—2,397 起,413,437 起,447 起,450 起,454 起;最高存在者的无限性,496,531;无限的可分割性,402 起,450 起,459 起

Influence 影响;影响的关系,117,234

Inner, the 里面的东西;作为与外面的相对立的里面的东西,279—80,284 起,290 起,317

Inner Sense 内感官,34 注,36 注,67—8,77 起,87—8,166 起,192,197,218,245 起,255—6,345 起,356,381,382,408,440;一切出现都属于内感官,131,133,232;内感官与先验统觉,136,157,166,168—9,209

Intellectual 知性的;表象的知性型式(方式),28,247,378 注;知性的直观,35 注,88,90,169,268,270 起;想像力的知性作用,146;知性的综合,164

Intelligence 智力;神的智力,495 注,522,525,550 起,555,560 起

Intelligible world 知性的世界,270,272,273,275,288,292,401—2,467 起,483—4,638;知性的因果作用,471 起,481,483;参看 Noumena 本体(复数)

Intensive magnitude 强弱量,内涵量,201—8,373,374 注

Intuition (Anschauung) 直观;术语的意义,65 起,105,153,314;对象必须符合于我们直观的能力,22,174;数学里的直观,47,53,54,189,577 起,590;(空间与时间的)纯粹直观,66—7,69 起,75 起,82 起,90,141,162,170—71,194 起,197 起,259—60,295,441;与我们的直观不同类的直观,72,90,157,163,164,250,292;知性的直观,35 注,88,90,169,268,270 起;经验性的直观,83,85,86,160—62,164,171,196,200,259,382,398 注,487;直观包含的无非是纯然关系,87;直观对实在知识的必要性,92 起,100,155,162 起,169,253 起,259—60,263,264 起,269 起,274,286 起,292,381 起,577 起;直观的统一性,112,136,160 注,161,171 及注,204,269;直观里的领会之综合,131,132,135;没有思想出现也可构成直观,138;直观与知性,166;直观与内感官,166 起,246,247

Intuitive understanding 直观性的知性,155,157,161

"I think" "我思",152,153,329 起,336 起,353,362 起,368 起,375 起,378 注,381 起,408;参看 Apperception 统觉;统觉的先验统一性

J

Judgment (Urteil) 判断;判断是关于一个对象的直接知识,105;判断的分类,107 起;判断作为统一性的机能,106,112,158—60;判断里的错误,297—8;分析判断与综合判断,48 起,70,75,76,80,85 起,91,155,157,189—94,199,237—8,243,251,253,265,273,274—5,284,353,363,369—70,402,444,447,504;鉴赏(审美)的判断,66 注;错认判断的无条件必然性为事物的绝对必然性,501—2;判断的能力(判断力),106,110 注,114,176,177 起,265,304,532,534

K

Knowledge (Erkenntnis) 知识;知识的定义,314,646;经验的限度以外无任何知识,24,27,129—30,162,174,239—44,250,257—75,287,378 及注,380 起,427,440 起,519,529,552,561 起;知识与思想的对立,27—8,161—2,169,173,174 注,193,

270—71,368,426,468;否认知识以便为信念留余地,29;知识的真实性,97—8;纯粹知识,100,267起;间接的知识,105—6;知识在于所予的表象与一个对象的确定性关系,156

L

Lambert　兰柏尔特,433

Law　规律;自然律,这一术语的意义,147—148;一般的规律,172,195,237;规律的发现,20;从经验发现的特殊规律,148,173;按照自然律的因果作用,409起,411起,437起,464起;道德律,313,379—80,383,526—7,528,632—4,636起;政治法,302,312,313;参看 Causality 因果性

Leibniz　莱布尼兹,84,255—6,278起282,399起,406,507,548,640—1,667

Limitation　限制;限制作为范畴,113,116;一切否定都只是限制,490,492

Limitative judgments　限制性(有限)的判断,108

Limiting concepts　限制性的概念;理念作为限制性的概念,272

Location　位置;逻辑性的位置与先验的位置,281;空间里的位置,283—4

Locke　洛克;洛克关于知识研究的原理,8,122;洛克不是彻底的经验论者,127,667—8;洛克感性化了的知性概念,283

Logic　逻辑;逻辑的范围,18,190;传统逻辑,10,17—19,107;与应用逻辑相对的纯粹逻辑,94,95;普通逻辑既区别于特殊逻辑又区别于先验逻辑,93,94,98,99,108,111,112,113,176起,191,192;先验逻辑,67,97,102,108,111,112,113,178,179,192,630;各能力的逻辑使用与其先验使用的对立,216,278,281,282,325,326,535起

M

Magnitude　量(数量),184,185,198起,242,260,261,263—4,397—8,454起,579;强弱量,201—8,210

Mairan. J. J. Dortous de　梅伦,419

Manifold　杂多;作为综合的材料,111,131—2,144,155,161,166,169,198,213;纯粹直观的杂多,69,111,112,132,133,170注,181;主体里的杂多,88

Materialism　唯物论,352,354,375注,376

Mathematical　数学的;与力学相对的,116,195起,210,258,392,393,462起,480,546

Mathematics　数学;在建立一种验前数学科学中的成就,9注,19,46—7,56,396,406,423,433;数学的综合性格,52—4,80,199—201;数学与直观,69,81,162,189,195,259,261注,311注,396,577起,590;数学中的综合,196,197注,451;数学方

法与哲学方法相比较,577—91,627,656—7,661

Matter (*Materie*)　质料,物质;质料与形式,47,65—6,111,121,201,215,241,252,280—81,494,516—17,522,528,581,583;逻辑里的质料,94起,98,100,118;物理的物质,279,286,291,339—440,346起,355—6,358起,389,452,460—61,516;参看 Body,物体(身体)与 Object 对象,经验性的对象

Maxims　准则,547起,640

Mechanics　力学;普通力学,284

Mendelssohn. Moses　摩西·曼德尔松;曼德尔松关于灵魂不死(不朽)的论证,372起

Metaphysical　形而上学的;术语的意义,68;范畴的形而上学演绎,106—19;在验前知识能力里的形而上学联系,198注

Metaphysics of Morals　道德的形而上学,37

Metaphysics of Nature　自然的形而上学,14,37

Metaphysics　形而上学,7起,13,14,21起,25起,29起,46起,54起,325注,659起,664—5

Modality　样式,模态;判断的样式(模态),107,109—10,113,185,239,251—2,375

Monads　单子,280,284—5,290,406;单子论者,405,407

Monotheism 一神论,499

Morality　道德;道德与思辨知识的关系,26—7,28—9,325注,428注,635起;对道德的一切反对意见都使之无话可说,29;道德中的经验性成分,61(参见396),486;但道德不能从经验得出,311起,659;道德知识的确实性,431,433,647;道德律,313,379—80,383,526—7,528,632—4,636起;道德哲学,396,658—659;我们行动的实在道德是无人知道的,475注;道德与幸福的联系,638起,666;道德不依赖上帝的纯然意志,644;道德神学,526及注,531,641起;道德的信念,650起

Motion　运动,76,82,167及注,255,356

Motives　动机,465,498

N

Natural Science　自然科学,19—20,54,56及注,205起,433,627

Nature　自然;术语的意义,237,392及注,662;一般论述,248,313,426,438,558—9;自然依靠知性,140,147,148,170,172—3;自然的规律,20,148,172起,195,237,409起,414,437,464起;自然里没有"应该",473起;自然的统一性,237,238注,516—17,521,536起,544—5,547起,563—4,567起,643,649;自然中的意图,313,379—80,521起,560起,567起,596,642—3

Necessity 必然性;验前知识的必然性,11,43,44,70,75,85,125,140,174,175,195;作为范畴的必然性,113,116,185,239,247起,262,554;必然性是知识的客观性和经验的可能所不可缺少的,126起,134起,209,219起;必然性总是以先验条件为依据,135;必然性不是从经验得来的,125起,139,223—4;无条件的必然性,317起,392—3,参看 Necessary being 必然的存在者;作为与自由对立的自然必然性,409—15,464—79;必然的存在者,415起,438,479起,495起,500起,507起,514起,523—4,527起,639;参看 Causality 因果性(作用)

Negation 否定,113,184,216,284,296,489—90,492

Negative judgments 否定判断,108,277,574

Newton 牛顿,25 注

Notion 念头,想法,314

Noumena 本体,266起,291起,382,469,471

Number 数,112,116—17,134,183—4,260,416,参看 Arithmetic 算术,Algebra 代数

O

Object (Gegenstand, Objekt) 对象;经验性的对象,84—5,125—6,134起,156,219—20,224,246,259,346起,441,471,494,506;先验对象,137起,220,264,268—269,286,288,293,339,344,348,352,358起,432,441,442,467,468,471,478,483,514,555,566;自我作为对象,167,365,377,381,408—9;空间作为对象,170 注,398 注;把理性的一个纯然理念当作对象看待,450—51,492起,495 注,505—6,514,517,550

Objectivity 客观性;出现的客观性,73,77起,126,164,219起;参看 Subjective 主观的

Observation 观察,20

Ontological proof 本体论证明,500—507;本体论证明的起源,508;本体论证明与宇宙论证明的关系,510起;本体论证明与自然神学证明的关系,521,524,529

Opinion 意见,646起;批判哲学中不允许有任何意见,11,12,613,616,646—7

Opposition 相反,对立,279,289—90,446起

Organ 工具,33

Organism 有机体,460—61

Organon 工具,58,59,93—4,99,100

Ought 应该,465,472起,526—7

Outer Sense 外感官,34 注,36 注,87,254起,347起,355起,373;参看 Intuition 直观

P

Paralogisms 谬误推理,328—83;术语的意义,328,362,371

Parsimony 简省;简省原理,520,537起

Perception(Wahrnehmung) 知觉;知觉的性质,141,143,162,198,201,204,232,235—6,242—3,252,314,345,348起,378注;知觉的预测,201—8

Perfection 完善;逻辑性的完善,119;完人的理想,486;最实在的存在(者)之完善,499,519—20,523,528,564—5,568

Permanent the 持久的(东西);外部出现中的持久的东西,34注至36注,212—17,229,245起,254—55,353;自我的持久性,333起,341起,353起,364起,372起

Persius 佩尔西乌斯,14,668

Personality 人格,331,341起,369—70

Phenomena(Phaenomena) 现象;现象与出现的区别,265

Philosophy 哲学,179,313,577起,656起,665;先验哲学,60,61,102—3,104,396,431,452,662;参看 Metaphysics 形而上学

Physico-theololgical Proof 自然神学证明,500,509,518—24,528

Physics 物理学,9注,18—19,20,54,56注;662,663注;参看 Natural Science 自然科学

Plato 柏拉图;柏拉图的理念,47,310—13,486;柏拉图的理想国(共和国),311—12;柏拉图主义与伊璧鸠鲁主义之间的对立,427,667;柏拉图对芝诺的态度,447;柏拉图与亚里士多德之间的对立,667

Pleasure 快乐,愉快;473,486,633注

Possibility 可能性;实在的可能性是与逻辑的可能性对立的,110,239—42,249—51,262,263注,269,494,503注,506,512;可能性作为范畴,113,185,239起;形式的可能性,148;可能性与不可能性,294—6;一切可能性的总和,488起;最实在的存在之可能性,503,505起;实在的东西所包含的不多于可能的东西所包含的,505—6

Postulates 公准,444,526—7

Postulates of Empirical Thought 经验性思想的公准,239—244,247—52;术语的意义,251;经验性思想的公准仅仅是限定性的,211

Practial employment of reason 理性的实践使用;有别于理性的思辨使用,18,319,320,427起,474起,498—9,632起,647;理性的实践使用有可能使我们越过可能经验的限度,24—5,29,377,379,380,382—3,526—7,530—1,617,637起,650;实践的自由与先验自由对立,465,633;理念的实践力量,486

Predicables 旌,副范畴,陈述句,114

Predicaments 范畴,114,493

Predicate 述项,参看 Subject 主项,主体

Pre-established Harmony 前定的合谐,285,358—9

Prefromation system of pure reason 纯粹理性预定形成说的体系,175

Priestley·J 普里斯特列,597,598

Primary and secondary qualities 第一性的和第二性的质,73—4

Principles 原理;术语的意义,301,592

Probability 盖然性,297,616

Problematic judgments 或然判断,109—10;盖然性的概念,271—2,275,292,293,327,392注,535,556,614

Productive synthesis of imagination 想像力的生产性综合,142—3,145,165

Prudence 慎重行事,明智处世,632,636

Psychology 心理学;心理学与逻辑的关系,94,95;经验性的心理学,165,332,663—4;理性的心理学,328—83,662;心理学中的限定性理念,551,552

Punishment 惩罚,312

Pure 纯粹的;术语的意义,43,58,66

Purpose in nature 自然中的意图,313,379—80,521起,560起,567起,596,642—3

Q

Quality 质;判断的质,107;质的范畴,113;质的图型,185(参看184)

Quantity 量;判断的量,107;量的范畴,114,118,171,207—8,253,256;量作为数学的题材,578起;强弱量,201—8,373,374注;参看 Magnitude 量

R

Realism 实在论;先验实在论,346起,439,470;经验性的实在论,349

Reality(Realität, Wirklichkeit) 实在性;实在性的范畴,184,201—8,241,261,264,554;经验性的实在性,72,78,79,348—9,440—41,442,494;客观的实在性,137,164,192—3,450—51,483,485,486,527,531,637;在先验肯定意义上的实在性,490;一般的实在性概念,491起,503起;实在的东西所含的不多于可能的东西所含的,505—6;参看 Actuality 现实性

Reason(Vernunft) 理性;一般的人类理性,7,18起,47起,602起;纯粹理性,23注,25起,58,61,94,475,483,500,524,525,575—6,595—6,601,632,659;理性作为与知性相对的一种特殊能力,110注,174注,176—7,249,251,300—301,303起,308起,315—16,318,320,323—4,366,386,394,450起,454起,458,462,463,472起,

482起,485起,489,491起,495起,514,530,532起,542,546,556,611,623;作为与思辨理性相对立的实践理性,18,24—5,29,319,320,377,379—80,427起,474起,498—9,526—7,530—31,617,633—4

Receptivety 接受性,71,72,92,105,130,151,382,441,参看Sensibility感受性

Reciprocity 交互性,相互作用,参看 Community 交互性

Recognition 辨认,识别;辨认的综合,133—4,146—7

Reflection 反思,276起,281—2,285,286,288,308

Regulative principles 限定性原理;作为与组织性原理相对的限定性原理,210—11,258,450起,455起,481,486,515起,533,535,546起,550起,554起,564起

Relations 关系;空间与时间不是关系,81,物质所包含的无非是关系,87,279,290—92;判断按关系的分类,107,108—9;关系的范畴,113,216,253,389;关系的图型,184—5;不同类别的关系,277,323

Representations(Vorstellungen) 表象;一般的表象,314;我们所意识到的不只是表象,34注—36注,245;一切表象都属于内部状态,77;模糊的表象与清楚的表象,83;表象必定属于一个意识,142,153起;表象的表象,105—6,137;表象与对象,125—6,134起,149,224起,346起,351,355—6,358起,440—42,449,495注;空间与时间的表象,155注,349,440

Reproduction 再生;再生的综合,132—3,143;再生的经验性能力,144;再生的想像力,165,183

Right 权利;权利的概念,83

Rules 规则;综合中的规则,135,137,144,145,147,148,194—5,221起,303;实践中的一般规则,178;先验哲学的规则,179;理性的规则,450起,454起,486,535起;因果作用的规则,473起

S

Scepticism 怀疑主义,8,32,57,128,175,357,449,604起,612;怀疑的方法,395,436,449

Schema (ta) 图型,180—187,193,212,258,263,265,476,546,550,552,555,557,577,654,655

Sciences 科学,9注,18,93—4,102,626,653起;参看 Natural Science 自然科学

Segner 昔格内尔,53

Self 自我;经验性的自我与先验自我之间的区别,28,89,167—9,329,381—2,408—9,440;自我意识,34注—36注,88,134,142注,153—5,169,245起,256,329—30,

331,332,341—2,365,参看:Apperception 统觉(统觉的先验统一性),Inner Sense 内感官,"I think"我思,Soul 灵魂

Sensation(Empfindung) 感觉;感觉的定义,65,82,314;感觉与直观的区别,73,74 注,162;感觉与实在性范畴,184,202 起,208,241;参看 Sensibility 感受性

Sensibility(Sinnlichkeit) 感受性;一般的感受性,26 起,61—2,65,83,88,93,127, 139,146,165,170 注—171 注,181—2,186,260 起,282—3,287 起,297—8,514;感受性的验前条件,66 起,124,182;参看 Intuition 直观;Receptivity 接受性

Simple 简单的,单纯的,纯然;简单(单纯)的东西,285,290 起,363—4,389,402 起, 459 起;灵魂的单纯性,335 起,364 起,369,372 起,376,408—9,551,557,614,616, 622,625;原始的存在者必须被思维作单纯的,492

Simultaneity 同时性,参看 Coexistence 共存,并存

Singular judgments 单称判断,107,200

Soul 灵魂;灵魂作为理性心理学的对象,328—83,551,557—8,562,594,595,622, 631;灵魂与身体,338—40,354 起,370,381,558,618 起;参看 Self 自我

Space 空间;一般空间,45,67—74,96,279,291,349,376,398 注,405,441,517;空间是直观的验前形式而不是实在性,71 起,77,80—91,123,163,244,399—400,440, 449,466;空间作为一切外部出现所必须与之符合的条件,71 起,123,194,197 起, 242;空间是表现时间所需要的,77,167,168;空间的统一性,136,138,155 注,170 注,171,183;空间本身不是知识,156;离开对于对象的应用空间毫无意义,193, 194,259—60;空间不只是直观的形式其本身也是一种直观,170 及注;空间的连续性与无限可分割性,204,402—3,405 起,459 起;空洞的空间,205 起,236,397—8, 399 起,437,457;莱布尼兹的空间观,278—80,285—6,399 起;空间为二律背驰所影响,388—9,397 起,402—3,405 起,437,457—8

Specification 特殊化;特殊化原理,540 起

Speculative reason 思辨的理性,见 Reason 理性

Spontaneity 自发性,92,93,105,130,151,153,165,169 注,382,411,465

Stahl 斯塔尔,20

State 状态;理想的状态,312

Stoics 斯多葛派,486

Subject and predicate 主体(主项)与述项,48,261—2,263,502 起;自我是主体但不是实体,333 起,364 起,369,371—2,376,377,380,382,557;能行动的主体,468 起

Subjective 主观的;与客观的相对立,12,143—4,147,157,159,175,219 起,236, 252,277,299,305,336—7,362,455 起,515,645 起;感受性的主观条件,参看

Intuition 直观,纯粹直观;思维的主观条件,124,174—5,626—7。参看 Concept 概念;知性的概念

Substance 实体;实体的范畴,45,113,164,184,212,218,228 起,240—41,246,253,254—5,261—2,264,290 起,389,522;实体的证明,213—7;实体与因果作用,228—30,235,528;实体用于自我,333 起,363 起,369 起,376,377,383,参看 353,551,557;实体是否为单纯(简单)的部分所形成的,402 起,460;想把实体用于必然的存在者的企图,479,520,553,554

Subsumption 包摄,统摄,180 起,265,320,534—5

Succession (前后)相继,74,87,167,209,213,214;我们的领会总是前后相继而起的,213,219,224;作为与主观的前后相继相对立的客观的前后相继,219 起,236;原因与结果的相继,227—8

Sufficient Reason 充足理由;充足理由原理,226,621—2

Sulzer 苏尔兹,595

Syllogism 三段论式,301 起,305—7,315 起,510;三段论中的单称判断,107;假言三段论式,110

Synopsis 概观,127,130

Synthesis 综合;术语的意义,111,151;概念的综合与分析,14,47,60—61,111—12;综合是经验与知识所必需的,112,127,130—58,160—61,166,170—71,183,192 起,198 起;不同类别的综合,127,131—4,142—3,164—5,170,171 注,197 注,463;量的综合,202—3,208,261,397,398,397 注,401—2;作为导致二律背驰的综合,385 起,390 起,397,398,398 注,401—2,434,444 起,451,463;化学中的综合过程,24 注;综合验前判断,50 起,70,76,80,85 起,91,237—8,243,251,253,265,273 起,353,363,370,402,511,527,528,545 起,580 起,589,608,609—10,621。参看 Analytis and synthetic judgments, and methods 分析判断与综合判断,分析方法与综合方法

T

Taste 鉴赏,味道;味道不是对象的属性,73—4;aesthetic taste 审美,66 注

Terrasson,Jean 德勒森,13

Thales 泰勒斯,19

Theists 神治论者,525,526

Theology 神学;自然神学,89—90,508,525 起;理性神学,323 起,525,528;先验神学,493,525 起,530—31,551 起,565 起,642;道德神学,526 及注,531,641 起;物理神学,526,参看 Physicotheological proof 物理神学证明

Things-in-themselves 物之在其本身(来说),自在之物;自在之物是不可知的,74, 87,149;但是自在之物是可以想见(被思维)的,27;空间与时间不是自在之物的属性,71起,85起,89,440,449;自在之物与出现的对立,24,172—3,230,265起,278起,282起,346起,351起,356起,381起,441,443,444起,447起,453起,457, 460,466起,482起;最实在的存在者这个概念正是完全被确定的自在之物的概念,490

Thought 思想,65,93,95起,124,155,371注,381;术语的意义,106;思想作为与知识相对立,27—8,161—162,169,173,174注,193,270—71,368,426,468;"我思"这个东西,152—3,329起,336起,353,362起,368起,375起,378注,381起,408。参看 Apperception 统觉,统觉的先验统一性

Time 时间;一般论述,68,74—91,236—7,261起,441,时间是直观的验前形式而非自存的,76起,80—91,163,400,440,449,466,468,475,476,478;时间作为一切出现必须与之符合的条件,77起,123,131,194,197起,232;时间的确定依靠持久,36注,213—14,245起;时间与矛盾原理,76,190—91,420—21;时间总是用空间来表现的,77,167,168;时间的统一性,136,138,155注,170注,172,209,217;时间不只是直观的形式而其本身也是直观,170 及注;时间是范畴的应用与证明所必需的;181起,209—10,213—14,218起,225,226;离开对于对象的应用时间毫无意义,193;时间的连续性,204,225,231;空洞的时间,205起,217,221,397,399起,457;莱布尼兹的时间观,280,285—6;时间为二律背驰所影响,387,388,396起,399起,437,438,445,457—8;时间与变动,415

Torricelli 托里赛利,20

Totality 总体;总体的观念或概念,102,313,316,318,390,488注,491—2,523,606;二律背驰中条件之总体,321—2,324—5,386起,391,392注,393,398注,418, 432,434,437—8,443起,448,449起,454起,559,615;选言判断里的总体,109;总体作为范畴,113,116,119

Transcendent 超验的;术语的意义,299;超验的原理,307,318,380,393,418,483, 532,662

Transcendental 先验的;术语的意义,59,299,581;先验哲学,60,61,102—3,104, 179,396,431,465—6,662;先验阐明,70,76;先验观念性与先验观念论,72,78,89, 345起,359,449;先验逻辑,97起,176,178—9;先验逻辑的内容,112,490起;先验演绎;这一术语的意义,121—2;各种能力的先验使用,127,211—2,259,264,265, 273—5,294,454,528,537起;先验的想像力,133,146;统觉的先验统一性,135—61,166,168起,209起,237,335起,362起,369起,376,377起,参看"I think"我

思;先验证明,62起,参看 Experience 经验:以经验的可能性作标准的证明;先验的对象,137起,220,264,268—9,286,288,293,339,344,348,352,358起,432,441,442,467,468,471,478,483,514,555,566;先验的真理,241;先验的反思,277,278,285,286;先验的幻象,298起,362,384,446,448,450,627,参看 Illusion 幻象:辩证的幻象;先验的主体,331,337,380,389,432注,440,471;先验的实在论,346起,439,470;先验理念,386,424起,427,464起,479,483,518,532起,参看 Ideas 理念:理性的理念;先验的自由,411,412,464起,634;先验的否定,489—90;先验的神学,493,525起,530—31,551起,565起;先验的假设,614起

Truth　真理,真实性;真理(真实性)的定义,97,220,532;真理的标准,97—8,119,538,645

U

Unconditioned　无条件的,不受条件限制的;无条件的东西,24,306—7,308—9,316,318起,366,386起,391起,415起,425,436起,444起,448,450起,463,475,480起,483,495起,501—2,518—19,627—8

Understanding (Verstand)　知性;知性的性质与机能,65,73,93,100,102,104,105,110注,112起,131起;143—57,164—5,166,171起,176,177,194—5,197,211—12,216,219,225—6,237,248,249—50,258,267起,273—4,293,297—8,302—3,304,323,411,426,444,455,472,532;知性对于理性的关系,300—304,386,426,444起,450,455,456,462,463,472,481,489,493,501,532起,538,542,546,601;作为逻辑所研究的知性,94;知性的概念,122起,129—30,162,163,174—5,180起,186,253起,280,436起,438—39,485,参看 Categories 范畴;直观性的知性,155,157,161

Uniformity of nature　自然的齐一(一律)性,305,473—4

Unity　单一性,统一性;单一性范畴,113,118起,152;在综合中与在对象的知识中的统一性,112,131,134起,141起,149—50,152,212,216,219起,306;统一性作为真理的标准,118,119;统觉的统一性,135—61,166,168起,209起,237,335起,362起,369起,376,377起,参看"I think"我思;空间与时间的统一性,136,138,155注,170注,171,172,183,209,217;直观的统一性,112,136,160注,161,171及注,204,269;经验的统一性,36注,138,237,249起,412,441,442,485,494—5,551起;自然的统一性,237,238注,516—17,521,536起,544—5,547起,563—4,567起,643,649;理性的统一性,318,323,485,532起,546,550起,556起,653起;最实在的存在者之统一性,497,521,531

Universality　普遍性;普遍性不能从经验得出,42,43,125,223;判断里的普遍性,72,

75,85,277,304,315起;比较的普遍性,69,125;普遍的东西与特殊的东西,289,534—5,538,577

Virtue 德行,品德,311,486

Void 空,空虚,参看 Space 空间;空洞的空间

W

Whole 整体,全体,238注,435,448起;整体(全体)与部分,117,452起,459起,480,534,653

Will 意志,465,473起,633,参看 Freedom 自由

Wolff 沃尔夫,33,84,284

Z

Zeno 芝诺,446

英汉名词对照表

本词目是按汉语拼音次序排列的。在本表查得英文词目后,便可据以来使用索引。

B

柏拉图　Plato
版本　Edition
鲍姆加尔顿　Baumgarten
包摄(统摄)　Subsumption
贝克莱　Berkeley
本体　Noumenon(a)
本体论的　Ontological
比较　Comparison
必然的　Apodectic, Necessary
必然性　Necessity
变更　Alternation(Veränderung)
变化(变动)　Change
辨认　Recognition
辩证论　Dialectic
标准　Criterion(a)
表象　Representation(Vorstellungen)
并存　Coexistence
不定的　Infinite
不必然性　Contingency
不可入性　Impenetrability
不死性　Immortality
布鲁克尔　Brucker

C

差别(差异)　Difference
阐明　Exposition
超验　Transcendent
惩罚　Punishment
持久的　Permanent

持续　Duration
充足的　Sufficient
出现　Appearance(Erscheinung)
纯粹的　Pure
刺激　Affect
存在　Being
存在之存在　ens entium
错误　Error

D

代数　Algebra
单称的　Singular
单一的　Singular
单一性（统一性）　Unity
单子　Monad
道德　Morality
德勒森　Terrasson
德谟克利特　Democritus
德行　Virtue
等级　Degree
笛卡尔　Descartes
第一性的与第二性的　Primary and secondary
定义　Definition
动机　Motive
独断的　Dogmatic
独断论　Dogmatism
断言　Assertoric
对象　Object(Gegenstand, Objekt)
惰性　Inertia

E

恶（罪恶） Evil

二分法 Dichotomy

二律背驰 Antinomy

F

法规 Canon

反思 Reflection

范畴 Category

非物质性 Immateriality

分析 Analysis

分析的 Analytic

否定 Negation

否定的 Negative

副范畴 Predicable

G

概观 Synopsis

概念 Concept(Begriff)

盖然的 Probable

盖然性 Probability

感觉 Sensation(Empfindung)

感情 Feeling(Gefühl)

感受性 Sencibility (Sinnlichkeit)

感性论 Aesthetic

哥白尼 Copernicus

公理 Axiom

公准 Postulate

工具 Organ

共存（并存） Coexistence

构成 Construction

古代 Ancient

观察 Observation

观念 Idea

观念性 Ideality

观念论 Idealism

关系 Relation

广延 Extension

规律 Low

规则 Rule

归纳法 Induction

归谬法 Apagogical

H

哈勒 Haller

含糊（偶然）发生说 *Generatia aequivoca*

或然的 Problematic

化学 Chemistry

怀疑主义 Scepticism

幻象 Illusion

J

机能 Function

机械的 Mechanical

几何学 Geometry

伽利略 Galileo

假设 Hypothesis

假设的 Hypothetical

简省 Parsimony

简单的 Simple

鉴赏 Taste

建筑术 Architectonic

交互性（相互作用） Reciprocity

交互性 Community(Gemeinschaft, Wechselwirkung)

结构 Construction

结合 Combination(Verbindung)

接受性 Receptivety

解释 Explanation

旌 Predicable

经验 Experience

经验性的 Expirical

绝对的 Absolute

英汉名词对照表

K

科学 Science
可能性 Possibility
客观性 Objectivity
空 Void
空间 Space

L

来生 Future life
莱布尼兹 Leibniz
兰柏尔特 Lambert
类比 Analogy
理念 Idea
理想 Ideal
理性 Reason(Vernunft)
里面的(内面的) Inner
力 Force
力学的 Dynamical
历史的 Historcal
联想 Association
连续性 Continuity
量 Magnitude
量(数量) Quantity
灵魂 Soul
领会 Apprehension
伦理学 Ethics
逻辑 Logic
洛克 Locke

M

曼德尔松 Mendelssohn
矛盾 Contradiction
梅伦 Mairan
美 Beauty
命令宣示 Imperative
谬误推理 Paralogism

N

内容 Content

内面的 Inner
内在的 Immanent
拟人论 Anthropomorphism
念头 Notion
牛顿 Newton

O

偶性 Accident

P

派生的 Derivative
判断 Judgment
培根 Bacon
批判(批评) Criticism
品德(德行) Virtue
普遍性 Universality
普里斯特列 Priestley

Q

齐一性(一律性) Uniformity
歧义 Amphiboly
前定的和谐 Pre-established
　　Harmony
强弱量 Intensive magnitude
亲和性 Affinity
清楚性(明晰性) Clearness
权利 Right
确定 Determination
确定性 Certainty

R

人格 Personality
人类学 Anthropology
认识(识别,辨认) Recognition

S

三段论式 Syllogism
上帝 God
神学 Theology
神有论者 Deist

575

神治论者　Theist
慎重行事(明智)　Prudence
生产性的　Productive
识别　Recognition
时间　Time
实践的　Practical
实体　Substance
实在论　Realism
实在性　Actuality(Wirklichkeit) Reality
　　　　(Realitat)
试验　Experiment
数　Number
述项　Predicate
说明　Explanation
说明的　Explicative
思想　Thought
思辨　Speculation
思辨的　Speculative
斯塔尔　Stahl
斯多葛　Stoics
苏尔兹　Sulzer
算术　Arithemetic

T

泰勒斯　Thales
特殊化　Specification
天文学　Astronomy
条件　Condition
同一性　Indentity
同时性　Simultaneity
同质的　Homogeneous
统觉　Apperception
统一性　Unity
图型　Schema
推论　Inference
推论的　Discursive
托里赛利　Torricelli

W

外面的　Outer
完全性　Completeness
完善　Perfection
唯物论　Materialism
味道　Taste
位置　Location
我　Ego, I
沃尔夫　Wolff
无条件的　Inconditioned
无限的　Infinite
无限性　Infinitude
物理学　Physics
物质　Matter(Materie)
物体(身体)　Body
物之在其本身(自在之物)　Thing-in-
　itself(Ding an sich)

X

昔格内尔　Segner
系词　Copula
先验的　Transcendental
限定性的　Regulative
限制　Limitation
限制性的　Regulative Limiting
限制性的(有限的)　Limitative
现实性　Actuality(Wirklichkeit)
现象　Phenomenon
相反(对立)　Opposition
相继　Succession
想象　Imagination
想像力　Imagination
　　　　(Einbildungskraft)
向量　Demension
新生说　Epigenesis
心理学　Psychology
信仰　Faith
信念　Belief(Glaube)

形(状)	Figure	再生	Reproduction
形式	Form	再生的	Reproductive
形而上学	Metaphysics	哲学	Philosophy
幸福	Happiness	真理	Truth
行动(行为)	Action(Handlung)	真实性	Truth
休谟	Hume	整体(全体)	Whole

Y

		证实(证明)	Demonstration
亚里士多德	Aristotle	知觉	Perception(Wahrnehmung)
颜色	Colour	知识	Knowledge(Erkenntnis)
演绎	Deduction	知性	Understanding
验前	*a priori*	芝诺	Zeno
样式(模态)	Modality	直观	Intuition(Anschauung)
一律性(齐一性)	Uniformity	直观的	Intuitive
一神论	Monotheism	直接的	Immediate
依存	Subsistence	直言的	Categorical
意见	Opinion	质	Quality
意图	Purpose	质料	Matter(Materie)
意识	Consciousness	智力	Intelligence
意象	Image(Bild)	知性的	Intellectual
意志	Will	种与属	Genus and Species
伊壁鸠鲁	Epicurus	主体(主项)	Subject
因果性(因果作用)	Causility	主观的	Subjective
应该(应当)	Ought	注意力	Attention
影响	Influence	准则	Maxim
永恒	Eternity	自发性	Spontaneity
有	Being	自然	Nature
有机体	Organism	自然神学的	Physico-theological
宇宙论	Cosmology	自我	Self
宇宙论的	Cosmological	自由	Freedom
预测	Anticipation	自在之物(物之在其本身)	Thing-in-itself(Ding an sich)
预定形成说	Prefromation		
愉快(快乐)	Pleasure	综合	Synthesis
原理	Principle	总体	Totality
原型	Archetype	组织性的	Constitution
运动	Motion	最实在的存在者	*ens realissimum*

Z

		作为(行为)	Action(Handlung)
杂多	Manifold		

整 理 后 记

本书作为人类哲学历史发展过程中的一部不朽巨著,其重要地位与深远影响已为学术界人所共知。国内30年代和50年代虽先后曾有两种中译本,惜均非以现代汉语翻译,且有遗漏、误译或不够贴切等不足。本书译者有鉴于此,遂积数年之心血,参照数种德文本及英译本,尽量用现代汉语重新译出,并新增英译注释及译者注释,从而在很大程度上弥补了以往译本的缺陷。

译者韦卓民先生(1889—1976)是我国著名的哲学家、教育家和翻译家,早年留学欧美并任教于美国哈佛大学,精通数国语言,一生治学严谨,著译甚丰,仅商务印书馆60年代初即出版他关于康德的译著有《判断力批判》(下册)、《康德〈纯粹理性批判〉解义》、《康德哲学讲解》、《康德哲学原著选读》等数本。译者对康德哲学的一些基本概念和原理有其独到的见解和译法,可谓本译本的一大特色。

译者于1962年应商务印书馆之约完成本书初稿,商务印书馆审后交回韦先生修改定稿。工作尚未开始,"文革"突起,韦先生随后即溘然长逝。本书稿和其他数百万字遗著由韦先生之子宝锷先生珍藏。1988年华中师范大学成立"韦卓民遗著整理小组",开始整理韦先生的遗著。本书稿列为首批重点整理之列,先后历时三年脱稿。

本书在校订整理过程中,除对照康蒲·斯密英译本校订外,并参考了蓝公武译本和台湾1983年版的牟宗三译本。

校订整理时,在力求保持原译文的风格基础上,对明显的差错、不合现代汉语规范的文句、不规范的标点符号、不通用的人名地名及一般语词等作了必要的改动,删去了一些不必要的英译注释,增加了少量的整理者的注释。凡是译者对一些术语、概念的翻译,异于通常的译法而又有独到见解的,我们均保留未动,如"出现"(Erscheinung/Appearance,一般译为"现象"、"显现")、"验前"(A priori,一般译为"先天"、"先验")、"确定"(Determination,一般译为"规定")等。凡是同一术语译者在本书中有多种译法的,我们都作了统一。

参加本书校订整理的有三位同志,具体分工如下:

曹方久:中译者前言、英译者序言、引用题句、献词、第一版序文、第二版序文、导言、先验原理论第一部分、第二部分导言及第一编第一卷、第二编导言、第一卷、第二卷第一章及第二章1~8节。并负责全书审订的组织工作。

唐有伯:先验原理论第二部分第一编第二卷、第二编第二卷第二章第9节、第三章、第二编之附录一、先验方法论第一章第4节、第二~四章、索引、英汉名词对照表。并负责全书的统稿和校对。

储昭华:先验原理论第二部分第二编之附录二、先验方法论第一章第1~3节。

校领导章开沅、王庆生、邓宗琦、汪文汉等,对"韦卓民遗著整理小组"的成立及本书的出版曾给予大力支持,著名学者王元化先生为此书撰写了序言,责任编辑黄杰先生为本书的编辑、出版付出了大量的劳动,高新民先生为本书的校订出版作了许多工作,学校出版社、科研处的有关同志为本书的出版予以有力支持。特在此一并致谢。

由于校订整理者水平所限,错误难免,敬请专家和广大读者批评指正。

华中师范大学韦卓民遗著整理小组
1991年元月于武昌桂子山

校 订 版 跋

  本书于1991年出版发行后,一些未买到此书的读者,在几年之内陆续来函询问何处购买?何时重印?我们考虑:此书在整理和印刷中还有一些差错需要改正,因而决定不单纯重印,而是花些精力和时间出校订版。只是由于种种原因,此项工作拖了几年。现在终于如愿以偿,可以告慰需要此书的读者了。

  这次校订,除校正了整理、印刷中的失误和差错,并增加了康德的照片和原书德文第一版的扉页外,对韦卓民先生的译文个别地方也作了某些变动;但对译文中牵涉到一些较深层次的、尚需要大工夫斟酌的问题,我们限于水平,尚无能力也不敢去擅动。

  需要特别指出的是:武汉大学邓晓芒教授应我们之邀,在教学、科研工作十分繁忙的情况下挤出时间参与了部分校订工作。他根据德国费利克斯·迈纳(Felix Meiner)出版社出版的《哲学丛书》第37a卷(汉堡1956年版,1976年重印),对个别译文作了一些修改订正。对此我们深表感谢。

  本校订版肯定还有不妥之处,欢迎指正。

整理者谨识

1999年6月于武昌桂子山

出版后记

韦卓民先生(1888—1976),广东珠海人,我国著名的翻译家、哲学家、教育家,曾长期担任华中大学校长(1929—1951年)。韦先生毕业于文华大学,曾留学美国、英国,先后获哈佛大学哲学硕士学位和伦敦大学哲学博士学位,精通英、德、法、俄等多种外语,学贯中西,尤其是在康德哲学、黑格尔哲学、逻辑学、宗教学方面造诣很深。他毕生致力于沟通中西文化,在西学东渐、弘扬中国传统文化方面作出了巨大贡献。整理、出版《韦卓民全集》(11卷)对全面展示、传承韦卓民先生的学术成就,弘扬他的爱国精神和教育思想具有重要的文化价值和现实意义。

华中师范大学有一批富于抢救保护学术珍品责任感的领导和学者,一直在不计得失地付出。如上世纪八九十年代,以章开沅教授为首的校领导组织成立了韦卓民遗著整理小组,与韦先生一同工作过的曹方久(已去世)教授,敬仰韦先生学问与人品的唐有伯、高新民、王宏维等教授,一直在搜集、整理韦先生的遗著。华中师范大学出版社从20世纪90年代起就开始陆续编辑出版韦卓民先生的译著系列及相关研究,出版有"韦译哲学名著研究系列"及关于韦卓民研究的重点图书260多万字,包括《康德哲学讲解》、《康德〈纯粹理性批判〉解义》、《康德哲学原著选读》及《韦卓民学术论著选》等书。其后,由于经费和人手的紧张,仍有约700万字的译稿和文章等未能整理出版。所幸2013年湖北省新闻出版广电局启动了湖北省学术著作出版专项资金资助项目,11卷本的《韦卓民全集》获得资助;一贯重视韦卓民著述出版的珠海市委宣传部对该套书的出版也给予了高度重视和经费上的有力支持;还有马敏、余子侠、高新民、刘家峰等老师也为全集的出版不计名利地做了大量工作。特别要说明的是,韦卓民先生的后人对全集出版给予了无私的帮助,他们承诺放弃稿酬。根据他们的建议,出版社和他们商定全集出版后开付的稿酬,将作为"韦卓民奖励基金",用于研究韦卓民先生著述的出版及相关的学术活动。在此,对这些一直关心、支持全集出版的所有同仁一并致以诚挚的谢意!

《韦卓民全集》的书稿形式繁多而复杂,除有大量手稿外,还有一些是从图书馆和档案馆拍摄的图片资料;手稿的大部分存放于华中师范大学档案馆,少部分保存在韦先生亲属手中,还有部分资料被收藏在英国和美国的大学图书馆。韦卓民遗著整理小组力求尽量把海内外所藏相关文献搜罗完备,整理出版。此次出版的《韦卓民全集》包括韦卓民生前已公开出版的各类作品和从未刊发的手稿、书信等,总体上分为翻译书稿和研究论著两大类,并按照哲学、逻辑、教育、宗教及文化等板块进行分卷,共11卷。

由于《韦卓民全集》绝大部分为翻译作品,如康德的《纯粹理性批判》、《康德的经验形而上学——〈纯粹理性批判〉上半部分注释》、《判断力批判》及卡斯拉的《康德〈判断力批判〉解义》、《康德哲学原著选读》,斯密的《康德〈纯粹理性批判〉解义》等,都是深奥难懂的哲学著作;加之韦卓民先生生活的年代和当时的行文习惯,书稿中有些说法和表述与现在的语言文字规范及出版规范有较大出入,但又不能按现在的要求径改,只能采取尊重历史、适当变通的原则进行特殊处理,现分述如下:

1. 关于标点符号。书稿中有很多不是分句而使用分号,不必断句而使用逗号,在"与"、"和"等之前使用标点的情况,还有在破折号前使用逗号和句号,以及括号中的内容单独列出并在句末用句号的情形等。这是当时的行文特点及作者的表达习惯,只要不影响对文意的理解,一律保持原貌;但如果导致无法理解,甚至是明显的错误,才按现在的规范予以改正。

2. 对书稿中的有些字词与现在的说法有出入的处理。如把"钥匙"写作"锁钥"、"介绍"写作"绍介"、"终究"写作"终久"等,都一仍其旧;还有一些不符合现在的用词规范的,如"已曾"、"看成是"、"涉及到"等,只要不影响对内容的理解,亦未作改动。

3. 全集的注释很多,且形式繁杂。有大量简写的,如"A713 即 B741"是指康德《纯粹理性批判》两个不同版本的页码;有很多注项不全的,如"见书之第 12 节";同一文献资料有多种说法的,典型的如华特生的 The

Philosophy of Kant Explained 一书,韦先生有时简译为《解康德》,有时译为《释康德》,更多的时候译为《康德解》等等。编审人员不宜按照现有的规范统一,注项不全的也因资料有限而没法补充完整。为了尽可能保持原貌,更为避免造成新的错误,只能大致统一。

4. 正文内容的层次复杂,很多并没按现在通行的层次表达形式。同一层次的内容,有用 A、B、C……表示的,也有用 a、b、c……表示的,还有用(1)、(2)、(3)……表示的等,甚至同一层次的内容,其表现形式也不统一。考虑到没有错误,均未径改。

5. 有些表述虽不合适,但明显属于个人的写作习惯。如书稿中经常用"而"表递进关系,还有很多"是……的"句式,但有的"是……"后面没有"的"字等。虽然改了更符合现在的规范,但文中此类表述甚多,考虑到这种表述不影响读者的理解,亦未擅改。

6. 全集中还有少部分英文内容,原稿中同一个英文单词既有英式拼写,也有美式拼写,专用词的大小写亦不统一,同一地名的写法不尽相同,还有作者在书信后的署名写法不尽一致,为了保持作品原貌,亦未全书统一,仅在同一篇章或同一书信中统一。

韦卓民先生行文的特殊性还有不少,书稿的编校需要特别对待之处也很多,在此不一一赘述。

与大多数 20 世纪上半叶人物文集整理出版的难度大一样,《韦卓民全集》书稿的整理、编审难度远远超乎我们的想象。书稿除了少部分成书外,绝大部分都是图书馆和档案馆存放多年的手稿,编校这类书稿的难度有三:一是书稿中有大量非规范的简化字、繁体字、异体字,并夹杂有德文、英文、法文、拉丁文、希腊文等外文,且字迹难以辨认;二是书稿存放时间太久而导致的字迹脱落或模糊不清;三是由于书稿的专业性太强而难于理解。这不仅给书稿的收集整理增加了难度,对编审和校对人员也是极大的挑战。为了使文集尽量保持韦先生写作的原貌,也为了最大限度减少书稿的差错,编校人员反复查阅原件,并多次到图书馆、档案馆通过复印、拍照等方式获得资料进行核对和辨认。这仅仅有负责、敬业的精神和认真、细致的态度是不够的,编辑同人是怀着对韦先生的景仰之情和对学术的敬畏之心来做这套书的。我们有理由相信,《韦卓民全集》的出版将为学术界提供一个全面研究韦卓民先生的最佳文本,也将为西方哲学、教育学和宗教学等的研究提供重要的学术资源。同时,韦卓民作为研究中西方文化的先贤,其全集的刊行也将进一步推动中西方文化的交流与合作,为我国当下的学术发展与文化建设起到积极作用。

本社

2016 年 3 月 10 日